传世名著典藏丛书
中华传统经典解读

诠解庄子

[战国]庄周 原著
余庆 编译

北方联合出版传媒(集团)股份有限公司
万卷出版公司 VOLUMES PUBLISHING COMPANY

图书在版编目（CIP）数据

庄子诠解 /（战国）庄周原著；余庆编译. -- 沈阳:
万卷出版公司, 2018.7
ISBN 978-7-5470-4809-2

Ⅰ. ①庄… Ⅱ. ①庄… ②余… Ⅲ. ①道家②《庄子》-注释③《庄子》-译文 Ⅳ. ①B223.5

中国版本图书馆CIP数据核字（2018）第052555号

出 品 人：刘一秀
出版发行：北方联合出版传媒（集团）股份有限公司
万卷出版公司
（地址：沈阳市和平区十一纬路25号 邮编：110003）
印 刷 者：北京竹曦印务有限公司
经 销 者：全国新华书店
幅面尺寸：170mm × 230mm
字 数：602千字
印 张：30.75
出版时间：2018年7月第1版
印刷时间：2018年7月第1次印刷
责任编辑：李 坪
责任校对：佟可竟
版式设计：格林文化
ISBN 978-7-5470-4809-2
定 价：72.00元
联系电话：024-23284442
传 真：024-23284442

序　言

上下五千年悠久而漫长的历史，积淀了中华民族独具魅力且博大精深的文化。中华文化是中华民族无数古圣先贤、风流人物、仁人志士对自然、人生、社会的思索、探求与总结，而且一路下来，薪火相传，因时损益。它不仅是中华民族智慧的凝结，更是我们道德规范、价值取向、行为准则的集中再现。千百年来，中华文化已经融入每一位中华儿女的血液，铸成了我们民族的品格，书写了辉煌灿烂的历史。中华文化与西方世界的文明并峙鼎立，成为人类文明的一个不可或缺的组成部分。凡此，我们称之曰“国学”，其目的在于与非中华文化相区分。中华民族之所以历经磨难而不衰，其重要一点是它有着源于由国学而产生的民族向心力和人文精神的根骨。可以说，中华民族之所以是中华民族，主要原因之一乃是其有异于其他民族的传统文化！

概而言之，国学包括经史子集、十家九流。它以先秦经典及诸子之学为根基，涵盖两汉经学、魏晋玄学、隋唐佛学、宋明理学和同时期的汉赋、六朝骈文、唐宋诗词、元曲与明清小说并历代史学等一套特有而完整的文化、学术体系。观其构成，足见国学之广博与深厚。可以这么说，国学是华夏文明之根，中华儿女之魂。

从大的方面来讲，一个没有自己文化的国家，可能会成为一个大国甚至富国，但绝对不会成为一个强国；也许它会强盛一时，但绝不能永远屹立于世界强国之林！而一个国家若想健康持续地发展，则必然有其凝聚民众的国民精神，且这种国民精神也必然是在自身漫长的历史发展中由本国人民创造形成的。中华民族的伟大复兴，中华巨龙的跃起腾飞，离不开国学的滋养。从小处而言，继承与发扬国学对每一个中华儿女来说同样举足轻重，迫在眉睫。国学之用，在于“无用”之“大用”。一个人的成功很大程度上取决于他的思维方式，而一个人思维能力的成熟程度亦绝非先天注定，它是在一定的文化氛围中形成的。国学作为涵盖经、史、子、集的庞大知识思想体系，恰好能为我们提供一种氛围、一个平台。潜心于国学的学习，人们就会发现其中蕴含的无法穷尽的智慧，并从中领略到恒久的治世之道与管理之智，也可以体悟到超脱的人生哲学与立身之术。在现今社会，崇尚国学，学习国学，更是提高个人道德水准和建构正确价值观念的重要途径。

近年来，国学热正在我们身边悄然兴起，令人欣慰。更可喜的是，很多家长开始对孩子进行国学启蒙教育，希望孩子奠定扎实的国学根基，以此帮助他们树立正确的道德观和价值观。欣喜之余，我们同时也对中国现今的文化断层现象充满了担忧。从“国学热”这个词汇本身也能看出，正是因为一定时期国学教育的缺失，才会有国学热潮的再现。我们注意到，现今的青少年对好莱坞大片趋之若鹜时却不知道屈原、司马迁为何许人；新世纪的大学生能考出令人咋舌的托福高分，但却看不懂简单的文言文。这些现象一再折射出一个信号：当今社会人群的国学知识十分匮乏。在西方大搞强势文化和学术壁垒的同时，国人偏离自己的民族文化越来越远。弘扬经典国学教育，重拾中华传统文化，这样的需求已迫在眉睫。

本套“传世名著典藏”丛书的问世，也正是为弘扬国学传统文化而添砖加瓦并略尽绵薄之力。本人作为一名大学教师，从事中国文化史籍的教学与研究工作多年，对国学文化及国学教育亦可谓体悟深刻。为了完成此丛书，我们从收集整理到评点注释，历时数载，花费了很多的心血。这套丛书集传统文化于一体，涵盖了读者应知必知的国学经典。更重要的是，丛书尽量把晦涩的传统文化知识予以通俗化、现实化的演绎，并以大量精彩案例解析深刻的文化内核，力图使国学的现实意义更易彰显，使读者阅读起来能轻松愉悦、饶有趣味。虽然整套书尚存瑕疵，但仍可以负责任地说，我们是怀着对中华传统文化的深厚感情和治学者应有的严谨态度来完成该丛书的。希望读者能感受到我们的良苦用心。

王　琪

2017年7月

庄子与《庄子》

庄子小传

庄子生于战国中期，名周，宋国蒙（今河南商丘东北）人。据史家推算，庄子约生于公元前369年，卒于公元前286年，与孟子同时而稍晚。据《史记·老庄申韩列传》记载，庄子曾做过蒙地的漆园吏。关于庄子的历史记载颇少，其生前默默无闻，死后也长时间少人问津，家世渊源、师承关系、准确生卒年月均不甚明了。后世了解庄子，主要是通过《史记·老庄申韩列传》及《庄子》一书。

庄子像

《史记·老子韩非列传第三》中记录庄子为："庄子者，蒙人也，名周。周尝为蒙漆园吏。与梁惠王、齐宣王同时。其学无所不窥，然其要本归于老子之言。故其著书十余万言，大抵率寓言也。作《渔父》《盗跖》《胠箧》以诋訿孔子之徒，以明老子之术。《畏累虚》《亢桑子》之属皆空语无事实。然善属书离辞，指事类情，用剽剥儒、墨，虽当世宿学，不能自解免也。其言洸洋自恣以适己，故自王公大人不能器之。楚威王闻庄子贤，使使厚币迎之，许以为相。庄子笑谓楚使者曰：'千金，重利；卿相，尊位也。子独不见郊祭之牺牛乎？养食之数岁，衣以文绣，以入太庙。当是之时，虽欲为孤豚，岂可得乎？子亟去，无污我！我宁游戏污渎之中自快，无为有国者所羁，终身不仕，以快吾志焉！'"

《史记》对庄子仅有二百多字的记载，但目前看来，这是历史书中对庄子所作的最早的较详细记录，可将其作为了解庄子其人的基本线索；而关于庄子的详细情况，则大部分要来源于《庄子》一书。

据《庄子》中记载，庄子生活贫困，曾住在陋巷，编过草鞋，《外物》篇说他向监河侯借过粟并遭到变相拒绝。庄子人格清高，据《秋水》篇记载，楚威王闻其贤，以千金礼聘为相，庄子辞谢不就。

从这些故事中得知，庄子虽然处于穷闾陋巷，困窘织屦，槁项黄馘，却自视清高，自得其乐，不与当时的统治者合作，对高官厚禄表示高度的轻蔑。《庄子》书中也常引述一些丁匠的故事，如《养生主》篇“庖丁解牛”，《人间世》篇“匠石之齐”，《达生》篇“梓庆削木为鐻”等等，这说明庄子是比较熟悉当时下层丁匠劳动情况的。

庄子所处的年代，一方面社会经历着剧烈的动荡，战争频发，生灵涂炭，另一方面正值百家争鸣的黄金时代，文化成为一种强烈的需要，“士”这一阶层大量出现。这种社会与文化状况对庄子思想的形成起着重大作用，彼时孟子正游说各国，墨家门徒遍及天下，齐国“稷下之学”也正当鼎盛，而庄子却主动地选择了“无用”和贫困。身处政治黑暗、尔虞我诈、民不聊生的环境中，庄子对昏君乱相及趋炎附势之徒无比的憎恶，而对苦难中的平民寄予了无限的同情。

庄子大体上继承了老子的学说，但他并非仅仅对老子思想进行发挥，而是有其独自见解，形成了其个性鲜明的哲学、艺术特色。

庄子的哲学观点

庄子思想秉承老子且有所发展、有所变异，但在核心学说“道”的认识上完全是一脉相承的。老庄所谓的“道”，简单说可以归纳两点：一是指宇宙的本源，即宇宙最根本的存在，宇宙万物产生于“道”；二是指自然客观规律。老庄哲学最本质的内核，即对宇宙与自然的唯物认识。

一、庄子的自然哲学。庄子说：“有实而无乎处者，宇也；有长而无本剽者，宙也。”(《庚桑楚》)郭象解释说：“宇者，有四方上下，而四方上下未有穷处；宙者，有古今之长，而今之长无极。”可以看出，庄子认为“宇宙”的概念是无始无终、无边无垠的。那么“宇宙”的根源又是什么呢？庄子将其归结为“道”。他以“道”为宇宙的根本，认为道存在于一切事物之中，是万物存在、变化的根本和依据。

庄子自然观的最高概念和范畴是道，庄子对道的理解和把握就构成了庄子的道论，从某种意义上说，庄子的道论也就是庄子的自然哲学。什么是大道？大道就是自然、无为、混沌、虚无。庄子的大道更是德行的根本。离开大道去治国，就是舍本逐末，不免劳民伤性；离开大道谈德行，必然导致浮饰伪行；离开大道求智慧，滋生权诈谋术。

庄子是这样给“道”下定义的：

夫道，有情有信，无为无形；可传而不可受，可得而不可见；自本自根，未有天地，自古以固存；神鬼神帝，生天生地；在太极之先而不为高，在六极之下而不为深，先天地生而不为久，长于上古而不为老(《大宗师》)。

那么“道”又以何种方式存在呢？庄子在《知北游》篇中作了回答：

东郭子问于庄子曰：“所谓道，恶乎在？”庄子曰：“无所不在。”东郭子曰：“期而后可？”庄子曰：“在蝼蚁。”曰：“何其下邪？”曰：“在稊稗。”曰：“何其愈下邪？”曰：“在瓦甓。”曰：“何其愈甚邪？”曰：“在屎溺。”东郭子不应。

庄子曰：“夫子之问也，固不及质。正获之问于监市履豨也，每下愈况。汝唯莫必，无乎逃物。至道若是，大言亦然。周、遍、咸三者，异名同实，其指一也。”

庄子肯定道是先于天地而存在的，也肯定万物生成之后，道的本质并不是存在于一个特定的事物之中，而是普遍存在于万事万物之中的，因此多取喻于卑下的事物来说明大道无处不在的道理。

二、庄子的认识哲学。庄子在老子有关无与有、小与大、短与长、柔与刚、弱与强等事物相互依存、相互对应与相互转化关系的认识基础上，突出了事物之间的共同性以及相异性的相互转化，创建了“相对论”的认识论。庄子认识到事物之间存在着普遍的差异，而且这种差异不是绝对的，而是相对的，因此不可能以某个特定存在的标准来衡量世间万物。庄子认为这种相对性来自于人类自身的种种局限，因为世间万物本没有差别，所有的差别都是人们站在主观立场上而得出的相对结论。

这种相对论主宰了庄子对于自然、社会、人生等各个领域的认识与理解，但也必然将他带入不确定的混乱之中，于是庄子虚构了一个空虚的绝对——“道”来消除这种相对性带来的不确定性。于是庄子的相对论主要体现了一个重要命题，即齐万物，他提出万物一体的思想，认为宇宙万物都是一气之化，虽千姿百态各不相同，却又同是气聚所成，同为一体。从此出发，他认为大小、寿夭、生死、是非……的差别都是相对的，但不论世间万物有如何的差别，一旦站到更高的“道”的角度去审视，从万物一体的观点来看，这种种差别都将消失不见，这一切区别也都失去了意义。

在认识之真理性的判定上，老子已表露出相对主义的端倪，庄子则走向了极端，陷入了绝对的相对主义。但是这种相对性的认识论，推动了人类认识世界的深入发展，并对后世产生了不可估量的影响。

三、庄子的人生哲学。这是庄子思想中最富魅力和最具特色的部分，表达了庄子对无限精神自由的向往和追求，是庄子思想的核心。

庄子追求绝对自由的精神境界，主张超越现实，摆脱一切世俗牵累，摒弃功名利禄，通过坐忘，进入“天地与我并生，万物与我为一”的主观精神境界，成为无己、无名、无功的圣人、真人、至人，逍遥于虚构的绝对自由的精神世界。这种超凡入圣的人格理想包括了耻与统治者同流合污的积极心态。

值得注意的是，庄子特别注重将人生的理想境界与人的精神自由联系起来进行思考，提出了“逍遥”“无待”等表征人的自由的概念。“逍遥”指闲放不拘，怡适自得，《逍遥游》旨在提倡一种无牵无挂、绝对自由的境界，也即“无待的境界”。“无待”就是无所凭借，无所依赖，它是对“有待”的扬弃和超越。因此，庄子一方面要求鄙弃人间的世俗道德、功名利禄，以达到远祸全身、逍遥自适的境界；另一方面要求齐同死生，不悦生亦不恶死，从而超越死生，达到真正自由的目的。

庄子人生观的最高境界体现在那些具有理想人格的至人、真人、神人、圣人身上，这些理想形象的最大特点就是能超然于世外，无往而不逍遥。他们可以“不食五谷，吸风饮露，乘云气，御飞龙，而游乎四海之外”(《逍遥游》)，或是“大泽焚而不能热，河汉冱而不能寒，疾雷破山，飘风振海而不能惊”(《齐物论》)，这是庄子眼中处世的最高境界，但也只能是一种理想的追求与向往，人总是要生活在某个特定的历史与社会之中的，因此更现实的问题还在于如何避免外物对于本性的摧残，而达到“自救”的目的，庄子由此提出了“避世”和“游世”的办法。

但是，也不是“不材”“无用”就一定能得以全身，庄子意识到，材、不材、材与不材之间，都无法真正的免祸，但“乘道德而浮游”就不同了。“乘道德而浮游”指顺自然而游于至虚之境，这样便能“无誉无訾”、“与时俱化”，“以和为量，浮游乎万物之祖，物物而不物于物”。这种“游世”的态度与《逍遥游》中所提出的“游”并不相同，它更直接地指向了现实矛盾，并提出了更现实的解决办法，与《逍遥游》篇中指向内心的精神的“无所待”之游有着层次上的差别。

庄子的政治观点

庄子自己没有从政的愿望，但他并没有离开政治、离开社会人生孤立地去谈玄，他也有自己鲜明的政治立场和政治态度，有自己的政治理想。

庄子的政治观直接来源于对所处时代的体验。他生活的战国中晚期，是一个战乱频繁、势力纷争的年代，政治上表现出前所未有的动荡与不安，战争给人民的生活带来了痛苦，权术也将人们的精神推向了险恶境地。对待现实，庄子采取了激烈的批判态度，认为“方今之时，仅免刑焉”(《人间世》)，“彼窃钩者诛，窃国者为诸侯，诸侯之门而仁义存焉”(《胠箧》)。认为仁义礼法是统治阶层渔猎名利的工具，是社会纷乱的根源。

出于对现实政治的极端厌恶，庄子认为远古的原始社会才是理想社会。庄子眼中的理想社会有其鲜明的特点，一方面要求返回原始的素朴状态，使人与自然万物和谐共处，另一方面要求去除等级制度，废除仁义道德，消除欲望机心，使人与人之间和谐共处。

他的理想政治的精髓就是无为而治或无为政治。无为政治是相对于有为政治而言的，如果说有为政治可以归结为人治主义的话，那么无为政治可以归结为无治主义或天治主义。他认为只有无为政治才是合乎人的本性、合乎道的本性的。

庄子的理想社会有其进步之处，但它简单地认为返回与禽兽同居的原始社会就能解决一切社会矛盾，也是天真而不切实际的。

但是，站在无为政治的立场，他给予有为政治以强烈的抨击和批判，开创了中国古代批判政治的先河。

庄子的美学观点

从天道无为的观念出发，庄子在美学上提出了天地有大美而不言、美者自美、至乐无乐等见解来阐发美的起源与本质及其美感问题，在我国美学史上占有及其重要的地位。

庄子的美学观点与儒家的美学观点恰成鲜明的对照。庄子认为时代的衰微与性情的丧失，就在于物欲的膨胀和艺术、智巧等的出现与发展，他认为只有抛弃了音乐，毁掉了文绘，才会使耳目恢复聪明；只有破坏了机械，才能获得真正的技巧，只有把流行的种种人为的装饰统统抛掉，人类才会返璞归真。

庄子的美学观直接来源于他的哲学观，因此他眼中的美并不是纯粹的自然美或艺术美，而是与“道”合一的境界美。人一旦做到“天地与我并生，而万物与我为一”、“独与天地精神往来”，就能从天地万物中体验到一种人与自然合一的愉悦感，这在庄子看来才是美的极致。

庄子像

天地有大美而不言，四时有明法而不议，万物有成理而不说。圣人者，原天地之美而达万物之理。是故圣人无为，大圣不作，观于天地之谓也（《知北游》）。

可以看出，庄子是肯定外部形体之美的，并且认为这种美来自于“天地”之间，并非仅仅由表象而作出的判断，他认为，“天地有大美”的原因在于它能顺应大道，自然无为。所以，在庄子看来，美的本质就在于自然无为，能够顺应自然、保持自身天然本性的事物就是美的，庄子笔下的至人、真人、神人，往往具有极美的外形，其前提也是能顺应大道，无为虚静。反之，对天然本性的摧残就是对美的破坏。

庄子认为只有虚静恬淡、素朴无为的精神状态才能体验到美，同时也认为这种虚静恬淡、素朴无为的精神本身就具有一种美，这种美甚至还远远超越于形体的美之上。所以，“德有所长而形有所忘”，即使外形丑陋，只要具有精神之美，就能得到人们的钦慕。有时庄子甚至有意地以形体的丑来反衬人格的美，创造了一大批形极残德极全之人。

再有，庄子虽然斥责文害情性，但他在创作上却竭力运用各种艺术手段，开创了超常之法和风格上的瑰奇之美。在庄子的文章创作中，他既是怪奇创作思想手法的开创者，也是非中和审美观念的开山鼻祖。

《庄子》成书经过

《庄子》一书是我们研究庄子或庄子学派的主要资料。研究庄子或庄子学派，离不开对《庄子》成书情况的了解和把握。

《庄子》应该于先秦时期就已成书，但先秦时，它究竟有多少篇，已无法确考。司马迁著《史记》时是见过《庄子》一书的，但他只说庄子著书“十余万言”，未指明篇数，也未提到内、外、杂的分别问题。汉代《庄子》有五十二篇十余万字，这种五十二篇本到魏晋时期仍然较为常见。魏晋时玄风盛行，庄学渐起，为《庄子》作注者多达数十家,但这些注庄者往往根据自身对庄子的理解和个人喜好,对《庄子》书中的篇目做一定删改,从而出现了多种《庄子》的版本。现在人们所看到的郭象的三十三篇本，是郭象在五十二篇本的基础上吸收各家尤其是向秀庄子学成果之后删订的,是郭象对司马彪五十二篇本“以意去取”,并删去其中“十分有三”之后的结果。

经过郭象删订的《庄子》,无论从篇章还是字句方面,都更为精纯。他吸收和借鉴了向秀及当时各家之注，并在此基础上进行了自己颇富改造性的独特诠释,为历代所推崇,逐渐成为定本,流传至今。

现存的《庄子》为三十三篇,其中内篇七、外篇十五、杂篇十一。关于《庄子》三十三篇的真伪问题,始出于宋代的苏东坡,他认为杂篇中的《让王》《说剑》“浅陋不入于道”,而《渔父》《盗跖》诋毁孔子,均属伪作。而后亦有不少学者从各个方面研究各篇的归属问题。一般说来,内篇为庄子自著,外篇除庄子自著外,也有部分为庄子后学所作,至于杂篇又要复杂一些。

《庄子》外、杂篇多伪作几乎成为人们的共识,不过近代以后不少学者将怀疑的眼光扩大至内篇,提出了许多新的看法和证据。

《庄子》的艺术成就

《庄子》一书,可以说是一部杰出、深刻、优美、生动、充满怪奇的创作手法、洋溢着浪漫主义精神的散文集,它在先秦诸子散文中独树一帜,兼具哲学与文学的双重价值,被古往今来的名家所推崇。

与追求绝对自由的精神境界相适应,《庄子》选择了“以谬悠之说,荒唐之言,无端崖之辞,时恣纵而不傥”(《天下》)的构思和行文形式,天马行空,出人意表。鲁迅曾高度赞扬《庄子》的文字说:“其文则汪洋辟阖,仪态万方,晚周诸子之作,莫能先也。”闻一多也称赞“南华的文辞是千真万真的文学”。《庄子》散文的独到之处,便是它跳出了先秦语录体散文与论辩体散文的束缚,不仅以说理为目的,还创造了一种优美飘逸的文学风格,使其散文的文学性甚至超越了哲理性。

通过超乎寻常的想象,《庄子》创造了一系列诙诡谲怪的艺术形象,这些形象或美或丑,或真或假,或庄或谐,或逍遥或狭隘,令人目不暇接,把读者一次次引入超越时空、美不胜收的艺术境界,极富浪漫主义色彩。《德充符》篇中,庄子集中塑造了一批身残形丑之人：兀者王骀、申徒嘉、叔山无趾，恶人哀骀它，阉跂支离无脤，瓮盎大瘿等，这些人不是缺胳膊少腿，便是形貌丑陋变形，甚至长着碗大的瘤，可谓丑之极致，但庄子却对他们赞叹不已，不仅让孔子在他们面前恭敬有加，还让他们与老聃谈道论法。但庄子也并非专门制造一些丑陋的形象来哗众取宠，《逍遥游》篇中描写的藐姑射山神人，"肌肤若冰雪，绰约若处子；不食五谷，吸风饮露；乘云气，御飞龙，而游乎四海之外"，就完全是形德之美的极致。不仅人物，自然界的万事万物都可以为庄子所用，成为其寓言中的主人公。栎树可以托梦给匠石，髑髅可以与庄子同寝，这种漫无涯际的想象与广阔无垠的视野又使得庄子散文能够超越时空的局限，呈现出宏大雄奇的气魄与汪洋恣肆的浪漫主义色彩。

《庄子》开创了"寓言""重言""卮言"并用的创作方法和艺术表现手法。"寓言"恐怕是《庄子》一书中最重要的表现手法了。寓言就是以描写事物隐喻论说。庄子以大道为不可直接言说，只能比喻，文章多用寓言形式。《史记·老庄申韩列传》说："其著书十余万言，大抵率寓言也。"《庄子》全书大小寓言共计二百多个，其短者或二十多字，其长者或千余字；有些篇目全部由寓言排比而成，有些篇目干脆通篇就是一个寓言。以寓言回避争辩，以文趣吸引人，以感受启发人。"重言"则是借重古代圣哲或是当时名人的话，来止塞天下争辩之言。庄子以此来让人易于接受。"重言"的运用，使《庄子》一书带有了一种亦庄亦谐的色彩，并将庄子的思想表达得更加灵动新奇。"卮言"是直接的论述，直抒胸臆，简明扼要。

寓言、重言、卮言"三位一体"，浑不可分的，互相映衬，构成了《庄子》"汪洋恣肆"的艺术特色，创造出波诡云谲、变幻莫测的行文艺术。

《庄子》的后世影响

《庄子》一书博大精深，对后世的影响巨大，为后世思想文化与文学的发展做出了不可估量的巨大贡献。

从思想方面看，由于《庄子》继承和发展了老子"道"的学说，在当时，形成了与儒、墨鼎立的形势，而后作为儒道释三大家之一的思想文化影响着中国近两千年的社会思想文化的发展，上自秦、汉、魏、晋的黄、老与玄学，中至宋、元、明的理学，下至近代的唯心主义都深受其影响。

《庄子》对中国文学产生了无穷的影响，它在文学领域所开创的浪漫主义的创作精神及其创作手法，为后世文学艺术的发展，有着直接或间接的重大影响。《庄子》对于后世的屈原、陶渊明、李白、苏轼、曹雪芹、鲁迅等人都有着很深的影响，他们从不同的层面汲取有益的精华，成就了自己的文学地位。

正因为《庄子》一书内容丰富，博大精深，神奇瑰丽，所以被历代学者和无数读者所重视、所吸引。然今《庄子》版本虽多，却多是选集选注，使许多读者无法阅读到《庄子》原书的全貌。少数诠解译本，仅起到一般的助读作用，也无法使读者领略到《庄子》一书的全部魅力所在，实在是个不小的遗憾。

我们编著的《庄子诠解》一书，是在参考了大量的不同版本的《庄子》基础上精心编纂而成，分别从原文、注释、译文、品庄悟道、集评等五大方面进行了全新的解读，并邀请有关专家进行最终审稿，以保证本书的准确性与权威性。本书译文部分以直译为主，为了行文的顺畅我们还兼用了意译的方法，通俗易懂。注释部分主要是针对一些较为难懂和有争议的字词进行重点阐释，广搜博采各种注译本，汇同比较，在深刻理解的基础上力求做出最合理的解释，在前人误释或难解之处，我们不因袭旧说含混而过，而是重新考证，作出新的解释。品庄悟道部分我们参考《庄子》原文的意思，集合多家对庄子思想的评析，通过对庄子思想的再把握，力求把庄子对人与人、人与社会以及人与自然的思考，以简明透彻浅显易懂的语言表达出来；我们还采用去伪存真的手法，结合现实事象对庄子的哲学思想做了进一步的阐发，在有助于理解的同时增加了本书的趣味性，如果读者能在快乐轻松的阅读中有些许领悟，我们将感到莫大的安慰。集评部分，选取了历代学者对《庄子》各篇章的见解评注，以及对庄子思想的认识，读者可对照原文互佐理解，定当受益匪浅，能达此意，编者亦感欣慰。本书版式新颖，并附有精美插图，不仅适合广大初读《庄子》者学习入门，更可以作为研习《庄子》的案头必备书。

在本书的编写过程中，编著者注入了些许认识和感悟，但更多的还是参考了他人的一些著作，在这里，向这些著作的庄子和编著者表示衷心的感谢。由于学识水平所限，可能存在这样或那样的缺点和不足，敬请广大读者批评指正。

目录

目录

内篇

北冥有鱼，其名为鲲。鲲之大，不知其几千里也；化而为鸟，其名为鹏。鹏之背，不知其几千里也；怒而飞，其翼若垂天之云。是鸟也，海运则将徙于南冥。南冥者，天池也。

逍遥游

【导读】

本文是《庄子》的首篇，表现了庄子追求绝对自由的思想。庄子的逍遥是指“无于所待而游于无穷”，即是说无视物我之别，忘己、忘名，与自然化而为一，不受任何约束而自由自在地优游。此篇奠定了整部《庄子》的浪漫主义基调。

《逍遥游》主要说明庄子追求自己理想的绝对自由的人生观，指出大到高飞万里的鹏，小到蜩与学鸠，都是有所待而不自由的；只有消灭了物我界限，无所待而游于无穷，达到无己、无功、无名的境界，才是绝对的自由。

庄子的逍遥游作为一种理想境界，让人心驰神往。不过这种超越时空、超越物我的“无所待”的绝对自由的生活，千百年来只能存在于我们的梦境中，在现实中却是无法达到的。

本篇构思宏伟，气势磅礴，行文汪洋恣肆，波澜起伏，想象丰富而奇特，通过怪诞缥缈的寓言，寄托生活的哲理，字里行间洋溢着浪漫主义精神，给人以艺术上的享受。

一

【原文】

北冥有鱼，其名为鲲[1]。鲲之大，不知其几千里也；化而为鸟，其名为鹏[2]。鹏之背，不知其几千里也；怒而飞，其翼若垂天之云[3]。是鸟也，海运则将徙于南冥[4]。南冥者，天池也[5]。

【译文】

北海有一条鱼，它的名字叫作鲲。鲲的体长，不知道有几千里。变化成为鸟，它的名字叫作鹏。鹏的阔背，不知道有几千里。奋起而飞，它的翅膀就像天边的云。这只鸟啊，当海涛汹涌、飓风刮

《齐谐》者，志怪者也[6]。《谐》之言曰："鹏之徙于南冥也，水击三千里，抟扶摇而上者九万里，去以六月息者也[7]。"野马也，尘埃也，生物之以息相吹也[8]。天之苍苍，其正色邪？其远而无所至极邪[9]？其视下也，亦若是则已矣。

且夫水之积也不厚，则其负大舟也无力[10]。覆杯水于坳堂之上，则芥为之舟，置杯焉则胶，水浅而舟大也[11]。风之积也不厚，则其负大翼也无力，故九万里则风斯在下矣。而后乃今培风，背负青天而莫之夭阏者，而后乃今将图南[12]。

蜩与学鸠笑之曰[13]："我决起而飞，抢榆枋，时则不至而控于地而已矣[14]；奚以之九万里而南为[15]？"适莽苍者，三飡而反，腹犹果然[16]；适百里者，宿舂粮[17]；适千里者，三月聚粮[18]。之二虫又何知[19]！

【注释】

①冥：通"溟"，指浩瀚无边的大海；鲲(kūn)：大鱼之名。②鹏：大鸟之名。③怒：振奋；垂：通"陲"，边陲，边际。④海运：海动，这里指汹涌的海涛；南冥：南海。⑤天池：天然大池。⑥《齐谐》：书名，记载诙谐怪异之事。⑦抟(tuán)：盘旋，环绕而上；扶摇：由地面急剧盘旋而上的暴风；息：停歇。⑧野马：空中浮游的云气；生物：指有生命的东西。⑨其：抑或。⑩厚：深；负：载。⑪坳(ào)堂：指厅堂地面上的坑凹处；芥：小草。⑫培风：乘风；夭阏(è)：阻拦、阻塞。⑬蜩(tiáo)：蝉；学鸠：这里泛指小鸟。⑭决(xuè)起：奋起；抢(qiāng)：冲，撞；榆枋：两种树名；控：落下。⑮奚以：何以，表反

起的时候，就要迁往南海。那南海，就是一个天然的大池。

《齐谐》这本书，是记载怪异之事的。书里有这样的话：当鹏往南海迁徙时，一击水就行三千里，环绕旋风升腾九万里，它是乘着六月的风而飞去的。野马般浮游的云气，飞扬的浮尘，这都是生物的气息相互吹拂的结果。看那天空，湛蓝湛蓝的，那是它的本色吗？还是由于它无限高远的缘故呢？倘若从上往下看，大概也是这种光景吧。

再说水的深度不够，那它就没有力量负载起大船。倒一杯水在厅堂地面上的坑凹处，那点水就只有一根小草可以当船。如果把杯放到水中，杯底就会贴地浮不起来了，这是水浅船大的缘故。风的厚度不够，那它就没有足够的力量承负大鹏的翅膀。所以，鹏飞九万里，那么在鹏翼下面也有九万里厚的风在托起它。然后大鹏才乘着大风，像背负青天一样，无阻无拦无遮无碍地向南振翅飞翔。

蝉和斑鸠讥笑大鹏说："我噌地一下子飞起来，冲上榆檀树梢，有时飞不到上面就落下来罢了，何以要到九万里之外的遥远的南方呢？"到郊外去，一天就能走个来回，晚上回来时早餐还没消化，肚子还胀鼓鼓呢；到百里之外的地方去，要隔夜捣舂粮食作准备；到千里之外的地方去，要聚积三个月的粮食。蝉和斑鸠这两种只会在树根树梢打转的小鸟又怎能明白其中道理？

诘。⑯适:往,去;莽苍:指十里近郊;飡(cān):同“餐”;三飡,指一天;果然:形容吃饱的样子。⑰宿:头天晚上。⑱三月聚粮:要聚积三个月的粮食。⑲二虫:指上述的蜩与学鸠。

品庄悟道

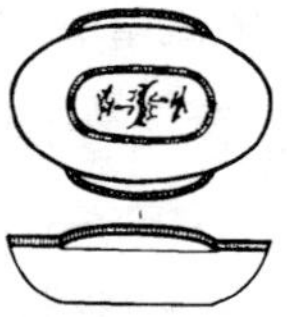

以小度大

《逍遥游》是《庄子》的开篇,表述了庄子自由洒脱的精神和追求逍遥自在生活的思想。

此节以古书《齐谐》中记载的鲲鹏海运南徙写起,用夸张的手法描写了鲲鹏之大和行程之远。

大鹏鸟之大“不知其几千里”,大鹏鸟的迁移之地是在“九万里”之外的南冥,所以大鹏鸟必须待时而起,等待夏季海上的飓风,筹备三个月行程的粮食。大鹏鸟这种行为被蝉和小鸟看到了,遭到了他们的耻笑。

从大鹏鸟的角度来说,“千里马,需要以千里马的食量来喂养。”“要想马儿跑得快,又要想马儿吃不饱是不可能的。”谋远图大者,必须具备达到目标的能量和实力。

从读者的角度看,蝉和小鸟是可笑的,有的人会忍不住附和“燕雀安知鸿鹄之志”。但是在生活中却经常碰到这种事情:好多人不能理解别人为成功所作出的努力,有的甚至在别人勤奋努力练习的时候还说风凉话。结果不言而喻,别人走向了成功,成为冠军,或者上了更高一级的学府,而他自己则退步不前,或者倒退。若干年以后差距悬殊,后悔不已。

二

【原文】

小知不及大知,小年不及大年①。奚以知其然也?朝菌不知晦朔,蟪蛄不知春秋,此小年也②。楚之南有冥灵者,以五百岁为春,五百岁为秋③;上古有大椿者,以八千岁为春,八千岁

【译文】

才智小的不理解才智大的,寿命短的不了解寿命长的。为什么这样说呢?朝生暮死的虫子不可能知道一个月的时光,夏生秋死的寒蝉不可能知道一年的时光,这就是短命。楚国南面有一只冥灵

为秋。而彭祖乃今以久特闻，众人匹之，不亦悲乎[4]？

汤之问棘也是已[5]。汤问棘曰：“上下四方有极乎？”棘曰：“无极之处，复无极也。穷发之北，有冥海者，天池也[6]。有鱼焉，其广数千里，未有知其修者，其名为鲲[7]。有鸟焉，其名为鹏，背若太山，翼若垂天之云[8]；抟扶摇羊角而上者九万里，绝云气，负青天，然后图南，且适南冥也。斥鴳笑之曰[9]：‘彼且奚适也？我腾跃而上，不过数仞而下，翱翔蓬蒿之间，此亦飞之至也[10]。而彼且奚适也？’”此小大之辩也[11]。

【注释】

①知：通“智”；年：指寿命。②朝菌：朝生暮死的小虫。晦朔：阴历每月第一天为朔，最后一天为晦；蟪蛄：寒蝉。③冥灵：冥海神龟。④彭祖：传说中的长寿人物，活了八百岁。⑤汤：商汤；棘：汤时贤人。⑥穷发：不毛之地。⑦广：宽，指鱼背。⑧太山：指泰山。⑨羊角：旋转而上的旋风；斥鴳：小鸟。⑩仞：周代以七尺为一仞。⑪辩：通“辨”，区别。

神龟，以五百年为一个春季，五百年为一个秋季；远古有一种椿树，却以八千年为一个春季，八千年为一个秋季，这就是“大年”。而彭祖现在还以长寿闻名于世，众人还都想和他相比，这不是可悲吗？

古代帝王汤与汤时的贤人棘的对话正说明了这个道理。汤问棘道：“上下四方有极限吗？”棘回答说：“上下四方不但无极限，而且无极限之外还没有极限。不毛之地的北面有个叫冥海的地方，那是个天然的水池。池里有鱼，鱼背宽为数千里，而无人知道这鱼有多长，它的名字叫鲲。还有一种鸟，它的名字叫鹏，它的背像泰山，两翼像垂天的云彩，乘旋风直飞而上高达九万里，横断云气，背负青天，然后要飞往南冥。斥鴳嘲笑它道：‘你要飞向哪里去呀？我飞腾一跃而上，不过数仞就落下来，飞翔在杂草之间，这也是飞翔的最高境界了。可你将要飞往哪里啊？’”这就是小与大的区别啊。

品庄悟道

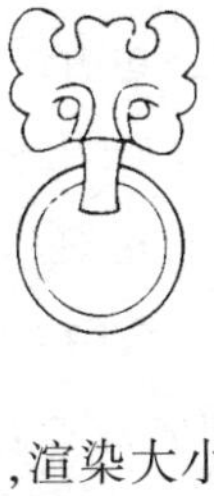

大小之辩

此处承接第一段，说明大小有别。运用夸张对比的手法，渲染大小的悬殊。这可以说是现代极限法的运用。小，小到毫末；大，大到无穷。

以寒蝉之命短，论彭祖之长寿；以斥鴳之见识，论鲲鹏之境界。这种论断不仅超然不凡，而且能够让人在悬殊的对视中，马上清醒幡然而悟。

元曲选·七星官增寿延彭祖

如果在现实生活中碰到想不开的或者不能解决的问题，不妨运用这种“大小之辩”，比如说，小偷偷了你的钱，但是你如果这样想，幸好钱包还在或幸好没有放进去所有的钱，那么丢失钱的心情就会变得开朗起来。

这样运用“大小之辩”，有助于抓住事物的本质，此处不是说精神胜利法，而是说比起心情的开朗来说，丢失一点点的钱，就不值得一提了。在生活之中这样的“大小之辩”不妨多用用。

三

【原文】

故夫知效一官，行比一乡，德合一君而征一国者，其自视也，亦若此矣①。而宋荣子犹然笑之②。且举世而誉之而不加劝，举世而非之而不加沮，定乎内外之分，辩乎荣辱之境，斯已矣③。彼其于世，未数数然也④。虽然，犹有未树也。夫列子御风而行，泠然善也，旬有五日而后反⑤。彼于致福者，未数数然也。此虽免乎行，犹有所待者也。若夫乘天地之正，而御六气之辩，以游无穷者，彼且恶乎待哉⑥？故曰：至人无己，神人无功，圣人无名。

【注释】

①效：胜任；比：适合，投合。②宋荣子：战

【译文】

所以以其智慧而胜任一个官职，以其良好行为而能符合众人心愿，以其品德而能做国君而统治一个国家的人，他对自己的看法也应该是如此吧。然而宋荣子仍然嘲笑他的看法。天下的人都赞誉他也不会更积极，天下的人都非难他也不能使他感到更沮丧，他自我界定内外的分别，能辨清荣辱的境地，其境界达到如此地步了。他对于世俗并未刻意去追求。尽管如此，他的德智还有不完备的地方。列子驾御长风而行，轻妙至极，十五天后返回家中，他对于得到风的帮助，也并未汲汲刻意而求。这虽然避免了步行，但仍然是有所凭持（乘风）的人啊。若说那得天地的正道，而顺从阴阳风雨晦明六气的变化，而优游于无

国时期的思想家。③不加劝：不会更积极。④数数然：形容着急、急促貌。⑤泠然：轻妙之貌。⑥六气之辩：阴阳风雨晦明六气的变化。无穷：指无限的时间和空间。

穷的大道的人，他何必要凭持着什么呢？因此说，至德之人无我，神人不求立功，圣人无须立名。

品庄悟道

圣人无名

此节转而喻人，落实到社会上的芸芸众生：自鸣得意如“知效一官者”之流，他们自视其德，犹如蓬间小雀不知高飞，又如井底之蛙坐井观天，自视其游。他们整天患得患失，斤斤计较于名利，累心太甚，属于“小知”之类。自命清高的宋荣子不为世俗的毁誉所左右，较之效官、比乡、合君、征国者们，的确是不同凡响、卓然独立、与众不同了。但他有自己的一套价值观，用之以定内外、辨荣辱，可见也有物我之别、荣辱之见存在于内心，不能无忧无虑，故“犹有未树也”。乘风而行的列御寇算是达到大鹏的境界了，洒落世务，超然尘垢，但依然是有所待：大鹏需凭借九万里的风势，列御寇必待风而后行。

为社会价值观念所累，不逍遥；为自己的价值观念所累，不逍遥；列御寇虽超脱于社会，但未超脱于物，不逍遥。然后庄子指出全文的核心，把种种“有所待”的境界一一推倒，最后指出逍遥的实质是“无待”。

“无待”的实质就在于精神对存在的超越——乘天地之正，御六气之辩，以游无穷。“乘天地之正”，就是天地是什么样就随它是什么样；“御六气之辩”，就是风雨怎么变就随任它怎么变；游于无穷的不是人的肉体，而是人的精神。游于无穷即游于道，有此精神境界的人乃至人、神人、圣人的三位一体，其理想人格是：无功、无名、无己。

“无功”到“无己”者一层更高于一层。“无功”者，不认为自己为社会做了什么；“无名”者，不向社会索取什么；“无己”者就是忘我，也就是超越自我，没有了物我的分别，无所拘束也不会有拘束的状态，进而推出这才是真正的“无待”，真正的逍遥。

四

【原文】

尧让天下于许由①，曰："日月出矣，而爝火不息②；其于光也，不亦难乎？时雨降矣，而犹浸灌；其于泽也，不亦劳乎？夫子立而天下治，而我犹尸之③；吾自视缺然，请致天下④。"

许由曰："子治天下，天下既已治也；而我犹代子，吾将为名乎？名者，实之宾也；吾将为宾乎？鹪鹩巢于深林，不过一枝⑤；偃鼠饮河，不过满腹⑥。归休乎君，予无所用天下为！庖人虽不治庖，尸祝不越樽俎而代之矣⑦！"

【注释】

①尧：古帝王唐尧；许由：尧时隐士。②爝(jué)火：火炬，小火。③尸：主持，主其事。④缺然：缺乏能力，自愧貌。⑤鹪鹩(jiāo liáo)：俗名巧妇鸟。⑥偃鼠：即鼹鼠。⑦庖人：厨师；尸祝：主祭祀的人。

【译文】

尧打算把天下让给许由，说："太阳和月亮都已升起来了，可是小小的火炬还在燃烧不熄；它要跟太阳和月亮的光亮相比，不是很难吗？季雨及时降落了，可是还在不停地浇水灌地；如此费力的人工灌溉对于整个大地的润泽，不显得徒劳吗？先生如能居于国君之位天下一定会获得大治，可是我还在主其事；我自视缺乏能力，请允许我把天下交给你。"

许由回答说："你治理天下，天下已经获得了大治，而我却还要去替代你，我是为了名声吗？'名'是'实'所派生出来的次要东西，我将去追求这次要的东西吗？鹪鹩在森林中筑巢，不过占用一棵树枝；鼹鼠到大河边饮水，不过喝满肚子。你还是打消念头回去吧，天下对于我来说没有什么用处啊！厨师即使不下厨，主祭祀的人也不会越俎代庖的！"

品庄悟道

尧让天下于许由

"尧让天下于许由"的故事，是从社会层面上申明"圣人无名"，也兼论"无功"。尧的价值观是"治天下之民，平海内之政"，因此他想把天下让给许由，以便使天下治理得更好。

尧让天下给有德者，符合儒家理念。儒家认为天下应该是有德者居之，而人的贤德是靠后天修养而成，因此，择贤以授是政权交接的最佳方式。于是，曾经如此实践的尧以及舜被儒家奉为圣人，这也是对王权世袭的家天下制度的否定，也是对争权夺利现实的不满。此外，让贤举动本身既意味着对贤才的极度重视，同时还意味着谦逊的美德。前者是作为君主必备的品德，亦即君德；后者是作为人的基本心性修养，儒家对尧舜津津乐道，主要原因也在于此。

三才图会·帝尧陶唐氏

但许由有自己的价值观，不以社会的价值为价值，也就是说，在个人与社会的关系上，许由有一个独立的自我，超越了社会价值体系，摆脱了功名的束缚。

许由拒绝了君位是道家所提倡的。道家认为人是那个虚无的道的产物，死后又复归于道，世间那令一般人垂涎欲滴的功名利禄不过是些身外之物，毫无牵念追求的价值，即使是作为最高名位的君位也不例外。淡漠君位是淡漠名利的极致表现。许由作为隐士，并不参与政治管理，庄子通过尧的嘴把他说成“夫子立而天下治”，其实是“无为而无不为”政治观念的寓言表达。许由在这里表现的是道家的知足人生观。森林枝条无数，鸟不过取一枝而巢；黄河滔滔流水，鼹鼠不过饮个肚儿圆而已；其余枝条其余水，再多也对鸟鼠无有用处。悟得此理，人生会多出一份平和悠然。

五

【原文】

肩吾问于连叔曰①：“吾闻言于接舆，大而无当，往而不返②。吾惊怖其言。犹河汉而无极也；大有迳庭，不近人情焉③。”

连叔曰：“其言谓何哉？”

曰：“藐姑射之山，有神人居焉④。肌肤若冰雪，淖约若处子，不食五

【译文】

肩吾对连叔说：“我听接舆谈话，大而无当，一开口便收不住。我对于他的话十分吃惊。他云里雾里的话好比银河一样漫无边际，跟常人的想法大相径庭，不近人情。”

连叔说：“他都说了些什么话呀？”

肩吾说：“他说：‘在遥远的姑射山

谷，吸风饮露，乘云气，御飞龙，而游乎四海之外；其神凝，使物不疵疠而年谷熟[5]。吾以是狂而不信也[6]。”

连叔曰：“然。瞽者无以与乎文章之观，聋者无以与乎钟鼓之声[7]。岂唯形骸有聋盲哉？夫知亦有之！是其言也，犹时女也[8]。之人也，之德也，将旁礴万物以为一，世蕲乎乱，孰弊弊焉以天下为事[9]！之人也，物莫之伤，大浸稽天而不溺，大旱金石流、土山焦而不热[10]。是其尘垢秕糠，将犹陶铸尧舜者也，孰肯以物为事？宋人资章甫而适诸越，越人断发文身，无所用之[11]。尧治天下之民，平海内之政，往见四子藐姑射之山，汾水之阳，窅然丧其天下焉[12]。”

【注释】

①肩吾、连叔：皆为人名，不可考。②接舆：楚国隐士。③河汉：指银河。④藐姑射：神话中的山名。⑤淖约：轻柔安逸貌；疵疠：疾病，灾害。⑥狂：通“诳”。⑦瞽(gǔ)者：盲人。⑧时：通“是”；女：通“汝”。⑨旁礴：混同。蕲(qí)：求；弊弊：辛苦操劳貌。⑩大浸稽天：大水滔天。⑪章甫：一种礼帽。⑫窅然：怅然若失貌。

中，住着一位神人，她的肌肤有如冰雪一般洁白，姿态有如处女一样柔美，不食五谷，只是吸清风饮露水；她乘云气，驾飞龙，而遨游于四海之外；她的神力凝聚，使得世间万物免受灾害，年年五谷丰登。’我以为这是荒唐话，让人难以置信。”

连叔说：“对呀！一个正常人无法同盲人共同观赏纹彩的华美，一个聋人你也无法同他共同聆听欣赏钟鼓动人声音。岂止是生理上有盲与聋呢？就是智慧精神也有这种情形。我这些话就是针对你所说的啊！那个神人，她的道德的力量，能将万物混同为一体，人世间的芸芸众生欢欣于碌碌营营之中，神人却不屑于奔波忙碌干世俗这些事情。这个神人，任何外物都无法伤害她，大水滔天她不会被淹死，天下大旱使铁和石头都熔化为液体，平地和高山都烧焦了她也不会感到热。她的尘埃污垢乃至被人世间称为秕糠的东西，都可以造就出尧舜这样的杰出人物来，她怎么会蝇营狗苟于世俗之务呢？宋国人到越国卖帽子，因为越国的习俗是剪发文身，所以用不着它；尧治理天下百姓，安定海内的政事。他到汾水北边的姑射山上，拜见四位神人，怅然若失，竟忘了执掌天下大事。”

品庄悟道

神人无功

此处看似说“神人”，实则是进一步地阐发“神人无功”“至人无己”的道理。肩吾与连叔境界不同，肩吾是以俗眼看“神人”，所以无法理解。连叔是以道眼看神人，故能超俗越世，看到神人正是道的化身：道，纯素自然、柔弱若水，因此神人“肌肤若冰雪，淖约若处子”；神人的美丽、纯洁、伟大，给人的形象已经是超然，而忘我的境界。

紧接着，尧见到藐姑射之山的神人后，忘了天下，忘了功名，忘了现实社会中的权力，从而忘了自己，逍遥于道。

神人貌美、清高、神灵、伟大的形象和“得道”混为一体，“不食五谷，吸风饮露；乘云气，御飞龙，而游乎四海之外”，又不为天下事而“弊弊焉”，更谈不上“肯以物为事”。显而易见，这是将人生神化的形象。事实上，这也是现实中穷困潦倒的庄子其思想走向极端悲观的产物。

联系现实不难发现，人的理想永远是那么的美好，可是真正要实现是一个艰难的过程，一不小心，岁月蹉跎，理想就会变成空想。所以一旦目标锁定就应当以忘我的精神去追求。

六

【原文】

惠子谓庄子曰[①]：“魏王贻我大瓠之种，我树之，成，而实五石[②]。以盛水浆，其坚不能自举也。剖之以为瓢，则瓠落无所容[③]。非不呺然大也，吾为其无用而掊之[④]。”

庄子曰：“夫子固拙于用大矣！宋人有善为不龟手之药者，世世以

【译文】

惠子对庄子说：“魏王送给我一棵大葫芦种子，我把它种植养大，果实足有五石。用它盛水，它的坚固程度承受不了自己的容量；把它破开做成瓢，那么阔大的瓢无处可容。这葫芦并非不够空大，只是巨大得无法派上用场，所以就把它打碎了。”

庄子说：“你真是不善于利用大的东西。宋国有个人，擅长制造让手不皲裂的

洴澼絖为事[5]。客闻之，请买其方百金。聚族而谋曰：'我世世为洴澼絖，不过数金；今一朝而鬻技百金，请与之[6]。'客得之，以说吴王。越有难，吴王使之将，冬与越人水战，大败越人，裂地而封之[7]。能不龟手，一也，或以封，或不免于洴澼絖，则所用之异也。今子有五石之瓠，何不虑以为大樽，而浮乎江湖，而忧其瓠落无所容[8]？则夫子犹有蓬之心也夫[9]！"

惠子谓庄子曰："吾有大树，人谓之樗[10]。其大本拥肿而不中绳墨，其小枝卷曲而不中规矩，立之涂，匠人不顾[11]。今子之言，大而无用，众所同去也。"

庄子曰："子独不见狸狌乎[12]？卑身而伏，以候敖者[13]；东西跳梁，不辟高下；中于机辟，死于罔罟[14]。今夫斄牛，其大若垂天之云[15]。此能为大矣，而不能执鼠[16]。今子有大树，患其无用，何不树之于无何有之乡，广莫之野，彷徨乎无为其侧[17]，逍遥乎寝卧其下。不夭斤斧，物无害者，无所可用，安所困苦哉！"

【注释】

①惠子：惠施，宋人，曾为梁惠王的相。②大瓠(hù)：大葫芦。③瓠落：形容极大。④掊：打碎。⑤龟：通"皲"，皮肤冻裂；洴(píng)澼(pì)絖(kuàng)：漂洗丝絮。⑥鬻(yù)：出售。⑦越有难：越国发难，攻打吴国。⑧樽：腰舟，一种渡河工具。⑨蓬之心：

药，于是利用它，世世代代从事漂洗丝絮的工作。有个客人听说，要拿出百金买下这个药方。宋人便聚集起全家族的人商量说：'我家世世代代以漂洗丝絮为业，所得也不过几金。如今一旦把药方出售就可以获得百金，就卖了吧。'客人得到药方后，便去游说吴王。这时越国发难攻打吴国，吴王就派他领兵打仗。冬天，吴军与越军水战，大败越军，吴王划出一块土地封赏他。同样一个让人不皲裂手的药方，有人用它得到了封赏，有人用它只能从事漂洗丝絮的工作，这是因为用途不同。现在你有五石之大的葫芦，为什么不考虑把它当作腰舟系在身上，去浮游于江湖之上，反而担忧它太大无处可容呢？可见你的心如同茅草一样堵塞不通啊！"

惠子对庄子说道："我有一棵大树，人们称它为'樗'。这棵树的大树干上长满了大包，显得很臃肿，不便于用墨线去衡量画线，它的小树枝也弯弯曲曲不合规矩，生长在大道上，木匠们对它都不屑一顾。今天您说的这番话虽然很大却没有用处，因此大家都不同意您的说法。"

庄子说："您难道没见过野猫和黄鼠狼这两种小动物吗？你看它们龟缩着身子隐伏在那里，等候着出来觅食的小动物；它们东跳西蹦，掠食夺物，不怕高也不避低，一不留心踩上猎人设的夹子便死在罗网里。您再看看牦牛，它身躯的庞大如同垂天的云彩，它的能耐可大了，但就是不能捉老鼠。如今您拥有这样一棵大树，却忧愁它没有用处，那您何不把它移植到穷乡僻壤、广阔无边的原野，然后您清净无为地在它的下面闲步，优

比喻心灵堵塞不通。⑩樗(chū):臭椿树。⑪涂:同“途”。⑫狸:野猫;狌:黄鼠狼。⑬敖者:觅食的小动物。⑭辟:通“避”;机辟:捕兽工具。⑮斄(lí)牛:即牦牛。⑯执:捉拿。⑰彷徨:徘徊。

游自在地躺在它的树荫下。这样它既不会遭到斧子的砍伐,什么东西也伤害不着它,虽说它没什么用途,可哪里有什么艰难困苦呢?”

品庄悟道

无用与有用

惠施是庄子的好朋友,但两人的价值观不同。庄子的逍遥学说在惠施看来,犹如大瓠,大而无用;又如臭椿树,无人理睬。而庄子看世界,总能超越物我的层面,大瓠在惠施看来,一无用处,庄子先从世俗的角度讲了一个用不皲手之药而裂地封侯的故事,指出惠施拙于用大;接着从超越世俗的角度,点拨惠施:为何不把大瓠当成大船,泛舟江湖?为何不把大树种在无何有之乡,寝卧其下,无为逍遥?世俗之无用,正是逍遥之大用呵!

抛开庄子和惠施所论的道,单从辩证法来说,这种无用即是有用的论证如“塞翁失马焉知非福”一样,也许某一天无用就会变为有用,而有用说不定哪一天又会变得无用。而作为主观体的人来说,在无用与有用的转变之中所能够做的就是处变不惊,静静地抛开无用的干扰从有用的一方面去寻找人生的答案。就像有个人由于犯了事被关了起来,判了好多年的刑,于是他无事可做,但是却有了很多时间,在这段时间内,他翻阅了大量书籍。后来,他被释放以后,也由于他是刑余之人,所以少了好多应酬,能够让他静下心来,从而写出不朽的传世之作。这个人就是司马迁,他的事迹一直被后世所称道。

【集评】

释德清《庄子内篇注·逍遥游》:此为书之首篇。庄子自云言有宗,事有君,即此便是立言之宗本也。逍遥者,广大自在之意,即如佛经无碍解脱。佛以断尽烦恼为解脱,庄子以超脱形骸,泯

列仙全传·庄子

灭知巧，不以人生一身功名为累为解脱。盖指虚无自然为大道之乡，为逍遥之境，如下云“无何有之乡，广漠之野”等语是也。意谓唯有真人能游于此广大自在之场者，即下所谓大宗师即其人也。……故此篇立意，以“至人无己，神人无功，圣人无名”为骨子。立定主意，只说到后，方才指出，此是他文章变化鼓舞处。学者若识得立言本意，则一书之旨了然矣。

胡朴安《庄子章义·逍遥游》：庄子之学，以虚无为体，以静寂为用，以自然为宗，以无为为教。逍遥游者，游于虚无之乡，寂静一任其自然，无为而无不为也。……《庄子》全书，皆是虚无、寂静、自然、无为之递演。此篇为第一篇，统括全书之意，逍遥物外，任心而游，而虚无、寂静、自然、无为之旨，随在可见。能了解此意，《庄子》全书即可了解。

陆西星《南华真经副墨·逍遥游》：意中生意，言外立言。纩中线引，草里蛇眠。云破月映，藕断丝连。作是观者，许读此篇。

林云铭《庄子因·逍遥游》：篇中忽而叙事，忽而引证，忽而譬喻，忽而议论，以为断而非断，以为续而非续，以为复而非复，只见云气空濛，往返纸上，顷刻之间，顿成异观。

刘凤苞《南华雪心编·逍遥游》：开手撰出“逍遥游”三字，是南华集中第一篇寓意文章，全幅精神，只在乘正御辨以游无穷，乃通篇结穴处。却借鲲鹏变化，破空而来，为“逍遥游”三字立竿见影，摆脱一切理障语，烟波万状，几莫测其端倪，所谓洸洋自恣以适己也。老子论道德之精，却只在正文中推寻奥义；庄子辟逍遥之旨，便都从寓言内体会全神，同是历劫不磨文字，而缥缈空灵，则推南华为独步也。其中逐段逐层，皆有逍遥境界，如游武夷九曲，万壑千岩，应接不暇。起手特揭出一“大”字，乃是通篇眼目。大则能化，鲲化为鹏，引起至人、神人，圣人，皆具大知本领，变化无穷。至大瓠、大树，几于大而无用，而能以无用为有用，游行自适，又安往而不见为逍遥哉！一路笔势蜿蜒，如神龙夭矫空中，灵气往来，不可方物。至许由、肩吾以下各节，则东云见鳞，西云见爪，余波喷涌，亦极恣肆汪洋。读者须处处觑定逍遥游正意，方不失赤水元珠，致贻讥于象罔也。

刘熙载《艺概·文概》：《庄子》文法断续之妙，如《逍遥游》忽说鹏，忽说蜩与学鸠、斥鴳，是为断；下乃接之曰“此大小之辩也”，则上文之断处皆续矣，而下文宋荣子、许由、接舆、惠子诸断处，亦无不续矣。

梁·刘孝标《世说新语·文学》注引向秀、郭象《逍遥义》：夫大鹏之上九万，尺鴳之起榆枋，小大虽差，各任其性，苟当其分，逍遥一也。然物之芸芸，同资有待，得其所待，然后逍遥耳。唯圣人与物冥，而循大变为能，无待而常通，岂独自通而已！又从有待者，不失其所待，不失则同于大通矣。

郭象《庄子注·逍遥游》：夫小大虽殊，而放于自得之场，则物任其性，事称其能，各当其分，逍遥一也，岂容胜负于其间哉！

齐物论

【导读】

所谓“齐物论”包括了齐物之论和齐同物论两个层面的内容，既论述了“齐物”的观点，也论述了“齐言”的理念。庄子认为，世上的万事万物，包括人在内，都是齐一的。春秋战国时代，诸子百家对客观事物的评论，各执一端，相互非难，都把自己的思想观点，当作裁决一切的绝对真理。针对这种倾向，庄子给予了坚决的否定。

庄子明确地肯定天下万物和人们认识的相对性，这无疑含有一些辩证法的因素。但他由此完全否定事物间的一切差别和人们认识真理的可能性，这就使自己陷入了相对主义的泥坑。

一

【原文】

南郭子綦隐机而坐，仰天而嘘，荅焉似丧其耦①。颜成子游立侍乎前，曰：“何居乎②？形固可使如槁木，而心固可使如死灰乎？今之隐机者，非昔之隐机者也。”

子綦曰：“偃，不亦善乎，而问之也？今者吾丧我，汝知之乎③？女闻人籁，而未闻地籁，女闻地籁而未闻天籁夫④！”

子游曰：“敢问其方。”

子綦曰：“夫大块噫气，其名

【译文】

南郭子綦倚靠着几案静坐，仰着头缓缓吐气，好像遗忘了自己的形体一样。颜成子游站在他的面前侍奉着，问道：“这是什么缘故呢？难道人的形体本来可以使它如同枯木，而心灵本来可以使它寂静得如同死灰吗？今天您的静坐，和往日的静坐大不相同啊。”

子綦说：“偃，你的提问，不是很好嘛！今天我把我丢掉了，你知道这一点吗，你或许听说过人籁，但不一定听说过地籁，你或许听说过地籁，肯定没有听说过天籁吧。”

子游说：“请问其中的道理。”

为风，是唯无作，作则万窍怒呺，而独不闻之翏翏乎⑤？山林之畏佳，大木百围之窍穴，似鼻，似口，似耳，似枅，似圈，似臼，似洼者，似污者⑥。激者，謞者，叱者，吸者，叫者，譹者，宎者，咬者，前者唱于而随者唱喁⑦。泠风则小和，飘风则大和，厉风济则众窍为虚⑧。而独不见之调调之刁刁乎？”

子游曰：“地籁则众窍是已，人籁则比竹是已，敢问天籁。”

子綦曰：“夫吹万不同，而使其自己也，咸其自取，怒者其谁邪⑨？”

【注释】

①南郭子綦：人名，因住城郭南端而以为号；隐：倚靠；机：通“几”，案；嘘：缓缓吐气。②颜成子游：南郭子綦弟子，字子游；何居：何故。③女：通“汝”，你。④籁：萧。⑤大块：大地；翏翏：长风声。⑥畏佳：山林高峻。⑦宎者：像狗叫声；喁：相应之声。⑧泠风：小风。⑨咸：都；怒者其谁邪：使其怒号的是谁呢。

子綦说：“大地吐出的气，名字叫风。风不发作则已，一旦发作整个大地上数不清的窍孔都怒吼起来。你独独没有听过那呼呼的长风声吗？山陵上陡峭峥嵘的各种去处，百围大树上无数的树孔，有的像鼻子，有的像嘴巴，有的像耳朵，有的像圆柱上插入横木的方孔，有的像圈围的栅栏，有的像舂米的臼窝，有的像深池，有的像浅池。它们发出的声音，像湍急的流水声，像迅疾的箭镞声，像大声的呵叱声，像细细的呼吸声，像放声叫喊，像号啕大哭，像狗叫声，像鸟儿鸣叫叽喳，真好像前面在呜呜唱导，后面在呼呼相应。小风就有小小的和声，长风呼呼便有大的反响，迅猛的暴风突然停歇，万般窍穴也就寂然无声。你难道不曾看见风儿过处万物随风摇曳晃动的样子吗？”

子游说：“地籁是从万种窍穴里发出的风声，人籁是从并排的各种不同的竹管里发出的声音。我再冒昧地向你请教什么是天籁。”

子綦说：“天籁虽然有万般不同，但使它们发生和停息的都是出于自身，使其怒号的是谁呢？”

品庄悟道

天　籁

上篇《逍遥游》，渲染的是一种无我的逍遥自在，而《齐物论》所讲的是逍遥的方法论。这个方法就是“齐物”，即齐同万物。言论是非属于万物现象的一种，而且是最困扰人的精神的一种，故齐是非属于通往逍遥境界的最重要的途径，所以本篇从此论入手，反复在如何“齐是非”方面大做文章。

本段从南郭子綦“吾丧我”开篇，正是承《逍遥游》篇“至人无己”而来，“吾丧我”即外忘功名、内忘自己，即“吾”不再意识到“我”的存在，所丧失的是一种对“我”的意识，没有了“我”这一意识，自然也就“无功”“无名”了，也就进入“天籁”状态。

但颜成子游无法明白反而怆然若失，南郭子綦便以人籁、地籁、天籁为喻，加以申说。主要说地籁：“夫大块噫气，其名为风，是唯无作，作则万窍怒呺。”接下去非常形象地描绘了“万窍”的各种状态，生动地描述了风吹万窍所发出的各种声音，使子游若有所悟：“地籁则众窍是已，人籁则比竹是已，敢问天籁？”地籁是众窍孔发出的风声，人籁是竹箫所吹出的乐声，请问天籁又是什么？子綦上面并没明讲，接下去也没明确回答，只是说：“夫吹万不同，而使其自己也，成其自取，怒者其谁邪？”大意是说：风吹入不同的空穴，自然地发出不同的声音，声音的产生与消失、大小与长短，都是“自取”，其鼓动者是谁呢？人籁、地籁是具体的声音，天籁不同于人籁、地籁，万窍怒号，没有谁来鼓动，各窍任其自然，就是天籁。天籁在人籁、地籁之中，人籁、地籁的自然状态就是天籁。

二

【原文】

大知闲闲，小知间间[1]；大言炎炎，小言詹詹[2]。其寐也魂交，其觉也形开[3]；与接为搆，日以心斗[4]。缦者，窖者，密者[5]。小恐惴惴，大恐缦缦[6]。其发若机栝，其司是非之谓也[7]；其留如诅盟，其守胜之谓也[8]。其杀若秋冬，以言其日消也[9]；其溺之所为之，不可使复之也；其厌也如缄，以言其老洫也[10]；近死之心，莫使复阳也。喜怒哀乐，虑叹变热，姚佚启态[11]。乐出虚，蒸成菌[12]。日夜相代乎前，而莫知其所萌。已乎，已乎！旦暮得此，其所

【译文】

大智广博，小智琐细；大言气焰盛人，小言则说个没完。他们睡觉的时候神魂交接，醒来的时候形体不宁，和外界解除交合，整天勾心斗角。有的出言迟缓，有的高深莫测，有的用词机谨严密。小的惧怕恐惧不安，大的惊恐神情沮丧。他们发言就像放出利箭一般，专心窥伺别人的是非来攻击；他们不发言就像咒过誓一样，默默不语地等待制胜的机会；他们的衰败如同秋冬景物凋零，这说明他们日益消毁；他们沉溺于所作所为当中，无法使他们恢复到原来的情状；他们心灵闭塞好像被绳索束缚

由以生乎！

【注释】

①闲闲：广博之貌；间间(jiàn)：琐细分别之貌。②炎炎：猛烈。这里比喻说话时盛气凌人；詹詹：啰唆，喋喋不休。③魂交：心神交错；形开：形体不安。④接：接触；搆："构(搆)"的异体字，交合。⑤缦(màn)：通"慢"，疏怠迟缓；窖：用心良苦；密：隐秘、谨严。⑥惴惴(zhuì)：恐惧不安；缦缦(màn)：神情沮丧。⑦机：弩牙；栝：箭末扣弦处。⑧诅盟：誓约。⑨杀：衰。⑩缄：束缚；洫：枯竭。⑪慹(zhé)：多忧惧。⑫乐出虚：乐声从虚器中发出；蒸成菌：菌类因地气的蒸发产生。

住，这说明他们衰老颓败，没法使他们恢复生气。他们欣喜、愤怒、悲哀、欢乐，他们忧思、叹惋，反复、忧惧，他们躁动轻浮、奢华放纵、情张欲往、造姿作态。好像乐声从虚器中发出，又像菌类因地气蒸发而产生，这种种情态日夜在心中交侵不已，但不知道它们是怎样发生的。算了吧！算了吧！一旦悟到这些情态发生的道理，就可以明白这些情态所以发生的根由了吧！

品庄悟道

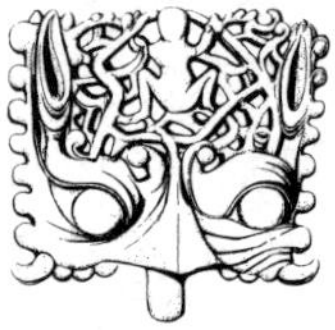

大知小知，大言小言

此节中，夹杂了庄子对当时战国"百家争鸣"的一些看法和剖析。庄子以"大知闲闲，小知间间。大言炎炎，小言詹詹"等文字，对百家纷说进行了形象而又生动的描写。百家所谓的"大知""小知""大言""小言"也许在庄子看来不过是一些为了生存互相攻击的，乱七八糟的声音，这种漫画般的勾勒与讽刺，可以说把自己所谓的无为发挥到淋漓尽致。这种无论大言小言都给人一种哀从心起的感觉，让人不禁要发问为何要"争鸣"，这当然是缘于人们评判标准的不一等因素而起。

因此庄子以为，与其对事物持以己见而妄加评判，莫若等待事物的本性以明心净口，所以庄子发出"已乎，已乎"之音。意思是算了吧，算了吧，大言小言都不必说了，结果自然会出来。

在战国百家争鸣时期，大家都争着发表意见，提出主张，但是庄子却与众不同，以不说应万说，虽有哗众取宠之嫌，可是说与未说之间到底存在多少差别呢？等一切用时间碾磨过，不禁叹道，大言不语，"神原来是不会说话的"。

三

【原文】

非彼无我，非我无所取[1]。是亦近矣，而不知其所为使。若有真宰，而特不得其眹，可行已信，而不见其形，有情而无形[2]。

百骸、九窍、六藏，赅而存焉，吾谁与为亲[3]？汝皆说之乎[4]？其有私焉？如是皆有为臣妾乎？其臣妾不足以相治乎？其递相为君臣乎？其有真君存焉[5]？如求得其情与不得，无益损乎其真。

一受其成形，不亡以待尽。与物相刃相靡，其行尽如驰，而莫之能止，不亦悲乎[6]！终身役役而不见其成功，苶然疲役而不知其所归，可不哀邪[7]！人谓之不死，奚益？其形化，其心与之然，可不谓大哀乎？人之生也，固若是芒乎[8]？其我独芒，而人亦有不芒者乎？

夫随其成心而师之，谁独且无师乎[9]？奚必知代而心自取者有之？愚者与有焉。未成乎心而有是非，是今日适越而昔至也。是以无有为有。无有为有，虽有神禹且不能知，吾独且奈何哉！

【译文】

没有我的对应面就没有我本身，没有我本身就没法呈现我的对应面。这样的认识也就接近于事物的本质，然而却不知道这一切受什么所驱使。仿佛有“真宰”，但又寻不到它的端倪。可以去实践并得到验证，然而却看不见它的形体，事实的存在而又没有反映它的具体形态。

众多的骨节，眼耳口鼻等九个孔窍和心肺肝肾等六脏，全都完备地存在于我的身体，我跟它们哪一部分最为亲近呢？你对它们都同样喜欢吗？还是对其中某一部分格外偏爱呢？这样，每一部分都只会成为臣妾似的仆属吗？难道臣妾似的仆属就不足以相互支配了吗？还是轮流作为君臣呢？难道又果真有什么“真君”存在其间？无论寻求到它的存在与否，那都不会对它的真实存在有什么增益和损坏。

人一旦禀承天地之气而形成形体，就不能忘掉自身而等待最后的消亡。他们跟外界环境相互残杀，相互摩擦，他们的行动全都像快马奔驰，没有什么力量能使他们止步，这不是很可悲吗！他们终身承受役使却看不到自己的成功，一辈子困顿疲劳却不知道自己的归宿，这能不悲哀吗！人们说这种人不会死亡，这又有什么益处！人的形骸逐渐衰竭，人的精神和感情也跟着一块儿衰竭，这能不算是最大的悲哀吗？人生在世，本来就像这样迷昧无知吗？抑或只有我才这么迷昧无知，而世人也有不迷昧无知的吗！

【注释】

①彼：指对应面；取：资证。②近：接近；所为使：为……所驱使；真宰：真心、本我；眹(zhěn)：端倪。③百：概数，言其多；骸：骨节；九窍：人体上九个可以向外张开的孔穴；藏：内脏；赅：完备。④说：通“悦”。⑤真君：真我。⑥相刃相靡：相互残杀，相互摩擦。⑦苶(nié)然：疲倦之状。⑧芒：茫昧，糊涂。⑨成心：成见；知代：了解事物发展的更替变化。

假如凭借个人的成见来当作判别事物的准则，那么什么人不可以拥有一个准则呢？为什么非得了解事物发展的更替变化的贤哲先觉们才能拥有呢？即使是蠢笨之人也会拥有的。假如说在尚无成见之前就已有了是非的存在，那就等于这样说：“我今日要前往越国，可昨天我就已经到越国了。”显然，这种观点是把不存在的看成是存在的，假如要把不存在（未发生的）看成是存在的（已发生的），那即使是圣哲的大禹，也无法令人信服（解释清楚），我又有什么法子呢？

品庄悟道

人　籁

此节读来玄之又幻，紧接上段中“天籁”，从人的角度，模拟出一些物态画像，形象化了人的器官部位，既有眼、耳、鼻、舌、身、意等感知器官，又有五脏六腑。所以说，以人为核心元素来写起的此节可以看作一个分述段，就是庄子对“人籁”所做的阐发。

上段摹写了客观世界的千变万化，本段主要摹写主观世界的变化万千，写人之形器互异，似众窍之不一；人言之不同，亦似万窍怒号，但地籁出于无心，发、息自然，人言却出于“成心”，“其发若机栝，其司是非之谓也；其留如诅盟，其守胜之谓也”。意即有的人发言如射箭，专心窥伺别人的是非来攻击；有的人沉默如同守誓，一言不发以待后发制人的机会。

如果说言与不言出于“心”，那么人对于问题的角度和判断是非的标准也是出于——“成心”，也就是主观的偏见，有了偏见，就有是非。“未成乎心而有是非，是今日适越而昔至也。”就是说，没有成见而有是非，这好比今日到越国去而昨天就到了，是完全不可能的。既然如此，要齐是非，就得去“成心”。成心，对于一个人到底有没有用了，如果设定目标矢志不渝那么此处的成心，可说是有用的，但是成心的负面影响，就像一个人对某件事的期待很高，可是有的时候往往失望大于希望。

那么，用什么方法，站在什么角度，以什么为标准，才能去“成心”、齐“是非”呢？

四

【原文】

夫言非吹也[①]。言者有言,其所言者特未定也。果有言邪?其未尝有言邪?其以为异于鷇音,亦有辩乎[②]?其无辩乎?

道恶乎隐而有真伪[③]?言恶乎隐而有是非?道恶乎往而不存?言恶乎存而不可?道隐于小成,言隐于荣华[④]。故有儒墨之是非,以是其所非而非其所是[⑤]。欲是其所非而非其所是,则莫若以明[⑥]。

物无非彼,物无非是。自彼则不见,自知则知之。故曰:彼出于是,是亦因彼。彼是方生之说也[⑦]。虽然,方生方死,方死方生;方可方不可,方不可方可;因是因非,因非因是。是以圣人不由而照之于天,亦因是也[⑧]。是亦彼也,彼亦是也。彼亦一是非,此亦一是非。果且有彼是乎哉?果且无彼是乎哉?彼是莫得其偶,谓之道枢[⑨]。枢始得其环中,以应无穷[⑩]。是亦一无穷,非亦一无穷也。故曰莫若以明。

【译文】

言论与吹风不一样,讲话的滔滔不绝,但这些讲论者多执所论却很难有一个公认的确论。这真的算是讲了篇大道理呢?抑或是等于没讲呢?他们均自认为自己的讲论高明,不能让人当成小鸟的鸣叫去听,可这二者究竟有区别呢,还是没区别呢?

"道"怎么会因为隐秘而有真假之分?言论怎么会因为隐秘而有是非之别?"道"何处不在呢?言论为什么因为存在就不可否定呢?"道"被隐秘在片面的认识成果之中,言论被隐秘在漂亮的辞藻之中,因此才会有儒家墨家的是非的争论,他们各自认可对方所否定的东西而攻击对方所坚持和认为正确的东西,假如要认可对方所否定的而驳斥否定对方所认可的,那样还不如以本然的明净之心观照事物。

从对方的角度上看,所有的事物都可称为彼;就本身而言,任何事物同样都可以称为此。从彼的角度看不到这一点,从本身意识上说当然是明白这一点的。所以说:彼产生于此,此依赖于彼,这就是彼与此的概念相依相对一起产生的学说。从此岸世界而言,诞生意味着生命正在起步;而从彼岸世界来看,出生就是刚刚死亡;从此岸世界而言,死亡意味着生命刚刚终结;而从彼岸世界来看,死亡就是生命才刚出生;对与错同时产生相互依存,从本方说是对,从对方说就是错;从本方说是错,从对方说就是对;根据"是"的标准判断它的"非",对方自然就根据"非"的标准判断它属于"是"。因此圣人

【注释】

①吹：吹风。②鷇(kòu)：初生之鸟的叫声；辩：通“辨”。③恶(wū)：何，怎么。④小成：片面的认识成果。⑤儒墨：以孔子为代表的儒家和以墨子为代表的墨家。⑥莫若以明：以本然的明净之心观照事物。⑦方生：并生，指彼与此的概念相依相对一起产生。⑧不由：不走是非对立之路；照：反照；天：自然。⑨莫得其偶：不成对待；道枢：道的枢纽。⑩环中：圆环的中心。

不经是非判断的途径来反映自然，也是因为这个原因。此就是彼，彼就是此。同样一件事，彼有一个是非判断，此也有另一个是非判断。到底是有彼此的分别呢，还是没有彼此的分别？究其实，彼此不成为对立面，这就是道的关键。抓住了道的关键，就如同获得了一个中间虚空的环，反过来就可以用中空的环来领悟、应合无穷的道。对是一种无穷，错也是一种无穷，彼和此、对和错都是无穷的道的派生物，同本同根，因此就无须计较分辨。所以说，不如追本溯源到虚无的道那里，就会明白彼此是非之类的概念都很无聊无谓。

品庄悟道

彼与此

庄子又从“百家争鸣”论起，当时社会各学说流派经常各持一端，相互攻击，而在庄子看来，这种从自己的立场出发的，以自己的逻辑去自造真理攻击别人的人，是没有认清彼此。从关系上看，物与物有彼此之分。彼因为此而成立，没有彼也就无所谓此，反之亦然。这是一般人能体会到的关系。如果分别从彼此的角度看，那个被称为彼的对方实际就是此，反之亦然。就是我们常常说的换个角度，站在对方的立场看问题。

在人生各种对立的现象中，最令人困惑的是生死问题。一个人生下来，就同时意味着这个人身不由己地走向死亡，人生成了一次没有回程票的单向旅行，于是，哲学特别是宗教哲学把这一终级问题当作必须解决的任务。从人生活的此岸世界来观察，生就是生，死就是死，人死不能复生。庄子从相对的观念出发，隐性地认定了阴阳两个世界，人之生在另一世界看来就是死，而人之死亡在另一世界里就是出生。这样的观念是对生死困境的一种淡然的超越。彼与此、对与错、生与死既然可以从不同立场上获得相反的解释，那么物之异就只是表象，而物之同才是事物本质，最终的一切都归之于大道。这便是“齐物论”所要表达的主旨。在具体的对立事物中，庄子持相对主义，目的是为绝对的道寻找依据。

庄子的论道把彼此、是非都混淆一起，是具有一定的消极意义的，作为诡辩可以，在现实生活中不可奉行过头，比如说，不上班就是上班，这样的玩笑还是不要开，如果别人说这样的话，笑笑走开就行，毕竟人不是说大话就可以活着的。

五

【原文】

以指喻指之非指，不若以非指喻指之非指也①；以马喻马之非马，不若以非马喻马之非马也②。天地一指也，万物一马也③。

可乎可，不可乎不可。道行之而成，物谓之而然。恶乎然？然于然。恶乎不然？不然于不然。物固有所然，物固有所可；无物不然，无物不可。故为是举莛与楹、厉与西施、恢恑憰怪，道通为一④。

【注释】

①不若……指也：这是对公孙龙《指物论》的“物莫非指，而指非指”的论点的发挥。②不若……马也：这是针对公孙龙《白马论》的“白马非马”论而言的。③一指，一马：指事物的共性。④莛(tíng)：草茎；楹(yíng)：木柱；厉：通“疠”，丑陋的人；恑：奇变；憰(jué)：诡诈；一：浑然一体。

【译文】

以大拇指来说明大拇指不是手指，不如以非大拇指来说明大拇指不是手指；以白马来说明白马不是马，不如以非白马来说明白马不是马。事实上，从事理相同的观点来看，天地就是“一指”，万物就是“一马”。

道路是人走出来的，事物的名称是人叫出来的。可有它可的原因，不可有它不可的原因；是有它是的原因，不是有它不是的原因，为什么是？自有它是的道理。为什么不是？自有它不是的道理。为什么可？自有它可的道理。为什么不可？自有它不可的道理。一切事物本来都有它是的地方，一切事物本来都有它可的地方。没有什么东西不是，没有什么东西不可。所以小的草茎和大的庭柱，丑陋的女人和美貌的西施，以及一切千奇百怪的事情，从道的观点看它们都是可以相通为一的。

品庄悟道

可与不可

“指非指”、“马非马”，在此处庄子用来论述“百家争鸣”那种各说各有理的可笑。因为任何事物都是相对的，且相互依存，而百家学派那种绝对的言说，确是存在着不少的纰漏。

在庄子看来，只有取消彼此的对立，任其自然，才是唯一的大道。庄子万物归一的论说，可取之处在于，在分析问题的时候必先抓住问题的核心，解决问题的主要矛盾。这样才能以不变应万变。

“道可道，非常道”。庄子作为老子学说的集大成者，用“可与不可”来论述大道，本无可厚非。可是，如果什么事情都大而化之，归为一谈，那么就是对人生的不负责任。就像有一个故事，有一个人去朋友家做客，吃完饭不洗碗，还说洗了下次还要用，不如不洗。地脏了也不扫，说是扫了又会脏……这样朋友终于忍不住了，就在吃饭的时候自己吃自己的，那个人饿得实在不行了就说：“我的饭呢？”朋友说：“吃了又会饿，还不如不吃。”所以在今天，不要用这种“可与不可”来支持自己的懒惰思想。

六

【原文】

其分也，成也；其成也，毁也。凡物无成与毁，复通为一。唯达者知通为一，为是不用而寓诸庸[1]。庸也者，用也；用也者，通也；通也者，得也；适得而几矣。因是已，已而不知其然，谓之道[2]。劳神明为一而不知其同也，谓之“朝三”。何谓“朝三”？狙公赋芧曰[3]：“朝三而暮四”。众狙皆怒。曰：“然则朝四而暮三”。众狙皆悦。名实未亏而喜怒为用[4]，亦因是也。是以圣人和之以是非[5]，而休乎天钧，是之谓两行。

【注释】

①为是：为此；不用：不执己见。②因：任由，顺其。③狙公：养猴老人；赋芧（zhù）：分发橡子。④未亏：未损。⑤和：混同。

【译文】

万物有分必有成，有成必有毁。所以从总体上说，万物根本就不存在所谓的完成和毁灭，始终是浑然一体的。只有通达之人才可能懂得万物浑然相通的道理，为此他们不执己见，而寄托在万物的各自功用上。这就是随顺事物的自然罢了。顺其自然而不知所以然，这就叫作“道”。辩者们竭尽心力去追求一致，却不知道万物本来就是混同的，这就是所谓的“朝三”。什么叫作“朝三”呢？有一个养猴的老人，他给猴子们分橡子，说：“早晨三升，晚上四升。”众猴子听了很生气。老人改口说：“那么就早晨四升而晚上三升吧。”众猴子听了都高兴起来。橡子的名称和实际数量都不曾增损，而猴子们的喜怒却因而不同，这里养猴老人不过是顺从猴子们的主观感受罢了。所以圣人混同于是是非非，而任凭自然均衡，这就是物我并行，各得其所。

品庄悟道

朝三暮四

形成与毁灭，对庄子来说，没有什么区别，只是事物存在的两个方面。接着庄子引出了寓言故事“朝三暮四”来说明顺应自然对于成和毁的重要性，进而来论述自己万物相通的道。

庄子举“朝三暮四”的例子是要说明，实际本来不变，变的只是名称。进而说明天道不变，变化的只是由道产生的物体及由此衍生的概念。所有的变化最后都统一于道，因而都不值得计较。

尽管庄子嘲笑猴子对朝三暮四和朝四暮三产生的喜怒不同，但这个例子还是透露出了同一概念不同语汇和语序给心灵带来的影响，提出了语言和情感之间的对应关系问题。这样的实例在生活中也触目皆是。如都是志向非凡，可以说成是野心勃勃或雄心勃勃，说者有了情感取向，被说者同样会产生迥异的心理反应。再如说一个将军屡战屡败，那是无能的别称；如果说成屡败屡战，那就是不屈不挠的异名。

七

【原文】

古之人，其知有所至矣①。恶乎至？有以为未始有物者，至矣，尽矣，不可以加矣。其次以为有物矣，而未始有封也②。其次以为有封焉，而未始有是非也。是非之彰也③，道之所以亏也。道之所以亏，爱之所以成。果且有成与亏乎哉？果且无成与亏乎哉？有成与亏，故昭氏之鼓琴也④。无成与亏，故昭氏之不鼓琴也。昭文之鼓琴

【译文】

古时的悟道者，他们的智慧是有极限的，极限的终端在何处呢?宇宙在形成的初期万物尚未成形之时，便是智慧极限的终端，到了这个终端就无法再延长了，无法增加了。同这样的人相比差一级的人们，认为客观世界的物质是应该分属性的，然而他们都不去追索其是与非。是非的显现，是“道”有亏损之说的原因，是私心偏好得以形成的原因。难道真的有有所成和有所亏吗？有有所成与有所

也，师旷之枝策也，惠子之据梧也，三子之知几乎，皆其盛者也，故载之末年⑤。唯其好之也，以异于彼；其好之也，欲以明之彼。彼非所明而明之，故以坚白之昧终⑥。而其子又以文之纶终，终身无成⑦。若是而可谓成乎？虽我亦成也。若是而不可谓成乎？物与我无成也。是故滑疑之耀，圣人之所图也⑧。为是不用而寓诸庸，此之谓以明。

【注释】

①知：通“智”。②封：界域。③彰：彰明，显现。④昭氏：姓昭，名文，善弹琴。⑤师旷：春秋时晋平公的乐师，精于音律；惠子：惠施；载：事，从事。⑥坚白：指石头的颜色白而质地坚，但“白”和“坚”都独立于“石”之外。公孙龙子曾有“坚白论”之说，庄子是极不赞成的。⑦其子：指昭文之子；纶：琴弦。⑧滑疑之耀：迷惑世人的炫耀。图：鄙，摒弃。

亏，就如同昭文弹琴一样；无有所成与有所亏，就如同昭文的不弹琴一样。昭文弹琴的时候，师旷为他举杖击节，惠子为他靠在梧桐树下讲评，这三个人的水平，在当时是炉火纯青的了，所以终生从事这项事业。正因为他们对此十分爱好钻研，才高出同操此业的同行们一筹，而值得炫耀。正因为他们对此的偏好，才有意识地让人们明白他们高超，他们非要让无此偏好的人有他们同样的偏好，故此他们终生被“坚白”之说所蒙蔽。而昭文的儿子又承袭父业，却终其一生而无所成就。像这样的解说是有所成吗？虽然我无所成，也可以说是有所成了。假设这不能说是有所成，那别人与我就都无所成。所以，各种迷乱人心的辩说，是圣贤之人所摒弃的东西。因此圣贤之人反对将迷人心性的辩说炫耀于人而追求事物的功利名分，这就叫“以明”。

品庄悟道

成与亏

师旷

“成与亏”，在此处可说成“无与有”，而“无”到无限，“无”之外不可能再有“无”，这无限的“无”就是道，就是“一”。

庄子认为，由于人们认识的局限性，社会上才有成亏、爱憎、是非、彼此等相互对立的观念。为了说明事物原本是一体的，庄子这里引导人们上溯其本。他说，爱憎出于是

非，是非出于界限，界限源于物的形成，而物却产生于不曾有物——“无”。看来，如此缤纷斑斓的世界原来都是虚无的、浑然一体的“道”。既然如此，用“道”来看世界，又怎么会有不同的道理呢？

庄子认为只有那些圣贤的人是能够从“成与亏”中找出所谓的道的。而只有能够“以明”就是能够摒弃迷乱辩说，才能够称得上真正的圣贤。

八

【原文】

今且有言于此，不知其与是类乎[1]？其与是不类乎？类与不类，相与为类，则与彼无以异矣。虽然，请尝言之[2]。有始也者，有未始有始也者，有未始有夫未始有始也者[3]。有有也者，有无也者，有未始有无也者，有未始有夫未始有无也者。俄而有无矣，而未知有无之果孰有孰无也。今我则已有谓矣，而未知吾所谓之其果有谓乎，其果无谓乎？

天下莫大于秋毫之末，而大山为小[4]；莫寿于殇子，而彭祖为夭[5]。天地与我并生，而万物与我为一。既已为一矣，且得有言乎？既已谓之一矣，且得无言乎？一与言为二，二与一为三。自此以往，巧历不能得，而况其凡乎[6]！故自无适有[7]，以至于三，而况自有适有乎！无适焉，因是已。

【译文】

现在在这里发表一番言论，但不知这些话与其他人所说的是相同呢，还是不同呢？不管是相同还是不同，作为言论它们是一类的。既然如此，我还是试着说说：天地万物有一个开始，又未尝有一个开始，有没有一个开始的开始；有“有”，又有“无”，有“有”“无”，又不曾有“有”“无”。忽然间有了“有”“无”，但不知道这“有”“无”谁是真的“有”、谁是真的“无”。今天我说了这些话，但不知我的话是真的说了呢，还是真的没说呢？

从相对的眼光看，天地间没有比秋毫更大的东西，巍峨的泰山却显得太小；没有比夭折的婴孩更长寿的，而古时候活了八百岁的彭祖却显得短命。天地与我并生，而万物与我为一。既然我与万物为一体，那还用得着言语去区分吗？既然我说我与万物是一体的，这还能说不需要语言吗？万物一体之“一”加上我所言说的“一”便是二，二如果再加上正在说的“一”就成了三。照此继续算下去，就是善于算计的人也算不清，更何况平常之人呢？所以，从无到有以至于多，可谓算不胜算，何况从万有推算万有呢？别再推算了，还是任其自然吧！

【注释】

①且：姑且，假设；类：同类。②尝：尝试。③始：天地之始；未始：未尝。④大山：泰山。⑤殇子：夭折的婴孩。⑥巧历：善于计算的人。⑦适：推算。

品庄悟道

一生二

“道生一，一生二，二生三，三生万物。”这是道家的鼻祖老子的话，而庄子也说，“一与言为二，二与一为三。自此以往，巧历不能得。”而这个“一”是从哪里来的呢？“天地与我并生，而万物与我为一”，可见是从万物而来，那么万物从何而来，万物又是从“一”生发而来的，在此庄子加进去了万物“循环”学说。如此就会更加明白了这两句话，就解决了《庄子》一书的主要问题：其一是“我从何处来？”即万物的来源问题；其二是“我向何处去？”即万物的归宿问题。

“天地与我并生”是讲来源问题：“天地”与“我”一样，都是从“道”那里一齐生出来的；“万物与我为一”并非前句的同义重复，是讲归宿问题：“万物”与“我”实乃一体，同归于“道”。因为道“注焉而不满，酌焉而不竭”，是万物的起点，又是万物的归宿。始成了终，终又成了始。亦如《寓言》篇所言：“万物皆种也，以不同形相禅，始卒若环。”

所以庄子说“天人相类，天人合一”，因为有了同质同源的天和人所形成的整体，才会有世间万物的循环演化生发。

九

【原文】

夫道未始有封，言未始有常，为是而有畛也①。请言其畛：有左有右，有伦有义，有分有辩，有竞有争，此之谓八德。六合之外，圣人存而不论②；六合之内，

【译文】

所谓真理从不曾有过界线，言论也不曾有过定准，只因为各自认为只有自己的观点和看法才是正确的，为了一个“是”字而有了界限。请让我谈谈那些界线和区别：有左有右，有次序有等别，有分解有辩驳，有竞比有

圣人论而不议。春秋经世先王之志，圣人议而不辩③。故分也者，有不分也；辩也者，有不辩也。曰：何也？圣人怀之，众人辩之以相示也④。故曰：辩也者，有不见也。

夫大道不称，大辩不言，大仁不仁，不廉不嗛，不勇不忮⑤。道昭而不道，言辩而不及，仁常而不成，廉清而不信，勇忮而不成。五者园而几向方矣⑥。故知止其所不知，至矣。孰知不言之辩、不道之道？若有能知，此之谓天府⑦。注焉而不满，酌焉而不竭，而不知其所由来，此之谓葆光⑧。

【注释】

①畛(zhěn)：界限。②六合：天地及四方。③春秋：泛指史书；志：记载。④众人：指儒墨等各家。⑤嗛：通“谦”，谦逊；忮(zhì)：伤害。⑥园：通“圆”，圆通。⑦天府，指自然生成的府库，也就是整个宇宙。⑧葆(bǎo)光：隐藏的光明。

相争，这就是所谓八类。天地和东西南北四方之外的事，圣人总是存而不论；宇宙之内的事，圣人虽然细加研究，却不随意评说。至于古代历史上善于治理社会的前代君王们的记载，圣人虽然有所评说却不争辩。可知有分别就因为存在不能分别，有争辩也就因为存在不能辩驳。有人会说，这是为什么呢？圣人把事物都囊括于胸、涵容于心，而儒墨各家则争辩不休夸耀于外，所以说，大凡争辩，总因为有自己所看不见的一面。

至高无上的真理是不必称扬的，最了不起的辩说是不必言说的，最具仁爱的人是不必向人表示仁爱的，最廉洁方正的人是不必表示谦让的，最勇敢的人是从不伤害他人的。真理完全表露于外那就不算是真理，逞言肆辩总有表达不到的地方，仁爱之心经常流露反而成就不了仁爱，廉洁到清白的极点反而不太真实，勇敢到随处伤人也就不能成为真正勇敢的人。这五种情况就好像着意求圆却几近成方一样。因此懂得停止于自己所不知晓的境域，那就是绝顶的明智。谁能真正通晓不用言语的辩驳、不用称说的道理呢？假如有谁能够知道，这就是所说的自然生成的府库。无论注入多少东西，它不会满盈，无论取出多少东西，它也不会枯竭，而且也不知这些东西出自哪里，这就叫作潜藏不露的光亮。

品庄悟道

大道不称，大辩不言

道是一切，没有界限，不可言说，一说就有了界限，比如有左右、伦义、分辩、竞争等种种疆界。故庄子主张人要葆光，要知“不言之辩，不道之道”，要使人心犹如天府一样：注之不满，酌之不竭，来不知其所来，去不知其所去。即主张无言、忘言。

本章重在说明一切事物的本原是统一而不可分割的。庄子认为，由于人们对事物的硬性分辨，并为之定出众多的界限，才会产生物与物论的不齐。为打破人为界限，突破精神樊囿，庄子提出“不言”“不道”，宽大为怀，胸怀万物。这种与“道”合一的开放性心灵犹若“天府”，“注焉而不满，酌焉而不竭”，“此之谓葆光”。

在现实的生活中，沉默是金，已经成了一句至理名言，无论是在职场或是在商场，只要不是以演说、讲话为主的事业，很多人都在奉行沉默是金这条真理。虽然在紧张的生活中不必用沉默是金去体验庄子的大道，但是言多必失，如果没有把一件事情说清楚就当成是玄而又玄的道，“大道不称，大辩不言”保持沉默也许是上策。

一〇

【原文】

故昔者尧问于舜曰：“我欲伐宗、脍、胥敖，南面而不释然，其故何也①？”

舜曰：“夫三子者，犹存乎蓬艾之间②。若不释然，何哉？昔者十日并出，万物皆照，而况德之进乎日者乎！”

【注释】

①宗、脍、胥敖：三个小国国名。②蓬艾：比喻其番国卑小。

【译文】

从前，尧曾向舜问道：“我想征伐宗、脍、胥敖三个小国，每当上朝时总是感到心神不安。这是什么缘故呢？”

舜说：“这三个小国的国君就好像生存于蓬蒿、艾草之中，你何必放心不下呢？过去有十个太阳一同升起，普照万物，更何况大道的光辉更胜过太阳呢！”

品庄悟道

阳光普照，大地生辉

庄子用尧和舜的谈话，来说明大道的光辉犹如阳光普照一般。尧想伐小国，觉得心里不安，舜就说大道的光辉胜过太阳。意思就是以有道伐无道，以大道伐小道，当然可以了。

到底什么是大道呢？就像一个德高望重的人能用他的行为和语言让别人感到

如沐春光，大国用政治清明这个理由去制裁小国的暴政……所有这些能够让人敬仰的，都可以说是大道。

庄子在此处借舜之口把“大道”上升于一切道理之上，这看似与上下毫无关联的一段，却是庄子“齐物论 ”中不可或缺的一处。

一一

【原文】

啮缺问乎王倪曰[1]：“子知物之所同是乎？”

曰：“吾恶乎知之！”

“子知子之所不知邪？”

曰：“吾恶乎知之！”

“然则物无知邪？”

曰：“吾恶乎知之！虽然，尝试言之。庸讵知吾所谓知之非不知邪[2]？庸讵知吾所谓不知之非知邪？且吾尝试问乎女：民湿寝则腰疾偏死，鳅然乎哉[3]？木处则惴慄恂惧，猨猴然乎哉？三者孰知正处[4]？民食刍豢，麋鹿食荐，蝍蛆甘带，鸱鸦耆鼠，四者孰知正味[5]？猨猵狙以为雌，麋与鹿交，鳅与鱼游[6]。毛嫱丽姬，人之所美也，鱼见之深入，鸟见之高飞，麋鹿见之决骤[7]。四者孰知天下之正色哉？自我观之，仁义之端，是非之涂，樊然殽乱，吾恶能知其辩[8]！”

啮缺曰：“子不知利害，则至人固不知利害乎？”

【译文】

啮缺问王倪：“你知道万物有共同的标准吗？”

王倪说：“我如何知道呢？”

啮缺又问：“你知道所不明白的东西吗？”

王倪说：“我如何知道呢！”

啮缺再问：“那么万物就无法知道了吗？”

王倪回答：“我怎么知道呢！虽然这样，我还是试着来回答你的问题。你怎么知道我所说的知道不是不知道呢？你又怎么知道我所说的不知道不是知道呢？我还是先问一问你：人们睡在潮湿的地方就会腰部患病甚至酿成半身偏瘫，泥鳅也会这样吗？人们住在高高的树木上就会惊恐发抖、惶恐不安，猿猴也会这样吗？人、泥鳅、猿猴三者究竟谁最懂得居处的标准呢？人以家畜的肉为食物，麋鹿食小草，蜈蚣嗜吃小蛇，猫头鹰和乌鸦则爱吃老鼠，人、麋鹿、蜈蚣、猫头鹰和乌鸦这四类动物究竟谁才懂得真正的美味？猿猴把猵狙当作配偶，麋喜欢与鹿交配，泥鳅则与鱼交尾。毛嫱和丽姬，是人们称道的美人了，可是鱼儿见了她们深深潜入水底，鸟儿见了她们高高飞向天空，麋鹿见了她们就疾

王倪曰："至人神矣！大泽焚而不能热，河汉沍而不能寒，疾雷破山飘风振海而不能惊⑨。若然者，乘云气，骑日月，而游乎四海之外。死生无变于己，而况利害之端乎！"

【注释】

①啮缺、王倪：传说尧时贤人。②庸讵(jù)：怎么。③偏死：半身瘫痪。④木处：住在树上。⑤刍豢：指家畜；蝍蛆：蟋蟀；鸱：猫头鹰。⑥猵狙：猕猴的一种，似猿。⑦决骤：疾奔。⑧樊然殽(yáo)乱：纷然错乱。⑨沍(hù)：河水冻结。

奔而逃。人、鱼、鸟和麋鹿四者究竟谁才懂得天下真正的美色呢？以我来看，仁与义的端绪，是与非的途径，都纷然错乱，我怎么能知晓它们之间的分别！"

啮缺说："你不了解利与害，难道品德高尚的至人也不知晓利与害吗？"

王倪说："啊！进入物我两忘境界的至人实在是神妙极了！山林焚烧却不能使他感到热，河水冻结却不能使他感到冷，雷霆撼山岳却不能使他受到伤害，狂风激起海浪却不能使他感到惊恐。这样品德高尚的至人，驾着云气，骑着日月，在四海之外遨游，生死对于他自己全无变化，何况利害的观念呢？"

品庄悟道

利与害

列仙全传·王倪

即使限于人类的价值标准，不同的人、不同的地域、不同的时代，也不可能有"人之所同是"，更何况"物之所同是"？人与其他动物尚且不会有共同认可的正处、正味、正色，如果把眼光从动物扩大到生物，从生物扩大到无生物，从有扩大到无，即站在道的立场上，则会丧失一切价值标准，甚至根本不会想到"价值"问题。价值判断，正是主观体的表现；至人无己，则"死生无变于己，而况利害之端乎"？

庄子借王倪之口传达了人与动物认知的不同。以此来说"至人"应顺应自然，无动于是非、利害。

用庄子所论，来区分不同的人，由于历史时代、社会地位和经济等客观条件的不同，其好恶和对事物的取舍、评议也有一定的差别，但这并不能否定其间客观规律的存在。庄子据人之是非之异而一概否认是非评判的标准,无疑具有一定的荒谬性。

利与害对于凡人和“至人”来说如果同样的环境,同样的遭遇,以至于“至人”的遭遇比凡人更糟糕,那么至人在处理利与害的关系的时候,“至人”所选择的可能是一种理性的态度,而凡人则比较消极。从而使得害变为利,利变为害。

一二

【原文】

瞿鹊子问乎长梧子曰[①]:“吾闻诸夫子,圣人不从事于务,不就利[②];不违害,不喜求,不缘道[③];无谓有谓,有谓无谓,而游乎尘垢之外。夫子以为孟浪之言,而我以为妙道之行也。吾子以为奚若[④]?”

长梧子曰:“是黄帝之所听荧也,而丘也何足以知之[⑤]!且女亦大早计,见卵而求时夜,见弹而求鸮炙[⑥]。予尝为女妄言之,女以妄听之。奚旁日月,挟宇宙,为其吻合,置其滑涽[⑦],以隶相尊。众人役役,圣人愚芚,参万岁而一成纯。万物尽然,而以是相蕴。予恶乎知说生之非惑邪[⑧]!予恶乎知恶死之非弱丧而不知归者邪!

“丽之姬,艾封人之子也。晋国之始得之也,涕泣沾襟,及其至于王所,与王同筐床[⑨],食刍

【译文】

瞿鹊子向长梧子问道:“我听孔夫子说:圣人不做世间的俗事,不求利,不避害,不妄求,不拘于道,似有所谓,又似无所谓,心神遨游于尘世之外。孔夫子以为这些是轻率之言,而我以为这些是妙道之行。你认为怎样?”

长梧子说:“黄帝听了这些话也会疑惑不解,孔夫子怎么能知晓呢!你未免太急躁了:见了鸡蛋就想要得到报晓的公鸡,见了弹子就想要吃到鸮鸟的烤肉。我姑妄言之,你故妄听之:圣人依傍日月,胸怀宇宙,与万物合一,置纷然混乱于不顾,视尊卑贵贱为一体;众人熙熙攘攘,圣人浑然无知;圣人参赞化与,顺任万物之自然。我怎么知道贪恋活在世上不是困惑呢?我又怎么知道厌恶死亡不是年幼流落他乡而老大还不知回归呢?”

丽姬是艾地封疆守土之人的女儿,晋国征伐丽戎时俘获了她,她当时哭得泪水浸透了衣襟;等她到晋国进入王宫,跟晋侯同睡一床而宠为夫人,吃上美味珍馐,也就后悔当初不该那么伤心地哭泣了。我又怎么知道那些死去的人不会后悔当初的求生呢?睡梦里饮酒作乐的人,天亮醒来后很可能痛哭饮泣;睡梦中痛

豢，而后悔其泣也。予恶乎知夫死者不悔其始之蕲生乎[10]！梦饮酒者，旦而哭泣；梦哭泣者，旦而田猎[11]。方其梦也，不知其梦也。梦之中又占其梦焉，觉而后知其梦也。且有大觉而后知此其大梦也，而愚者自以为觉，窃窃然知之[12]。君乎、牧乎，固哉[13]！丘也与女，皆梦也；予谓女梦，亦梦也。是其言也，其名为吊诡[14]。万世之后而一遇大圣，知其解者，是旦暮遇之也！

"既使我与若辩矣，若胜我，我不若胜，若果是也，我果非也邪？我胜若，若不吾胜，我果是也，而果非也邪？其或是也，其或非也邪？其俱是也，其俱非也邪？我与若不能相知也，则人固受其黮闇，吾谁使正之[15]？使同乎若者正之？既与若同矣，恶能正之！使同乎我者正之？既同乎我矣，恶能正之！使异乎我与若者正之？既异乎我与若矣，恶能正之！使同乎我与若者正之？既同乎我与若矣，恶能正之！然则我与若与人，俱不能相知也，而待彼也邪？"

"何谓和之以天倪？[16]"

曰："是不是，然不然。是若果是也，则是之异乎不是也亦无辩；然若果然也，则然之异乎不然也亦无辩。化声之相待，若其不相

哭饮泣的人，天亮醒来后又可能在欢快地逐围打猎。正当他在做梦的时候，他并不知道自己是在做梦。睡梦中还会卜问所做之梦的吉凶，醒来以后方知是在做梦。人在最为清醒的时候方才知道他自身也是一场大梦，而愚昧的人则自以为清醒，好像什么都知晓什么都明了。君尊牧卑，这种看法实在是浅薄鄙陋呀！孔丘和你都是在做梦，我说你们在做梦，其实我也在做梦。上面讲的这番话，它的名字可以叫作奇特和怪异。万世之后假若一朝遇上一位大圣人，悟出上述一番话的道理，这恐怕也是偶然遇上的吧！

"如果让我同你辩论，你如胜我，我胜不了你；那么你果真有道理，我果真没道理吗？如果我胜了你，你胜不了我。我果真有道理，而你果真没道理吗？还是你我之间有一人有道理、有一人没道理呢？还是你我都有道理或都没道理呢？我与你是不能得出结论的，但人们都有各自的偏见，我让谁来当个正确的评判者呢？是让与你持同样观点的人来当公正的评判吗？那样，这个评判既然与你持同样现点，他怎能保持公正呢？是让与我持同样观点的人来当公正的评判吗？那样，这个评判既然与我持同样观点，那又怎么保证公正呢？是让与你我观点都不同的人来当公正的评判吗？那么。这个人既与你我的观点都不一样，又怎能评判你我的是与非呢？是让与你我观点都相同的人来当公正的评判吗？那么，既然这个人与你我的观点都一致，那么如何能判定你与我的是非呢？如此看来，我与你以及上述若干个评判人都是无法判定这个是非的了，那么要等待什么样的人来

诗，和之以天倪，因之以曼衍，所以穷年也[17]。忘年忘义，振于无竟，故寓诸无竟[18]"。

【注释】

①瞿鹊子、长梧子：孔门弟子。②夫子：指孔子。③不缘道：不拘泥于道。④孟浪：轻率。⑤听荧：疑惑。⑥时夜：司夜，即鸡；鸮：鸟名；炙：烤。⑦滑涽(hùn)：混乱。⑧说：通"悦"。⑨筐床：君主舒适的床。⑩蕲(qí)：通"祈"，求。⑪田：打猎。⑫窃窃然：明察貌。⑬牧：牧民，用指所谓卑贱的人。⑭吊诡：奇特、怪异。⑮黮(zhèn)闇：昏昧不明，见识偏蔽。⑯天倪：自然均平。⑰化声：指是非之辩；曼衍：自在的发展变化。⑱振：逍遥；竟：通"境"。

当评判呢？"

"什么是自然的均平？"

"在客观世界，有是便有不是，有然便有不然。是如果真的成为是，就会与不是呈现出区别来，这样便用不着去争论了；然如果真的是然，那么它就会与不然呈现出区别来，这也就用不着去争辩了。争辩是非的言论是相互对待的，就像它们不相对待一样。如果用'天倪'来调和它，并任其变化发展，就可以享尽天年了。忘却年岁，忘却仁义伦理观念，逍遥于无物的境界，因而能寄身于无限之境。"

品庄悟道

梦非梦

"人生一场大梦"。但是，人做梦的时候，并不知道是在做梦。睡梦中还会卜问所做之梦，醒来以后才知是在做梦。

人活在现实之中，但有的时候也活在别人所设置的或者自我设置的虚幻当中，以一个虚幻的梦想就把自己局限起来了。

在是与非，梦与现实的纠葛之中，有时候不妨忘掉是非，体会自己梦境的真实，忘掉自己现实中的梦魇。

此处庄子以"丽姬悔泣"与"梦饮酒"这两则寓言，阐述悦生恶死的深层意思：人们所谓的知，以及由知做出的价值判断，都是有所局限的，实不可靠，而最大的局限在于处在局限中不知道自己的局限；只有跳出局限之外，才能觉悟此前之知其实是不知，"且有大觉而后知此大梦也"。说知也好，说不知也好，同如做梦，都是一种迷妄。只有跳出知的困惑，才会忘掉生死是非这些分别，从有到无，打破人为的限制，进入无限之道。就像庄子所说的己身化蝶一样，没有了局限和万物混为一体了。

但是怎么做到这一点了，真知还是大梦呢？

儒、墨等百家争鸣，前提是承认必有真知是非存在。庄子便以“既使我与若辩矣”这一段话，反复说明：辩不足以明是非，正亦不足以明是非。只有推倒“是非”二字，“和之以天倪”，即以道观之，才会无是无非。

一三

【原文】

罔两问景曰[1]：“曩子行，今子止；曩子坐，今子起[2]。何其无特操与[3]？”

景曰：“吾有待而然者邪？吾所待又有待而然者邪？吾待蛇蚹蜩翼邪[4]？恶识所以然？恶识所以不然？”

【注释】

①罔两：影子之外的微阴；景：影子。②曩(nǎng)：刚才。③特：依赖。④蚹(fù)：蛇肚下横鳞。

【译文】

影子外的微阴问影子：“刚才你移动，现在你静止；刚才你坐着，现在你站起来。怎么老是随物而动，没个独立的举止的？”

影子说：“我是依赖物体才这样的吗？那些我依赖的物体又有所依赖的吧？我依赖蛇的横鳞、蝉的翅膀吗？我怎么知道为什么会这个样？我又怎么知道为什么不会这个样？”

品庄悟道

影子的困惑

此节以影子打比方，来说明精神对存在的超越。

影子为物体在光线条件下形成的暗像。影像是随物体的变化而变化的，没有物体就没有影子。表面上看影子的存在是以物体的存在为前提。问题是物体又是从哪里来的？以什么东西为其存在前提？庄子的答案是道。道生物，影生“罔两”即影外微阴。“罔两”和“景”都不识此中哲理，而庄子是明白的。“我从哪里来？”一直是哲学、科学、宗教共同关注的重大问题之一。

一四

【原文】

昔者庄子梦为蝴蝶，栩栩然蝴蝶也，自喻适志与①！不知周也。俄然觉，则蘧蘧然周也②。不知周之梦为蝴蝶与，蝴蝶之梦为周与？周与蝴蝶，则必有分矣。此之谓物化③。

【注释】

①栩栩：轻盈畅快貌。②蘧（qú）蘧然：忽然觉醒貌。③物化：万物化而为一。

【译文】

从前庄子做了个梦，梦里庄子变成了一只蝴蝶，那蝴蝶轻盈畅快地翩然起舞，飞翔时庄子品味着自己的舒心与得意，完全忘记自己是庄子了。突然梦醒了，忽然想到自己又还原成了庄子，心下既惊奇又疑惑起来。不知道是庄子在梦里幻化成蝴蝶呢，还是醒着的庄子是蝴蝶在梦里梦幻的结果？庄子和蝴蝶必定是有缘分的。这叫作物化。

品庄悟道

梦里梦外

程氏墨苑·庄生化蝶

中国以梦来说故事的例子不在少数，"庄子梦蝶"是其中之一，梦中与梦后，庄子与蝴蝶，谁是真谁是幻？其实不必追究，无论是梦还是醒，无论是庄子还是蝴蝶，都是道的物化形式。追本溯源，世间万物及其景象无不是由那个道产生出来，形式不同，根源一样。

同样是生活，有的人每个阶段的生活不一样，回首往事便会有梦幻一般的感觉。有的人看到别人的生活会有梦幻般的感觉。

或许有的人说我多少年前很是富有，现在却一下子一无所有，过着原来根本不去想的生活；或许有的人说我多少年前多么的贫穷，但是通过努力，机缘凑巧，一下子有了资本，成为富人，过着原来根本不敢想的生活。

如果说人们置身梦中，那么你在观看别人的梦的时

候，别人也在看你，犹如“你站在桥上看风景，看风景的人在楼上看你”，美梦成真，或者梦想破灭都只是演绎着一场梦。

【集评】

林希逸《南华真经口义·齐物论》：物论者，人物之论也，犹言“众论”也。齐者，一也，欲合众论而为一也。战国之世、学问不同，更相是非，故庄子以为，不若是非两忘，而归之自然，此其立名之意也。

释德清《庄子内篇注·齐物论》：物论者，乃古今人物众口之辩论也。盖言世无真知大觉之大圣，而诸子各以小知小见为自是，都是自执一己之我见，故各以己得为必是。既一人以己为是，则天下人人皆非，竟无一人之真是者。大者则从儒墨两家相是非，下则诸子众口，各以己是而互相非，则终竟无一人可正齐之者。故物论之难齐出久矣，皆不自明之过也。今庄子意，若齐物之论，须是大觉真人出世，忘我忘人，以真知真悟，了无人我之分，相忘于大道。如此，则物论不必要齐而是非自泯，了无人我是非之相，此齐物之大旨也。

胡文豹《南华经合注吹影·齐物论》：物论，谓众论也；齐者，所以一之也。夫道何往而不存？恶乎有显晦？隐于小成者，荣华之言也，此之谓物论。战国时，学术庞杂，人执一见，家创一说，庄子以为不若两忘而化其道也。

林云铭《庄子因·齐物论》：文之意中出意，言外立言，层层相生，段段回顾，倏而羊肠鸟道，倏而迭嶂重峦。世儒见之，每不得其肯綮，辄废阁不敢复道，此犹可恕；乃敢率臆曲解，割裂支离，俾千古奇文，埋没尘土。呜呼，庄叟当日下笔落想时，原不许此辈轻易读得也，又何怪焉！

宣颖《南华经解·齐物论》：写地籁忽而杂奏，忽而寂收，乃只是风作风济之故。以闻起，以见收，不是置闻说见，止是写闻忽化为乌有，借眼色为耳根衬尾，妙笔妙笔！初读之，拉杂崩腾，如万马奔趋，洪涛汹涌；既读之，希微杳冥，如秋空夜静，四顾悄然。写天籁，更不须另说，止就地籁上提醒一笔，便陡地豁然。

屈复《南华通·齐物论》：通篇大势，前半顺提，中间总锁，后半倒应，千变万化，一线穿来，如常山之蛇，击首尾应，击尾首应，击中则首尾皆应也。

养生主

【导读】

所谓“养生主”，即“养生之宗旨”。庄子认为，只有循乎天理，依乎自然，处于至虚，游于无有，完全取消主客对立，使精神不被外物所伤害，才能保全自己，从而达到享尽天年的目的。

全篇可分为四段，首段开门见山，以寥寥数语揭示养生的宗旨，并形象而凝练地总结出“缘督以为经”这一养生法则，并通过三个寓言故事，从不同的层面和角度阐明这一理念。

综观全文，以大笔起，以大笔收。开头和收束皆有千钧之力；而中间三则寓言故事，则紧扣全篇宗旨，正反设喻，妙意环生，有如群峦起伏，互生光辉。

一

【原文】

吾生也有涯，而知也无涯①。以有涯随无涯，殆已②；已而为知者，殆而已矣！为善无近名，为恶无近刑。缘督以为经③，可以保身，可以全生，可以养亲，可以尽年④。

【注释】

①涯：水的边际，界限。②随：追逐。③缘：顺应。④尽年：享尽天年。

【译文】

我们的生命是有限的，而知识是无限的。以有限的生命来追逐无限的知识，那就危险了。明明知道这一点，仍要去追求知识，那就更加危险了！做好事不要追求名利，做坏事不要触犯刑罚，顺应自然之道以为常法，就可以保护身体，可以保全生命，可以养护精神，可以享尽天年。

品庄悟道

知无涯

“知无涯”，在现代社会中是说，知识没有边际，作为人应该孜孜以求，而庄子的原来意思却是，劝阻人们不要用有限的生命去追求无限的知识，“缘督以为经”，顺其自然即可。我们知道“天下熙熙皆为利来，天下攘攘皆为利往”，人是一种功利性的动物，他们总是在不断地追求得不到的东西。而庄子这种顺其自然的说法在春秋战国混乱的时代，只是一种明哲保身的隐者之举。但是，仁者见仁，智者见智，历史上为了自我价值的实现，很多人把有限的生命投入到了无限的知识、事业……当中。话说回来，生命既然有限就要珍惜生命，多去做一些有意义的事情，这才是一种积极的人生态度。

二

【原文】

庖丁为文惠君解牛[1]，手之所触，肩之所倚，足之所履，膝之所踦，砉然向然，奏刀騞然，莫不中音，合于《桑林》之舞，乃中《经首》之会[2]。

文惠君曰：“譆，善哉！技盖至此乎[3]？”

庖丁释刀对曰：“臣之所好者道也，进乎技矣[4]。始臣之解牛之时，所见无非全牛者。三年之后，未尝见全牛也。方今之时，臣以神遇而不以目视[5]，官知止而神欲行。依乎天理，批大郤，导大窾，因其固然[6]；技经肯綮之未尝，而况大軱乎[7]！良庖岁更刀，

【译文】

庖丁给文惠君宰牛，手触及牛，肩倚抵住，脚踩着，膝顶着，骨肉相离的声音砉砉响，进刀时刀割物裂的声音騞騞响，没有不符合音节的。既合于《桑林》舞曲的舞步，又合于《经首》乐曲的节奏。

文惠君说：“嘻，太好了！你的技术怎么到了这般地步呢？”

庖丁放下刀子回答说：“我所爱好的是自然之道，并不停留在技术上面。我刚刚开始宰牛的时候，看到的仅仅是一头牛；三年过后，看到的不再是一头完整的牛；而现在，我是靠心领神会，而不需要眼睛来观察，感官的认知作用早

割也;族庖月更刀,折也。今臣之刀十九年矣,所解数千牛矣,而刀刃若新发于硎[8]。彼节者有间,而刀刃者无厚。以无厚入有间,恢恢乎其于游刃必有余地矣,是以十九年而刀刃若新发于硎。虽然,每至于族,吾见其难为,怵然为戒,视为止,行为迟,动刀甚微。謋然已解[9],如土委地。提刀而立,为之四顾,为之踌躇满志,善刀而藏之[10]。

文惠君曰:"善哉!吾闻庖丁之言,得养生焉。"

【注释】

①庖(páo)丁:厨师;文惠君:指梁惠王;解:剖开、分解。②踦(yǐ):用膝抵住;砉(huà)然:皮肉分离的声音;騞(huò)然:以刀快速割牛的声音;《桑林》:殷商乐名;《桑林之舞》:尧时乐名;会:节奏。③譆:通"嘻",惊叹声。④进:超过。⑤遇:接触。⑥天理:天然纹理;批:击;导:引入;窾:骨节空隙;固然:本来面貌。⑦技经:经络;肯:沾着骨头的肉;綮:筋肉相连处;軱(gū):大骨。⑧发:磨;硎(xíng):磨刀石。⑨謋然:散开貌。⑩踌躇满志:愉悦安适,从容自得貌;善刀:擦拭刀。

已停止了,而只是心神的活动罢了。依据牛身体的天然纹理劈开筋骨间的空隙,把刀引入骨节之间的空隙,完全是顺着牛体的自然结构来操作。像那些经络交错,筋骨盘结的地方都不曾有什么妨碍,何况对付大骨头呢!好的厨师一年换一把刀,因为他们是用刀去割筋肉;一般的厨师一个月换一把刀,因为他们用刀去砍骨头。现在我这把刀用了十九年了,所宰杀的牛有几千头了,可是刀刃还像在磨刀石上新磨过一般。牛的骨节是有空隙的,而我的刀刃薄得没有厚度,把没有厚度的刀刃伸进有缝隙的骨节中,一定宽宽敞敞,对于刀刃的游动来说,肯定有足够的空余,因此这把刀子用了十九年还是像新磨的一样。尽管这样,每次碰到筋骨聚集的地方,我知道其中的难度,便小心警惕,眼神专注,动作缓慢,操刀轻微,等到牛哗啦一下被分解开,像泥土般堆放在地上。此时我提刀站立,环顾四周,悠然自得,心满意足,把刀子擦拭干净收好。"

文惠君说:"好极了!我听了庖丁的这番话,懂得了养生的道理了。"

品庄悟道

以无厚入有间

"以无厚入有间",亦即开篇所云之"缘督以为经",只不过"缘督"稍嫌抽象一些罢了。

庖丁十九年解牛,一把刀却依然"若新发于硎"。用来把抽象化的"缘督以为经"理论形象化,庄子借文惠君之口表明了这一点。不过,后人从中得到

的却是无关养生之道的印象和启迪：庖丁将体力劳动艺术化；要善于在劳动中不断总结经验，熟能生巧；工作中心无旁骛的专注；对自己劳动技艺的自信和骄傲。

从庖丁解牛中，看错综复杂的社会关系。庖丁解牛的精巧在于以无厚入有间，而对于一个商场或者官场中人来说怎么样才能游刃有余，如鱼得水地混迹于宦海商场呢？如果把大骨头比喻强权势力，再锋利的刀也得躲着，俗话说：惹不起，躲得起。千万不能以硬碰硬，更不要用鸡蛋碰石头。另外，行事、为人、处世皆要依乎天理。当然对于其他人来说，“以无厚入有间”也是适用的，对于学生来说知识的掌握要找准了切入点，学习起来就会很轻松；对于运动员来说，要在比赛中打败对手就要找到对手的缺点，攻其弱点才会很容易取得胜利。

三

【原文】

公文轩见右师而惊曰[①]：“是何人也？恶乎介也[②]？天与，其人与？”曰：“天也，非人也。天之生是使独也，人之貌有与也。以是知其天也，非人也”。

泽雉十步一啄，百步一饮，不蕲畜乎樊中[③]。神虽王，不善也[④]。

【注释】

①公文轩：姓公文，名轩，宋国人；右师：官名。②介：独脚。③雉(zhì)：野鸡；畜：养；樊：笼。④王(wàng)：旺盛。

【译文】

公文轩见到右师吃惊地说：“这是什么人?为什么只有一只脚呢?是天生就该如此呢，还是由于人为而造成的呢？”他又说：“这是天生的，不是人为的。天生下他就只有一只脚，人的形貌是上天赋予的。所以知道是天生的，不是人为的。”

野鸡走十步才能啄到一口食，走百步才能喝到一口水，可是它并不希望被养在笼子里。在笼中它的精神虽旺盛，但并不自由快乐。

品庄悟道

不愿被笼养

合乎自然，“依乎天理”，即使是天然而生的只有一只脚的人，也能够特立独行于社会。形体的缺陷并不影响精神的自由，而樊笼中的野鸡，虽洋洋自得于啄丰饮足，饱食终日，却无自由，与囚徒没有区别；远不如觅食草泽中，十步一啄，百步一饮，虽然清苦，但却有大自在。

“不自由，毋宁死”，有的鸟类一旦被豢养就会绝食而死，庄子在此处借鸟说人，没有自由的富贵是不值得去争取的。牢笼里的锦衣玉食有时也能给享受者带来满足感，但那种满足感是以自身成为玩物为代价换来的。自由与富贵都是人们共同追求的两样好东西，但如果二者只能取其一，那就只能是自由，精神上的愉悦与自由，是比富贵更为宝贵的东西，养性重于养生。

四

【原文】

老聃死，秦失吊之，三号而出①。

弟子曰：“非夫子之友邪？”

曰：“然。”

“然则吊焉若此，可乎？”

曰：“然。始也吾以为其人也，而今非也。向吾入而吊焉，有老者哭之，如哭其子；少者哭之，如哭其母。彼其所以会之，必有不蕲言而言，不蕲哭而哭者②。是遁天倍情，忘其所受，古者谓之遁天之刑③。适来，夫子时也④；适去，夫子顺也。安时而处顺，哀乐不能入也，古者谓是帝之县解⑤。”

指穷于为薪，火传也，不知其尽也⑥。

【注释】

①老聃：即老子；秦失：人名，老子的朋友。

【译文】

老子死了，秦失去吊唁，哭了三声就出来了。

老子的弟子问：“你不是先生的朋友吗？”

秦失说：“是的。”

老子弟子又问道：“既然是朋友，像这样吊唁可以吗？”

秦失说：“可以的。开始我以为他是个俗人，而现在不这样认为了。刚才我去吊唁，看见有老人哭他，如同哭自己的孩子；有少年人哭他，如同哭自己的母亲。众人来此一起吊唁老子，必定有老子不期望他们称赞而称赞的话，必定有老子不期望他们哭泣而哭的人。这是违反自然，背离人情的，忘记了人的自然禀受，古时候的人称之为逃避自然的规范。偶然来到世上，你们的老师他应时而生；偶然离开人世，你们的老师他顺依而死。安于天理和常分，顺从自然和变化，哀伤和欢乐便都不能进入心怀，古时候人们称这样

②会：聚集。③遁天：违反自然；倍情：即背情。④适来：正当来世。⑤帝：天帝。县：通“悬”，倒悬。⑥指：通“脂”。

做就叫作自然的解脱，好像解除倒悬之苦似的。”

油脂作为烛薪有燃尽的时候，但火种却流传下去，没有穷尽。

品庄悟道

薪火相传

生，应时而来；死，顺命而去。安时而处顺，则生不乐，死不衰。

“薪”犹如人的形体，是个有限的存在；“火”犹如人的精神，可以超越有限的形体，无限逍遥。

因此，“养生主”之“主”，乃是人的精神。庄子所谓的“养生”，主要的不是养形，而是养神，是告诉我们一种使心灵享受自由快乐的方法。养生固然是为了存身全命，但仍无法避免死亡。庄子认为，对于生与死，应该采取一切听乎自然、豁达面对之的超然态度，因为人的形体总会消失的，但精神却是永存的，这就是他在《养生主》篇末所讲的“指穷于为薪，火传也，不知其尽也”。

薪尽火传，人的生命和人类文明都是这样一代接着一代往下传递的。这是生命的希望，是人类的希望，也是人类的责任。

〔清〕任熊高士传图像·老子李耳

【集评】

陆西星《南华真经副墨·养生主》：养生主，养其所以主吾生者也。其意则自前《齐物论》中“真君”透下。盖真君者，吾之真主人也。……此篇教人循乎天理之自然，安时处顺，将使利害不惊于心，而生死无变于己，然后谓之善养主人也。

释德清《庄子内篇注·养生主》：此篇教人养性全生，以性乃生之主也。……教人安时处顺，不必贪求以养形，但以清净离欲以养性，此示人道之功夫也。

宣颖《南华经解·养生主》：此篇止写养之之妙。开口便将“知”字说破病症，将“缘督”二字显示要方，解牛之喻，无过写此二字，要人识得督在何处耳，断不是拘定四方，取那中间也。若如此，与子莫执巾何异？“公文轩”三节，止随手点三证，以见主之所不在，都不足留意，不是散叙事迹之文。末三句，至奇至妙，生主之义难言，止一喻觑而迸出，遂索解人不得也。

胡文英《庄子独见·养生主》：“养生主”，是言养生之大主脑。开手直起“生”字，反旋“养”字；“善”、“恶”两层，夹出“缘督为经”句，暗点“主”字；下四句，飞花骤雨，千点万点，只是一点。随用“庖丁”一段接住，见养生者，虽不随无崖以自殆，亦不至畏物而离群；惟养此一片清刚之气，随机鼓动，神游于天理，则自不伤于物，明点“养生”二字。折到右师之介，将不养生的样子作衬。末段带出一极养生之老聃，拈着一无关养生闲事，坐他虽足伤生的过失，正见得养到老聃模样，还须仔细，非贬薄老聃也。通篇只首段文法略为易明，余则月华霞锦，光灿陆离，几使人玩其文而忘其命意之处。

刘凤苞《南华雪心编·养生主》：篇内说透“养牛”宗旨，全在“缘督为经”句，引“庖丁解牛”一段妙文为证；后二段，关会“为善无近名”二语，妙绪环生，均不类寻常意境。前幅正襟危坐，语必透宗；后幅空灵缥缈，寄托遥深。分之则烟峦起伏，万象在旁；合之则云锦迷离，天衣无缝也。

人间世

【导读】

本篇主旨是讨论处世哲学的。郭象的解题说,“与人群者,不得离人;然人间之变故实时异宜,唯无心而不自用者,为能随变所适,而不荷其累也。”

春秋战国之世,奴隶制向封建制的转化,固然是一种历史的进步现象,但作为新兴势力代表的地主阶级人物,他们的大多数却是野心勃勃,残忍横暴,阴险狡诈的,动辄互相争夺,互相残杀,使整个社会成了一个血淋淋的角斗场。庄子认为,生活在这样的人世间,若要远害全身,就非得泯灭矜才用己、求功求名之心,做到虚己顺物,以不材为大材,以无用为大用不可。

本篇相继虚构出“颜回见仲尼”等七则寓言故事,从不同的角度,具体而生动地阐明了要想避害全身就必须弃除名利之心,使心境达到空明的境地,从而达到以不材为大材,以无用为大用的客观目的,把这种思维看成庄子的处世哲学也未尝不可。

一

【原文】

颜回见仲尼,请行①。

曰:“奚之②?”

曰:“将之卫。”

曰:“奚为焉?”

曰:“回闻卫君,其年壮,其行独;轻用其国,而不见其过;轻用民死,死者以国量乎泽若蕉,

【译文】

颜回去拜见孔子,向他辞行。

孔子问:“到哪里去?”

颜回说:“要去卫国。”

孔子又问:“去干什么?”

颜回说:“我听说,卫国君主年纪还轻,独断专行。他轻率地处理国家大事却看不到自己的过失,轻率地用兵而不顾人民的死活,使死

民其无如矣[3]。回尝闻之夫子曰：'治国去之，乱国就之，医门多疾。'愿以所闻思其则，庶几其国有瘳乎[4]！"

仲尼曰："嘻，若殆往而刑耳[5]！夫道不欲杂，杂则多，多则扰，扰则忧，忧而不救。古之至人，先存诸己而后存诸人。所存于己者未定，何暇至于暴人之所行[6]！且若亦知夫德之所荡而知之所为出乎哉？德荡乎名，知出乎争。名也者，相轧也[7]；知也者，争之器也。二者凶器，非所以尽行也。"

"且德厚信矼，未达人气，名闻不争，未达人心[8]。而强以仁义绳墨之言术暴人之前者，是以人恶有其美也，命之曰菑人[9]。菑人者，人必反菑之，若殆为人菑夫！

"且苟为悦贤而恶不肖，恶用而求有以异？若唯无诏，王公必将乘人而斗其捷[10]。而目将荧之，而色将平之，口将营之，容将形之，心且成之[11]。是以火救火，以水救水，名之曰益多。顺始无穷，若殆以不信厚言，必死于暴人之前矣[12]！

"且昔者桀杀关龙逢，纣杀王子比干，是皆修其身以下伛拊人之民，以下拂其上者也，故其君因其修以挤之[13]。是好名者也。

去的人如草芥一样遍布山泽，人民无可奈何！我曾经听先生说过'太平的国家可以离开，混乱的国家应该前往，好比良医的门前总是有许多病人一样'。我愿意依从先生所说的去思考治国之策，或许这个国家还可以治好。"

孔子说："哎呀，你去了恐怕是会被杀的。道不能杂乱，杂乱了就事情多，事情多就会遭搅扰，遭到搅扰就会引起忧患，忧患到来就连自救都来不及了。古代的至人，先要自己站得住脚，然后才去扶持别人。自己还没有站住脚，哪有工夫去纠正暴人的行为呢？而且你也知道道德失真和智慧显露的原因吧！道德失真是由于争名，智慧显露是由于争胜。名是人们相互倾轧的祸根，智是人们相互攻击的工具。这二者都是凶器，不可以实行于世的。

"一个人虽然德行纯厚诚实笃守，可未必能和对方声气相通，一个人虽然不争名声，可未必能得到广泛的理解。而勉强把仁义和规范之类的言辞述说于暴君面前，这就好比用别人的丑行来显示自己的美德，这样的做法可以说是害人。害人的人一定会被别人所害，你这样做恐怕会遭到别人的伤害的呀！

"况且，假如说卫君喜好贤能而讨厌恶人，那么，哪里还用得着等待你去才有所改变？你果真去到卫国也只能是不向卫君进言，否则卫君一定会紧紧抓住你偶然说漏嘴的机会快捷地向你展开争辩。你必将眼花缭乱，而面色将佯作平和，你说话自顾不暇，容颜将被迫俯就，内心也就姑且认同卫君的所

"昔者尧攻丛、枝、胥敖，禹攻有扈，国为虚厉，身为刑戮[14]；其用兵不止，其求实无已。是皆求名实者也，而独不闻之乎[15]？名实者，圣人之所不能胜也，而况若乎！虽然，若必有以也，尝以语我来！"

【注释】

①颜回：字子渊，孔子弟子；请行：辞行。②奚之：何往。③量：填满；蕉：通"焦"；无如：无可奈何。④瘳(chōu)：病愈。⑤殆：恐怕，大概。⑥暴人：施政暴虐的人。⑦轧：倾轧。⑧德厚：道德纯厚。⑨术：通"述"；菑(zī)：通"灾"，害。⑩若：你；无诏：无告；王公：指卫君。⑪营：营救。⑫厚言：忠诚之言。⑬下：居于臣下之位；伛拊(yǔ fǔ)：怜爱抚育；拂：违反；上：居于上位的人，指国君；修：美好，有道德修养；挤：排斥。⑭丛、枝、胥敖：三个小国名；虚：通"墟"；厉：厉鬼。⑮名实：名利。

作所为了。这样做就像是用火救火，用水救水，可以称之为错上加错。有了依顺他的开始，以后顺从他的旨意便会没完没了，假如你未能取信便深深进言，那么一定会死在这位暴君面前。

"从前夏桀杀关龙逢，商纣杀王子比干，这都是因为他们修身养德，以臣下的身份爱抚人君的民众，以在下的地位违逆了在上的君主的心意，所以君主因为他们好修身养德而排挤他们。这就是好名的结果。

"从前尧攻打丛、枝、胥敖，禹攻打有扈，这些国家变成了废墟，百姓成为厉鬼，国君们也被杀戮。他们不断用兵，他们不断追取土地的扩大，他们都是追求名利的人，你不曾听说吗？名利的观念，圣人都难以超越它，何况你呢！虽然这样，你一定有你的想法，说给我听听。"

品庄悟道

道不能杂乱(一)

历代古人像赞·孔子

一个人也许可以接受几种说法，但是作为执行者，他只能是顾及一方，暴君之所以暴是因为他为了满足欲望而只顾及暴行。

所以，当卫国之君横暴独裁，卫国之民水深火热，颜回想游说卫君以革除卫国弊政。行前，孔子对颜回说"道"。是庄子借孔子师徒对话表现自己的一个观点。孔子对颜回的否定是对"道"的唯一正确的肯定。道家哲学最高范畴就是道。道本身是虚无的先天地而存在的不能把握的宇宙本原，人心要进入虚空状态，才能接近道，并最终获得道，而得道之人就是无所不能的人，身可以修，国可以治。

二

【原文】

颜回曰："端而虚，勉而一①。则可乎？"

曰："恶，恶可！夫以阳为充孔扬，采色不定，常人之所不违，因案人之所感，以求容与其心，名之曰日渐之德不成，而况大德乎②！将执而不化，外合而内不訾，其庸讵可乎③！"

"然则我内直而外曲，成而上比④。内直者，与天为徒⑤。与天为徒者，知天子之与己，皆天之所子。而独以己言蕲乎而人善之，蕲乎而人不善之邪？若然者，人谓之童子，是之谓与天为徒。外曲者，与人之为徒也⑥。擎跽曲拳，人臣之礼也，人皆为之，吾敢不为邪⑦？为人之所为者，人亦无疵焉，是之谓与人为徒。成而上比者，与古为徒，其言虽教，谪之实也⑧；古之有也，非吾有也。若然者，虽直而不病，是之谓与古为徒。若是则可乎？"

仲尼曰："恶，恶可！大多政法而不谍，虽固，亦无罪⑨。虽然，止是耳矣，夫胡可以及化！犹师心者也⑩。"

【注释】

①端而虚：外表端正而内心谦虚；勉而

【译文】

颜回说："如果我的容貌端正而内心谦虚，勤勤恳恳意志专一，这样就可以了吗？"

孔子说："不可！这怎么可以！卫君傲气十足，又喜怒无常，一般人都不敢违背他，而他又压抑别人对他的劝告，以求得自己的畅快。这种人每天用小德渐渐感化他都不成，何况用大德来规劝呢！他必然会固执不化，即使表面附和而内心也不会接纳，你的做法怎么行得通呢？"

颜回说："那么我内心诚直而表面曲全，以自己的成说而上比于古人，内心诚直，就是与大自然结为朋友，跟自然结为朋友，可知国君与自己都是上天养育的子女。又何必把自己的言论宣之于外而希望得到人们的赞同，还是希望人们不予赞同呢？像这样做，人们就会称之为未失童心，这就叫跟自然交朋友。外表俯首曲就的人，是跟世人交朋友。手拿朝笏躬身下拜，这是做臣子的礼节，别人都这样去做，我敢不这样做吗？做人家所做的事情，人家也就不会指责我，这就叫作与世俗之人为友。以自己的成说而上比古人，这就是与古人为友。我所说的成说虽然是教训，但这些诤言都是有实际根据的，古已有之，

一：勤勉努力而心志专一。②阳：指刚猛之盛气；孔：甚；采色不定：喜怒无常；案：压抑；容与：放纵。③执：固守己见；外合：外表赞同。訾(zǐ)：揭短；庸讵：怎么。④成而上比：以自己之成说而上比于古人。⑤与天为徒：与自然为友。⑥与人为徒：与世人为友。⑦擎：执；曲拳：鞠躬。⑧谪：指责。⑨大：通“太”；政：通“正”；固：固陋。⑩师心：看重自己的成见。

并不是我自己的捏造。像这样，我的话虽然正直，但也不会惹出麻烦，这就是与古人为友。这样做可以吗？”

孔子说：“不可，不可以这样做！纠正人君的方法太多了，但都不妥当。虽然固陋但也可以免罪。尽管这样，也不过如此，怎么能够感化他呢！这还是在师法自己的成见啊。”

品庄悟道

道不能杂乱(二)

此处，承接前面，继续借孔子之口表达庄子的观点，孔子继续对颜回进行否定，而颜回所说的还不能够达到“道”的最高境界，颜回以自身的谦虚，诚恳想去感化卫君，孔子以为不可；颜回想引用古人的诚直去说动卫君，孔子还认为不可以。

对于庄子来说，颜回所说的只是“小道”，是不能够让卫君信服的，而庄子要的是大道。就是下面一节引出的“斋心论”的具体内容。

三

【原文】

颜回曰：“吾无以进矣，敢问其方①。”

仲尼曰：“斋，吾将语若！有心而为之，其易邪？易之者，皞天不宜②。”

颜回曰：“回之家贫，唯不饮酒不茹荤者数月矣。如此，则可以为斋乎？”

【译文】

颜回说：“我没有更好的办法了，冒昧地向老师求教方策。”

孔子说：“斋戒清心，我将告诉你！如果怀着积极用世之心去做，难道是容易的吗？如果这样做也很容易的话，苍天也会认为是不适宜的。”

颜回说：“我家境贫穷，不饮酒浆、不吃荤食已经好几个月了，像这样，可以说是斋

曰："是祭祀之斋，非心斋也[3]。"

回曰："敢问心斋。"

仲尼曰："若一志，无听之以耳而听之以心，无听之以心而听之以气！听止于耳，心止于符[4]。气也者，虚而待物者也。唯道集虚。虚者，心斋也。"

颜回曰："回之未始得使，实自回也；得使之也，未始有回也。可谓虚乎？"

夫子曰："尽矣。吾语若：若能入游其樊而无感其名[5]，入则鸣，不入则止。无门无毒，一宅而寓于不得已，则几矣[6]。绝迹易，无行地难。为人使易以伪，为天使难以伪。闻以有翼飞者矣，未闻以无翼飞者也；闻以有知知者矣，未闻以无知知者也。瞻彼阕者，虚室生白，吉祥止止[7]。夫且不止，是之谓坐驰，夫徇耳目内通，而外于心知，鬼神将来舍，而况人乎[8]！是万物之化也，禹舜之所纽也，伏戏几蘧之所行终，而况散焉者乎[9]！"

【注释】

①敢：表谦敬，冒昧的意思。②皞(hào)天：苍天。③心斋：内心的斋戒。④符：征，概念。⑤樊：藩篱；无感其名：不为名利所累。⑥无门无毒：不走门路去营求；一宅：安心于一。⑦阕：空明之境；虚

戒了吧？"

孔子说："这是祭祀前的所谓斋戒，并不是'心斋'。"

颜回说："我请教什么是'心斋'。"

孔子说："专一你的心志，不要用耳去听，而要用心去听；进一步不要用心去听，而要用气去听。耳的作用只是听取外物，心的作用只是符合外物。'气'这个东西，才是能够以虚明无形之体来容纳万事万物。只有达到空明的虚境才能容纳道的聚集。这空明的虚境就是心斋。"

颜回说："我在没有听到先生的教诲前，感觉自己实在就是我；在听到先生的教诲后，感觉我不存在了。这样可以叫虚空吗？"

孔子说："心斋的道理已尽于此！我告诉你：如果能进入卫国境内遨游却又不为名位所动，话投机就说，不投机就不说。不开启门户，不遭受毒害，专一心志，待人处事一切都是不得已而为之，这就差不多了。一个人不走路容易，走路而不着地就困难了。受人驱使就容易作假，被天驱使就难以作假。听说过有翅膀才能飞，没听说过没有翅膀还会飞；听说有知识才能认识事物，没有听说没有知识也能认识事物。观照那个空虚的境界，静寂的心室就会发出纯白的亮光，吉祥之光只止于虚寂空明之心。如果心境不能虚寂空明，这就叫作形坐而心驰。使耳目感官内向通达，而把心智排除在外，连鬼神也会来依附，何况是人呢？这样万物都可以感化，这正

室：指空明心境。⑧坐驰：形坐而心驰；伏戏、几蘧：传说中上古帝王。⑨散焉者：普通人。

是禹、舜处世的关键，也是伏戏、几蘧始终不移的行为准则，何况普通人呢！”

品庄悟道

心斋之论

此处以自身的修养为主的道，也可以叫作“心斋之论”，其充分体现了道家在治国与修身方法和目标的一致性：无为，即无所作为。人人都无所作为，社会就会消灭了争名夺利现象，就会安宁，就会自然而然地达到太平目标。个人无所作为，心中波澜不兴，一切都不介怀，自然就会身体健康。心斋法实际上是强调滤空心灵，进入澄澈境界，使习斋人在纷乱污浊的时世中保持独立人格。

不过，孔子否决颜回的游说方式也好，端出心斋之法也好，目的就是一个：如何成功地“化”卫君。孔子认为，颜回此行将是凶多吉少，并分析其中之由和出谋划策。师徒两人对话中，孔子用“心斋”之法告诫颜回。孔子要颜回通过“心斋”之修，随机应变，“入则鸣，不入则止”，随遇而安，“一宅而寓于不已则几矣”，尽力求得内心的寂虚静止。

凝神于静寂，归心于虚空，则心量广大，至道集于胸怀。不听之以耳，就是遗弃耳目而专注于内心的宁静；不听之以心，就是摒除思虑，以不杂纤尘的虚静状态听任万物之往来。庄子以洋溢着生机的流动的“气”来形容达到至纯至静至虚的空灵明觉的心境。心斋的关键在于虚，虚则无思无虑，《知北游》说：“无思无虑始知道。”所以心斋其实是一种识道的修养功夫，就是通过凝神于一、专心于虚的内省过程，达到“虚室生白”、浑然忘我的得道境界。其实，做任何事如果自己不明白怎么去说服别人？如果别人的本性如此怎么能够让别人改变呢？也许只有一个方法那就是“修道”，做到让自己心灵澄澈。

由此可见，心斋的境界就是忘我，亦即《逍遥游》讲的“至人无己”。

四

【原文】

叶公子高将使于齐，问于仲尼曰[①]："王使诸梁也甚重，齐之待使者，盖将甚敬而不急，匹夫犹未可动，而况诸侯乎[②]！吾甚慄之。子常语诸梁也曰：'凡事若小若大，寡不道以欢成[③]。事若不成，则必有人道之患；事若成，则必有阴阳之患。若成若不成而后无患者，唯有德者能之。'吾食也执粗而不臧，爨无欲清之人[④]。今吾朝受命而夕饮冰，我其内热与[⑤]！吾未至乎事之情，而既有阴阳之患矣；事若不成，必有人道之患。是两也，为人臣者不足以任之，子其有以语我来[⑥]！"

仲尼曰："天下有大戒二：其一，命也；其一，义也。子之爱亲，命也，不可解于心；臣之事君，义也，无适而非君也，无所逃于天地之间[⑦]。是之谓大戒。是以夫事其亲者，不择地而安之，孝之至也；夫事其君者，不择事而安之，忠之盛也；自事其心者，哀乐不易施乎前，知其不可奈何而安之若命，德之至也[⑧]。

【译文】

叶公子高将要出使齐国，向孔子请教说："楚王交给我极为重大的使命，而齐国对待外国使者总是表面特别恭敬而实际上推托怠慢。一般人我都感化不了，何况对待诸侯呢！我很是害怕。先生曾经对我说过：'凡事不论大小，不合乎道而有好结果的是很少的。事情如果办不成，就一定会受到惩罚；事情如果办成，就一定会忧劳成疾。无论成功或不成功而事后没有祸患的，只有那些道德高尚的人才能做到。'我平常只吃粗粮而不求精美，烧火做饭不求清凉。如今我清晨接受使命而晚上喝冰水，我一定是内心有火焦灼吧！我还没有实际办事，就已经阴阳失调患了病。假如事情办不成，我必会遭到人君的惩罚的。这是双重的祸患，为人臣子的我实在是承受不了，您可以教导我吗？"

孔子说："天下有两个足以为戒的大法：一是天命，一是道义。做儿女的敬爱双亲，这是自然的天性，是无法从内心解释的；臣子侍奉国君，这是人为的道义，天地之间无论到什么地方都不会没有国君的统治，这是无法逃避的现实。这就叫作足以为戒的大法。所以侍奉双亲的人，无论什么样的境遇都要使父母安适，这是孝心的最高表现；侍奉国君的人，无论办什么样的事都要让国君放心，这是尽忠的极点。注重自我修养的人，悲哀和欢乐都不容易使他受到影响，知道世事艰难，无可奈

为人臣子者，固有所不得已。行事之情而忘其身，何暇至于悦生而恶死！夫子其行可矣！

“丘请复以所闻：凡交，近则必相靡以信，远则必忠之以言，言必或传之[9]。夫传两喜两怒之言，天下之难者也。夫两喜必多溢美之言，两怒必多溢恶之言。凡溢之类妄，妄则其信之也莫，莫则传言者殃[10]。故法言曰：‘传其常情，无传其溢言，则几乎全。’

“且以巧斗力者，始乎阳，常卒乎阴，大至则多奇巧[11]；以礼饮酒者，始乎治，常卒乎乱，大至则多奇乐。凡事亦然：始乎谅，常卒乎鄙；其作始也简，其将毕也必巨。夫言者，风波也；行者，实丧也。夫风波易以动，实丧易以危。故忿设无由，巧言偏辞。兽死不择音，气息茀然，于是并生心厉[12]。克核大至，则必有不肖之心应之，而不知其然也[13]。苟为不知其然也，孰知其所终！故法言曰：‘无迁令，无劝成，过度，益也。’[14]迁令劝成殆事，美成在久，恶成不及改，可不慎与[15]！且夫乘物以游心，托不得已以养中，至矣[16]。何作为报也！莫若为致命，此其难者[17]！”

何却又能安于处境、顺应自然，这就是道德修养的最高境界。做臣子的原本就会有不得已的事情，遇事要能把握真情并忘掉自身，哪里还顾得上眷恋人生、厌恶死亡呢！你这样去做就可以了！

“我再把听到的一些话跟你讲讲：凡是国家间的交往，对于较近的国家要用信用来维系友好关系，对于较远的国家要用语言来建立友好关系。而语言来结交一定要派使臣去传达，而传达两国君主都高兴或都愤怒的话，是天下最难的事情。两国国君喜悦时的言辞多有溢美之词；两国国君愤怒时的言辞，多有溢恶之辞。凡是过分的超出实际的言辞都是不真实的，不真实的东西就没有诚信可言，不诚信的传言就会让使者遭殃。所以格言说：‘要传达真实不妄之言，不要传达过分不实的言辞，那么就差不多能够保全自己了。’

“况且以智巧相争的人，开始明争，到后来则暗斗，太过分了就施阴谋诡计；以礼饮酒的人，开始规规矩矩，到后来则迷乱混醉，太过分了就淫乐出丑。什么事情都是如此，开始彼此谅解，到后来则相互鄙视；做事情往往开始简单，到最后就变得困难了。语言，好比捉摸不透的风波，传达语言的人，自然会有失实的地方。风波容易兴起，失实很容易陷入危境。所以愤怒的发作往往没有别的原因，只是由于花言巧语和片面之词造成的。被逼入死地的野兽，会发出特别的吼叫，怒气发作，会产生伤人的念头。大凡过分苛责，必会产生不好的念头来应付，而他自己也不知道这是怎么回事。假如做了些什么而他自己却

【注释】

①叶公子高：楚大夫，名诸梁，字子高。②甚重：极为重要的使命。③寡：少；道：大道。④臧：善；爨(cuàn)：烧饭之人。⑤内热：内心焦躁。⑥两：指内外两方面的祸端。⑦无适：无论到什么地方；适：往、到。⑧施(yí)：移动。⑨靡：维系；忠之于言：用语言表示忠诚。⑩溢：夸张；妄：不真实；莫：通“漠”，淡漠。⑪阳：明斗；阴：暗斗。⑫茀(bó)：通“勃”；心厉：心中之害意。⑬克核：逼迫，苛责。⑭迁令：变更命令。⑮劝成：通过劝解促其完成。⑯中：神志。⑰致命：传达军令。

又不知道那是怎么回事，谁还能知道他会有怎样的结果！所以格言说：‘不要改变所要传达的指令，不要强求事情的成功。超过正常的尺度，就是犯了夸大失实的错误。’改变指令，强求成功，都会把事情办坏。好事的成就需要很久的时间，而坏事一旦出现再改过来也来不及了，这可以不慎重吗！至于顺应自然而使心志自在遨游，一切都寄托于无可奈何以养蓄神志，这就是最好的办法。有什么必要刻意回报！不如原原本本地传达国君所给的使命，这样做有什么困难呢！”

品庄悟道

孔夫子为官之道

“人人都说官好做，殊不知做官难做好。”此节仍借孔子之口，来讲为官处世之道。

叶公子高一段话讲出了千古为官人之难：事不成有人惩罚，事若成会忧劳成疾。举个简单的例子，刚刚毕业的大学生找到工作就想好好地表现一下，结果有的时候往往弄巧成拙，被人惩罚；有的时候却是加班加点，费心费力结果得到了上下的嫉妒，最后不得不离开。当然比之为官之道这个例子是要简单些。

从孔子之言“寡不道，以欢成”、“美成在久，恶成不及改”来看，孔子的目的仍是在于“成”，即仍在社会的价值圈里考虑得失。再从“自事其心者，哀乐不易施乎前，知其不可奈何而安之若命，德之至也”、“行事之情而忘其身，何暇至于悦生而恶死”来看，孔子的处世之道是：做一个社会人，爱亲事君，是不能逃避的，从这个

孔门儒教列传·叶公子高好龙

意义上讲是被动来为人；但如在心态上做到“安之若命”、“忘其身”，无“悦生而恶死”的意识，就会无视个人安危，只管去做事，成与不成也不在考虑之列，从这个意义上，即心态改变了，就从被动为人变成主动为人了。

但是，庄子的境界是“至人无己，神人无功，圣人无名”，他强调的是由被动为人变成主动为己，为求自己精神上的快乐逍遥。故此节孔子的处世之道，与庄子的本意还是有很大差别的。上一章节庄子提出要做到“心斋”的境界；而本节庄子则以孔子回答叶公子高如何担任使者的问题说明怎样才能做到 “心斋”：“乘物以游心，托不得已以养中”。将世间诸如人道之患、阴阳之患等等，全都抛到九霄云外。在自己的主观方面，对一切事物均要持无可奈何而又顺乎天命的态度，具体到某些事情，如工作任务等，谨记“无迁令，无劝成”，无所为就成，就一切顺当，反之则相反。

显然，以上孔子的论断是庄子对于无为而治的理想追求，就像“无招胜有招”一样，有的时候“无为胜有为”。

五

【原文】

颜阖将傅卫灵公太子，而问于蘧伯玉曰[1]：“有人于此，其德天杀[2]。与之为无方，则危吾国；与之为有方，则危吾身。其知适足以知人之过，而不知其所以过。若然者，吾奈之何？”

蘧伯玉曰：“善哉问乎！戒之，慎之，正女身也哉！形莫若就，心莫若和[3]。虽然，之二者有患。就不欲入，和不欲出[4]。形就而入，且为颠为灭，为崩为蹶。心和而出，且为声为名，为妖为孽[5]。彼且为婴儿，亦与之为婴儿；彼且为无町畦，亦与之为无町

【译文】

颜阖将要做卫灵公太子的老师，他向蘧伯玉请教说：“这里有一个人，他天性凶残。如果不以法度管教，他就会危害我们的国家；如果以法度来管教，他就会危及我自身。他的才智足以认识别人的过错，却不能认识之所以产生过错的根由。像这样的人，我该怎么办呢？”

蘧伯玉：“你问得很好！要警惕啊，要谨慎啊，要端正自身。表面上不如顺从依就以示亲近，内心里不如顺其秉性暗暗疏导。即使这样，这两种态度仍有隐患。亲附他不要关系过密，疏导他不要心意太露。外表亲附到关系过密，

畦[6]；彼且为无崖，亦与之为无崖[7]。达之，入于无疵。

"汝不知夫螳螂乎？怒其臂以当车辙，不知其不胜任也，是其才之美者也。戒之，慎之！积伐而美者以犯之，几矣[8]。

"汝不知夫养虎者乎？不敢以生物与之，为其杀之之怒也；不敢以全物与之，为其决之之怒也。时其饥饱，达其怒心[9]。虎之与人异类，而媚养己者，顺也；故其杀者，逆也。

"夫爱马者，以筐盛矢，以蜄盛溺[10]。适有蚊虻仆缘，而拊之不时，则缺衔毁首碎胸[11]。意有所至，而爱有所亡，可不慎邪！"

【注释】

①颜阖：姓颜名阖，鲁国贤人。②蘧伯玉：姓蘧名瑗，字伯玉，卫国大夫；天杀：天性刻薄。③形莫若就：外表莫如亲近；心莫若和：内心莫如和顺。④就不欲入：亲近而不陷进去；和不欲出：和顺而不太明显。⑤孽：灾。⑥町畦：田园中的界域。⑦无崖：无拘束。⑧积：长期不断地；伐：夸耀；几：危殆。⑨时其饥饱：根据其饥饱情况而食。⑩矢：通"屎"，马粪；蜄：通"蜃"，大蛤壳；溺：马尿。⑪仆缘：附缘于马体；拊：拍打；缺衔：指咬断马勒口。

会招致颠扑毁灭，招致崩溃失败。内心顺性疏导显得太露，将被认为是为了名声，也会招致祸害。他如果像个天真的孩子一样，你也姑且跟他一样像个无知无识的孩子；他如果同你不分界线，那你也就跟他不分界线。他如果跟你无拘无束，那么你也姑且跟他一样无拘无束。慢慢地将他思想疏通引入正轨，便可进一步达到没有过错的地步。

"你不知道那螳螂吗？奋力举起双臂去阻拦车轮，却不知道自己的力量根本就不胜任，这是因为它把自己的才能看得太了不起的缘故。要警戒啊，要谨慎啊，经常夸耀自己的才能去触犯他，那就危险了。

"你不知道那养虎的人吗？他不敢拿活的小动物去喂养，因为怕引发它凶残的天性；也不敢把整个小动物丢给它，怕激发起它的残忍的天性。伺候着它的饥饱来喂食，疏导它的喜怒之情。虎与人不同类别，却喜欢喂养它的人，这是因为人们遂顺了虎的性子；虎所以伤人，那都是人们违逆了虎的性情的缘故。

"那爱马的人，用精美的编筐去承接马粪，用珍贵的大蛤壳去接马尿。但是如果遇上蚊虻叮咬在马的身上，养马人拍打不及时，马就会咬断口勒、毁坏笼头、挣开肚带。意在爱马却适得其反，能够不谨慎吗！"

品庄悟道

顺摸虎须的为官之道

面对专制者的乖戾、强权、独裁,像螳螂一样怒臂挡车,无异于以卵击石,自取灭亡。卫灵公太子是卫国国柄的未来执掌者,是储君,生性嗜杀,是为暴虐;智力仅仅足以知人之过而不知其所以过,是为昏狭。侍候这种昏暴且来头极大的东西,难矣哉!颜阖可谓身不由己,蘧伯玉授予颜阖的妙计实际上只有两个字,一是"慎",二是"顺"。但又要心中保持距离,否则到头来也会和昏君一起身败名裂。依违于顺逆之间,能不谨慎!

莫如"彼且为婴儿,亦与之为婴儿;彼且为无町畦,亦与之为无町畦;彼且为无崖,亦与之为无崖"。总之,一个字,就是"顺"。虎性虽暴,顺其性便可以媚人;马性虽驯,逆其性也可能暴怒,故无论当政者是残暴还是开明,都要顺其性。在庄子看来,顺其性并不管是否"危吾国",而是避免"危吾身"。

"顺"是身逢乱世的庄子在迫不得已的情境下提出的"全身"之策。文中庄子借蘧伯玉之口表达了对当局者不满之情。庄子通过蘧伯玉传达了自己的声音:首先,凡事务必小心、谨慎;其次,对权势者"形莫若就"、"就不欲入",表面上亲近,但务必要保持一定的距离;再次,对太子"莫若和"、"和不欲出",既要教育,但又不可外露,否则将引祸上身;最后,要与太子保持一致,如此便于交流、沟通。所有之法,皆概之以"顺"。

六

【原文】

匠石之齐,至于曲辕,见栎社树[1]。其大蔽数千牛,絜之百围,其高临山,十仞而后有枝,其可以为舟者,旁十数[2]。观者如市,匠伯不顾,遂行不辍[3]。

【译文】

匠石去齐国,来到曲辕这个地方,看见一棵被世人当作神社的栎树。这棵栎树树冠大到可以遮蔽数千头牛,用绳子绕着量一量树干,足有数十丈粗,树梢高临山巅,离地面八十尺处方才分枝,用它来造船可造十余艘。观赏的人群像赶集似的拥

弟子厌观之，走及匠石，曰："自吾执斧斤以随夫子，未尝见材如此其美也。先生不肯视，行不辍，何邪[④]？"

曰："已矣，勿言之矣！散木也，以为舟则沉，以为棺椁则速腐，以为器则速毁，以为门户则液樠，以为柱则蠹[⑤]。是不材之木也，无所可用，故能若是之寿。"

匠石归，栎社见梦曰："女将恶乎比予哉？若将比予于文木邪？夫柤梨橘柚果蓏之属，实熟则剥，剥则辱[⑥]；大枝折，小枝泄。此以其能苦其生者也，故不终其天年而中道夭，自掊击于世俗者也。物莫不若是。且予求无所可用久矣，几死，乃今得之，为予大用。使予也而有用，且得有此大也邪？且也若与予也皆物也，奈何哉其相物也？而几死之散人，又恶知散木[⑦]！"

匠石觉而诊其梦[⑧]。弟子曰："趣取无用，则为社何邪？"

曰："密！若无言！彼亦直寄焉，以为不知己者诟厉也[⑨]。不为社者，且几有翦乎！且也彼其所保与众异，而以义喻之，不亦远乎！"

【注释】

①匠石：名叫石的木匠；栎：树名；社树：土神树。②絜（xié）：量。③匠伯：指匠石。④厌观：饱看。⑤散木：无用之木；液樠（mán）：脂液渗出。⑥文木：有纹理的树

来拥去，而这位匠人连瞧也不瞧一眼，不停步地往前走。

他的弟子饱看之后，跑步追上匠石，说："自从我拿起斧头跟随师傅以来，从来没有看到过这么好的木材。师傅不屑一顾，脚步不停，为什么？"

匠石说："算了，不要说了。这是没有用的散木，用它造船，船会沉入水中；用它做棺材，棺材很快会腐朽；用它制造用具，用具会很快毁坏；用它制造门户，门户会流出油脂；用它做梁柱，梁柱会被虫蛀。这是不成材的树，没有可用之处，所以能长到这样的寿命。"

匠石回来后，栎社树托梦给他说："你要用什么来和我相比呢？你要用质地细密的树和我相比吗？那山楂树、梨树、橘树、柚子树以及瓜果之类，果实熟了就要遭受击打，被击打就落个扭折。大枝被折断，小枝被扯下来。这都是由于它的才能害了自己的一生。所以不能享尽天年而中途夭折，这归因于它们自己招致世俗的打击。世上的事物没有不是这样的。况且我追求无所可用的境地已经很久了！多次几乎被砍伐，直至现在才保全，这正是我的大用。如果我有用，我能长得如此大吗？况且，你与我都是天地间的物，为什么你把我视为散木呢？你这将要死的散人，又怎能了解这无用之用的散木呢！"

匠石醒后将所梦告诉弟子，弟子说："既然它意在无用，为什么还要做社神树呢？"

匠石说："闭嘴，别说了！它只不过是在寄托罢了，反而招致不了解自己的人的辱骂和伤害。如果它不做社神树的话，它还不

木；柤：山楂；果蓏：瓜果之类；辱：折。⑦散人：不才之人。⑧诊：通“畛”，告诉。⑨直寄：特意寄托；诟厉：辱骂、伤害。⑩翦：斩伐。

遭到砍伐吗？况且它用来保全自己的办法与众不同，而用常理来了解它，可不就相去太远了吗！”

品庄悟道

栎树不成材而能活千年

匠石从社会的角度看栎社树，一无是处，毫无所用，视之散木；栎社树则从自己的角度出发，认为自己虽对社会无用，恰对自己有用。不像文木，虽有用于社会，结果却无用于自己。有用还是无用，庄子所站的立场与众人不同，庄子所持的是自我的立场，众人所持的是社会的立场。

庄子认为，有用、有为必为害，无用、无为才是福。因此，为了保全身体与性命，人必须和“不材”树木一样，不求闻达，如支离疏就因为自己的畸形残躯而免于赋役之征，且得到了君王的救济。如此立论的原因是当时人世的险恶，而“人皆知有用之用，而莫知无用之用”，汲汲于求用于世。庄子认为那是十分危险的，因此他的立意不同于别人。

庄子本意还有无用即大用的道理。由于不成材，所以那栎树才能自由自在地长到其干百圈，其高入云，其大可蔽数千头牛。否则那树早就被伐倒，成为水上漂的船、地下埋的棺、屋里立的柱了。人们无用的判断成全了树的生命，对于树而言，那就是最大的有用。当舆论认为你无用时，你自己就不存在危险了，就是有用，这不仅仅是庄子的处世之道，也成为世人保全自己的法门，历史上的孙膑装疯才逃过了庞涓的残害，司马懿装傻免去了曹氏王室的怀疑，等等，这样的例子不胜枚举。

当然，现实中也确有一些类似栎树的人存在，看起来很伟大实际上百无一用。不过，他的无用只是由类似匠石这样的行家才能看得出来，而一般人却要拜他为神，就像那棵大而无当却被俗人拜为社树的栎树一样。那些不明就里的路人虽不尊之为神，也流连观赏，投去廉价的欣赏目光，就像匠石的弟子。

七

【原文】

南伯子綦游乎商之丘，见大木焉，有异，结驷千乘，隐将芘其所藾①。子綦曰："此何木也哉？此必有异材夫！"仰而视其细枝，则拳曲而不可以为栋梁②；俯而视其大根，则轴解而不可以为棺椁③；咶其叶，则口烂而为伤④；嗅之，则使人狂酲，三日而不已⑤。子綦曰："此果不材之木也，以至于此其大也。嗟乎神人，以此不材！"

【注释】

①南伯子綦：即《齐物论》中南郭子綦；芘(pí)：通"庇"，荫庇；藾(lài)：荫蔽。②拳曲：卷曲。③轴解：指木心分裂。④咶：舔。⑤狂酲：大醉如狂。

【译文】

南伯子綦在商丘一带游乐，看见长着一棵出奇的大树，上千辆驾着四马的大车，荫蔽在大树树荫下歇息。子綦说："这是什么树呢？这树一定有特异的材质啊！"仰头观看大树的树枝，弯弯扭扭的树枝并不可以用来做栋梁；低头观看大树的主干，树心直到表皮旋着裂口并不可以用来做棺椁；用舌舔一舔树叶，口舌溃烂受伤；用鼻闻一闻气味，使人像喝多了酒，三天三夜还醒不过来。

子綦说："这果真是什么用处也没有的树木，以至长到这么高大。唉，精神世界完全超脱物外的'神人'，就像这不成材的树木呢！"

品庄悟道

大才无用

此节段是对上节段的补充，庄子借另外一个人，南伯子綦之口，继续写大树无用，表明世上只有无用的人才能够活得长久。以此推出只有神人才能够做到超然世外，以无为来经世。

当然，对于现代社会来说百无一用的人，是会被人们唾弃的，除非是被人供奉的神像，否则很难生存下去。庄子因为处于战国的战乱时代，所以他对保全自己非常重视，而要保全自己，从庄子的角度来说就是做到"无为"，而无为的表象就是"无用"。"无用"是保全，"无为"是修道，为了修道而保全自己有何不可呢？

八

【原文】

宋有荆氏者，宜楸柏桑[1]。其拱把而上者，求狙猴之杙者斩之[2]；三围四围，求高明之丽者斩之[3]；七围八围，贵人富商之家求榫傍者斩之[4]。故未终其天年，而中道之夭于斧斤，此材之患也。故解之以牛之白颡者与豚之亢鼻者，与人有痔病者不可以适河[5]。此皆巫祝以知矣，所以为不祥也。此乃神人之所以为大祥也。

【注释】

①荆氏：地名；楸(qiū)：落叶乔木。②拱把：两手相握称拱，一手所握称把；杙：小木桩。③丽：屋栋。④榫傍：独板棺材。⑤解之：指祈祷神灵消灾；适河：把人或牲畜投入河中祭神。

【译文】

宋国荆氏那个地方，适宜种楸、柏等木质细密的树。当它长到一二把粗的时候，企求用它做拴猴木桩的人就把它砍了；当长到三四围粗的时候，想用它建造华丽豪宅的人就把它砍了；当长到七八围粗的时候，想用做棺木的富贵人家就把它砍了。所以不能享尽天年而中途夭折于斧子之下，这便是有用之材的祸患。所以凡是白额头的牛、仰鼻的猪、有痔疮的人都不可以用来祭祀河神，这是巫祝都知道的，认为那不吉祥，然而神人却认为是最吉祥的。

品庄悟道

成材的树木不长寿

“木秀于林，风必摧之，堆出于岸，流必湍之，行高于人，众必非之。”“君子无罪，怀玉其罪”，有才而让众人嫉妒，那么有才还不如无才。庄子继续借他人之口阐述无用才能保全于世的道理。

不材之木，于社会无用，于自己则有大用，神人借不材之道以保身，并借不材之道以修身。而像楸、柏、桑这些有用之木，很难事尽天年，纷纷中途夭折了，这正是材之患。世人以形体变异为不祥，而神人却以形体变异为大祥。《逍遥游》讲“神人无功”，“无功”即于社会无用，无用于社会，恰恰有用于自己：脱离社会的束缚，免除社会的戕害，逍遥自得，事尽天年。

九

【原文】

支离疏者，颐隐于脐，肩高于顶，会撮指天，五管在上，两髀为胁①。挫鍼治繲，足以糊口②；鼓筴播精，足以食十人③。上征武士，则支离攘臂而游于其间④；上有大役，则支离以有常疾不受功；上与病者粟，则受三钟与十束薪。夫支离其形者，犹足以养其身，终其天年，又况支离其德者乎？

【注释】

①支离疏：形体不健全之人，庄子虚构人物；颐：下巴；脐：肚脐；会撮：发髻；五管：五脏的穴位。②挫鍼(zhēn)治繲(xiè)：缝衣洗衣。③鼓筴播精：用簸箕筛米去糠。④攘(rǎng)：捋；"攘臂"指捋起衣袖伸长手臂。

【译文】

有个名叫支离疏的人，下巴隐藏在肚脐下，双肩高于头顶，后脑下的发髻指向天空，五脏的穴位也都向上，两条大腿和两边的胸肋并生在一起。他给人缝衣浆洗，足够糊口度日；又替人筛糠簸米，足可养活十口人。国君征兵时，支离疏捋袖扬臂在征兵人面前走来走去（也没人要他）；国君有大的差役，支离疏因身有残疾而免除劳役；国君向残疾人赈济米粟，支离疏还领得三钟粮食十捆柴草。像支离疏那样形体残缺不全的人，还足以养活自己，终享天年，又何况那忘掉世俗德行的人呢！

品庄悟道

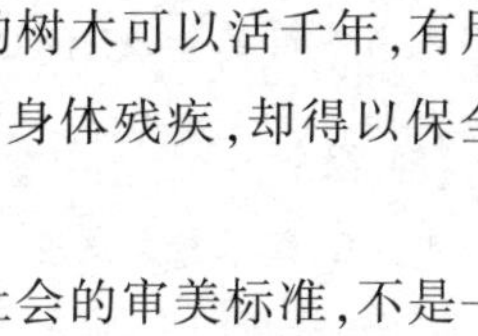

残疾人的道

以上几个不同的故事通过不同的树木讲述了无用的树木可以活千年，有用的树木不能长寿的道理，在此处庄子又列举了支离疏因为身体残疾，却得以保全自身，继续阐发"无用"而能够保全的道理。

"支离其形"的人，仅仅是形体上异于常人，不合乎社会的审美标准，不是一个健全的社会人，但却可以"养其身，终其天年"。

残身保命，只是庄子所讲逍遥的较低层次。庄子所讲逍遥的最高层次，其实是"支离其德"，即从思想上讲不是一个社会人，而是超越了社会道德、价值、审美标准的异人。"支离其德"的人，压根儿就不去想有功无功、有名无名、有用无用这类

问题。从“支离其形”到“支离其德”,也就是从“无功”“无名”进而达到“无己”,故而从存身达到游心,即逍遥境界。

得道的人一般是与众不同的人,脱俗的人,众人对于这种人往往看成另类,视为残疾。当然社会当中也有很多身残志坚者,通过自身的努力达到了超俗的境界,这一点和庄子的论述不谋而合。庄子也往往把得道者写成残疾人。此外,残疾人因为肢体残缺的缘故,很自然避免了很多不必要的社会义务,同时他们在保全自己的时候,可以去修持正道。被视为无用的人对自己有了大用,这也符合庄子无用即有用的理念。

一〇

【原文】

孔子适楚,楚狂接舆游其门曰[1]:“凤兮凤兮,何如德之衰也[2]!来世不可待,往世不可追也。天下有道,圣人成焉[3];天下无道,圣人生焉。方今之时,仅免刑焉。福轻乎羽,莫之知载;祸重乎地,莫之知避。已乎已乎。临人以德!殆乎殆乎,画地而趋[4]!迷阳迷阳,无伤吾行[5]!吾行郤曲,无伤吾足[6]。”

山木自寇也,膏火自煎也[7]。桂可食,故伐之[8];漆可用,故割之。人皆知有用之用,而莫知无用之用也。

【注释】

①楚狂接舆:楚国隐士,姓陆名通,字接舆。②凤:凤凰,喻孔子。③成:成就功业。④画地:比喻愚者自拘。⑤迷阳:一种多刺的草,常生路边。⑥郤曲:曲折难行。⑦寇:砍伐。⑧桂:树名,皮可作香料。

【译文】

孔子去往楚国,楚国狂人接舆走过孔子门前唱道:“凤啊!凤啊!你的德行为何如此衰微呢!来世无法期待,往世无法追回。天下有道,圣人能够成就事业;天下无道,圣人只能保全性命。现今这个时代,仅仅能免受刑戮。幸福轻于羽毛,却不知道如何去承载;祸患重于大地,却不知道如何去避免。罢了,罢了!别在人的面前炫耀自己。危险啊,危险啊!莫要画地为牢让人盲目钻进去。迷阳草啊,迷阳草,不要妨碍我行路。曲折难行的道路啊,不要伤害我的双足。”

山上的树木皆因材质可用而招致砍伐,油脂皆因可以燃烧照明而自取熔煎。桂树皮芳香可以食用,因而遭到砍伐,树漆因为可以派上用场,所以遭人割取。世人都知道有用的用处,却不懂得无用的更大用处。

品庄悟道

悲歌孔夫子

庄子的哲学，是以求个体生命的快乐为出发点的；孔子的哲学，是以求整体社会的和谐为出发点的。但“方今之时，仅免刑焉”，求个人快乐已是奢望，只好转求其次活着而已。

幸福轻于羽毛，却不知道如何去承载；祸患重于大地，却不知道如何去避免，面对如此世道，孔子仍在“临人以德”，让人“画地而趋”，这种于当时社会格格不入的仁义礼教，损害的只是下层人民的利益，孔子用仁义之说，夺取了小人物的发言话语，构成了对个体生存的一种扭曲和妨害，故庄子大声疾呼：“迷阳迷阳，无伤吾行；郤曲郤曲，无伤吾足！”

庄子在恣意想象和追求逍遥方面更甚于道家鼻祖老子。作为“无为”之道的继承人庄子，对于禁锢人性，片面地扩大道德教育的儒家学说可以说是深恶痛绝的。在庄子的心中，孔子是不懂“道”的。当然庄子的观念是有一定的偏颇，庄子的观念充满了理想主义色彩，而孔子一生积极入世，是一个现实主义者。

孔子强调于世有用，庄子强调于己有用。

一个社会的人，往往先要求自己对社会有用，这样就如山木、膏火，开始自寇、自煎；继而才被社会接受，视之为有用之人，于是又开始像桂树、漆树一样，被社会伐之、割之——欲求有用于社会，结果是有害于自己。人们都从社会的角度，评判有用之用；却没有谁从个人的角度，论说无用之用。

庄子对于孔子学说的悲歌，对于我们来说可取的部分不是“无为、无用”；而是庄子对于顺其自然的把握，比如说教育，有兴趣的引导就比填鸭式的讲授要好得多。

庄子的学说，不仅站在道的高度看人生、看社会、看世界，而且常常站在自我的角度看社会。欲求快乐于“人间世”，不是把自己变成社会人，融入社会，恰恰相反，是把社会的自己变成超脱社会的自己，远离社会，以旁观者清的姿态从本质上看社会。

【集评】

陆西星《南华真经副墨·人间世》：夫道非绝俗也，德非遁世也，夷明养晦，和光同尘，世出世法，莫不由此。夫至人无为而无不为尚矣，圣人则为之而无以为，故以仲尼、伯玉为之折衷。篇内集虚养中，正身和心，大为立言之肯綮。至于积伐才美，以犯人怒，又处世之所最忌者。篇终反喻，不美不才，乃无用之大用，此老平生受用得力处，全在于此，然亦何莫而非"至人无己"中得来邪?

王夫之《庄子解·人间世》：人间世无不可游也，而人之也难。既生于其间，则虽乱世暴君，不能逃也。乱世者，善恶相轧之积。恶之轧善也方酷，而善复挟其有用之材，以轧恶而取其名。名之所在，即刑之所悬矣。唯养无用，而去知以集虚，则存于己者定而忘人。生死可外，而况于名? 物不能伤，而后庶几于化。此篇为涉乱世以自全而全人之妙术，君子深有取焉。

宣颖《南华经解·人间世》：此篇分明处人自处两柱，却全然不露，止如散散叙事。《庄子》真是难读，何怪从来无人识得。此篇要旨，总不外《逍遥游》"无己"妙义，故曰看透第一篇"无己"二字，一部《庄子》尽矣，此篇尤其著者。末引接舆一歌，深有俗世之慨。庄子曳尾泥中，殆为是乎?

刘凤苞《南华雪心编·人间世》：首段以"心斋"二字，揭出至人神化之功，先搜剔其所难，而后示以极则，为颜子立论，有行到水穷，坐看云起之妙。次段以命、义二层提出子臣忠孝之谊，先撇开其所难，而后怵以世情，为叶公设法，有移花接木，排云出岫之奇。至颜阖一段，全从喻义摹写入微，亲切指点，机趣横生，又行文之化境也。若大栎社之树，商丘之木，人皆惜其无用，而无用者反得以自全，有用者多至于不免；画地而趋，诚不如支离其德。庄子一腔心血，萦回曲折，写得如许悲凉！其用意用笔，如置身万仞岩巅，足二分垂在外；而其行文则飞行绝迹，步步凌空，非后人所能阶其尺寸。

德充符

【导读】

本篇以“德充符”命题，即道德充满于内，万物符验于外，象征着完美道德的确立。文中以寓言的形式，写了五个肢体残缺，奇形怪状的人，他们都是道德完美的形象。盛名于时的孔子，左右执政者的子产，自命治国忧民的鲁哀公都要甘拜下风，这一切说明，只要道德完美，则可以化丑为美，化缺为全。

庄子认为，真正的道德决不同于外在的东西，它乃是指“有人之形，无人之情”，虽身不免于为人，却能“独成其天”，即扫除是非好恶的念头，忘却行为的动机，一切顺之于自然，而又合之于自然。庄子在篇中倡导的“全德之人”，即是这样的人。

本篇可分七段，前六段分别塑造了六个特型人物，反复说明形残貌丑不足影响道德纯美的价值。最后一段集中讨论人情问题，从养生的角度主张“无情”，反对因情伤性，因情伤身。先后散散写来，似乎泛杂，其实通篇贯以“德”字，章法隐秘而严整，大有一线穿珠，繁而不乱之妙。

一

【原文】

鲁有兀者王骀，从之游者与仲尼相若[①]。常季问于仲尼曰[②]：“王骀，兀者也。从之游者与夫子中分鲁[③]。立不教，坐不议；虚而往，实而归。固有不言之教，无形而心成者邪[④]？是何

【译文】

鲁国有一个断了一只脚的人名叫王骀，跟随他求学问的人与孔子的学生数量相当。常季问孔子说：“王骀是一个断了一只脚的人，跟随他问学的人与先生的学生数量在鲁国各占一半。他站着不施教，坐着不议论，可是跟随他问学的人总是空空而来，满载而归。

人也？"

仲尼曰："夫子，圣人也，丘也直后而未往耳[5]。丘将以为师，而况不若丘者乎！奚假鲁国！丘将引天下而与从之。"

常季曰："彼兀者也，而王先生，其与庸亦远矣[6]。若然者，其用心也独若之何？"

仲尼曰："死生亦大矣，而不得与之变，虽天地覆坠，亦将不与之遗。审乎无假而不与物迁，命物之化而守其宗也[7]。"

常季曰："何谓也？"

仲尼曰："自其异者视之，肝胆楚越也；自其同者视之，万物皆一也。夫若然者，且不知耳目之所宜，而游心乎德之和[8]；物视其所一而不见其所丧，视丧其足犹遗土也。"

常季曰："彼为己，以其知得其心，以其心得其常心，物何为最之哉[9]？"

仲尼曰："人莫鉴于流水而鉴于止水，唯止能止众止[10]。受命于地，唯松柏独也在冬夏青青；受命于天，唯舜独也正，幸能正生，以正众生。夫保始之征，不惧之实[11]；勇士一人，雄入于九军。将求名而能自要者，而犹若是，而况官天地，府万物，直寓六骸，象耳目，一知之所知，而心未

难道真有不通过语言的教诲，而能在无形之中达致心与心的契合吗？这是什么样的人呢？"

孔子说："这位先生是一位圣人。我只不过落在别人后面还没有去请教他罢了。我将以他为师，何况那些不如我的人呢！何止一个鲁国，我准备引导天下的人去跟从他学习。"

常季说："他是被砍断脚的人，而能成为先生的老师，那他比普通人必定高远多了。如果是这样，那么他的用心是怎样的呢？"

孔子说："死生是件大事吧，却不能改变他的心境；就是天塌地陷，他也不会与天地一起灭亡；他洞悉无所待的道理而不随万物变化，听任事物的变化而固守一贯的宗旨。"

常季说："这是什么意思呢？"

孔子说："从事物千差万别的一面去看，邻近的肝胆虽同处于一体之中也像是楚国和越国那样相距很远；从事物都有相同的一面去看，万事万物又都是同一的。像这样的人，将不知道耳朵眼睛最适宜何种声音和色彩，而让自己的心思自由自在地遨游在忘形、忘情的浑同境域之中。外物看到了它同一的方面却看不到它因失去而引起差异的一面，因而看到丧失了一只脚就像是失落了土块一样。"

常季说："王骀只是修己，用他的真智领悟到自己的心灵，又用自己的心得领悟到恒常不变的道心。人们为什么都归附于他呢？"

孔子说："人不能从流水中照见自己，而只能从静水中照见自己。唯有静止之物方能止住众多的求静之物。虽都是受命于地的树木，唯有松柏禀有独特的本性，而无论冬夏皆

尝死者乎[12]！彼且择日而登假，人则从是也。彼且何肯以物为事乎！”

【注释】

①兀者：断足之人；王骀：虚拟人名。②常季：孔子弟子。③中分鲁：占鲁国学生的一半。④心成：契合。⑤直：通“特”，仅、只。⑥王：高出一筹；庸：平庸，这里指平常的人。⑦无假：即无瑕；命：主宰；宗：即大道的宗本。⑧德之和：指道。⑨常心：无分别之心；最：通“聚”。⑩唯止能止众止：唯有静止之物能止住众多求静之物。⑪正生：正性；保始：保持本始。⑫自要：自己要求自己；直寓六骸：以六骸为所寄寓；一知之所知：能知之智照所知之境，以天赋的智慧观照认识对象。

枝叶常青；虽都是受命于天的君王，但只有虞舜道德品行最为端正。幸而他们都善于端正自己的品行，因而能端正他人的品行。保全本初时的迹象，心怀无所畏惧的胆识；勇士只身一人，也敢称雄于千军万马。一心追逐名利而自我索求的人，尚且能够这样，何况那主宰天地，包藏万物，只不过把躯体当作寓所，把耳目当作外表，掌握了自然赋予的智慧所通解的道理，而精神世界又从不曾有过衰竭的人呢！王骀将指日飞升，与大道冥合为一体。这样超凡脱俗的人，众人都愿意追随他，而他岂肯把众人的追随当回事呢？”

品庄悟道

失去一只脚，如掉落一块土

世界是个客观体，它与主观意识表现出不同的特征。

我们看世界，视角停留在物的层面，以物观之，看到的是“异”，从“异”的方面看，肝胆相距就如楚越两国一样相远。庄子教我们看世界，视角要超出物的层面，上升到道的高度，以道观之，看到的就是“同”，从“同”的方面看，万物都是“一”。

既然万物都是“一”，我们的耳目等感觉器官就不知停在哪儿最适宜，只见到物是“一”，不觉得有什么丧失：生与死是一样，天覆地坠是一样，人失去一只脚也就像掉落一块土一样。

王骀是本书中的一个智者，但是他只有一只脚，形骸不全者，庄子视他为一个理想的道家典型人物，因为他领悟到了不言之教，善于用齐一的观点去看待万事万物。虽然他无意于吸纳弟子讲学传道，然其个人执着于道的魅力使他赢得了学人之心，学者趋而往之，就连孔子也“将以为师”。庄子此处是想用残疾者得道

孔圣宗师出身全传·王骀出游

后的反应来向正常人宣传得“道”的作用。

如今，有好多人执着于自己的容貌，衣着，甚至家庭背景，对于别人比自己好的地方耿耿于怀，或者感到卑贱，不够自信。黑的人想白一些，胖的人想瘦一些，没钱的想很快有钱，却不从自我的修养上、技能知识的积累上去下功夫，以至于有的人，美容之前非常快乐，美容以后心情郁闷，让别人看上去比美容之前还要丑陋；以至于有的人没有钱的时候很快乐，有钱以后反而身心疲惫甚至于家人反目，或是身败名裂。以至于有的人……

这样急功近利而来的满足，让很多人懊悔：“早知如此，何必当初。”所以采取一种顺其自然的态度，努力于当下才是生活的真谛。

二

【原文】

申徒嘉，兀者也，而与郑子产同师于伯昏无人[1]。子产谓申徒嘉曰：“我先出则子止，子先出则我止。”其明日，又与合堂同席而坐。子产谓申徒嘉曰：“我先出则子止，子先出则我止。今我将出，子可以止乎，其未邪？且子见执政而不违，子齐执政乎[2]？”

申徒嘉曰：“先生之门，固有执政焉如此哉？子而说子之执政而后人者也[3]？闻之曰：‘鉴明则尘垢不止，止则

【译文】

申徒嘉是个被砍掉了一只脚的人，跟郑国的子产同拜伯昏无人为师。子产对申徒嘉说：“我先出去那么你就留下，你先出去那么我就留下。”到了第二天，子产和申徒嘉同在一个屋子里、同在一条席子上坐着。子产又对申徒嘉说：“我先出去那么你就留下，你先出去那么我就留下。现在我将出去，你可以留下吗，抑或是不留下呢？你见了我这执掌政务的大官却不知道回避，你把自己看得跟我执政的大臣一样吗？”

不明也。久与贤人处则无过。'今子之所取大者，先生也，而犹出言若是，不亦过乎④？"

子产曰："子即若是矣，犹与尧争善，计子之德不足以自反邪？"

申徒嘉曰："自状其过，以不当亡者众，不状其过，以不当存者寡。知不可奈何而安之若命，唯有德者能之⑤。游于羿之彀中，中央者，中地也，然而不中者，命也⑥。人以其全足笑吾不全足者多矣，我怫然而怒；而适先生之所，则废然而反⑦。不知先生之洗我以善邪⑧？吾与夫子游十九年矣，而未尝知吾兀者也。今子与我游于形骸之内，而子索我于形骸之外，不亦过乎？"

子产蹴然改容更貌曰⑨："子无乃称⑩！"

【注释】

①申徒嘉：郑国贤人，姓申屠，名嘉；郑子产：郑国的大政治家；伯昏无人：即《列御寇》中伯昏瞀人，子产和申徒嘉的老师。②齐：向……看齐。③门：门人；后人：看不起人。④大：学问广博。⑤状：陈述。⑥羿：后羿，传说中善射之人；彀中：射程之中。⑦废：废弃，谓消除怒气。⑧洗我以善：以善道教我。⑨蹴(cù)然：惭愧不安。⑩乃称：犹复言。

申徒嘉说："先生的门徒弟子，有这样的执政大臣吗？你是得意你的执政地位而瞧不起人吗？听说过这样的格言：'镜子明亮就不会落下灰尘，落上灰尘的就不会明亮。与贤人相处长久就不会犯下过失。'现在你想获取的是伯昏无人先生的道德，却还说出这种话来，不是过错吗？"

子产说："你已经成了这个样子，还和尧争善，估量一下你自己的德性，你还不能够反省自己吗？"

申徒嘉说："自己陈述自己的过错，认为不应当残形的人很多；不陈述自己的过错，认为不应当全形的人很少。知道事情的无可奈何而能安然听从命运，只有有德的人能够得到。进入后羿的射程之中，最中央的地方就是要射的目标；然而有时却不被射中，这是命。人们以两脚健全而笑我两脚残废的很多，我听了非常愤怒，而到了先生这里，则怒气全消。这不知是先生以善道教我的缘故，还是我自己反思的缘故。我跟随先生修学已经十九年了，先生从未感到我是断了一只脚的人。如今你和我交往于道德的修养之中，但你却在形貌上来要求我，这不也是过错吗？"

子产听后惭愧不安，立刻改变态度说："是的，你不必再说了！"

品庄悟道

知其不可，安之若命

庄子的学说，就其本质而言是心学，源于“形骸之内”，是要告诉我们一种感悟的达知。“命”就是庄子告诉我们的达知，是对我们所处境遇的感悟，“形骸之外”的一切都是一种境遇，是我们的人生所面对的一种自然。“命”就是世界呈现给人生的自然状态，是每个人都要面对的一种境遇。不管你喜不喜欢，这种境遇都不会改变，因它是一种自然状态，不安于它，便是违背自然。因此，我们要在“形骸之内”认识到这种境遇是不可改变的，应安之若命，即安于自然；安于自然，其实即安于道。

安命就是体道，是在“形骸之内”感悟到“形骸之外”的一切都是道所体现的自然状态。“形骸之外”既是一种自然，就不再具有意义、性质、价值上的区别，就应视之不见。子产与申徒嘉的区别，其实是境界的差别。两人既然同游于“形骸之内”，即游心，可子产仍在计较“形骸之外”，说明子产远远没有得道，对道的感悟不够。

历史上的子产是个出色的政治家和外交家，在此处，他成了庄子论道的反面人物。为了突出子产，庄子推出了两个道家理想人物：伯昏无人和申徒嘉。伯昏无人是道德高深的人物，但他却没有登场露面；申徒嘉则与王骀相类似，虽然被施刖刑而失去一条腿，但他对道的感悟达到了达知。子产羞于与刑余之人申徒嘉同坐，反映了执政者重视名位、难以平等之心接人待物的虚伪形象；而申徒嘉虽遭刑罚，然他不以此为耻辱，而是追求内在生命的充实。最终以子产自愧弗如收场，说明了庄子安之若命的人生哲学。

在现实生活中有很多人一遇变故，往往不能坦然处之，束手无策不知道怎么办好，考试失利一蹶不振、钱包丢了抱怨一整天、分手以后耿耿于怀而不能放手……这样其实是自我的否认，是对于自己的伤害。

如果一件事情明明知道它不可能却强求，劳心费力而讨不到好处，不妨顺安天命，顺其自然，求得自身的平静，然后再谋他途，也许过段时间，原来当初所热衷的现在看来是可笑，当初所热恋的人，其实你并不是非她不娶，等等。

知其不可，而顺安天命者，可能不富有，不能满足各种欲望，但是那种精神的自足却是任何不知足的人比不上的。

三

【原文】

鲁有兀者叔山无趾，踵见仲尼①。仲尼曰："子不谨，前既犯患若是矣。虽今来，何及矣！"

无趾曰："吾唯不知务而轻用吾身，吾是以亡足。今吾来也，犹有尊足者存，吾是以务全之也②。夫天无不覆，地无不载，吾以夫子为天地，安知夫子之犹若是也！"

孔子曰："丘则陋矣。夫子胡不入乎，请讲以所闻！"

无趾出。孔子曰："弟子勉之！夫无趾，兀者也，犹务学以复补前行之恶，而况全德之人乎③！"

无趾语老聃曰："孔丘之于至人，其未邪？彼何宾宾以学子为④？彼且蕲以諔诡幻怪之名闻，不知至人之以是为己桎梏邪⑤？"

老聃曰："胡不直使彼以死生为一条，以可不可为一贯者，解其桎梏，其可乎⑥？"

无趾曰："天刑之，安可解⑦！"

【注释】

①叔山无趾：复姓叔山，因断足而名"无趾"；踵(zhǒng)见：屡次求见。②尊足者：比足珍贵的东西。③全德之人：谓形体完全的人。④宾宾：频频。⑤蕲：求；諔(jí)诡：奇异；桎梏：古代的一种刑具。⑥一条：一致，一样；贯：通。⑦刑：惩罚。

【译文】

鲁国有一个被砍断了脚趾的人叫做叔山无趾，他用脚后跟行走去见孔子。孔子说："你不谨慎，以前既然犯了这样的刑罚，现在来这里请教，哪里还来得及呢！"

无趾说："我只是因为不识时务，轻率地投身于社会，才被砍断了脚趾。现在我来到您这里，还有比脚更尊贵的东西，所以想保全它。天是无所不覆盖的，地是无所不承载的，我把您当作天地一般，哪里知道先生是这样的呢？"

孔子说："我实在浅陋，先生为什么不深入细致地讲一讲您的见解呢？"

无趾走了。孔子说："弟子们勉励啊！无趾只是一个断了脚趾的人，还努力求学以弥补先前的过失，更何况身体、德行完备的人呢！"

叔山无趾对老子说："孔子作为一个道德修养至尚的人，恐怕还未能达到吧？他为什么不停地来向你求教呢？他还在祈求奇异虚妄的名声能传扬于外，难道不懂得道德修养至尚的人总是把这一切看作是束缚自己的枷锁吗？"

老子说："为什么不使他认识到死生一体、是非同一的道理，解除他的枷锁，这样也就可以了吧？"

无趾说："上天对他的惩罚，怎么可能解除呢！"

品庄悟道

叔山无趾让孔子自惭形秽

本章之中，庄子又列举出一个形体不全的人和孔子进行辩论，来阐明万物同一的道。叔山无趾和孔于相见，孔子所见是“足”，认识不脱离社会价值体系；叔山无趾无足，可是心中有“尊足者”存。这里的“足”泛指“形骸之外”的一切，“尊足者”即道，是“形骸之内”所悟得的道。

孔圣宗师出身全传·无趾见圣

孔子的视角停留在物的层面，故有“全足”与“亡足”的意识；叔山无趾与老聃是以道观之，故能“以死生为一条，以可不可为一贯”。孔丘看到的是“异”，老聃看到的是“同”；孔丘只看到“形骸之外”，老聃则根本忽视“形骸之外”。以表象去评论本质，以“形骸之外”的揣度“形骸之内”，孔子怎么能够不感到自惭形秽呢？

其实在现实生活中对于健全的人来说，也不能以审视的眼光看待形体不全或者有某些缺陷的人。有的人的缺陷是天生就有的，有的人的缺陷是后来才出现的，但是如果专注于别人的短处，自己怎么才能进步呢？而且祸福所依，很多人虽然有某方面缺陷但是通过努力他们在另外一方面取得了骄人的成绩，有的成绩甚至让身体健全的人自叹不如。比如贝多芬、凡·高、保尔、张海迪……他们所取得的成就可以说是举世瞩目的。

回到庄子所说的道上面来，儒家注重的是外在的功名，道家注重的是自身的修身养性。其实独善其身的境界并不是只为心灵的避难，在自身的修养达到一定程度以后就会蜕变一次，修成正果的时候就会让人惊叹不已。

四

【原文】

鲁哀公问于仲尼曰："卫有恶人焉，曰哀骀它①。丈夫与之处者，思而不能去也。妇人见之，请于父母曰'与为人妻，宁为夫子妾'者，十数而未止也。未尝有闻其唱者也，常和人而已矣。无君人之位以济乎人之死，无聚禄以望人之腹。又以恶骇天下，和而不唱，知不出乎四域，且而雌雄合乎前，是必有异乎人者也②。寡人召而观之，果以恶骇天下。与寡人处，不至以月数，而寡人有意乎其为人也③；不至乎期年，而寡人信之④。国无宰，寡人传国焉。闷然而后应⑤。氾而若辞，寡人丑乎，卒授之国⑥。无几何也，去寡人而行，寡人恤焉若有亡也，若无与乐是国也⑦。是何人者也？"

仲尼曰："丘也尝使于楚矣，适见㹠子食于其死母者，少焉眴若，皆弃之而走⑧。不见己焉尔，不得类焉尔。所爱其母者，非爱其形也，爱使其形者也。战而死者，其人之葬也不以翣资⑨；刖者之屦，无为爱之⑩；皆无其本矣。为天子之诸御，不爪翦，不穿耳⑪；取妻者止于外，不得复使。形全犹足以为尔，而况

【译文】

鲁哀公问孔子说："卫国有个形貌极为难看的人，他的名字叫作哀骀它。男人和他相处，想念他而舍不得离开；女人见了他，请求父母说，'与其做别人的妻子，不如做这个人的妾'，这样的女人已有十几个而不止。不曾听说他有什么创见，只见他总是应和别人。他没有统治者的权位去挽救人们的死亡，也没有积蓄的钱粮去满足人们的温饱，而且又面貌丑陋得让天下人都要震惊，他应和而不领唱，他的智慧不超出人世之外，然而男人女人都来亲近他，这必定有异于常人之处。我把他召来看了看，果真相貌丑陋足以惊骇天下人。跟我相处不到一个月，我便对他的为人有了了解；不到一年时间，我就十分信任他。国家没有主持政务的官员，我便把国事委托给他。他神情淡漠地回答，漫不经心又好像在加以推辞。我深感羞愧，终于把国事交给了他。没过多久，他就离开我走掉了，我内心忧虑像丢失了什么，好像整个国家没有谁可以跟我一道共欢乐似的。这究竟是什么样的人呢？"

孔子说："我曾出使楚国，恰巧看到一群小猪在吸吮刚死去的母猪的乳汁，一会儿就惊慌起来，都弃母猪而去。因为母猪已不再顾视小猪，小猪自觉与母猪生死相隔，不属同类。小猪所以爱它们的母亲，并

全德之人乎！今哀骀它未言而信，无功而亲，使人授己国，唯恐其不受也，是必才全而德不形者也[12]。”

【注释】

①恶人：指形貌丑陋的人；哀骀它：虚拟人物。②四域：指人世。③意：猜想，意料。④期(jī)年：一周年。⑤闷然：神情淡漠貌。⑥氾：心不在焉貌。⑦无几何：没多久。⑧㹠子：小猪；眴(xuàn)若：惊慌貌。⑨翣：棺材饰物。⑩刖：古代把脚砍掉的酷刑；屦(jù)：葛麻做的单底鞋。⑪诸御：宫女；爪翦：剪指甲。⑫才全：天性全然未坏。

不是爱它的形体，而是爱所以使其形体活着的东西。作战而死的人，下葬时用不着棺材。断了脚的人，不会再爱惜他的鞋子。这都是丧失根本了。给天子当御侍的人，不剪指甲，不穿耳眼，娶了妻子的人，只能在宫外服役，不得再侍奉天子。形体健全的尚且如此，何况德性健全的人呢！现在哀骀它不用开口讲话就得到了信任，没有什么功业就得到人民的亲敬，能够使人把自己的国家大政托付给他，还怕他不肯接受，这一定是天性完美而道德高尚不露的人。”

品庄悟道

相貌丑陋的得道者

哀骀它是得道之人，外貌丑恶，却有巨大的亲和力和感召力，原因就在于他做到了“才全而德不形”。“才全”，指“形骸之内”不受“形骸之外”的影响，如死生存亡、穷达贫富、贤与不肖、毁誉、饥渴、寒暑等等，都视之为一种自然状态，是“事之变，命之行”，对之抱着一种本来如此、自然如此的认识，故不足以扰乱心灵的平静，保持自己精神世界的完整性；“德不形”，指“形骸之内”不对“形骸之外”施加影响，内在精神对外在世界不怀任何目的心。

“才全而德不形”意即：外物尽管千差万别，但内心守道，视之为一，视之为自然；以自然之心境迎接自然之外境，物我为一，皆安于自然。庄子通过哀骀它奇丑的面貌与其具有的无限魅力间不可理喻的矛盾现象的烘托，向世人阐述自己的道德修养观。庄子认为，有道德的人是“才全而德不形”的，世人重形而不重德是本末倒置、大错特错的。

其实在我们平时与人相处的时候，有的人品德高尚，虽然面貌丑陋，可是我们都愿意和他交往，有的人虽然面貌姣美，可是一旦接触却让人避之不及，所以说“人美在心灵”。

五

【原文】

哀公曰："何谓才全？"

仲尼曰："死生、存亡，穷达、贫富，贤与不肖、毁誉、饥渴、寒暑，是事之变，命之行也[1]；日夜相代乎前，而知不能规乎其始者也[2]。故不足以滑和，不可入于灵府[3]。使之和、豫、通而不失于兑，使日夜无郤而与物为春，是接而生时于心者也[4]。是之谓才全。"

"何谓德不形？"

曰："平者，水停之盛也。其可以为法也，内保之而外不荡也。德者，成和之修也[5]。德不形者，物不能离也。"

哀公异日以告闵子曰[6]："始也吾以南面而君天下，执民之纪而忧其死，吾自以为至通矣。今吾闻至人之言，恐吾无其实，轻用吾身而亡其国。吾与孔丘，非君臣也，德友而已矣[7]。"

【注释】

①命之行：天命的运行。②规：通"窥"，观察。③滑：乱；和：和顺；灵府：心灵。④豫：愉悦；兑：悦；郤：通"隙"，间断。⑤成和之修：成就纯和的修养。⑥闵子：孔子弟子，姓闵名损。⑦德友：以德交友。

【译文】

哀公问道："什么是天性完美？"

孔子说："像死生、存亡，穷达、贫富，贤与不肖、毁誉、饥渴、寒暑，这都是事物的变化和天命的运行，就像昼夜在人的眼前交替一样，而人的智慧不能窥视到它们的起始。所以这些变化和运行不能够扰乱内心的和顺，不可能侵入心灵的深处。可使心灵保持和顺畅通，而不会失去怡悦的心情；使心灵日夜一样没有间断并随着万物一起保持着青春之气，这就是心灵顺应外物而产生的和谐感应。这就叫作天性完美。"

"那什么是道德高尚不露呢？"

孔子说："均平是水停止时的最佳状态。它可以作为取而效法的准绳，内心里充满蕴含而外表毫无所动。所谓德，就是成就纯和的修养。德不外露，外物自然就不能离开他了。"

后来哀公把此事告诉了闵子，说："起初，我以国君的地位治理天下，执掌生杀的法纪而忧虑百姓的死亡，我自以为非常明达了。如今我听了至人哀骀它的言论，恐怕我言过其实，只是轻率地动用自己的身心，以致使国家陷入危亡的境地。我和孔子并非是君臣关系，而是以德相交的朋友啊！"

品庄悟道

才全而德不形

所谓“才全”，就是人的本性不因外物的影响有所改变，而是得以完美地保持和发展。所谓的“德不形”，就是人的德行不要反映在外表上，而是“内保之而外不荡也”。这两个方面只要能够达到一个，就会成为一个有修养的有道者。“才全”相当于“至人无己”，而“德不形”就相当于“神人无功，圣人无名”了。

此处庄子看似论人论事，其实还是在论道。

在庄子看来，纵如一般世人以为鲁哀公“执民之纪而忧其死”是有德行之人，仍不能与“至人”相比，可以说他尚未进入道德之门；反观卫灵公和齐桓公，不以外貌取人，而是以德视人，“德有所长而形有所忘”，推而概括之，得出了一句千古至理名言：“人不忘其所忘而忘其所不忘，此谓诚忘。”

六

【原文】

闉跂支离无脤说卫灵公，灵公说之[1]；而视全人，其脰肩肩[2]。瓮盎大瘿说齐桓公，桓公说之[3]；而视全人，其脰肩肩。故德有所长而形有所忘，人不忘其所忘，而忘其所不忘，此谓诚忘[4]。

故圣人有所游，而知为孽，约为胶，德为接，工为商[5]。圣人不谋，恶用知？不斫[6]，恶用胶？无丧，恶有德？不货，恶用商？四者，天鬻也。天鬻者，天食也[7]。既受食于天，又恶用人！

【译文】

一个跛脚、伛背、缺嘴唇的人游说卫灵公，卫灵公十分喜欢他；再看看那些体形完整的人，他们的脖颈实在是太细太细了。一个颈瘤大如瓮盎的人游说齐桓公，齐桓公十分喜欢他；再看看那些体形完整的人，他们的脖颈实在是太细太细了。所以，在德行方面有超出常人的地方而在形体方面的缺陷别人就会有所遗忘，人们不会忘记所应当忘记的东西，而忘记了所不应当忘记的东西，这就叫作真正的遗忘。

所以圣人悠游自适，就会把智巧看作是灾孽，把约束看作是胶漆，把小恩小惠看作是应酬，把工巧看作是商品的交换。

有人之形，无人之情。有人之形，故群于人；无人之情，故是非不得于身。眇乎小哉，所以属于人也！謷乎大哉，独成其天[8]！

【注释】

①闉(yīn)跂(qì)支离无脤(shèn)：庄子虚构人物，形容形惨貌丑之人。②脰(dòu)：颈项；肩肩：细长。③瓮盎(àng)大瘿(yǐng)：脖子上的瘤大如盆。④诚忘：真正遗忘。⑤约：约束；德：通"得"，使人得，施小恩小惠；接：交接；工：工巧。⑥不斫：不施雕琢。⑦天食：自然的养育。⑧謷：高大貌。

圣人不去谋划，哪里用得着智慧？不去雕琢万物，哪里用得着胶漆？没有可丧失的东西，哪里谈得上获得？用不着货品，哪里需要通商交换？这四者都是大自然的哺育。大自然的哺育就是接受大自然的饲养。既然接受大自然的哺育，哪里还需要人为呢！

有人的形体，没有人的情感。有人的形体，所以与人相处；没有人的情感，所以是非不能影响他。渺小啊，所以与人同类；伟大啊，所以与自然一体。

品庄悟道

有人之形，无人之情

形体上不异于常人，也就容易融入社会，与人合群，与物为伍；精神上不同于常人，则无好恶之情，身虽在社会中但不受是非的侵扰。凡人为的一切，都是无比的渺小；独成道心，则是无限的广大。类同于人的形体，微不足道；情合于天的精神，宏大逍遥。这样的人也许不会被理解，可是正因为他们忽视了别人的看法才能够卓然于世。

七

【原文】

惠子谓庄子曰[1]："人故无情乎？"

庄子曰："然。"

惠子曰："人而无情，何以谓之人？"

【译文】

惠子对庄子说："人难道没有情感吗？"

庄子说："是的。"

惠子说："人如果没有情感，怎么能称为人呢？"

庄子曰："道与之貌，天与之形，恶得不谓之人？"

惠子曰："既谓之人，恶得无情？"

庄子曰："是非吾所谓情也。吾所谓无情者，言人之不以好恶内伤其身，常因自然而不益生也②。"

惠子曰："不益生，何以有其身？"

庄子曰："道与之貌，天与之形，无以好恶内伤其身。今子外乎子之神，劳乎子之精，倚树而吟，据槁梧而瞑，天选子之形，子以坚白鸣③！"

庄子说："道赋予人的容貌，天给了人的形体，怎么不叫作人呢？"

惠子说："既然叫作人，怎么能没有情感呢？"

庄子说："是非的分别，这是我所说的情。我所说的无情，是不要因为好恶爱憎之类的情绪损害自己的本性，要经常顺其自然而不是人为地去增益生命。"

惠子说："不用人为地增益生命，怎么能够保存自己的身体？"

庄子说："道赋予你的容貌，天给了你的形体，不以好恶之情损害你的本性。如今你外露你的心神，耗费你的精力，靠着树干叹息，凭依几案闭目假寐。自然授予了你的形体，你却以'坚'、'白'的诡辩而自鸣得意！"

【注释】

①惠子：即惠施，名家代表人物。②益：增添。③吟：叹息之状；天选：天授；坚白："坚白"论是古代名家的著名言论，被庄子所不屑。

品庄悟道

无情才是人的本质？

庄子认为，道赋予人相貌，天赋予人形体，天道造化了人，人生本就是自然，"无情"就是顺应自然，如在人身上产生出与自然相悖的意识、情感、行为，内伤其身；像惠施那样神驰于外、耗精于内，就是"有人之情"而"无天之理"了。

道德修养必须寡心清欲，不仅形体完缺不必介于心，就是智慧、情感乃至有目的的进取动机也要淡漠到无，力求做到荡涤是非好坏，和顺自然，否则很难成为一个道德高深的人。

惠施是庄子难得的论辩对手。惠施的逻辑是：人是有感情的，无情的人不能称之为人，"人故无情"说是荒谬的。庄子的逻辑是：道本虚无，没有情感，人作为道的产物自然也就无情，无情才是人的本质。争论就由此展开。对话中，惠施是穷追不舍滴水不漏，庄子是闪展腾挪振振有词，最后几乎是恼羞成怒。庄子主张人而无情，最后连他自己也情不自禁地表现出情来。可见要把人本来就具有的情感消泯到无的状态，何其难也！当然，情发于自然，追求、做作、外露心神、内耗精力的情感还不如无情感。

【集评】

郭象《庄子注·德充符》：德充于内，应物于外，外内玄合，信若符命，而遗其形骸也。

罗勉道《南华真经循本·德充符》：符，验也。言德允于内而验于外，虽形质之不全，不足为累。

张四维《庄子口义补注》：德充符者，言德允于内，自然征验于外，非形所能为损益，非智所能为隐显。

林云铭《庄子因·德充符》：文之段段盘旋，段段换笔，神爽语隽，味永机新，雪藕冰桃，不许人间朵颐。

方人杰《庄子读本·德充符》：入手匹休仲尼，识力已踞绝顶。而文章起灭擒纵，步步精深，节节明快，语气似极轻此形，而意外见全形者不觉愈重。末接惠子一段，见轻此形者之大误也，以结通篇意中之言，并结通篇言外之意，极疑奥艰深之思，而能出以清亮爽俊之笔；转折极多，而不见其烦；层次极多，而不见具乱；字、句、章、段气骨无不炼，而无斧凿、结构、叙述、议论之痕迹。灵隽鲜芳，如游仙界，一草一木一禽鱼，总非人间所有，千古文人有不拜下风者邪？

宣颖《南华经解·德充符》：盖深明德符全不中外边的事，先要抹去形骸一边，则德之所以为德，不言自见，却撰出如许傀儡，劈面翻来，真是以文为戏也！只是一大翻空反衬之法。形与情，其为德之累一也。形有所忘，而情有所未忘，可乎？所以递出末二节，一切才能世法，俱非德符，使务外者无着脚处。

刘凤苞《南华雪心编·德充符》：凭空撰出几个形体不全之人，如傀儡登场，怪状错落，几于以文为戏，却都说得高不可攀，见解全超乎形骸之外。……通体照顾“德”字，却处处借形体有亏之人著笔，追进一层，为全形者加倍策励。前五段，逐段提出“德”字，抛砖落地，听之有声，扪之有棱。……一路草蛇灰线，若隐若潜，为“德”字遗貌取神，为“符”字立竿见影，摹写入微。末用反掉之笔，见益形者适足以累其德，形全而德亏，视兀者、恶人、瓮盎大瘿之独成其天者，大小迥殊矣。通结上文，文势如大海回澜，激得浪花无际。

大宗师

【导读】

大宗师，即以道为宗为师。庄子对道的阐释，基本上承继了老子的宗旨和观点。庄子认为，大道有情有信，无为无形，是产生宇宙的绝对本原，是天地之间的最高主宰，万物万众都必须绝对地以它为宗，以它为师。

关于道的性质，庄子在篇中有一段集中的论述："夫道，有情有信，无为无形；可传而不可受，可得而不可见；自本自根，未有天地，自古以固存；神鬼神帝，生天生地；在太极之先而不为高，在六极之下而不为深，先天地生而不为久，长于上古而不为老。"这一段论述，可以视为庄子道论的总纲。《庄子》其他篇也或论及道，但那都是此篇所述道论的补充和发挥。

本篇内容可分为两部分，第一部分含三个段落，是议论道的，指出道的基本特征，即无形、永存、本源和无限的客观存在。第二部分，庄子一连创作了七则寓言故事，通过故事中人物的对话、心境的描写，全面而生动地描述了大道的内涵及其特征，是对第一部分论道的形象化再现。

一

【原文】

知天之所为，知人之所为者，至矣[1]。知天之所为者，天而生也；知人之所为者，以其知之所知，以养其知之所不知，终其天年而不中道夭者，是知之盛也[2]。虽然，有患。夫知有所待而后当，其所待者特未定也[3]。庸

【译文】

知道自然的功能，知道人为的作用，这是认识的极致了！知道自然的功能，是出于自然的；知道人的作用，是用自己的智力所知的，去保养自己的智力所不能知的，从而使自己享尽天年而不中途夭折，这是认识的较高境界了。虽然如此，

讵知吾所谓天之非人乎？所谓人之非天乎？且有真人而后有真知。

何谓真人？古之真人，不逆寡，不雄成，不谟士[4]。若然者，过而弗悔，当而不自得也。若然者，登高不慄，入水不濡，入火不热[5]。是知之能登假于道者也若此。

古之真人，其寝不梦，其觉无忧，其食不甘，其息深深。真人之息以踵，众人之息以喉。屈服者，其嗌言若哇[6]。其耆欲深者，其天机浅[7]。

古之真人，不知说生，不知恶死；其出不䜣，其入不距[8]；翛然而往，翛然而来而已矣[9]。不忘其所始，不求其所终；受而喜之，忘而复之，是之谓不以心捐道[10]，不以人助天。是之谓真人。若然者，其心志，其容寂，其颡頯[11]；凄然似秋，暖然似春，喜怒通四时，与物有宜而莫知其极[12]。故圣人之用兵也，亡国而不失人心；利泽施乎万世，不为爱人。故乐通物，非圣人也；有亲，非仁也；天时，非贤也；利害不通，非君子也；行名失己，非士也；亡身不真，非役人也[13]。若狐不偕、务光、伯夷、叔齐、箕子、胥余、纪他、申徒狄，是役人之役，适人之适，而不自适其适者也[14]。

古之真人，其状义而不朋，若不足而不承[15]；与乎其觚而不坚也，张乎其虚而不华也[16]；邴邴乎其似喜乎，崔乎其不得已乎[17]！滀乎进我色

也还是有问题；认识一定要有所依赖的条件而后方能判定其是否正确，然而认识所依赖的条件却是变化不定的。怎么知道我所说的自然的功能不是人为的作用呢？所说的人为的作用不是自然功能呢？先有真人然后才能有真知。

什么叫作“真人”呢？古时候的“真人”，不倚众凌寡，不自恃成功雄踞他人，也不图谋琐事。像这样的人，错过了时机不后悔，赶上了机遇不得意。像这样的人，登上高处不颤慄，下到水里不会沾湿，进入火中不觉灼热。这只有智慧能通达大道境界的人方才能像这样。

古时候的真人，睡觉时不做梦，醒来时不烦忧，饮食不求甘美，呼吸深沉绵长。真人的气息通达脚跟，众人的气息仅存喉咙。争辩中被人屈服的人，他的言语塞在喉头中，就像要呕吐一样难受。凡是嗜欲深的人，他的天赋灵机就浅薄。

古时候的真人，不知道贪生怕死，出生时不欣喜，入死时不抗拒，忽然去了，忽然来了，死生不过如此而已。不忘记生，不探求死，笑着面对生死，死不过是生的开始。这就叫作不用人心去损伤天道，不用人为去帮助自然，这样的人叫作真人。这样，他的心里什么也不挂念，他的容貌寂静安闲，他的额头宽大恢宏。凄冷像秋天，温暖像春天，喜怒如同四时的自然运转，顺应万物的变化却没有人能知道他的底蕴。所以圣人用兵打仗，虽然灭亡了别的国家，却不会失掉人心；利益和恩泽施及万世，却并非有意爱人。所以

也，与乎止我德也[18]；厉乎其似世乎！謷乎其未可制也；连乎其似好闭也，悗乎忘其言也[19]。以刑为体，以礼为翼，以知为时，以德为循。以刑为体者，绰乎其杀也[20]；以礼为翼者，所以行于世也；以知为时者，不得已于事也；以德为循者，言其与有足者至于丘也，而人真以为勤行者也。故其好之也一，其弗好之也一。其一也一，其不一也一。其一与天为徒，其不一与人为徒。天与人不相胜也，是之谓真人[21]。

【注释】

①天：指天道。②知：智力；所知：所知道的。③所待：所依赖的条件。④不雄成：不因为自己的成绩凌驾他人；谟士：图谋。⑤濡(rú)：沾湿。⑥嗌言：堵在咽喉里的话；哇：呕吐。⑦天机：天赋灵机。⑧䜣(xīn)：通“欣”。⑨翛(xiāo)然：急速状。⑩捐：弃。⑪颡(sǎng)：额头；頯(kuí)：宽大质朴貌。⑫凄然：严肃貌。⑬亡身不真：指自丧真性；役人：役使人。⑭狐不偕：姓狐，字不偕，尧时贤人；务光：夏末隐士，好弹琴；箕子：殷纣王时贤臣；胥馀：殷纣王时贤臣；纪他：商汤时隐士；申徒狄：商汤时贤人。⑮义而不朋：与物同宜而非朋党。⑯与乎：自然安闲貌；觚(gū)：特立超群。⑰邴(bǐng)邴：喜貌；崔乎：动貌。⑱滀(chù)乎：水停聚貌，这里形容人容颜和悦。⑲厉：严肃；謷：高远；连：流连；悗(mèn)：无心。⑳为时：适应时变。㉑相胜：相抵触。

说有心和外界交往，就不是圣人；有亲疏之分，就不是仁人；揣度天时，就不是贤人；利害不能相通为一，就不是君子；追求声名而失去本性，就不是士人；自丧真性，只能被人役使，就不是役使之人。像狐不偕、务光、伯夷、叔齐、箕子、胥余、纪他、申徒狄，这样的人都是被役使世人的人所役使，都是被安适世人的人所安适，而不是能使自己得到安适的人。

古时候的“真人”，神情巍峨而不矜持，好像不足却又无所承受；态度安闲自然、特立超群而不执着顽固，襟怀宽阔虚空而不浮华；怡然欣喜像是格外地高兴，一举一动又像是出自不得已！容颜和悦令人喜欢接近，与人交往德性宽和让人乐于归依；气度博大像是宽广的世界！高放自得从不受什么限制，绵邈深远好像喜欢封闭自己，心不在焉的样子又好像忘记了要说的话。以刑罚为主体，以礼仪为翅膀，以智慧为时变，以道德为依循。以刑罚为主体，慎重杀人，能宽则宽；以礼义为翅膀，则可以畅行于人世；以智慧为时变，则是不得已去应接事务；以道德为依循，说的是有脚的人即可以登上山丘，而人们却真的以为他是勤于行走的人。因此，他喜欢是一，他不喜欢也是一。说一是一，说不是一也是一。是一则与自然为友，不是一就与人为友，认为天与人不相对立，这样的人就叫作真人。

真人论

真人是“知天之所为”又“知人之所为”的人，有真人而后有真知，真知才能认识到“知之所不知”的存在，认识到“知之所知”的局限。因为“知有所待”，所待者是物，物不具有终极意义，从而“知”也就不具有终极意义。齐物论一章中说：“知止其不知。”真人之知超越知物的层次，代之以悟道，物有限而道无限，故知有限而悟无限。真人是悟道之人，真知就是悟道，感悟天人合一，人与天、物与道并不是对立的，人中有天，物中有道，人体现天，物体现道，人合于天，物归于道。

本章四说“古之真人”：一说真人忘怀于物；二说真人无情无欲，天机深；三说真人不计生死，通于物。时，随物而变，应时而行；四说真人天人合一之境。

真人和《逍遥游》里的至人、神人、圣人的意义是相同的，名异而实同。这一段集中而具体地论述了真人对待成与欺、生与死、食与息、梦与觉等方面心如止水的反应，入水入火时不湿不热的感觉，这就给真人涂上了神异超凡的色彩，成为后代仙人的特征。

另外，真人的调息法实质上是道家气功的一种。气功通过调整呼吸并配合意念，可以使人体内部达到平衡状态，从而有助于健康，这是传之已久的古代保健方法。庄子显然还没有把调息法神秘化，但到了后代尤其是道教那里就成了修炼内丹功的一大法宝，其作用被无限夸大了。

二

【原文】

死生，命也，其有夜旦之常，天也①。人之有所不得与，皆物之情也。彼特以天为父，而身犹爱之，而况其卓乎②！人特以有君为愈乎己，而身犹死之，而况其真乎③！

泉涸，鱼相与处于陆，相呴以

【译文】

人的生死变化是不可避免的命运活动；就像日夜永恒的交替一样，都是自然的规律。对于自然规律，人们是无法干预的，这都是事物变化的道理。人们把天作为生命之父，而终身敬爱它，更何况派生天地的大道！人们认为国君的势力地位超

湿，相濡以沫，不如相忘于江湖④。与其誉尧而非桀也，不如两忘而化其道。

夫大块载我以形，劳我以生，佚我以老，息我以死⑤。故善吾生者，乃所以善死也。夫藏舟于壑，藏山于泽，谓之固矣⑥。然而夜半有力者负之而走，昧者不知也。藏小大有宜，犹有所遁⑦。若夫藏天下于天下而不得所遁，是恒物之大情也⑧。特犯人之形而犹喜之，若人之形者，万化而未始有极也，其为乐可胜计邪⑨？故圣人将游于物之所不得遁而皆存。善夭善老，善始善终，人犹效之，又况万物之所系而一化之所待乎⑩！

【注释】

①命：天地自然之理；天：自然的规律。②与：参与，干预；卓：卓越，指天道。③真：真宰，指大道。④呴(xū)：嘘吸；相濡以沫：以口沫相互湿润。⑤大块：大地，造物或自然之道。⑥固：牢固。⑦藏小大：藏小于大；循：亡失。⑧恒物：恒长之事物。⑨犯：承受。⑩妖：或作“夭”，少小之意；一化之所待：一切变化所依赖的，指道。

过了自己，而愿意舍身效忠，更何况主宰万物的大道！

泉水干涸了，鱼儿困在陆地上相互依偎，互相大口出气来取得一点湿气，以唾沫相互润湿，不如将过去江湖里的生活彻底忘记。与其赞誉唐尧的圣明而非议夏桀的暴虐，不如把他们都忘掉而融化混同于“道”。

大自然赋予我形体，用生使我操劳，用老使我安逸，用死使我休息。所以称赞我的生，也称赞我的死。藏船于山谷，藏山于深泽，可谓坚固了！然而半夜三更有力的人把山谷和深泽背走了，昏睡的人还不知道呢。把小的东西藏在大的地方是适宜的，但也会亡失。如果将天下藏于天下之中就不会亡失了，这是万物的真实情形。人们只要承受了人的形体便十分欣喜，至于像人的形体的情况，在万千变化中从不曾有过穷尽，那快乐之情难道还能够加以计算吗？所以圣人将生活在各种事物都不会丢失的环境里而与万物共存亡。对于生老病死都能善待的人，人们尚且效法他，何况那万物所依据的根本，一切变化所依赖的大道呢？

品庄悟道

如何达观地看生死

生死问题是人生最大的困惑，也成为庄子关注的核心。人生，人们都乐于接受；人死，人们都难以接受。庄子把生死看成是命，一种自然现象，人坦然接受生，

是顺命；人不得不受死，也是顺命。此外，我们还应从更高的角度看待生死：以道齐生死。生死是属于彼此范畴中的，《齐物论》的主题就是齐彼此，“齐彼此”则能“齐生死”。活着的人站在生的立场说死是死，死了的人也可以站在死的立场说生是死，犹如醒着的人站在醒的立场说梦是梦，做梦的人站在梦的立场说醒是梦。“庄子晓梦迷蝴蝶”，这是站在庄子的立场说的；站在蝴蝶的立场，也可以说“蝴蝶梦为庄子”；但如站在超越彼此的立场——道，也就无所谓彼无所谓此，无所谓生无所谓死。单从个体的角度看，生是个体之生，死是个体之死，拘泥于个体的局限，自然有生有死，但从道的角度看，该个体之死，乃另一个体之生，死生相禅，终始无穷，也就无死无生了。

对于个体来说，如把其生、老、死看成是一个自然过程，在这一过程中，“生”只是其中一个环节，“死”也是其中一个环节，“生”与“死”均是个体的“命”，安于命就不仅仅是安于生，也是安于死。

生死由命，不以人的意愿而改变，世上任何事物都不例外。人们应任由天道的支配，安心于大自然造化的安排，看透人生盛衰、毁誉，无所谓得失、生死。身处逆境，身处顺境，也是天命，困难时候的相濡以沫，只是一种天命，并不比得意之时相忘江湖更让人愉悦？

无论生死劳逸，都是天地使然，都应当欣然接受。对于劳苦折磨，与庄子同时代却素无交往的孟子却认为那是“天将降大任于斯人”之前的考验，用虚幻的未来希望减轻当下的实际绝望，变绝望为希望的必经之途。庄子也把劳苦当作天意，却不认为老天赐人以苦还别有用意，主张细细品味欣赏这份折磨。相比之下，孟子能让人坚忍，催人奋进；庄子则让人心态平和。

也许某一天你面对挫折，却不知道怎么办，那么想一下庄子所说的达观地看待生死，孟子所说的忍辱负重，一定能够帮助你走出思想的泥沼。

三

【原文】

夫道，有情有信，无为无形[1]；可传而不可受，可得而不可见；自本自根，未有天地，自古以固存[2]；神鬼神帝，生天生地；在太极之先而不为高，

【译文】

道是真实的，有情义可信验的，道也是没有动作的，没有形状的。它可以心传而不能授受，可以体会而不可以看见，它自己就是自己的根本，没有天地以前，自

在六极之下而不为深，先天地生而不为久，长于上古而不为老③。狶韦氏得之，以挈天地④；伏羲氏得之，以袭气母⑤；维斗得之，终古不忒⑥；日月得之，终古不息；堪坏得之，以袭昆仑⑦；冯夷得之，以游大川⑧；肩吾得之，以处大山⑨；黄帝得之，以登云天；颛顼得之，以处玄宫⑩；禺强得之，立乎北极⑪；西王母得之，坐乎少广⑫。莫知其始，莫知其终。彭祖得之，上及有虞，下及五伯⑬；傅说得之，以相武丁，奄有天下，乘东维，骑箕尾，而比于列星⑭。

【注释】

①情，信：实在。②自本自根：自己以自己为根本。③太极：派生万物的本源；六极：指天、地与四方。④狶韦氏：传说中的古帝王。⑤气母：元气之母。⑥维斗：北斗星。⑦堪坏：昆仑山神。⑧冯夷：黄河之神。⑨肩吾：泰山之神。⑩颛顼：黄帝之孙高阳，古代五帝之一。⑪禺强：水神。⑫西王母：传说中的神人。⑬"五伯"旧指夏伯昆吾、殷伯大彭、豕韦，周伯齐桓、晋文。⑭傅说：殷相；东维：星宿名；箕尾：星名。

古以来它就存在；它生出鬼神和上帝，生出天和地。他在太极之上而不算高，在六合之下而不算深，在天地之前已经存在但不算久。狶韦氏得到它，用来统驭天地；伏羲氏得到它，用来调和元气；北斗星得到它，永远不会改变方位；太阳和月亮得到它，永远不停息地运行；堪坏得到它，用来入主昆仑山；冯夷得到它，用来巡游大江大河；肩吾得到它，用来驻守泰山；黄帝得到它，用来登上云天；颛顼得到它，用来居处玄宫；禺强得到它，用来立足北极；西王母得到它，用来坐镇少广山。没有人能知道它的开始，也没有人能知道它的终结。彭祖得到它，寿数绵长，上及虞舜，下至春秋五霸；傅说得到它，可以做武丁的宰相，治理全天下，死后驾驭者东维和箕尾两星，遨游于众星之间。

品庄悟道

道眼看世界

山海经·北方禺强

以道眼看世界，俯视整体，把精神投注于全局，投注于无限而不是有限。这样，在道的怀抱里，此个体的丧失及彼个体的诞生，也就无所谓得与失、藏与舍了。

以无限为对象的精神，才会无限。精神安居于道，也就是安居于无限，这样的精神才能够无限的逍遥。

本章是《庄子》一书论"道"最重要、最完整的文字。

在前几章中,庄子主要讲的是得“道”后的境界,而在本章中。庄子对“道”的实质性特征及作用重点作了阐述:其一,“道”是客观存在的,且“有情有信”;其二,“道”的存在是自我的,“自本自根”; 其三,“道” 是世界的本源,它比上古还要古,天地万物皆生于“道”;其四,“道”在时间和空间上是无限的,无所不在,无时不有。庄子此说,有相当的迷惑性:此“道”虽无形无为,不是某一具体物质,但它却客观存在,“有情有信”,且历史悠久,将来犹存。乍看起来,此“道”似属唯物的范畴;然其“道”“自本自根”,自我产生自我,显属唯心主义的范围。这样的道体现了庄子的虚无精神,同时也暴露出庄子强烈的理想主义色彩。

西王母

庄子是道家的代表人物,而道家之所以用“道”作为其学术流派名称,就是因为这一流派以“道”为其哲学最高范畴。本节文字就是《庄子》一书对道的特征和功能所作的最为全面而深刻的论述。道的特征,充满了矛盾,既“有情有信”又“无为无形”,矛盾两方集中于一个东西,意味着这个东西具有普适性,双方都能从中获得最初的根据。

四

【原文】

南伯子葵问乎女偊曰[1]:“子之年长矣,而色若孺子,何也?”

曰:“吾闻道矣。”

南伯子葵曰:“道可得学邪?”

曰:“恶!恶可!子非其人也。夫卜梁倚有圣人之才而无圣人之道[2],我有圣人之道而无圣人之

【译文】

南伯子葵问女偊说:“你的年寿很高了,为什么面色却像孩童一样呢?”

女偊说:“我得道了。”

南伯子葵说:“道可以学到吗?”

女偊说:“不!不可以!你不是学道的那类人。卜梁倚具有圣人的才质却还没有获得圣人的道心。我有圣人的道心而没有圣

才，吾欲以教之，庶几其果为圣人乎！不然，以圣人之道告圣人之才，亦易矣。吾犹守而告之，参日而后能外天下[3]；已外天下矣，吾又守之，七日而后能外物；已外物矣，吾又守之，九日而后能外生[4]；已外生矣，而后能朝彻[5]；朝彻，而后能见独[6]；见独，而后能无古今；无古今，而后能入于不死不生。杀生者不死，生生者不生[7]。其为物，无不将也，无不迎也；无不毁也，无不成也。其名为撄宁[8]。撄宁也者，撄而后成者也。”

南伯子葵曰：“子独恶乎闻之？”

曰：“闻诸副墨之子，副墨之子闻诸洛诵之孙，洛诵之孙闻之瞻明，瞻明闻之聂许，聂许闻之需役，需役闻之於讴，於讴闻之玄冥，玄冥闻之参寥，参寥闻之疑始。”

人的才质。我想以道来教诲他，或许他真的能成为圣人呢？即使不是这样，用圣人的道告诉具有圣人才质的人，也是容易的。我还是守持着道而教诲他，三天之后就能将天下置之度外；已将天下置之度外，我又守持着道，七天之后就能将外物置之度外；已将外物置之度外，我又守持着道，九天后就能将生死置之度外；可以把生死置之度外以后，就能像清晨一样清明洞察了；心境清明洞察，之后就可以感悟绝对的大道了。感悟到绝对的大道以后，就能超越古今，超越古今以后，就能进入没有生死的境界了。摒除了生也就没有死，留恋于生也就不存在生。作为事物，‘道’无不有所送，也无不有所迎；无不有所毁，也无不有所成，这就叫作‘撄宁’。撄宁，意思就是不受外界事物的纷扰，而后保持心境的宁静。”

南伯子葵说：“你是从哪里学到的道呢？”

女偊说：“我从文字那里得到的，文字是从背咏那里得到的，背咏是从目见那里得到的，目见是从耳闻那里得到的，耳闻是从勤行不怠那里得到的，勤行不怠是从吟咏领会那里得到的，吟咏领会是从静默那里得到的，静默是从高旷寥远那里得到的，高旷寥远是从疑似本源那里得到的。”

【注释】

①南伯子葵：即南郭子綦子；女偊：虚拟的得道人物。②卜梁倚：虚拟人物。③外天下：把天下置之度外。④外生：忘我。⑤朝彻：犹“彻悟”。⑥见独：洞见卓然独立之道。⑦杀：摒弃、忘却；生生者：指道产生生命。⑧撄宁：不受外物纷扰，心灵宁静。⑨副墨：文字；洛诵：记诵；澹明：神明洞彻；聂许：耳听；需奕：勤学不怠；于讴：吟咏领会；玄冥：深远幽寂；岑廖：辽阔天极。

品庄悟道

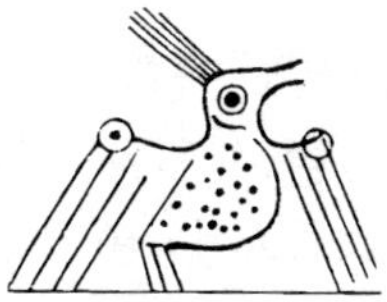

半缘修道

庄子借女偊之口说出了得道之法，首先说出了道是有选择的，只有具有道的才质的人才能够得道，最后说明道法自然，道是自然而来的不是凭空而来的，虽然庄子强调虚无，但是从物质的循环来说，只有“一”才能生“二”，道的学习也一样，“道”来自于“文字”，“文字”又来源于“背咏”……最后庄子推到了道的本源是从“似疑”那里而来的。

撄宁是道的别名，是体道的过程和结果。虽然庄子把这个过程讲成一个自然的寻根问底的过程。但是从中我们还要看出，要体悟道大道，必须经过一番艰难困苦的心灵磨炼，才能够修成正果。虽然庄子在这里强调的是本质的东西和机遇，但是对于任何事情来说，没有凭空而来的幸运，任何成果都需要汗水的浇灌。道法自然，但还是要刻苦修行才能得道。

五

【原文】

子祀、子輿、子犁、子来四人相与语曰[1]：“孰能以无为首，以生为脊，以死为尻，孰知死生存亡之一体者，吾与之友矣[2]。”四人相视而笑，莫逆于心，遂相与为友[3]。

俄而子輿有病，子祀往问之。曰：“伟哉！夫造物者，将以予为此拘拘也[4]！”曲偻发背，上有五管，颐隐于齐，肩高于顶，句赘指天[5]。阴阳之气有沴，其心闲而无事，跰𨇤而鉴于井，曰[6]：“嗟乎！夫造物者又将以予为此

【译文】

子祀、子輿、子犁、子来四个人在一块摆谈说：“谁能够把无当作头，把生当作脊柱，把死当作尻尾，谁能够通晓生死存亡浑然一体的道理，我们就可以跟他交朋友。”四个人都会心地相视而笑，心心相契却不说话，于是相互交往成为朋友。

不久，子輿生病了，子祀去探望。子輿说：“伟大啊！造物者把我变成这样一个曲屈不申的人。”他的腰弯了，背驼了，五脏的穴位向上，面颊藏在了肚脐下，肩膀高出头顶，发髻朝天，阴

拘拘也！”

子祀曰：“汝恶之乎？”

曰：“亡，予何恶！浸假而化予之左臂以为鸡，予因以求时夜[7]；浸假而化予之右臂以为弹，予因以求鸮炙[8]。浸假而化予之尻以为轮，以神为马，予因以乘之，岂更驾哉！且夫得者，时也，失者，顺也；安时而处顺，哀乐不能入也。此古之所谓县解也，而不能自解者，物有结之[9]。且夫物不胜天久矣，吾又何恶焉？”

俄而子来有病，喘喘然将死，其妻子环而泣之[10]。子犁往问之，曰：“叱！避！无怛化[11]！”倚其户与之语曰：“伟哉造化！又将奚以汝为，将奚以汝适？以汝为鼠肝乎？以汝为虫臂乎？”

子来曰：“父母于子，东西南北，唯命之从[12]。阴阳于人，不翅于父母[13]；彼近吾死而我不听，我则悍矣，彼何罪焉[14]！夫大块载我以形，劳我以生，佚我以老，息我以死。故善吾生者，乃所以善吾死也。今之大冶铸金，金踊跃曰‘我且必为镆铘’，大冶必以为不祥之金[15]。今一犯人之形，而曰‘人耳人耳’，夫造化者必以为不祥之人[16]。今一以天地为大炉，以造化为大冶，恶乎往而不可哉！”成然寐，蘧然觉[17]。

阳失调。他却仍然心情闲适而若无其事，蹒跚地走到井边照了照自己的影子，说：“哎呀！造物者又把我变成这样一个曲屈不申的人啊！”

子祀说：“你厌恶这种变化吗？”

子舆说：“不，我为什么厌恶？造物者假使把我的左臂变成鸡，我就以司夜报晓；假使把我的右臂变成弹丸，我就以之打可以烤吃的小鸟；假使把我的屁股变成车轮，把我的精神化为马，我就乘着它行走，哪里还用得着更换别的车马呢！况且人的得生，乃是应时；死去，乃是顺其自然。安心适时且顺随自然，哀乐的情绪不能侵入人的心中，这就是古语所说的束缚解除。而不能自己解脱的人，是被外物束缚住了。况且，人为不能胜过自然由来已久，我又为什么要厌恶呢？”

不久子来也生了病，气息急促将要死去，他的妻子儿女围在床前哭泣。子犁前往探望，说：“去，走开！不要惊扰他由生而死的变化！”子犁靠着门跟子来说话：“伟大啊，造物者！又将把你变成什么，把你送到何方？把你变化成老鼠的肝脏吗？把你变化成虫蚁的臂膀吗？”

子来说：“子女对于父母，无论东南西北，你都要听从父母之命。人对于造化者，何止于儿女对待父母。造化者让我死，我如果不从命，我就是违逆不顺，它有什么罪过呢？大自然赋予我形体，使我有所寓托；赋予我生命，使我劳动；赋予我年老，让我安逸；安排我死亡，让我安息。所以善待我赋予我生命的，同样善待

【注释】

①子祀、子舆、子犁、子来：庄子虚构人物。②尻(kāo)：臀部。③莫逆于心：心心相契。④拘拘：屈曲。⑤曲偻发背：弯腰驼背；齐：通“脐”；句(jù)赘(zhuì)：发髻。⑥跰𨇤：一瘸一拐。沴：凌乱。⑦浸假：假使。⑧鸮(xiāo)炙：鸮鸟的烤肉。⑨县解：解开倒悬，即在困境中获救。⑩喘喘然：气息急促貌；妻子：妻子儿女。⑪怛(dá)：惊扰。⑫父母于子：“子与父母”的倒装句。⑬翅：通“啻(chì)”，仅，只。⑭彼：指阴阳、造化。⑮大冶：冶金工匠，喻造化；镆(mò)铘(yé)：古代良剑名。⑯犯：通“范”，铸造。⑰蘧(qú)然：自适貌。

我赋予我死亡的。犹如铁匠铸造金属器物，金属突然从炉里跳起来说：‘一定要把我铸成镆铘宝剑！’铁匠一定会认为这是一块不吉祥的金属。现在一旦成就了人的形体，就说：‘我是人！我是人！’那造物者一定会认为这是一个不吉祥的人。现在如果把天地当成一个大熔炉，把造化当作一个大铁匠，那么往哪里去不可以呢！”于是他安然睡去，一会儿又适意醒来。

品庄悟道

生老病死又何妨

生老病死是个自然规律，并不是主观意志所决定的，所以我们要坦然地面对生老病死。

子祀、子舆等四人的交友信条是“以无为首，以生为脊，以死为尻”，“首”、“脊”、“尻”属于一体，庄子借此比喻“生死存亡于一体”的道理。接着又通过病重的子舆之口，阐述安时处顺、知足安命的人生态度。此处，对于“生从何来，死又何往？”这个人类的大问题的解说，以病重的子来之口阐述出来“善吾生者乃所以善吾死也”，人生不过是“万化”中的“一化”，不必以变成人而兴高采烈。天地犹如一个大熔炉，造化犹如大冶炼师，它想把人变成什么，人都乐于接受；它想把人送到哪儿，人都唯命是从。不难看出，人只是万物归一中的某一个物，死后又化成了万物的一分子。

此处关于生老病死的唯物辩证法，给后世王充的《无神论》提供了理论依据。

六

【原文】

子桑户、孟子反、子琴张三人相与友，曰[①]："孰能相与于无相与，相为于无相为？孰能登天游雾，挠挑无极，相忘以生，无所终穷[②]？"三人相视而笑，莫逆于心，遂相与为友。

莫然有间，而子桑户死，未葬[③]。孔子闻之，使子贡往侍事焉[④]。或编曲，或鼓琴，相和而歌曰[⑤]："嗟来桑户乎！嗟来桑户乎！而已反其真，而我犹为人猗[⑥]！"子贡趋而进曰："敢问临尸而歌，礼乎？"

二人相视而笑曰："是恶知礼意！"

子贡反，以告孔子，曰："彼何人者邪？修行无有，而外其形骸，临尸而歌；颜色不变，无以命之。彼何人者邪？"

孔子曰："彼游方之外者也[⑦]；而丘游方之内者也。外内不相及，而丘使女往吊之，丘则陋矣。彼方且与造物者为人，而游乎天地之一气[⑧]。彼以生为附赘县疣，以死为决疣溃痈，夫若然者，又恶知死生先后之所在[⑨]！假于异物，托于同体；忘其肝胆，遗其耳目；反复

【译文】

子桑户、孟子反、子琴张三人在一起谈话："谁能够相互交往于无心交往之中，相互有所帮助却像没有帮助一样？谁能登上高天巡游雾里，循环升登于无穷的太空，忘掉自己的存在，而永远没有终结和穷尽？"三人会心地相视而笑，彼此心意相通，于是相互结成好友。

不久，子桑户死了，还没有埋葬，孔子听说了，就派子贡去助办丧事。子贡看到一个人在编歌曲，另一个人在弹琴，二人合唱道："哎呀，桑户啊！哎呀，桑户啊！你已经归真返璞了，而我们还在做人啊！"子贡走上前问道："请问对着尸体唱歌，合乎礼仪吗？"

他二人相视而笑，说："你哪里知道礼的真意呢？"

子贡回来后，把听到看到的告诉孔子，说："他们是什么样的人啊？不修德行，将形体置之度外，面对尸体唱歌，脸不变色，无法形容他们。他们是什么样的人呢？"

孔子说："他们都是些摆脱礼仪约束而逍遥于人世之外的人，我却是生活在具体的世俗环境中的人。人世之外和人世之内彼此不相干涉，可是我却让你前去吊唁，我实在是浅薄呀！他们正跟造物者结为伴侣，而逍遥于天地浑一的元气之中。

终始，不知端倪；芒然彷徨乎尘垢之外，逍遥乎无为之业[10]。彼又恶能愦愦然为世俗之礼，以观众人之耳目哉！”

子贡曰：“然则夫子何方之依？”

孔子曰：“丘，天之戮民也[11]。虽然，吾与汝共之。”

子贡曰：“敢问其方。”

孔子曰：“鱼相造乎水，人相造乎道。相造乎水者，穿池而养给；相造乎道者，无事而生定。故曰，鱼相忘乎江湖，人相忘乎道术。”

子贡曰：“敢问畸人[12]。”

曰：“畸人者，畸于人而侔于天，故曰，天之小人，人之君子[13]；人之君子，天之小人也。”

【注释】

①子桑户、孟子反、子琴张：皆为庄子虚拟人物。②挠挑：环绕；无极：没有穷尽。③莫然：漠然。④侍事：助治丧事。⑤编曲：编制歌曲。⑥猗(yī)：犹“兮”。⑦游方之外，遨游于礼俗之外。⑧一气：元气。⑨县(xuán)疣(yóu)：悬挂在身上的肉瘤；决疣(huàn)溃痈(yōng)：毒疮溃破。⑩芒然：同茫然；彷徨：即自得逸乐。⑪愦愦：烦乱；戮民：遭刑戮之人。⑫畸人：不合世俗的奇人。⑬侔：合。

他们把人的生命看作像赘瘤一样多余，他们把人的死亡看作是毒痈化脓后的溃破，像这样的人，又怎么会顾及死生优劣的存在！假借于不同的物体，寄托于同一个身体；忘却内部的肝胆，遗忘外面的耳目；让生命顺其自然而生死循环，不去追究它们的头绪；无所牵挂地神游于尘世之外，逍遥自在地遨游于无为太虚之乡。他们又怎能心烦意乱地拘守世俗的礼仪，以此让众人来观看听闻！”

子贡说：“那么，先生依从哪一方呢？”

孔子说：“我是个终究要遭天道处罚的人。虽然如此，我与你还是向往着方外之道。”

子贡说：“请问有什么方法吗？”

孔子回答：“鱼争相投水，人争相求道。争相投水的鱼，掘地成池便给养充裕；争相求道的人，漠然无所作为便心性平适。所以说，鱼相忘于江湖里，人相忘于道术中”。

子贡说：“再冒昧地请教异人的问题。”

孔子说：“所谓异人，乃是异于俗人而顺合自然天道。所以说，天道视为的小人，正是俗人眼中的君子；俗人眼中的君子，正是天道的小人。”

品庄悟道

鱼得水才自在，人得道才愉快

子桑户、孟子反、子琴张超越了生死，游离于社会意识形态之外，这种人被称为“方外之人”，子贡、孔子却是游于社会意识和社会秩序之内的人。游于社会意识形态之外的人，犹如鱼儿畅游于大海，“相与于无相与，相为于无相为”，鱼得水才自在快乐，人得道才自在快乐。游于社会意识形态之内的人，是受礼的束缚，为功名奔忙，被社会意识和等级秩序奴役的人。所以说，方外之人大多是隐士、奇人、天的君子；而方内之人是社会的君子、天的戮民。

孔圣家语图·子贡覆命

庄学是社会意识范畴之外的哲学，孔学是社会意识范畴之内的哲学。“外内不相及”，庄子的出发点是自我的快乐，方向是安于道，超越社会；孔子的出发点是社会的和谐，方向是安于礼，投入社会。虽然说庄子的论断过于理想，可是如果得道后独处的时候能怡然自得，与人相处的时候能够其乐融融，这样的“道”有何不可呢？

七

【原文】

颜回问仲尼曰：“孟孙才，其母死，哭泣无涕，中心不戚，居丧不哀[①]。无是三者，以善处丧盖鲁国。固有无其实而得其名者乎？回壹怪之[②]。”

仲尼曰：“夫孟孙氏尽之矣，进于知矣[③]。唯简之而不得，夫已有所简

【译文】

颜回问孔子说：“孟孙才的母亲死了，他哭泣没有眼泪，心中不悲戚，居丧不悲哀。没有这三点他却以善于居丧而闻名鲁国。那么真有无其实而得到虚名的吗？我觉得很奇怪。”

孔子说：“孟孙才尽了居丧之礼，他比懂得居丧的人强多了，一般人想简办

矣。孟孙氏不知所以生，不知所以死；不知就先，不知就后；若化为物，以待其所不知之化已乎④！且方将化，恶知不化哉？方将不化，恶知已化哉？吾特与汝，其梦未始觉者邪！且彼有骇形而无损心，有旦宅而无情死⑤。孟孙氏特觉，人哭亦哭，是自其所以乃⑥。且也相与吾之耳矣，庸讵知吾所谓吾之乎？且汝梦为鸟而厉乎天⑦，梦为鱼而没于渊。不识今之言者，其觉者乎，其梦者乎？造适不及笑，献笑不及排，安排而去化，乃入于寥天一⑧。”

【注释】

①孟孙才：姓孟孙，名才；中心：即心中。②一：语气助词。③尽之：尽处丧之道。④已乎：如此而已。⑤骇形：指人死之后形体必有惊人的改变；情死：真实的死亡。⑥乃：通“尔”，如此。⑦厉：通“戾”，至，往。⑧造适：惊喜、适意；献笑：从内心发出的笑容；寥天：指寂寥虚空的天道。

丧事却做不到，而孟孙才则已有所简化。孟孙才不知道什么是生，不知道什么是死；不知道什么是先，不知道什么是后。好像已化为物，以等待他所不知道的变化。且即将出现变化，怎么知道不变化呢？即将不再发生变化，又怎么知道已经有了变化呢！只有我和你呀，才是做梦似的没有一点儿觉醒的人呢！那些死去了的人惊扰了自身形骸却无损于他们的精神，犹如精神的寓所朝夕改变却并不是精神的真正死亡。唯独孟孙才觉醒，人们哭他也跟着哭，这就是他如此居丧的原因。况且人们交往总借助形骸而称述自我，又怎么知道我所称述的躯体一定就是我呢？再说你梦为小鸟便飞到蓝天，你梦为鱼便潜入深渊。不知道现在说话的我，算是醒悟的人呢，还是做梦的人呢？突如其来的快意来不及显露笑容，由衷的快乐来不及事先安排只有听任自然的安排而顺应变化，这样才能进入寂寥空虚的天道，混为一体。”

品庄悟道

躺在道的怀抱里最安心

生与死、梦与觉、我与非我，并非人所能确知的。孟孙才“尽”生死之理，其实是他“不知所以生，不知所以死；不知就先，不知就后”，以所化之现在的我，待将化之未知的我。他之“进于知”其实是超越有限之“知”，进于无限之“知”，无限之“知”就是不知，就是悟道。有知则能分别生死，一切喜怒哀乐即由此“知”产生；“进于知”就是去

三才图会·颜子像

知，不知“化”与“不化”“将化”的区别，才会安于“化”，安于化就是安于道。

生死问题是人生所面临的两大关，“生”始于人之初，是在初之人尚不知事时发生的，但“存”之义上的“生”是整个人生所必须认真对待的问题。“死”是人生的最后一个关口，对“死”的不同态度可以折射出其主体的人生境界。

本节中，庄子抓住“生死”这一修“道”必须过好的一关加以阐述。进而得出生死存亡一体的道学，也就是告诉人们生死存亡只不过是个状态。对于来源于万物的我，死亡只是复归于万物，又有什么可怕的呢？

八

【原文】

意而子见许由[1]。许由曰：“尧何以资汝[2]？”

意而子曰：“尧谓我：‘汝必躬服仁义而明言是非。’”

许由曰：“而奚来为轵[3]？夫尧既已黥汝以仁义，而劓汝以是非矣，汝将何以游夫遥荡恣睢转徙之涂乎[4]？”

意而子曰：“虽然，吾愿游于其藩。”

许由曰：“不然。夫盲者无以与乎眉目颜色之好，瞽者无以与乎青黄黼黻之观[5]。”

意而子曰：“夫无庄之失其美，据梁之失其力，黄帝之亡其知，皆在炉捶之间耳[6]。庸讵知夫造物者之不息我黥而补我劓，使我乘成以随先生邪[7]？”

许由曰：“噫！未可知也。我为汝言其大略。吾师乎[8]！吾师乎！齑万物而不为义，泽及万世而不为仁，长于

【译文】

意而子去见许由，许由说：“尧教导了你什么？”

意而子说：“尧对我说：‘你一定要亲自实行仁义，明辨是非。’”

许由说：“你为何还要到这里来呢？尧既然用仁义给你施行了黥刑，又用是非施行了劓刑。你将来怎么能够逍遥放荡、无拘无束地遨游于变化境界呢？”

意而子说：“虽然如此，我还是愿意游于大道的门墙。”

许由说：“不对。有眼无珠的盲人没法给他观赏姣好的眉目和容颜，瞎子没法给他赏鉴礼服上各种不同颜色的花纹。”

意而子说：“让美人无庄失去她的美丽，让大力士据梁失去他的力气，让黄帝失去他的智慧，这都在于造物者的一炉一锤的掌握之中。怎么知道那造物者不会养息我受黥刑的伤痕和补全我受劓刑所残缺的鼻子，使我得以保全托载精

上古而不为老，覆载天地、刻雕众形而不为巧，此所游已。”

【注释】

①意而子：虚构的人物。②资：教。③轵：通“只”，语气助词。④黥(qíng)：墨刑，在犯人身上刻字，用墨染黑；劓(yì)：鼻刑，割掉鼻子；姿睢：放纵不拘。⑤黼(fǔ)黻(fú)：古代礼服上绣制的花纹。⑥无庄：古代美女；据梁：古代力士；捶：通“锤”，锤炼。⑦乘成：使形体完整。⑧师：指宗师，即道。⑨齑：调和。

神的身躯而跟随先生呢？”

许由说：“唉！这是不可知道的。我为你说个大概：我的大宗师啊！我的大宗师啊！调和万物却不以为是义，泽及万世却不以为是仁，长于上古却不以为是老，覆盖天，承载地，雕刻众物的形状却不算为技巧，这就是我所逍遥的境界！”

品庄悟道

回归自然，就是回归道

意而子被尧教授了一套社会价值观念，许由便认为他已是方内之人，不会游于方外了。意而子认为：尧能让我成为社会人，怎么知道“道”就不会还我成一个自然人呢？

庄子通过这则寓言说明：道在人心中，要想回到道的怀抱，只要远离社会，回归自我，效法自然即可。就像佛所说的：回头是岸。本章节说明中儒家仁义、是非之毒笃深的人是不可能领悟到道家之大“道”的。

这里还借许由之口讲述了观念差异的人之间的隔阂，大有“秀才遇见兵，有礼说不清”的意思，就是许由认为，意而子接受了尧的观念，再要给意而子讲述道已经没有用了。这种情况在现实生活中经常见到，有的人只要听了别人的讲座就对某个人或者某件事深信不疑，任外人怎么讲也改变不了他那被人洗脑的观念。当然，好的一点，是意而子比较虚怀若谷，所以他又复得自然之道。

九

【原文】

颜回曰：“回益矣①。”

仲尼曰：“何谓也？”

【译文】

颜回说：“我进步了。”

孔子问道：“什么进步了？”

曰：回忘仁义矣。”

曰：“可矣，犹未也。”

他日复见，曰：“回益矣。”

曰：“何谓也？”

曰：“回忘礼乐矣。”

曰：“可矣，犹未也。”

他日复见，曰：“回益矣。”

曰：“何谓也？”

曰：“回坐忘矣②。”

仲尼蹴然曰③：“何谓坐忘？”

颜回曰：“堕肢体，黜聪明，离形去知，同于大通，此谓坐忘④。”

仲尼曰：“同则无好也，化则无常也，而果其贤乎⑤！丘也请从而后也。”

【注释】

①益：长进，进步。②坐忘：端坐静心而物我两忘。③蹴(cù)然：惊奇不安貌。④堕：废弃；黜(chù)：去除。⑤好：偏好。

颜回说：“我已经忘却仁义了。”

孔子说：“好哇，不过还不够。”

过了几天颜回再次拜见孔子，说：“我又进步了。”

孔子问：“什么进步了？”

颜回说：“我忘却礼乐了。”

孔子说：“好哇，不过还不够。”

过了几天颜回又再次拜见孔子，说：“我又进步了。”

孔子问：“什么进步了？”

颜回说：“我坐忘了。”

孔子惊奇不安地问：“什么叫‘坐忘’？”

颜回答道：“忘却了强健的肢体，退除了灵敏的听觉和清晰的视力，脱离了身躯并抛弃了智慧，从而与大道浑同相通为一体，这就叫坐忘。”

孔子说：“同一就没有偏好，变化就没有滞固。你果真成了贤人啊！我也愿意跟随在你的身后。”

品庄悟道

颜回悟道

颜回的修养进程乃是由外及内，一层层打通各种心灵的屏障，先忘掉仁义、礼乐等外在规范，也就是解除礼教等社会意识对心灵的束缚。破礼教关后，进而“离形去知，同于大通”，达至“坐忘”的境界。“离形”与“堕肢体”同义，即忘身，消解由生理所激起的贪欲；“去知”与“黜聪明”同义，即忘神，除去由心智所产生的理性思维。通过了此两种功夫，则形神兼忘，臻至大通，与道合一，一切无碍。

“坐忘”也就是“无已”，达到此种境界，则“解心释神，莫然无魂”，在混沌一片的万物之中是没有区别的，能和天地同本而无偏爱，与万物同化而不偏执——“同则无好也”，即同于大道，则无是非好恶；“化则无常也”，冥于变化，故不执滞守常。如此则视己为天地大炉中一块朴金，任凭造化的大冶去陶铸，不因化为人而喜，不因化为非人而悲，化成什么都可以，化到哪儿去都无所谓。

颜回在这儿作为庄子说道的传声筒，庄子并没有在此说明“道”是什么，而在于识道前的修养功夫和识道后的心灵境界，“坐忘”的修养功夫无论是“心斋”、“守宗”，还是“坐忘”，都坚持了《老子》所提出的“为学日益，为道日损”，就是说先要忘掉、失去，才能够悟道、得道。

只有无限的失去才能够无限的得道。庄子所体悟的“道”，也不在于其本体论意义和宇宙论性质，而在于其内化于人的心灵后的精神状态。这样，在庄子的认识论中，作为最高认识的“道”，同时也就变化为最高境界的“道”。也就是说，“道”的真正被认识、被体验，是在精神修养领域而不是在认识领域。从而，庄子认识论中最高、最后的目标——道，在认识以外的精神修养领域内被达到了；不能被确切把握的认识对象——道，转变成可为修养所能悟得的理想境界。

一〇

【原文】

子舆与子桑友，而霖雨十日①。子舆曰：“子桑殆病矣！”裹饭而往食之。至子桑之门，则若歌若哭，鼓琴曰：“父邪？母邪？天乎？人乎？”有不任其声而趋举其诗焉②。

子舆入，曰：“子之歌诗，何故若是？”

曰：“吾思夫使我至此极者而弗得也。父母岂欲吾贫哉？天无私覆，地无私载，天地岂私贫我哉？求其为之者而不得也。然而至此极者③，命也夫！”

【译文】

子舆与子桑是朋友。连绵不断的雨一下就十天，子舆说：“子桑恐怕要饿坏了吧！”于是就带着饭去给他吃。到了子桑的家门，就听到又像歌唱又像哭泣的声音，看到他弹着琴唱道：“父亲啊！母亲啊！天啊！人啊！”声音微弱而又急促地念着诗。

子舆进门，问道：“你唱歌念诗，为什么这个样子？”

子桑回答说：“我在探寻使我达到如此极度困乏和窘迫的人，然而没有找到。父母难道会希望我贫困吗？苍天没有偏私地覆盖着整个大地，大地没有偏私地托载着所有生灵，天地难道会单单让我贫困吗？寻找使我贫困的东西可是我没能找到。然而已经达到如此极度的困乏，还是‘命’啊！”

【注释】

①子桑:即子桑户;霖:阴雨三日以上。②不任其声:声音微弱;趋步其诗:急促念诗。③极:绝境。

品庄悟道

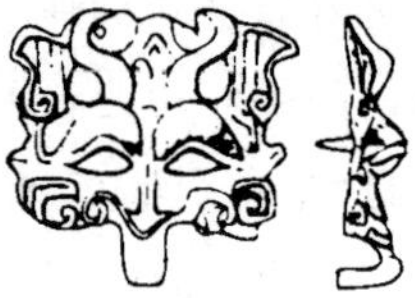

做命运的好朋友

贫富都是命,半点不由人。此则寓言向我们揭示了当时社会上的贫富不均的问题,造成这一现象的原因是什么?庄于归之于“命”。

命就是际遇,是我们无法感知的,无法抗拒的。做命运的好朋友!把命运当成一种自然,这样才能安之若命。就像一个人面对厄运如果整天愁眉苦脸,那么过段时间脸上就会有皱纹,朋友见了他刚开始还安慰他,慢慢地就不知道给他说什么好了,所以就避之大吉;而他呢,也由于时间都花费在愁眉苦脸上,所以不知道进取,生活就不会改变,命运也不会改变。但是如果一个人面临厄运或者绝症还能微笑面对,坦然处之,那么他的脸上永远是阳光,让人感觉亲切,人们便会不知不觉地帮助他,他的生活是有意义的,人们见了他也喜欢说有意义的事情,所以他的生活是欢乐的,经过一段时间以后,他的生活也有可能会变得越来越好,命运会随之改变。

所以说,无论什么样的命运我们都要和它做好朋友,微笑面对。

【集评】

陆西星《南华真经副墨·大宗师》:大宗师,言道也。道者,自然而已。……篇中义谛,随人根器大小,各有受用熟读此者,不惟可消贪鄙之私,而所谓性命之宗、上乘之学,亦不外是而得之矣。

胡文豹《南华经合注吹影·大宗师》:大宗师者,道也,莫大惟道也。道者,自然而已,所谓至真至卓者也。知自然者,能登假于道,故不悦生恶死。其与物也有宜而莫知其极,其状也不可以比象形容,知死生为命而与天为徒,游于物之所不得遁而皆存。然是大宗师也,有情有信无为无形,可传而不可受,可得而不可见,知之者其惟真人乎?

林纾《庄子浅说·大宗师》:《大宗师》一篇,说理深邃宏博,然浅人恒做不到。庄

子似亦知其过于高远，故以子桑安命一节为结穴，大要教人安命而已。此由博反约，切近人情之言也。

宣颖《南华经解·大宗师》：庄子先为致赞，劈手即与捩转，见他分天分人，乃正是梦梦多事。……从“生，命也”以下，咏叹大宗师之妙，叠叠用譬喻夹发振跌，只是不曾明明指出。到层咏叹之下，接出“夫道”二字，大宗师才一一现身。点出“道”字，便极力形容“道字之妙，便历历指点，古来神圣无不宗师此道，是前半篇正文收束处。下面七大文字，止是为前半篇作引证发明耳。其前四段，直明生死当顺乎宗师；五、六二段辨明道体，以世人误认宗师故也。末段收出“命”字，命乃大宗师之赋物者也。生惟当受命，是一篇扼要归宿处。

刘凤苞《南华雪心编·大宗师》：细按此篇文法，首段已尽其妙。以下逐层逐段，分应上文，神龙嘘气成云，伸缩变化，全在首尾，若隐若显，令人不可捉摸。此外东云见鳞，西云见爪，作其之而，空挐攫，此其所以为灵也。……其中俊语奥词，分呈互见，剖之为荆山之玉，屑之为丽水之金，缀之为长吉之囊，割之为丘迟之锦。沾其剩馥残膏，皆可湔肠换骨，化为脉望之仙。自有文章以来，空前绝后，无古无今，殆惟庄生为独步矣。

应帝王

【导读】

本篇讨论帝王如何治理天下，以《应帝王》为篇名。郭庆藩《庄子集解》说："夫无心而任乎自化者，应为帝王也。"篇中着重回答帝王治理天下的问题，集中反映了庄子的无为政治论。庄子认为，为政之道，在于无为而治，在于顺随人之本性，以人民的意志为意志，而不滥加干涉，滥施聪明和法度。

全篇共有七个段落，除第六段纯为议论外，其他均为虚构的寓言故事，分别从不同的角度演绎为政当顺人性的自然、为政当无为而治的主旨。文章在揭示出主旨之后，又连设数喻，层层推进，最后终止于万象俱寂的混沌境界，再次暗寓无为任化的绝妙意趣。

而篇末以"南海""北海"作结，又与《逍遥游》开篇"北冥""南冥"遥相呼应，说明内篇结构严谨，文意连贯，不愧为庄子的精心设制之作。

一

【原文】

啮缺问于王倪，四问而四不知①。啮缺因跃而大喜，行以告蒲衣子。

蒲衣子②曰："而乃今知之乎？有虞氏不及泰氏。有虞氏其犹藏仁以要人，亦得人矣，而未始出于非人③。泰氏，其卧徐徐，其觉于于，一以己为马，一以己为牛；其知情信，其德甚真，而未始入于非人。"

【译文】

啮缺问王倪，问了四次王倪都回答说不知道。啮缺欢喜得跳了起来，跑去告诉蒲衣子。

蒲衣子说："你今天才知道这件事啊？有虞氏不如泰氏。有虞氏心怀仁义以笼络人心，虽然他也能得人心，但是从来没有超脱出外物的牵累。泰氏睡觉时安稳舒缓，醒来时安闲自得，任人家

把自己称作马，任人家把自己称作牛。他的心智信实，他的品德纯真高尚，从来没有受过外物的牵累。”

【注释】

①啮缺、王倪：皆为虚构人物。②蒲衣子：庄子虚构人物；泰氏：虚构人物；藏仁：心怀仁义；非人：欺伪之人。③徐徐：舒缓。于于：安闲貌。

品庄悟道

说我是马也好，说我是牛也行

啮缺欢呼雀跃，欣喜的是从王倪“不知”而悟出的道理。“知”与“不知”比较起来，“知”有限，“不知”无限；“不知深矣，知之浅矣”（《知北游》）；“知”生是非，“不知”无是非；“知”生名利之心，“不知”无功无名；“知”生欲望，有欲望则有烦恼，“不知”无欲望，无欲即无己，无己何忧？“知”是物的境界，“不知”是道的境界。

对帝王而言，“知”则求治，如有虞氏包藏仁义，要求士庶，希得百姓之心；“不知”则不治，如奉氏，徐徐而卧，闷闷而觉，呼之为马则以己为马，呼之为牛则以己为牛，犹如《逍遥游》所说的“圣人无名”，当然也是“无己”之至人、“无功”之神人。有虞氏以仁德笼络人心，得人而未脱物累，这是有为而不安命的表现；泰氏徐徐而眠，慢慢地醒来，不辨自己是牛是马，不受外物的羁绊，这种潇洒自如的人生态度，是无为安命的表现。

〔清〕任熊高士传图像·蒲衣子

道是虚无，无中生万有，得道者的标志自然就是以无知为知，王倪四问而四不知，啮缺从中领悟到了“无知”和“知”的道，才那么喜出望外。仁义是儒家推崇的人际关系准则，这种准则是人为创造，理所当然得到道家的反对。道家以无知为知，认为像伏羲那样不知自己是人是马是牛，与万物混同为一，就是进入最高道德境界的体现，无为而治的政治才是理想的政治。

二

【原文】

肩吾见狂接舆[①]。狂接舆曰:“日中始何以语女[②]?”

肩吾曰:“告我:君人者以己出经式义度[③],人孰敢不听而化诸?”

狂接舆曰:“是欺德也;其于治天下也,犹涉海凿河而使蚊负山也。夫圣人之治也,治外乎[④]?正而后行,确乎能其事者而已矣。且鸟高飞以避矰弋之害,鼷鼠深穴乎神丘之下以避熏凿之患,而曾二虫之无知[⑤]!”

【注释】

①肩吾:人名,不可考;接舆:楚国隐士。②日中始:虚构人物。③君人者:国君。④治外:治理社会外在表象。⑤矰(zēng)弋(yì):射鸟的器具;神丘:社坛;熏凿:烟熏和挖凿。

【译文】

肩吾见到狂接舆,狂接舆说:“日中始对你说了些什么?”

肩吾说:“他告诉我,那些做国君的,凭自己的想法制定各种法规,人们谁敢不听而归从呢?”

接舆说:“这是欺诳的做法,那样治理天下,就好像徒步下海开凿河道,让蚊虫背负大山一样。圣人治理天下,难道去治理社会外在的表象吗?他们顺应本性而后感化他人,听任人们之所能罢了。鸟儿尚且懂得高飞躲避弓箭的伤害,老鼠尚且知道深藏于神坛之下的洞穴逃避熏烟凿地的祸患,而你竟然连这两种小动物本能地顺应环境也不了解!”

品庄悟道

治世先治己

“以己出经式义度”,乃独裁君主也;“人孰敢不听而化诸”,欲以独裁专制威服天下也!有虞氏“藏仁以要人”,是欲以德服天下,尚且不可取;日中始的专制政策,欲以己法威服天下,则更不可取矣!以仁义治天下,可笼络人心;以苛法治天下,则使老百姓畏祸远害,避之千里之外矣!

鸟高飞,鼠深藏,是有知,怎么会说它们无知?庄子主张无为而治,要用顺其自然、无所作为的办法统治天下,以什么都不做的手段达到什么都做了的目的,用道家的话就说是无为而无不为。

所以说，治世先治己是有一定道理的。将熊熊一窝，兵熊熊一个，圣明天子手下多的是贤臣良将，无道之君朝廷里多奸佞无能之臣。

圣人要治世，就治自己好了！治世，是违背自然之道，会扰乱天下。这就是庄子的态度。

三

【原文】

天根游于殷阳，至蓼水之上，适遭无名人而问焉，曰[①]："请问为天下[②]。"

无名人曰："去！汝鄙人也，何问之不豫也[③]！予方将与造物者为人，厌则又乘夫莽眇之鸟[④]，以出六极之外，而游无何有之乡，以处圹埌之野。汝又何帠以治天下感予之心为[⑤]？"

又复问。无名人曰："汝游心于淡，合气于漠，顺物自然而无容私焉，而天下治矣。"

【注释】

①天根：虚拟人物；殷阳：虚拟地名；蓼(liǎo)水：虚构水名；无名人：虚构人物。②为：治理。③豫：悦。④莽眇之鸟：轻盈虚渺之状。⑤何帠(yì)：何故。

【译文】

天根游到殷阳，来到蓼水岸上，正好遇到无名人，问道："请问治理天下有什么方法？"

无名人说："走开！你这个鄙陋的人，为什么问这个不愉快的问题呢？我正要和造物者结伴遨游，游够了就要乘像鸟一样的轻盈清虚的气流，飞出天地四方之外，畅游于无何有的地方，歇息于广阔无边的旷野里。你为什么拿治天下的话来扰乱我的心呢？"

天根再三请教。无名人说："你应处于保持本性、无所修饰的心境，交合形气于清净无为的方域，顺应事物的自然而没有半点儿个人的偏私，天下也就得到治理了。"

品庄悟道

无心治理天下，则天下大治

《逍遥游》曰："至人无己，神人无功，圣人无名。"无名人其实就是得道圣人，与道为友，神驰六极之外，心游无何有之乡，根本就无心于治理天下。故天根问治天下，无名人答非所问，再问，则答“游心于淡，合气于漠”，其实就是淡忘社会和国家机器，顺物自然，无心去治，天下自然就治了。

本段再次阐述“无己、无功、无名”。本篇通过三个寓言的描写，批斥了仁义、礼法，提出了“顺物自然”才能治理好天下的主张。庄子认为，统治者常常假借仁义哗众取宠，笼络人心，可事实上，这样的德治举措只能钳制人心，而且易使天下大乱，与其初衷背道而驰，注定是要彻底失败的。与之相反，只有清净无为，无私无欲，才能使“天下治矣”。

四

【原文】

阳子居见老聃①，曰：“有人于此，向疾强梁，物彻疏明，学道不倦②。如是者，可比明王乎？”

老聃曰：“是于圣人也，胥易技系，劳形怵心者也③。且也虎豹之文来田，猿狙之便、执斄之狗来藉④。如是者，可比明王乎？”

阳子居蹴然曰：“敢问明王之治。”

老聃曰：“明王之治，功盖天下而似不自己，化贷万物而民弗恃⑤；有莫举名，使物自喜⑥；立乎不测，而游于无有者也。”

【注释】

①阳子居：即战国时期杨朱。②向：通“响”，回声；强梁：强悍果决；彻：洞彻。③胥：小吏；易：更换职事；怵心：心神不宁。④田：田猎；斄(lí)：狐狸。⑤不自己：不归功于自己。⑥举：称说；名：形容。

【译文】

阳子居拜见老聃，说：“倘若现在有这样一个人，他办事迅疾敏捷、强干果决，对待事物洞察准确、了解透彻，学‘道’专心勤奋从不厌怠。像这样的人，可以跟圣明之王相比而并列吗？”

老聃说：“这样的人在圣人看来，不过就像有才智的小吏，被自己的技艺职守所困，终身劳其形体，担惊受怕罢了。况且像虎豹由于皮有花纹而招来捕猎，猕猴由于灵便、猎狗由于会捉狐狸而被人拴住。像这样的情况，能够和圣明之王相比拟吗？”

阳子居惭愧地说：“请问明王是怎么治理天下的？”

老聃说：“明王治理天下，功盖天下而不归功于自己，教化施及万物而人民却不觉得有所依赖，他虽有功德却不能用名称说出来，他使万物各得其所，而自己立于高深莫测的地位，游于虚无缥缈的境界。”

品庄悟道

明王之治，就是不治

世人所说的明王，在老聃看来，无非劳形怵心之辈，其才华如虎豹的花纹，会招致田猎；其技能如敏捷的猕猴、猎狗，会受到约束。真正的明王之治，其实就是不治，以不治换来大治。

老子所说的明王世间少有，但是，“不治就是大治”这句话还是有一定的例证的，结合历史，汉武帝时期的鼎盛，是因为有采取无为而治的“文景之治”铺陈；唐太宗时期的“贞观之治”，是和唐初期的减少赋役的与民修养生息政策分不开的，另外唐太宗善于纳谏，魏徵作为唐太宗有名的谏臣一再地强调无为而治的重要，他在《谏太宗十思疏》中的最后说道：文武并用，垂拱而治。何必劳神苦思，代百司之职役哉？这和道家所说的无为而治是一个道理的两种说法。

五

【原文】

郑有神巫曰季咸，知人之死生存亡、祸福寿夭，期以岁月旬日，若神[1]。郑人见之，皆弃而走。列子见之而心醉，归，以告壶子[2]，曰：“始吾以夫子之道为至矣，则又有至焉者矣。”

壶子曰：“吾与汝既其文，未既其实，而固得道与[3]？众雌而无雄，而又奚卵焉！而以道与世亢，必信，夫故使人得而相汝[4]。尝试与来，以予示之。”

明日，列子与之见壶子。出而谓列子曰：“嘻！子之先生死矣！弗活矣！

【译文】

郑国有个占卜识相十分灵验的巫师，名叫季咸，他知道人的生死存亡和祸福寿夭，所预卜的年、月、旬、日都准确应验，仿佛是神人。郑国人见到他，都担心被他预卜死亡和凶祸而急忙跑开。列子见到他却内心折服如醉如痴，回来后把见到的情况告诉老师壶子，并且说：“起先我总以为先生的道行最为高深，如今又有更为高深的巫术了。”

壶子说：“我教给你的只是表面的东西，没有向你传授内在的实质，你就以为得道了吗？一群雌鸟而没有雄鸟，

不以旬数矣！吾见怪焉，见湿灰焉[5]。"列子入，泣涕沾襟以告壶子。壶子曰：乡吾示之以地文，萌乎不震不正[6]。是殆见吾杜德机也[7]。尝又与来。"

明日，又与之见壶子。出而谓列子曰："幸矣，子之先生遇我也！有瘳矣，全然有生矣[8]！吾见其杜权矣[9]。"列子入，以告壶子。壶子曰："乡吾示之以天壤，名实不入，而机发于踵。是殆见吾善者机也[10]。尝又与来。"

明日，又与之见壶子。出而谓列子曰："子之先生不齐，吾无得而相焉[11]。试齐，且复相之。"列子入，以告壶子。壶子曰："乡吾示之以太冲莫胜[12]。是殆见吾衡气机也[13]。鲵桓之审为渊，止水之审为渊，流水之审为渊[14]。渊有九名，此处三焉[15]。尝又与来。"

明日，又与之见壶子。立未定，自失而走。壶子曰："追之！"列子追之不及，反，以报壶子曰："已灭矣，已失矣，吾弗及已。"

壶子曰："乡吾示之以未始出吾宗。吾与之虚而委蛇，不知其谁何，因以为弟靡，因以为波流，故逃也[16]。"

然后列子自以为未始学而归，三年不出。为其妻爨，食豕如食人[17]。于事无与亲，雕琢复朴，块然

又怎么能生出传代的卵呢？你以表面的道去和世人较量，偏听妄信，因而被人家窥测到了底细。你把他请来，给我相相面。"

第二天，列子邀季咸来见壶子。季咸出来对列子说："唉，你的先生快要死了，不能活了，过不了十天。我看他神色怪异，面如湿灰。"列子进去，哭得眼泪沾湿了衣襟，把季咸的话告诉壶子。壶子说："刚才我给他看的是寂静，沉沉寂寂地不震动也不静止，他大概见到我关闭了的生机。再请他来看看。"

第二天，列子又跟神巫季咸一道拜见壶子。季咸走出门来就对列子说："幸运啊，你的先生遇上了我！症状减轻了，完全有救了，我已经观察到闭塞的生机中神气微动的情况。"列子进到屋里，把季咸的话告诉给壶子。壶子说："刚才我显示给他看的是天地间的一丝生机，名利不入于心，一丝生机从脚跟升起。他大概看到了我这线生机了。试着你再请他来看看。"

第二天，列子又跟神巫季咸一道拜见壶子。季咸走出门来就对列子说："你的先生心迹不定，神情恍惚，我不可能给他看相。等到心迹稳定，再来给他看相。"列子进去，把季咸的话告诉壶子。壶子说："刚才我是以没有征兆的太虚之气给他看，他看到的是我的均衡的气机。鲸鲵盘旋逗留之处是深渊，静水之处是深渊，流水之处是深渊。渊有九种，我只给他看了三种。再请他来看看。"

第二天，列子又跟神巫咸季一道拜见壶子。季咸还未站定，就不能自持地跑了。

独以其形立。纷而封哉，一以是终[18]。

【注释】

①季咸：神巫之名。②列子：即列御寇，郑国人；壶子：名林，号壶子，列子老师。③文：表面现象；实：实质。④亢：通“抗”，较量；信：通“伸”。⑤湿灰：比喻生机全无。⑥乡：方才；地文：比喻寂静的心境。⑦德机：生机。⑧瘳(chōu)：这里指病兆大大减轻。⑨杜权：闭塞中有权变。⑩善者机：生机。⑪不齐：不定。⑫太冲：即太虚；莫胜：无征兆。⑬衡气机：谓心平气稳的气机；气机：人体内气的正常运行。⑭鲵：指鲸鲵。⑮三：即三渊，比喻杜德机、善者机、衡气机。⑯虚：无所执着；委蛇：随顺自然发展；弟靡：随顺应变之状。⑰爨(cuàn)：烧火做饭；食豕：喂猪。⑱雕琢复朴：去掉雕琢，恢复淳朴。

壶子说：“追上他！”列子没能追上，回来告诉壶子，说：“已经没有踪影了，让他跑掉了，我没能赶上他。”

壶子说：“刚才我显示给他看的并不是我的根本大道。我不过是和他随顺应变，他分不清彼此，犹如草随风披靡，水随波逐流，只得逃走。”

列子这才知道自己还没有学成，回家三年不出门，替他妻子烧火做饭，喂猪就像侍奉人一样，对世事无所偏爱，丢弃雕饰，返璞归真，独立于尘世之外，在纷纭的世界中持守虚静，这样一直到生命的终了。

品庄悟道

季咸“相”壶子的寓意

壶子是道的化身，庄子通过季咸“相”壶子，说明了“知”的有限与肤浅。

季咸的“知”只能“相”出壶子的“示”，而不能识破藏在“示”后面的东西，即只认识到道之“表”，而不能窥探道之“实”。

列子在季咸“相”壶子的过程中，前后判若两人，之前的列子被季咸的“知”所迷惑，误以其“知”为道，而不知其“知”非真。季咸说东道西，结果一句也没说准，可见道原是不能“相”即不能认知的，通过知性思维只能获得道之“表”，不能获得道之“实”。道之“实”只能通过悟才能获得。之后的列子终于有所悟，悟出“自以为未始学”，归家三年不出，终于“雕琢复朴”，即还“表”为“实”，悟出了道的真相，终生受益。

六

【原文】

无为名尸，无为谋府①；无为事任，无为知主②。体尽无穷，而游无朕③；尽其所受乎天，而无见得，亦虚而已。至人之用心若镜，不将不迎，应而不藏，故能胜物而不伤。

【注释】

①尸：主，承受者；谋府：智谋聚藏的地方。②知主：智能的汇集者。③体尽无穷：体悟无穷无尽的大道；游无朕：在虚无的境域中遨游。

【译文】

不要做名声的主人，不要做出谋划策的智囊，不要承担什么责任，不要当智慧的主宰者。体谅无穷的大道，游心于无踪迹的境界，享受天所给的一切，而不要以为有什么所得，这也不过是虚无罢了。至人的用心如同镜子一般，对物的来去不迎不送，客观地反映而不加隐藏，所以能够胜物而不被物伤害。

品庄悟道

都是知识惹的祸

名由知出，无知则无名；谋由知生，无知则无谋；欲由知发，无知则无欲，无欲则无求，无求则无事，无事则无害。

如何做到“无知”？关键在一“虚”字——“亦虚而已”，如此则“用心若镜”，虽纳万境，但无所用心，“故能胜物而不伤”。

无知无欲，虚壹而静

此节，对本章节作出了“无为知主”的总结，即就是不要让心被后天的知识所主宰，首节以“知”开篇，泰氏以己为马为牛；第三节无名人说“游心于淡，合气于漠，顺物自然而无容私焉”；第四节老聃之游于无有；第五节之“不知其谁何”及“食豕如食人”；末节之浑沌，都是阐述“无为知主”，是庄子所要赞赏的例子。而首节有虞氏之藏仁要人；第二节日中始之“己出经式义度”;第四节之“物彻疏明”;第五节神巫季咸之“知人之生死存亡,祸福寿夭”;末节儵与忽为浑沌凿窍,都是“欲为知主”的表现,就是想要主宰智慧,这是庄子要反对的例子。

“无为知主”,和儒家所说的“知之为知之,不知为不知,是知也”,有相似之处,都是说对于不知道的知识不要强求。不过侧重点不同,儒家所强调的是怎么学习接受知识,而庄子所要强调的怎么遗忘淡化表象的知识。

七

【原文】

南海之帝为儵,北海之帝为忽,中央之帝为浑沌①。儵与忽时相与遇于浑沌之地,浑沌待之甚善。儵与忽谋报浑沌之德,曰②:“人皆有七窍以视听食息,此独无有,尝试凿之③。”日凿一窍,七日而浑沌死。

【注释】

①儵(tiáo)、忽、浑沌:都是虚拟神名。②谋报:筹谋报答。③七窍:即人的两眼、两耳、两鼻孔和嘴。

【译文】

南海的帝王名叫儵,北海的帝王名叫忽,中央的帝王叫浑沌。儵与忽常常相会于浑沌之处,浑沌待他们很好。儵和忽在一起筹谋报答浑沌的深厚情谊,说:“人人都有眼耳口鼻七个窍孔用来视、听、吃和呼吸,唯独浑沌没有,我们试着为他凿开七窍。”他们每天凿出一个孔窍,凿了七天浑沌也就死去了。

品庄悟道

浑沌国王死亡之谜

浑沌乃“无为知主”的正面,儵、忽乃“无为知主”的反面。浑沌可以看作道的化身,无区别,无限制,是“无”,是“一”;儵、忽则是“有”,是“之一”。浑沌无为,儵、忽有为;浑沌无知,儵、忽有知;浑沌是一种境界,只能悟得;儵、忽却用知来破坏悟。

圣人无知,行动起来也就无所用心,如浑沌一样。无所用心,也就是既不有意做什么,也不有意不做什么,做与不做都出于自然。儵与忽有知,有意报浑沌之德,结果是破坏了混沌的自然状态,导致浑沌之死,这正是有知、有为的恶果。《老子》

说“为者败之”，正是这个道理。

此处所论的仍是道家“无为”而治的政治主张，说明统治天下不可依靠智慧和才能，而是要虚怀若谷，即本章第一段所言的“主子不测，而游于无有者也”。为阐述自己的观点，庄子举了两个典型的例子。其一是郑国神巫季咸，该巫至神至若“知人之死生、存亡、祸福、寿夭”，且多有应验。看来他是善“测”之高手了。然而，就是这位神巫，其高超测术却在随机而动、变化多端的壶子面前失灵了；其二是儵与忽为报答浑沌的善待，结果适得其反，硬是将浑沌凿死，真是好心办坏事，这全是“有为”所产生的恶果，反证为政必须“游于无有”。可见，“无为”实乃治理天下的一大“法宝”。

凿死浑沌，是有为的恶果。浑沌不长孔窍，是天然，他不认为自己这副模样是残疾；别人以常理推断他有缺陷，为之修整，整好了以后，却整死了。推而广之，把自己阐释的平等、自由、人权之类的观念强加到他人头上，还一厢情愿地以为是救他人于水火之中，却被对方视为邪魔，有时只是讨个没趣，更多的时候得到的只是反击。其中滋味，无为胜有为也。

【集评】

陆西星《南华真经副墨·应帝王》：老子云：“王法天，天法道，道法自然。”此篇以“应帝王”名者，言帝王之治天下，其道相应如此。

胡文英《庄子独见·应帝王》：分而读之，则如十里蟪蛄，泠泠入耳。总而读之，则如幽涧泉鸣，随风断续，非听之以气，无从领赏其毫末。

刘凤苞《南华雪心编·应帝王》：细按此篇文法，首尾前后，一气相生，均是“立乎不测，游于无有”，入神超妙功夫。总结内篇，庄子精神，全注于此。若非置身题外，入其中而茫然莫解，则七圣迷途，失却崆峒妙旨，现前境界，俱属尘封。《南华》本是寓言，将天地间万有不齐之理，铸以洪炉，鼓以元气，精液糟粕，一概融化在内，无迹可寻，故其文凌虚独步，超以象外，得其环中。欲从其浑合处窥之，则虚空粉碎，诸天之花雨缤纷；欲从其琐屑处求之，则表里晶莹，大地之山河倒影，千变万化，莫测端倪。

林纾《庄子浅说·应帝王》：无心任化，是《应帝王》一篇之本旨，一线到底。四问四不知，无心也；二虫避害，亦无心也；乘莽眇之鸟，游无何有之乡，亦无心也。游于无有，则冥物矣。既冥物矣，尚有心乎？至于巫咸却走，盖相人无所指其目，则冲虚极矣。故列子大悟，至于一切皆无，似乎至理完足，无剩义矣。忽斗出有、忽、浑沌之以有凿无，想入非非，为通篇之后殿。设想之奇，无可伦比，非庄生，安得有此仙笔！

外篇

骈拇枝指出乎性哉！而侈于德。附赘县疣出乎形哉！而侈于性。多方乎仁义而用之者，列于五藏哉！而非道德之正也。是故骈于足者，连无用之肉也；枝于手者，树无用之指也。

骈 拇

【导读】

本篇以篇首二字命名，宗旨在于宣扬为人处世要合乎自然，顺乎人情之常，而痛斥了仁义残生伤性的弊端。庄子将人们所推崇的“仁义”比喻为身体的“骈拇”，即脚的大拇指与二指并和，以比喻为身体的赘肉，而仁义对于人天生的本性而言，也是如此。

庄子认为，人的本性是出于自然，只有任人的本性自然发挥和发展，不加任何人为的阻挠，方致“不失其性命之情”，而进入“无所去忧”的状态。否则，对合于性命之正的东西随意加以改变，则将破坏人的自然本性，酿成不堪想象的灾祸。

本篇先以骈拇、枝等物为喻，后以伯夷、盗跖等人为例，反复痛驳仁义，全力引进道德，以便使人类的自然本性得到复归。文章写得痛快淋漓，具有极大的批判力量。

一

【原文】

骈拇枝指出乎性哉[①]！而侈于德[②]。附赘县疣出乎形哉[③]！而侈于性。多方乎仁义而用之者，列于五藏哉[④]！而非道德之正也。是故骈于足者，连无用之肉也；枝于手者，树无用之指也；多方骈枝于五藏之情者[⑤]，淫僻于仁义之行，而多方于聪明之用也[⑥]。

【译文】

并生的脚趾和旁生的手指，是出于天性吗？然而多于常人的容貌。附悬于人体的肉瘤，是出于人的形体吗？然而超过了人天生的本体。采取多种方法推行仁义，比列于身体本身的五脏，却不是道德的本然。所以，脚上双趾并生的，是连缀起无用的肉；手上六指旁出的，是树起了无用的手指；各种并生、旁出的多余的东

是故骈与明者，乱五色，淫文章，青黄黼黻之煌煌非乎[7]？而离朱是已。多于聪者，乱五声，淫六律，金石丝竹黄钟大吕之声非乎[8]？而师旷是已[9]。枝于仁者，擢德塞性以收名声，使天下簧鼓以奉不及之法非乎[10]？而曾史是已[11]。骈于辩者，累瓦结绳，窜句，游心于坚白同异之间，而敝跬誉无用之言非乎[12]？而杨墨是已[13]。故此皆多骈旁枝之道，非天下之至正也。

【注释】

①骈(pián)拇：大拇指与第二指连生；枝指：谓手的大拇指旁边生出的一指，成为第六指。②侈：过。③赘：横生出的肉块。④多方：多端，多种。⑤五藏之情：指人天生的品行和欲念。⑥淫：耽滞，迷乱；聪：听觉灵敏；明：视觉清晰。⑦淫文章：沉溺于文采。⑧五声：指宫、商、角、徵、羽；六律：黄钟、大吕、姑洗、蕤宾、无射、夹钟；金石丝竹：皆可用来制作乐器，这里指五类乐器。⑨师旷：晋平公的乐师，精于音律。⑩擢(zhuó)德塞性：标举德行与蔽塞本性。⑪曾：曾参，孔门弟子；史：史鳝，卫国的贤大夫。⑫跬(kuǐ)誉：一时的名誉。⑬杨：指杨朱；墨：指墨翟，皆有名辩士。

西对于人天生的品性和欲念来说，好比迷乱而又错误地推行仁义，又像是脱出常态地使用人的听力和视力。

因而视物过度明察的，就会迷乱五色，淫滥文采，岂不像青黄相间的华丽服饰的花纹令人炫目吗？那离朱就是这样的人！听觉过度灵敏的，就会混淆五声，淫乱六律，岂不像金石丝竹各种乐器发出的像黄钟、大吕等各种动听的乐声令人沉迷吗？那师旷就是这样的人！标榜仁义的人，其实是吹捧所谓修养来赚取名声，让天下的人，吹吹打打，去奉行那不可企及的法式。曾参和史鳝就是这样的人！多言善变的人，实则废话连篇，在坚白同异的话题上费尽心思，为获得一时的名誉而耗尽了精力。杨朱和墨翟就是这样的人！因此，这些都是些无用的标新立异的旁门左道，不是天下的正道。

墨翟

品庄悟道

附赘县疣

附赘县疣意思是附生在皮肤上的小瘤，比喻多余无用之物。

此处，把儒家极力提倡的仁、义、礼、智、信等伦理原则比喻成人体上的“附赘县疣”，可见庄子对儒家规范人的道德和思想的不满。表达了庄子对无为观念的坚守及由此产生的对有为的排斥，这在以下的章节中还有反映。

此处还把附赘县疣的意思由多余而无用阐发到了过犹不及的意思。过犹不及往往在生活中给人的印象比较深刻，目标太多了容易失去，一只猎狗是不能同时追逐两只兔子的。如庄子所说的，视物过度明察的，就会迷乱五色等，还有人们常说的“画蛇添足”，“水至清则无鱼，人至察则无友”……

二

【原文】

彼至正者，不失其性命之情。故合者不为骈，而枝者不为跂[1]；长者不为有余，短者不为不足。是故凫胫虽短，续之则忧；鹤胫虽长，断之则悲[2]。故性长非所断，性短非所续，无所去忧也。意仁义其非人情乎？彼仁人何其多忧也？

且夫骈于拇者，决之则泣；枝于手者，龁之则啼[3]。二者，或有余于数，或不足于数，其于忧一也。今世之仁人，蒿目而忧世之患[4]；不仁之人，决性命之情而饕贵富[5]。故意仁义其非人情乎？自三代以下者，天下何其嚣嚣也[6]？

且夫待钩绳规矩而正者，是削其性者也，待绳约胶漆而固者，是侵其德者也；屈折礼乐，呴俞仁义，以慰天下之心者，此失其常然也[7]。天下有常然。常然者，曲者不以钩，直者不以绳，圆者不以规，方者不

【译文】

那所谓的至理正道，就是不违反事物各得其所而又顺应自然的真情。所以说合在一块的不算是并生，而旁出枝生的不算是多余，长的不算是有余，短的不算是不足。因此，野鸭的小腿虽然很短，续长一截就有忧患；鹤的小腿虽然很长，截去一段就会痛苦。事物原本就很长是不可以随意截短的，事物原本就很短也是不可以随意续长的，这样各种事物也就没有必要去排除忧患了。噫！仁义恐怕不是人所固有的真情吧？那些倡导仁义的人怎么会有那么多担忧呢？

再说并生的脚趾，剔开它就要悲泣；旁生的手指，咬去它就要哀啼。这两种情况，或是多于应有之数，或是不足于应有之数，都同样让人忧愁。当今世上的仁人，眼睛昏暗不明而忧虑世间的祸患；不仁的人，败坏性命而贪求富贵。所以料想仁义恐怕不合于人情吧！可是自从三代以来，天下人为什么因它而喧嚣竞逐呢？

要用曲尺、墨线、圆规、角尺来修正事

以矩，附离不以胶漆，约束不以纆索[8]。故天下诱然皆生而不知其所以生，同焉皆得而不知其所以得[9]。故古今不二，不可亏也，则仁义又奚连连如胶漆纆索而游乎道德之间为哉？使天下惑也！

【注释】

①至正：至道正理；性命之情，就是万物顺其自然的真性情；跂：通"歧"。②凫：野鸭；胫：小腿。③龁(hé)：咬掉。④蒿目：目昏乱不明貌。⑤饕(tāo)：贪求。⑥嚣嚣：喧嚣竞逐。⑦屈折：屈身折体，引申为周旋；呴(xǔ)俞：爱抚；常然：正常状态。⑧附离：依附，黏合；纆(mò)索：绳索。⑨诱然皆生：都是自然而然生出。

物的，这就损害了事物的本性；要用绳索、胶漆来固定事物的，这就损害了事物的品质；那些用礼乐来周旋，用仁义来安抚，以此告慰天下人心的，这就违背了事物的自然生态。天下的事物存在着自己的自然生态。所谓自然生态，是指曲的不用曲尺，直的不用绳墨，圆的不用圆规，方的不用矩，附着时不用胶漆，约束不用绳索。(只有这样)天下事物才能欣然适意地生长，但不知道之所以生长的原因；各有所得而不知自己为何有所得。古今的道理都是一样的，不可使这种正常的规律受到亏损。那么，仁义为何要连绵不断像胶漆绳索一样在道德间辗转反复呢？致使天下人受到迷惑！

品庄悟道

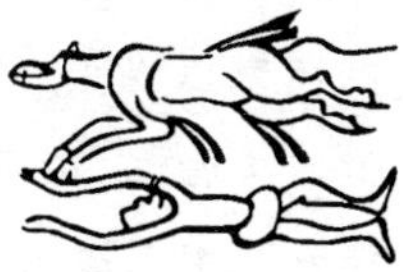

不以规矩论方圆

长短骈枝，无非天意，既无可截，也无可续，一切都安之若素。自己不以骈拇枝指为苦，痛苦从何而来？不做续凫短胫、断鹤长胫的荒唐之举，世上会少许多悲剧。

曲的不用曲尺，直的不用绳墨，圆的不用圆规，方的不用矩，附着时不用胶漆，约束不用绳索。这样，天下事物才能欣然适意地生长。

此节借用一系列的排比句反复阐明纯正的人性就是人的自然本性，后世所谓的仁义等非但不符合人之本性，而且还伤害人性，扰乱人性，于世无益。

庄子此处的论断还有以德治国还是以法治国，王道还是霸道的论述？王道是以德治国，不用规矩，就是不用法度去衡量，只要人们符合道德就会国泰民安；霸道是以法治国，运用法律、礼制等法则去衡量，要求人们的行为必须符合一定的法律准绳。很显然庄子更钟情于前者。

三

【原文】

夫小惑易方，大惑易性[①]。何以知其然邪？有虞氏招仁义以挠天下也，天下莫不奔命于仁义，是非以仁义易其性与[②]？故尝试论之，自三代以下者，天下莫不以物易其性矣。小人则以身殉利，士则以身殉名，大夫则以身殉家，圣人则以身殉天下[③]。故此数子者，事业不同，名声异号，其于伤性以身为殉，一也。臧与谷[④]，二人相与牧羊而俱亡其羊。问臧奚事，则挟筴读书[⑤]；问谷奚事，则博塞以游[⑥]。二人者，事业不同，其于亡羊均也。伯夷死名于首阳之下，盗跖死利于东陵之上[⑦]。二人者，所死不同，其于残生伤性均也，奚必伯夷之是而盗跖之非乎！天下尽殉也，彼其所殉仁义也，则俗谓之君子；其所殉货财也，则俗谓之小人。其殉一也，则有君子焉，有小人焉；若其残生损性，则盗跖亦伯夷已，又恶取君子小人于其间哉！

【注释】

①惑：迷惑；方：四方。②虞氏：即有虞氏即舜；招：标榜；挠：扰乱。③小人：泛指农、工、商等靠职业收益谋生的人。④臧：奴隶；谷：童子。⑤筴（jiā）：通"策"，指书简。⑥博塞：掷骰子。⑦伯夷：殷商末年的贤士；盗跖：名跖，春秋末年著名的平民起义领袖。

【译文】

小的迷惑会改变方向，大的迷惑会改变本性。从哪里知道它是这样的呢？有虞氏标榜仁义来扰乱天下，天下就没有不为仁义疲于奔命的，这难道不是用仁义改变了人的本性吗？现在试着来谈论一下这个问题。自夏商周三代以来，天下没有人不凭借外物来改变自己的本性的。贫穷的人为了求利而牺牲，士人为了名声而牺牲，大夫为了家族而牺牲，圣人为了天下而牺牲。所以这四种人，事业不同，名声也有各自的称谓，但是伤害人的本性、牺牲自己，却是同一的。男仆和童子一同去放羊却把羊全放丢了。问男仆在做什么，他说是拿着书简在读书；问童子在做什么，说是在玩投骰子的游戏。这两个人所做的事不一样，不过他们丢失了羊却是同样的。伯夷为了贤名死在首阳山下，盗跖为了私利死在东陵山上，这两个人，致死的原因不同，而他们在残害生命、损伤本性方面却是同样的。为什么一定要赞誉伯夷而指责盗跖呢！天下的人们都在为某种目的而献身：那些为仁义而牺牲的，世俗称他为君子；那些为财货而牺牲的，世俗称他为小人。他们为了某一目的而牺牲是同样的，而有的叫作君子，有的叫作小人。倘若就残害生命、损伤本性而言，那么盗跖也就是伯夷了，又怎么能在他们中间区分君子和小人呢！

品庄悟道

小人死利，君子死名

臧、谷在放羊的时候尽管所做的事情不同，但同样的是把羊丢了；伯夷和盗跖虽然死的地方不一样，但是同样的是死了。不管是为名、为利、为公、为私，为仁义而奋斗的人，在庄子看来也都是以身殉物、残生伤性的，没有多大的区别，针对这一现象的广泛存在，庄子说“天下尽殉也”。所不同的是，君子、小人的区分，君子“殉仁义”，小人“殉货财”。当然这种万物归一的宿命论具有一定的消极思想。

红尘滚滚，不是殉名，就是殉利，庄子还在此处表达了对众生的怜悯。让庄子感到不平的是，同样的殉，所得的社会评价却有天壤之别，仁义这个制造者是竞逐名利现象的罪魁祸首，居然反过来成了社会尺度的裁判者！

四

【原文】

且夫属其性乎仁义者，虽通如曾史，非吾所谓臧也[1]；属其性于五味，虽通如俞儿，非吾所谓臧也[2]；属其性乎五声，虽通如师旷，非吾所谓聪也；属其性乎五色，虽通如离朱，非吾所谓明也。吾所谓臧者，非仁义之谓也，臧于其德而已矣；吾所谓臧者，非所谓仁义之谓也，任其性命之情而已矣[3]；吾所谓聪者，非谓其闻彼也，自闻而已矣；吾所谓明者，非谓其见彼也，自见而已矣。夫不自见而见彼，不自得而得彼者，是得人之得而不自得其得者也，适人之适而不自适其适者

【译文】

再说，让本性从属于仁义的人，虽然像曾参和史鳝那样通达，却不是我所说的完善；让本性从属于五味的人，虽然像俞儿那样精通，却不是我所说的完善；让本性从属于五声，虽然像师旷那样精通，却不是我所说的聪敏；让本性从属于五色，虽然像离朱那样精通，却不是我所说的明察。我所说的完善，并非是所称道的仁义，而是在于比各有所得更美好罢了；我所认为的完善，并非是所称道的仁义，而是在于依性任情罢了；我所认为的聪敏，并非说可以听到别人什么，而是在于内省自己罢了；我所认为的明察，并非是说能看清别人，而是在于能够看清自己

也[4]。夫适人之适而不自适其适，虽盗跖与伯夷，是同为淫僻也。余愧乎道德，是以上不敢为仁义之操，而下不敢为淫僻之行也[5]。

【注释】

①属：从属；臧：善。②俞儿：古时善于辨味者。③性命之情：自然本性之实。④适：安适。⑤操：节操，操守。

罢了。那种不看自己只看别人，不能安于自得而向别人索求，这就是使别人自得的有所得，但不能使自己应得的有所得，使别人应有的满足得到满足，而自己的满足却得不到满足的人。使别人满足但自己却不能满足的人，即使是盗跖与伯夷，也都是背离本性的行径。在自然的道德方面，我深感惭愧，因此，我上不敢讲求仁义的操守，下不敢去做邪僻的行为。

品庄悟道

任其天性

《骈拇》的主旨是“任其性命之情而已也”。在此篇中“以‘道德’为正宗，而以‘仁义’为‘骈拇’”。即言道德、仁义不是人的自然天性，最纯正的人性是人的天性的自然状态。不管是多而无用，还是运用虚假的仁义，道的归宿是相同的，就像无论生前是君子还是小人，死的结果都是一样的。

山海经·俞儿

此处，庄子说，完善并不是人们所称道的仁义，聪敏也不是别人说的，明察并不是看清别人而是看清自己。庄子所孜孜追求的任然是自我的解放。就是要任其天性，以最自然的姿态，逍遥于世，这样才能够成为一个“至人”，甚至于“神人”“圣人”。

【集评】

陆西星《南华真经副墨·骈拇》：《骈拇》篇以“道德”为正宗，而以“仁义”为骈附，正好与《老子》“失道而后德，失德而后仁，失仁而后义”参看。一部《庄子》宗旨，全在此篇，末用一句叫出：“予愧于道德，是以上不敢为仁义之操，而下不敢为淫僻之行。”

上下俱不为，则虚静、恬淡、寂寞、无为，而道德之正，性命之情，于是乎得之矣。

严复《庄子评点·骈拇》：此篇宗旨在任性命之情，而以仁义为赘，先以形喻，次以官喻，故曰不独手足以骈枝也，而聪明道德亦有之。凡此，皆失其性命之情者也。

刘辰翁《庄子南华真经点校·骈拇》：语至刻急，每结皆缓，若深厚不可知者，优柔有余，得雄辩守胜之道。自经而子，未有成片文字，枝叶横生，首尾救应，自为一家若此。

刘凤苞《南华雪心编·骈拇》：篇中扫除仁义名色，而约之于道德之途，此《庄子》外篇托始之微意也。至其行文，节节相生，层层变换，如万顷怒涛，忽起忽落，极汪洋恣肆之奇。尤妙在喻意层出叠见，映发无穷，使人目光霍霍，莫测其用意用笔之神。后来惟眉山苏氏得此灵境，故嬉笑怒骂，信手挥洒，可以横绝峨嵋。其余皆望洋而叹。

马　蹄

【导读】

此篇与《骈拇》篇同旨，皆从性命上立论，批评当权者在无谓的“善治”下，带给社会和人们的伤害，宣扬道家无为而治的思想。庄子认为，任何事物都有其本性或真性，这种本质或真性是不容违逆的，否则即使出于善意，其结果也将适得其反。

庄子对“至德之世”美好图景的描绘，表现了庄子对有为社会的不满和对无为社会的向往。庄子反对“圣人”以仁义礼乐禁锢人的自由思想，主张个性解放，在当时来说，自然具有很大的进步意义。同时，庄子因主张恢复人的自然本性，而向往愚昧无知的原始社会，显然，这种愤激思想又带有严重的消极虚幻性。

一

【原文】

马，蹄可以践霜雪，毛可以御风寒，龁草饮水，翘足而陆，此马之真性也[1]。虽有义台路寝，无所用之[2]。及至伯乐，曰[3]：“我善治马。”烧之，剔之，刻之，雒之，连之以羁馽，编之以皁栈，马之死者十二三矣[4]。饥之，渴之，驰之，骤之，整之，齐之，前有橛饰之患，而后有鞭筴之威，而马之死者已过半矣[5]。陶者曰：“我善治埴，圆者中规，方者中矩[6]。”匠人曰：“我善治木，曲者中钩，直者应绳[7]。”夫埴木之性，岂欲中规矩钩绳哉？然且世世称之曰：“伯乐善治

【译文】

马的蹄可以践踏霜雪，马的毛可以抵御风寒，吃草喝水，扬足跳跃，这是马的真性。即使有高台正殿，对马来说没有什么用处。等到世上出了伯乐，说：“我善于管理马。”于是给马剪剔马毛，凿削马蹄，打上烙印，戴笼头，绑上络头和绊索，拴在马棚的食槽旁，这样马就死去了十分之二三。饿了不给吃，渴了不给喝，让它们快速驱驰，让它们急骤奔跑，让它们步伐整齐，让它们行动划一，前有马口横木和马络装饰的限制，后有皮鞭和竹条的威逼，这样一来马就死过半数了。制陶

马，而陶匠善治埴木”，此亦治天下者之过也。

【注释】

①龁(hé)：啃，吃；陆：跳跃。②义台路寝：高台大殿。③伯乐：姓孙名阳，善于识马、驯马。④剔之：剪马毛；刻之：凿削马蹄；雒(luò)之：用红铁烙火印；羁：马络头；馽(zhí)：牵绊马足的绳子；皁(zào)：马槽，饲马饮食的地方。⑤橛(jué)：马口所衔之木，今用铁制，谓马口铁。⑥埴：黏土；中：符合。⑦钩：曲尺；绳：俗称墨线。

器的人说：“我会做陶土器皿。圆的合乎圆规的标准，方的合乎矩的标准。”木匠说：“我善于做木工活。圆的合乎曲尺的标准，直的合乎墨绳的标准。”难道黏土木料的本性就是合乎圆规、矩、曲尺、墨绳的标准吗？然而世世代代的人还称扬说：“伯乐会治马，陶工、木匠善于制作陶器和木具。”这也是那些治理天下的人常犯的错误呀。

品庄悟道

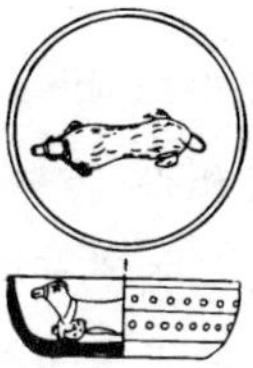

伯乐善马是害马

野马的生活是自由自在、无拘无束的，保有此“真性”的它们是多么的幸福和快乐。然而从马的角度来说，自从有了伯乐，它们就有了厄运，驰骋于野外的自由洒脱放荡，从此受制于槽枥之间。马的自然天性丢失了，庄子认为这样的马已经死了一半了。当然不光是马、老虎、狮子、狼等等，一被豢养在动物园，他们的天性就会慢慢地磨灭掉了。

像这样违背物之“常性”的人也不止伯乐一人，如善制陶的陶工、长于治木的木匠皆属此流。庄子通过此类例子意在说明人为的管理与加工皆违背物之 “真性”，以致戕害木、石，荼毒生灵，仁义礼乐等自然概莫能外，从而达到批判“治天下者”的目的。

以主观人为的方式治理天下，是要以伤害人的天然本性为代价的。这样的观点从驯马说起，而驯马又从野马的自然本性说起。野马自由自在过着风餐露宿的生活，直到伯乐之类的治马专家出现以后，马的自由自在生活宣告结束，迎来的是备受折磨、多方约束、动辄得咎的日子，天性乃至性命就在这样的日子中遭到毁弃。这样我们不得不问“伯乐真的善于养马吗”？

当然，我们还要看出庄子的局限性，他是以严密的推理，推导出了一个片面的真理。他只是站在马的角度来说的，从人的角度来说，不驯野马，不伤害马的天性，那么人就不能使用马。这一点是不可取的，但是不妨在养马的同时要运用庄子的一些观点，比如说要马跑得快，就必须给马吃得饱，如果不给马吃草料，或者吃的草料不够是不可以的。

二

【原文】

吾意善治天下者不然。彼民有常性，织而衣，耕而食，是谓同德①；一而不党，命曰天放②。故至德之世，其行填填，其视颠颠③。当是时也，山无蹊隧，泽无舟梁，万物群生，连属其乡，禽兽成群，草木遂长④。是故禽兽可系羁而游，乌鹊之巢可攀援而闚⑤。夫至德之世，同与禽兽居，族与万物并，恶乎知君子小人哉⑥？同乎无知，其德不离；同乎无欲，是谓素朴。素朴而民性得矣。

及至圣人，蹩躠为仁，踶跂为义，而天下始疑矣，澶漫为乐，摘僻为礼，而天下始分矣⑦。故纯朴不残，孰为牺尊⑧！白玉不毁，孰为珪璋⑨！道德不废，安取仁义！性情不离，安用礼乐！五色不乱，孰为文采⑩！五声不乱，孰应六律！夫残朴以为器，工匠之罪也；毁道德以为仁义，圣人之过也！

【注释】

①常性：不变的本性；同德：共同得于自然。②党：偏私；天放：自然放任。③填填：稳重貌；颠颠：专一貌。④乡：住所；遂长：草木生长旺盛。⑤闚（kuī）：同“窥”，观察、探视。⑥族：聚合。⑦蹩（bié）躠（xiè）：拐腿跛脚貌；踶（dì）跂（qí）：

【译文】

我以为善于治理天下的人不会这样。那人民是有不变的天性的，他们织布穿衣，耕田吃饭，这是共同的本能。彼此浑然一体，没有偏向，可以称为自由放任。所以在道德昌盛的时代，人民的行为总是显出悠然自得、质朴拙实的样子。在那个时代，山中没有路径通道，水上没有船只桥梁；万物群生，住所相连；禽兽成群，草木旺盛。因此禽兽可以用绳子牵引着游玩，乌鹊的巢窠可以攀登上去探望。在那人类天性保留最完善的年代，人类跟禽兽同样居住，跟各种物类相互聚合并存，哪里知道什么君子、小人呢！憨厚无知，不失自然本性；淡静无欲，即纯真朴实。纯真朴实就能保持人民的本性。

到了圣人出现时，费尽心智去推行仁，竭尽全力去谋求义，而使天下人开始疑惑不解；纵逸行乐，制定烦琐的礼仪，而使天下出现种种区分。所以说，原本没被分割，谁还能用它雕刻为酒器！一块白玉没被破裂，谁还能用它雕刻出玉器！人类原始的自然本性不被废弃，哪里用得着仁义！人类固有的天性和真情不被背离，哪里用得着礼乐！五色不被错乱，谁能够调出文采！五声不被搭配，谁能够应

足尖点地，站立不安；澶(chán)漫：纵逸行乐。⑧牺(suō)尊：酒器；“尊”通“樽”。⑨珪璋：玉器。⑩文采：错杂华丽的色彩。

和六律！残破原木来做器具，这是工匠的罪过；毁坏道德而用仁义，这是圣人的过失。

品庄悟道

弃道德而用仁义，圣人的过失

庄子是提倡德治的，在他认为任何强加于社会的法律和准则都是违反人性的。在上一篇章中，他就讲出了只要运用道德就不用去讲求仁义的操守，也不会去做邪僻的事情的话，“余愧乎道德，是以上不敢为仁义之操，而下不敢为淫僻之行也”。虽然道德被他扩大了其作用，但是时至今日大多情况下规范人们日常行为的还是道德，很多的时候人们对于某一件事考虑最多的是该不该做，而不是有没有违背法律或者准则，该不该做的底线，通常就是人们所说的道德。

另外，先秦诸子中，儒、道、墨、法诸家都提出了各自的理想社会蓝图，可见诸家都以关注社会为己任。道家的理想社会建立在道家无为政治观念基础上，和其他各派的人为构建的理想社会不同。理想的社会大都是和谐的社会，但是儒、墨、法等的和谐是在对社会进行有序整理之后才产生，而道家的和谐是未经整理的无序的和谐；其他诸家强调的和谐只局限于人类社会，道家的主张却是人与自然、人与天、人与宇宙的和谐，这种超越时代意义的和谐观，数千年后的今天仍然还具有重要的意义。

三

【原文】

夫马，陆居则食草饮水，喜则交颈相靡，怒则分背相踶①。马知已此矣。夫加之以衡扼，齐之以月题，而马知介倪、闉扼、鸷曼、诡衔、窃辔②。故马之知而态至盗者，伯乐之罪也。夫赫胥氏之时，民居不知所为，行不知

【译文】

马在陆地上生活吃草喝水，高兴时就互相偎依，彼此摩擦脖子，生气时，互相背对背站立，彼此踢踏。马的聪明也不过如此，自从人们给它加上横木、轭头，配上月题，马就懂得不服驾驭，企图摆脱掉轭，抵触车衣，诡诈地吐掉嚼子，偷偷

所之，含哺而熙，鼓腹而游，民能以此矣[③]。及至圣人，屈折礼乐以匡天下之形，县跂仁义以慰天下之心，而民乃始踶跂好知[④]，争归于利，不可止也。此亦圣人之过也。

【注释】

①靡：摩擦；踶（dì）：踢。②衡：辕前横木；扼：通“轭”，套马颈的马具；月题：马额上的装饰品；介倪：斜视貌；鸷曼：迅猛抵御羁勒；诡衔：诡诈地吐掉嚼子；窃辔：偷咬坏缰绳。③赫胥氏：传说中的古帝王；熙：通“嬉”，嬉戏；鼓腹：吃得很饱。④踶跂：意思是空悬而不可企及；好知：崇尚智巧，争强好胜。

地咬坏缰绳等反抗行为。使马的心智与神态变得像盗贼一样，这是伯乐的罪过啊！上古赫胥氏的时代，黎民百姓居处随意做些什么，走动也没有一定目标，口里含着食物嬉戏，鼓着吃饱的肚子游玩，人们所能做的就只是这样了。等到圣人出现，矫造礼乐来匡正天下百姓的形象，标榜空悬而不可企及的仁义来慰藉天下百姓的心，于是人们便开始崇尚智巧，争先恐后地去竞逐私利，一发不可收拾。这也是圣人的罪过啊！

品庄悟道

圣人的罪过

此章节首句“夫残朴以为器，工匠之罪也；毁道德以为仁义，圣人之过也”是本章的中心内容，庄子通过伯乐相马而使马的心智像强盗一样，推及民人们崇尚智巧，争先恐后地去竞逐私利，一发不可收拾。这是“圣人的过错”，说明圣人是破坏人之本性的千古罪人。

在儒家那里，仁义是道德的根本。在某种意义上说，仁义就是道德本身。在道家那里，道德是大道之德，本质是无为无形。道生天地万物，却不生仁义。因为仁义是人为的产物，而且是大道之德被毁坏后的产物。庄子判定儒家圣人的罪状有二：一是道德的直接破坏者，二是社会纷争的间接制造者。很有意味的是，儒家被道家猛烈攻击，却没有人著书立说对此逐一批驳，连零星的反击战斗也鲜有闻见。儒家只顾丰富自己那套本来就相当繁复的理论，对道家的斥责充耳不闻，终于成就了自身在中国文化思想史上的至尊地位。如此看来，要成就一番功业，太在意别人怎么看不一定有利。

【集评】

刘凤苞《南华雪心编·马蹄》:《马蹄》与《骈拇》,皆从性命上发论。《骈拇》是尽己之性而切指仁义之为害于身心,《马蹄》是尽物之性而切指仁义之为害于天下。

宣颖《南华经解·马蹄》:此篇言以仁义为治,则拂人之性,是就害于物上说。前后用譬喻错落洗发,如雨后青山,最为醒露。

陆树芝《庄子雪·马蹄》:此篇庄文之尤近人者,西汉人文字多祖之,而字法句法要非秦汉以下所有也。至其巨篇奥旨,则固别成一经矣。

刘凤苞《南华雪心编·马蹄》:《马蹄》《秋水》,乃南华绝妙文心,须玩其操纵离合,起伏顿挫之奇。……一路夹叙夹议,恣肆汪洋,如万顷惊涛,忽起忽落,真有排天浴日之奇。……格局极为完密,而正意、喻意,萦回宕漾,在有意无意之间,微云河汉,疏雨梧桐,可以想其逸致矣。

胠 箧

【导读】

本篇以篇首“胠箧”二字名篇，文章旨在发挥老子“绝圣弃知”的思想。

圣人为什么要灭绝智慧？为什么要摒弃礼仪？庄子指出，人们为了防盗而扎紧口袋，锁牢箱柜。可是，盗贼到来则负匮揭箧担囊而趋，唯恐捆的不紧、锁的不牢。特别是像田成子之流的窃国大盗，他连同“圣知之法”而盗之，故虽有盗贼之名，却能身安无事。圣智之法本为防盗制贼而设，反为盗贼窃去，用于装饰门面，欺世盗名，可见，礼仪法度实在是弊多利少，必须绝而弃之。

庄子抨击圣、智，而向往自由平等的“小国寡民”的原始社会，尽管其中含有消极思想，但主要还是表明了他对当时黑暗的社会政治、虚伪的道德标准，及“窃钩者诛，窃国者为诸侯”的丑恶现实的深刻认识和极端憎恶。

一

【原文】

将为胠箧、探囊、发匮之盗而为守备，则必摄缄縢、固扃鐍[①]；此世俗之所谓知也。然而巨盗至，则负匮、揭箧、担囊而趋[②]；唯恐缄縢、扃鐍之不固也。然则乡之所谓知者[③]，不乃为大盗积者也？

故尝试论之，世俗之所谓知者，有不为大盗积者乎？所谓圣者，有不为大盗守者乎？何以知其然邪？昔者齐国，邻邑相望，鸡狗之音相闻，罔罟之所

【译文】

为了对付撬箱子、掏口袋、开柜子的小偷而做防范准备，必定要收紧绳结、加固插闩和锁钥，这就是一般人所说的聪明做法。可是一旦大强盗来了，就背着柜子、扛着箱子、挑着口袋快步跑了，唯恐绳结、插闩与锁钥不够牢固哩。既然是这样，那么先前所谓的聪明做法，不就是给大盗做好了积聚和储备吗？

所以我试着说一下自己的看法：

布，耒耨之所刺，方二千余里[4]。阖四竟之内，所以立宗庙社稷，治邑屋州闾乡曲者，曷尝不法圣人哉[5]？然而田成子一旦杀齐君而盗其国，所盗者岂独其国邪[6]？并与其圣知之法而盗之。故田成子有乎盗贼之名，而身处尧舜之安，小国不敢非，大国不敢诛，十二世有齐国。则是不乃窃齐国并与其圣知之法，以守其盗贼之身乎？

【注释】

①胠：从旁打开；箧(qiè)：小箱子；发：打开；匮：柜子；摄：打结，收紧；缄(jiān)、縢(téng)：均为绳索；扃(jiōng)：插闩；鐍(yù)：锁钥。②揭：举，扛着。③乡：通“向”，先前。④耒(lěi)：犁；耨(nòu)：锄草工具。⑤阖四竟：全国；邑、屋、州、闾、乡、曲：都是古代大小不同的地方行政区域。⑥田成子：齐国大夫，鲁哀公十四年杀齐简公，盗取了齐国。

世俗所说的聪明人，有不替大盗收拾财物的吗？世俗所谓的圣哲明智的人，有不为大盗看守家业的吗？从前齐国，从邻里相望、鸡鸣狗叫之声相闻的地方，到罔罟设置的地方，再到犁锄耕作的地方，方圆有二千多里。整个国境之内，凡是建立宗庙社稷，以及设置邑屋州闾乡曲等各级行政管理机构的地方，何尝不效法圣人呢？然而田成子一朝杀了齐国的国君也就盗取了齐国。他所盗取的难道仅仅只是一个齐国吗？连齐国圣智的法规与制度也一并盗走了。所以田成子虽有盗贼的名声，但自己仍处在尧舜一样安稳的地位，小国不敢非议他，大国不敢讨伐他，世世窃据齐国。这难道不是不仅仅窃取了齐国，并且把圣智的法规与制度也窃取了去保护自己那盗贼之身吗？

品庄悟道

盗珠者贼，窃国者诸侯

此处用小偷与大盗的区别阐述了一般自认为聪明的世人，因为怕小偷撬箱子、掏口袋、开柜子而做的防备，如果大盗来了那么就会被一囫囵的全部卷走。这个说法在现实中也可以找到案例，比如现在好多人上街不敢带钱包一样，因为装些零用钱在兜里，丢掉的只是一部分的钱，可是如果带上钱包的话，那么丢掉的不仅仅是所有的钱而且还会有很多卡和证件之类的东西。

接着庄子讲述了田成子杀国君的故事，那时齐国的法规制度都很圣明，可是田成子一旦杀君，齐国从国土到宗庙，一下子被田成子全部窃走了；当然也包括了圣明的法规制度。小国不敢非议，大国不敢讨伐，田成子享受着诸侯一般的待遇。所以说“盗珠者贼，窃国者诸侯”。历史上的李白也有诗评此事：“果然田成子，一旦杀齐君。”

从上面两个例子不难看出，防备小盗却方便了大盗，庄子此处有实施仁义者，却丢失了大的道德的用意。并且对盗珠者和盗国者身份的悬殊不同的比较，暗含了对以仁义行世者的讽刺。

二

【原文】

尝试论之，世俗之所谓至知者，有不为大盗积者乎？所谓至圣者，有不为大盗守者乎？何以知其然邪？昔者龙逢斩，比干剖，苌弘胣，子胥靡[①]。故四子之贤，而身不免乎戮。故跖之徒问于跖曰[②]：“盗亦有道乎？”跖曰：“何适而无有道邪？夫妄意室中之藏，圣也；入先，勇也；出后，义也；知可否，知也；分均，仁也。五者不备而能成大盗者，天下未之有也。”由是观之，善人不得圣人之道不立，跖不得圣人之道不行；天下之善人少，而不善人多，则圣人之利天下也少，而害天下也多。故曰：唇竭则齿寒，鲁酒薄而邯郸围，圣人生而大道起[③]。掊击圣人，纵舍盗贼，而天下始治矣[④]！

【注释】

①龙逢斩：关龙逢是夏桀的贤臣，因直谏被斩首；比干剖：商纣王的叔父，因直谏被剖心；苌弘：周灵王的贤臣，因遭谗毁受胣刑而死；胣(chǐ)：车裂之刑；子胥：即伍子胥，因谏君被杀，身首糜烂于江中。②跖：盗跖，春秋末平民起义领袖。③唇竭：指嘴唇向外翻开；

【译文】

我们接着试作论析，世俗间所谓最聪明的人，有不替大盗做储备和积蓄的吗？所谓的大圣有不替大盗做守护的吗？怎么知道是这样的呢？从前关龙逢被斩首，比干被剖心，苌弘受车裂之刑而死，子胥尸体沉入江中而糜烂，像这样的四个贤人都不免于杀身之祸。因此盗跖的门徒问盗跖说：“做大盗的也有法则吗？”盗跖回答说：“无论哪个地方怎么会没有法则呢？凭空猜想屋里储藏着多少财物，这就是聪明；带头先进入屋里的，就是勇；最后退出屋子的，就是义；酌情判断是否动手的，就是智；分赃均等的，就是仁。这五种不具备而成为大盗的，天下是决不会有的。”由此看来，善人不懂得圣人之道就不能自立，盗跖不懂得圣人之道就不能横行。天下的善人较少而不善之人较多，这样圣人有利于天下的地方就较少，而有害于天下的地方就较多。所以说：嘴唇向外翻开牙齿就会外露受寒，鲁侯奉献的酒味道淡薄致使赵国都城邯郸遭到围困，圣人出现

鲁酒薄而邯郸围：鲁酒味薄本与赵国邯郸无关，却引出了邯郸被围的事件。④掊(pǒu)：抨击；纵：放宽。

了因而大盗也就兴起了。抨击圣人，释放盗贼，天下方才能太平无事。

品庄悟道

智者之智

上节中说，锁紧箱柜、扎紧袋口，是人们对付小偷盗贼的办法和智慧，但在庄子看来，这恰恰为偷盗提供了方便，盗贼可以连箱带袋一起盗走，防盗之法又有何益？可见，人们所认识的智慧是要不得的。接着，庄子又以朝臣为例。新贵族田成子之流窃国“有乎盗贼之名，而身处尧、舜之安”。

此处承接上节，讲到忠臣龙逢、比干、苌弘、子胥等虽尽忠为国却惨遭杀戮，何也？因为他们中“圣知之法”太深，终受其害。可见，智慧同于罪恶，仁义形于陷阱，“圣知”贻害无穷。

接着借盗跖之口，说出了聪、勇、义、智、仁等五种圣贤所奉行的教条，通过辩证的方法对所谓的圣人进行了抨击。

当然此处的论断有失偏颇，但是对于标榜道学，假仁义的智者可以说是一针见血的当头棒喝。

三

【原文】

夫川竭而谷虚，丘夷而渊实①。圣人已死，则大盗不起，天下平而无故矣。圣人不死，大盗不止。虽重圣人而治天下，则是重利盗跖也。为之斗斛以量之，则并与斗斛而窃之②；为之权衡以称之，则并与权衡而窃之③；为之符玺以信之，则并与符玺而窃之④；为

【译文】

河川干涸，那么山谷就会空虚；山丘铲平，那么深渊也能填满。圣人死了，大盗就不会兴起，天下便太平无事了！如果圣人不死，大盗就不会止息。虽说重用圣人是为了治理天下，其结果却是大大有利于盗跖。圣人给天下人制造斗斛来量谷物的多少，盗跖却连斗斛一并盗窃

之仁义以矫之，则并与仁义而窃之。何以知其然邪？彼窃钩者诛，窃国者为诸侯，诸侯之门而仁义存焉[5]。则是非窃仁义圣知邪？故逐于大盗、揭诸侯、窃仁义并斗斛权衡符玺之利者，虽有轩冕之赏弗能劝，斧钺之威弗能禁[6]。此重利盗跖而使不可禁者，是乃圣人之过也。

故曰：鱼不可脱于渊，国之利器不可以示人。彼圣人者，天下之利器也，非所以明天下也。故绝圣弃知，大盗乃止；擿玉毁珠，小盗不起[7]；焚符破玺，而民朴鄙；掊斗折衡，而民不争；殚残天下之圣法，而民始可与论议[8]。擢乱六律，铄绝竽瑟，塞瞽旷之耳，而天下始人含其聪矣[9]；灭文章，散五采，胶离朱之目，而天下始人含其明矣。毁绝钩绳，而弃规矩，攦工倕之指，而天下始人有其巧矣[10]。故曰：大巧若拙。削曾、史之行，钳杨、墨之口，攘弃仁义，而天下之德始玄同矣[11]。

彼人含其明，则天下不铄矣；人含其聪，则天下不累矣；人含其知，则天下不惑矣；人含其德，则天下不僻矣。彼曾、史、杨、墨、师旷、工倕、离朱，皆外立其德，而以爚乱天下者也，法之所无用也[12]。

【注释】

①川：两山间的流水；谷：两山间的水道；夷：平。②斛(hú)：量器名，古代以十斗为一斛。③权衡：秤；权：秤锤；衡：秤杆。④符：古

走了；圣人给天下人制成秤锤、秤杆来计量物品的轻重，盗跖却连秤锤、秤杆也一并盗窃走了；圣人给天下人刻造符和印章来取信于人，盗跖却连符、印章一并盗窃走了；圣人给天下人制定仁义来规范道德行为，盗跖却连仁义一并盗窃走了。怎么知道是这样的呢？那些偷窃腰带环钩之类小东西的人受到刑戮和杀害，而窃夺了整个国家的人却成为诸侯；诸侯之门方才存在仁义。这不就是盗窃了仁义和圣智吗？所以，那些追随大盗、高居诸侯之位、窃夺了仁义以及斗斛、秤具、符玺之利的人，即使有高官厚禄的赏赐也不可能劝止，即使有行刑杀戮的威胁也不可能禁止。这些大大有利于盗跖而不能使他们禁止的情况，都是圣人的过错。

所以说：“鱼儿不可离开深渊，国家的统治手段不可随意向天下人明示。”那圣智圣法，是国家重要统治手段，岂可轻易示人。因此，只有抛弃圣法圣智，大盗才能停息。只有打碎玉器珠宝，小盗才不会出现；只有全部废弃天下圣法，人民才可能参与评论。搅乱六律，烧毁竽瑟，塞住师旷的耳朵，天下才可以人人发挥自己的聪明才智；消灭文章，散乱五彩，粘住离朱的眼睛，天下才可以人人明白基本的道理；毁绝钩绳，摒弃规矩，折断工倕的手指，天下才可以人人有自己的技艺。所以说最大的灵巧看起来像是笨拙。灭除曾参、史鳝的行为，封住杨朱、墨翟的口舌，摒弃仁义，天下人的德行方始进

代的一种凭证，用木材或铜玉制成。⑤钩：腰带钩，这里泛指细小不值钱之物。⑥轩冕：古代大夫以上所乘之车子与所戴之帽，这里代指高官厚禄；劝：劝勉，说服；钺：大斧，代指行刑。⑦擿(zhì)：抛弃。⑧殚残：全部破坏。⑨擢：搅；铄绝：烧毁；竽瑟：古乐器。⑩攦(lì)：折断；工倕：尧时能工巧匠。⑪钳：闭；杨、墨：指杨朱和墨翟；玄同：与道和自然浑然一体的境界。⑫爚(yuè)乱：惑乱或迷乱的意思。

入与自然浑然一体的境界。

人人都很聪慧，天下就不会消散了；人人都很聪敏，天下就不会有忧患了；人人都很智巧，天下就没有疑惑了；人人都有德行，天下就不会邪僻了。那曾参、史鳝、杨朱、墨翟、师旷、工倕、离朱，个个都是标名于外，炫耀自己的所长来惑乱天下的人，这就是“法”之所以没有用的原因。

品庄悟道

“绝圣弃知”的荒谬

庄子指出，既然圣人出而大盗起、圣智之法利盗而不利国，而天下的扰乱又是仁义礼智在作祟，就应该捐弃仁义、“绝圣弃知”，回归“无为”、古朴的往古时代。因此，他认为人类社会发展进程中所积累的法律制度、礼乐典章、印玺契约、度量衡器、工艺器皿，以及音乐图画、文籍艺文等等，都要一并舍弃。

无疑，这是一种绝对极端的历史虚无主义主张，是逆社会文明、进步之潮流的，最终不可实现。

圣人出而大盗兴是具有一定的道理的，但是换一句话来说，对手强大了，自己才能强大，这种因为大盗的出现而废弃圣人的“绝圣弃知”无疑是一种荒谬。就像历史的上的秦始皇“焚书坑儒”害怕知识的传播，结果秦朝二世而亡，清朝“闭关锁国”，想要禁锢国民与外来的思想的交流，结果经受了百年的耻辱，等等。所以说“绝圣弃知”是一种绝对极端的历史虚无主义主张，是逆社会文明、进步之潮流的，是不可取的。

四

【原文】

子独不知至德之世乎？昔者容成氏、大庭氏、伯皇氏、中央氏、栗陆氏、

【译文】

你唯独不知道那盛德的时代吗？从前容成氏、大庭氏、伯皇氏、中央氏、栗陆

骊畜氏、轩辕氏、赫胥氏、尊卢氏、祝融氏、伏羲氏、神农氏，当是时也，民结绳而用之，甘其食，美其服，乐其俗，安其居，邻国相望，鸡狗之音相闻，民至老死而不相往来[1]。若此之时，则至治已。今遂至使民延颈举踵，曰[2]："某所有贤者，"赢粮而趣之，则内弃其亲，而外去其主之事[3]；足迹接乎诸侯之境，车轨结乎千里之外，则是上好知之过也。上诚好知而无道，则天下大乱矣！

何以知其然邪？夫弓、弩、毕、弋、机辟之知多，则鸟乱于上矣[4]；钩饵、罔罟、罾笱之知多，则鱼乱于水矣[5]；削格、罗落、罝罘之知多，则兽乱于泽矣[6]；知诈渐毒、颉滑坚白、解垢同异之变多，则俗惑于辩矣[7]。故天下每每大乱，罪在于好知。故天下皆知求其所不知，而莫知求其所已知者；皆知非其所不善，而莫知非其所已善者，是以大乱。故上悖日月之明，下烁山川之精，中堕四时之施，惴耎之虫，肖翘之物，莫不失其性[8]。甚矣，夫好知之乱天下也！自三代以下者是已，舍夫种种之民，而悦夫役役之佞，释夫恬淡无为，而悦夫哼哼之意，哼哼已乱天下矣[9]！

【注释】

①容成氏、大庭氏、伯皇氏、中央氏、栗陆氏、骊畜氏、轩辕氏、赫胥氏、尊卢氏、祝融氏、伏羲氏、神农氏：传说中的古代帝王或部落首领；

氏、骊畜氏、轩辕氏、赫胥氏、尊卢氏、祝融氏、伏羲氏、神农氏，在那个时代，人民靠结绳的办法记事，把粗疏的饭菜认作美味，把朴素的衣衫认作美服，把纯厚的风俗认作欢乐，把简陋的居所认作安适，邻近的国家相互观望，鸡狗之声相互听闻，百姓直至老死也互不冲突。像那样的时代，就可以说是真正的太平了。而现在竟发展到使人民伸长脖子提起脚跟说："某地出了贤人。"于是带好干粮奔向他，抛弃家中双亲，对外放弃了主人托付的事物，足迹接连不断出入各诸侯国，车辆往来达千里之外，这就是高居上位的人只喜欢智能的过错。高居上位的人只喜欢智能而不讲求自然无为之道，那么天下就会大乱。

怎么知道是这样的呢？弓弩、鸟网、弋箭、机关之类的智巧多了，那么鸟儿就只会在空中乱飞；钩饵、鱼网、鱼笼之类的智巧多了，那么鱼儿就只会在水里乱游；木栅、兽栏、兽网之类的智巧多了，那么野兽就只会在草泽里乱窜；伪骗欺诈、奸黠狡猾、言词诡曲、坚白之辩、同异之谈等等权变多了，那么世俗的人就只会被诡辩所迷惑。所以天下昏昏大乱，罪过就在于喜欢智巧。所以天下的人都只知道追求他所不知道的东西，而不知道追求他已经知道的东西；都知道非议他认为不好的事情，却不知道非议他所认为好的事情，因此天下大乱。所以对上掩蔽了日月的光辉，对下销毁了山川的精华，对中间毁坏了四季的炎凉风雨，无论是

结绳而用之：指文字产生之前的结绳记事。②延颈举踵：伸长脖子，提起脚跟。③赢：装满；趣：趋，向。④弩：带有机关的连珠箭；毕：捕兽的网；弋：箭；机辟：即捕鸟兽的机关。⑤罔罟、罾(zēng)笱(gǒu)：皆为捕鱼器。⑥削：竹桩；罗落：用来关守野兽的网状篱笆；罝(jū)罘(fú)：捕兽网。⑦知诈渐毒：指工于心计，欺骗伪诈。⑧惴(zhuì)耎(ruǎn)：指蠕动的小虫；肖翘：飞翔的小虫。⑨种种：淳朴貌；役役：狡黠貌；佞：巧言谄媚之人；啍啍(tūn)：通"谆谆"，反复叮咛。

爬行的小虫，还是飞翔的小虫，没有不丧失本性的。太过了，喜欢追求智巧而扰乱了天下啊！自夏、商、周三代以来的情况就是这样啊，抛弃那众多淳朴的百姓，而喜好那钻营狡诈的谄佞小人；废置那恬淡无为的自然风尚，喜好那喋喋不休的说教。喋喋不休的说教已经搞乱了天下啊！

品庄悟道

返璞归真不是背道而驰

列仙全传·容成公

历史上的很多次文化复兴都会带有复古的性质，与其说是人们对古文化的尊崇，还不如是人们对于古人淳朴的性格、淳厚的风俗的一种向往。

庄子把容成氏至神龙氏的时期描绘成"至德之世"的意愿，同文化复兴的取向是大相径庭的。不过庄子把，夏、商、周时期称作为"天下大乱"，而原因归咎于统治者的"无道"和"好智"。是有失偏颇的，庄子认为"天下大乱"时期，是由于统治者对人民的剥削和压迫，导致了人民的反抗，引起社会动荡；但一味夸大和颂扬所谓的"至德之世"，无视这一社会状态出现的原因是社会生产力低下、人们征服自然的水平不高等，把人对自然的无奈当作成人与自然的和谐，进而无限地留恋原始的社会，这是与历史前进的车轮背道而驰的。

【集评】

陆西星《南华真经副墨·胠箧》：夫圣人以圣知仁义治天下，而天下复窃圣人之圣知仁义以济其私，则圣人之治法，适足以为大盗谋，故绝圣弃知，绝仁弃义，而天下

治矣。篇中屡用“故曰”，可见段段议论，皆《道德经》之疏义。局儒读之，未免骇汗。然意却精到，不可不深思也。

谭元春《南华真经评点·胠箧》：老庄言圣人不死，大盗不止，儒究吐舌曰：“嘻，其甚矣！”然网罟一设，至使深者不深，幽者不幽，禽鱼众生，乱上乱下乱泽，惊悸痛楚，飞走不得自由，如人生乱世，兵刃攒蹙，我为圣人，众生何须我圣人邪？万世众生，不向庖牺索命，反尊为圣人，亦理外法外之事也。

马其昶《庄子故·胠箧》：此篇愤战国之世，假窃仁义为私利以祸天下者，词益激宕不平。杨士奇曰：庄子知口而言，粗而实精，矫偏而论，正而若反。读者须大其胸襟，空其我相，不得以习见参之。

严复《庄子评点·胠箧》：通篇如一笔书，有掉臂游行之乐。此庄文之疏通者，故世多诵之。

在 宥

【导读】

本篇以篇首句中二字名篇。在即悠游自在,宥即宽容自得,在宥指自在宽容。庄子开宗明义指出:“闻在宥天下,不闻治天下也。”道出了全篇的宗旨。

在宥天下的实质,在于要求人们务必任由天下自然发展,而不可加以人为的约束和限制。庄子主张无为,反对有为;主张天治或不治,反对人治。全文分两部分来论述,第一部分先以“闻在宥”一段总论全文无为而治的宗旨,而后编排了“崔瞿问于老聃”、“黄帝立为天子”、“云将东游”三个寓言故事,对前论给以生动而形象化的说明。后一部分对前论未能尽兴之言,分别对有为之害、“睹有”与“睹无”之别、“天道”与“人道”的关系即兴阐释。

本篇最后一段“贱而不可不任者”,与全篇主旨不合,与庄子精神有违,故有学者疑为后儒所加。

一

【原文】

闻在宥天下,不闻治天下也①。在之也者,恐天下之淫其性也;宥之也者,恐天下之迁其德也。天下不淫其性,不迁其德,有治天下者哉!昔尧之治天下也,使天下欣欣焉人乐其性,是不恬也②;桀之治天下也,使天下瘁瘁焉人苦其性,是不愉也③。夫不恬不愉,非德也。非德也而可长

【译文】

只听说听任天下安然自在地发展,没有听说要对天下进行统治。所以要任由百姓自由自在的生活,是怕他们丧失了本性;所以要让百姓能够宽松安适,是怕他们改变纯朴的德性。天下之人都不丧失本性,不改变德性,哪里还用治理天下呢!从前尧治理天下时,使天下人都欣喜快乐,人人都让快乐把自己的本性给乐坏了,这

久者，天下无之。

人大喜邪，毗于阳[4]；大怒邪，毗于阴。阴阳并毗，四时不至，寒暑之和不成，其反伤人之形乎！使人喜怒失位，居处无常，思虑不自得，中道不成章，于是乎天下始乔诘卓鸷，而后有盗跖、曾、史之行[5]。故举天下以赏其善者不足，举天下以罚其恶者不给，故天下之大不足以赏罚。自三代以下者，匈匈焉终以赏罚为事，彼何暇安其性命之情哉[6]！

而且说明邪，是淫于色也；说聪邪，是淫于声也；说仁邪，是乱于德也；说义邪，是悖于理也；说礼邪，是相于技也；说乐邪，是相于淫也；说圣邪，是相与艺也[7]；说知邪，是相于疵也[8]。天下将安其性命之情，之八者，存可也，亡可也；天下将不安其性命之情，之八者，乃始脔卷㺃囊而乱天下也[9]。而天下乃始尊之惜之，甚矣，天下之惑也！岂直过也而去之邪，乃齐戒以言之，跪坐以进之，鼓歌以儛之，吾若是何哉[10]！

故君子不得已而临莅天下，莫若无为。无为也而后安其性命之情。故贵以身于为天下，则可以托天下；爱以身于为天下，则可以寄天下。故君子苟能无解其五藏，无擢其聪明[11]；尸居而龙见，渊默而雷声，神动而天随，从容无为而万物

不能叫恬静；夏桀统治天下的时候，使天下人疲惫不堪，人人都让愁苦把自己的本性苦坏了，这就不能叫愉快。不恬静与不愉快，都不是人们生活和处世的常态。不合于自然的常态而可以长久存在，天下是没有的。

人们过度欢欣，定会损伤阳气；人们过度愤怒，定会损伤阴气。阴与阳相互侵害，四时就不会顺应而至，寒暑也就不会调和形成，这恐怕反倒会伤害自身吧！使人喜怒失却常态，居处没有定规，考虑问题不得要领，办什么事都半途失去章法，于是天下就开始出现种种不平，而后便产生盗跖、曾参、史䲡等各个不同的行为和做法。因此拿整个天下来奖励好人都感到不够，用整个天下来惩罚坏人也嫌不足，因此，天下之大，还是不能惩恶扬善。从三代以来，人们吵吵闹闹整天为了受赏惩罚之事，哪里有人顾得上让自己的天性得到安宁呢！

爱好明，就是沉溺于色彩；爱好聪，就是沉溺于声音；提倡仁，就是惑乱于德；提倡义，就是违逆于理；提倡礼，就是助长技巧；提倡乐，就是助长淫声；提倡圣，就是助长技艺；提倡智，就是助长吹毛求疵。如果天下人要使自己天性安宁，这八方面，保存也可以，抛弃也可以；如果天下人不愿让自己的本性安宁，那么这八方面，则会使人局促不安，挑起事端，迷乱天下。可是，天下人竟然会尊崇它，珍惜它，天下人为其所迷惑竟达到如此地步！这种种现象岂只是一代一代地流传下来呀！人们还虔

炊累焉⑫。吾又何暇治天下哉！

【注释】

①在：自在；宥：宽容；在宥天下：任天下自在地发展，无为而治；治：统驭。②欣欣焉：喜悦快乐貌；恬：静，宁静。③瘁瘁(cuì)焉：心力疲惫貌；愉：欢悦。④毗(pí)：损伤。⑤章：章法，法度；乔诘：意不平；卓鸷：行不平。⑥匈匈：竞争的样子。⑦说：通“悦”；相：助。⑧疵：毛病。⑨脔(luán)卷：约束的样子；獊(qiāng)囊：借为抢攘，放纵喧嚷貌。⑩儛(wǔ)：通“舞”。⑪擢：拔高，显耀。⑫尸居而龙见：安坐如尸，神游如龙；渊默而雷声：静默无声中含藏惊人的雷声；神动而天随：精神活动合于自然；炊累：游尘微动，自作自息。

诚地谈论它，恭敬地传颂它，欢欣地供奉它，对此我将能够怎么样呢！

因此，君子迫不得已君临天下，莫不如任性无为。任性无为，而后可以安定人的性命之情。所以说把身体看得比为天下更为珍贵，才可以将天下托付给他；把身体看得比天下更值得爱惜，才可以将天下托付给他。所以君子若能不放纵五脏之官能，不显耀聪明，安坐如尸，神游如龙，静默无声而含藏巨响，精神活动合于自然，从容无为而万物如游尘微动，自作自息，我又哪有闲暇去治理天下呢！

品庄悟道

“宥天下”和“治天下”

庄子以充分的论据论证：统治者有必要实施“在宥”政策。若不然，天下人心则会受欲望支配，一旦世间物欲横流，人的本性就要丧失，躁动的人心则容易受到外物的刺激，其品德也将随之而根本改变。人的本性丧失和自然品德的改变，其后果可想而知：万物俱伤，天下淫乱。鉴于此，若迫不得已而统治天下，就不要有意去为了统治天下而统治，要顺其自然，任天下自然而然。人的心性安定，天下就自然安定；若人心不定，天下则不可能长治久安。

庄子在此处否定了两种统治，圣明君主的统治和昏暴君主的统治。圣明君主，使民众快乐，民众的快乐又反过来说明君主的圣明，这样的时代称为治世，是应该得到褒扬的；昏暴君主，使民众痛苦，民众痛苦同样成为君主昏暴程度的指标，这样的时代称为乱世，是应该遭到否定的。

因为快乐与痛苦都使人心不能平静，都是伤害自在的本性。于是庄子提出“在宥”的治世方略。其中的“在”是道家的独门法宝，而“宥”则与儒家的“恕”大体相近。毫无疑问，宽容以及由此带来的宽松氛围是一个社会文明进步程度的标尺之一。

庄子的“在宥”之说中，“恐天下之迁其德也”因而须以“宥”待之，这是正确的。毕竟人都有犯过失的可能，对于无心之过、偶然之过当然不能像对待有意为恶那样不能饶恕，否则就会将犯错误的好人推向社会的对立面。但“恐天下之淫其性也”不能成为施行“在”法的前提，成为否定的论据。人是容易放纵自身欲望的动物，还要任其欲望自在的发展，其结果岂不是欲望泛滥成灾，形成迷乱混乱的社会？所以说“宥天下”要合理地运用才能治好天下。

联系现实，将“宥天下”，推及个体，经常听到有的人说，“好人难做”，确实，如果一个人一味地退让，纵容别人，到最后，受伤的总是自己。所以对于“宥”一定要酌情运用，而不是庄子所说的“宥”而不“治”。

二

【原文】

崔瞿问于老聃曰[1]：“不治天下，安藏人心[2]？”

老聃曰：“女慎无撄人心[3]。人心排下而进上，上下囚杀，淖约柔乎刚强[4]。廉刿雕琢，其热焦火，其寒凝冰。其疾俛仰之间而再抚四海之外，其居也渊而静，其动也县而天[5]。偾骄而不可系者，其唯人心乎！

“昔者黄帝始以仁义撄人之心，尧舜于是乎股无胈，胫无毛，以养天下之形，愁其五藏以为仁义，矜其血气以规法度。然犹有不胜也，尧于是放讙兜于崇山，投三苗于三峗，流共工于幽都，此不胜天下也[6]。夫施及三王而天下大骇矣，下有桀、跖，上有曾、史，而儒墨毕起[7]。于是乎喜怒相疑，愚知相欺，善否相非，诞信相讥，而天下衰矣。

【译文】

崔瞿问老子说：“不治理天下，如何使人心向善？”

老子说：“你万万不要束缚人心，人心受排挤就会压抑，受到表扬就会高昂，上上下下起伏不定，就会使人焦虑不堪，(时间一长)势必刚强将被柔弱征服。棱角必然因雕琢而消磨，它热起来如同焦火，冷下去如同寒冰。它安稳时，渊深而寂静，它激动时，高悬在天。傲慢而不可约束的，就是这人心啊！

“从前黄帝用仁义扰乱人心，于是尧、舜奔波劳苦，致使大腿上没有肉，小腿上不长毛，为天下人的衣食而操劳。愁劳身心以施行仁义，耗费心血以建立法度，即使这样还是不能改变人心。尧于是将驩兜流放到崇山，将三苗放逐到三峗，将共工流配到幽都，这都是不能治理好天下的事例。延续到了夏商周三

大德不同，而性命烂漫矣；天下好知，而百姓求竭矣。于是乎斤锯制焉，绳墨杀焉，椎凿决焉⑧。天下脊脊大乱，罪在撄人心。故贤者伏处大山嵁岩之下，而万乘之君忧慄乎庙堂之上⑨。

"今世殊死者相枕也，桁杨者相推也，刑戮者相望也，而儒墨乃始离跂攘臂乎桎梏之间⑩。意，甚矣哉！其无愧而不知耻也甚矣！吾未知圣知之不为桁杨椄槢也，仁义之不为桎梏凿枘也，焉知曾、史之不为桀、跖嚆矢也⑪！故曰'绝圣弃知而天下大治'。"

【注释】

①崔瞿：虚拟人名。②藏："臧"字之误，善。③撄：扰乱。④排下而进上：随着排挤压抑和鼓励赞扬而屈下和凌上；淖约：柔顺。⑤廉：棱角。刿：锋利；俛仰：俯身，仰头。⑥驩(huàn)兜：尧时四凶之一；三峗(wěi)：甘肃敦煌县南；共工：尧时水官，名穷其；幽都：即幽湖，今北京密云县境。⑦施：延，延续；三王：指夏商周三代国君。⑧斤(yǐn)：通"斤"，斧头；制：制裁，处制；绳墨：指礼法、刑法；椎凿：指刑具；决：断，裂。⑨伏处：隐居。嵁岩：深岩。⑩殊死：也就是斩首；桁(héng)杨：加在被囚禁者颈上和脚上的刑具；离跂：奋力状；攘臂：举臂。⑪椄(jié)槢(xí)：枷锁当中的横木；凿枘(ruì)：比喻木栓；嚆：先声。

代君王，天下便更加惊恐不安了。下有夏桀、盗跖之小人，上有曾参、史鳝之君子，其间又有儒家和墨家纷纷兴起。这样一来或喜或怒相互猜疑，或愚或智相互欺诈，或善或恶相互责难，或妄或信相互讥刺，因而天下也就逐渐衰败了；基本观念和生活态度如此不同，人类的自然本性散乱了，天下都追求智巧，百姓中便纷争迭起。于是君主用斧锯制裁百姓，用礼法来杀害百姓，用椎凿来处决百姓。天下人们互相践踏大乱，其罪过就在于圣人及历代君主们扰乱了人心。所以贤者隐逸在高山深岩之下，而万乘君主忧虑恐慌于朝廷之上。

"当今之世，遭受杀害的人尸体一个压着一个，戴着脚镣手铐而坐大牢的人一个挨着一个，受到刑具伤害的人更是举目皆然，而儒家墨家竟然在枷锁和羁绊中挥手舞臂地奋力争辩。唉，真是太过分了！他们不知心愧、不识羞耻竟然达到这等地步！我还不知道所谓圣知不是枷锁的横木，仁义不是枷锁的孔洞，怎么知道曾参、史鳝不是夏桀、盗跖的先声呢！所以说：弃绝圣智，天下太平。"

品庄悟道

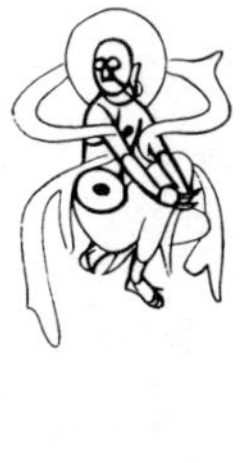

人心排下而进上

庄子借老子之口，说"人心排下而进上"，人心总是想往上爬的，因此，以利欲、仁义等稍加煽动，人们就会蠢蠢欲动，甚至会互相倾轧，断杀不已。所以，只要不搞乱人心，天下就可以大治。然而，恰恰是所谓的“圣人”之流以仁义、智慧挑拨人之“进上”之心，于是天下便大乱起来，贻害无穷。足见圣人圣智等为罪恶之源，必须予以弃绝。

“人心排下而进上”本无可厚非，此处庄子以此来说明“弃绝圣智”，看起来合乎逻辑，只不过是以偏概全，看不到历史和文明的进步。

对于每个人来说都有合理的人生追求，而且只有不断地追求，社会才能够发展进步；但是对于每个人来说，如果不择手段地向上爬或者获取社会财富，即这种“排下而进上”，就是一种罪过。

〔清〕任熊高士传图像·曾参

三

【原文】

黄帝立为天子十九年，令行天下，闻广成子在于空同之山，故往见之①。曰：“我闻吾子达于至道，敢问至道之精。吾欲取天地之精，以佐五谷，以养民人②。吾又欲官阴阳，以遂群生，为之奈何③？”

广成子曰：“而所欲问者，物之质也④；而所欲官者，物之残也。自而治天下，云气不待族而雨，草木不待黄而落，日月之光益以荒矣⑤。而佞人之心翦翦者，又奚足以语至道⑥！”

黄帝退，捐天下，筑特室，席白茅，闲居三月，复往邀之⑦。

广成子南首而卧，黄帝顺下风，膝

【译文】

黄帝做了十九年的天子，政令通行天下，听说广成子在空同山上，便特地去见他，对他说：“我听说先生已经通晓至道，冒昧地请教至道的精华。我一心想获取天地的灵气，用来帮助五谷生长，用来养育百姓。我还想掌管阴阳二气的变化，以顺应万物的生长，这应该如何去做呢？”

广成子说：“你要问的，本是道的本质，可是你想主宰的，却是道德残余，自从你统治天下以来，云还没有聚集便下起雨，草木没有枯黄就凋谢，日月的光辉也愈加暗淡。你这种心胸狭窄之人，又怎能有资格谈‘至道’呢！”

黄帝回去之后，放弃政事，修建一

行而进，再拜稽首而问曰[8]："闻吾子达于至道，敢问，治身奈何而可以长久？"

广成子蹶然而起，曰[9]："善哉问乎！来！吾语女至道。至道之精，窈窈冥冥[10]；至道之极，昏昏默默[11]。无视无听，抱神以静，形将自正[12]。必静必清，无劳女形，无摇女精，乃可以长生。目无所见，耳无所闻，心无所知，女神将守形，形乃长生。慎女内，闭女外，多知为败[13]。我为女遂于大明之上矣，至彼至阳之原也。为女入于窈冥之门矣，至彼至阴之原也。天地有官，阴阳有藏[14]；慎守女身，物将自壮。我守其一以处其和，故我修身千二百岁矣，吾形未常衰。"

黄帝再拜稽首，曰："广成子之谓天矣！"

广成子曰："来，余语女。彼其物无穷，而人皆以为有终；彼其物无测，而人皆以为有极。得吾道者，上为皇而下为王；失吾道者，上见光而下为土。今夫百昌皆生于土而反于土，故余将去女，入无穷之门，以游无极之野[15]。吾与日月参光，吾与天地为常。当我，缗乎[16]！远我，昏乎[17]！人其尽死，而我独存乎！"

【注释】

①广成子：古之仙人；空同：即"崆峒"，虚拟山名。②佐：辅助。③官：掌管；遂：成，成就；群生：万物。④而：你。⑤族："簇"，聚集；荒：大。

斋戒修身之堂，睡在茅草席上，闲居三个月，然后再去请教广成子。

广成子头朝南躺着，黄帝从下方跪行走近广成子，再次叩拜后问道："听说先生通达至道，请问如何修身方可以长久？"

广成子急速地挺身而起，说："问得好啊！来，我告诉你什么是至道。至道的精髓，幽深渺远；至道的至极，晦暗沉寂。什么也不看什么也不听，安定精神保持宁静，形体自然顺应正道。一定要保持宁寂和清静，不要使身形疲累劳苦，不要使精神动荡恍惚，这样就可以长生。眼睛什么也没看见，耳朵什么也没听到，内心什么也不知晓，这样你的精神定能持守你的形体，形体也就长生。内心少思，不言少行，弃绝智巧。我将帮助你达到大明的境界，达到至阳的本原；帮助你进入幽深的门径，达到至阴的本原。天地各司其职，阴阳各有其所，谨慎地守护你自身，万物将会自然昌盛。我坚守道而与万物和谐相处，所以我修身已达一千二百年，身体从未有过衰老。"

黄帝再次行了大礼叩头至地说："先生真可说是跟自然混而为一了！"

广成子说："来！我告诉你：大道是无穷无尽的，而人们却都认为它有终止；大道是高深莫测的，而人们却都认为它有极限。获得我的道，在上可以为皇，在下可以为王；丧失了我的道，在上只能看见日月之光，在下便化为尘土。万物从土里生，又返回到土里，所以，我会离开你

⑥翦翦：心胸狭窄貌。⑦捐：放弃；特室：斋戒修身之室。⑧顺下风：顺下方。⑨蹶(jué)然：急遽貌。⑩窈窈(yǎo)冥冥：深远昏暗。⑪昏昏默默：晦暗沉寂貌。⑫抱神：持守精神。⑬内：内心活动；外：感官，言行。⑭天地有官：天地各有其职。⑮百昌：百物。⑯当我：向着我而来；缗(mín)：昏沉。⑰远我：背着我而去，与上句之“当我”对文。

们，跨进无穷的领域，遨游于无穷的原野。我跟日月同辉，和天地共存。向着我而来，我无所觉察！背着我而去，我无所在意！人们恐怕都要死去，而我还独自留下来吗？”

品庄悟道

治身先于治国

此处以虚构黄帝问广成子道的故事，表达了“治身先于治国”的这个观点，庄子认为唯有把自身看得比统治天下还要重要的人才可以君临天下，成为名实相副的统治者。因此，当黄帝问广成子如何治天下时，广成子不回答，当黄帝问“治身奈何而可以长久”时，广成子“蹶然而起”，曰：清静无为，不可把治理天下当作一回事，成为自己的负担。实际上，庄子这里借广成子之口所宣扬的，仍是庄子“无为而治”的思想！

黄帝问道广成子的故事，开创了后代仙传文学里帝王问道的先河。至尊至贵的帝王在得道者面前虔敬有加，虚心问道；得道者居高临下，对脚下的帝王颐指气使。这是先民对专制政治的想象性颠覆，对人生政治局限的想象性超越，实际生活中被统治的不满和不服在虚构的帝王问道型故事中得到最大限度的补偿。

列仙全传·黄帝见广成子

黄帝在《庄子》一书中被说成了虔诚问道的帝王，同时也是被说成得道升天的唯一帝王（见《大宗师》）。因此被后代道教徒尊为道教的创始者之一，具有与道家创派者老子同等的地位，道教史上第一个教派就被称为黄老道。司马迁也极为推崇黄帝，把黄帝作为中华第一帝来写，后来华夏民族就以炎黄二帝作为了共同的祖先，可以说这是司马迁对于“治身先治国”的道家思想的肯定。

四

【原文】

云将东游，过扶摇之枝而适遭鸿蒙①。鸿蒙方将拊脾雀跃而游②。云将见之，倘然止，贽然立，曰③："叟何人邪？叟何为此？"

鸿蒙拊脾雀跃不辍，对云将曰："游！"

云将曰："朕愿有问也。"

鸿蒙仰而视云将曰："吁！"

云将曰："天气不和，地气郁结，六气不调，四时不节。今我愿合六气之精以育群生，为之奈何？"

鸿蒙拊脾雀跃掉头曰："吾弗知！吾弗知！"

云将不得问。又三年，东游，过有宋之野而适遭鸿蒙④。云将大喜，行趋而进曰："天忘朕邪⑤？天忘朕邪？"再拜稽首，愿闻于鸿蒙。

鸿蒙曰："浮游，不知所求；猖狂，不知所往⑥。游者鞅掌，以观无妄⑦。朕又何知！"

云将曰："朕也自以为猖狂，而民随予所往；朕也不得已于民，今则民之放也⑧。愿闻一言。"

鸿蒙曰："乱天之经，逆物之情，玄天弗成⑨；解兽之群，而鸟皆夜鸣；灾及草木，祸及止虫⑩，意，治人之过

【译文】

云将到东方游玩，经过神木的枝头时，正好遇到鸿蒙。鸿蒙正在拍着大腿跳跃游玩。云将看见后忽然停下，站立着问："您是谁啊？为什么要这样呢？"

鸿蒙拍着腿不停地跳跃，对云将说："遨游！"

云将说："我有个问题想问一问。"

鸿蒙仰起头看了看云将，说："唉！"

云将说："天气不调和，地气郁结不畅通，六气失调，四时失序。现在我打算调和六气的精华来养育万物，应当怎样去做呢？"

鸿蒙拍着腿跳跃着，转过头来说："我不知道！我不知道！"

过了三年，云将再次到东方巡游，经过宋国的原野恰巧又遇到了鸿蒙。云将大喜，快步来到近前说："你老先生忘记我了吗？你老先生忘记我了吗？"叩头至地行了大礼，希望得到鸿蒙的指教。

鸿蒙说："我悠然自得，不知贪求什么，放任自由，不知走向何方，我出游，不过是匆匆浏览一下万物自然而动的情形，除此之外，我又知道什么呢？"

云将说："我自以为能够随心地活动，人民也都跟着我走；我不得已而对人民有所亲近，如今却为人民所效仿。我希望能聆听您的一言教诲。"

也！”

云将曰：“然则吾奈何？”

鸿蒙曰：“意，毒哉⑪！僊僊乎归矣⑫。”

云将曰：“吾遇天难，愿闻一言。”

鸿蒙曰：“意！心养。汝徒处无为，而物自化⑬。堕尔形体，吐尔聪明，伦与物忘，大同乎涬溟，解心释神，莫然无魂⑭。万物云云，各复其根，各复其根而不知；浑浑沌沌，终身不离⑮；若彼知之，乃是离之。无问其名，无窥其情，物固自生。”

云将曰：“天降朕以德，示朕以默；躬身求之，乃今也得。”再拜稽首，起辞而行。

【注释】

①云将：庄子虚拟人物；扶摇：神木；鸿蒙：虚拟人物。②拊(fǔ)脾：拍打大腿。③倘然：忽然；贽然：不动貌。④有：语助之辞，“有宋”也就是“宋”。⑤天：对鸿蒙的尊称。⑥猖狂：适意自得。⑦鞅掌：匆忙貌。⑧放：仿效。⑨玄天：即指天。⑩止：亦作“昆”，“止虫”即昆虫。⑪毒：怨苦之深。⑫僊(xiān)僊：轻飘飘貌；僊通“仙”。⑬徒：只要。⑭伦：类同；涬(xìng)溟(míng)：自然之气；无魂：除去心智。⑮浑浑沌沌：各任自然，浑然无知。

鸿蒙说：“扰乱自然的常规，违背事物的真情，整个自然的变化不能相应形成。离散群居的野兽，飞翔的鸟儿都夜鸣，灾害波及草木，祸患波及昆虫。唉，这都是治理天下的过错！”

云将说：“那么我怎么办呢？”

鸿蒙说：“唉！你中毒太深了，我要飘扬而去了！”

云将说：“我遇到你很难，还望你指教。”

鸿蒙说：“唉！重在养心。你只要自然无为，万物就会自生自化。忘掉你的形体，放弃你的聪明，忘却自身和万物，与自然之气浑然一体，解心释神，茫茫然无所用心。万物纷杂繁多，全都各自回归本性，各自回归本性却是出自无心，浑然无知保持本真，终身不得背违；假如有所感知，就是背离本真。不要询问它们的名称，不要窥测它们的实情，万物本是自然地生长。”

云将说：“先生赐予我天德，教导我以静默无为求道。由于我亲身追求，现在终于有所收获。”一再叩头行礼，而后起身告辞离去。

品庄悟道

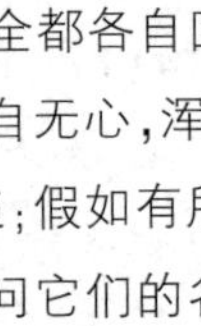

鸿蒙问道

接上节中黄帝问道广成子的故事，庄子又讲两个仙人的悟道故事。一个是求教者云将，一个是悟道人鸿蒙。可以说这两个人都是作为神话人物被提出来的，鸿蒙名字，听起来像是愚昧者，混沌无知的意思，但是在此处，庄子却把他作为一个高深的悟道者来写，可见庄子对于道的认识：浑沌愚昧，无知无为，随顺万物，静心守性。也表达了庄子“无为而治”的思想内涵。

五

【原文】

世俗之人，皆喜人之同乎己，而恶人之异于己也。同于己而欲之，异于己而不欲者，以出乎众为心也[1]。夫以出乎众为心者，曷常出乎众哉[2]！因众以宁，所闻不如众技众矣。而欲为人之国者，此揽乎三王之利而不见其患者也[3]。此以人之国侥倖也，几何侥倖而不丧人之国乎！其存人之国也，无万分之一；而丧人之国也，一不成而万有余丧矣。悲夫，有土者之不知也[4]。

夫有土者，有大物也[5]。有大物者，不可以物[6]；物而不物，故能物物[7]。明乎物物者之非物也，岂独治天下百姓而已哉！出入六合，游乎九州，独往独来，是谓独有[8]。独有之人，是谓至贵。

大人之教，若形之于影，声之于响[9]。有问而应之，尽其所怀，为天下配。处乎无响，行乎无方。挈汝适复之挠挠，以游无端[10]；出入无旁，与日无始[11]；颂论形躯，合乎大同，大同而无己[12]。无己，恶乎得有有[13]！睹有者，昔

【译文】

世俗之人都喜欢别人与自己相同，而不喜欢别人与自己不同。别人与自己相同就高兴，别人与自己不同就不高兴，这是怀着出人头地的目的。怀有出人头地心理的人，何尝真的能出人头地呢！随顺众人之意当然能够得到安宁，可是个人的所闻总不如众人的技艺多才智高。希图治理邦国的人，必定是贪取夏、商、周三代帝王之利而又看不到这样做的后患的人。这样做是凭借统治国家的权力贪求个人的侥幸，而贪求个人的侥幸而不至于丧失国家统治权力的又有多少呢！这样能保存国家的，连万分之一也没有；而丧失国家的，则几乎是百分之百。悲哀啊，统治者对此竟不明白。

凡拥有国家，就拥有土地和人民。而拥有土地和人民的，不可以把有土有国放在心上。把物放在心上而不被物所左右，才能主宰支配万物。明白主宰支配万物的不是具体有形之物，那他岂只管理天下百姓，他还能来往于天地四方，遨游五湖四海，独来独往，这就叫作特立独行。特立独行的人被认为是最尊贵的。

至人对别人的教导，就像影子对形

之君子；睹无者，天地之友。

【注释】

①欲：喜欢；出乎众：出人头地。②曷常：何尝。③揽：把持，撮起。④有土者：国家的统治者。⑤大物：指土地和人民。⑥不可以物：不可为物所支配。⑦物而不物：有物而不拘泥于物。⑧九州：古中国将国土分为九大行政区域，即冀、兖、青、徐、扬、雍等。⑨大人：至人。⑩挈(qiè)：提携，引道。⑪旁：通“傍”，依傍；与日无始：与日推移，无始无终。⑫颂：通“诵”。⑬有有：有各种物象。

体，回响对于声音一样，别人有问才答应，让别人畅所欲言，自己是天下人的陪衬，他居处时无声无息，行动时变化无常，他提携着这些来来往往纷乱的人们，去遨游于无始无终之地，他出出进进，无所依傍，与日俱新，他的容貌身躯，合乎大同，既然是大同，大家都是一样也就无所谓自身。无所谓自身，哪里用得着据有各种物象！看到了自身和各种物象的存在，这是过去的君子；看不到自身的各种物象的存在，这就跟永恒的天地结成了朋友。

品庄悟道

明乎物物者之非物

“明乎物物者之非物”，此一句的意思是：明白了拥有外物又能主宰外物的人本身就不是物。

“明乎物物者之非物”是本章的核心。和老子的：“明可明，非可明”有相通之处，这又和道的万物同一联系在一起了，“物物者”，乃万物之主宰者，即“大道”。“大道”是虚无的，非物质的，它同万物混为一体。庄子认为，只有拥有“大道”者(即“物物者”)才不被物所累所役，只有超于物外，忘却自己，才能成为“出入六合，游乎九州，独往独来”的“独有之人”。将之用于指导治国，就必须铲除“出乎众”的念头，做到混同万众，以“大道”的标准来要求自己，“合乎大同”。

六

【原文】

贱而不可不任者，物也；卑而不可不因者，民也；匿而不可不为者，事也①；粗而不可不陈者，法

【译文】

物虽然低贱，但也不可不用；民虽然卑微，但也不可不顺其性；事情虽然隐秘，但也不可不做；法度虽然粗疏，但也不可不施行；

也；远而不可不居者，义也[2]；亲而不可不广者，仁也[3]；节而不可不积者，礼也[4]；中而不可不高者，德也；一而不可不易者，道也；神而不可不为者，天也。故圣人观于天而不助，成于德而不累，出于道而不谋，会于仁而不恃，薄于义而不积，应于礼而不讳，接于事而不辞，齐于法而不乱，恃于民而不轻，因于物而不去[5]。物者莫足为也，而不可不为。不明于天者，不纯于德；不通于道者，无自而可。不明于道者，悲夫！

何谓道？有天道，有人道。无为而尊者，天道也；有为而累者，人道也。主者，天道也；臣者，人道也。天道之与人道也，相去远矣，不可不察也。

【注释】

①匿：隐秘。②陈：施，实行；居：守。③广：推广。④积：多。⑤会：合符；恃：依靠；薄：通“迫”，接近；讳：回避；因：遵循。

义虽然远离于道，但也不可不遵守；仁虽然是对亲人而言的，但也不可不推广；礼虽然是有节制的，但又不能不那样繁多；德虽然顺合于世，但其内质必须高尚；道的本质是永恒的，但又是不断变化的；天机虽然神妙莫测，但也不可不顺应。所以圣人观察自然的神妙却不去帮助，成就了无瑕的修养却不受拘束，行动出于道却不是事先有所考虑，符合仁的要求却并不有所依赖，接近了道义却不积不留，应和礼仪却不回避，接触琐事却不推辞，同于法度而不肆行妄为，依靠百姓而不随意役使，遵循事物变化的规律而不轻率离弃。万事万物均不可强为，但又不可不为。但如果不懂自然之理的人，德行也不纯，一个人不知道“道”，无往而不受阻碍。至于那不明白“至道”的人，是莫大的悲哀！

什么是道？有宇宙自然的规律，有人类社会的准则。无为而尊贵的，是宇宙自然的规律。有为而劳累的，是人类社会的准则。居于主宰地位的，是宇宙自然的规律；居于臣属地位的，是人类社会的法则。宇宙自然的规律和人类社会的法则相去甚远，不可不加以明察。

品庄悟道

天道与人道

此处所讲的是天道与人道的关系。庄子认为，天道与人道具有无为与有为、次与主、上与下的区别，“天道之与人道也，相去远矣！”虽然如此，庄子却没有完全否定和抹杀人道。

文中所谓的任物、因民、为事、陈法、广仁、居义、积礼等等,无不属于有为的人道范畴。从此处可以看出一向标榜无为的庄子,不是不要人道,只是与天道相比,他觉得人道有一定的片面性和局限性,无法与周全博大的天道相比肩。

庄子的这种说法也可以这样通俗地理解成,把天道比喻成大的方针政策,把人道比喻成具体的某个步骤。而做任何事情,必须符合一定的大道理或者方针政策,比如说,君子爱财,取之有道。所以说天道人道“不可不察也”。

天　地

【导读】

本篇以篇首二字名篇。天地也就是自然，因此，以“天地”名篇，又含有效法自然的寓意在。

本篇的主旨在于阐发“无为而治”的思想。庄子指出，玄古的国君虽在君位却无心于治世，只是效法天道“无为”而已，因此百姓都能自治自化，天下也就始终太平无事。及至黄帝失“天穗”，以“有为”之心临天下，百姓就开始知道仁义、忠信之名，随之而萌发出“贼害”之心，从此上古纯朴之风就不见了。而唐尧、虞舜、夏禹、周武王之辈，不但不引以为戒，反而推波助澜，举凡仁义、礼乐、刑罚、智慧等等，皆无不成为他们统治人民的工具，致使人类的自然本性遭到极大的摧残，天下乱到不堪设想的地步。目睹这般事实，后世一切“有为”之君，都应当感到寒心、羞愧，彻底敛手，“以无为自然为宗”。

此篇章法，首段为总论，其余为分论，分论部分由十几节杂记组成，各节内容不相关联，但其宗旨仍是崇尚自然无为，主张无为而治。

一

【原文】

天地虽大，其化均也；万物虽多，其治一也；人卒虽众，其主君也。君原于德而成于天①。故曰，玄古之君天下，无为也，天德而已矣②。

以道观言，而天下之君正，以

【译文】

天和地虽然很大，不过它们的运动和变化却是均衡的；万物虽然纷杂，不过它们各得其所归根结底却是同一的；百姓虽然众多，不过他们的主宰却都是国君。国君管理天下要以顺应事物为根本而成事于自然，所以说，遥远的古代君主统驭天下，一切都出

道观分，而君臣之义明，以道观能，而天下之官治，以道泛观，而万物者应备[3]。故通于天地者，德也；行于万物者，道也；上治人者，事也[4]；能有所艺者，技也。技兼于事，事兼于义，义兼于德，德兼于道，道兼于天。故曰，古之畜天下者，无欲而天下足，无为而万物化，渊静而百姓定[5]。《记》曰："通于一而万事毕，无心得而鬼神服。"

夫子曰："夫道，覆载万物者也，洋洋乎大哉[6]！君子不可以不刳心焉[7]。无为为之之谓天，无为言之之谓德，爱人利物之谓仁，不同同之之谓大，行不崖异之谓宽，有万不同之谓富[8]。故执德之谓纪，德成之谓立，循于道之谓备，不以物挫志之谓完[9]。君子明于此十者，则韬乎其事心之大也，沛乎其为万物逝也[10]。若然者，藏金于山，藏珠于渊，不利货财，不近贵富；不乐寿，不哀夭；不荣通，不丑穷；不拘一世之利以为己私分，不以王天下为己处显[11]。显则明，万物一府，死生同状[12]。"

夫子曰："夫道，渊乎其居也，漻乎其清也[13]。金石不得，无以鸣。故金石有声，不考不鸣[14]。万物孰能定之！夫王德之人，素

自无为，即听任自然、顺其自得罢了。

用道的观点来看待名利，天下的君主便是恰当的。以道的观点来看待职分，那君臣的道义便会明确，用道的观点看待能力，天下的官吏便能治理得宜，用道的观点看待一切，万物的对应都完备，所以通达于天的是"道"，顺应于地的是"德"，周行于万物的是"义"，上位的治理人民，是各任其事，才能有所精通，技属于事，事属于义，义属于德，德属于道，道属于自然。所以说，古时候养育天下百姓的统治者，无所追求而天下富足，无所作为而万物自行变化发展，深沉宁寂而人心安定。《记》这本书上说："通晓大道因而万事自然完满成功，无心获取因而鬼神敬佩帖服。"

先生说："道是覆载万物的，多么广阔而盛大啊！君子不可以不挖去心智。以无为的方式去做叫作天，以无为的方式去说叫作德，爱护人民、利及万物叫作仁，从不同中看到同叫作大，行为不与众不同的叫作宽，拥有千差万别的事物叫作富。因此持守自然赋予的禀性就叫纲纪，德行形成就叫作建功济物，遵循于道就叫作修养完备，不因外物挫折节守就叫作完美无缺。君子明白了这十个方面，也就容藏了立功济物的伟大心志，而且像滔滔的流水汇聚一处似的成为万物的归往。假如能够这样，便会任凭黄金藏于深山，宝珠藏于深渊；不贪图财物，不追求富贵；不以长寿为快乐，不以夭折为悲哀；不以显达为荣耀，不以穷困为羞辱；不索取世上的利益据为己有，不以称王于天下看出是自己身处显位。显耀了就要彰明，万物本为一

逝而耻通于事，立之本原而知通于神[15]。故其德广，其心之出，有物采之[16]。故形非道不生，生非德不明。存形穷生，立德明道，非王德者邪！荡荡乎！忽然出，勃然动，而万物从之乎[17]！此谓王德之人。视乎冥冥，听乎无声。冥冥之中，独见晓焉；无声之中，独闻和焉。故深之又深而能物焉，神之又神而能精焉。故其与万物接也，至物而供其求，时骋而要其宿[18]；大小、长短、修远。”

【注释】

①德：自得；天：自然。②玄古：遥远的古代；天德：自然之德。③泛观：博观。④上治人者：居上位的统治者；艺：技艺，专长。⑤畜：养育，统治。⑥洋洋乎：广阔而盛大。⑦刳心：挖去心智。⑧崖异：与众不同。⑨执：保持；纪：纲纪；立：指立身社会建功济物。⑩韬：包容，蕴含。沛：流动无滞碍。⑪私分：私有；显：重要地位。⑫万物一府：万物为一体。⑬漻：清澈貌。⑭考：击。⑮王德之人：盛德之人；素逝：抱朴而行。⑯采：牵动，感应。⑰荡荡：浩渺伟大貌；忽然：无心貌；勃然：义同于“忽然”。⑱要其宿：使物有其所归宿。

体，生死本无两样。”

先生还说：“道，它居处沉寂犹如幽深宁寂的渊海，它运动恒洁犹如明澈清澄的清流。金石制成钟、磬的器物不能获取外力，没有办法鸣响，所以钟磬之类的器物即使存在鸣响的本能，却也不敲不响。万物都是如此，谁能测定它呢！大德之人，抱朴而行，以通晓俗事为耻辱，立身于大道而心智通达与不测之境，所以德性广大。他心志的显露，是出于对外物的感应。所以说，形体如不凭借道就不能产生，生命产生了不能顺德就不会明达。保全形体维系生命，建树盛德彰明大道，这岂不就是具有盛德而又居于统治地位的人吗？浩渺伟大啊！他们无心地有所感，他们又无心地有所动，然而万物都紧紧地跟随着他们呢！这就是具有盛德而又居于统治地位的人。道，看上去那么深远，听起来又是那么寂然无声。深远之中，却能看见晓明的真迹；无声之中，却可听到万窍唱和的乐音。深而又深之中却能产生万物，玄妙而又玄妙之中却能产生精神，所以道和万物相连接，道体虚寂却能供应万物的需求，时时驰骋不已却能成为万物的归宿。”

品庄悟道

道的守恒原则

此处一开头就写了，天地虽然大，但是运动和变化却是均衡的，万物虽然多，但是却又会归为同一。这种说法就像我们现在所说的能量守恒，物质守恒一样，所以可以这样说，庄子此处所说的是一种道的守恒原则。

此节，第一段指出，天德就是“无为”，君王应以此为目标，以玄古君王为楷模，做到无欲无为，天下安足，因为“无为就是有为”。第二段中，庄子引“夫子”语指出：能包容万物而又作用于万物，君王无欲就是“刳心”，无为就是顺乎天道，此处加进去“万物归一”。第三段亦录“夫子”语说明天道与万物间的关系，宣扬“王德之人”立足于“天道”后所产生的无穷魅力，归纳了“无为有为”和“万物归一”的道的守恒。

二

【原文】

黄帝游乎赤水之北，登乎昆仑之丘而南望，还归，遗其玄珠①。使知索之而不得，使离朱索之而不得，使喫诟索之而不得也，乃使象罔，象罔得之②。黄帝曰：“异哉！象罔乃可以得之乎？”

【注释】

①赤水：虚拟河名；玄珠：虚拟珠名，喻道。②知：虚拟人名，喻聪慧；离朱：古代明目者，喻善于明察；喫(kài)诟：虚拟人名，喻善于言辩；象罔：虚拟人名，喻无心。

【译文】

黄帝在赤水的北边游览，登上了昆仑山，向南方瞭望，随即在返回时，丢失了玄珠。黄帝让知寻找，而知没有找到；让离朱去寻找，而离朱也没有找到；又让喫诟去寻找，而喫诟也没有找到。于是让象罔去寻找，而象罔终于找到了玄珠。黄帝说：“奇怪啊！只有象罔才能找到玄珠吗？”

品庄悟道

道，失而复得

庄子以玄珠喻天道，并巧妙设计知、离朱、喫诟（分别代表智者、眼力好者、善拾取者）去寻找黄帝遗失的玄珠的故事，这三人虽最有可能寻找到玄珠，但结果都空手而返，玄珠恰恰被象罔这个无心之人拾得。庄子借此说明：求道不可靠聪明智慧，而是要无所用心。

玄珠比喻道，这个比喻有来历。《道德经》第一章就说道是“玄之又玄，众妙之门”,“玄”字有微妙深奥和黑色之义,老子仅用前者,庄子则两者兼用,前者暗用,后者明用。以珠喻道,见出庄子对道的珍爱。“遗珠”一事也含深意,遗是先有而后失,实有所指。按道生万物,人也是道的产品,这意味着每个人身上先天具有道的元素。由于后天文明的污染,人身上的道性被蒙蔽了,丢失了。这就是“遗珠”的深意。寻珠的过程比喻重新找回道性的过程。受黄帝差遣去寻玄珠的知、离朱、喫诟、象罔比喻悟道的手段。前三者索而不获,最后由“象罔得之”,隐喻学道不靠智慧,不靠视力,不靠善辩,只靠无心,以虚空的状态才能体悟虚无的大道。全篇由比喻构成,抽象的哲理得到最大限度的形象化。

另外,此处还有道不可强求之意,就像“有心插花,花不成,无心栽柳,柳成荫”,毫不起眼的人夺了头彩,努力追求的事情反而做不到一样。不过话说回来,这种现实中的现象虽然看起来不一定合理,但是它具有一定的科学性,因为有心插花,所以对于花的生长关注太多;因为毫不起眼的人没有什么压力,所以他可以尽情地发挥;因为太过努力的追求反而物极必反,等等。

三

【原文】

尧之师曰许由,许由之师曰啮缺,啮缺之师曰王倪,王倪之师曰被衣①。

尧问于许由曰:“啮缺可以配天乎?吾藉王倪以要之②”。

许由曰:“殆哉圾乎天下③!啮缺之为人也,聪明叡知,给数以敏,其性过人,而又乃以人受天④。彼审乎禁过,而不知过之所由生。与之配天乎?彼且乘人而无天⑤。方且本身而异形,方且尊知而火驰,方且为绪使,方且为物絯,方且四顾而物应,方且应众宜,方且与物化而未始有恒⑥。夫何足

【译文】

尧的老师叫许由,许由的老师叫啮缺,啮缺的老师叫王倪,王倪的老师叫被衣。

尧问许由说:“啮缺可以做天子吗?我想凭借王倪来邀他做天子。”

许由说:“危险啊!要危及天下!啮缺的为人,耳聪目明智慧超群,行动办事快捷机敏,天赋过人,而且竟然用人为的心智去应对并调和自然的禀赋。他精于禁止过失,但又不知道过失从什么地方产生。你想让他当天子吗?他就凌驾于众人之上,从而丧失了自然之性。他将要以自身为本,以外物为异,将要尊崇巧智而火速推行,将要为琐事所役

以配天乎?虽然,有族,有祖,可以为众父,而不可以为众父父[7]。治,乱之率也,北面之祸也,南面之贼也[8]。"

使,将要为外物所系缚,将要瞻前顾后地去应接事物,将要追求事事合宜,将要随物变化而没有恒久准则。那样的人怎么能够做天子呢?虽然这样,有了同族人的聚集,就会有一个全族的先祖;可以成为一方百姓的统领,却不能成为诸方统领的君主。治理天下,必将是天下大乱的先导,这就是臣子的灾害,国君的祸根。"

【注释】

①许由、啮缺、王倪和被衣均为人名,除许由曾见于其他典籍外,其余三人皆为庄子杜撰隐士。②要:邀。③圾:通"岌",危险。④受天:应对调和自然的禀赋。⑤无:丧失。天:自然之性。⑥本身而异形:以己身为本,令天下异形;火驰:言其急速;绪使:为细事所役使;物絯:为外物所系缚。⑦祖:初始之人;父:前一"父"指统领一方的官长,后一"父"指统领众多首领的国君。⑧率:先导。北面:指臣位;南面:指君位。

品庄悟道

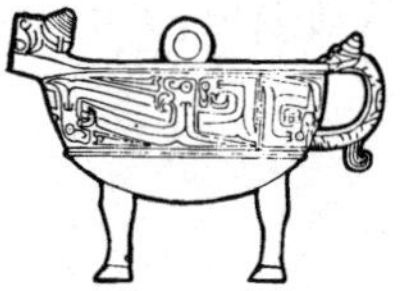

圣智明察者　不能做天子

庄子在此处,借"许由"之口,阐发庄子的思想,庄子认为,圣智明察、行事敏捷的人是不能做天子的。因为他的睿智、聪颖和行事能力,可以使天下大治,而"治"又恰是"乱之率也",和道家的"无为而治"相违背。

其实,每个人都不能做到明察秋毫,事必躬亲者不但劳神费力而且会影响下一代的发展,如蜀国的诸葛亮,死后蜀国无人,当然这还有许多其他因素,但是,蜀国后继无人,不能说和诸葛亮的鞠躬尽瘁没有一点干系。农村有句俗话:母勤女懒。我想也是这个道理。

四

【原文】

尧观乎华[1]。华封人曰[2]:"嘻,圣人!请祝圣人。""使圣人寿。"尧曰:"辞。""使圣人富。"尧曰:

【译文】

尧到华这个地方巡游,华地守封疆的人说:"啊,圣人!请受我的祝福,祝圣人长寿。"尧说:"不必了。""祝圣人富有。"尧说:"不必

“辞。”“使圣人多男子。”尧曰：“辞。”

封人曰：“寿、富、多男子，人之所欲也。女独不欲，何邪？”

尧曰：“多男子则多惧，富则多事，寿则多辱。是三者，非所以养德也，故辞。”

封人曰：“始也我以女为圣人邪，今然君子也[3]。天生万民，必授之职。多男子而授之职，则何惧之有！富而使人分之，则何事之有！夫圣人，鹑居而鷇食，鸟行而无彰[4]；天下有道，则与物皆昌；天下无道，则修德就闲；千岁厌世，去而上僊[5]；乘彼白云，至于帝乡；三患莫至，身常无殃[6]；则何辱之有！”

封人去之。尧随之，曰：“请问。”

封人曰：“退已！”

了。”“祝圣人多男子。”尧说：“不必了。”

守护封疆的人说：“长寿、富有和多男儿，这是人们都想得到的。你偏偏不希望得到，是为什么呢？”

尧说：“多男子就会忧虑，富有就会麻烦多，长寿会屈辱多，这三方面，都不可能用来颐养德性，所以我推辞了。”

守护封疆的人说：“起初我把你看作圣人呢，如今竟然是个君子。天生万民，必定会授予一定的职事，男子多而授予他们一定的职事，还有什么忧虑的呢？富有而使人分享，还有什么麻烦事呢？圣人像鹌鹑一样无心求食而随遇而安，如鸟儿飞行而无一点痕迹。天下太平，就跟万物一同昌盛；天下纷乱，就修身养性趋就闲暇；寿延千年而厌恶活在世上，便离开人世而升天成仙；驾驭那朵朵白云，去到天与地交接的地方；长寿、富有、多男孩子所导致的多辱、多事、多惧都不会降临于我，身体也不会遭殃；那么还会有什么屈辱呢！”

守封疆的人要离开，尧随即说：“再请指教。”

守封疆的人说：“你回去吧！”

【注释】

①华：华州，今陕西华县。②华封人：华地守封疆之人。③然：通“乃”，竟然。④鷇(kòu)食：靠天吃食；无彰：无迹。⑤僊：“仙”的异体。⑥三患：即前文中寿、富、多男子所导致的多辱、多事、多惧。

品庄悟道

希望“长寿、富有、多子”对吗？

此处庄子通过“华封人”之口指出：虽然世俗刻意追求寿、富、多子不利于修道，但也不可把既有的长寿、富贵、多子等，当作负担，正确的态度是不以物喜、不以己悲，不追求，不放弃，来之即安。

尧为儒家推崇的圣人，儒家第一经典《尚书》第一篇就是《尧典》。但在道家眼里，尧的形象打了折扣，从圣人降级为君子。这说明：一个人的社会形象在不同标准衡量下会具有多面性。

公平地说，尧在道家眼中算得上是一个正面的形象。在庄子时代，孟子就已经提出“不孝有三，无后为大”观点。所谓“后”，专指男，女子终为人家人，那是算不得后的。庄子却让尧说出了不欲多子的话。儒家重义轻利，但并不一概地否定财富，孔子只是反对不义而富且贵而已，庄子却让尧谢绝了财富，境界远比孔子为高。《尚书》里早就肯定了人生的寿欲，庄子也让尧加以谢绝。这些世人追逐的东西本身都是道家所排斥的，尧的态度符合道家的准则。问题是，尧对多子、富、寿的谢绝是出于担心由此带来的多惧、多事、多辱，本质上没有超脱世俗。道家反对追逐这些东西，因为追逐本身就构成了对自然本性的伤害。同时也不赞成把这些东西视为心理负担，这种负担同样也妨碍道德修养。这就是华封人把尧从圣人降为君子——也只降到君子为止的原因所在。看来，庄子的主张是一切顺随自然，包括多子富寿，不来不追求，来了不拒绝。

五

【原文】

尧治天下，伯成子高立为诸侯[1]。尧授舜，舜授禹，伯成子高辞为诸侯而耕。禹往见之，则耕在野。禹趋就下风，立而问焉，曰[2]：“昔尧治天下，吾子立为诸侯。尧授舜，舜授予，而吾子辞为诸侯而耕。敢问，其故何也？”

子高曰：“昔尧治天下，不赏而民劝，不罚而民畏。今子赏罚而民且不仁，德自此衰，刑自此立，后世之乱自此始矣。夫子阖行邪[3]？无落吾事[4]！”俋俋乎耕而不顾[5]。

【译文】

尧统治天下，伯成子高被立为诸侯。尧授位给舜，舜授位给禹，伯成子高辞去诸侯的职位回家种田。禹前去看他，伯成子高正在田间耕种。禹快步向前居于下方，问道：“当年尧统治天下，先生立为诸侯。尧把帝位让给了舜，舜又把帝位让给了我，可是先生却辞去了诸侯的职位而来从事耕作。我冒昧地请问，这是为什么呢？”

伯成子高说：“从前尧治理天下，不需要奖赏而百姓却能自然地勤勉，不必刑罚而百姓能自然地戒恶，现在你施行赏罚而百姓却不相仁爱，道德从此衰落，刑罚

【注释】

①伯成子高：虚拟的人名。②下风：即下方。③阖：通“盍”，何不。④落：荒废。⑤俋俋：专心致志貌。

从此建立，后世的惑乱从此开始了。先生你怎么不走开呢？不要耽误我的事情！”于是低下头专心致志地耕地而不再理睬。

品庄悟道

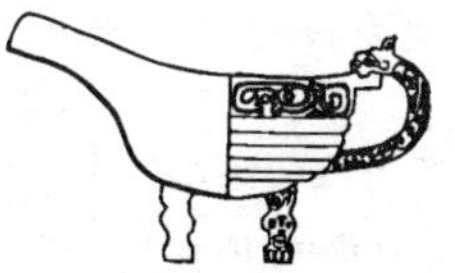

伯成子高不仕

此处庄子借伯成子高之口喻古讽今，表达了对现实不满之情。庄子认为，由于未能实行无为而治，而是用赏惩刑罚治理天下，结果人心不古，道德衰败，自禹之时天下就大乱了。

孔子在论及世道与个人进退关系时说：“天下有道则仕，无道则隐。”看来庄子也认同了这一点。不同的是，孔子对天下有道无道的判断标准是秩序论，即主要看“君君臣臣父父子子”秩序是否得到维持。而庄子有道的标准则是和谐论，“不赏而民劝，不罚而民畏”，不靠赏罚维持社会公平，社会和谐只是尧的君德影响力的自然结果，简而言之，是无为而治的结果。

仕与不仕，只是两个状态，他可以在一个人身上具有，君子有道时候仕，无道的时候不仕。“王者必有不招之臣”，如果把招不来的大臣用绳子绑来，那么就是一个昏君了，不是一个真正的王者。

六

【原文】

泰初有无，无有无名①；一之所起，有一而未形②。物得以生，谓之德；未形者有分，且然无间，谓之命；留动而生物，物成生理，谓之形③；形体保神，各有仪则，谓之性。性修反德，德

【译文】

宇宙的初始状态只有虚无，没有“有”和名称，“一”的出现，只是一个混沌而没有具体的形状。万物得到它而生成，就称为德；没有成就形体时已有阴阳的区分，浑然一体没有间隙，就称为命。一旦阴阳运动得到统一静止，就产生了物。物形成了，又产生了各种生

至同于初。同乃虚，虚乃大。合喙鸣④；喙鸣合，与天地为合。其合缗缗，若愚若昏，是谓玄德，同乎大顺⑤。

【注释】

①泰初：宇宙初始状态；无有无名：没有“有”也没有名称。②一：混沌未分之有。③留：静止；理：生理结构。④喙：鸟口。⑤缗缗：泯合无迹貌；大顺：指天下返回本真之貌。

理结构，这就叫形体。形体保守精神，各部分都有自然的法则，这就叫本性。本性经过长期修养就能返回原来的德，德的极致和太初一样。同于太初之时心胸就会无比虚豁，心胸无比虚豁就能包容广大。混同合一之时说起话来就跟鸟鸣一样无心于是非和爱憎，说话跟鸟一样无别，则与天地融合而共存。混同合一是那么不露踪迹，好像蒙昧又好像是昏暗，这就叫深奥玄妙的大道，也就如同返回本真而一切归于自然。

品庄悟道

天地始于混沌

“泰初有无”，宇宙的起源是什么？其实，科学家一直都没有作出一个完美的解说，但是庄子一句话，就给我们说清楚了，就是来源于无，形成于“一”。

当然，这没有科学的论证，可是它却揭示了一个道理，就是原来的所有的东西是没有的，后来才出现了，就像你、我一样，以前根本不会存在。

庄子此处所说的是要把道德的修养回归到物质未有之时，追寻虚无的世界，而我们从中要看出的就是，一切来源于“无”，那么，现在没有的，以后只要努力就会有的，就像有的人找工作老说自己没有经验，可是每个人本来都是没有经验的啊。所以没有什么好怕的，本来就是无嘛。让我们像盘古开天辟地一样，用自己的双手创造自己未知的世界。

七

【原文】

夫子问于老聃曰：“有人治道若相放，可不可，然不然①。辩者有言曰：‘离坚白若县寓’②。若是则可谓圣人乎？”

【译文】

孔子问老子说：“有人修道却与大道相悖逆，将不可的说成可，将不是的说成是。善于辩论的人说：‘离析石的质

老聃曰："是胥易技系、劳形怵心者也[3]。执狸之狗成思，猿狙之便自山林来[4]。丘，予告若，而所不能闻与而所不能言。凡有首有趾无心无耳者众，有形者与无形无状而皆存者尽无[5]。其动止也，其死生也，其废起也，此又非其所以也。有治在人，忘乎物，忘乎天，其名为忘己。忘己之人，是之谓入于天。"

【注释】

①若相放：若相悖逆。②县寓：高悬于天宇，清楚醒目。③胥：通"谞"，指具有一定智巧的小吏；易：改，指供职。④执狸之狗：指善于捕捉狐狸（或竹鼠）的狗；成思：指狗受到拘系而愁思。⑤有首有趾：有头有脚，指业已成形；无形无状：指"道"。

坚和色白就好像高悬于天宇那样清楚醒目。'像这样的人可以称作圣人吗？"

老子说："这只不过是聪明的小吏供职时为技艺所拘系、劳苦身躯担惊受怕的情况。善于捕猎的狗因为受到拘系而愁思，猿猴因为行动便捷而被人从山林里捕捉来。孔丘，我告诉你，告诉给你听不见而又说不出的道理。凡是具体的人，无知无闻的多，有形的人和无形无状的道共同存在是绝对没有的。运动、静止、死亡、生存、衰废、兴盛，这六种情况全部出自自然，而却不知其所以然。治理是人们遵循本性和真情的各自活动，忘掉外物，忘掉自然，那么就叫忘掉自己。忘掉自己的人，称为与自然融为一体。"

品庄悟道

逆向思维好吗？

每每看到电视上，军队讨伐的时候，最常说的一句话就是说对方"逆天而行"。而自己是为了"顺应天命"，所以给人一种印象：逆，就是违背常理的代名词。

但是逆向思维却是一种充满智慧的思维方法，因为站在对方的角度看问题，问题才能够看得更加全面。不过在运用逆向思维的时候必须看清事情的本质，如果没有正确的论据，违背常理的事情还是少做为妙。

孔圣家语图·问礼老聃

八

【原文】

将闾葂见季彻曰[1]："鲁君谓葂也曰：'请受教。'辞不获命，既已告矣，未知中否，请尝荐之[2]。吾谓鲁君曰：'必服恭俭，拔出公忠之属而无阿私，民孰敢不辑[3]！'"

季彻局局然笑曰[4]："若夫子之言，于帝王之德，犹螳螂之怒臂以当车轶，则必不胜任矣[5]。且若是，则其自为处危，其观台，多物将往，投迹者众[6]。"

将闾葂觑觑然惊曰[7]："葂也汒若于夫子之所言矣[8]。虽然，愿先生之言其风也。"

季彻曰："大圣之治天下也，摇荡民心，使之成教易俗，举灭其贼心而皆进其独志，若性之自为，而民不知其所由然[9]。若然者，岂兄尧舜之教民，溟涬然弟之哉？欲同乎德而心居矣[10]。"

【注释】

①将闾葂、季彻：皆为人名。②辞：推辞；尝：试。③辑：和睦相处。④局局然：笑貌。⑤轶(zhè)：通"辙"，车轮印。⑥自为处危：让自己处于高危境地。⑦觑(qù)觑然：惊讶状。⑧汒(mǎng)：通"茫"。⑨贼心：伤害他人之心。⑩心居：心安。

【译文】

将闾葂会见季彻，说："鲁君对我说'请给指教。'我推辞，他不同意，就告诉他了，但又不知道是否恰当，试着说给你听听。我对鲁君说：'一定要恭谨，简朴，先选拔公正、忠诚一类人来担任政事，又不偏私，若这样，老百姓谁不愿和睦相处？'"

季彻听了后俯身大笑说："像你说的这些话，对于帝王的准则，恐怕就像是螳螂奋起臂膀企图阻挡车轮一样，必定不能胜任。况且像这样，那一定会把自己置于危险的境地，就像那高高的观楼和亭台，众多事物必将归往，投向那里的人也必然很多。"

将闾葂吃惊地说："我对先生所说的实在感到茫然。虽然这样，还是请先生讲个概略。"

季彻说："伟大的圣人统驭天下，让百姓的心自由纵任不受拘束，使他们在教化方面各有所成，在陋习方面各有所改，消除他们伤害人的用心而增进他们自我教化的思想，好像是本性所使，百姓们却不知道为什么会这样。你这样，岂不是尊崇尧舜的教导百姓的方式，盲目跟从他们吗？圣人是要百姓同于自然之德而心安啊！"

品庄悟道

恭谨的背后是什么?

此处,庄子借季彻之言,批驳了为政“必服恭俭,拔出公忠之属而无阿私”的主张,指出此举“犹螳螂之怒臂以当车轶”,“必不胜任”,强调“大圣之治天下也,摇荡民心,使之成教易俗,举灭其贼心而皆进独其志”,即顺应自然,任由百姓本性的自然发展。

其实,恭谨不是错的,但是如果恭谨得过了头,却是会违反一些常理,阻碍人的自然天性的发展,这是不可取的;就像一个人表面上恭谨,可是如果违背了常理的恭谨就不能不考察他的真正用意。比如说,历史上齐桓公宠信的三个小人,易牙、竖刁和开方,最初对齐桓公可是恭谨有加,可是后来,正是这三个人乱了齐国的政,把齐桓公活活地饿死在皇宫里了。还有西汉末年的王莽,最初可以说对人做事都很恭谨,可是他最后却杀了少帝,另立国君,最后自己做了皇帝。

恭谨出于自然,恭谨是礼,自然是真,但是,过分的恭谨便是一种虚伪,不可取,也不可信。

九

【原文】

子贡南游于楚,反于晋,过汉阴,见一丈人方将为圃畦,凿隧而入井,抱瓮而出灌,搰搰然用力甚多而见功寡①。子贡曰:有械于此,一日浸百畦,用力甚寡而见功多,夫子不欲乎?”

为圃者卬而视之曰②:“奈何?”

曰:“凿木为机,后重前轻,

【译文】

子贡往南到楚国去游览,返回晋国,经过汉水南岸时,看见有一个老人正在整治菜畦,只见他挖地道通到井中,抱着瓮从井中取水,然后来灌溉菜园,非常费劲而收获很小。子贡见了说:“如今有一种机械,每天可以浇灌上百个菜畦,用力很少而功效颇多,老先生你不想试试吗?”

种菜的老人听了抬头看看子贡,说:“怎么回事?”

挈水若抽[3]。数如泆汤，其名为槔[4]。"

为圃者忿然作色而笑曰："吾闻之吾师，有机械者必有机事，有机事者必有机心[5]。机心存于胸中，则纯白不备[6]；纯白不备，则神生不定；神生不定者，道之所不载也。吾非不知，羞而不为也。"

子贡瞒然惭，俯而不对[7]。

有间，为圃者曰："子奚为者邪？"

曰："孔丘之徒也。"

为圃者曰："子非夫博学以拟圣，於于以盖众，独弦哀歌以卖名声于天下者乎[8]？汝方将忘汝神气，堕汝形骸，而庶几乎！而身之不能治[9]，而何暇治天下乎！子往矣，无乏吾事[10]！"

子贡卑陬失色，顼顼然不自得，行三十里而后愈[11]。其弟子曰："向之人何为者邪？夫子何故见之变容失色，终日不自反邪！"

曰："始吾以为天下一人耳，不知复有夫人也[12]。吾闻之夫子，事求可，功求成。用力少，见功多者，圣人之道。今徒不然。执道者德全，德全者形全，形全者神全。神全者，圣人之道也。托生与民并行而不知其所

子贡说："把木头凿了做成汲水机械，那机械后面重前面轻，取水像把水抽上井来，快得像哗哗流淌的河水一样，那汲水机械的名字叫作槔。"

种菜的老人听了先是一脸的愤怒而后笑道："我从我的老师那里听说过，运用机械必然产生投机取巧的事情，投机取巧的事情一定是先存了投机取巧的心。机心存留在胸中，那么淳朴之心就不得完备；纯洁空明的心境不完备，那么精神就不会专一安定；精神不能专一安定的人，大道也就不会充实他的心田。我不是不知道你所说的办法，只不过感到羞辱而不愿那样做呀。"

子贡满面羞愧，低下头去不能作答。

一会儿，种菜的老人问："您是干什么的呀？"

子贡说："孔子的学生。"

种菜老人说："不是那个学问据说很大，以圣人自比，呜呜哇哇地说教，企图盖过其他学说，弹着没人应和的独弦琴，唱着哀歌满天下兜售他那套理论来买名声的人吗？你正在把你自己的神气遗忘掉，你那没有了神气的形骸也要毁坏，这就差不多完蛋了！你自己的身体都不能修养好，还侈谈什么治理天下呀！你走吧，别妨碍我干活。"

子贡大感惭愧神色顿改，怅然若失而不能自持，走出三十里外方才逐渐恢复常态。子贡的弟子问道："先前碰到的那个人是干什么的呀?先生为什么见到他面容大变顿然失色，一整天都不能恢复常态呢？"

子贡说："起初我总以为天下圣人只有我老师孔丘一人，不知道还有刚才碰到的那样的

之，汒乎淳备哉[13]！功利机巧必忘夫人之心。若夫人者，非其志不之，非其心不为。虽以天下誉之，得其所谓，謷然不顾；以天下非之，失其所谓，傥然不受[14]。天下之非誉，无益损焉，是谓全德之人哉！我之谓风波之民[15]。”

反于鲁，以告孔子。孔子曰：“彼假修浑沌氏之术者也[16]；识其一，不知其二；治其内，而不治其外。夫明白入素，无为复朴，体性抱神，以游世俗之间者，汝将固惊邪[17]？且浑沌氏之术，予与汝何足以识之哉！”

【注释】

①子贡：孔子弟子；汉阴：汉水之南；圃畦：菜园子；搰搰然：灌水声。②卬：通“仰”，抬头。③挈：取。④泆汤：流淌貌。⑤机心：弄巧权变的心。⑥纯白不备：淳朴之心不得完备。⑦瞒然：惭愧之貌。⑧拟：比拟。⑨庶几：差不多。⑩乏：妨碍。⑪卑陬(zōu)：惭愧貌；顼顼(xù)然：自失貌。⑫天下一人：只孔丘一个圣人。⑬汒：通“茫”；淳备：德行朴实本真。⑭傥(tǎng)然：无心貌。⑮风波之民：为世俗所牵动，不能守朴之人。⑯假：借，托。⑰入素：达到纯白的境界。

人。我听我的老师说：做事情要有可行性，功业要有成就，用的力气少而获得的成效多，就是圣人之道。但现在却不是这样。持守大道的人德行才完备，德行完备的人身形才完整，身形完整的人精神才健全。精神健全才是圣人之道。这样的人他们寄托形骸于世间，跟万民生活在一起，却不知道自己要往哪里去，内心世界茫昧深远，德行淳厚而又完备！功利机巧必不放在这种人的心上。像这样的人，不合自己的意志的不会去求，不是他心愿的不会去做。纵然天下人都赞誉他，其言词合乎他的心意，也孤傲不顾；即使天下人都非议他，非议使其名声丧失，他也无动于衷不予理睬。天下人的非议和赞誉，对于他们既无增益又无损害，这就叫作德行完备的人啊！我只能称作心神不定为世俗尘垢所沾染的人。”

子贡返回鲁国，把此事告诉了孔子。孔子说：“他是个修炼浑沌氏道术的人。只知道这一个道术，不知道其他的事情；只知道持守内心的纯一，却不管身外的变化。像他这样心智明澈而达到纯白的境界，虚寂无为而复归自然本性，体悟真性、持守精神而生活在世俗之中的人，你怎么能不惊异呢？何况对于浑沌氏的道术，我和你怎么能够识别呢？”

品庄悟道

道说机巧

在此处,庄子设计了汉阴丈人与子贡的一番对话,来反映道术的高明,然它高明到怎样的程度呢?令子贡及其师孔子心悦诚服,甘拜下风。汉阴丈人说,保全精神就是保全道德,“人为”之心的嚣张缘于世人对功名机巧等刻骨铭心的追求,以致人的精神受到负面影响,从而妨碍道德的修养,因此,功利机巧不可求。脱离机巧返璞归真,是具有一定的道理的,但汉阴丈人所言“有机械者必有机事,有机事者必有机心”的观点,在方法上犯了以偏概全的错误,显然是偏颇的和不足取的。

圣迹图·子贡游楚

汉阴丈人也明白运用提水机械灌园会省力,事半功倍。只是顾虑到制造和应用机械势必动了巧诈之心，从而影响他接近朴素自然的道，所以宁愿用事倍功半的笨办法保持心灵的纯朴，以低下的劳动效率为代价换取道德的修养。这是正确的理论与荒谬的实践。道家讲朴,儒家讲拙,都是追求人性的原生态,都与机巧形成对立。中国古代士人,弄巧者实在太多,因而补拙之论不乏正面意义。杜甫就以自己“老大意转拙”自慰并自许。

在高速发展的现代文明下,拙越来越少,机器代替人工,不用机巧的话什么也做不成。但是对于个体的身心健康来说,周末或者休假的时候撇开电脑,玩玩小时候没有电脑的游戏,或者和朋友一起活动,一来锻炼身体,二来也增加一下平时被电脑手机等替代了的亲情友情,等等。

一〇

【原文】

谆芒将东之大壑，适遇苑风于东海之滨①。苑风曰②："子将奚之？"曰："将之大壑。"曰："奚为焉？"曰："夫大壑之为物也，注焉而不满，酌焉而不竭③；吾将游焉。"

苑风曰："夫子无意于横目之民乎④？愿闻圣治。"

谆芒曰："圣治乎？官施而不失其宜，拔举而不失其能，毕见其情事而行其所为，行言自为而天下化，手挠顾指，四方之民莫不俱至，此之谓圣治⑤。"

"愿闻德人。"

曰："德人者，居无思，行无虑，不藏是非美恶。四海之内共利之之谓悦，共给之之谓安；怊乎若婴儿之失其母也，傥乎若行而失其道也⑥。财用有余而不知其所自来，饮食取足而不知其所从，此谓德人之容。"

"愿闻神人。"

曰："上神乘光，与形灭亡，此谓照旷⑦。致命尽情，天地乐而万事销亡，万物复情，此之谓混冥⑧"。

【注释】

①谆芒：虚拟人物；大壑：大海。②苑风：虚拟人物。③注：注入；酌：舀取。④横目之

【译文】

谆芒将要去东边的大海游览，恰巧在东海之滨碰到苑风。苑风说："你要到哪里去？"谆芒说："要去大海。"苑风说："去做什么？"谆芒说："大海作为一种物象，江河注入它不会满溢，不停地舀取它不会枯竭；因而我将到大海游乐。"

苑风说："先生无意做统领百姓治理天下的事吗？希望听到您关于圣人之治的高论。"

谆芒说："圣人之治嘛，官方政令措施的内容本身和施行的时机都要适合时宜，选拔任用官员要人尽其才，彻底看清事情的因果然后做所应当做的，行为言论都是圣人出自天性自然而然地发出，天下百姓自然就会受到感化。抬手顾盼之间，四方百姓没有一个不来投奔的，这就叫作圣人之治。"

苑风说："希望再能听到关于顺应外物凝神自得的人。"

谆芒说："顺应外物凝神自得的人，居处时没有思索，行动时没有谋虑，心里不留存是非美丑。四海之内人人共得其利就是喜悦，人人共享财货便是安定；那悲伤的样子像婴儿失去了母亲，那怅然若失的样子又像行路时迷失了方向。财货使用有余而不知道从哪里来，饮食充足而不知道从何处出，这就是顺应外物凝神自得的

民：指人民百姓。⑤拔举：选举人才；毕：尽，全部；手挠顾指：挥手扬目。⑥共利之：共同以之为利；共给之：共同资给财货；怊(chāo)乎：怅然有所失貌。⑦上神乘光：神人驾驭光明。⑧致死尽情：抛弃生命，穷尽物情；天地乐：与天地同乐；混冥：混同玄合没有差别。

人的容貌、仪态。”

苑风说：“请说精神超脱物外的神人。”

谆芒说：“精神超脱物外的神人乘驾光辉，不见形迹，这就叫作普照天下。抛弃生命，穷尽物情，与天地共欢乐而无外物这就叫混同玄合没有差异。”

品庄悟道

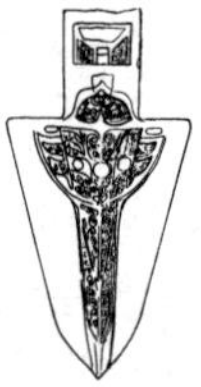

“圣人”、“德人”、“神人”

此处，庄子通过谆芒与苑风的对话，讲了“圣人”“德人”“神人”不同的得道之人。从中我们看出虽然这些化外之人有不同之处，其中“圣人”中关于“官施”、“拔举”、“手挠颐指”等提法，与“内篇”中的“无为”政治论有所区别；而“神人”的境界又是最高的，它象征着“道”的思想境界。但是他们都有一个相同的特点，“无欲无为”，任随天地万物的自然变化。

共同点是，《庄子》一书里，德人、至人、圣人、真人、大人都是得道人的代名词，名异而实同。

一一

【原文】

门无鬼与赤张满稽观于武王之师①。赤张满稽曰：“不及有虞氏乎；故离此患也②。”

门无鬼曰：“天下均治而有虞氏治之邪？其乱而后治之与？”

赤张满稽曰：“天下均治之为愿，而何计以有虞氏为！有虞氏之药疡也，秃而施髢，病而求医③。孝子操药以修慈父，其色燋然，圣人

【译文】

门无鬼与赤张满稽观看武王伐纣的军队。赤张满稽说：“周武王还是比不上有虞氏啊！所以天下遭遇这种祸患。”

门无鬼说：“天下太平无事而后有虞氏才去治理呢，还是天下混乱才去治理呢？”

赤张满稽说：“天下太平无事是人们的心愿，又为什么还要考虑有虞氏的盛德而推举他为国君呢！有虞氏替人治疗头疮，毛发脱落而成秃子方才敷设假发，正如有了疾病

羞之[4]。至德之世，不尚贤，不使能；上如标枝，民如野鹿[5]；端正而不知以为义，相爱而不知以为仁，实而不知以为忠，当而不知以为信，蠢动而相使，不以为赐[6]。是故行而无迹，事而无传。”

【注释】

①门无鬼与赤张满稽：虚拟人物。②离：遭遇。③药疡：治头疮；髢（dí）：假发。④操：拿；修：进献；燋（qiáo）然：憔悴貌。⑤标枝：树上小枝。⑥实：诚实。

方才会去求医。孝子拿药物进献给慈父，他的面容多么憔悴，而圣人却以这种情况为羞。盛德的时代，不崇尚贤才，不任使能人；国君居于上位如同树上小枝无心在上而自然居于高位，百姓却像无知无识的野鹿无所拘束；行为端正却不知道把它看作道义，相互友爱却不知道把它看作仁爱，敦厚老实却不知道把它看作忠诚，办事恰当却不知道把它看作信义；无心地活动而又相互支使却不把它看作恩赐。所以行动之后不会留下痕迹，事成之后不会留传后代。”

品庄悟道

“一代不如一代”

此处，庄子试图通过周代不如有虞氏，而有虞氏又不如蒙昧的原始时代，借此来表述其理想社会即“至德之世”及“无为”政治的主张。

“周代不如有虞氏”，是不是真的“一代不如一代”呢？社会是发展还是倒退，总的来说是发展的。“一代不如一代”如果用道德修养上的“人心不古”来说还算有一定的合理性，作为标量社会的发展则是万万不可的。古代由于生产力落后，几十年、几百年的发展对于世界的改观来说也可能没有多大的变化，但是现代社会可说是日新月异，如果谁只是教条的以“一代不如一代”的观点看问题，那么就是大错特错了。

一二

【原文】

孝子不谀其亲，忠臣不谄其君，臣子之盛也[1]。亲之所言而然，

【译文】

孝子不奉承父母，忠臣不奉承自己的主子，这是最好的臣子和儿子，只要是父母所说

所行而善，则世俗谓之不肖子[②]；君之所言而然，所行而善，则世俗谓之不肖臣。而未知此其必然邪？世俗之所谓然而然之，所谓善而善之，则不谓之道谀之人也。然则俗故严于亲而尊于君邪？谓己道人，则勃然作色[③]；谓己谀人，则怫然作色。而终身道人也，终身谀人也，合譬饰辞聚众也，是终始本末不相坐[④]。垂衣裳，设采色，动容貌，以媚一世，而不自谓道谀，与夫人之为徒，通是非，而不自谓众人，愚之至也[⑤]。知其愚者，非大愚也；知其惑者，非大惑也。大惑者，终身不解[⑥]；大愚者，终身不灵[⑦]。三人行而一人惑，所适者犹可致也，惑者少也；二人惑则劳而不至，惑者胜也。而今也以天下惑，予虽有祈向，不可得也[⑧]。不亦悲乎！

大声不入于里耳[⑨]，折杨皇荂，则嗑然而笑。是故高言不止于众人之心，至言不出，俗言胜也。以二缶钟惑，而所适不得矣。而今也以天下惑，予虽有祈向，其庸可得邪！知其不可得也而强之，又一惑也，故莫若释之而不推。不推，谁其比忧！厉之人夜半生其子，遽取火而视之，汲汲然唯恐其似己也[⑩]。

【注释】

①谀：奉承。②然：以……为正确；善：

的话就认为正确，父母所做的事就认为良善，世俗说这种人是不肖之子；只要是君主说的话就认为正确，君主认为好的就好，世俗说这种人不肖，但是否世俗评说就对呢？如果说世俗认为正确就正确，认为好就好，却又不说这是阿谀奉承。这样，世俗的观念和看法岂不比父母更可崇敬、比君王更可尊崇了吗？别人说自己是个谗谄的人，定会勃然大怒颜容顿改；别人说自己是个阿谀的人，也定会愤恨填胸面色剧变。可是一辈子谗谄的人，一辈子阿谀的人，又只不过是会用众多譬喻和修饰自己的言辞以博取众人的欢心，这样，终结和初始、根本和末节全都不能吻合。穿上华美的衣裳，装模作样，变换表情、形态，讨好献媚于举世之人，却不自认为那就是谗谄与阿谀，跟世俗人同群同党，是非观念相同，却又不把自己看作是世俗之人，这真是愚昧到了极点。知道自己愚昧的人，并不是最大的愚昧；知道自己迷惑的人，并不是最大的迷惑。最大的迷惑的人，终身不觉悟；最大愚昧的人，终身不知晓。三人同行而一人迷惑，所要去的地方，还能够到达，这是迷惑的人少的缘故；若是两个人迷惑，则将徒劳而不能到达，这是迷惑的人多的缘故。可是现在天下人都迷惑，我虽然有所祈求和向往，也是不可能实现的。这不是很可悲吗？

高雅的音乐世俗的人是不能欣赏的，民间小曲世俗人听了便会欣然而笑。所以崇高的言论听不进世俗人的心中，而至理名言也不会从世俗人口中说出来，因为被流俗的言论所掩盖。要是让其中两个人迷惑而裹足不前，所要去的地方就达不到了。如今天下的人都迷惑，我虽然有祈求和向往，又怎么能

以……为良善;③勃然:发怒貌。④合譬:会聚众多譬喻;饰辞:修饰自己的言辞;坐:挫折。⑤垂:穿;设采色:装模作样;动:变换。⑥不解:不觉悟。⑦不灵:不知晓。⑧祈向:祈求,向往。⑨大声:高雅之乐。⑩汲汲然:焦急貌。

达到呢！明知道达不到还要勉强去做，这又是一大迷惑呀,所以还不如弃置一旁不予推究。不予推究,谁知我同优?丑陋的人半夜生孩子,赶快拿火来照看,心里十分急,唯恐生下的孩子像自己。

品庄悟道

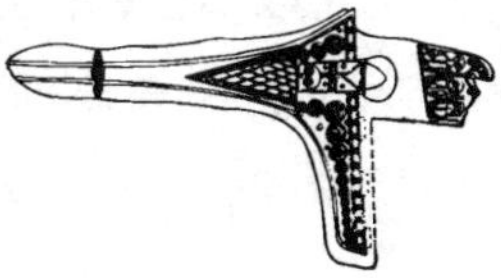

掩遮下的丑陋

此处,庄子以世俗的好恶,来讨论真理和谬论,说明其道德论得不到实施的原因。世俗所认为的忠臣孝子,在庄子看来未必是真的忠臣孝子,因为有的人只是为了欺名盗世,而假装忠臣、孝子。就像社会上的人们相互讨好,阿谀奉承成风。上有所好,下有所投。统治者无疑对社会讨好之风起到了推波助澜的作用。

面对现实,庄子发出“谁其比忧”之叹！为什么呢？正因为世俗的眼光,人们失去了本来的真面目,失去了纯正的天性,对于父母的孝、国君的忠不是做给世人看的,而人们也被世俗所毒害,就连自己生的孩子都怕长得和自己一样的丑陋。这种以世俗否定自己或者肯定自己,真是很危险的。

一三

【原文】

百年之木,破为牺尊,青黄而文之,其断在沟中①。比牺尊于沟中之断,则美恶有间矣,其于失性一也②。桀跖与曾史,行义有间矣,然其失性均也。且夫失性有五:一曰五色乱目,使目不明③;二曰五声乱耳,使耳不聪④;三曰五臭薰鼻,困惾中颡⑤;四曰五味浊口,使口厉爽⑥;五曰趣舍滑

【译文】

百年的树木,破开来制成用于祭祀的酒器,用青和黄等颜料来文饰,砍断不用的废木扔在沟里。将酒器和扔在沟里的断木相比,则美与丑是有差别的,可是它们在丧失本性这一点上却是一样的。夏桀、盗跖和曾参、史鳝,行为的优劣是有差别的,可是它们在丧失本性这一点上也是相同的。大凡丧失真性有五种情

心，使性飞扬⑦。此五者，皆生之害也。而杨墨乃始离跂自以为得，非吾所谓得也。夫得者困，可以为得乎？则鸠鸮之在于笼也，亦可以为得矣。且夫趣舍声色以柴其内，皮弁鹬冠搢笏绅修以约其外⑧。内支盈于柴栅，外重纆缴，睆睆然在纆缴之中，而自以为得，则是罪人交臂历指而虎豹在于囊槛，亦可以为得矣⑨。

【注释】

①牺尊：用于祭祀的酒器；断：断木。②有间：差别。③五色：赤、黄、青、白、黑。④五声：宫、商、角、徵、羽。⑤五臭：膻、腥、焦、香、朽；困惾(zōng)：壅塞不通；颡(sǎng)：额头。⑥五味：苦、辣、酸、甜、咸。⑦趣舍：即取舍；滑：扰乱。⑧柴其内：像柴草充塞于心；皮弁鹬(yù)冠搢：古代冠冕。⑨纆(mò)缴：绳索缠绕；睆(huǎn)睆然：穷视貌；交臂历指：反手捆缚；囊槛：关兽的笼子。

况：一是五种颜色扰乱视觉，使得眼睛看不明晰；二是五种乐音扰乱听力，使得耳朵听不真切；三是五种气味熏扰嗅觉，困扰壅塞鼻腔并且中伤额头；四是五种滋味使味觉不清爽，使嘴丧失辨别味道的能力；五是取舍的欲念扰乱心神，使得心性驰竞不息、轻浮躁动。这五种情况，都是生命的祸害。可是，杨朱、墨翟竟不停地奋力追求而自以为有所得，不过这却不是我所说的优游自得。得到什么反而为其所困，也可以说是有所得吗？那么大斑鸠小斑鸠它们在笼子里，也可以算是自得了。况且取舍于声色的欲念像柴草一样塞满内心，冠冕、朝服，拘束体外。内心塞满了栏栅，体外被绳索缠绕，眼看在绳索捆缚之中自以为有所得，那么罪犯被反手捆缚、虎豹被关在笼子里，也可以算是自得吗？

品庄悟道

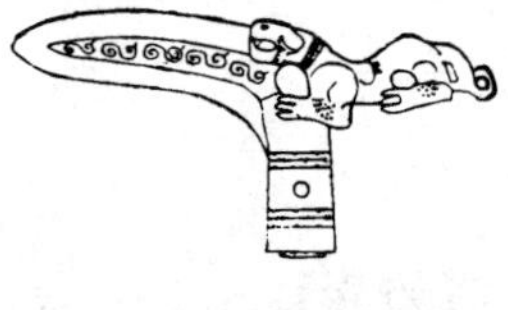

丧失本性的悲哀

此处庄子指出，尽管曾参、史鳍、杨朱、墨翟与盗跖、官人与罪人等在社会上的地位不同，声誉也有异，但因为“其失性均也”，所以他们都是一路货色，和关在牢笼里失去自由的禽兽别无二致。说明世俗的取舍标准对人的本性具有极大的破坏性。

人们常说“官匪一家”。因为有的为官者，背地里干了好多伤天害理的事情，等到东窗事发，便沦为囚犯，官和匪那时在外表上也没有了区别。还有的贪赃枉法者没有东窗事发，但是他们在危害百姓上甚至比一般的盗贼有过之而无不及，即使还保持着体面上的优越可是本质上和罪犯有什么区别呢？

庄子所站立的高度，可以说是给伪善者一声棒喝。表面上道貌岸然，如果丧失了本性，就是一样的让人悲哀。

【集评】

陆西星《南华真经副墨·天地》：此篇言王者法天，天法道，道法自然，故其所沦圣德圣治，一以无为自然为宗。但头绪别起，不可串为一章；中间根极性命之语，百世以俟圣人，终莫能易；末言大愚大惑，困亦可以为得，谑浪世俗，切中今时局士之病。

宣颖《南华经解·天地》：道之大源出于天，非有物可指之为道也。无声无臭，玄而已矣。须无心无为，然后得之，一毫机巧俱用不得，是此篇大意。

陆树芝《庄子雪·天地》：此篇亦发明君天下者，但当顺天德之自然，绝圣弃知，无所作为，而道得焉矣。

刘凤苞《南华雪心编·天地》：此篇以道与天合者，交互勘发，极精掬微。天之体，声臭之所俱泯，故能运化于无言；道之妙，形迹之所不居，故能包涵于万有。首段用"玄"字煞住，抉天地之根柢，泄大道之灵奥，只此一字，已抵得五千言《道德》真诠。下面无心无为，都发明"玄"字之义。"玄珠"、"玄德"，又特特点醒"玄"字，乃一篇精神聚会、血脉贯通处。其余逐段夹叙，虽系零星散碎之文，而横峰侧岭，离立参差，云气往来，自成灵境。逐层领略，历落嵌奇，皆可得其精神意趣，正不必以章法绳之，强为联续也。

天道

【导读】

本篇取篇首二字为篇名，君道效法天道，无为而贵；臣道拘于人道，有为而卑。这就是本文所论述的中心问题。

正像《在宥》篇所论："无为而尊者，天道也；有为而累者，人道也。主者，天道也；臣者，人道也。"本篇在肯定了这种观点基础上，有所突破，庄子还从天道的秩序论及了人论等级的合理性。

庄子一贯的观点是：天道无为，人道亦应无为，任何有为都是对自然的破坏，都必须彻底摒弃。本文则认为：人道可以同时存在无为与有为两种，为君当法天道无为，为臣应当有为；庄子认为：天道无尊卑，万物皆齐同。本文却认为：天道有尊卑，人道亦然。从天道秩序论人伦秩序合理性。显然，本篇观念与《内篇》有巨大差异。

一

【原文】

天道运而无所积，故万物成①；帝道运而无所积，故天下归②；圣道运而无所积，故海内服③。明于天，通于圣，六通四辟于帝王之德者，其自为也，昧然无不静者矣④。圣人之静也，非曰静也善，故静也；万物无足以铙心者，故静也⑤。水静则明烛须眉，平中准，大匠取法焉⑥。水

【译文】

自然之道的运行是永不停滞的，所以万物能够不断地生成；帝王之道的运行是不停顿的，所以天下人都愿意归附；圣贤之道的运行是连续不断的，所以海内百姓都愿意顺服。明白自然之道，通晓圣贤之道，又能六合四方无不通达帝王之德的，都是任天下人自由自在的生活，他们虽然懵懵懂懂，不求虚静，却无不神安心静。圣

静犹明，而况精神！圣人之心静乎！天地之鉴也；万物之镜也。夫虚静、恬淡、寂漠、无为者，天地之本而道德之至，故帝王、圣人休焉。休则虚，虚则实，实则伦矣[7]。虚则静，静则动，动则得矣。静则无为，无为也，则任事者责矣[8]。无为则俞俞，俞俞者忧患不能处，年寿长矣[9]。夫虚静、恬淡、寂漠、无为者，万物之本也。明此以南乡，尧之为君也[10]；明此以北面，舜之为臣也[11]。以此处上，帝王、天子之德也；以此处下，玄圣素王之道也[12]。以此退居而闲游，江海、山林之士服；以此进为而抚世，则功大名显而天下一也。静而圣，动而王，无为也而尊，朴素而天下莫能与之争美。

夫明白于天地之德者，此之谓大本大宗，与天和者也[13]；所以均调天下，与人和者也。与人和者，谓之人乐；与天和者，谓之天乐。

庄子曰："吾师乎！吾师乎！齑万物而不为戾，泽及万世而不为仁，长于上古而不为寿，覆载天地刻雕众形而不为巧，此之谓天乐。故曰：'知天乐者，其生也天行，其死也物化[14]。静而与阴同德，动而与阳同波[15]。'故知天乐者，无天怨，无人非，无物累，无鬼责。故曰：'其动也天，其静也地，一心定而王天下[16]；其鬼不祟，其魂不疲，一心定而万

人之心总是能够清静，并不是因为清静好，所以清静；而是因为万事万物都无法干扰他的心，所以他总是清静的。水清静便能清楚地照见须眉，平到可以成为标准，为高明的工匠所效法。水清静便明彻，何况是精神！圣人之心清静！可以作为天地的明鉴，万物的明镜。虚静、恬淡、寂漠、无为，乃是天地的根本和道德的至极，所以帝王圣人安心于这种境界。心神安然则虚静，虚静则充实，充实则完备。虚则静，静则动，动则自得。清静则能无为，君上无为，则百官各尽其责。无为便能安逸，安逸之人，忧患不能干扰于他，于是年寿得以久长。虚静、恬淡、寂漠、无为，正是万物的本性所在。明晓此理而南面为君，就能成为像尧一样的君主；明晓此理而北面为臣，就能成为像舜那样的人臣。依据此理而处于上位，就能成就帝王天子的德业；依据此理而处于下位，就能成就为人敬仰而未处君王之位的人的道行。明晓此理，退而隐居闲游，江海、山林的隐士也都钦佩；明晓此理，进而有为以安抚天下，会功劳巨大，名声显赫，而天下自然统一，总之，静时成为圣人，行动时能成为帝王，无为能居高位，纯质朴素就使天下无人敢与之媲美。

明白天地以无为为德的，这就是认识了天地的根本道理，也就能与自然和谐。用它来均调天下，也就能与人相和谐。与人相随和，称为人乐；与天相随和，称为天乐。

庄子说："我的大宗师啊！我的大宗师

物服⑰。'言以虚静，推于天地，通于万物，此之谓天乐。天乐者，圣人之心，以畜天下也。"

【注释】

①积：停顿。②帝道：指建功立业之法。③圣道：指制法立教、感化人心之法。④六通四辟：六合四方都通晓。⑤铙：通“挠”，扰乱。⑥烛：照；准：水准。⑦伦：为“备”字之误。⑧责：尽职。⑨俞俞：通“愉愉”，安逸。⑩南乡：即南向，君王之位。⑪北面：臣子之位。⑫玄圣素王：为人敬仰而未处君王之位的人。⑬大本大宗：天地万物的本性和本源。⑭天行：随自然运行；物化：随自然而转化为物。⑮同波：同流。⑯一心定：专心于静寂的境界。⑰祟：病。

啊！碎毁万物不算是暴戾，恩泽施及万世不算是仁爱，生长于远古不算是寿延，覆天载地、雕刻众物之形不算是智巧，这就叫做天乐。所以说：'通晓天乐的人，他活在世上顺应自然运行，他离开人世随顺自然而转化为物。平静时跟阴气同宁寂，运动时跟阳气同波动。'所以知天乐的，不怨天，不尤人，没有外物牵累，没有鬼神责罚。所以说：'动则如天地转，静则如地寂然，专心于静寂的境界则统治天下；其鬼不为害，精神不疲劳，专心于静寂的境界而万物归服。'这是说以虚静之心推及于天地之间，通达于万物，这就叫天乐。所谓天乐，就是以圣人之心来管理天下，无为而治。"

品庄悟道

清静无为的好处

清静无为者，不是日后有大为的人，就是超然世外看破红尘的修道者。此处用表述天道、帝道、圣道的作用及其关系，一再强调“天地之平”、“道德之至”、“万物之本”就是虚静、恬淡、无为，君王应任随万物自然运动，实行无为而治，才能得天乐而称王天下。

二

【原文】

夫帝王之德，以天地为宗，以道德为主，以无为为常①。无为也，则用天下而有余；有为也，则为天下用而不足。故古之人贵夫无为也。上无为也，下亦无为也②，是下与上同德，下

【译文】

帝王的品德，以天地作为榜样，以道德作为根本，以无为作为常法。遵循了无为原则，天下万物自然成长，天下百姓自然归顺，受用不完；要是有意人为，就会阻碍天下万物自然成长，导致天下百姓

与上同德则不臣[3]；下有为也，上亦有为也，是上与下同道，上与下同道则不主[4]。上必无为而用天下，下必有为为天下用，此不易之道也。故古之王天下者，知虽落天地，不自虑也[5]；辩虽雕万物，不自说也；能虽穷海内，不自为也。天不产而万物化，地不长而万物育，帝王无为而天下功[6]。故曰莫神于天，莫富于地，莫大于帝王。故曰帝王之德配天地。此乘天地，驰万物，而用人群之道也[7]。

本在于上，末在于下，要在于主，详在于臣。三军五兵之运，德之末也[8]；赏罚利害，五刑之辟，教之末也[9]；礼法度数，形名比详，治之末也；钟鼓之音，羽旄之容，乐之末也；哭泣衰绖，隆杀之服，哀之末也[10]。此五末者，须精神之运，心术之动，然后从之者也。

末学者，古人有之，而非所以先也。君先而臣从，父先而子从，兄先而弟从，长先而少从，男先而女从，夫先而妇从。夫尊卑先后，天地之行也，故圣人取象焉[11]。天尊地卑，神明之位也；春夏先，秋冬后，四时之序也。万物化作，萌区有状，盛衰之杀，变化之流也[12]。夫天地至神，而有尊卑先后之序，而况人道乎！宗庙尚亲，朝廷尚尊，乡党尚齿，行事尚贤，大道之

离心离德，物用人心都会欠缺。所以古代人看重无为。君上无为，臣下仿效，臣下和君上同心同德。臣下和君上同心同德就泯灭了君臣区别，臣下也就没有了卑下的感觉。臣下有为，君上一样有为，这倒是使君上与臣下志同道合，但君上与臣下志同道合，君主就失去了君主应有的权威。君上一定要实行无为政治才能控制天下，臣下一定要有为而为天下使用。这是不能变易的道理。所以古代的君王，智慧虽然包罗天地，但是自己不谋略；口才虽然足以应对万物，但不自己言谈；才能虽然海内无双，但不躬亲事务。天不生产而万物自然化育，地不生长而万物自然成长，帝王无为而天下成功。所以说：没有比天大的，没有比地富的，没有比帝王权力大的。所以说帝王之德合于天地，这就是驾驭天地、驱使万物、役使百姓之道。

道德存在于上古，仁义则推行于当今；治世的纲要掌握在帝王手里，具体细目留在臣子的操劳中。军队和各种兵器的运用，这是德化衰败的表现；奖赏处罚利导惩戒，并且施行各种刑法，这是诲谕衰败的表现；礼仪法规度量计数，对事物实体和称谓的比较和审定，这是治理衰败的表现；钟鼓的声音，用鸟羽兽毛装饰的仪容，这是声乐衰败的表现；痛哭流涕穿着丧服冠带，不同等级的隆重或省简的丧服，这是哀伤情感不能自然流露的表现。这五种微末之举，等待精神的自然运行和心智的正常活动，方才能随之而至、随之而生。

追求末节的情况，古人中已经存在，但并不是以它居先。君在先，臣在后，父在先，

序也[13]。语道而非其序者，非其道也；语道而非其道者，安取道！

是故古之明大道者，先明天而道德次之，道德已明而仁义次之，仁义已明而分守次之，分守已明而形名次之，形名已明而因任次之，因任已明而原省次之，原省已明而是非次之，是非已明而赏罚次之[14]。赏罚已明而愚知处宜，贵贱履位，仁贤不肖袭情[15]。必分其能，必由其名。以此事上，以此畜下，以此治物，以此修身；知谋不用，必归其天，此之谓太平，治之至也。

故书曰："有形有名。"形名者，古人有之，而非所以先也。古之语大道者，五变而形名可举，九变而赏罚可言也[16]。骤而语形名，不知其本也[17]；骤而语赏罚，不知其始也[18]。倒道而言，迕道而说者，人之所治也，安能治人！骤而语形名赏罚，此有知治之具，非知治之道[19]；可用于天下，不足以用天下，此之谓辩士，一曲之人也[20]。礼法数度，形名比详，古人有之，此下之所以事上，非上之所以畜下也。

【注释】

①常：常法。②上：指帝王；下：指百姓。③不臣：不成为臣民。④不主：不成为君主。⑤落：通"络"，包罗。⑥化：自然

子在后，兄在先，弟在后，长在先，幼在后，男在先，女在后，夫在先，妇在后，尊卑先后，是天地顺序，所以圣人也取法于此，天尊地卑是神明的位置，春夏先秋冬后是四时次序。万物生育发作，萌生后呈现出不同的形状，并有茂盛转为衰落，这是变化在进行。天地可谓至为神妙了，却有上下先后的顺序分别，更何况人道呢！宗族内讲究亲疏之分，朝廷里讲究尊卑之分，乡里间讲究长幼之分，行事上讲究贤不肖之分，这是大道的秩序。谈论道却和道表现出的次第不合，不是真正的道。谈论的道不是真正的道，还从哪里去得道呢！

因此，古代通晓大道的人，首先阐明自然的规律而后才是道德，道德已经阐明而后才是仁义，仁义已经阐明而后才是职责，职责已经明确而后才是事物的外形和称谓，外形和称谓已经明确了而后才是根据职位名号分配工作，根据职位名号分配工作已经明确而后才是考察，考察已经明确而后才是是非，是非明确而后才是赏罚。赏罚明确因而愚钝与聪颖的人都能安排妥当，尊贵和卑贱的人也都能就职；仁慈贤能和不良的人符合实情。必须区分各自不同的才能，必须遵从各自不同的名分。用这样的方式服侍君上，养育下民，治理万物，修养身心，就可以不用智谋，而复归于自然。这就叫作太平，是治世的最高理想境界。

所以古书上说："有实就有名。"名实的观念，在古人那里就有了，但没有置于根本的地位。古代谈论大道的人，经过五个层次的演绎而将名实列举出来，又经过九个层次的演绎而将赏罚讲说出来。一开始就谈论名实问题，就不知道它的本原；一开头就谈论赏罚问题，

化育；功：成功。⑦乘：驾驭。⑧军：军队；兵：兵器。⑨五刑：墨、劓、腓、宫、大辟。⑩衰绖(dié)：丧服冠带。⑪取象：效法。⑫萌区有状：万物萌生有各种形状。⑬宗庙尚亲：宗族内讲究亲疏；齿：年龄大小。⑭分守：职责；因任：根据职位名号分配工作。⑮袭情：依据实情。⑯五变：论述演绎的五个层次。⑰骤：开头；始：首要。⑱始：首要。⑲治之具：用于统治天下的工具。⑳一曲之人：一管之见而不懂大道的人。

就不知道它的起始。颠倒和违逆大道而指手画脚的人，只是被别人统治的对象，怎能去统治别人呢！(不以先后)就奢谈形名赏罚，这只有用于统治天下的工具，并不知道治道根本，只能为天下所用，不足以驭天下，这种人只叫辩士，是一管之见而不懂大道的人。所谓礼法仪节，形名详情，从前也有，这只是臣下服侍君上的方法，不是君上抚育臣下的方法。

品庄悟道

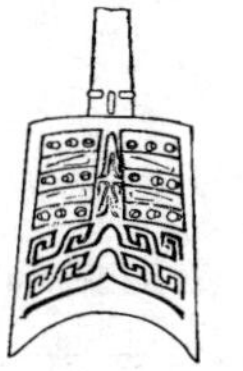

上无为，而下有为

此处主要论述君、臣之道“无为”“有为”的问题，认为“上必无为而用天下，下必有为为天下用”是“不易之道”。君王治理天下，无为是举足轻重的，是首要的，有为虽处次要之位，但也不可偏废，因此属于有为范围的如，仁义、是非、法度、赏罚等种种伦理道德和社会法律制度也符合天道，亦应当予以承认和肯定。由此不难看出，这种思想使道家思想有所发展和修正，具有适应社会历史发展步伐的性质。

褒扬古代实行无为政治的帝王，实际上是对当下实行有为统治的君主否定。借古讽今，是庄子惯用的手段。庄子作为一介平民——或许是从贵族阶层沦落的平民，居然臧否古今帝王，替时人后人指点为君为臣迷津，气魄宏大，剖析深刻，足以称道。在政治论方面，庄子是彻底的无为主义者。这里却主张君主无为而臣下不妨有为。从哲学看，它展示了后期庄学的发展。这一发展尽管与原始庄学产生了矛盾，但从实践角度看，主张君主无为而臣下有为，实质上是要求君主抓大放小，不必也不能事必躬亲。主张臣下有为，则是要求臣下各司其职。这比最初庄子一味强调无为当然更有可操作性。

三

【原文】

昔者舜问于尧曰:"天王之用心何如①?"

尧曰:"吾不敖无告,不废穷民,苦死者,嘉孺子而哀妇人②。此吾所以用心已。"

舜曰:"美则美矣,而未大也。"

尧曰:"然则何如?"

舜曰:"天德而土宁,日月照而四时行,若昼夜之有经,云行而雨施矣③。"

尧曰:"胶胶扰扰乎④!子,天之合也;我,人之合也。"

夫天地者,古之所大也,而黄帝、尧、舜之所共美也。故古之王天下者,奚为哉?天地而已矣。

【注释】

①天王:即天子。②敖:通"傲",傲慢;无告:有苦无处诉说的人;嘉:喜爱。③经:常;施:降落。④胶胶扰扰:麻烦多事。

【译文】

从前舜问尧说:"你治理天下的用心怎么样?"

尧说:"我不怠慢鳏寡孤独等有苦无处诉说的人,不抛弃走投无路的穷苦百姓,哀怜死亡的人,喜爱儿童和怜悯妇女,这些就是我的用心所在。"

舜说:"好是很好,却不是最伟大的。"

尧说:"那要怎么样呢?"

舜说:"(天子的用心)应像天的浑成,地的静,日月的光辉,四时的运行,一切便会像昼夜一样有规律,像云霞升腾雨水降落一样自然。"

尧说:"看来,我自找麻烦,你德可配天,而我只能应付人事。"

天地自古以来最伟大,也是黄帝、尧、舜所一致认为美好的,所以,古时统治天下之人,只不过同天地一样罢了。

品庄悟道

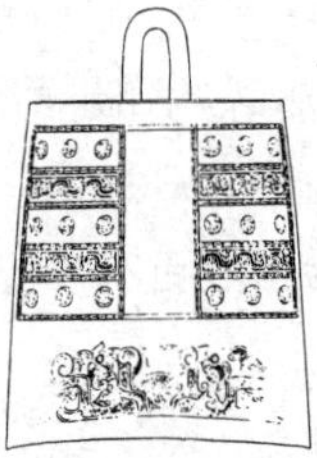

尽人事还要应天命

此节假借尧、舜的对话,说明天道优于人道。有为而尽心人事的尧,却不通晓天道自然的运转,所以不能得到大治,而舜顺应天道自然的发展,则天下运行如常，便成为伟大的天子。再一次提出无为而治的政治理想。

四

【原文】

孔子西藏书于周室。子路谋曰："由闻周之征藏史有老聃者，免而归居，夫子欲藏书，则试往因焉[1]。"孔子曰："善。"

往见老聃，而老聃不许，于是繙十二经以说[2]。老聃中其说，曰[3]："大谩，愿闻其要[4]。"

孔子曰："要在仁义。"

老聃曰："请问仁义，人之性邪？"

孔子曰："然。君子不仁则不成，不义则不生。仁义，真人之性也，又将奚为矣？"

老聃曰："请问何谓仁义？"

孔子曰："中心物恺，兼爱无私，此仁义之情也[5]。"

老聃曰："意，几乎后言[6]！夫兼爱，不亦迂乎！无私焉，乃私也。夫子若欲使天下无失其牧乎[7]？则天地固有常矣，日月固有明矣，星辰固有列矣，禽兽固有群矣，树木固有立矣。夫子亦放德而行[8]，循道而趋，已至矣；又何偈偈乎揭仁义，若击鼓而求亡子焉[9]？意！夫子乱人之性也！"

【注释】

①由：子路名；征藏史：职官名，主管国家

【译文】

孔子想把书保藏到西边的周王室去。子路出主意说："我听说周王室主管国家图书的史官老子，已经被免官回到家乡隐居，先生想要藏书，不妨暂且就经过他家问问意见。"孔子说："好。"

孔子前往拜见老子，老子不答应孔子的要求，孔子于是演绎众多经书反复加以解释。老子中途打断了孔子的解释，说："你说得太冗繁，希望能够听到有关这些书的主旨。"

孔子说："主旨是仁义。"

老子说："请问，仁义是人本性吗？"

孔子说："是的，君子不仁不成为君子，不义不能生存，仁义是人真正的本性。此外，还能有什么呢？"

老子说："请问，什么叫仁义？"

孔子说："内心和平兼爱无私，这才是仁义的实情。"

老子说："噫，这都是不重要的言论！讲兼爱，不也太迂腐了吗？讲无私，已经包含了私。先生果真想使天下不失去治理吗？那么，天地本来就有其常法，日月本来就有其光明，星辰本来就是依序排列的，禽兽本来就是群居的，树木本来就有其生长的地方。先生只要效仿天德而行，遵循天道而进，就已经达到帝王用心

图书；免：免官。②繙（fān）：演绎。③中：打断。④大谩：太冗长、繁杂。⑤物恺（kǎi）：与物和悦。⑥意：通“噫”；后言：次要言论。⑦牧：治理。⑧放德：仿效天德。⑨偈：通“竭”，竭尽全力。

的最高境界了。又何必竭尽全力去提倡仁义，像敲鼓召唤众人帮助寻找丢失的小孩那般心急如焚呢！噫！先生乃是在扰乱人心啊！”

品庄悟道

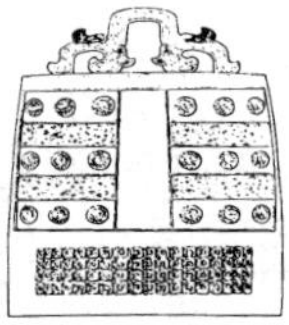

什么叫仁义？

此节通过孔子与老子的对话，借老子之口指出，以孔子为典型所提出的以仁义为主的政治主张是扰乱人性的，因为天地间本来就有自然的秩序，根本用不着人为地去进行干扰。

老子问孔子，“什么叫仁义？”孔子说仁义是人真正的本性，兼爱无私是仁义的实质。而老子则认为孔子所说的仁义不过是扰乱人心，遵循天道而行比仁义更高一筹。

子路

五

【原文】

士成绮见老子而问曰①：“吾闻夫子圣人也，吾固不辞远道而来愿见，百舍重趼而不敢息②。今吾观子，非圣人也。鼠壤有余蔬而弃妹之者，不仁也③！生熟不尽于前，而积敛无崖。”

老子漠然不应。

士成绮明日复见，曰：“昔者吾有刺于子，今吾心正却矣，何故也④？”

老子曰：“夫巧知神圣之人，吾自以为脱焉。昔者子呼我牛也而谓之牛，

【译文】

士成绮见到老子，问道：“我听说先生是一个圣人，所以我才不辞远道而来，希望见到您，一路上长途跋涉，脚底长出了厚厚茧子，也没有止步休息。现在我看先生，算不上是个圣人。鼠洞边有剩余的粮食，如此丢弃不顾，可说是不仁！面前的生熟食品都享受不尽，却还无限地聚敛不止。”

老子十分冷淡，不回答。

士成绮第二天又来见老子，说：“昨

呼我马也而谓之马。苟有其实，人与之名而弗受，再受其殃⑤。吾服也恒服，吾非以服有服。”

士成绮雁行避影，履行遂进而问，“修身若何？”

老子曰：“而容崖然，而目冲然，而颡頯然，而口阚然，而状义然，似系马而止也⑥。动而持，发也机，察而审，知巧而睹于泰，凡以为不信⑦。边竟有人焉，其名为窃⑧。”

【注释】

①士成绮：虚拟人物。②百舍：三千里，形容路途遥远；重趼：层层厚茧。③弃妹：即“弃昧”，不知惜物而弃之。④刺：刺伤，伤害；正却：正在回转，指有所觉悟。⑤名：“不仁”之名。⑥崖然：傲岸；冲然：鼓目突视；颡(sǎng)頯(kuí)然：仰头貌；阚(hǎn)然：出言凶猛。义然：高大貌。⑦泰：骄傲。⑧竟：通“境”。

天我刺伤了你，现在我已经有所觉悟，这是什么缘故呢？”

老子说：“巧智神圣的人，我自以为早已脱离了这种人的行列。过去你叫我牛我就称作牛，叫我马我就称作马。假如存在那样的外形，人们给他‘不仁’之名他却不愿接受，将会第二次受到祸殃的罪过。我顺应外物总是自然而然，我并不是因为要顺应而有所顺应。”

士成绮像雁行一样，侧身避影，一步一步挨上前去，问：“请问修身该怎么办？”

老子说：“你的容貌傲岸不凡，你的眼睛鼓目突出，你的额头宽大高耸，你的嘴巴虚张欲言，你的体型巍峨高大，就像欲奔跑的马，只是因为被绳索系住才暂时止步。你一旦动起来，像利箭一样迅速，你能细察事物却又过于挑剔，运用智巧，表现出骄傲的样子，所有这些，都与自然之性不符。假若边境有人像这样子，就叫盗窃。”

品庄悟道

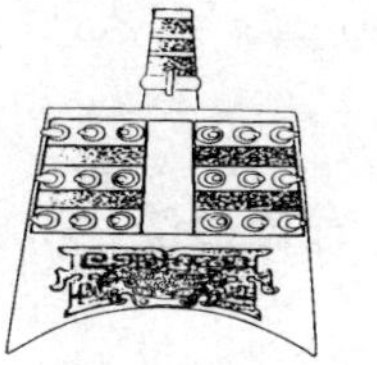

士成绮为何前倨后卑？

文中的老子，浑浑噩噩，对于士成绮的毁誉“漠然无应”，不言一词，一副“吾服也恒服、吾非以服有服”的态度。但是到了第二天士成绮亲自来谢罪。这是为什么呢？

难不成真的沉默是金吗？明显的庄子在此处揭示了得道者与未得道者的区别，得道者，处变不惊，宠辱皆忘；未得道者，内心浮躁，聪明而傲慢。正因为如此，士成绮在指责完老子以后幡然悔悟，第二天便去请教。

这在现实中也是一样的，有些人遭人诽谤、辱骂不强辩不生气不发怒却会让人产生一种油然的敬佩感。这种人也许就是庄子说的得道者吧。

六

【原文】

夫子曰[①]："夫道，于大不终，于小不遗，故万物备[②]。广广乎其无不容也，渊渊乎其不可测也[③]。形德仁义，神之末也，非至人孰能定之！夫至人有世，不亦大乎[④]？而不足以为之累。天下奋棅而不与之偕，审乎无假而不与利迁，极物之真，能守其本，故外天地，遗万物，而神未尝有所困也[⑤]。通乎道，合乎德，退仁义，宾礼乐，至人之心有所定矣[⑥]。"

【注释】

①夫子：指老子。②终：穷尽；遗：遗漏。③广广乎：广大貌；渊渊乎：深远貌。④有世：拥有天下。⑤棅：权柄；假：凭借；极：究底。⑥宾：通"摈"，摒弃。

【译文】

先生说："道，从大的方面说它无穷无尽，从小的方面说它无所遗漏，所以说存在于万物之中。广大啊，道没有什么不包容，深远啊，道不可以探测。推行刑罚德化与仁义，这是精神衰败的表现，不是道德修养高尚的"至人"谁能判定它！道德修养高尚的"至人"一旦拥有天下，不是很伟大吗？却不足成为他的负担，天下人争权势，他不与之为伍，他深知（有道之人）无所凭借，因为不为外物所动，他探究事物根源但维护它的本性，所以忘怀天地，遗忘万物，精神未受困扰，能通于道，合于德，疏退礼义，摒弃礼乐，至人心便安定了。"

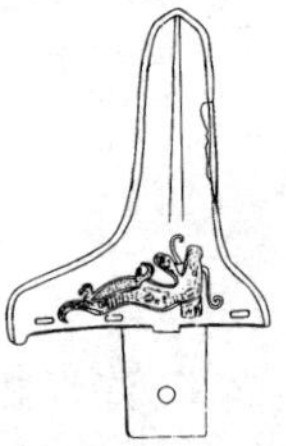

品庄悟道

道与得道者

此节，庄子把玄乎又玄的"道"和"得道之人"，用清晰的概念讲了出来。"道"是包容一切事物的，其"于大不终，小于不遗，故万物备"。得"道"之人——"至人"对什么权势、名利、仁义、礼乐等等，一切都不放在心上，洒脱地忘掉一切。

七

【原文】

世之所贵道者，书也。书不过语，语有贵也。语之所贵者，意也，意有所随。意之所随者，不可言传也，而世因贵言传书①。世虽贵之，我犹不足贵也，为其贵非其贵也。故视而可见者，形与色也；听而可闻者，名与声也②。悲夫！世人以形色名声为足以得彼之情③！夫形色名声，果不足以得彼之情，则知者不言，言者不知，而世岂识之哉？

【注释】

①贵言：珍视语言；传书：传授书册。②名：语言。③情：实情，实质。

【译文】

世人所尊崇的大道，都是从书本记载那里来的。书上记录的不过是语言文字，语言文字有值得珍视的地方。语言之所以受重视，是因为语言表达了某种意思，意思有所依附。意思所依附的东西，是难以用语言传达出来的。世人却珍视语言而传授书籍。虽然世人珍视语言，我却认为不值得珍视，因为他们所珍视的语言并非真正值得重视。所以说用眼睛可以看见的，是物体的形状和颜色；用耳朵能听得见的是名声。悲哀呀，世人认为仅靠外在的形色名声就足以获得大道的实质！从那些形色名声中的确领悟不了道的实质，那么，领悟了大道的人不用语言表达，用语言表达的人其实没有悟得大道，这个道理凡人哪里能理解得了呀？

品庄悟道

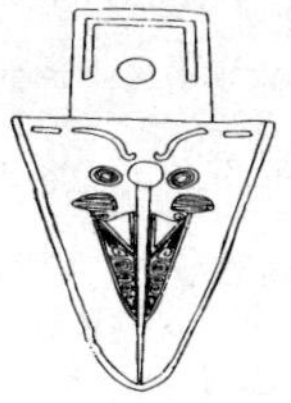

大道不言

此处讲“大道不言”，也就是：真正深邃高深的道理，无法用语言去领悟。

口头的语言和书面的文字是用以表达主体心理感受的。人类发明了语言，并据此发明了文字，本来都以准确表述意义为目标，但实际上言和意之间总有大小不等的差距，从这一角度上说，任何人都面临着词不达意的窘境，大哲学家、大文学家也不例外。“此中有真意，欲辩已忘言”、“常恨言语浅，不如人意深”，说的就是这种现象。到了魏晋时期，玄学家的重要论题中有所谓的“言意之辨”，其中一种观点就是“言不尽意”，大体上是从这里获得启发。

八

【原文】

桓公读书于堂上①。轮扁斫轮于堂下，释椎凿而上，问桓公曰②："敢问，公之所读者何言邪？"

公曰："圣人之言也。"

曰："圣人在乎？"

公曰："已死矣。"

曰："然则君之所读者，古人之糟魄已夫③！"

桓公曰："寡人读书，轮人安得议乎！有说则可，无说则死。"

轮扁曰："臣也以臣之事观之。斫轮，徐则甘而不固，疾则苦而不入④。不徐不疾，得之于手而应于心，口不能言，有数存焉于其间。臣不能以喻臣之子，臣之子亦不能受之于臣，是以行年七十而老斫轮⑤。古之人与其不可传也死矣，然则君之所读者，古人之糟魄已夫！"

【注释】

①桓公：齐桓公，春秋五霸之一。②轮扁：做车轮的木匠；斫(zhuó)：砍削；释：放下；椎、凿：皆为木匠工具。③糟魄：即糟粕。④甘：松滑；苦：紧涩。⑤喻：明白告诉。

【译文】

齐桓公坐在堂上读书，轮扁在堂下砍削木材来制作车轮。他放下椎和凿，上堂来问齐桓公说："请问，主公所读的是何人的言论？"

齐桓公说："是圣人之言。"

轮扁又问："圣人还在吗？"

齐桓公说："圣人已经死了。"

轮扁说："那么您所读的，不过是古人的糟粕罢了。"

齐桓公说："寡人读书，造轮的人岂能随便议论！说出个道理也就罢了，说不出个道理来就得去死。"

轮扁说："我用我所从事的工作观察到这个道理。砍削车轮，动作慢了松滑而不坚固，动作快了紧涩而不入木。不慢不快，手上顺利而且应和于心，口里虽然不能言说，却有技巧存在其间。我不能明白地告诉我的儿子其中的奥妙，我的儿子也不能从我这儿接受这一奥妙的技巧，所以我活了七十岁如今老了还在砍削车轮。古时候的人跟他们不可言传的道理一块儿死亡了，那么国君所读的书，正是古人的糟粕啊！"

品庄悟道

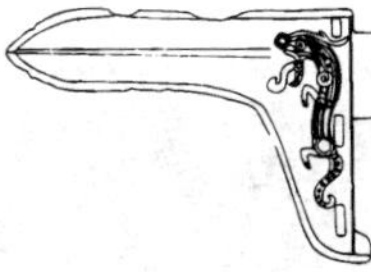

真传一句话，假传万卷书

我国古代有很多手工技术，基本上是采用口耳相传的，当然那时也会有书本上有记载的技艺，可是往往从书本上得不得真正的精髓所在。所以，古人相信“真传一句话，假传万卷书”。

此节通过“轮扁斫轮”的寓言和相关论述，意在说明世人在修“道”过程中所犯的通病：过分地相信乃至拘泥于书本等文献。

庄子认为，书本上所记载的都是古人的糟粕。古人的精华在言外之意，只可意会，不可言传，古人一死，其精华也就随之而逝，其留下的文字记载唯有糟粕。此言，有一定的现实意义，因为有的文献确有糟粕存在，我们阅读、利用时，确需小心谨慎，否则会中毒。而且我们在生活学习工作中，经常会得出不少的心得，而这种心得，书上是没有的，这样的心得，如果有别人告诉你再能够心领神会，那么往往会事半功倍。

【集评】

宣颖《南华经解·天道》：“轮扁”一段文法，乃《檀弓》《考工》之绝佳者，住法最为悠然。

陆西星《南华真经副墨·天道》：此篇言帝王之道，以天地为宗，以道德为主，以自然为用，以虚静、恬淡、寂寞、无为为道之本；本在于上，末在于下，要在于君，详在于臣，皆极醇无疵之语。《庄子·天道》篇辞理俱到，有蔚然之文，浩然之气，苍然之光，学者更当熟读。

刘凤苞《南华雪心编·天道》：此篇以虚静无为浑括天道、帝道、圣道，而揭其本体之精微。从无为勘出有为，乃不涉于空虚寂灭；复从有为归到无为，乃不滞于形色名声。《天地》篇只重无为，是从源头上说道；(天道)篇兼言有为，是因原以竟委，仍由委以溯原，可见庄子并非扫却有为，致落玄门窠臼也。

天运

【导读】

本篇的主题仍是讲自然之道的，但它与前几篇不同的是，这里首次从发展变化的角度来认识宇宙万物的规律，把内篇中所阐述的玄妙的道，拉近了与社会生活的距离，具有实践性的内涵。

但是，庄子把从黄帝到夏商周期间的社会发展，说成是一代不如一代，说明庄子有复古思想，这一点不可取，这也与文章的发展观点有所冲突。

在“孔子西游于卫”一段，为了说明“无方之传”与“应物而不穷”的道理，庄子杜撰了“桔槔俯仰随人”“猿狙衣周公之服”等寓言故事，寓意深刻，形象鲜明，具有很高的艺术价值。

一

【原文】

“天其运乎？地其处乎[1]？日月其争于所乎[2]？孰主张是[3]？孰维纲是[4]？孰居无事推而行是？意者其有机缄而不得已邪[5]？意者其运转而不能自止邪？云者为雨乎？雨者为云乎？孰隆施是[6]？孰居无事淫乐而劝是[7]？风起北方，一西一东，有上彷徨，孰嘘吸是？孰居无事而披拂是[8]？敢问何故？”

巫咸祒曰[9]：“来！吾语女。天有六极五常，帝王顺之则治，逆之则凶[10]。

【译文】

天是自己在运转吗？地是自己在静止不动吗？太阳和月亮是自己在争夺运行的轨道吗？是谁主宰着而如此安排呢？是谁维持着纲纪而使它们成为这个样子呢？是谁闲居无事推动着它们运行呢？或者是有机关控制着它们而不得已为之？或者是它们运转不息而不能自制？云是为了雨吗？雨是因为云吗？由谁布云施雨？是谁闲居无事而助长云雨翻腾？风起北方，忽西忽东，在空中飘忽不定，由谁

九洛之事，治成德备，监照下土，天下戴之，此谓上皇[11]。”

【注释】

①处：静止。②所：轨道。③主张：主宰。④维纲：维持纲纪。⑤意者：或者。⑥隆：兴。⑦淫乐：指云雨翻腾。⑧披拂：扇动。⑨巫咸祒：虚拟人物。⑩六极五常：六极即六合，指四方及上、下；五常即五行。⑪九洛之事：九州聚落之事。

呼吸？是谁闲居无事而扇动？请问这都是因为什么缘故？

巫咸祒说：“过来，我对你讲。天有六极和五常，帝王如顺着它，国家就得到治理，如逆它而行就会天下大乱。九州聚落之事，治理成功而备德，光照人间，天下百姓拥护爱戴，这就是上皇的大治。”

品庄悟道

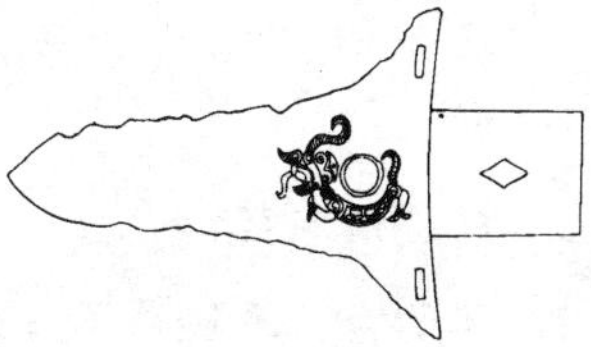

天有六极五常

在道家的眼中，混沌的天可以抽象成人形。此处从天地、日月、风雨的变化运动，归结出天有六极五常变化的作用。这其中包含了天体运行以及自然循环的现象，具有一定的自然科学的萌芽。

在很大的程度上说，意识形态的不同起源于对宇宙的不同态度。大略言之，宗教产生于人对宇宙的敬畏，文学产生于人对宇宙的好奇，哲学则是人对宇宙怀疑的产物。宗教把主体定位于臣服者；文学把主体定位于感性的征服者，例如神话；哲学把主体定位于理性的解释者，例如道家。道家作为我国古代最为自觉的哲学流派，对宇宙有明确的意识，缕述道家观念为主的《淮南子·齐俗训》对宇宙就有切中肯綮的解释：“往古来今曰宙，四方上下曰宇。”

由于条件的限制，庄子对宇宙的探索只能围绕感官所能知觉的天、地、日、月、风、雨等天文地理变化现象展开。日升月落，风起云涌，云聚雨飞，都让我们的哲人浮想联翩。庄子的疑问，涉及宇宙运动的支配力问题、惯性问题、相互影响问题。

庄子让巫充当答疑者，是由巫的职业特点所决定的。巫本是以沟通人神为使命的准宗教职业者，这实际上是把释疑的希望寄托于彼岸世界。巫以五行生克理论答之，仍然是以此岸世界的知识为依据，所以说庄子是一个哲学家，而不是宗教家。

二

【原文】

商大宰荡问仁于庄子①。庄子曰："虎狼，仁也。"

曰："何谓也？"

庄子曰："父子相亲，何为不仁？"

曰："请问至仁。"

庄子曰："至仁无亲②。"

大宰曰："荡闻之，无亲则不爱，不爱则不孝。谓至仁不孝，可乎？"

庄子曰："不然。夫至仁尚矣，孝固不足以言之。此非过孝之言也，不及孝之言也。夫南行者至于郢，北面而不见冥山，是何也③？则去之远也。故曰："以敬孝易，以爱孝难；以爱孝易，以忘亲难；忘亲易，使亲忘我难；使亲忘我易，兼忘天下难；兼忘天下易，使天下兼忘我难。夫德遗尧舜而不为也，利泽施于万世，天下莫知也，岂直大息而言仁孝乎哉？夫孝悌仁义，忠信贞廉，此皆自勉以役其德者也，不足多也④。故曰，至贵，国爵并焉；至富，国财并焉；至愿，名誉并焉。是以道不渝⑤。"

【注释】

①商大宰荡：商，宋承殷后，故商即宋国；大宰：官号，字荡。②至仁无亲：即至仁无

【译文】

商大宰荡就"仁"的问题请教庄子。庄子说："虎狼就是仁。"

大宰荡说："为什么这样讲？"

庄子说："父子相亲爱，怎么能说不仁？"

大宰荡说："请问什么是'至仁'呢？"

庄子说："'至仁'就是无所谓亲爱。"

大宰荡说："我听说，无所谓亲就不会爱人，不爱人就是不孝。那么说'至仁'是不孝，可以吗？"

庄子说："不是这样。仁的最高境界高尚呀，孝本来就不足以说明至仁的境界。这不是至仁超过了孝的意思，而是说至仁和孝两不相干。往南走的人到了楚地的郢城，向北边看是看不见冥山的，这是什么原因呢？因为距离冥山越发的远了。所以说，用恭敬的态度来行孝容易，以爱的本心来行孝困难；用爱的本心来行孝容易，用虚静淡泊的态度对待双亲困难；虚静淡泊地对待双亲容易，使双亲也能虚静淡泊地对待自己困难；使双亲虚静淡泊地对待自己容易，能一并虚静淡泊地对待天下人困难；一并虚静淡泊地对待天下之人容易，使天下之人能一并忘却自我困难。德遗忘了尧舜，尧舜方能无为而治，泽及万世而天下不知，难道需要深深慨叹而大谈仁孝吗？孝悌仁义、忠信贞廉，这些都是用

私，谓至仁者一视同仁，无所偏爱。③郢：战国时楚国首都，故址在今湖北省；冥山：在今河南境内。④役其德：役劳其德；不足多：不值得赞扬。⑤渝：变化。

来自勉而劳役真性的，不值得推崇。所以说，最尊贵的，一国的爵位都可以弃之不顾；最富有的，一国的财货都可以弃之不顾；最显荣的，任何名誉都可以弃之不顾。因此，大道是永恒不变的。”

品庄悟道

至仁无亲

关于“仁”，宋国太宰荡认为，仁和亲情、孝道是一致的；而庄子则不以为然，他认为社会上所讲的仁义、忠信、孝悌、贞廉等伦理道德规范都是人为的，与“天道”背道而驰的。若想达到“至仁”即自然之道的最高境界，必须做到一个“忘”字：忘却外物，忘却人间至亲之情，忘却一切，乃至忘却自己。

仁是儒家学说的核心，孔于对仁的解释是“爱人”。孔子的仁爱在“君君臣臣父父子子”序列覆盖下必然有等差问题，即有爱就有所不爱，这个毛病就连墨家也看不过去，于是墨子特意提出“兼爱”加以对抗。对于庄子来说，仁爱这种情感是人为提倡的东西，属于天然人性的赘疣，在必除之列。所以，庄子故意把人才会产生的仁爱说成是虎狼也能产生的情感，用动物的自然性否定了仁爱的社会性，其目的是把仁纳入道的范畴，所谓“至仁无亲”就是明证。

孝是家庭中小辈对长辈，尤其是子女对父母之间的天然亲和情感，属于血缘爱范畴，所以儒家把孝作为仁的内涵之一。庄子认为仁和孝一样，其最高境界是一个“忘”字。这在哲学领域里是说得通的，但在人际关系中却不可行、如果人连自己的亲人都不爱，当然也就说不上对天下人的爱。如果人人都不爱他人，那就只有爱自己，结果肯定不是庄子所追求的无知无觉的纯朴，而是利己主义肆虐。包括孝在内的仁原则，与老庄的道共同构成了中国传统思想的两翼，缺一不可。

三

【原文】

北门成问于黄帝曰[1]："帝张咸池之乐于洞庭之野，吾始闻之惧，复闻之怠，卒闻之而惑[2]；荡荡默默，乃不自得[3]。"

帝曰："汝殆其然哉！吾奏之以人，徵之以天，行之以礼义，建之以太清[4]。（夫至乐者，先应之以人事，顺之以天理，行之以五德，应之以自然，然后调理四时，太和万物。）四时迭起，万物循生；一盛一衰，文武伦经[5]；一清一浊，阴阳调和，流光其声；蛰虫始作，吾惊之以雷霆[6]。其卒无尾，其始无首；一死一生，一偾一起；所常无穷，而一不可待[7]。汝故惧也。

"吾又奏之以阴阳之和，烛之以日月之明[8]。其声能短能长，能柔能刚；变化齐一，不主故常；在谷满谷，在阬满阬[9]；涂郤守神，以物为量[10]。其声挥绰，其名高明。是故鬼神守其幽，日月星辰行其纪[11]。吾止之于有穷，流之于无止。予欲虑之而不能知也，望之而不能见也，逐之而不能及也；傥然立于四虚之道，倚于槁梧而吟[12]。目知穷乎所欲见，力屈乎所欲逐，吾既不及已夫！

【译文】

北门成问黄帝："你在广漠的原野上纵情演奏《咸池》乐曲，我开始听到时感到惊惧，再听到时，就感到心情松弛，精神愉悦，听到最后时却又感到迷惑了，觉得神情恍惚，无知无觉，心神不宁，不知所措。"

黄帝说："恐怕就是这样吧！我从人情世故着手来演奏乐曲，引证于自然现象，乐曲的内容表现了礼义，且以天道为本。最美妙最高贵的乐曲，总是用人情来顺应，用天理来因循，用五德来推演，用自然来应合，然后方才调理于四季的序列，跟天地万物同和。四季更迭，循环往复，万物生生灭灭；一盛一衰，一文一武，更替不息。一清一浊，阴阳调和，声音与光相交流。蛰伏的小虫刚刚要振作，我以雷霆之声惊奋它；这乐章终了之时不见结尾，开始之时没有源头，一死一生，一跃一起，变幻无穷，结果如何完全不可期待，所以，你感到恐惧。

"我又演奏阴阳调和，照以日月之光。乐声可短可长，能柔能刚；变化有致，不守成章；充盈广宇，无所不在；约制多欲之心智，凝守静寂之精神，以自然为度量。乐声悠扬，高亢明快。因而鬼神居守于阴暗的角落，日月星辰循序运行。我时而把乐声停留在一定的境界里，而乐声的寓意却流播在无穷无尽的天地中。我想思考它却不能知晓，我观望它却不能看见，我追赶它却总不

形充空虚，乃至委蛇⑬。汝委蛇，故怠。

“吾又奏之以无怠之声，调之以自然之命。故若混逐丛生，林乐而无形⑭；布挥而不曳，幽昏而无声⑮。动于无方，居于窈冥；或谓之死，或谓之生，或谓之实，或谓之荣；行流散徙，不主常声⑯。世疑之，稽于圣人。圣也者，达于情而遂于命也。天机不张而五官皆备，此之谓天乐，无言而心说⑰。故有焱氏为之颂曰⑱：‘听之不闻其声，视之不见其形，充满天地，苞裹六极’。汝欲听之而无接焉，而故惑也。

“乐也者，始于惧，惧故祟；吾又次之以怠，怠故遁⑲；卒之于惑，惑故愚⑳；愚故道，道可载而与之俱也。”

【注释】

①北门成：人名，黄帝之臣。②《咸池》：古乐章名；洞庭之野：指广漠的原野。③荡荡默默：精神涣散，心情黯淡。④太清：天道。⑤文武伦经：文谓发生，武指肃杀，“伦经”即经纶，次序。⑥蛰虫：冬眠之虫。⑦一不可待：皆不可待。⑧烛：照。⑨阬：即“坑”。⑩涂：塞。⑪纪：轨道。⑫四虚：四处虚空无际；槁梧：几案。⑬委蛇(yí)：随着音乐而动。⑭林乐：丛林地籁之声。⑮布挥而不曳：挥动四时，布散万物，各得其所，非所牵曳。⑯行流散徙：形容乐律节奏的演进推移变化。⑰不张：指不活动；说：通“悦”，喜悦。⑱焱：通“炎”；有炎氏：神农氏。⑲遁：心情放松，消除恐惧。⑳愚：恍然自失，有若无知。

能赶上；只得无心地伫立在四处虚空无际的大道，依着几案吟咏。目光和智慧困窘于一心想要见到的事物，力气竭尽于一心想要追求的东西。我早已经赶不上了啊！形体充盈却又好像不复存在，方才能够随着音乐而动。你随着音乐而动，因此惊恐不安的情绪慢慢平息下来。

“我又以使心情放松来演奏，以自然的节律来调和，所以乐声好像生物浑然相逐，丛杂并生，有如地籁之声，不见行迹。播散张扬而不牵曳，余音缭绕至幽远而不可闻。乐声发动并无方所，处于暗昧。或称它已消逝，或称它正兴起，或说它为结果，或说它为开花。乐曲演进推移，舞蹈分合进退，不拘泥旧式老套。世人疑惑，可以求验于圣人。所谓圣，就是通达事理而顺应于自然。自然的枢机没有活动而五官俱全，这就可以称之为出自本然的乐声，犹如没有说话却心里喜悦。所以有炎氏为它颂扬说：‘用耳听听不到声音，用眼看看不见形迹，充满于大地，包容了六极。’你想听却无法衔接连贯，所以你到最后终于迷惑不解。

“这样的乐章，初听时从惶惶不安的境态开始，因为恐惧而认为是祸患；我接着又演奏了使人心境松缓的乐曲，因为松缓而渐渐消除恐惧；乐声最后在迷惑不解中终结，因迷惑不解进而变得茫然无知，浑然不觉；茫然无知、浑然不觉的心态就接近大道，接近大道就可以借此而与大道相通，没有任何阻碍。”

品庄悟道

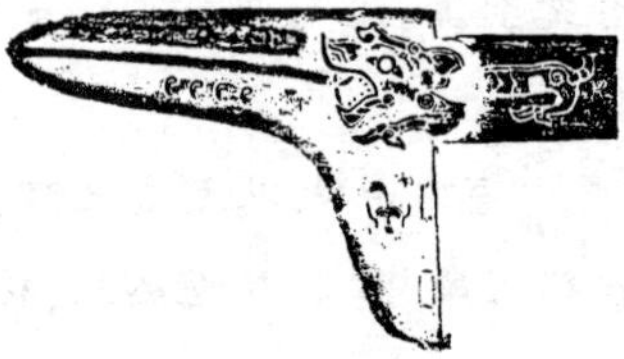

乐为心声

庄子此处，写《咸池》之乐，实为了“借乐以明道”。借北门成在听音乐过程中出现的心境变化，即惧（惧怕，恐惧）、怠（精神懈怠、松弛）、惑（迷惘），其实就是修“道”过程中出现的三种境界。不过，这个故事也可以理解，随着心境的不同，弹奏者会弹奏出不同的音乐，听者会领悟到不同的意境。

高超的弹奏者，都是用心灵去弹奏的，而且不光是弹奏者，所有的科学家、艺术家……只要是加进去自己的心血，其技艺必然会高人一筹。

所以说，“乐为心声”也是一种道。

四

【原文】

孔子西游于卫。颜渊问师金曰[①]：“以夫子之行为奚如？”

师金曰：“惜乎，而夫子其穷哉！”

颜渊曰：“何也？”

师金曰：“夫刍狗之未陈也，盛以箧衍，巾以文绣，尸祝斋戒以将之[②]。及其已陈也，行者践其首脊，苏者取而爨之而已[③]；将复取而盛以箧衍，巾以文绣，游居寝卧其下，彼不得梦，必且数眯焉[④]。今而夫子，亦取先王已陈刍狗，聚弟子游居寝卧其下。故伐树于宋，削迹于卫，穷于商周，是非其梦邪？围于陈蔡之间，七日不火食，死生相与邻，是非其眯邪？

【译文】

孔子往西到卫国去游说，颜渊向师金问道：“你认为我的老师此次出行将会怎么样？”

师金说：“可怜啊，你的老师将要遭受困厄！”

颜渊说：“为什么这样说呢？”

师金说：“祭祀之物即用草扎成的狗还没有陈列的时候，都是用竹篮盛着，用刺有图案的巾盖着，巫师们斋戒沐浴后来送它。待到祭祀之物已经摆放妥当，祭祀完毕了，行人踏着祭物而过，打柴的樵夫把它拿来烧火做饭，如此而已。这时如果有人还要把这祭物取来用竹篮盛着，用绣花巾盖着，游走安卧都舍不得离开它，这人就是不做恶梦，也会一次又一次地感受到梦魇

"夫水行莫如用舟，而陆行莫如用车。以舟之可行于水也，而求推之于陆，则没世不行寻常⑤。古今非水陆与？周鲁非舟车与？今蕲行周于鲁，是犹推舟于陆也，劳而无功，身必有殃。彼未知夫无方之传，应物而不穷者也⑥。

"且子独不见夫桔槔者乎⑦？引之则俯，舍之则仰。彼，人之所引，非引人者也，故俯仰而不得罪于人。故夫三皇五帝之礼义法度，不矜于同而矜于治⑧。故譬三皇五帝之礼义法度，其犹柤梨橘柚邪⑨！其味相反而皆可于口。

"故礼义法度者，应时而变者也。今取猿狙而衣以周公之服，彼必龁啮挽裂，尽去而后慊⑩。观古今之异，犹猿狙之异乎周公也。故西施病心而矉其里，其里之丑人见之而美之，归亦捧心而矉其里⑪。其里之富人见之，坚闭门而不出，贫人见之，挈妻子而去走。彼知矉美而不知矉之所以美。惜乎，而夫子其穷哉！"

【注释】

①师金：鲁国太师，名金。②刍狗：用草扎成的狗，于祭祀时用；箧(qiè)衍：竹箱；巾：覆盖；将：送。③爨(cuàn)：烧火做饭。④眯：梦魇。⑤寻常：长度单位，8尺为寻，2寻为常。⑥无方之传：不拘泥于方向的传递。⑦桔槔(gāo)：汲水的工

似的压抑。如今你的先生，也是在取法先王已经用于祭祀的草扎之狗，并聚集众多弟子游乐居处于他的身边。所以，你先生在宋国遭到伐树的屈辱，在卫国游说而被禁止居留，在殷地和东周游历遭到困厄，这不就是那样的恶梦吗？在陈国和蔡国之间遭到围困，整整七天没有能生火就食，让死和生成了近邻，这不又是那压得喘不过气来的梦魇吗？

"水上通行莫过于用船，陆地上行走莫过于用车。因为船能在水上运行，而把它推到陆地上行走，那一辈子也走不了多远。古和今不就像水和陆地吗？周和鲁不就像船和车吗？现在试图将周代的制度推行到鲁国去，就像行船于陆地上，劳而无力，自身还要遭殃。他不懂得能够应变自然，可以四通八达。

"况且，你没有看见过汲水的桔槔吗？牵引它就往下降，放开手它就朝上仰。那吊杆，它是被人所牵引，并不是牵引人的，所以或俯或仰均不得罪人。因此，远古三皇五帝时代的礼仪法度，不贵于古今相同，而贵于能使天下太平。打个比方说，三皇五帝时代的礼仪法度，就好像山楂、梨、橘、柚四种水果！它们的味道彼此不同却都很可口。

"所以，礼义法度是顺应时代的变化而不断变化的。现在如果让猿猴穿上周公的衣服，它一定会咬破扯碎，全部丢弃而后快。观察古今的差异，就像猿猴不同于周公。从前西施心口疼痛而皱着眉头在邻里间行走，邻里的一个丑女人看见了认为皱着眉头很美，回去后也在邻里间捂着胸口皱着眉头。邻里的有钱人看见了，紧闭家门而不出；贫穷的人看见了，带着妻儿子女远远地跑开了。那

具。⑧矜：珍重。⑨柤：山楂。⑩猿(yuán)狙(jū)：不同的猴子；龁(hé)啮(niè)：咬；挽裂：扯破；慊(qiè)：满意。⑪矉：通“颦”，皱眉。

个丑女人只知道皱着眉头好看却不知道皱着眉头好看的原因。可惜呀，你的先生一定会遭遇厄运啊！”

品庄悟道

毓秀堂画传·西施

丑妇效颦

此处借师金之口说明礼义法度应根据时势的不同而适时地变化，讥讽孔丘之徒无视时间、地点等客观条件的限制，顽固地推行周朝所谓的古代礼法，犹如丑妇效颦、推舟船于陆地一样可笑，如同把“先王已陈刍狗”当作珍品供奉一样迂腐，结果必然招致“劳而无功，身必有殃”的严重恶果。

其实不光是“丑妇效颦”，不管在什么情况下，学习别人一定不要只是模仿别人的样子，而要做到领会其中的内涵意义。

五

【原文】

孔子行年五十有一而不闻道，乃南之沛见老聃[①]。老聃曰：“子来乎？吾闻子，北方之贤者也，子亦得道乎？”

孔子曰：“未得也。”

老子曰：“子恶乎求之哉？”

曰：“吾求之于度数，五年而未得也[②]。”

老子曰：“子又恶乎求之哉？”

曰：“吾求之于阴阳，十有二年而未得。”

【译文】

孔子活到五十一岁而没有体悟大道，就往南去到沛地拜见老子。老子说：“先生来了？我听说先生是北方的贤者，先生体悟大道了吗？”

孔子说：“没有体悟。”

老子接着问：“你是怎样寻找和追求的呢？”

孔子说：“我从制度条款方面着手去寻求它，但我苦苦寻求五年却并未得到。”

老子曰："然。使道而可献，则人莫不献之于其君；使道而可进，则人莫不进之于其亲；使道而可以告人，则人莫不告其兄弟；使道而可以与人，则人莫不与其子孙。然而不可者，无佗也，中无主而不止，外无正而不行③。由中出者，不受于外，圣人不出；由外入者，无主于中，圣人不隐④。名，公器也，不可多取⑤。仁义，先王之蘧庐也，止可以一宿，而不可久处，觏而多责⑥。

"古之至人，假道于仁，托宿于义，以游逍遥之虚，食于苟简之田，立于不贷之圃⑦。逍遥，无为也；苟简，易养也；不贷，无出也⑧。古者谓是采真之游⑨。

"以富为是者，不能让禄；以显为是者，不能让名；亲权者，不能与人柄。操之则栗，舍之则悲，而一无所鉴，以窥其所不休者，是天之戮民也⑩。怨、恩、取、与、谏、教、生、杀，八者，正之器也，唯循大变无所湮者为能用之⑪。故曰："正者，正也。其心以为不然者，天门弗开矣⑫。"

【注释】

①行年：经年；南之沛：往南去到沛。②度数：制度礼数。③中无主而不止：道，非自家体悟，故留不住。④不隐：不藏，不接纳。⑤公器：众所公用的东西。⑥蘧(qú)庐：草屋；觏(gòu)：见，显示。⑦假：借；苟简：简单。⑧无出：不损害自己，不利于他人。⑨采

老子又问："你又是怎样去寻求这些呢？"

孔子说："我从阴阳的变化中去寻求它，如今已十二年了，可还是没有得到它。"

老子说："是的。假使道可以奉献，人臣没有不奉献给君主的；假使道可以进贡，人们没有不进贡给双亲的；假使道可以告诉人，人们没有不告诉兄弟的；假使道可以给予人，人们没有不给予子孙的。然而这些都是不可能的，这没有其他别的原因，而是自己内心没有体悟，道无法留在心中，与外界不能沟通而无法推行。出自于内心体悟，却不为外界接受，圣人便不昭示。由外入内，却与内心体悟不合，圣人便不接纳。名誉，乃众所公用之物，不可多取。仁义，乃先王之草屋，只可住一宿，而不可久居，将仁义昭示于人，会招来众多责难。

"古时候的至人，借道于仁，托宿于义，而遨游于逍遥的境界。生活在简易的处境，立身在不施与的境界。逍遥，就不刻意去做；简易，就易于养身；不施与，就不会为利他人而损害自己。古时候称这种境界叫作采拾本真的遨游。

"认为富足是好事的人，不会让人利禄；把追求显赫看作正确的人，不会让人名声；迷恋权势的人，不会授人权柄。掌握了利禄、名声和权势便唯恐丧失而整日战栗不安，而放弃上述东西又会悲苦不堪，而且心中全无一点明察，眼睛只盯住自己所无休止追逐的东西，这样的人只能算是受到上天惩罚的罪人。怨恨、恩惠、获取、施与、谏诤、教化、生存、杀戮，这八种做法全是用来端正他

真之游：采拾本真的遨游，指体察大道之旅。⑩天之戮民：受到上天惩罚的罪人。⑪大变：自然变化。⑫天门：天机之门，即“心”。

人的工具，只有遵循自然的变化而无所阻塞滞留的人才能够运用它。所以说，所谓正，就是使人端正。内心里认为不是这样，那么天机之门就永远不可能打开。”

品庄悟道

追逐名利者不能得道

此处，说明追求权力和名利的人是不可能获得“大道”的，只有无为、忘我之人才可得道。法家、儒家、阴阳家所宣扬的“度数”“仁义”“阴阳”等学说都不符合“大道”，然而，如果能遵循“大道”的变化规律，那么，仁、义、怨、思、取、与，谏、教、生、杀等都是可以利用的，显然，这种道家主张反映了它与其他学派间相互渗透的事实。

六

【原文】

孔子见老聃而语仁义。老聃曰：“夫播穅眯目，则天地四方易位矣①；蚊虻噆肤，则通昔不寐矣②。夫仁义憯然，乃愤吾心，乱莫大焉③。吾子使天下无失其朴，吾子亦放风而动，总德而立矣，又奚杰杰然，若负建鼓而求亡子者邪④？夫鹄不日浴而白，乌不日黔而黑⑤。黑白之朴，不足以为辩，名誉之观，不足以为广⑥。泉涸，鱼相与处于陆，相呴以湿，相濡以沫，不若相忘于江湖⑦。”

孔子见老聃归，三日不谈。弟子问曰：“夫子见老聃，亦将何规哉⑧？”

【译文】

孔子见到老子就谈论仁义。老子说：“簸糠时糠皮进入眼睛，天地四周看起来就好像颠倒了；蚊子、虻叮咬皮肤，也会让人整夜无法入眠，仁义毒害人心，其祸乱没有比这更大的了。你如果让天下人不至于丧失其质朴的一面，你就可以随风而行，执德而阙，又何必急切地宣扬仁义，就如同敲着大鼓去寻找逃跑的人呢？鹤不天天洗也洁白，乌鸦不天天染黑也乌黑。黑白的本质，不足以争辩；名誉的外观，不足以张扬，泉水干了，鱼儿都处在陆地上，相互吹着气来润湿，相互用唾沫来湿润，不如在江湖里相互忘却。”

孔子曰："吾乃今于是乎见龙！龙，合而成体，散而成章，乘云气而养乎阴阳。予口张而不能嗋，予又何规老聃哉[9]！"

子贡曰："然则人固有尸居而龙见，雷声而渊默，发动如天地者乎[10]？赐亦可得而观乎？"遂以孔子声见老聃。

老聃方将倨堂而应微，曰[11]："予年运而往矣[12]，子将何以戒我乎？"

子贡曰："夫三王五帝之治天下不同，其系声名一也。而先生独以为非圣人，如何哉？"

老聃曰："小子少进[13]！子何以谓不同？"

对曰："尧授舜，舜授禹，禹用力而汤用兵，文王顺纣而不敢逆，武王逆纣而不肯顺，故曰不同。"

老聃曰："小子少进！余语汝三皇五帝之治天下。黄帝之治天下，使民心一，民有其亲死不哭而民不非也[14]。尧之治天下，使民心亲，民有为其亲杀其杀而民不非也[15]。舜之治天下，使民心竞，民孕妇十月生子，子生五月而能言，不至乎孩而始谁，则人始有夭矣。禹之治天下，使民心变，人有心而兵有顺，杀盗非杀，人自为种而天下耳，是以天下大骇，儒墨皆起[16]。其作始有伦，而今乎妇女，何言哉！余语汝，三皇五帝之治天下，名曰治之，而乱莫甚焉。三皇之知，上悖日月之明，

孔子拜见老子回来，三天不讲话。弟子问道："先生见到老子，有什么规谏吗？"

孔子说："我如今竟然见到了龙！龙，合起来是一个整体，散开来又成为华美的文采，乘驾云气而翱翔于阴阳之间。我张着口不能合拢，还能对老子有什么规谏呢！"

子贡说："这样看来，人本来就是寂静如尸体而神游似龙，声如雷霆而缄默如渊，发动起来如天地般玄妙吧？我也可以看到吗？"于是以孔子弟子的名义去见老子。

老子正伸着腿在堂上坐着，轻声说："我老了，你有什么指教？"

子贡说："三皇五帝治理天下的方法不同，却都有很高很高的声望，只有先生认为他们不是圣人，为什么呢？"

老子说："年轻人，你稍稍近前些！你凭什么说他们有所不同呢？"

子贡回答："尧传位给舜，舜又传给禹，禹全力治水而汤却用尽心机征伐，文王顺从商纣王不敢违抗，而武王违逆商纣王不肯顺从，因此说他们各不相同。"

老子说："年轻人，你再稍微靠前些！我告诉你三皇五帝的治理天下。黄帝治理天下，使民心纯一，有人死了亲人不哭而人们不非议他。尧治理天下，是民心亲近亲人，人们疏远那些亲缘远的人而不会被非议。舜治理天下，使民心相争，孕妇十月生子，婴儿五个月就能说话，还不会笑就能识别人，于是人开始有短命的。

下睽山川之精，中堕四时之施⑰。其知憯于蛎虿之尾，鲜规之兽，莫淂安其性命之情者，而犹自以为圣人，不可耻乎，其无耻也⑱？”

子贡蹴蹴然立不安。

【注释】

①穣：通“穰”。②嗜(zǎn)：叮咬。③憯(cǎn)：通“惨”，毒害；愤：混乱。④放：仿效；总：持，拿；杰杰然：用力貌；建鼓：大鼓。⑤黔(qián)：染黑。⑥朴：本质；观：外观。⑦呴(xū)：吹气。⑧规：谏。⑨噜(xié)：闭合。⑩尸居：像死尸一样安静而居。⑪倨：通“踞”，伸腿坐着。⑫年运而往：年迈，老迈。⑬少进：即稍微靠前些。⑭一：纯一，淳朴。⑮亲：敬爱双亲，亲近亲人；杀其杀：疏远那些亲缘远的人。⑯心变：心生机智诈伪；自为种：为自身利益而结成团伙。⑰睽(kuí)：违背；堕：毁坏。⑱蛎(lì)虿(chài)：蝎类毒虫；鲜规：很小的样子。⑲蹴(cù)蹴然：惊恐不安状。

夏禹治理天下，使百姓心怀变诈，人人存有机变之心因而动刀动枪成了理所当然之事，杀死盗贼不算杀人，人们各自为自身利益而结成团伙肆意于天下，所以天下大受惊扰，儒家、墨家都纷纷而起。他们刚开始时还讲道理，可是如今如同妇女，还有什么可言呢！我告诉你。三皇五帝治理天下，名义上叫作治理，而扰乱人性和真情没有什么比他们更严重的了。三皇的心智就只是，对上而言遮掩了日月的光明，对下而言违背了山川的精粹，就中而言毁坏了四时的推移。他们的心智比蝎子之尾还惨毒，就连小小的兽类，也不可能使本性和真情获得安宁，可是还自以为是圣人。是不认为可耻吗，还是不知道可耻呢？”

子贡听了惊惶不定，心神不安地站着。

品庄悟道

捐弃“仁义”

此处借孔子与老子的对话，对“仁义”的罪行进行了揭露，指出“仁义”不仅戕害人性，使之失去自然之性；而且扰乱社会，以致“三皇五帝之治天下，名曰治之，而乱莫甚焉”。因此，要想使人保持自然之性，让社会发展顺遂自然而无为，就必须捐弃“仁义”。当然此说有偏颇之处，但是那种隐藏真实，或者以仁义为遮羞布而进行罪恶的“仁义”，是千万要不得的，必须捐弃。

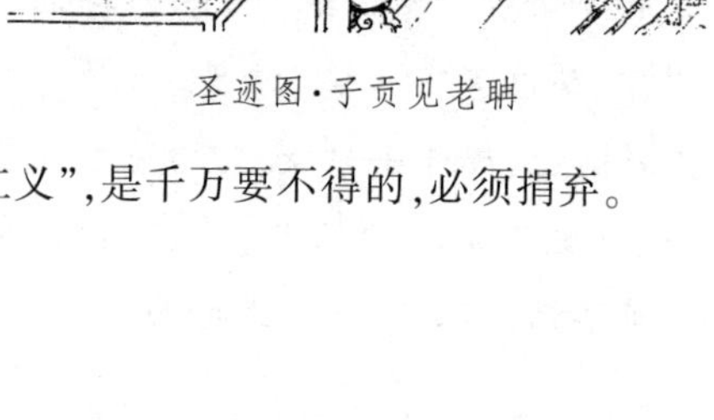

圣迹图·子贡见老聃

七

【原文】

孔子谓老聃曰："丘治《诗》《书》《礼》《乐》《易》《春秋》六经，自以为久矣，孰知其故矣①。以奸者七十二君，论先王之道而明周召之迹，一君无所钩用②。甚矣夫！人之难说也，道之难明邪？"

老子曰："幸矣，子之不遇治世之君也！夫六经，先王之陈迹也，岂其所以迹哉！今子之所言，犹迹也。夫迹，履之所出，而迹岂履哉？夫白鶂之相视，眸子不运而风化③；虫，雄鸣于上风，雌应于下风而风化；类自为雌雄，故风化。性不可易，命不可变，时不可止，道不可壅④。苟得于道，无自而不可；失焉者，无自而可。"

孔子不出三月，复见曰："丘得之矣。乌鹊孺，鱼傅沫，细要者化，有弟而兄啼⑤。久矣夫丘不与化为人⑥！不与化为人，安能化人！"

老子曰："可。丘得之矣！"

【注释】

①孰：通"熟"，熟悉。②奸：求，进；周召：指周公和召公，皆为西周初年重臣；钩：取。③白鶂(yì)：鶂通"鹢"，水鸟的一种；风：此处为交配；化：怀孕生育。④壅：堵塞，闭塞。⑤孺：孵化而生；傅沫：以口沫相育；细要：要通"腰"，指细腰蜂；有弟而兄啼：兄恐有弟而失去父母之爱，故啼哭。⑥与化为人：与造化为友。

【译文】

孔子对老子说："我研究《诗》《书》《礼》《乐》《易》《春秋》六经，自以为研习已久，熟知其精神，用来进见七十二位君主，论先王之道，阐明周公和召公的业绩，但没有一个君主采纳。太过分了！是这些人难以说服呢，还是道难以阐明呢？"

老子说："幸运啊，先生没遇到治世的明君！那六部经典，都是先王的陈迹，哪里是他们形迹的根本啊！如今先生所谈论的，都像足迹。足迹，是脚踩出来的，而足迹难道就是脚吗？白鶂相互而视，眼珠一动也不动便可交配而孕；虫，雄的在上方鸣叫，雌的在下方相应而交配生子；同一种类而自身具备雌雄两性，不待交合而生子。本性不可改变，天命不可变更，时光不会停留，大道不会堵塞。假如真正得道，无论去到哪里都不会受到阻遏；失道的人，无论去到哪里都是此路不通。"

孔子听了，不再出门，三个月后再见老子，说："我得道了。乌鸦、喜鹊孵化而生，鱼类以口沫相育，细腰蜂化育桑蚕而为己子，有了弟弟，哥哥便因怕失去父母之爱而啼哭。很久了，我不能与造化为友。不能与造化为友，又怎能去化人呢？"

老子说："可以了，孔丘得道了。"

品庄悟道

与造化为友

此处主要描述了孔子接受老子的教诲而终于悟得“道”的过程。借老子之口，指出“六经”只不过是先王的陈迹，已经过时了，因此，孔子虽为之而奔劳一生，最终仍徒劳无功。认为只有掌握了顺时而变的“大道”，方可达到无所不通的理想境界。

儒家讲教化，前提是自身的常识与伦理修养要至少达到君子级别——要是达到圣人的高度那就再好不过了。道家讲化人，前提是自身能随物变化，实际上是要主体顺遂自然，并不在学识上下功夫。儒道虽然不同，但是与造化为友却是修养和修道的共同法门。

刻　意

【导读】

本篇取篇首二字为题，是一篇论述养神知道的短文，“刻意”即磨砺心志，使之行为高尚的意思。庄子强调恬静无为，贵精守神，纯一不杂，以成就与道合一的“真人”人格。

本篇庄子提出了许多有价值的观点，如顺应自然规律，保持心灵淳朴，静则恬淡无为，动则随顺自然，保持一颗平静的心态，以至达到真人的境界，这对我们今天生活仍有很强的指导意义。

本篇文字不多，篇幅简短，然而文意连贯，观点鲜明，论述精彩，是一篇很漂亮的养生学论文。

一

【原文】

刻意尚行，离世异俗，高论怨诽，为亢而已矣[1]；此山谷之士，非世之人，枯槁赴渊者之所好也[2]。语仁义忠信，恭俭推让，为修而已矣；此平世之士，教诲之人，游居学者之所好也[3]。语大功，立大名，礼君臣，正上下，为治而已矣；此朝廷之士，尊主强国之人，致功并兼者之所好也。就薮泽，处闲旷，钓鱼闲处，无为而已矣[4]；此江湖之士，避世之人，闲暇者之所好也。吹呴呼吸，

【译文】

磨砺意志，行为高尚，超脱世俗，高谈阔论以非议时势，不过是为了显示清高罢了，这是隐居山谷之士，不满现实社会之人，牺牲自我者所喜好的。谈论仁义忠信，恭俭推让，不过是为了修身罢了，这是平时治世之士，从事教育的人，游说和聚徒讲学者所喜好的。谈论大功，建立大名，维护君臣之礼，匡正上下关系，不过是为了治国罢了，这是朝廷之士，尊君强国之人，建功拓疆者所喜好的。走向湖

吐故纳新，熊经鸟申，为寿而已矣⑤；此道引之士，养形之人，彭祖寿考者之所好也。

若夫不刻意而高，无仁义而修，无功名而治，无江海而闲，不道引而寿，无不忘也，无不有也，澹然无极，而众美从之⑥。此天地之道，圣人之德也。

【注释】

①刻意：磨炼意志；亢(kàng)：高，清高。②山谷：指隐居山谷之人；赴渊：投水自杀。③平世：安定社会。④薮(sǒu)泽：湖泊，沼泽；无为：无所为，闲散。⑤熊经鸟申：像熊攀树一样活动经络，像鸟飞翔一样伸展腿脚。⑥众美从之：一切美好东西随之而来。

泽，处身闲旷，悠然垂钓，不过是闲散罢了，这正是闲游江湖的人，逃避世事的人，闲暇的人所喜爱的。呼冷吸暖，吐故纳新，像熊攀树，像鸟展翅，只为延长寿命罢了，这是导引的人，养身的人，像彭祖高寿的人所喜好的。

若不需磨砺心志而自然高洁，不需倡导仁义而自然修身，不需追求功名而天下自然得到治理，不需避居江湖而心境自然闲暇，不需舒活经络气血而自然寿延长久，没有什么不忘于身外，而又没有什么不据于自身。宁寂淡然而且心智从不滞留一方，而一切美好的东西都随之而来。这才是像天地一样的永恒之道，这才是圣人无为的无尚之德。

品庄悟道

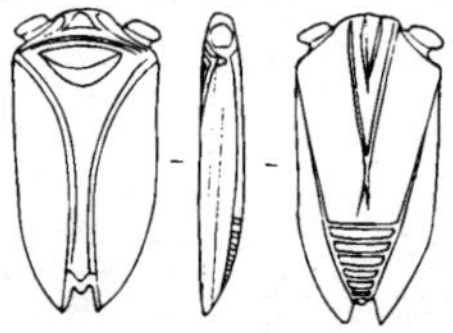

真隐居和假隐居

庄子并不反对隐居，因为隐居就是远离政治，是修道的一种手段，他要反对的是隐士在隐居时装出来的种种“假”，也就是“刻意”。刻意做出来的行为，当然并不是发自内心本性，这就与自然的道南辕北辙。

隐士们“刻意”用意何在？庄子没有说，后代隐士用行动替庄子作了生动的注释。他们常常以隐退为手段，以出仕为目的。为达到目的，隐士总要如庄子说的那样，“刻意尚行，离世异俗，高论怨诽”，以图耸动舆论，创造出高知名度和高美誉度相统一的社会形象。当朝的君主们自然也知道“无道则隐”的道理，为把自身打扮成有道之君，显示自己的治世才能，于是“招隐”就成了“明君”们的必然之举，这类活剧在历史上是代代上演而不衰。“终南捷径”就是因为唐朝的隐者为了出仕，而隐居在首都长安城南的终南山，终南山距长安城很近，所以得名。

隐居不仕，或者以隐求仕，没有太大的差别，只要不是刻意为之那么就是真的隐者，反之则不然。

二

【原文】

故曰，夫恬惔寂漠，虚无无为，此天地之本，而道德之质也[1]。

故曰，圣人休焉，休则平易矣，平易则恬惔矣。平易恬惔，则忧患不能入，邪气不能袭，故其德全而神不亏。

故曰，圣人之生也天行，其死也物化[2]；静而与阴同德，动而与阳同波[3]。不为福先，不为祸始，感而后应，迫而后动，不得已而后起[4]。去知与故，循天之理。故无天灾，无物累，无人非，无鬼责。其生若浮，其死若休。不思虑，不豫谋[5]。光矣而不耀，信矣而不期[6]。其寝不梦，其觉无忧。其神纯粹，其魂不罢[7]。虚无恬惔，乃合天德。

故曰，悲乐者，德之邪也；喜怒者，道之过也；好恶者，德之失也。故心不忧乐，德之至也；一而不变，静之至也；无所于忤，虚之至也[8]；不与物交，惔之至也。无所于逆，粹之至也。

故曰，形劳而不休则弊，精用而不已则劳，劳则竭。水之性，不杂则清，莫动则平；郁闭而不流，

【译文】

所以说，恬淡、寂寞、虚无、无为，这些是天地的本质和道德修养的最高境界。

所以说，圣人总是停驻在这一境域里，停驻于这一境域就能安然无难，安然无难就得恬淡之情。安然恬淡，那么，忧患就不能进入内心，邪气便无法侵袭机体，于是就使德性完整而又使精神饱满。

所以说，圣人在生存时就会随着自然变化而行动，他在死亡后就会随着万物的变化而转化。他静时与地阴同墨守，动时与天阳同流动。行善是得福的先兆，所以不求福报也不行善；作恶是遭祸的开始，所以不受祸害也不作恶。凡事有所感动而后才去应和，有所迫近而后才去运动，万不得已而后兴起。抛弃智巧伪诈，一切顺应自然的常理。所以没有天灾，没有事务的牵累，不会遭到别人的非议，不会受到鬼神的谴责。他生如漂浮，他死如休息。不思考，不谋划。智照日月而不炫耀，信实无差却不预期。他们睡觉时不梦想，他们醒来也没有忧虑。他们精神纯粹，他们魂魄不疲惫。虚无恬淡，才合乎自然的真性。

所以说，悲伤快乐是德行的邪妄；喜悦和愤怒是违背大道的罪过；偏好和厌恶是用心的过失。因此内心不忧不乐，是德行的最高境界；持守专一而没有变化，是寂静的最高境界；不与任何外物相背逆，是虚豁的最高境

亦不能清，天德之象也。

故曰，纯粹而不杂，静一而不变，惔而无为，动而以天行，此养神之道也。

【注释】

①惔：通"淡"，淡然；平：标准，准则；质：本来面目。②天行：随自然而运动；物化：随万物而变化。③同波：合流。④福先：指行善；祸始：指作恶。⑤豫：预先。⑥燿(yào)：通"耀"。⑦罢：通"疲"。⑧忤(wǔ)：背逆。

界；不跟外物交往，是恬淡的最高境界；不与任何事物相违逆，是精粹的最高境界。

所以说，形体劳累而不休息那么就会疲乏不堪，精力使用过度而不止歇那么就会元气劳损，元气劳损就会精力枯竭。水的本性，不混杂就会清澈，不搅动就会平静，郁结不通也就不会纯清，这是自然本质的现象。

所以说，纯粹而不混杂，虚静专一而不变动，恬淡而无为。行动顺乎自然，这就是养神之道。

品庄悟道

心不忧乐，德之至也

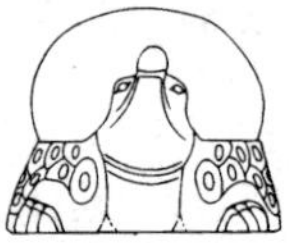

此处，庄子认为，内心不忧不乐，是德行的最高境界。人如果处变不惊，见怪不怪，对于外界的变化处之泰然，那么也算是种得道。只不过庄子列举的论据太过以偏概全。"不求福报，就不去行善；不受祸，也不做恶"等，像这些论据说是说得通的，不过不太现实，人生可是变化难测的，福祸有的时候总是不招自来。

所以心不忧乐，不是因为不去忧乐就可以了，现实生活中，很多人是因为经过了大的忧乐，对于小的忧乐，无动于衷而已。人生总是要经历的，慢慢地长大的，心不忧乐到了一定的年岁，有的人就自然地内敛起来，很难想象一个小孩能够达到庄子所说的道，其实生活中很多事情都需要一个过程，所以说，有的时候运用道家思想顺其自然有何不可？

三

【原文】

夫有干越之剑者，柙而藏之，不敢用也，宝之至也[1]。精神四达并流，无所不极，上际于天，下蟠于地，化育万物，

【译文】

吴越的宝剑，珍藏在匣子里，舍不得使用，珍爱之至。精神流溢四方，无所不至，上达于天，下及于地，化育万物，不可

不可为象，其名为同帝[2]。

纯素之道，惟神是守[3]；守而勿失，与神为一；一之精通，合于天伦[4]。野语有之曰[5]："众人重利，廉士重名，贤人尚志，圣人贵精。"故素也者，谓其无所与杂也；纯也者，谓其不亏其神也。能体纯素，谓之真人。

捉摸，它的功用如同天地。

纯粹素朴之道，唯精神是守；守持精神而不失，与精神合而为一；合一就会精通，也就合于天理。俗语有这样的说法："普通人看重私利，廉洁的人看重名声，贤能的人崇尚志向，圣哲的人重视素朴的精神。"之所以素朴，是说他没有什么混杂；纯粹，是说他精神不亏缺。能体悟纯粹素朴，称之为真人。

【注释】

①干越：即吴越；柙：通"匣"。②四达并流：四通八方，无处不流；际：达；蟠(pán)：及。③纯素之道：本性纯一。④天伦：天理。⑤野语：俗语。

品庄悟道

朴素之道

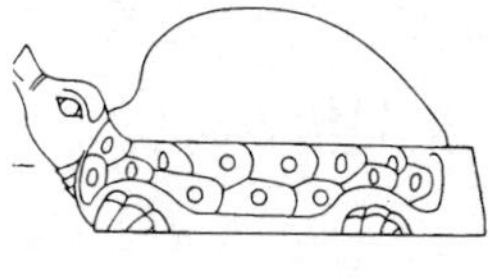

人们珍爱宝剑而藏之于匣，那么宝剑有什么用呢？但是人们如果懂得爱惜自己的精神操守，那么便会流惠四方"上达于天，下及于地，化育万物"。

从这儿我们可以看出，人的精神影响力的大小。历史和现实中，有的人虽然贫苦，可是让我们觉得他很富有；有的人虽然很平凡，但是让人觉得他很伟大。

吾养吾浩然之气，只要坚持自己，贫苦和平凡有什么可害怕的，我想这就是朴素的道。

缮 性

【导读】

本篇取篇首二字为题，篇名与篇中所述内容相吻合，讨论修治本性的问题，主张“以恬养知”。

缮性即修缮保养心性。缮性的榜样是古人，缮性的目标是穷乐无忧。从手段看，原始庄学主张“绝圣弃智”，彻底否定智慧，这里却肯定智慧有滋养心性作用。同时认为，以儒家为主的当时俗学是缮性的障碍，必须加以摒弃。

一

【原文】

缮性于俗学，以求复其初①；滑欲于俗思，以求致其明②；谓之蔽蒙之民③。

古之治道者，以恬养知。知生而无以知为也，谓之以知养恬。知与恬交相养，而和理出其性④。夫德，和也；道，理也。德无不容，仁也；道无不理，义也；义明而物亲，忠也⑤；中纯实而反乎情，乐也；信行容体而顺乎文，礼也⑥。礼乐遍行，则天下乱矣。彼正而蒙己德，德则不冒，冒则物必失其性也⑦。

【注释】

①俗学：世俗之学。②滑(gǔ)：治；俗思：世俗的思想。③蔽蒙：闭塞昏昧。④以恬养知：用恬静来

【译文】

用世俗的学问来修养性情，想恢复人的本性；用世俗的思想来调治欲望，想得到人们思想的明澈。这就叫闭塞昏昧的人。

古时修道的人，是用恬静来涵养心智。心智生成而却不用心智行事，这就叫作用心智涵养恬静。心智与恬静相互涵养，而和顺便在心性中养成。德，就是和；道，就是理。德与一切相容，就是仁；道与一切和顺，就是义；义明而与物相亲，就是忠；内心朴实而归于情，就是乐；行为忠信宽容而顺乎自然，就是礼。礼乐遍行，则天下大乱。人能端正又收敛自己的德行，德行就不会覆盖他人，覆盖他人就必定失去自己的本性。

养心智；交相养：相互涵养。⑤物亲：与物亲近。⑥信行：以信为行，讲信用。⑦冒：覆盖，强加。

品庄悟道

俗学、俗思不能得道

此处一开始，庄子就用“俗学、俗思”者闭塞昏昧，发表自己的看法。庄子处于战国时期，当时，周王朝统治已形同虚设。王纲的松弛，王权的下移，引发了文化下移，由贵族移至民间；生产力的持续提高使阶级裂变速度加快，各阶级的代表人物纷纷提出自身的政治理想。

这就形成了中国文化思想史上千年不遇的百家争鸣时代。所谓争鸣，并非各鸣其音，而是相互交锋。庄子之前，诸家中的儒、墨两家号称“显学”，而儒家就成了墨家的攻击对象。庄子时代，法家也已成气候，这些学派都成了道家的抨击目标，庄子訾之为“俗学、俗思”，就透露出个中消息。从本段文字乃至全书看，庄子抨击最烈的就是势力最大的儒家，其次是讲究刑罚治国的法家，再次是纠缠于概念和实体关系的名家。

二

【原文】

古之人，在混芒之中，与一世而得澹漠焉①。当是时也，阴阳和静，鬼神不扰，四时得节，万物不伤，群生不夭，人虽有知，无所用之，此之谓至一②。当是时也，莫之为而常自然③。

逮德下衰，及燧人、伏羲始为天下，是故顺而不一④。德又下衰，及神农、黄帝始为天下，是故安而不顺。德又下衰，及唐、虞始为天下，兴治化之流，澆淳散朴，离道以善，险德以行，

【译文】

古人生活在混沌芒昧之中，那时的人都平淡无为，互不相求。那时，阴阳安顺宁和，鬼神也不搅扰生活，四季变化遵循着时节而变，万物都不曾受到伤害。芸芸众生没有夭折的现象，人们虽有心智，却无法派上用场，这就称为达到了至高统一的境地。在那个时候，人们无所作为而让万物常常合乎自然规律。

等到道德衰落，到燧人氏、伏羲氏开始治理天下，民心虽然顺从，但已无法返归完美纯一的境地。道德又衰落，到神农

然后去性而从于心[5]。心与心识知，而不足以定天下，然后附之以文，益之以博[6]。文灭质，博溺心，然后民始惑乱，无以反其性情而复其初。

由是观之，世丧道矣，道丧世矣。世与道交相丧也，道之人何由兴乎世，世亦何由兴乎道哉[7]！道无以兴乎世，世无以兴乎道，虽圣人不在山林之中，其德隐矣[8]。

隐，故不自隐。古之所谓隐士者，非伏其身而弗见也，非闭其言而不出也，非藏其知而不发也，时命大谬也[9]。当时命而不行乎天下，则反一无迹[10]；不当时命而大穷乎天下，则深根宁极而待[11]；此存身之道也。

【注释】

①混芒：混沌芒昧状。②至一：与自然完美统一的境界。③常自然：常常合乎自然规律。④燧人、伏羲：皆为传说中远古帝王。⑤唐、虞：即唐尧、虞顺；治化：教化；澆(xiāo)淳：由醇厚而浇灌。⑥识知：窥测对方心思。⑦道之人：圣人。⑧其德隐：圣人之德隐匿，指圣人身在社会而心离人间。⑨伏：隐姓埋名。⑩时命：世运。⑪反一：返归至德纯一。⑫深根宁极：深藏静处。

和黄帝开始治理天下，天下虽然安定，但民心已不顺从。道德继续衰落，到陶唐氏、有虞氏开始治理天下，大兴教化之风，扰乱破坏了淳朴的风气，背道而行，危害道德，然后舍弃天性而顺从心机。心与心相互区别、了解，就不足以安定天下，这样之后就用文饰来附丽，用广博来增益。文饰毁坏了质朴，广博淹没了心灵，这样以后人们就迷惑纷乱，无法返归恬淡的性情，回复自然的初始。

由此观之，世间丧失了自然之道，自然之道丧失了人世。社会和道交相丧失，圣人凭什么能复兴于人世间，人世间又怎么能从自然之道得到振兴呢？道没有办法在人世间兴起，人世间没有办法让道得以振兴，即使圣人不生活在少有人烟的山林之中，他的德行也必将隐匿而不为人知。

隐匿，并非自己刻意隐匿。古代所谓隐士，并非隐姓埋名而不见人，并非封闭自己而不说话，并非藏其智慧而不显示，乃是时代命运大相悖谬啊！当时逢有道之世，自然之道大行于天下，就恬淡自然，不见有为之迹；当时遭无道，德化不行而困厄天下，就深藏自然本性，保持极为宁静的心态，以待时运的到来。这就是保全自身的方法。

品庄悟道

道与儒复古之不同

开辟衍绎通俗志传·神农教民种五谷

道与儒均强调复古，区别在于所崇尚的“古”的时间不一样：儒家的复古，从时代说，是夏商周三代；从帝王上说，是尧、舜、禹、商汤、周文王、周武王，其中又认为是周朝的礼法制度最好，孔子就说过“郁郁乎文哉，吾从周”的话。可以看出，儒家的复古里有进化观的因素。道家的复古最彻底，认为最好的时代即所谓的“至德之世”就是远古洪荒时期。从那以后的社会是一代不如一代。其原因就是后代的文明污染日益加重，这也是庄子猛烈抨击现实的理论底色。

世道日衰，隐居就成了士人的必然选择。庄子以古隐士为楷模，指出隐居以心隐为主要，无论在人间还是山林，都要做到心隐才算得上是真隐，最好的隐居方式是心隐人不隐。天下无道则隐，隐以全身；天下有道亦隐，隐以修德。

三

【原文】

古之存身者，不以辩饰知，不以知穷天下，不以知穷德，危然处其所而反其性已，又何为哉[①]！道固不小行，德固不小识[②]。小识伤德，小行伤道。故曰：正己而已矣。乐全之谓得志[③]。

【译文】

古代保全自身的，不用巧辩文饰智慧，不用智谋令天下人困顿，不用心智来困扰心性，独立自处而返归自然的本性，又何须有所作为！道本来不是小行，德本来不是小识。小识伤德，小行伤道。所以说，匡正自己就可以了。保全内心淳朴的心性就叫得志。

古之所谓得志者，非轩冕之谓也，谓其无以益其乐而已矣④。今之所谓得志者，轩冕之谓也。轩冕在身，非性命也，物之傥来，寄者也⑤。寄之，其来不可圉，其去不可止⑥。故不为轩冕肆志，不为穷约趋俗，其乐彼与此同，故无忧而已矣⑦。今寄去则不乐，由是观之，虽乐，未尝不荒也⑧。故曰，丧己于物，失性于俗者，谓之倒置之民⑨。

【注释】

①危然：独立。②小行：背离大道的世俗之行；小识：俗见，偏见。③乐全：高度完美的愉悦。④轩冕：古代贵人的车服；这里指高官厚禄。⑤傥：偶然。⑥圉(yǔ)：通“御”，抵挡。⑦肆志：放纵心志；穷约：穷迫。⑧荒：通“慌”，心慌意乱。⑨倒置：指黑白颠倒，本末倒置。

古人所说的得志，并非指高官厚禄，他们认为高官厚禄对自己的快乐并没有什么补益。现在世俗之人所说的得志，是专指高官厚禄而言。高官厚禄在身，并非是性命所固有的东西，它是偶然而来的外物，不说寄存在人身而已。像高官厚禄这类寄托之物，它来时不能阻挡，它去时不能挽留。因此，不要为高官厚禄而恣意放纵自己的心志，不要因为穷困窘迫而趋炎附势，身处高官厚禄与穷困窘迫的人的快乐是一样多的，所以不应有忧虑。现在寄附在失去上就不快乐，由此看来，即使是有过快乐，那又何尝不是心灵上的慌乱与担忧呢？因为总担心会失掉高官厚禄。因此，人们由于受世俗的影响而丧失了本性，使人们黑白颠倒、本末倒置。这就叫本末倒置的人。

品庄悟道

怎样修身养性

怎样才能修身养性，达到性命双修呢？缮，修，缮性，也就是修身养性，是此处提出的话题，也是这个篇章的论题。

“缮性”章主要论述了怎样涵养性情，并且涉及修身养性的前提——养身的问题。庄子认为，人的心性是自然生成的，从这一点来说，原本就不存在什么缺损，因此也就根本谈不上所谓的修缮。但是，随着社会发展和历经夏、商诸朝的“治理”，人的道德水平和人性呈现出一个“德又下衰”的趋势，人的本性离开其自然性，犹如脱缰的野马，已到了一个非修缮不可的境地。

但是，在现实缮性的实践中，世俗都以儒学、法家学说所倡导的仁义、礼乐、术数等去修身养性，而这在道家看来恰恰是极其危险的，因为儒、法家学说恰恰是导致本性沦丧和人心败坏的真正罪恶根源。指出通往道德境界的最好方法是：像“古人”那样，把智慧与恬淡交相涵养。

所以要先“存身”，身与性，犹如皮与毛关系，“皮之不存，毛将焉附？”所以，首先要保存本我，否则一切罔谈。有了本我存在的资本以后，才谈“全性”。如何才能保全自己与生俱来的纯朴心性呢？最好的办法是学习古人，做到以智养性，随顺自然，乐而无忧，豁达乐观地去面对生活，如是则有望达到“全性”的境界。这就是道家所提倡的“性命双修”。无疑，这其中有遁世的观点。作为今天的我们，要采纳的就是，注意合理调配，工作重要，身体同样重要。

秋 水

【导读】

本篇以篇首二字“秋水”名篇，其标题并无实质意义。

本篇运用《齐物论》的观点，极力论证万物大小、是非的无限相对性和人生贵贱、荣辱的极端无常性，旨在要人息伪还真，顺应自然，不为追求名位、富贵等而伤害天然本性。庄子把事理的无穷性与人类认识的相对性、宇宙的无限性与具体事物的局限性对照起来分析，显示出他对于绝对与相对、无限与有限的辩证关系的理解有着高度的灵活性，这对于人们突破认识上的局限性，从而领悟到天地宇宙的无限广大性，无疑是很有帮助的。

本篇全文分前后两大部分，前一部分描述海神与河神的对话，总共七问七答，分别就关于多与少的自我判断、时空的无穷性与事物变化的不定性、自然之道的可贵性等作了精细而形象的讨论。

本篇的后一部分，也是分论部分，则是通过看似不相关联的六则寓言故事，分别对总论进行了进一步的形象化诠释。

一

【原文】

秋水时至，百川灌河，泾流之大，两涘渚崖之间不辨牛马[①]。于是焉河伯欣然自喜，以天下之美为尽在己[②]。顺流而东行，至于北海，东面而视，不见水端。于是焉河伯始旋其面目，望洋向若而叹

【译文】

秋雨应时节到来，满山川的水都灌入黄河，河流宽阔汹涌，两岸和沙洲之间浩渺得连牛马都看不清。河神于是乎欣然自喜，以为天下的盛美都聚在自己的身上。顺流向东而行，到了北海，朝东望去，看不到大海的尽头。于是河神方才改变先前洋洋自得的面

曰[3]："野语有之曰，'闻道百，以为莫己若'者，我之谓也。且夫我尝闻少仲尼之闻而轻伯夷之义者，始吾弗信[4]；今我睹子之难穷也，吾非至于子之门，则殆矣，吾长见笑于大方之家[5]。"

北海若曰："井鼃不可以语于海者，拘于虚也[6]；夏虫不可以语于冰者，笃于时也[7]；曲士不可以语于道者，束于教也[8]。今尔出于崖涘，观于大海，乃知尔丑，尔将可与语大理矣。天下之水，莫大于海，万川归之，不知何时止而不盈；尾闾泄之，不知何时已而不虚[9]；春秋不变，水旱不知。此其过江河之流，不可为量数[10]。而吾未尝以此自多者，自以比形于天地而受气于阴阳，吾在于天地之间，犹小石小木之在大山也。方存乎见少，又奚以自多！计四海之在天地之间也，不似礨空之在大泽乎[11]？计中国之在海内，不似稊米之在大仓乎[12]？号物之数谓之万，人处一焉；人卒九州，谷食之所生，舟车之所通，人处一焉[13]；此其比万物也，不似豪末之在于马体乎？五帝之所连，三王之所争，仁人之所忧，任士之所劳，尽此矣！伯夷辞之以为名，仲尼语之以为博，此其自多也；不似尔向之自多于水乎[14]？"

【注释】

①时至：应时令而至；河：黄河；泾

孔，面对着北海神仰首慨叹道："俗语有这样的说法，'听到了上百条道理，便认为天下再没有谁能比得上自己'的，说的就是我这样的人了。而且我还曾听说过孔丘懂得的东西太少、伯夷的高义不值得看重的话语，开始我不敢相信；如今我亲眼看到了您是这样的浩渺博大、无边无际，我要不是因为来到你的门前，真就危险了，我必定会长久地受到得大道的人的耻笑。"

北海神说："井底之蛙不可和它说大海的事，因为它被井底这一狭小空间所局限；只活在夏天的虫不能和它谈论冬天的冰，因为夏虫被时间所局限。孤陋寡闻的乡下人不可和他谈论大道，因为他被所受的教育局限。现在你摆脱了河道的局限，看到了大海，于是认识到你的鄙陋，可以和你谈论大道了。天下的水流，没有比海更大的，所有的河流都注入大海，不知什么时候才会停止，但海水却从不漫溢出来；海水从海底的尾闾泄漏，然而海水却从不减少；无论是春天还是秋天都不会有所变化，无论是水涝还是旱灾都不会有所察觉。大海的容量远远超过江河的水流容量，这是不可用数量来计算的。但我却从不因此而自夸，自认为从天地的恩赐中生成了形体，而又禀受了阴阳之气，我存在于天地之间，就好像大山上的小石头、小树木一样，常常感受着自己的渺小，又哪里会来得及自以为多呢？估计四海在天地之间，不就像蚁穴存在于湖泊大泽之中一样吗？算一下中国在四海之内，不就像一粒米粒在大粮仓中一样吗？人们以"万"来称谓物类的数量，人类只不过是居于这千千万万中

(jīng)流：水流；涘(sì)：河岸；渚：小洲。②河伯：河神。③旋：改变；若：海神。④少：小看，贬低。⑤殆：危险；大方之家：指得大道的人。⑥井鼃(wā)：井底之蛙；虚：通"墟"。⑦笃：限制。⑧曲士：指见识寡少的人。⑨尾闾：排泄海水之处，即海的出口。⑩量数：估计，计算。⑪礨(lěi)空：蚁穴之类，以其小与大泽相对而言。⑫稊(tí)：一种小草。⑬人卒九州：九州之内尽为人居。⑭向：以前，从前。

的一类罢了；人类住满了九州之地，凡谷物可以生长，舟车可以通行的地方，皆有人类居住，每个人也只是众人中的一员；一个人和天地万物相比，不就像一根绒毛末梢在马身上一样微小吗？五帝所筹划的，三王所争夺的，仁人所忧虑的，志士所操劳的，都在这里了。伯夷辞让以谋取声名，仲尼谈论以彰显博学，这样的自我夸耀，不就像你从前自以为黄河水最多一样吗？"

品庄悟道

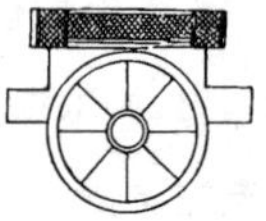

河伯自大引发的思考

秋雨时节浩瀚的黄河成为河伯自满的一个客观原因，还没有见到比黄河更大的海是河伯自满的又一个客观原因。当河伯看到无边的东海后，真诚地向海神坦白了自己原先可笑的自大。

离骚图·河伯

这里讲的是因为见识不够，而局限了认识的范围，显得浅陋的故事，像这样的故事有许多，井底之蛙、盲人摸象等等，而且生活中也有很多活生生的例子：比如做学生的时候，有的人在一个班里面成绩很好，便觉得很了不起，放在学校里面一比可能就落下去好几名，如果在放到区县、省市一比就找不到名次了；还有的人刚刚取得了一些方面的进步就沾沾自喜，觉得自己很了不起了；还有的人在国内很厉害，可是放到国际上一比，就什么也不是了。所以说人千万不要被一地、一时、一事的小范围的认识所局限，人只有不断地突破自我，扩大认识的圈子，才能够不断获得进步，不然就会止步不前，甚至落后。

二

【原文】

河伯曰："然则吾大天地而小豪末，可乎？"

北海若曰："否。夫物量无穷，时无止，分无常，终始无故①。是故大知观于远近，故小而不寡，大而不多，知量无穷②。证曏今故，故遥而不闷，掇而不跂，知时无止③；察乎盈虚，故得而不喜，失而不忧，知分之无常也；明乎坦涂，故生而不说，死而不祸，知终始之不可故也④。计人之所知，不若其所不知；其生之时，不若未生之时；以其至小，求穷其至大之域，是故迷乱而不能自得也⑤。由此观之，又何以知豪末之足以定至细之倪！又何以知天地之足以穷至大之域？"

【注释】

①量：物体的量数；分无常：得失无定；故：通"固"，固定。②大知：指得道的人。③曏(xiàng)：明；故：通"古"；闷：厌倦；跂：求。④涂：通"途"，道路；终始：指死生。⑤至小：这里指人的生命短暂和智慧有限。

【译文】

河神说："那么我以天地为大而以毫末为小，这样可以吗？"

北海神说："不可以。那物体，器量各不相同，千差万别，没有穷尽；时间的流逝也永无止境；贵贱贫富等等一切得与失的分际根本上就没有定准；一切都是变化不定的，没有所谓的开始，也没有所谓的终结。所以有大智慧的人能够观察到事物的远近，因而小的不以为小，大的不以为大，这是因为知道物量无穷的道理。证验并明察古往今来的各种情况，因而寿命久远却不感到厌倦，生命只在近前却不会企求寿延，这是因为知道时间的推移是没有止境的；看清楚事物有盈有虚的规律，因而有所得却不欢欣喜悦，有所失也不悔恨忧愁，这是因为知道得与失的禀性是没有定规的；明了生与死之间犹如一条没有阻隔的平坦大道，因而生于世间不会倍加欢喜，死离人世不觉祸患加身，这是因为知道死与生不会是固定不变的。计量人们所知道的，远没有他所不知道的为多；人生存的时间，远没有他生之前、死之后的时间为长；以人的短暂生命和有限智慧，想要在有生之年穷尽对无限宇宙的认识，这就是人们常常陷入迷惑慌乱而不能充分享受生命之快乐的原因。由此看来，你又怎么可能知道秋毫之末就足以确定为最小的界限？又怎么可能知道天地就足以穷尽最大的范围呢？"

品庄悟道

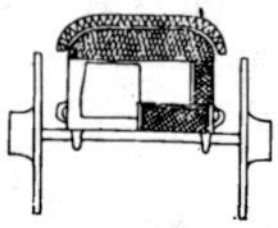

天地为大，毫末为小吗？

通过现代科学知识的学习我们知道，物质可以分到无穷小，而宇宙是无穷大的，所以说天地为小，毫末为大是不准确的。而睿智的庄子在哪个天圆地方的年代，就能够认识到，天地不是最大的，毫末也不是最小的，可见其思想见识非同一般。

当然庄子此处运用的举证是辩证唯物的哲学理论：还有比大更大的，还有比小更小的。换用一句俗语就是“天外有天，人上有人”。只有保持这种见识的人才能够不断向上进取，所以说这种哲学在生活当中不妨多用用。

三

【原文】

河伯曰：“世之议者皆曰：‘至精无形，至大不可围[1]。’是信情乎？”

北海若曰：“夫自细视大者不尽，自大视细者不明。夫精，小之微也；垺，大之殷也[2]；故异便，此势之有也[3]。夫精粗者，期于有形者也[4]；无形者，数之所不能分也；不可围者，数之所不能穷也。可以言论者，物之粗也；可以意致者，物之精也。言之所不能论，意之所不能察致者，不期精粗焉。是故大人之行，不出乎害人，不多仁恩[5]；动不为利，不贱门隶[6]；货财弗争，不多辞让；事焉不借人，不多食乎力，不贱贪污[7]；行殊乎

【译文】

河神说：“世俗中的议论者都说：‘最细小的东西是没有形状的，最大的东西是无法限定范围的。’这是真实情况吗？”

北海神说：“从小的方面去看大的东西，这是看不到尽头的；从大的方面去看小的东西，这是看不分明的。精细之物，这是小物中的小物；巨大之物，这是大物中的大物。所以各物大小不相同却有着自己的相宜之处，这是势态不同的必然现象。所谓精粗，是限于有形的东西；没有形的东西，不能用数来分别；不能限定范围的东西，不能用数来穷尽。可以言辩论说的，是物的粗浅；可以心意致得的，是物的精细；言语所不能谈论，心意所不能致得的，是不限于精粗。所以圣人的行

俗，不多辟异[8]；为在从众，不贱佞谄，世之爵禄不足以为劝，戮耻不足以为辱[9]；知是非之不可为分，细大之不可为倪。闻曰：'道人不闻，至德不得，大人无己'。约分之至也[10]。"

【注释】

①精：细小；围：范围。②垺(fú)：大，宏大；殷：盛。③异便：分辨差异。④期：限。⑤大人：至人、圣人。⑥门隶：家奴。⑦借人：借助别人之力；食乎力：自食其力。⑧辟异：怪癖奇异的行为。⑨戮耻：刑罚、耻辱。⑩约分之至：指把分歧缩小到极点。

动，不会出于对人的伤害，也不会赞许给人以仁慈和恩惠；无论干什么都不是为了私利，也不会轻视家奴。无论什么财物都不去争夺，也不推重谦和与辞让；做事从不借助他人之力，但也不提倡自食其力，同时也不鄙夷贪婪与污秽；行动与世俗不同，但不主张怪癖奇异的行为；行为随俗从众，不做花言巧语的小人。对世上的爵位、利禄不值得去追求，对刑罚、耻辱不值得认为耻辱；知道是非不可划分界限，细微的与庞大的没有划分的标准。听说：'不体察圣人，就得不到最高修养，圣人是忘掉自己的。'各种事物间的差异，几乎到了没有区别的地步。"

品庄悟道

换一个视角看大小

此处，庄子继续运用哲学上的观点来为我们分辨大小，虽然物体大小不同但是却有自己的相宜之处，由此我们还延伸出另外一个哲学上的辩证法，以小为大，以大为小的观念，比如说螺丝钉小吗？没有它，一个大机器就不能运转，火车、飞机、轮船会出事，能说他小吗；泰山虽高大，但是它的组成却是由细微的尘土所堆砌而成的。

四

【原文】

河伯曰："若物之外，若物之内，恶至而倪贵贱[1]？恶至而倪大小？"

北海若曰："以道观之，物无贵

【译文】

河神说："若是在物的外面，物的内面，怎么区分贵贱？怎么区分大小？"

北海神说："用大道来看，万物没有贵贱之分；用万物自身来看，都自以为贵又互相

贱；以物观之，自贵而相贱；以俗观之，贵贱不在己。以差观之，因其所大而大之，则万物莫不大；因其所小而小之，则万物莫不小；知天地之为稊米也，知豪末之为丘山也，则差数睹矣[②]。以功观之，因其所有而有之，则万物莫不有；因其所无而无之，则万物莫不无；知东西之相反而不可以相无，则功分定矣[③]。以趣观之，因其所然而然之，则万物莫不然；因其所非而非之，则万物莫不非；知尧、桀之自然而相非，则趣操睹矣[④]。

“昔者尧、舜让而帝，之、哙让而绝，汤、武争而王，白公争而灭[⑤]。由此观之，争让之礼，尧、桀之行，贵贱有时，未可以为常也。梁丽可以冲城，而不可以窒穴，言殊器也[⑥]。骐骥骅骝一日而驰千里，捕鼠不如狸狌，言殊技也[⑦]。鸱鸺夜撮蚤，察豪末，昼出瞋目而不见丘山，言殊性也[⑧]。故曰，盖师是而无非，师治而无乱乎？是未明天地之理、万物之情者也。是犹师天而无地，师阴而无阳，其不可行明矣。然且语而不舍，非愚则诬也！帝王殊禅，三代殊继。差其时逆其俗者，谓之篡夫；当其时顺其俗者，谓之义之徒。默默乎河伯！女恶知贵贱之门、小大之家[⑨]！”

轻视；用俗人来看，贵贱不由自己。用差别来看，以其自足为大，那么万物没有不大的；以其无余为小，那么万物没有不小的。知晓天地虽大，比起更大的东西来也如小小的米粒，知晓毫毛之末虽小比起更小的东西来也如高大的山丘，而同一物体大小的等差之数也就看得很清楚了。依照事物的功效来看，顺着物体所具有的一面去观察便会认为具有这样的功能，那么万物就没有什么不具有这样的功能；顺着物体所不具有的一面去观察便会认为不具有这样的功能，那么万物就没有什么具有这样的功能；可知东与西的方向对立相反却又不可以相互缺少，而事物的功效与本分便得以确定。从人们对事物的趋向来看，因其对的方面而认为它是对的，则没有一物不是对的。因其错的方面而认为它是错的，则没有一物不是错的。知道尧和舜都自以为正确又相互否定对方，那么就可以看出万物的志向了。

“尧和舜通过禅让而做了帝王，子之和燕王哙却因为禅让而灭亡；商汤和周武王通过争夺而为王，白公胜却因为争夺而丧身。由此看来，争夺和禅让的举措，尧和桀的行为，其好坏效果因时势不同而截然相反，而不是一成不变的。梁栋可以用来撞毁城墙，但却不能用来堵塞小洞，这是说器具的用处不同。像骐骥、骅骝一类的良马，它能一日奔驰千里，但让它捕鼠远不如野猫和黄鼠狼，说明各自的技能不同。猫头鹰夜间能够抓取跳蚤，明察秋毫，但白天出来，瞪着眼睛却看不见大山，说明各自的性能不同。人们总是说：为什么效法正确的而丢掉错误的，效法

【注释】

①若：若是，要么；倪：区分。②差数：差别之尺度分寸。③功分：指事物的功效与本分。④趣操：志向。⑤之、哙让而绝：战国时燕王哙宠信国相子之，燕王想将王位禅让给子之，招致国人不满及内乱，引来外敌，燕国几近灭亡；白公：楚平王之孙，封于白邑，称白公。⑥梁丽：栋梁，大木。⑦骐骥骅骝：四种良马，一般骐骥连称，骅骝连称；狸狌：野猫和黄鼠狼。⑧鸱(chī)鸺(xiū)：猫头鹰；瞋目：睁大眼睛。⑨门：门径，此指有关贵贱的道理；家：家门，此指有关大小的道理。

治理好的而抛弃混乱的呢？这是不明白天地间事物变化的道理，和万物发展的实际情况。这就像是重视天而轻视地、重视阴而轻视阳，那不可行是十分明白的了。然而人们对此仍然坚持己见而不肯停止，这不是愚蠢便是说谎。远古帝王的禅让各不相同，夏、商、周三代的继承也各不一样。不合时代、背逆世俗的人，称他叫篡夺帝位的坏人；顺应时代，迎合社会，就被称为大义之人。沉默下来吧，河伯！你怎么会懂得万物间贵贱的门径和大小的流别！”

品庄悟道

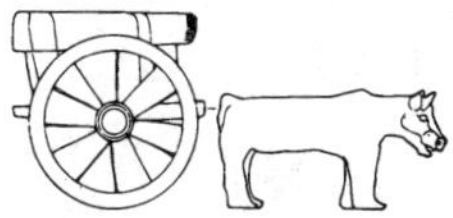

行不通的禅让

此处，庄子由“万物本来没有贵贱”说起，来说明一个事物存在的多个方面，片面地效法以前正确的事情，如果不合时宜就会变得不正确，接着，庄子列举，“尧和舜通过禅让而做了皇帝，子之和燕王哙却因为禅让而灭亡”的故事来证明这个观点。

庄子由此得出的结论是：万物之间的贵贱和大小不是河伯能够分辨得清楚的。这也是告诉我们万物之间存在着变数，以前的做法、制度不对，就得改改，照搬照抄原来的是不行的。

五

【原文】

河伯曰：“然则我何为乎？何不为乎？吾辞受趣舍，吾终奈何①？”

北海若曰：“以道观之，何贵何贱，是谓反衍②；无拘而志，与道大

【译文】

河神说：“既然这样，那么我应该做些什么呢？又应该不做什么呢？我将怎样推辞或接受、趋就或舍弃，我终究将怎么办？”

北海神说：“用大道来看，什么是贵，

塞③。何少何多，是谓谢施④；无一而行，与道参差。严乎若国之有君，其无私德，繇繇乎若祭之有社，其无私福⑤；泛泛乎其若四方之无穷，其无所畛域⑥。兼怀万物，其孰承翼⑦？是谓无方⑧。万物一齐，孰短孰长？道无终始，物有死生，不恃其成；一虚一满，不位乎其形。年不可举，时不可止；消息盈虚，终则有始⑨。是所以语大义之方，论万物之理也。物之生也，若骤若驰，无动而不变，无时而不移⑩。何为乎？何不为乎？夫固将自化⑪"。

【注释】

①辞受趣舍：出处进退；趣：进；舍：退。②反衍：反复。③蹇：妨碍。④谢施：新陈代谢。⑤繇繇乎：庄严肃穆貌。⑥泛泛：如水流漫溢，无所不在；畛域：边界，界限。⑦承翼：受庇护。⑧无方：没有偏向。⑨消息盈虚：消亡、生息、充盈、亏虚。⑩骤：马儿急驰；驰：车马疾行。⑪自化：自行变化。

什么是贱，这称作循环反复；不要拘束你自己的心志，与大道妨碍。什么是少，什么是多，这称作更替延续；不要偏执一方行事，与大道不合。庄重威严得像国君一样，对谁都没有私恩相加；庄严肃穆得像祭灶神一样，不敢为自己祝福；道如流水溢四方，它无所边界。要对万物兼容并包，哪能靠人来庇护？这就是不偏向任何的哪一方面。万物都是一样的，谁是短的谁是长的呢？大道是没有开始与终止的，而万物却有死生的变化，即使一时有所成就，也是不足依赖的。大道在一虚一盈中变化着，没有固定不变的形态。往昔的岁月不可回转，逝去的时间无法挽留。万物在消亡、生息、充盈、亏虚之中，周而复始地变化着。这样也就可以谈论大道的原则，评说万物的道理了。万物的生长，像是马儿急驰像是车马疾行，没有什么举动不在变化，没有什么时刻不在迁移。应该做些什么呢？又应该不做什么呢？一切必定都将自行变化！"

品庄悟道

面对变化应该怎样应对呢？

一个人既要有处变不惊的修养，又要有应对突变的能力。此处，庄子借海神之口，揭示了应付变化的大道。庄子的意思是没有一成不变的事物，那么一切都将是自己会发生变化。所以可以看出庄子对于变化的应对还是奉行无为而治的思想。

但是面对突如其来的变化，处理不好就会遗恨终身，所以，既然事物自己会发生变化就要找好引起事物变化的契合点，以此突破，添加催化剂催化使其向你所要的方向发展。

六

【原文】

河伯曰："然则何贵于道邪？"

北海若曰："知道者必达于理，达于理者必明于权，明于权者不以物害己①。至德者，火弗能热，水弗能溺，寒暑弗能害，禽兽弗能贼②。非谓其薄之也，言察乎安危，宁于祸福，谨于去就，莫之能害也③。故曰：天在内，人在外，德在乎天。知乎人之行，本乎天，位乎得；蹢躅而屈伸，反要而语极④。"

【注释】

①权：应变。②至德者：得道高人。③薄：迫近；宁：安；去：退舍；就：进取。④蹢躅：踌躇，进退不定；反：通"返"，归返。

【译文】

河神说："那么道有什么可贵的吗？"

北海神说："懂得道的人必定通达事理，通达事理的人必定明于应变，明于应变的人不会让外物伤害他。有高尚道德修养的人烈焰不能烧灼他们，洪水不能沉溺他们，严寒酷暑不能侵扰他们，飞禽走兽不能伤害他们。不是说他们迫近水火、寒暑的侵扰和禽兽的伤害而能幸免，而是说他们明察安危，安于困穷、通达，慎处退舍与进取，因而没有什么东西能够伤害他们。所以说：天机蕴藏于内心，人事显露在身外，极高的修养在于顺从自然。明了人的行为，顺从自然，处于自得的环境，进退有度，或屈或伸，随机应变这就是返归于大道的中心来谈论极至的道理。"

品庄悟道

什么叫真正地懂得道？

此处，庄子借河伯之口，阐发了懂道之人的特点：通达事理，明于应变。

对于万物来说唯有"变"才是不变的，所以顺应时势的应变，是必要和必须的，就像庄子的"道"也是变化的，从"不为"和"无为"的思想中加进去了"应变"，虽然庄子的应变是消极的，可是对于道的阐述来说，有了"应变"就更加全面。

七

【原文】

曰:“何谓天?何谓人?”

北海若曰:“牛马四足,是谓天;落马首①,穿牛鼻,是谓人。故曰:无以人灭天,无以故灭命②,无以得殉名③。谨守而勿失,是谓反其真。”

【注释】

①落:通“络”,指套上马笼头。②故灭命:有心毁灭天理。③殉名:为追求名利而丧生。

【译文】

河神说:“什么叫作天然?什么叫作人为?”

北海神说:“像牛马长着四只脚,这就叫天然;像给马套上笼头,给牛鼻穿上缰绳,这就是人为。所以说:‘不要用人为的东西来损害天性,不要有心造作而毁灭天理,不要为追求名利而丧生,谨慎守住这三句话而不失误,这就叫作返归纯真的本性。’”

品庄悟道

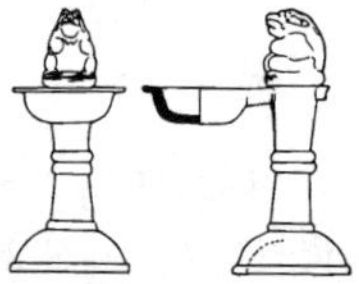

天然和人为有什么区别?

“何谓天?何谓人?”庄子借北海神之口,用人们习见的牛马作比喻,十分形象地回答了这个哲学难题。

庄子认为不要用人为的损害天然的,不要存心去造作,不要追逐名利,这样就能够返回到“天真”的境界。

当然庄子此处讨论的是人性的返璞归真。如果纯粹说到物,天然的和人为的哪个更好是没有办法说清楚的,虽然,现在的人们越来越重视天然食品,越来越喜欢用手工制作的东西,可是哪一件东西少得了人为的加工呢?

八

【原文】

夔怜蚿,蚿怜蛇,蛇怜风,风怜目,

【译文】

夔羡慕蚿,蚿羡慕蛇,蛇羡慕风,风

目怜心①。

夔谓蚿曰："吾以一足趻踔而行，予无如矣②！今子之使万足，独奈何？"

蚿曰："不然。予不见乎唾者乎？喷则大者如珠，小者如雾，杂而下者不可胜数也。今予动吾天机，而不知其所以然③。"

蚿谓蛇曰："吾以众足行，而不及子之无足，何也？"

蛇曰："夫天机之所动，何可易邪？吾安用足哉！"

蛇谓风曰："予动吾脊胁而行，则有似也。今子蓬蓬然起于北海，蓬蓬然入于南海，而似无有，何也④？"

风曰："然。予蓬蓬然起于北海而入于南海也，然而指我则胜我，鳍我亦胜我⑤。虽然，夫折大木、蜚大屋者，唯我能也，故以众小不胜为大胜也⑥。为大胜者，唯圣人能之"。

【注释】

①夔(kuí)怜蚿(xián)：夔：传说中的独角兽；怜：羡慕；蚿：多足虫。②趻(chěn)踔(chuō)：跳着走。③天机：天生机能。④蓬蓬然：风声。⑤鳍(qiū)：足踢。⑥蜚大屋：蜚通"飞"；把大屋子吹得飞上天，掀翻。

羡慕眼睛，眼睛羡慕心思。

夔对蚿说："我只能用一只脚跳着行走，我不如你啊。现在你使用那么多的脚行走，究竟是怎么走法呢？"

蚿说："不对。你没看到吐唾沫的吗？喷出的唾沫大的像珠子，小的像雾，混杂吐出的不能胜数。如今我活动是我天生的机能，也不知道天生的机能为什么这样。"

蚿对蛇说："我用许多只脚行走，却不如你没有脚，为什么呢？"

蛇说："这是天生的机能，哪里可以改变呀？我哪里用得着腿呀？"

蛇对风说："我扭动我的脊背来行走，就好像有腿似的。现在你呼呼地在北海刮起，呼呼地刮到了南海，可是好像没有肢体在动，为什么呢？"

风说："是的。我呼呼地从北海吹到南海。可是，人们用手指随便一戳，就能胜过我，用脚一踢也能胜过我。话虽这么说，吹折大树，掀翻房屋的，也只有我能做得到。所以，我是以众多小的不胜换取到了大胜。取得这样的大胜，是只有圣人才能做得到的。"

品庄悟道

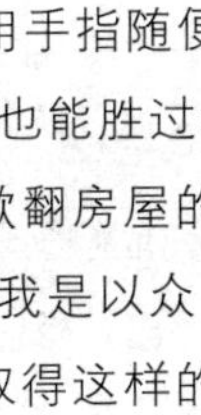

圣人不羡他人

此处，庄子通过夔、蚿、蛇、风、目、心依次钦羡、自叹弗如的拟人化描述，旨在

山海经图·夔

说明万物的本能都是出于自然的，羡慕他人他物固有的机能，抑或想胜过他人他物，既无必要，亦不可能，顺其自然，忘却得失、胜负，就能够以小胜大。以此指出，不羡慕他人、以小胜大是圣人的所为。

其实不光是圣人不羡慕他人，作为平凡的个体的每个人，也要学会不羡慕他人，只有这样才能够不被虚名、利益等所累。

九

【原文】

孔子游于匡，宋人围之数匝，而弦歌不惙①。子路入见，曰："何夫子之娱也？"

孔子曰："来，吾语女！我讳穷久矣，而不免，命也！求通久矣，而不得，时也②！当尧、舜而天下无穷人，非知得也；当桀、纣而天下无通人，非知失也③。时势适然。夫水行不避蛟龙者，渔父之勇也；陆行不避兕虎者，猎夫之勇也④；白刃交于前，视死若生者，烈士之勇也；知穷之有命，知通之有时，临大难而不惧者，圣人之勇也。由，处矣⑤！吾命有所制矣⑥！"

无几何，将甲者进，辞曰⑦："以为阳虎也，故围之⑧；今非也，请辞而退。"

【注释】

①匡：地名，位于宋、卫、郑三国之间；匝(zā)：周；惙：通"辍"，止。②通：通达，顺利。③知失：智慧丧失。④兕：雌性犀牛。⑤由：即子路，

【译文】

孔子周游到匡邑，被卫国人层层围住，但他还是不停地弹琴唱歌。子路入见孔子，说："先生为什么还这样快乐呢？"

孔子说："过来！我给你说。我担忧困窘已经很久了，然而还是不能幸免，这是命运的缘故！我追求通达也已经很久了，然而还是一无所得，这是时势造成的！当时在尧、舜的时代，天下没有困窘失志的人，并非他们的智慧高超；当时在桀、纣的时代，天下没有通达得志的人，并非他们的智慧低下。这都是时势造成的。在水里活动而不躲避蛟龙的，乃是渔夫的勇敢；在陆上活动而不躲避犀牛老虎的，乃是猎人的勇敢；刀剑交错地横于眼前，看待死亡犹如生还的，乃是壮烈之士的勇敢。懂得困厄潦倒乃是命中注定，知道顺利通达乃是时运造成，面临大难而不畏惧的，这就是圣人的勇敢。子路啊，你还是安然处之吧！我命中注定要受到制约啊！"

名由。⑥制：制约，限定。⑦将甲者：持兵器的人。⑧阳虎：原为鲁季孙氏家臣，后篡权把持朝政达三年之久，曾带兵侵犯匡邑，因而被匡人所恨。

过了不大一会儿，持兵器的人进来，道歉说："以为你是阳虎，所以将你围住。现在知道你不是阳虎，请允许我退兵道歉。"

品庄悟道

坦然地面对命运

此处庄子通过孔子及其弟子一行在宋被围的故事，向人们昭示命运是由天道主宰的，并非人力可为，穷通皆听天由命，如此方能化险为夷，生命之树常青。

圣迹图·削迹于卫

"天命论"，大可不信，但是此处可取的就是：坦然面对命运。人无论何时只要坦然面对命运，才不会被命运所征服。

一〇

【原文】

公孙龙问于魏牟曰①："龙少学先王之道，长而明仁义之行；合同异，离坚白；然不然，可不可；困百家之知，穷众口之辩；吾自以为至达已。今吾闻庄子之言，汒焉异之②。不知论之不及与？知之弗若与？今吾无所开吾喙，敢问其方③"。

公子牟隐机大息，仰天而笑曰④："子独不闻夫埳井之鼃乎⑤？谓东海之

【译文】

公孙龙向魏牟问道："我年少的时候学习古代圣王的主张，长大以后懂得了仁义的行为；提出了'合同异，离坚白'、'然不然，可不可'的命题，能够使百家智士困惑不解，能够使众多善辩之口理屈词穷；我自以为是最为通达的了。如今我听了庄子的言谈，感到茫然自失。不知是我的言辩水平比不上他呢，还是我的知识不如他呢？现在我已经没有办法再开口了，冒昧地向你请教

鳖曰：'吾乐与！出跳梁乎井干之上，入休乎缺甃之崖⑥；赴水则接腋持颐，蹶泥则没足灭跗⑦；还虷、蟹与科斗，莫吾能若也⑧！且夫擅一壑之水，而跨跱埳井之乐，此亦至矣⑨。夫子奚不时来入观乎？'东海之鳖左足未入，而右膝已絷矣，于是逡巡而却，告之海曰⑩：'夫千里之远，不足以举其大；千仞之高，不足以极其深。禹之时十年九潦，而水弗为加益⑪；汤之时八年七旱，而崖不为加损。夫不为顷久推移，不以多少进退者，此亦东海之大乐也。'于是埳井之鼃闻之，适适然惊，规规然自失也⑫。

"且夫知不知是非之竟，而犹欲观于庄子之言，是犹使蚊负山，商蚷驰河也，必不胜任矣⑬！且夫知不知论极妙之言，而自适一时之利者，是非埳井之鼃与？且彼方跐黄泉而登大皇，无南无北，奭然四解，沦于不测⑭；无东无西，始于玄冥，反于大通。子乃规规然而求之以察，索之以辩，是直用管窥天，用锥指地也，不亦小乎⑮？子往矣！且子独不闻夫寿陵余子之学行于邯郸与⑯？未得国能，又失其故行矣，直匍匐而归耳。今子不去，将忘子之故，失子之业。"

公孙龙口呿而不合，舌举而不下，乃逸而走⑰。

其中的道理。"

魏牟依靠在几案深深地叹息，然后又仰头朝天笑着说："你不曾听说过那浅井里的青蛙吗？井蛙对东海里的鳖说：'我实在快乐啊！我腾跳玩耍于井口栏杆之上，进到井里便在井壁砖块破损之处休息。跳入水中井水漫入腋下并且托起我的下巴，踏入泥里泥水就盖住了我的脚背，回顾水中的那些蚊子幼虫、小蟹和蝌蚪，没有谁能像我这样的快乐！再说我独占一坑之水、盘踞一口浅井的快乐，这也是极其称心如意的了。你怎么不随时来井里看看呢？'东海之鳖左脚还未能跨入浅井，右膝就已经被绊住。于是小心翼翼地退了出来，把大海的情况告诉给浅井的青蛙，说：'千里的遥远，不足以形容它的大；千仞的高旷，不足于量尽它的深。夏禹时代十年里有九年水淹，而海水不会因此增多；商汤的时代八年里有七年大旱，而岸边的水位不会因此下降。不因为时间的短暂与长久而有所变化，不因为雨量的多少而水位有所升降，这就是东海最大的快乐。'浅井之蛙听了这一席话，惊惧不安，局促不知所措。

"再说你公孙龙的才智还不足以知晓是与非的境界，却还想去察悉庄子的言谈，这就像驱使蚊虫去背负大山，驱使马蚿虫到河水里去奔跑，必定是不能胜任的。而你的智慧不足以通晓极其玄妙的言论，竟自去迎合那些一时之利，这不就像是浅井里的青蛙吗？况且庄子正踏黄泉登苍天，不论南北，释然四散通达无阻，深幽沉寂不可探测；不论东西，起于幽深玄妙之境，返归广阔通达之域。你公孙龙却拘泥浅陋地用察视的办法去

【注释】

①公孙龙：战国时赵人，名家代表人物；魏牟：魏国公子。②汒焉：汒通“茫”；自失貌。③喙(huì)：嘴，口。④隐机：依靠在几案上。⑤埳井：浅井。⑥跳梁：腾跳；井干：井栏；甃(zhòu)：井壁。⑦蹶：踏；跗(fū)：脚背。⑧虷(hán)：蚊子幼虫。⑨跨跱(zhì)：盘踞。⑩絷(zhí)：绊住；逡巡：小心退却貌。⑪潦(liáo)：水淹，指洪水。⑫适适然：惊惧状；规规然：局促状。⑬竟：通“境”；商蚷(jù)：虫名，马蚿。⑭跐(cǐ)：踏；大皇：天；奭(shì)然：释然。⑮子：这里指公孙龙；索：指索求而言。⑯寿陵：燕国地名；邯郸：赵国都城；余子：指少年。⑰呿(qù)：张开；逸：逃跑，逃逸。

探寻它的奥妙，用论辩的言辞去索求它的真谛，这只是用竹管去窥视苍天，用锥子去测量大地，不是太渺小了吗！你还是走吧！而且你就不曾听说过那燕国寿陵的少年到赵国的邯郸去学习走步之事吗？未能学会赵国的本事，又丢掉了他原有的走路的方法，最后只得爬着回去了。现在你还不尽快离开我这里，必将忘掉你原有的本领，而且也必将失去你原有的学业。”

公孙龙听了这一番话张开大口而不能合拢，舌头高高抬起而不能放下，于是快速地逃跑了。

品庄悟道

莫做井底之蛙

此处，庄子设计了一则寓言，借公子牟之口与庄子的老对手公孙龙进行了一番对话，公子牟认为，尽管公孙龙自以为有辩才，与对手较量，无不所向披靡，但如此雕虫小技的公孙龙犹如埳井之蛙般狂妄、无知和浅薄，说明了庄子博大精深的学说，是一般人不可企及的。另外，应该学习的是：无论何时，都不要做井底之蛙，自以为是。

公孙龙

一二

【原文】

庄子钓于濮水，楚王使大夫二人往先焉，曰①：“愿以境内累矣②！”

庄子持竿不顾，曰：“吾闻楚有神

【译文】

庄子在濮水上垂钓。楚威王派了两位大夫先去传达楚王的意思，说：“希望能把楚国政事托付给您！”

龟，死已三千岁矣，王以巾笥而藏之庙堂之上③。此龟者，宁其死为留骨而贵乎？宁其生而曳尾于涂中乎④？”

二大夫曰：“宁生而曳尾涂中。”

庄子曰：“往矣，吾将曳尾于涂中。”

【注释】

①濮水：河名；楚王：楚威王。②累：拖累。③巾笥(sì)：用巾包住竹箱，笥：竹箱。④涂：泥。

庄子守持钓竿，听罢并不回头看，说：“我听说楚国有只神龟，死了三千多年了。楚王把它装进竹箱，用巾包起来珍藏在庙堂上。那只龟，宁愿死了留下骨壳受人尊崇呢，还是宁愿活着在泥泞的路上拖着尾巴爬行呢？”

两个大夫异口同声地说：“它宁愿活着在泥泞的路上拖着尾巴爬行。”

庄子说：“你们走吧！我也宁愿活着在泥泞的路上拖着尾巴爬行。”

品庄悟道

庄子不愿为相

庄子重寓言故事，常以寓言讲明道理。而且行文诡谲，此处即采用请君入瓮的手法，回敬了两位楚王的使者，辞相位不就，表现了庄子对权势的厌恶，阐发了“无以得殉名”的思想。

道家一直以来提倡隐逸不仕，崇尚无拘无束的逍遥自由。所以此处的庄子不愿做相也就没有什么奇怪的了。

一二

【原文】

惠子相梁，庄子往见之①。或谓惠子曰：“庄子来，欲代之相。”于是惠子恐，搜于国中，三日三夜。

庄子往见之，曰：“南方有鸟，其名为鹓鸰②，子知之乎？夫鹓鸰，发于南海而飞于北海；非梧桐不止③，非练实不食④，非醴泉不饮⑤。于是鸱得腐鼠⑥，鹓

【译文】

惠施在梁国做相国，庄子前去拜访他。有人对惠施说：“庄子来了，他是打算取代你的相位。”于是惠施十分惊恐，派人在都城内搜索庄子，搜了三天三夜。

庄子前去见惠施说：“南方有一种鸟，名叫鹓鸰，你知道吗？这种鸟从南海出发，飞往北海，除了梧桐，别的树它是

鹓过之，仰而视之曰：‘吓’！今子欲以子之梁国而吓我邪？”

【注释】

①惠子：即惠施，名家代表，曾为梁惠王相；梁：战国时魏国都城。②鹓(yuān)鹐(chú)：传说中凤凰之类神鸟，庄子以之自喻。③练实：竹实。④醴泉：甘甜泉水。⑤鸱：猫头鹰，喻惠施；腐鼠：喻相位。

不肯栖息的；除了竹实，别的它是不肯吃的；除了甘美的泉水，别的水它是不肯饮用的。它正飞的时候，猫头鹰得到一只腐烂的老鼠，见鹓鹐从头上飞过，仰头发怒说：‘吓！’今天你是否也想用你得到的相位来吓我呢？”

品庄悟道

以小人之心度君子之腹

此处，借惠子相梁说起故事，惠子以小人之心度庄子之腹，庄子以一连串比喻表达其鄙视富贵的态度。但这是虚构的故事，并非真实。惠施与庄子相交极深，被庄子视为旗鼓相当的辩难敌手，惺惺相惜。

故事是虚假的，可是，其情节所寄寓的意味却极其真实而深刻，庄子往见惠子，不过是老友之间一次寻常的拜访。主客尚未见面，惠子身边的小人言说：“庄子来，欲代子相。”挑拨离间，唯恐天下不乱，七个字画出了个活脱脱的小人形象。果然，惠子中计，弄得国中鸡犬不宁。这种小人借助权力制造的祸乱、上演惨剧，其程度令每个时代的人都触目惊心，所引发的惨剧悲案，罄竹难书。

而这些惨剧的背后，不是有小人挑唆，就是因为实施者自己嫉妒，以小人之心揣度。所以说，对于传言，要用正确的态度去听取，且自己对于某件事情的判断，千万不能存在嫉妒等小人之心。

另外，庄子的话全用比喻，以鹓鹐自比，以鸱比惠子，以腐鼠比相位，其余细节，全从这三个比喻中衍生。被庄子用作喻象之后，梧桐、练实、醴泉都成了后世文人习用的高洁意象，此书影响之大，不言可知。

一三

【原文】

庄子与惠子游于濠梁之上①。庄子曰："鯈鱼出游从容，是鱼之乐也②。"

惠子曰："子非鱼，安知鱼之乐？"

庄子曰："子非我，安知我不知鱼之乐？"

惠子曰："我非子，固不知子矣；子固非鱼也，子之不知鱼之乐，全矣③。"

庄子曰："请循其本④。子曰'汝安知鱼乐'云者，既已知吾知之而问我。我知之濠上也。"

【注释】

①濠：水名，在今安徽凤阳县附近；梁：桥。②鯈(tiáo)鱼：白鱼。③全矣：完全如此。④循其本：寻找它的本源。

【译文】

庄子和惠施在濠水的河堰上游玩。庄子说："白鱼从容自得地游出来，这是鱼的快乐。"

惠施说："你不是鱼，怎么知道鱼的快乐？"

庄子说："你不是我，怎么知道我不懂得鱼的快乐？"

惠施说："我不是你，固然不知道你；你本来也不是鱼，那么你不知道鱼的快乐，就是无可辩驳的了。"

庄子说："请从开头的话题说起。你说'你哪儿知道鱼的快乐'，说明你已经知道了我晓得鱼的快乐才来问我的，我是在濠水的河堰知道的。"

品庄悟道

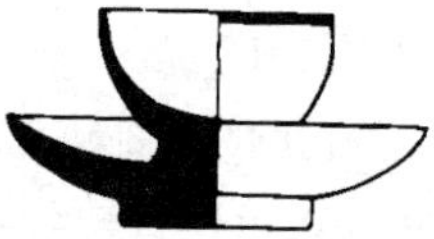

子非鱼，焉知鱼之乐

此处通过庄子与惠施"濠梁观鱼"的故事，形象地说明了道家"物我齐一"的主张。

不过领略了庄子这位辩论才子的辩论风采以后，再看看"子非鱼，焉知鱼之乐"，这句话虽然庄子用诡辩回答了，可是它却有一定的社会现实意义，比如说，城市里的孩子，不了解没有电脑、没有游戏机的农村里的孩子玩什么，当看着农村里的孩子，因为纸飞机便憨憨的笑的时候，他们便迷惑了；还有恋人之间经常以自己的心事揣度对方，以至于过分地干涉对方，到最后不是很累就是闹分手、离婚，等等。其实每个人都有他自己的欢乐，所以应当记住不能以自己的角度揣度他人是否欢乐或者痛苦。

【集评】

褚伯秀《南华真经义海纂微·秋水》：是篇以“秋水”命题，设河伯、海若问答，喻细大精粗之理，明道物功趣之观，各本自然；无贵无贱，成败得失，时适然耳。翻覆辩难，卒归于“无以人灭天，无以故灭命”，则求之性分之内而足，是谓反其真，有非言论意察所可及也。

褚伯秀《南华真经义海纂微·秋水》：自篇首至此，凡六问答，如风驱远浪，渐近渐激，至是而雪涛喷薄，使人应接不暇，须臾澄静，则波光万顷，一碧涵天，人之息伪还真、中扃虚湛者有类于此。

刘凤苞《南华雪心编·秋水》：《秋水》一篇，体大思精，文情恣肆。开端即借河伯、海若一问一答，层层披剥，节节玲珑。……看他从大处落墨，接连七段文字，洋洋洒洒，如海波接天，浪花无际，却只用“反其真”三字，归结通篇，笔力超绝横绝。以下各段，分应“无以人灭天”五句，逐段读之，各尽其妙。尤妙在濠梁观鱼一段，从寓意中显出一片真境，绝顶文心，原只在寻常物理上体会得来。末二句更为透彻圆通，面面俱到。内篇庄化为蝶，蝶化为庄，可以悟《齐物》之旨；外篇子亦知我，我亦知伍，可以得“反真”之义，均属上乘慧业，不能有二之文。

至 乐

【导读】

本篇以首句“天下有至乐无有哉”中的“至乐”二字名篇，主要讨论苦乐和生死等问题，表达了庄子的人生观、生死观。

所谓“至乐”，即至极的快乐、最高的快乐。庄子认为人生最大的快乐可以养活性命，即提出了“至乐活身”的命题。什么叫“至乐活身”呢？庄子就世俗之见展开了论述，并予以否定，最后提出自己的“无为诚乐”“至乐无乐”的结论。这种观点虽有偏颇之处，但其内含的深层次的思考，对探讨养生养性还是很有价值的。

庄子写出“庄子妻死”等三则寓言故事，是要从窥破生死关头处，来晓明至乐在于无为的主旨。“颜渊东之齐”的寓言故事，是要从不以人为损益自然之天趣，来阐明至乐在于无为的主旨。末则寓言故事，是要人从生死转换处，来悟出无为至乐之道。

一

【原文】

天下有至乐无有哉？有可以活身者无有哉[①]？今奚为奚据[②]？奚避奚处？奚就奚去[③]？奚乐奚恶？

夫天下之所尊者，富贵寿善也[④]；所乐者，身安厚味美服好色音声也；所下者，贫贱夭恶也[⑤]；

【译文】

人世间究竟有没有至高无上的快乐呢？有没有养身的方法呢？如果有的话，现在要做出什么又停止做些什么呢？该回避什么又留意什么呢？靠近什么而又舍弃什么呢？喜好什么又厌恶些什么呢？

世上所尊贵的，是富有、高贵、长寿、善名；所喜欢的，是身体的安逸、丰盛的美食、漂亮的

所苦者，身不得安逸，口不得厚味，形不得美服，目不得好色，耳不得音声；若不得者，则大忧以惧。其为形也亦愚哉[6]？

夫富者，苦身疾作，多积财而不得尽用，其为形也亦外矣。夫贵者，夜以继日，思虑善否，其为形也亦疏矣。人之生也，与忧俱生，寿者惛惛，久忧不死，何苦也[7]！其为形也亦远矣。烈士为天下见善矣，未足以活身。吾未知善之诚善邪，诚不善邪？若以为善矣，不足活身；以为不善矣，足以活人。故曰："忠谏不听，蹲循勿争[8]。"故夫子胥争之以残其形，不争，名亦不成[9]。诚有善无有哉？

今俗之所为与其所乐，吾又未知乐之果乐邪，果不乐邪？吾观夫俗之所乐，举群趣者，诶诶然如将不得已，而皆曰乐者，吾未之乐也，亦未之不乐也[10]。果有乐无有哉？吾以无为诚乐矣，又俗之所大苦也。故曰："至乐无乐，至誉无誉。"

天下是非果未可定也。虽然，无为可以定是非。至乐活身，唯无为几存。请尝试言之。天无为以之清，地无为以之宁，故两无为相合，万物皆化。芒乎芴乎，而无从出乎[11]！芴乎芒乎，而无有

衣服、好看的景色、悦耳的声音。所鄙贱的，是贫穷、卑贱、夭折、恶名；所苦恼的，是身体不能得到安逸，口腹不能得到美味，穿不到漂亮衣服，眼睛看不到美好的景色，耳朵听不到悦耳的声音。如果得不到这些，便大为忧惧。这样的养身方法岂不是太愚蠢了吗？

富有这东西，是人累坏身子拼命干活儿积攒起来的，有了很多财富自己却不能用完，这样保养躯体算是真正的外行了。显贵这玩意儿，是人夜以继日地考虑言行妥当与否换来的，这样保养躯体也是得不偿失的。人这一辈子，忧愁是与生俱来如影随形。长寿的人到老了就神志不清，就会长时间担心自己死不掉，何苦来哉！这样保养身躯也是和活身之道相距甚远的。有志于功业的人是被天下人称道的，但这种人为功业牺牲自己的做法是不能作为活身之道的。我不知道所称的善是实在善呢，还是实在不善呢？假如以为善，却不足以存活身命；以为不善，却足以使人存活。所以说："忠诚的劝谏不被采纳，就要退下去，不要力争。"所以伍子胥力争而被残杀，不力争，美名也不会成就。实在有善没有呢？

如今世俗所从事与所欢欣的，我又不知道那快乐果真是快乐呢，或者不是快乐呢？我观察那世俗所欢欣的东西，大家都全力去追求竞争，争奔求取的样子真像是不达目的决不罢休。人人都说这就是最为快乐的事，而我并不看作就是快乐，当然也不认为不是快乐。那么，世上果真有快乐还是没有呢？我认为无为就是真正的快乐，但这又是世俗的人所感到最痛苦和烦恼的。所以说："最大的快乐就是没有快乐，最大的荣誉就是没有荣誉。"

象乎！万物职职，皆从无为殖⑫。故曰天地无为也而无不为也，人也孰能得无为哉！

【注释】

①活身：养身。②据：依据，根据。③就：趋向、靠近。④善：好名声。⑤下：卑贱。⑥为形：保养身体。⑦惛(hūn)惛：神志不清貌。⑧蹲循：退让。⑨子胥：伍子胥。⑩趣：通“趋”；誙(kēng)誙然：形容世俗争奔求取状。⑪芒、芴(wù)：即“恍”、“惚”。⑫职职：繁多貌。

天下的是非确实是不确定的。虽然这样说，“无为”却可以决定是非。最高的快乐是让自己活下来，也只有“无为”才能勉强可以做到这一点。我们不妨试着讨论一下：天正是由于它的无为才得以清虚，地正是由于无为才得以宁静；所以，天和地二者的无为结合起来，万物才都得以化生出来。恍恍惚惚，不知从什么地方而出；惚惚恍恍，没有留下一点迹象！万物繁多，皆从无为的自然中生息。所以说：“天地无为而无不为。”世俗之人谁能够做到无为呢！

品庄悟道

快乐是一生，不快乐也是一生

快乐和痛苦一样，都是人的心理感受。心理感受不会凭空产生，它是主体在客观情境作用下的反应。庄子认为，无为就是最大的快乐，只有无为才能够无忧无虑。

从世俗角度看，快乐在于得到了“富贵寿善”，享受到了“身安厚味美服好色音声”的生活，问题是这些东西常常是处心积虑、流汗甚至流血才能换来的，其过程本身就不快乐。得到后又为可能会失去而忧心忡忡，因而得到后也并不快乐。一句话，世人之乐，常伴忧苦。最好的办法是看淡快乐，同时看淡痛苦，淡到无的地步；只有这样就不会为获得而欣喜，不会为失去而担心，进入最高的快乐境界，庄子管它叫至乐，即至乐无乐。

庄子认为无为就是最大的快乐，只有无为才能无忧无虑，无所惧怕。世俗的人生观是加法，物质享受多多益善；道家的人生观是减法，减到无就是最好的境界，就是优质人生。这是庄子自然哲学所决定的人生哲学：大道无形无言，养孕生成万物却不居其功。人作为道的产物，修养心性的过程就应当是从去欲到无欲的过程。这对物质生活优裕的人是清醒剂，对物质生活困顿的人是安慰剂。

说得俗一点，快乐是一生，不快乐也是一生，这样来看，何不将任何事看淡一些，虽然终生快乐不可能，何不尽量地做到快乐呢？

二

【原文】

庄子妻死，惠子吊之，庄子则方箕踞鼓盆而歌①。惠子曰："与人居，长子老身，死不哭亦足矣，又鼓盆而歌，不亦甚乎②！"

庄子曰："不然。是其始死也，我独何能无概然③！察其始而本无生，非徒无生也而本无形，非徒无形也而本无气。杂乎芒芴之间，变而有气，气变而有形，形变而有生，今又变而之死，是相与为春秋冬夏四时行也。人且偃然寝于巨室，而我噭噭然随而哭之，自以为不通乎命，故止也④。"

【译文】

庄子的妻子死了，惠子前往吊唁。进了灵堂，只见庄子蹲坐着敲着瓦盆唱着歌。惠子说："和你死去的妻子生活了一辈子，人家为你生儿育女，到老了故去，你不哭丧也就罢了，偏又敲着盆哼着歌，不是太过分了吗？"

庄子回答说："不是这样的，当我妻子刚死去的时候，我怎么能不慨叹哀伤呢？然而推究起来，她当初是没有生命的，不仅没有生命也没有形骸，不仅没有形骸而且也没有气息。混杂于恍惚之中，变化而有了气，气变化而有了形体，形体变化而有了生命，如今又变化而去死，这完全与春秋冬夏四时运行一样。人家正安然躺着睡在天地之间，而我却噭噭地跟在身边哭，自以为这样不通天命，所以停止了哭泣。"

【注释】

①箕踞：蹲坐，是一种无礼的坐姿；鼓：敲。②人：指庄子妻；居：生活；长子：生儿育女。③概：通"慨"，感慨，感叹。④偃然：安息状；巨室：指天地之间；噭(jiào)噭：哀哭；止：停止哭泣。

品庄悟道

怎样才算是通天命呢？

此处讲了众人皆知的庄子妻死而"鼓盆而歌"的故事，并指出，生死犹如"春秋冬夏四时"，是自然的变化，无须为之悲伤的"通天命"之举。

可是，反观社会，有几个人做到了真正的通天命了。就比如，别人哭的时候有一个笑，那么这个人不是不正常，就是叛逆。

所以有的时候真性情，也就是“通天命”，往往很难表达出来，所以说“通天命”在理论上是行得通的，可是一旦实施起来，确实是有很大的难度。

所以说无需因为做不到“妻子死而‘鼓盆而歌’”而觉得自己没有通天命，只要能够正确地看待“生死”这个问题就行了。

警世通言·庄子鼓盆成大道

三

【原文】

支离叔与滑介叔观于冥伯之丘、昆仑之虚，黄帝之所休①。俄而柳生其左肘，其意蹶蹶然恶之②。

支离叔曰：“予恶之乎？”滑介叔曰：“亡，予何恶③！生者，假借也；假之而生生者，尘垢也。死生为昼夜。且吾与子观化而化及我，我又何恶焉④！”

【注释】

①支离叔、滑介叔：皆为虚构的人物，含有忘形去智之意；虚：同“墟”。②柳：通“瘤”；蹶(jué)蹶然：受惊状。③亡：否。④化：天地万物的变化。

【译文】

支离叔和滑介叔在冥伯的山丘上和昆仑的虚无之所里游乐观赏，那里曾是黄帝休息的地方。不一会儿，滑介叔的左肘上长出了一个瘤子，他感到十分惊动不安并且厌恶这东西。

支离叔说：“你讨厌这东西吗？”滑介叔说：“不，我怎么会讨厌它！具有生命的形体，不过是借助外物凑合而成；一切假借他物而生成的东西，就像是灰土微粒一时间的聚合和积累。人的死与生也就犹如白天与黑夜交替运行一样。况且我跟你一道观察天地万物的变化，如今这变化来到了我身上，我又怎么会讨厌它呢！”

品庄悟道

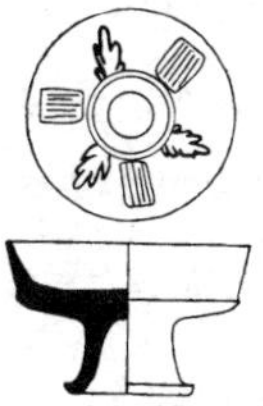

生老病死人之常情

此处，以赞赏的口吻表述滑介叔对于自身的疾病所表现出来的豁达态度，指出疾疫是自然变化在人身体上的反映，不要为之介意。

生老病死是人之常情，疾病来了，没有必要为之忧心忡忡，怕死怕活，保持乐观的心态，顺应自然才是上策。

四

【原文】

庄子之楚，见空髑髅，髐然有形，撽以马捶，因而问之，曰[①]："夫子贪生失理而为此乎？将子有亡国之事，斧钺之诛而为此乎[②]？将子有不善之行，愧遗父母妻子之丑而为此乎？将子有冻馁之患而为此乎？将子之春秋故及此乎？"

于是语卒，援髑髅，枕而卧[③]。

夜半，髑髅见梦曰："子之谈者似辩士。视子所言，皆生人之累也，死则无此矣。子欲闻死之说乎？"

庄子曰："然。"

髑髅曰："死，无君于上，无臣于下；亦无四时之事，从然以天地为春秋，虽南面王乐，不能过也[④]。"

庄子不信，曰："吾使司命复生子

【译文】

庄子去楚国，看到一具空骷髅，空枯有形。庄子用马鞭敲敲骷髅，问道："先生您是因为探求认识欲望，违反天理，才成了这个样子的吗？或是因为国家灭亡，遭受刑戮，成了这个样子？或是因为行为不端，愧对父母妻儿，成了这个样子？或是因为冻饿而死，成了这个样子？或是因为年寿已尽自然死亡，成了这个样子？"

说完之后，拉过骷髅，枕在上面睡觉。半夜时分，骷髅给庄子托梦，对他说："听您的言论好像是位辩士，看您所说的事，也都是活人的负担，死人可没有这么多事啊。您愿意听听死人的快乐吗？"

庄子说："可以。"

骷髅说："人死以后，上面没有君主，下面没有大臣，也没有四季变换的事，放纵地随着天地自然的变化过日子，

形，为予骨肉肌肤，反子父母、妻子、闾里、知识，子欲之乎⑤？”

髑髅深瞑蹙頞曰⑥：“吾安能弃南面王乐而复为人间之劳乎！”

【注释】

①髐(xiāo)然：空枯貌；撽(qiào)：敲击；马捶：马鞭。②失理：违反天理。③援：拉。④从：通“纵”；放纵自由貌。⑤司命：主管生命的神；反：通“返”，返还；知识：指朋友。⑥深瞑(pín)蹙頞(è)：深深皱眉，愁苦貌。

这样的日子即使是人间君王的快乐，也不能与之比拟。”

庄子不信，说：“我让主管生命的神重新恢复您人的形体，让您的枯骨上重新长出肉来，长出肌肤来，把您的父母、妻子、儿女、邻居、朋友送还给您，您愿意吗？”

骷髅深深地皱起眉头说：“我怎能放弃阴间这种比人间君王还快乐的日子，又重新回到人间去受那份罪呢？”

品庄悟道

真的生不如死？

经常听到有人说，还不如死了算了，为什么呢？因为人死以后，没有了痛苦和烦劳。

人死后形神俱灭，或许有几个伟人的声名或者思想能够流传后世，凡人大都随时间一起消失。所谓的人死之后，会去阴曹地府，会上天成仙，不过是骗人的把戏。庄子在此处却借一空骷髅之口，美化人死之后的处境。

人死之后，会成仙上天，为现世中的人们提供精神的彼岸，此说法被佛教发扬光大，随着佛教文化的传入，有的人便对此深信不疑。不过庄子此处不是这个意思，庄子说，死了以后比活着更加快乐，是因为人间的纷争，以及对于自由的限制，而人死了以后就会没有纷争、忧患，人就会很自由。庄子想的是，“道”对于自由的向往，和道家的“无为”学说，当然也反映了庄子的愤世、混世、厌世的消极思想。

庄子在《齐物论》篇提出了“齐生死”观点，把生死视为一物，生时安于生，死时安于死。既不欣生，也不恶死。此处却以死为至乐，意味着生的快乐还不是至乐，对生死的态度有了偏颇，即恶生而乐死，显示出了庄学生死观的演变。但是对于读者而言，这种观念千万不能有，因为对于个体的你来说，解除痛苦烦劳的方法还有很多种，活着并不是只有痛苦的，并且人是具有一定社会责任的，如果不是为了家人、朋友，至少对于人类的传承来说你是一个分子，没准你的后代就会有一代伟人出现，再退一步说，即使平凡到没有人知道你的存在，只要有一丁点希望，那么你的生也比一棵树、一根草精彩。

五

【原文】

颜渊东之齐，孔子有忧色[1]。子贡下席而问曰[2]："小子敢问，回东之齐，夫子有忧色，何邪？"

孔子曰："善哉汝问！昔者管子有言，丘甚善之，曰[3]：'褚小者不可以怀大，绠短者不可以汲深[4]'。夫若是者，以为命有所成而形有所适也，夫不可损益。吾恐回与齐侯言尧、舜、黄帝之道，而重以燧人、神农之言[5]。彼将内求于己而不得，不得则惑，人惑则死[6]。

"且女独不闻邪？昔者海鸟止于鲁郊，鲁侯御而觞之于庙，奏《九韶》以为乐，具太牢以为膳[7]。鸟乃眩视忧悲，不敢食一脔，不敢饮一杯，三日而死[8]。此以己养养鸟也，非以鸟养养鸟也。夫以鸟养养鸟者，宜栖之深林，游之坛陆，浮之江湖，食之鳅鲦，随行列而止，委蛇而处[9]。彼唯人言之恶闻，奚以夫譊譊为乎[10]！《咸池》《九韶》之乐，张之洞庭之野，鸟闻之而飞，兽闻之而走，鱼闻之而下入，人卒闻之，相与还而观之。鱼处水而生，人处水而死，彼必相与异，其好恶故异也。故先圣不一其能，不同其事。名止于实，义设于适，是

【译文】

颜渊向东到齐国去，孔子脸上流露出忧愁的样子。子贡离开座位，向前问道："学生大胆地问一问，颜回东往齐国，而先生面有忧色，这是什么原因呢？"

孔子说："你问得很好。从前管子说过一句话，我很欣赏，他说'小袋子装不下大东西，短井绳提不上来深井水'。如此说来，就应当看作是禀受天命而形成形体，形体虽异却各有适宜的用处，全都是不可以随意添减改变的。我担忧颜渊跟齐侯谈论尧、舜、黄帝治理国家的主张，而且还进一步地推重燧人氏、神农氏的言论。齐侯必将要求自己而苦苦思索，却仍不能理解，不理解必定就会产生疑惑，一旦产生疑惑便会迁怒对方而杀害他。

"况且你没有听说过吗？从前有只海鸟飞到鲁国都城郊外停歇，鲁侯把它迎接到太庙，以酒宴招待，奏《九韶》的乐曲使它高兴，并宰牛羊猪给它喂食。海鸟竟然看得眼花缭乱，不敢吃一小块肉，不敢饮一杯酒，三天就死了。这是按人的生活习性养鸟，而不是用养鸟的方法来喂养它。用养鸟的方法来养鸟，就应该让它栖息在丛林，游戏在水中河洲，浮游在江河湖泽，吃泥鳅小鱼，随群鸟飞翔、休息，

之谓条达而福持⑪。"

【注释】

①颜渊:颜回,字子渊,孔子得意门生。②子贡:姓端木,名赐,字子贡,孔子弟子。③管子:管仲,齐国人,曾辅助齐桓公称霸诸侯。④褚:布袋;绠(gěng):井绳。⑤重:再加上。⑥彼:指齐侯;死:谓齐侯将以死罪惩处颜渊。⑦御:迎接;觞(shāng):设酒宴;九韶:舜帝时代的乐曲名,在隆重场合才会演奏。⑧眩视:目眩,眼花;脔(luán):小块肉。⑨坛陆:水中沙洲;鳅鲉:泥鳅之类的小鱼;委虵:通"逶迤",宽舒自得。⑩譊譊:喧闹,嘈杂。⑪义设于适:义理要确定得适宜;条达:条理通达;福持:幸福常驻。

安逸自得地居处。它们最厌恶听到人的声音,又为什么弄得那么喧闹嘈杂呢?《咸池》《九韶》之类的音乐,在旷野演奏,鸟听到了就飞走,兽听到了就跑开,鱼听到了就下潜,众人听到了就都围观。鱼在水里生存,人在水里会淹死。人和鱼秉性相异,其好恶自然不同。所以古时圣人依据人的才能的不同,安排不同的事情。名要与实相符,义理要确定得适宜。这就叫条理通达而幸福常驻。"

品庄悟道

喂养要顺其性

此处,写了一个以人的爱好喂鸟的故事,这其实是一个很简单的道理,就像狗不会喜欢吃草,牛不会喜欢吃骨头一样,喂养动物就得知道它的食性和喜好。

庄子以此指出:由于时间、地点、环境和种类相异,万物的习惯、好恶、自然本性也就不同,因此行为谋事不可勉强,更不可强加于人,否则将会出现悲剧。只有无为而顺其自然,才能一切顺心而达"至乐"的境界。

六

【原文】

列子行,食于道从,见百岁髑髅,攓蓬而指之曰①:"唯予与汝知而未尝死、未尝生也。若果养乎②?予果欢乎?"

【译文】

列子外出游玩,在路旁吃东西,看见一个上百年的死人的头骨,拔开周围的蓬草指着骷髅说:"只有我和你知道你是不曾死、也不曾生的。你果真忧愁吗?我又果真快乐吗?"

【注释】

①髑(dú)髅(lóu)：死人的头盖骨；攓(qiān)：拔开。②养：通“恙”，忧愁。

品庄悟道

骷髅是死了的人吗?

人死了以后就剩下骷髅了。列子却认为，骷髅未曾死过，也未曾生过。

此处借列子之口，阐发庄子对于生死的看法。列子是以物的眼光看骷髅，没有对其赋予形体的想法。因此，庄子认为抛开生死，才能达到“至乐”。

七

【原文】

种有几，得水则为㡭①。得水土之际则为鼃蠙之衣，生于陵屯则为陵舄，陵舄得郁栖则为乌足②。乌足之根为蛴螬，其叶为胡蝶③。胡蝶胥也化而为虫，生于灶下，其状若脱，其名为鸲掇④。鸲掇千日为鸟，其名为乾余骨。乾余骨之沫为斯弥，斯弥为食醯⑤。颐辂生乎食醯，黄軦生乎九猷，瞀芮生乎腐蠸⑥。羊奚比乎不箰，久竹生青宁⑦；青宁生程，程生马，马生人，人又反入于机⑧。万物皆出于机，皆入于机。

【注释】

①㡭：同“继”。生物生机中断后重新恢复如故，称“继”。②鼃蠙之衣：青苔；陵舄(xì)：车前草；郁栖：粪土。③蛴(qí)螬(cáo)：金龟子幼虫。④胥：不久；鸲(qú)掇(duō)：乾余骨的幼虫。⑤食醯(xī)：虫名。⑥颐辂(lù)：虫名。黄軦(kuàng)、九猷(yóu)：虫名。瞀(mào)芮、腐蠸(quán)：虫名。⑦不箰(sǔn)：不生笋的竹；久竹：老竹。⑧程：虫名。

【译文】

种子有微妙的地方，得到水的滋润就会长出一种叫作续断的水草，在水和土之间就变成青苔，生在土堆中就变成车前草，车前草得到粪土就变成乌足草，乌足草的根变成蛴螬，它的叶子会变为蝴蝶，蝴蝶不久化为虫，生在灶下，就像刚蜕了皮，名叫鸲掇。鸲掇一千天以后变化成为鸟，它的名字叫作乾余骨。乾余骨的唾沫长成斯弥，斯弥长成食醯。颐辂从食醯长成，黄軦从九猷长成，瞀芮从腐蠸长成。羊奚与不箰相合而生，久竹长出青宁，青宁生成程，程生成马，马生成人，人又返归造化之初。万物都生于造化，都归于造化。

品庄悟道

万物生于造化又归于造化

庄子认为,万物形、态虽异,但其根源"机"却是同一的,即"万物皆出于机,皆入于机"。万物的机变是周而复始、循环往复的,人的生死寿夭也如此。明于此,就可以泰然对待生死诸事,无须对生死患得患失,顺随自然,进而达到"至乐"的境界。

【集评】

陆西星《南华真经副墨·至乐》:此篇教人抉择至乐活身之术,皆以无为而存。将个"无"字推到本始,论及人物之生死变化,察其本无而同出入于一机,其有生老病死等,如四时昼夜,达命者不哀,观化者无恶,一味顺其自然,然后在我者,长乐而长存也。

刘凤苞《南华雪心编·至乐》:南华文字,善言化境。《逍遥游》开首"鲲化为鹏",《齐物论》结尾"此之谓物化",二"化"字已道尽化工矣。至于尻轮、神马、虫臂、鼠肝,一身之内,随天所付,出于机,入于机,无所用其计较,正以其能外死生而真者常存也。此篇当与《大宗师》篇互参,乃见其妙。中间形容各种,曲尽物情,万态毕呈,亦令人目不暇给。

郭象《庄子注·至乐》:所谓齐者,生时安生,死时安死,生死之情既齐,则无为当生而忧死耳,此庄子之旨也。

达　生

【导读】

本篇取篇首二字名篇，所谓“达生”，即通达生命之实情。可见，篇名“达生”已点出全篇之主旨。

本篇大意与内篇《养生主》大体接近，主要阐述养生之道，尤其突出养神之重要。养神的要件，从积极的意义上说，即是注意“纯气之守”，使内在的心神与客观的自然相合无间，始终保持精神充足；从消极的意义上说，即是避免耗神以致精亏。

本篇由篇首一段短论与十二则寓言故事组成。篇首一段论述了养形与养神的重要性，在肯定了养形的作用上，更加强调了养神的意义，反映了庄子对养生较为全面、辩证的认识。这也是本篇的中心思想。

其余十二则寓言故事，则是从不同的角度，或明或暗，或远或近，说明“守气全神”的道理与作用。

总之，这是一篇非常完整而漂亮的养生学论文，其中的许多看法，即使在今天也仍然有十分积极的借鉴意义。

一

【原文】

达生之情者，不务生之所无以为[1]；达命之情者，不务知之所无奈何[2]。养形必先之以物，物有余而形

【译文】

通达生命实情的人，不去追求生命所不必要的东西；通晓寿命实情的人，不去做对寿命无能为力的事情。保养身体，一

不养者有之矣[3]；有生必先无离形，形不离而生亡者有之矣。生之来不能却，其去不能止。悲夫！世之人以为养形足以存生；而养形果不足以存生，则世奚足为哉！虽不足为而不可不为者，其为不免矣。

夫欲免为形者，莫如弃世[4]。弃世则无累，无累则正平，正平则与彼更生，更生则几矣[5]。事奚足弃则生奚足遗？弃事则形不劳，遗生则精不亏。夫形全精复，与天为一。天地者，万物之父母也，合则成体，散则成始。形精不亏，是谓能移；精而又精，反以相天[6]。

【注释】

①达：通晓；情：实情；无以为：无法做到。②命：命运。③形：形体，身体；物：物质。④免为形：免去养形之负担、操劳。⑤正平：心正气平。⑥相天：有助于自然和谐发展。

定先要具备物质条件，物资有余而不能保养身体的人也是有的；保住生命，必须先让形体不要离去，形体不离而生命已经死亡的人也是有的。生命的降临是无法拒绝的，它的离去也无法阻止。多么可悲啊！世上的人以为保养形体就足以保存精神生命，而保养形体实际上不足以保全精神生命，那么世间之事还有什么值得我们去做呢？虽然不值得做，却又不得不做，这是因为维系生命的物质条件是不能完全免除的！

要想不为形体所劳累，便不如舍弃俗世。放弃了它也就不再有什么牵累，没有牵累就容易公平正直而且心气平和，正直且心气平和就能和自然之造化一起推移更新，与造化推移更新也就接近了大道了。俗事值得去舍弃，而生命值得遗忘吗？舍弃俗事形体就不劳累，遗忘生命中的事务精神就不会亏损。形体健全，精神饱满，便会和自然合而为一。天地是生万物的根源，两者相结合便形成物体，天地分离则物体又返回它原有的状态。形体精神若不亏损，就能随自然变化而更新；如养生得法，使精神进一步完善，进入无为那种炉火纯青的境界，就有助天地自然的发展。

品庄悟道

保养形体和保存精神

此处先写了，人生在世，有许多东西是超出个人的能力和欲求之外的。明知在人的能力之外而又要拼命追求，则不免陷入烦恼之中。只有“通达生命的真实状况的，不去追求与生命无关之物；通达命运实情的，不去探讨人的理智无可奈何的东西”，这样才能安时处顺，无往不乐。

二

【原文】

子列子问关尹曰①："至人潜行不窒，蹈火不热，行乎万物之上而不慄②。请问何以至于此？"

关尹曰："是纯气之守也，非知巧果敢之列③。居，予语女。凡有貌象声色者，皆物也，物与物何以相远？夫奚足以至乎先？是色而已。则物之造乎不形而止乎无所化，夫得是而穷之者，物焉得而止焉④！彼将处乎不淫之度，而藏乎无端之纪，游乎万物之所终始，一其性，养其气，合其德，以通乎物之所造⑤。夫若是者，其天守全，其神无郤，物奚自入焉！

"夫醉者之坠车，虽疾不死。骨节与人同而犯害与人异，其神全也，乘亦不知也，坠亦不知也，死生惊惧不入乎其胸中，是故迕物而不慴⑥。彼得全于酒而犹若是，而况得全于天乎？圣人藏于天，故莫之能伤也。复仇者不折镆干，虽有忮心者不怨飘瓦，是以天下平均⑦。故无攻战之乱，无杀戮之

【译文】

列子问关尹说："至人入水行走而不窒息，走在火上而不觉得热，在最高处行走而不畏惧。请问为什么能达到这般境地？"

关尹说："这是保持了纯正之气的缘故，而不是使用巧智和勇敢所能做到的。坐下，我对你说！凡具有形状声色的，都是物，物与物之间为什么有很大差别？有的物为什么超前？这是因为声色的缘故。物产生于无形的大道而复归于无变化。得到了万物生化道理而又能穷尽它的人，世俗万物怎能限定他呢！至人处在恰到好处的位置，冥合于无尽头的条理，畅游在万物的终止和开始之中。专一执守他的心性，涵养存养其精神，融合他的天性，通向物的创造者。如果是这样的话，他的天性保持健全，他的精神没有漏洞，外物从哪里渗入呢？

"醉酒的人坠落车下，虽然摔伤却没有死去。骨骼关节跟旁人一样而受到的伤害却跟别人不同，因为他的神思高度集中，乘坐在车子上也没有感觉，即使坠落地上也不知道，死、生、惊、惧全都不能进入到他的思想中，所以遭遇外物的伤害却全没有恐惧之感。那个人从醉酒中获得保全完整的心态尚且能够如此忘却外物，何况从大道中忘却外物而保全完整的心态呢？圣人藏身于自然，所以没有什么能够伤害他。复仇的，不折损宝剑，因为杀人的是人而不是宝剑；瓦片在风中飘落，吓了

刑者，由此道也。

“不开人之天，而开天之天，开天者德生，开人者贼生。不厌其天，不忽于人，民几乎以其真[8]！”

行人一跳，但瓦片本不成心要吓唬人才从房顶飘落，所以不要埋怨飘瓦，有了这个心境，就能视万物为一，就能人人平等相待。所以要想消灭天下的攻伐战斗的动乱，消除杀戮的刑罚，途径就在这里。

“不要制造人工的自然，而是顺应原来就如此的天然。顺应天然的能养成良好的道德，有意人为的产生歹毒心理。不要满足天道的涵养，不要忽视人为的害处，百姓就接近自然并按天性办事。”

【注释】

①子列子：即列御寇，亦称列子；关尹：老子弟子，曾为函谷关令，故亦称关令尹。②潜行：入水而行；慄：恐惧。③纯气之守：保持着纯正之气。④无所化：指道，万物复归于道。⑤不淫之度：无过无不及，恰到好处的界限；一：专一执守；物之所造：自然。⑥慴(shè)：通“慑”，害怕，恐惧。⑦镆干：即宝剑镆铘、干将；忮(zhì)：妒恨。⑧民：人；几：近；真：天性。

品庄悟道

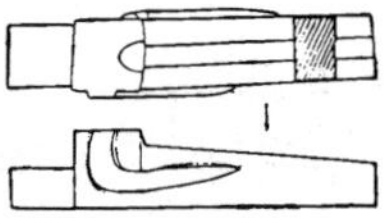

守住心中一团纯正之气

此处的主旨就是关尹所说的“不开人之天，而开天之天，开天者德生，开人者贼生。不厌其天，不忽于人，民几乎以其真”。认为坚守虚无之“天道”，随顺自然，如醉似痴，不与外界发生矛盾，就是精神最健全的境界。

月旦堂仙佛奇踪·尹喜(关尹)

守住心中一团纯正之气，保全那份天赋的道德，便可具备“潜行不窒，蹈火不热，行乎万物之上而不栗”之类的神奇本领。

《庄子》一书中，对于得道者类似的描述还有不少。可以看出，庄子是在属于心理范畴的道德修养和属于生理范畴的肌体感觉之间构筑起对应关系，认为只要心性修养到虚无状态，肌体也随之进入无感觉状态。应该说，这是哲学家的思想，不是科学家的认识。

三

【原文】

仲尼适楚，出于林中，见痀偻者承蜩，犹掇之也①。

仲尼曰："子巧乎！有道邪？"

曰："我有道也。五六月累丸二而不坠，则失者锱铢②；累三而不坠，则失者十一；累五而不坠，犹掇之也。吾处身也，若厥株拘③；吾执臂也，若槁木之枝；虽天地之大，万物之多，而唯蜩翼之知。吾不反不侧，不以万物易蜩之翼，何为而不得④！"

孔子顾谓弟子曰："用志不分，乃凝于神，其痀偻丈人之谓乎⑤！"

【注释】

①痀偻：驼背；承蜩：用竿子捕蝉；掇：拾取。②五六月：指学习所经过的时间；锱(zī)铢(zhū)：古代很小的数量单位。③厥：通"橛"，竖；株拘：树根盘错处。④不反不侧：心智专一。⑤丈人：对老人的尊称。

【译文】

孔子前去楚国，路过树林，看见一个驼背的人在粘取蝉，好像是在拾取蝉一样容易。

孔子说："你是有纯熟的技巧呢，还是有道？"

捕蝉者回答说："我有道在身，我经过五六个月的学习在竿头上累叠两个丸子并使它不掉下来，那么失败的机会就会极少了；累叠三个丸子而不会掉下来，那么失利的机会只有十分之一；累叠五个丸子而不会掉下来时，就好像拾取一样容易了。当我粘蝉时，身体站在那里一动不动，就像一个竖立的木桩；我伸臂执竿，如同枯槁的树枝。虽然天地无限广大，万物纷纭繁多，而我眼中心中只有蝉翼。我身心不变不动，不因纷杂的万物改变我对蝉翼的关注，为什么得不到蝉呢！"

孔子回头对弟子们说："用心不分散，精神凝聚专一，不就是说的这位驼背老人嘛！"

品庄悟道

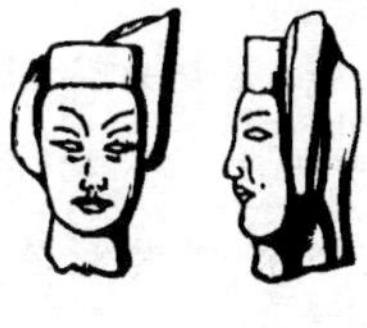

用志不分，乃凝于神

此节，通过对驼背老人粘取蝉技术高超的描述，以及老人关于练就技术过程的讲述，意在说明凡事只要排除外来干扰，精神集中，"用志不分，乃凝于神"，没有达不到目的的。

《庄子》一书里大量出现孔子形象，庄子对他的态度或褒或贬，或褒中有贬，或贬中有褒，总体倾向是贬多于褒，这和庄子对仁义礼法的否定直接相关。一般而言，否定者对否定对象是人言并废。但庄子之于孔子的否定却别有深意在。要是追溯到心理底层，就不难发现庄子对孔子的显性否定是建立在隐性肯定基础之上的。

庄子论修道，也讲究“壹其志”，与本篇中孔子总结的“用志不分，乃凝于神”同一内涵。庄子要求最后进入无心状态，这个故事主人公在精神上是心无旁骛，在形体上“若厥株拘”、“若槁木之枝”，当然属于得道者之列。

在现实生活中，技艺超群者，总是在忘我的情况下发挥得最好，而“用志不分，乃凝于神”就是忘我的具体做法。

四

【原文】

颜渊问仲尼曰：“吾尝济乎觞深之渊，津人操舟若神①。吾问焉，曰：‘操舟可学邪？’曰：‘可。善游者数能。若乃夫没人，则未尝见舟而便操之也’②。吾问焉而不吾告，敢问何谓也？”

仲尼曰：“善游者数能，忘水也。若乃夫没人之未尝见舟而便操之也，彼视渊若陵，视舟之覆犹其车却也③。覆却万方陈乎前而不得入其舍，恶往而不暇④！以瓦注者巧，以钩注者惮，以黄金注者殙⑤。其巧一也，而有所矜，则重外也⑥。凡外重者内拙⑦。”

【注释】

①济：渡；觞深：渊名；津人：摆渡的人。

【译文】

颜渊问孔子说：“我曾经在觞深这条渊渡水，摆渡的人划船的技巧奇妙若神。我问他，说：‘划船能学会吗？’，他说：‘能。会游泳的人学几次就能划。假使是会潜水的人，那么没有见到过船而一划就会。’我再问他，就不告诉了。请问他说的是什么意思呢？”

孔子说：“善于游水的人之所以很快学会划船，是他对水的熟悉到了忘记水存在的地步。要是能潜水的人即使未曾见过船而一见就会轻快地划船，他是把深水看作丘陵，把翻船看作像上坡倒退车一样简单。无论船沉车退各种危险在他面前摆着都不会在他心里有什么反应，这样的心态到哪儿都会自由自在！用瓦片作赌注心里轻松，反而易中，用银钩作赌注心里害怕，反而易负，用黄金作赌

②没人：会潜水的人。③陵：山丘。④万方：变化无常的各种危险事端；恶：何。⑤瓦：喻轻贱之物；注：赌注；黄金：喻贵重之物；殙(hūn)：心绪紊乱。⑥外：身外之物。⑦内拙：内心笨拙。

注心绪紊乱，举措失常。所用的技巧是一样的，而表现拘谨，这是由于他重视外物的缘故。凡是注重外物的，内心自然笨拙。”

品庄悟道

善游者忘水

此处，借孔子所讲“操舟”“赌博”的故事，论述心态与技巧的关系，分别从正、反两个方面说明了外物对人的精神的影响，认为只有忘掉精神上外加的负担，行事才能成功。就像庖丁解牛一样，只有忘掉全牛，才能以无缝入有间。善于游泳的人会忘掉水的存在，所以他能够迅速学会划船。

五

【原文】

田开之见周威公①。威公曰：“吾闻祝肾学生，吾子与祝肾游，亦何闻焉②？”

田开之曰：“开之操拔篲以侍门庭，亦何闻于夫子③！”

威公曰：“田子无让，寡人愿闻之。”

开之曰：“闻之夫子曰：‘善养生者，若牧羊然，视其后者而鞭之。’”

威公曰：“何谓也？”

田开之曰：“鲁有单豹者，岩居而水饮，不与民共利，行年七十而犹有婴儿之色④；不幸遇饿虎，饿虎杀而食之。有张毅者，高门县薄，无不趋也，行年

【译文】

田开之见到周威公，威公说：“我听说祝肾在学习养生之道，你常和他在一起，听到过什么吗？”

田开之说：“我不过是拿着扫帚替先生打扫门庭，能从先生那听到什么呢！”

威公说：“田先生你不要推辞，我很想听听。”

田开之说：“听先生说：‘善于养生的，就像牧羊一样，看见落后的就用鞭子抽。’”

威公说：“这是什么意思？”

田开之说：“鲁国有个叫单豹的人，在山洞居住，喝着泉水，不与人争利，活

四十而有内热之病以死[5]。豹养其内而虎食其外，毅养其外而病攻其内，此二子者，皆不鞭其后者也[6]。"

仲尼曰："无入而藏，无出而阳，柴立其中央[7]。三者若得，其名必极。夫畏涂者，十杀一人，则父子兄弟相戒也，必盛卒徒而后敢出焉，不亦知乎[8]！人之所取畏者，衽席之上，饮食之间；而不知为之戒者，过也[9]。"

【注释】

①田开之：学道之人；周威公：东周王室的一位君王。②祝肾：人名，事迹不详；学生：学习养生之道。③拔篲(huì)：扫帚。④单豹：姓单名豹，鲁国人；共利：争利。⑤张毅：姓张名毅，鲁国人；高门县薄：大户和小家。⑥鞭其后：去其不足。⑦阳：显露。⑧涂：通"途"，道路；盛卒徒：成群结队。⑨衽(rèn)席：卧席。

了七十岁还有婴儿一样的气色；不幸遇到饥饿的老虎，饥饿的老虎把他咬死又吃掉了。鲁国还有个叫张毅的人，只要是富贵人家，他没有不去的，活到四十岁得了内热病死了。单豹注重内心世界的修养可是老虎却吞食了他的身体，张毅注重身体的调养可是疾病侵扰了他的内心世界，这两个人，都不是能够去其不足而取其适宜的人。"

孔子说："不要进入荒山野岭把自己深藏起来，也不要投进世俗而使自己处处显露，要像枯木一样站立在两者中间。倘若以上三种情况都能具备，他的名声必定最高。阴险多盗的道路，十个行人有一个人被杀害，于是父子兄弟相互提醒和戒备，必定要成群结队方才敢于外出，这不是很聪明吗！人所需要畏惧的，存在于卧席之上和饮食之间的食色之欲中，对这些反而不引以为戒，这就错了！"

品庄悟道

鞭打落后羊的养生之法

"善于放羊者，看见落后的羊就会用鞭子抽打"。"鞭其后"，这是田开之援用祝肾之语。

"鞭其后"对于养生来说即时刻不忘警戒自己注意兼顾形体上和心性上的保全，以促使二者并举，有了落后的就要鞭策赶上。只追求某一方面的修养是不可取的，为此，庄子列举了，单豹、张教为例，一个修身、一个养性，却都没有好的结局。

一个人的心身两方面都要发展才是健康的，经常听到有些天才因病早逝，而人们常常为此惋惜；还有的人生得人高马大却被人奴役或者年纪轻轻就身陷图

囿，常常让人们痛恨。

其实，不光在修身、养性方面，人性是贪逸享乐的，无论做什么事情，如果一惰怠就应当鞭策自己迎头赶上。优胜劣汰才是自然法则。

六

【原文】

祝宗人玄端以临牢筴，说彘曰①："汝奚恶死？吾将三月豢汝，十日戒，三日齐，藉白茅，加汝肩尻乎彫俎之上，则汝为之乎②？"为彘谋，曰不如食以糠糟而错之牢筴之中，自为谋，则苟生有轩冕之尊，死得于腞楯之上，聚偻之中则为之③。为彘谋则去之，自为谋则取之，所异彘者何也④。

【注释】

①祝宗人：祭祀官；玄端：祭祀官所穿黑色斋服；牢筴：猪圈；彘(zhì)：猪。②豢(huàn)：饲养；齐：通"斋"；藉白茅：用白茅做垫子；尻(kāo)：臀部；俎(zǔ)：祭祀时盛肉的器具。③轩冕：指做了官员；腞(zhuàn)楯(shǔn)：指载运灵柩的车子。④去：这里指抛弃掉。

【译文】

掌管祭祀的官穿着黑色的礼服，来到猪圈旁对猪说："你为什么厌恶死？我准备花三个月时间用精饲料喂你，为你作十日的戒，三日的斋，铺上白茅草，你的前肩和后臀会放在雕花精美的俎案上，你愿意享受这些尊贵吗？"替猪设想，认为不如用糟糠来喂养它，把它放在猪圈里。为自己打算，就希望有生之年能够做官有荣华显位之尊贵，死后能放在装饰繁多的柩车上。替猪打算就放弃铺上白茅草的雕花俎案，为自己打算就舍弃轩冕柩车，这和猪有什么不同呢？

品庄悟道

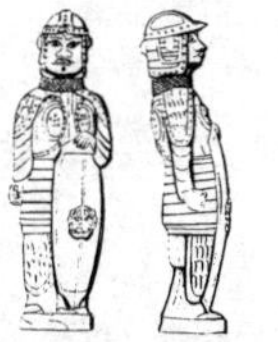

豢养者与被豢养者

此处出现了两个身份，一个是豢养猪的官员，一个是猪。猪，我们知道本来是要被用来宰杀的，这是猪的命运，但是如果把猪作为人来看待，如果把给一个人高官厚禄但是必须以自由和生命作为代价，殊不知这对于人生来说是一种摧残。

七

【原文】

桓公田于泽，管仲御，见鬼焉①。公抚管仲之手曰："仲父何见②？"对曰："臣无所见。"公反，诶诒为病，数日不出③。

齐士有皇子告敖者曰④："公则自伤，鬼恶能伤公！夫忿滀之气，散而不反，则为不足⑤；上而不下，则使人善怒；下而不上，则使人善忘；不上不下，中身当心，则为病。"

桓公曰："然则有鬼乎？"

曰："有。沈有履，灶有髻⑥。户内之烦壤，雷霆处之，东北方之下者，倍阿鲑蠪跃之⑦；西北方之下者，则泆阳处之⑧。水有罔象，丘有峷，山有夔，野有彷徨，泽有委蛇⑨。"

公曰："请问委蛇之状何如？"

皇子曰："委蛇，其大如毂，其长如辕，紫衣而朱冠⑩。其为物也，恶闻雷车之声，则捧其首而立。见之者殆乎霸。"

桓公辴然而笑曰⑪："此寡人之所见者也。"于是正衣冠与之坐，不终日而不知病之去也。

【注释】

①桓公：即齐桓公；田：打猎。②仲父：对管仲的尊称。③诶(xī)诒(yí)：失魂落魄貌。④皇

【译文】

齐桓公在草泽中打猎，管仲驾着车，桓公握着管仲的手说："仲父，你看到了什么？"回答说："臣什么也没看见。"桓公回来后，失魂落魄而生了病，许多天没出来。

齐国有个士子叫皇子告敖的说："公是自己伤了自己，鬼怎么能伤了公！郁结之气，扩散而不能收敛恢复，就精气不足；集中于身体上部而不能下通，就使人容易发怒；集中于身体下部而不能上达，就使人容易健忘；不上达也不下通，聚积于身体中部，就要致病。"

桓公说："那么有鬼吗？"

皇子告敖回答说："有，泥沟中有履神，灶中有灶神。户内尘土积聚处，有雷霆神居住；东北方墙下，土堆上有鲑蠪神居住；西北方的墙下，有泆阳神居住。水中有罔象神，丘陵上有峷神，山中有夔神，野外有彷徨神游荡，沼泽中有委蛇神居住。"

桓公接着问："请问，委蛇的形状怎么样？"

皇子告敖回答："委蛇，身躯大如车轮，长如车辕，穿着紫衣戴着红帽。他作为鬼神，最讨厌听到雷车的声音，一听见就两手捧着头站着。见到了他的人差不多也就成了霸主了。"

子告敖：齐国贤人。⑤忿滀(xù)：郁结。⑥履：古代的鬼名；髻：指灶神。⑦烦壤：尘土垃圾；雷霆：鬼名；倍阿、鲑蠪：二鬼名。⑧泆阳：神名。⑨罔象：水神名；峷：山鬼；夔：山神名；彷徨：野地之鬼。⑩毂：车轮中心的部件；辕：车前横木。⑪辴(zhěn)然：喜笑貌。

桓公听了后喜笑颜开，说："这就是我所见到的鬼。"于是整理好衣帽跟皇子告敖坐着谈话，不到一天时间病也就不知不觉地消失了。

品庄悟道

桓公遇鬼

此处以齐桓公狩猎时看见鬼以后得了病，后来皇子告诉他见到鬼的人会成为霸主，所以齐桓公的病就奇迹般的好了起来。后来的故事我们也知道了，齐桓公真的成为一代霸主。

这个故事向人们昭示精神因素对人生命的重要作用，它既可以置人于绝死之境，亦可以使人起死回生。所以对于任何未知的事情害怕犹豫，还不如相信它会带来好的预兆。

八

【原文】

纪渻子为王养斗鸡①。十日而问："鸡已乎②？"

曰："未也，方虚憍而恃气③。"

十日又问，曰："未也，犹应向景④。"

十日又问，曰："未也，犹疾视而盛气⑤。"

十日又问，曰："几矣。鸡虽有鸣者，已无变矣，望之似木鸡矣，其德全矣，异鸡无敢应者，反走矣⑥。"

【译文】

纪渻子替周宣王饲养斗鸡。十天以后周宣王问道："鸡驯好了吗？"

纪渻子说："还没有呢，这鸡看起来虽然是神气骄横目空一切，但内里其实没有底气。"

十天过后又问，得到的回答是："还不行，听到别的鸡叫声，见到别的鸡的影子还有反应。"

十天后又问，得到的回答是："还不行，这鸡还眼神凶恶，怒气冲冲。"

十天过后又问，回答说："差不多了。这

【注释】

①纪渻(shěng)子:人名,姓纪名渻子;王:周宣王。②已:毕,指训练好。③恃(jiāo):通“骄”。④向:通“响”;景:通“影”。⑤疾视:怒视。⑥异:别的。

鸡虽然还不时鸣叫,但已经没有了好斗表情了,看起来就像是一只木头做的鸡,它的道德完美了。别的鸡一见到这一只都不敢近前,掉头就跑了。”

品庄悟道

呆若木鸡

呆若木鸡之鸡是得“道”后德性完备之鸡的典型代表。这就像大智若愚一样,庄子借此告诉我们:守气养神是制胜的秘密武器,无好胜之心则无所不胜,所向披靡。

其实不光是斗鸡,很多竞技都讲究后发制人;在敌未动的时候静若处子,当敌要动的时候,动若脱兔地出招制胜。

呆若木鸡在后来慢慢地成为贬义词,但它的初始却是褒义词:木鸡没有生命,无知无觉,是呆的极致,这就是道家追求的修养境界。木鸡让活鸡望而生畏,是无为而无不为哲学理念的形象表达。

九

【原文】

孔子观于吕梁,县水三十仞,流沫四十里,鼋鼍鱼鳖之所不能游也①。见一丈夫游之,以为有苦而欲死也,使弟子并流而拯之②。数百步而出,被发行歌而游于塘下③。

孔子从而问焉,曰:“吾以子为鬼,察子则人也。请问,蹈水有道乎?”

曰:“亡,吾无道。吾始乎故,长

【译文】

孔子在吕梁地区游山玩水,那里高悬的瀑布有二十多丈高,水流能喷溅四十多里远,鼋鼍鱼鳖都无法上游。他却看见一个男子在游泳,还以为他是遭遇困苦而想自杀,就派弟子顺着水流方向赶过去救那男子。那人潜入水中好几百步远才浮出水面,披着头发唱着歌游到了岸边。

孔子跟过去问道:“我以为你是鬼,

乎性，成乎命。与齐俱入，与汩偕出，从水之道而不为私焉④。此吾所以蹈之也。"

孔子曰："何谓始乎故，长乎性，成乎命？"

曰："吾生于陵而安于陵，故也；长于水而安于水，性也；不知吾所以然而然，命也。"

【注释】

①吕梁：在今江苏省铜山县东南，即吕梁山；县水：瀑水；鼋(yuán)：鳖的一种；鼍(tuó)：鳄鱼的一种。②并流：指沿着水流方向。③塘：河岸。④齐：通"脐"，此指似肚脐的漩涡；汩：涌出的漩涡。

仔细观察才知道是人。请问，游泳有什么道术吗？"

他回答说："没有，我没有什么道术。我开始于习惯，长大了变成习性，成年后就顺其自然。我与漩涡中心一同入水，又随涌出的漩涡浮出，顺从水性而不按自己的私意妄动。这就是我之所以能在那里面游泳的原因。"

孔子问："什么叫作开始于习惯，长大了变成习性，成年后顺其自然？"

他回答说："我生在山地就安于山地生活，这就是开始于习惯；在水边长大，就安于水上生活而积久成性，这就是长大了成为习性；不知道我之所以那么做的原因就那样做了，这就是顺水之自然。"

品庄悟道

善游的诀窍

吕梁男子善游，其诀窍在于"从水之道而不为私"，即随水流规律而动，而不是依自己的主观臆断而动，顺应自然而不应有个人作为，是庄子在本章要说明的道理。然而，吕梁男子善游之事却又表明：在活动实践中，敢于探索，掌握事物发展规律，才能获得自由，这绝非"无为"所能达到的。

此处章节的主旨强调顺应自然而不应有个人行为，但是我们也应当看出，吕梁男子善游是因为经常游泳，"习以为常"的游泳所以才能够善游。所以说对于掌握一门技艺光顺其性，是不够的还要多做练习才对。

一〇

【原文】

梓庆削木为鐻，鐻成，见者惊犹鬼神①。鲁侯见而问焉，曰："子何术以为焉？"

对曰："臣工人，何术之有？虽然，有一焉。臣将为鐻，未尝敢以耗气也，必齐以静心②。齐三日，而不敢怀庆赏爵禄；齐五日，不敢怀非誉巧拙；齐七日，辄然忘吾有四枝形体也③。当是时也，无公朝，其巧专而外骨消④。然后入山林，观天性，形躯至矣，然后成见鐻，然后加手焉；不然则已。则以天合天，器之所以疑神者，其是与⑤！"

【注释】

①梓庆：工匠名；鐻(jù)：乐器，钟鼓；鬼神：鬼斧神工。②齐：斋戒。③辄然：木然不动貌。④外骨消：外物的干扰统统消失了。⑤以天合天：以天然的木材去和天然的鐻相结合。

【译文】

梓庆用木头制作鐻，做成后，看到的人都惊叹为鬼斧神工。鲁侯看见后问："你是用什么道术做成的呢？"

梓庆回答说："我是个工匠，能有什么道术！不过，我还是有一点。我在做鐻之前，不敢损耗精气，必定斋戒以平心静气。斋戒三天，不敢怀有功名利禄之心；斋戒五天，不敢怀有是非美恶之心；斋戒七天，木然不动地忘却了我还有四肢形体。在此期间，解除公务，专心于工艺的精巧，外物的干扰统统消失了，然后走进山林，观察禽兽的神情形貌，有所得，然后完整再现于架上，然后就着手雕刻，不是这样就罢手。这样就以天然的木材去和天然的鐻相结合，制成之器之所以被誉为鬼斧神工，它的原因恐怕是这点吧！"

品庄悟道

以天合天的技巧

梓庆削木做鐻，有鬼斧神工之巧，此处借这个故事为的是揭示养生之术：摒除杂念，忘物忘我，顺乎天然万物之性。

但是从中也了解到"摒除杂念，忘物忘我"，非一朝一夕就可以成功的，需要"斋戒三天、五天、七天"等的过程。以天合天的技巧也需要一定的时日，才能够臻于完善。

一一

【原文】

东野稷以御见庄公，进退中绳，左右旋中规①。庄子以为文弗过也，使之钩百而反②。颜阖遇之，入见曰：“稷之马将败③。”公密而不应④。少焉，果败而反。公曰：“子何以知之？”曰“其马力竭矣，而犹求焉，故曰败⑤。”

【注释】

①东野稷：人名，善于驾车；庄公：指鲁庄公；中：合。②钩：弯曲，转圈。③颜阖：鲁国贤人；败：垮掉。④密：默。⑤求：驱赶不停。

【译文】

东野稷在鲁庄公面前显示他驾驭马车的本领，只见那马前进后退的路线直得用绳子来量都吻合，左右旋转时那路圆得好像是用圆规画出来，庄公认为画圆也不过如此。庄公让他又去转一百圈后再回来。颜阖碰到正在驾车转圈的东野稷，进屋里见庄公说：“东野稷的马就要垮掉了。”庄公沉默着不回应。一会儿，果然见到马累坏了的东野稷独自返回来。庄公问颜阖：“你怎么知道这结果？”颜阖说：“他的马已经精疲力竭了，可还驱赶不停，所以马会累倒的。”

品庄悟道

由东野稷累马来说能者多劳

东野稷以其智巧而驾车娴熟，但颜阖则以为会有危险，因为他认为追求名誉，违反天性，则事无不败。

现实生活中也有很多人因为工作能力特别强，所以他们总有干不完的事情，有的人是自愿逞能，有的人是被人要求多劳，无论哪一种以超越常人极限来工作，等到他们不堪重荷的时候人们才发现原来这些强人也不是机器。

逞能的自愿者，当然是自讨苦吃，所以说有的时候不妨把不得不干的理由放置一边，偶尔地来个放松，劳逸结合才能够持续的工作，不然人累倒了，干得再多也会搭进去。被人要求多劳者，不妨学会在工作的闲暇时减减压，平静地面对工作的压力，如“过劳死”的出现，已经给靠五谷生养的强人们敲响了警钟，所以面对压力要放松心态，积极工作的同时，千万要调整好，不然会遗憾终身。

一二

【原文】

工倕旋而盖规矩，指与物化而不以心稽，故其灵台一而不桎①。忘足，履之适也；忘腰，带之适也；知忘是非，心之适也；不内变，不外从，事会之适也②。始乎适而未尝不适者，忘适之适也。

【注释】

①工倕：尧时巧匠；盖：超过；稽：测度；灵台：心；桎：通“窒”。②事会：遇事。

【译文】

工倕用手画圆赛过规矩，手指动作随着所造的器物而变化，根本不用思索，所以他的心性专一而通达。忘了脚，是因为鞋子舒适；忘了腰，是因为腰带舒适；忘了是非，是因为心灵安适；心神如一，不追随外物，遇事就可以顺心应手。本性安适而无所不适，就是忘了安适的安适。

品庄悟道

忘了吧

工倕画圆胜过规矩，是因为工倕心神如一，不随外物，也就是忘了本我：“忘了脚、忘了腰……”庄子的道讲的是“无所用心、顺遂自然”。此处却讲专心地投入一件事，用以忘掉其他的事务。虽然有点出入，但是“无心”和“专心”都是为了一个目标“忘我”。只有忘我才能够达到完善的技巧。

一三

【原文】

有孙休者，踵门而诧子扁庆子曰①：“休居乡不见谓不修，临难不见谓不勇；然而田原不遇岁，事君不遇世，宾于乡里，逐于州部，则胡罪乎天哉②？休恶遇此命也？”

【译文】

有一个名叫孙休的人，登门求见于扁庆子，他惊讶地问：“我住在乡里没有名气可以说不好，遇到危难不站出来可以说不勇敢。但是种田遇不到好时岁，侍奉君主遇不到圣明君主，在乡里被人排斥，在州邑被人驱逐，

扁子曰："子独不闻夫至人之自行邪？忘其肝胆，遗其耳目，芒然彷徨乎尘垢之外，逍遥乎无事之业，是谓为而不恃，长而不宰。今汝饰知以惊愚，修身以明污，昭昭乎若揭日月而行也，汝得全而形躯，具而九窍，无中道夭于聋盲跛蹇而比于人数③。亦幸矣，又何暇乎天之怨哉！子往矣！"

孙子出，扁子入，坐有间，仰天而叹。弟子问曰："先生何为叹乎？"

扁子曰："向者休来，吾告之以至人之德，吾恐其惊而遂至于惑也。"

弟子曰："不然。孙子之所言是邪，先王之所言非邪，非固不能惑是。孙子所言非邪？先生所言是邪？彼固惑而来矣，又奚罪焉！"

扁子曰："不然。昔者有鸟止于鲁郊，鲁君说之，为具太牢以飨之，奏《九韶》以乐之，鸟乃始忧悲眩视，不敢饮食。此之谓以己养养鸟也④。若夫以鸟养养鸟者，宜栖之深林，浮之江湖，食之以委蛇，则平陆而已矣⑤。今休，款启寡闻之民也，吾告以至人之德，譬之若载鼷以车马，乐鴳以钟鼓也⑥。彼又恶能无惊乎哉！"

【注释】

①孙休：鲁国俗人；踵门：登门求见；子扁庆子：鲁国贤人。②见：通"现"，显露；田原：指耕作；宾：抛弃。③知：心智；惊愚：

我怎么得罪了天？竟然如此倒霉？"

扁子说："你难道没听说过得道的人的事迹吗？他把自己的肝胆耳目都遗忘掉，无知无觉自由自在地在滚滚红尘之外游荡，在悠然自得中从事着无所作为的事业，这叫作有所作为但并不自恃，有所长但不去主宰对方。现在有人要打扮美化自己的心智，促使那些愚笨的人惊醒，以自己修身养性为榜样，把别人的污秽揭露出来，明朗得就像手捧日月炫耀自己的正大光明。你得以保全你的身躯，你身上的九窍完好无损，没在中年夭折，耳不聋眼不瞎脚不跛，还算是正常人里的一员，这就够幸运了，哪里还有工夫埋怨老天呀！你走吧！"

孙休走出屋子，扁子回到房里。一会儿，扁子仰天长叹，弟子问道："先生为什么长叹呢？"

扁子说："刚才孙休进来，我把道德修养极高的人的德行告诉给他，我真担心他会吃惊因此而迷惑更深。"

弟子说："不对，如果孙休所说的话正确，先生所说的话错误，错误当然不能迷惑正确了；如果孙休所说的错误，先生所说的正确，那他本来就是因为困惑才来的，又怎么能得罪他呢？"

扁子说："不是这样的，古代有只海鸟飞到鲁国都城郊外停歇，鲁侯非常喜欢它，把它迎接到太庙里给它送酒饮，奏《九韶》的乐曲使它高兴。海鸟竟然看得眼花缭乱，不敢吃一小块肉，不敢饮一杯酒。这是按人的生活习性养鸟。用养鸟的方法来养鸟，就应该让鸟栖息在丛林，游戏在水中河洲，浮游在江河湖泽，吃泥鳅小鱼，放之于原野之中也就足够了。如

令愚顽之人惊醒；明污：揭露污秽；跛蹇：跛脚。④己养：指的是自己生活中所需的东西。⑤委蛇：蛇；平陆：平地，原野。⑥款启寡闻：孤陋寡闻；鼷(xī)：鼠类中最小的一种；鴳(yàn)：雀类小鸟。

今的孙休，乃是管窥之见、孤陋寡闻的人，我告诉给他道德修养极高的人的德行，就好像用马车来托载小老鼠，用钟鼓的乐声来取悦小鹌雀一样。他又怎么会不感到吃惊啊！"

品庄悟道

什么时候得罪了天？

此处树立了一个世俗之人的典型：孙休。孙休自以为是，却又牢骚满腹，怨天尤人。庄子以扁庆子之口表达了对世俗人的看法，认为埋怨天命却又无所适从的人是难以接受"至人"道德教育的。

不光是孙休，现实生活中怨天尤人者不在少数，常会有人发出"什么时候得罪了天"的感叹？道家人生哲学在某种意义上说就是专门为那些失意者准备的。失意者怨天尤人，势所必然。庄子却认为这类人不具备学道条件，表面是把这些人关在学道的门外，内里是主张逆来顺受，勿生怨心。其实，庄子本人就是社会的批判家，可见哲学界里也存在灯下黑的现象。

【集评】

陆西星《南华真经副墨·达生》：此篇多庄子杂著，中间所论藏神守气，愈譬愈精，做学问者，不可不熟读此篇。

林云铭《庄子因·达生》：此篇中大旨，发内篇《养生主》所未备，阐出精、气、神三宝妙用，为玄篆开山秘法。段段设喻，精言知屑，长生久视之道尽于此矣。

陈寿昌《南华真经正义·达生》：精、气、神三宝，阐发无遗，是参同悟真之嚆矢也。长生久视，道尽于此矣。

宣颖《南华经解·达生》：前三段大意已明，后凡十二段横侧引喻，或明养神之妙，或明养形之非；末段借子扁庆子寄慨，以至言告浅人，未有不惊且惑者，盖深惧此篇知希，叹一孙休，便叹尽古今万万人也。

刘凤苞《南华雪心编·达生》：以下(指"子列子")节节引证前文，横峰侧岭，离立参差，合之则云蒸霞蔚，自我无缝天衣，分之则鹤渚凫汀，皆属真源妙境。前后本一气相生，要须逐节玩味，方可得其命意布局之奇。末一段借孙休发出感慨，盖叹高论不入于里耳，而款启无闻之民不绝于天下后世。

山 木

【导读】

本篇因首段以“山木”为喻，故取之为篇名。本篇主要是讨论处世之道。篇内写了许多处世不易和世事多患的故事，希望找到一条最佳途径，而其主要精神仍是虚己、无为。

本篇由各自独立的九则寓言故事组成，每则寓言故事的主旨不尽相同，但大体上反映了社会生活中的种种体验和感悟，不乏深邃的人生哲理和对社会问题的深刻认识。其中，“庄子游于雕陵之樊”一则寓言故事构思奇妙，行文一波三折，正如刘凤苞所评，“文心矫变不测，正如惊涛骇浪之中，忽逢峭石，叠嶂层峦之外，突起奇峰，真非常意境。”

一

【原文】

庄子行于山中，见大木枝叶盛茂，伐木者止其旁而不取也。问其故，曰：“无所可用。”庄子曰：“此木以不材得终其天年。”

夫子出于山，舍于故人之家[①]。故人喜，命竖子杀雁而烹之[②]。竖子请曰：“其一能鸣，其一不能鸣，请奚杀？”主人曰：“杀不能鸣者。”

明日，弟子问于庄子曰：“昨

【译文】

庄子在山中行走，看见一棵大树，它的枝叶非常茂盛，伐木人停在树旁却不去砍伐。问他为什么不去砍伐，他说：“没有什么用处。”庄子说：“这棵大树因为不够良木的材质，所以才能享尽天赋的寿命。”

庄子走出山区，在老朋友家里歇息。老朋友很高兴，便叫童仆杀鹅来款待庄子。童仆请示说：“有一只会打鸣，有一只不会打鸣，杀哪只？”主人说：“杀不会打鸣的那只。”

第二天，弟子问庄子道：“昨天那棵山中

日山中之木，以不材得终其天年，今主人之雁，以不材死；先生将何处？”

庄子笑曰：“周将处乎材与不材之间。材与不材之间，似之而非也，故未免乎累。若夫乘道德而浮游则不然，无誉无訾，一龙一蛇，与时俱化，而无肯专为③；一上一下，以和为量，浮游乎万物之祖，物物而不物于物，则胡可得而累邪④！此神农、黄帝之法则也。若夫万物之情，人伦之传，则不然⑤。合则离，成则毁；廉则挫，尊则议，有为则亏，贤则谋，不肖则欺，胡可得而必乎哉⑥！悲夫！弟子志之，其唯道德之乡乎⑦！”

【注释】

①夫子：庄子。②竖子：童仆；雁：鹅。③訾(zǐ)：诋毁；专为：固守一端。④物物：主宰支配外物。⑤人伦之传：人际伦理的传习。⑥廉：锐利。⑦志：通“记”，记住。乡：通“向”，归向。

大树因不成材而享尽天赋的寿命，现在主人的鹅却因为不会打鸣而丧命。先生怎样对待呢？”

庄子笑着说：“我将处于材与不材之间。材与不材之间似乎是合适的位置，其实不然，这样还是难免于受累。若是依照道德而行事，就不会那样。对赞誉与诋毁都无所谓，能伸能屈，应时万变，不固守一端；可上可下，以和顺自然为原则，游心于万物之源；主宰外物而不被外物所主宰，怎么会受累呢！这就是神农、黄帝的处世法则。至于说万物的情状、人伦的传习，就不是这样。有聚合也就有离析，有成功也就有毁败；棱角锐利就会受到挫折，尊显就会受到倾覆，有为就会受到亏损，贤能就会受到谋算，而无能也会受到欺侮，怎么可以一定要拘守于一方呢！可悲啊！弟子们记住了，恐怕还只有归向于自然吧！”

品庄悟道

人如何生存？

人生在世，如何生存，如何处世？庄子这里讲了一个故事。以这个故事中的木、雁折射人：一个人成材是患，不成材也是患，而处在成材与不成材之间也会有拖累，怎么办？庄子说，按他的方法去做。这方法就是游于无为的道德境界。

木因不成材而享天年，鹅因不会鸣而遭横死，一样的不成器，不一样的命运。其实说的是人生的困境。这一困境与生俱来：人都受外力支配，当被支配者无能而不堪支配时，都会因为无用而被抛弃——遗忘是一种抛弃，杀掉也是一种抛弃。但就生命而言，前者有幸，后者不幸。因此庄子提出了第一个处世方法：“处乎材与不材之间”，这是一条不偏不倚的道路，目的是避祸全身。这条中间道路说来容易走来难，难就难在度的把握——稍微往下是不材，稍微往上是材，极其危险，非常累人。成材累，不成材也累，累与不累相参，处于材于不材之间还是累。做人难之叹，不为无因。庄子最后提出的最佳方案其实一点也不新鲜，到了无为的道德境界就不会有任何牵累了。何以为然？因为材与不材之间的患累都因外力引起，到了“乘道德而浮游”的境界，就能“物物而不物于物”，不再被外力所控制。庄子把得道后的作用说得很神妙，其实，哪怕主体道德修养到了极致，原先控制主体的外力并不因此而消失。这样，主体控制外力而不被外力控制（即“物物而不物于物”）只能是一厢情愿，剩下的只有是“与时俱化”，说得明白点就是混世。无为论的局限由此可见一斑。

二

【原文】

市南宜僚见鲁侯，鲁侯有忧色[1]。市南子曰：“君有忧色，何也？”

鲁侯曰：“吾学先王之道，修先君之业；吾敬鬼尊贤，亲而行之，无须臾离居[2]；然不免于患，吾是以忧。”

市南子曰：“君之除患之术浅矣！夫丰狐文豹，栖于山林，伏于岩穴，静也[3]；夜行昼居，戒也；虽饥渴隐约，犹且胥疏于江湖之上而求食焉，定也[4]；然且不免于罔罗机辟之患[5]。是何罪之有哉？其皮为之灾也。今鲁国独非君之皮邪？吾愿君刳形去皮，洒心去欲，而游于无人之野[6]。南越有邑焉，名为建德之国。其民愚而朴，少私而寡欲；知作而不知藏，与而不求其报；不知义之所适，不知礼之所将[7]；猖狂妄行，乃蹈乎大方[8]；其生可乐，其死

【译文】

市南宜僚拜见鲁侯，鲁侯面带忧色。市南宜僚说：“国君面带忧色，为什么？”

鲁侯说：“我学习先王的治国之道，承继先君的事业；我敬奉鬼神尊重贤能，身体力行，没有片刻散漫停歇；这样也不能免除祸患，我因此忧愁。”

市南子说：“您避免祸害发生所用的方法太浅薄了！你犹如皮毛丰美的狐狸和身上长有花纹的豹子，栖居在山林之中。潜藏在山洞之中，这够沉寂的了；它们晚上出来活动，白天留在洞穴里，这就够警戒的了；虽然它们为饥渴所逼迫，但还是瞻前顾后远行江湖之上去求食，这够稳定的了；然而却还是免不了遭受罗网和机关的迫害。它们有什么过错呢？是它们的皮毛招来的灾难啊！现在鲁国不正是给您带来灾祸的‘皮毛’吗？希望您忘掉自身而抛弃鲁国，除去一切欲望，遨

可葬。吾愿君去国捐俗，与道相辅而行。”

君曰：“彼其道远而险，又有江山，我无舟车，奈何？”

市南子曰：“君无形倨，无留居，以为君车⑨。”

君曰：“彼其道幽远而无人，吾谁与为邻？吾无粮，我无食，安得而至焉？”

市南子曰：“少君之费，寡君之欲，虽无粮而乃足。君其涉于江而浮于海，望之而不见其崖，愈往而不知其所穷。送君者皆自崖而反，君自此远矣！故有人者累，见有于人者忧。故尧非有人，非见有于人也⑩。吾愿去君之累，除君之忧，而独与道游于大莫之国⑪。方舟而济于河，有虚船来触舟，虽有惼心之人不怒。⑫有一人在其上，则呼张歙之，一呼而不闻，再呼而不闻，于是三呼邪，则必以恶声随之⑬。向也不怒而今也怒，向也虚而今也实⑭。人能虚己以游世，其孰能害之！”

【注释】

①市南宜僚：人名，名宜僚，隐居市南因而称之。②离：散漫；居：停留，休息。③丰狐文豹：皮毛丰美的狐狸，身有花纹的豹子。④胥疏：瞻顾而行貌；定：慎重。⑤罔：通“网”，为捕鸟和野兽的工具。⑥刳形：忘身；去皮：忘国。⑦适：往；将：行。⑧猖狂妄行：随心所欲，没有拘束。⑨形倨：形态倨傲；留居：安处原位。⑩见有于人：被别人统治。

游于没有人的旷野。南越有一处都邑，名叫建德国。那里的人民愚陋而淳朴，少私而寡欲；只知劳作而不知私藏，施舍别人而不求报答；不知道什么是义，也不知道什么是礼；随心所欲，无拘无束，合乎大道；生前快乐，死后安葬。我希望您离开国家抛弃世俗，与道相辅而行。”

鲁侯说：“去建德国路途遥远且艰难，还有山川阻隔，我没有船和车，怎么前往呢？”

市南子说：“您若不倨傲，不留恋原来的生活，这便是您的船和车。”

鲁侯说：“去建德国路途幽远且无人烟，谁与我结伴而行？而且没有粮食，没有吃的，怎么能够安全抵达呢？”

市南子说：“减少您的耗费，清减您的欲望，尽管没有食粮也就足够了。您一旦涉水过江浮游过海，遥望它时已经不见它的岸边，越往前走更不知道它的尽头。护送您的人都从岸边回去了。您从此远逝了！所以拥有臣民的人就劳累，受制于臣民者就担忧。所以尧既不拥有臣民，也不受制于臣民。我希望能减除你的劳累，除去你的忧患，而独自跟大道一块儿遨游于至虚的大道之境。两舟相并来渡河，突然有条空船碰撞过来，即使心胸最褊狭、性子最火急的人也不会发怒；倘若有一个人在那条船上，那就会人人大声呼喊喝斥来船后退；呼喊一次没有回应，呼喊第二次也没有回应，于是喊第三次，那就必定会骂声不绝。刚才不发脾气而现在发起怒来，那是因为刚才船是空的而今却有人在船上。一个人倘能听任

⑪大莫之国：谓至虚的大道之境。⑫方舟：两舟相并；惼(biǎn)心：心胸狭窄。⑬张：撑开；歙：收敛。⑭向：刚才，从前。

外物、处世无心而自由自在地遨游于世，谁能够伤害他！”

品庄悟道

建德之国

此处，鲁侯习先王之道、修先君之业、敬鬼尊贤不敢片刻懈怠但仍“不免于患”，所以借市南子之口为鲁侯虚构了一个“建德之国”，其民风淳朴，如陶渊明描绘的“桃花源”一样。

庄子借此指出，消除忧愁之心，最好的办法是抛弃诸如权势等外物，清心寡欲，虚怀忘己，这样才能抵达既不统治别人又不被别人统治的彼岸——“建德之国”。

三

【原文】

北宫奢为卫灵公赋敛以为钟，为坛乎郭门之外，三月而成上下之县①。王子庆忌见而问焉，曰②：“子何术之设？”

奢曰：“一之间，无敢设也。奢闻之，‘既彫既琢，复归于朴’，侗乎其无识，傥乎其怠疑③；萃乎芒乎，其送往而迎来④；来者勿禁，往者勿止；从其强梁⑤。随其曲傅，因其自穷，故朝夕赋敛而毫毛不挫，而况有大涂者乎⑥！”

【注释】

①北宫奢：卫国大夫，名奢，居北宫，因以为号；钟：青铜铸成的乐器；县：通“悬”，钟架。②王子庆忌：即吴王僚的儿子。③侗：形容纯朴；傥乎：无心貌；④萃：聚集；芒：辨不清。⑤强梁：不顺从，不屈服的。⑥曲傅：顺从依附；涂：路。

【译文】

北宫奢替卫灵公募收民财铸造钟器，在外城门筑祭坛，三个月就造好了钟并编组在上下两层钟架上。王子庆忌见到这种情况便向他问道：“你用的是什么样的办法呀？”

北宫奢说：“只抱着纯一之道，除此之外不敢存有别的想法。我听说：‘经过了一番雕琢之后，又返归于原始淳朴的状态。’我淳朴无知的样子，就好像思虑迟钝的样子；任大家聚集在一起，迎来送往分辨不清；来的人不拒绝，去的人不挽留；不愿意交纳的任他而去；不赞助我的随他自便，依照他们个人的能力，所以，虽然朝夕赋敛，但人们不受丝毫的损害，何况是怀有大道的人呢！”

品庄悟道

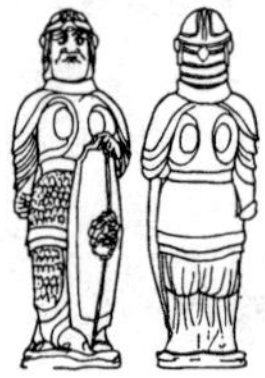

纯一之道

此处，以北宫奢替卫灵公赋敛为钟，三个月就造好了的故事，说明：行事听顺自然，就可以取得良好的效果。

当然从这个故事中，同时可以了解到“纯一之道”还包括，认准一个目标，一心一意地做一件事情。

四

【原文】

孔子围于陈蔡之间，七日不火食①。

大公任往吊之曰②：“子几死乎？”曰：“然”。

“子恶死乎？”曰：“然。”

任曰：“予尝言不死之道。东海有鸟焉，其名曰意怠。其为鸟也，翂翂翐翐，而似无能③；引援而飞，迫胁而栖，进不敢为前，退不敢为后④；食不敢先尝，必取其绪⑤。是故其行列不斥，而外人卒不得害，是以免于患。直木先伐，甘井先竭。子其意者饰知以惊愚，修身以明污，昭昭乎若揭日月而行，故不免也。昔吾闻之大成之人曰⑥：‘自伐者无功⑦；功成者堕，名成者亏⑧。’孰能去功与名而还与众人！道流而不明居，得行而不名处⑨；纯纯常常，乃

【译文】

孔子被围困在陈国和蔡国之间，七天没能生火做饭。

太公任前去看望他，说：“先生快要饿死了吗？”答：“是的。”

任继续问道：“先生厌恶死吗?”答：“是的。”

任说：“我尝试谈谈不死之方法。东海有一种鸟，名叫意怠。它作为鸟，飞得迟缓不高，就像无能；它们总是成群结队地飞，挤在群鸟中栖息；进不敢在前，退不敢在后；食不敢先吃，比吃那剩的。所以它们在鸟群中从不受排斥，人们也终究不会去伤害它，因此能够免除祸患。长得很直的树木总是先被砍伐，甘甜的井水总是先遭枯竭。你的用心是装扮得很有才干以便惊吓普通的人，注重修养以便显露别人的污秽，炫耀自己的明亮就像是举着太阳和月亮走路，所以

比于狂⑩;削迹捐势,不为功名。是故无责于人,人亦无责焉。至人不闻,子何喜哉⑪?”

孔子曰:“善哉!”辞其交游,去其弟子,逃于大泽;衣裘褐,食杼栗⑫;入兽不乱群,入鸟不乱行。鸟兽不恶,而况人乎!

【注释】

①火食:起火做饭。②大公:古代对老人的尊称;任:人名。③翂(fēn)翂翐(zhì)翐:鸟飞行迟缓。④引援:被同类牵引;迫胁:挤在众鸟之中。⑤绪:剩余。⑥大成之人:指老子。⑦伐:夸耀。⑧堕:败。⑨道流:道之变化流行;明居:居于显露之处。⑩纯纯常常:纯朴而平常。⑪不闻:不求闻名于世;喜:热衷于功名。⑫裘褐:粗陋的衣服;杼(zhù)栗:粗粮、野果。

总不能免除灾祸。从前我听老子说过:‘自我夸耀的人不会成就功业;功业成就了的人必定会失败,名声显赫的人必定会遭到损伤。’谁能抛弃功名而回到与众人一样?大道变化流行而不居于显露之处,大德盛行于世而不处于称颂之位;纯朴而平常,成为随性而动之人;消除形迹,抛弃权势,不求功名。所以不责求于人,人亦不责求于我。至人不求闻名于世,你为什么喜好名声呢!”

孔子说:“说得好啊!”于是辞别朋友,离开弟子,逃往旷野之中,穿粗陋的衣服,吃粗疏的食物,进入兽群兽不惊,接近鸟群鸟不怕。鸟兽都不厌恶他,何况是人!

品庄悟道

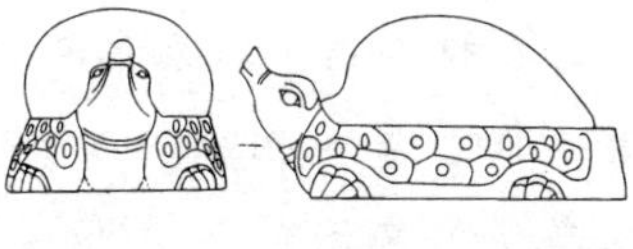

与人无争

“长得直的树木总是先被砍伐。”这是一个普遍的现象,此处借寓言故事中所描写的“孔子”,这个“孔子”并非历史上真实的孔子,而是庄子虚拟的人物,借以揭示“直木先伐,甘井先竭”的道理,说明抛弃功名利禄,做到与人无争,则能够免除祸害。

圣迹图·穷于陈蔡

与人无争,与世无争,是一种消极的避祸思想,有不现实的地方,因为人不可能脱离社会,但是“直木先伐,甘井先竭”却是有一定的道理,像“枪打出头鸟”“树大招风”,这些都可以用来证明,那么,既然不可能不与人争，又不能抢风头，那么处于才与不才之际的“中庸之道”就在后世的儒家中得到了发扬光大。

五

【原文】

孔子问子桑雽曰①：“吾再逐于鲁，伐树于宋，削迹于卫，穷于商周，围于陈蔡之间。吾犯此数患，亲交益疏，徒友益散，何与？”

子桑雽曰：“子独不闻假人之亡与②？林回弃千金之璧，负赤子而趋③。或曰：‘为其布与④？赤子之布寡矣；为其累与？赤子之累多矣。弃千金之璧，负赤子而趋，何也？’林回曰：‘彼以利合，此以天属也⑤。’夫以利合者，迫穷祸患害相弃也。以天属者，迫穷祸患害相收也⑥。夫相收之与相弃亦远矣。且君子之交淡若水，小人之交甘若醴；君子淡以亲，小人甘以绝。彼无故以合者，则无故以离。”

孔子曰：“敬闻命矣！”徐行翔佯而归，绝学捐书，弟子无挹于前，其爱益加进⑦。

异日，桑雽又曰：“舜之将死，真泠禹曰：‘汝戒之哉！形莫若缘，情莫若率⑧。缘则不离，率则不劳；不离不劳，则不求文以待形，不求文以待形，固不待物。’”

【译文】

孔子问子桑雽说：“我两次被鲁国驱逐，在宋国遭受屈辱，被卫国禁止居留，在商周陷入困境，被围困于陈蔡两国交界之处。我蒙受如此灾难，亲朋疏远，弟子离散，这究竟是为什么？”

子桑雽说：“你没有听说假国人逃亡的事情吗？林回舍弃了价值千金的玉璧，背着小孩逃走，有人说：‘为了钱财吗？小孩的价值很少；为了减轻拖累吗？小孩是很大的拖累。舍弃了千金的玉璧，背着小孩逃走，为什么呢？’林回说：‘和玉璧是利的结合，和小孩是天性关系。’以利结合的，受到穷迫祸害的时候，就会互相遗弃，天性相关的，遇到穷迫祸害的时候，会互相关照。互相关照与互相遗弃之间是相距甚远的。况且，君子之交淡如水，小人之交甜若醴。君子淡泊而相亲，小人亲密易断交，那些无缘无故地走到一起去的人，也会无缘无故地分离。”

孔子说：“我恭敬地接受您的教诲！”然后缓慢而悠闲地回去，终止学业，捐弃书籍，弟子不必在面前作揖行礼，但对老师的敬爱却更为增进。

有一天，子桑雽又说：“舜将死之时，

【注释】

①子桑雽(hù):即子桑户。②假:在此指国名;亡:逃亡。③林回:指假国逃亡的人中之一;负:背着;赤子:小孩。④布:钱财。⑤彼利和:以利益关系相结合。⑥相收:相互关照。⑦翔佯:即徜徉;挹:揖,作揖行礼。⑧缘:顺其自然。

告诫禹说:‘你要警惕啊!身形不如顺其自然,情感不如任其天真。顺应就不会背离,率真就不会劳苦;不背离不劳神,那么也就不需要用文饰来装扮身形;无须修饰来矫造身形,所以也就不必有求于外物。’”

品庄悟道

君于之交淡如水

“君于之交淡如水。”本是孔子儒学的内容,但在庄子笔下,孔子对此却一无所知,求教于他人。事实并非如此。庄子虚构孔子困厄之后,亲朋故友、高足离他远去的故事,说明人与人之间不可以利相交,而应从天性出发,情感淡泊如清水,才能够长久。

六

【原文】

庄子衣大布而补之,正縻系履而过魏王①。魏王曰:“何先生之惫邪②?”

庄子曰:“贫也,非惫也。士有道德不能行,惫也;衣弊履穿,贫也,非惫也;此所谓非遭时也。王独不见夫腾猿乎③?其得柟梓豫章也,揽蔓其枝而王长其间,虽羿、蓬蒙不能眄睨也④。及其得柘棘枳枸之间也,危行侧视,振动悼慄⑤;此筋骨非有加急而不柔也,处势不便,未足以逞其能也⑥。今处昏上乱相之间,而欲无惫,奚可得邪?此比干之见剖心征也夫!”

【译文】

庄子身穿粗布衣服还打着补丁,紧束腰带,用麻绳捆绑破鞋,去见魏王。魏王说:“先生怎么这么疲惫呢?”

庄子说:“是贫困,不是疲惫。士人身怀道德而不能实行,是疲惫;衣裳破了,鞋子坏了,是贫困,不是疲惫。这就是所谓的生不逢时。大王没有看见过那跳跃的猿猴吗?它们生活在楠、梓、豫、章等端直乔木的树林里,攀着小树枝自由自在地跳跃而称王于树枝间,即使是神箭手后羿和逢蒙也不敢小看它们。等到生活在柘、棘、枳、枸等刺蓬灌木丛中,小心翼翼地行走而且不时地左顾右盼,内心

【注释】

①大布：粗布；縻(xié)：腰带。②惫：疲惫。③腾：跳跃。④枏(rán)：即楠树；揽蔓：攀着小树枝；羿：后羿、蓬蒙：传说中擅射能手；眄(miǎn)睨(nì)：斜视。⑤柘(zhè)棘枳(zhǐ)枸：有刺灌木；悼慄：战栗。⑥急：紧；柔：灵便。

震颤恐惧发抖；这不是因为筋骨受到了束缚而不灵活，这是因为所处情势不利，不能施展自己的才能啊！现在正处于昏君乱臣的治理下，想要不疲惫，怎么可能呢？在此社会中，像比干那样被剖心，不就是明证吗？"

品庄悟道

贫苦而不疲惫

此处，故事中借"庄子"之口向世人说明了，"贫苦"和"疲惫"的区别，旨在说明，混乱的统治对于人们的束缚。

对于今天的读者来说"庄子"的"贫苦"和"疲惫"可以理解成，物质的匮乏和精神的缺失。物质匮乏不过少用一些，享受少一些，可是一旦精神缺失，一个人可能失去独立的人格，那才是一个可悲的事情。

七

【原文】

孔子穷于陈蔡之间，七日不火食，左据槁木，右击槁枝，而歌焱氏之风①。有其具而无其数，有其声而无宫角，木声与人声，犁然有当于人之心②。

颜回端拱还目而窥之③。仲尼恐其广己而造大也，爱己而造哀也，曰："回，无受天损易，无受人益难。无始而非卒也，人与天一也。夫今之歌者其谁乎？"

回曰："敢问无受天损易。"

仲尼曰："饥渴寒暑，穷桎不行，

【译文】

孔子一行被困在陈国和蔡国之间，七天没有生火做饭。孔子向左靠在枯树上，用右手以枯枝打拍子，唱着神农氏时代的歌谣。此时孔子的歌声虽有槁木枝可以敲击节奏但已经不合节奏；虽有还有声音却已经走调了。尽管如此，敲打的声音和孔子歌唱的声音，却仍然悠然动听，动人心弦。

颜回恭敬地拱手站着，眼睛转来转去地看，孔子怕他把自己的道德看得过于高远而达到最了不起的境界，爱惜自

天地之行也，运物之泄也，言与之偕逝之谓也④。为人臣者，不敢去之。执臣之道犹若是，而况乎所以待天乎⑤！”

“何谓无受人益难？”

仲尼曰：“始用四达，爵禄并至而不穷，物之所利，乃非己也，吾命其在外者也。君子不为盗，贤人不为窃。吾若取之，何哉！故曰，鸟莫知于鷾鸸，目之所不宜处，不给视，虽落其实，弃之而走⑥。其畏人也，而袭诸人间，社稷存焉尔⑦。”

“何谓无始而非卒？”仲尼曰：“化其万物而不知其禅之者，焉知其所终⑧？焉知其所始？正而待之而已耳。”

“何谓人与天一邪？”仲尼曰：“有人，天也；有天，亦天也。人之不能有天，性也，圣人晏然体逝而终矣⑨！”

【注释】

①猋(biāo)氏：即神农氏；风：歌谣。②宫角：即宫、商、角、徵、羽；犁然：释然。③端拱：立正拱手。④穷：穷困；桎：桎梏；运物之泄：万物的变化；偕逝：一起变化。⑤待：依赖。⑥鷾(yì)鸸(ér)：燕子；不宜处：不适宜停留。⑦社稷：指鸟巢。⑧禅：交替代谢。⑨晏然：安然。

己因而陷入痛苦之中，便说：“颜回啊，不受自然的损害还容易，不受人世的损害更难，没有一个开始不是终结的，人与自然是同一的，现在唱歌的是谁呢？”

颜回问道：“请问为什么不受自然损害容易呢？”

孔子说：“饥饿、干渴、严寒、酷暑，围迫人，束缚人，使人不能畅行，这是天地的运行，万物的变化。‘不受自然损害容易。’说的是要与天地万物一起变化。做臣子的，不敢违背君主。做臣子的道理尚且如此，更何况对于万物变化所依赖的天呢！”

“请问为什么不受人世的损害更难呢？”

孔子说：“初被任用办什么事都觉得顺利，爵位和俸禄一齐到来没有穷尽，外物带来的好处，本不属于自己，只不过是我的机遇一时存在于外物。君子不会做劫盗，贤人也不会去偷窃。我若要获取外物的利益，为了什么呢？所以说，鸟没有比燕子更聪明的，看见不适宜停留的地方，绝不投出第二次目光，即使掉落了食物，也舍弃不顾而飞走。燕子很害怕人，却进入到人的生活圈子，不过只是将它们的鸟巢暂寄于人的房舍罢了。”

颜回问：“什么叫没有一个开始不是终结的？”

孔子说：“不知万物变化交替代谢的，怎么能知道它的终结？又怎么能知道它的开始？静心等待其变化就是了。”

颜回问：“什么叫人与自然是同一的？”

孔子说：“支配人的是自然之理，支配自然的也是自然之理。人不能支配自然，这是本性。圣人安然地把握变化直到死去。”

品庄悟道

关于人与天的思考

此处，庄子借与自己身世相似的儒家之祖孔子之口阐述了道家的主张，指出“人与天一也”，客观的情势、人道的更进与变化，都受“天道”的主宰。世人只有怀有天性，安顺于“天道”，方能做到与“天”合一。

“天人合一”的思想从古到今不知道影响了多少人。对于天的崇拜可以说是来自上古，人对于“天”的不可测，以及“天”给人带来的灾难，使得人们觉得很难改变天，只有天和顺了，风调雨顺了，人才能够丰收，过得好，所以人的愿望是“天公作美”“天遂人愿”等。也就是说把人的感情融于天，达到一种“天人合一”的地步。但是“天道无常”能够做到“天人合一”的人寥寥无几，能够做到“天人合一”的人也就是道家所说的“得道者”了。

八

【原文】

庄子游于雕陵之樊，睹一异鹊自南方来者，翼广七尺，目大运寸，感周之颡而集于栗林[①]。庄子曰：“此何鸟哉，翼殷不逝，目大不睹[②]？”蹇裳躩步，执弹而留之[③]。睹一蝉，方得美荫而忘其身，螳螂执翳而搏之，见得而忘其形[④]；异鹊从而利之，见利而忘其真。庄子怵然曰[⑤]：“噫！物固相累，二类相召也[⑥]！”捐弹而反走，虞人逐而谇之[⑦]。

庄子反入，三月不庭，蔺且从而问之：“夫子何为顷间甚不庭乎[⑧]？”庄

【译文】

庄子到雕陵之圃游玩，看见一只异鹊从南方飞来。异鹊双翼宽大有七尺多长，眼睛又圆又大足有一寸，触到了庄子的额头后，停在了栗林之中。庄子说：“这是什么鸟啊？翅膀宽大却不能远飞，眼睛大却看不清东西。”于是提起衣裳快步走去，手拿弹弓，准备伺机射杀异鹊。这时看见一只蝉，得到一块好树荫而忘记了自身的危险；藏在它身后的螳螂举臂抓住了它，螳螂有所得而忘记自己所处的险境；异鹊从中取利而抓住了螳螂，异鹊因贪利也忘记了自己的性命之忧。庄子见此情形，吃惊地说：“物类相互牵累，这

周曰："吾守形而忘身，观于浊水而迷于清渊。且吾闻诸夫子曰：'入其俗，从其令'。今吾游于雕陵而忘吾身，异鹊感吾颡，游于栗林而忘真，栗林虞人以吾为戮，吾所以不庭也⑨。"

【注释】

①雕陵：陵名；樊：圃；颡(sǎng)：额头。②殷：大，广。③蹇：提起；躩(qì)步：疾步快走。④执翳：举臂。⑤怵然：惊觉貌。⑥累：牵累；召：吸引。⑦虞人：看管栗园的人；谇：责骂。⑧庭：出庭院；蔺(lìn)且(jū)：庄子弟子。⑨戮：责骂。

都是因为互相贪利所招致的灾祸啊！"于是扔掉弹弓转身就跑，看管栗园的人以为他偷栗子，追赶着责骂他。

庄子回到家中，三天不出门，弟子蔺且追问他说："先生为什么好久都不出门呢？"庄子说："我光记得要捕捉异鹊却把我自己给忘了，观看混浊的水却把清澈的深渊给忘了。我从先生那听说：'到一个地方，就要遵守那的禁令。'如今我在雕陵游玩而忘了自身的安危，异鹊碰到我的额头，在果林中游玩而忘了自身的天性，果园的看守人以为我要偷栗子而责骂我，我因此不愿出门。"

品庄悟道

螳螂捕蝉，黄雀在后

后世"螳螂捕蝉，黄雀在后"的成语，其源乃本于此处中所讲的寓言。它告诉我们，任何时候都不能见利忘形，否则会后患无穷。

螳螂捕蝉，异鹊在后；鹊捕螳螂，庄子在后；庄子击鹊，虞人在后。这个故事的喻意是只顾眼前利益者必有后患。

而读者在故事的情节链条中还可以悟出：在物与物、人与物、人与人之间处处存在着丛林法则，即弱肉强食法则。螳螂这种昆虫的前腿人称螳斧，虽然力量小得微不足道，但对蝉已构成威胁；异鹊在庄子笔下，更是被有意写成"翼广七尺，目大运寸"庞然大物，小小螳螂自然会成为其牺牲品；人凭智力，更是万物的潜在伤害者；庄子与虞人虽都是人，但后者有权力在手，于是庄子只有被逐的结局。生存艰险的意味，在故事中隐隐传出，西汉文学家刘向曾编过《说苑》一书，其中的《正谏》篇有则寓言故事，可与庄子这一篇对照："园中有树，其上有蝉，蝉高居悲鸣饮露，不知螳螂在其后也；螳螂委身曲附欲取蝉，而不知黄雀在其傍也。"这就是人们熟知的"螳螂捕蝉，黄雀在后"的直接典源。相比较，刘向故事实以庄子为蓝本，只是将异鹊易为黄雀，并略去庄子击鹊，虞人在后情节而已。

九

【原文】

阳子之宋，宿于逆旅[1]。逆旅人有妾二人，其一人美，其一人恶，恶者贵而美者贱[2]。阳子问其故，逆旅小子对曰[3]："其美者自美，吾不知其美也；其恶者自恶，吾不知其恶也。"

阳子曰："弟子记之！行贤而去自贤之行，安往而不爱哉[4]！"

【注释】

①之：往；宋：宋国；逆旅：旅馆。②恶：面貌丑陋；贵：受宠；贱：受冷落。③小子：对年纪小的人的称呼。④行贤：德行美好。

【译文】

阳子到宋国去，途中投宿在一间旅店里。旅店主人有两个小妾，其中一个长得很漂亮，另一个长得丑陋。长得丑陋的备受宠爱，而长得漂亮的却受到冷落。阳子问其中的缘故，那个年轻的主人回答说："那个漂亮的女人自以为美而骄矜，我并不认为她有多美；那个丑陋的女人自以为丑而安分守己，我并不认为她有多丑。"

阳子对弟子们说："弟子们要记住，德行美好而能忘掉自己美好德行的人，走到哪里不会受到人们的敬爱呢！"

品庄悟道

丑妻贵而美妻贱

"其美者自美，吾不知其美也；其恶者自恶，吾不知其恶也。"这是逆旅人对其美、丑二妾做出判断时所依的标准。故事表明：自我炫耀者终被贱弃；为人卑谦者才能为人所敬重。

一个极其简单却又耐人寻味的故事。故事发生在旅途，而人生本来就是一次单程旅行，这一细节于是有象征意义：旅途意味着陌生，陌生意味着魅力。从叙事学的角度上说，越是简单的故事越需要出人意表的细节和深刻的意蕴，否则就是一杯凉白开。

此故事的主干很简单：逆旅主人二妾一丑一美，"恶者贵而美者贱"。妾的美丑形成对比，主家对她们的态度与常理相悖，使人费疑猜。逆旅主人的解释，涉及的问题至少有两个：首先是人的外在相貌与内在品德的统一与错位问题。一般而言，

人的外貌与品性应有下列诸种组合：1.内外皆美。2.内美外丑。3.内丑外美。4.内外皆丑。逆旅主人的两个妾明显不属第1种和第4种，即既非最好，也非最次。那个得宠的丑妾显然属于第2种，被轻贱的美妾则属于第3种。还应考察的是：何以为然？从阳子对徒儿的告诫来推断，美妾仗其貌而不修其德，以致招嫌；丑妾则有意识修内美弥补外丑，以后天努力补先天缺陷，宠爱不邀而至。

个中道理，发人深省。其次是美的客观性与主观性问题。人的美丑是客观存在，但还有个主观判断和接受问题。俗语"情人眼里出西施"是这个命题的形象注解。

【集评】

宣颖《南华经解·山木》："庄子游乎雕陵"接连写出数层妙境，使人有目不及眨之趣。蝉一层，螳螂一层，异鹊又一层，已数累之上矣；又转出虞人逐谇一层，收入当身，如穷幽陟险之后，又转一胜，真文家乐事也。

方人杰《庄子读本·山木》：在著实地上作虚空境界，又在虚空隐显中发著实道理。"虚己游世，孰能害之"，是此一篇主意。文能纵笔所之，发挥控送，无不如意，疏淡之中，神韵悠长，以其炼也。炼意、炼气、炼笔，真无不炼而后有此。

褚伯秀《南华真经义海纂微·山木》：是篇以"山木"命题，即大樗栎社之义，皆以不材得终天年，又以雁不能鸣而见杀相对立论，则南华之于世谤，观之亦熟矣。

陆西星《南华真经副墨·山水》：此篇所论全身免患之道，最为详悉，与内篇《人间世》参看。其要只在虚己顺时而去其自贤之心。熟读此者，可以经世务矣。

林云铭《庄子因·山木》：此篇阐发全身远害之理，可以补内篇《人间世》所未备。大意以道德为眼，其所云虚己顺时，乃道德中事也。精议奥旨，可当涉世韦弦。

刘凤苞《南华雪心编·山木》：此篇虽从处世免患上立论，纯是达天知命功夫。"道德之乡"四字，括尽通篇奥旨，处处须从此收敛入来，乃可透入清虚，超然物外也。(庄子游乎雕陵)此段极写世途之危险。见得而忘其形，见利而忘其真，说透病根，是一篇扼要之语。蝉得美荫而螳螂已乘其后，螳螂执翳而异鹊又乘其后，祸机之展转相生，皆物类之自相为感召也。现前指点，便使人动魄惊心。执弹而留，捐弹而走，前后均从异鹊生波，而以螳螂执翳一层夹在中间，与《国策》文引喻黄雀、螳螂，另是一样机杼，极错综离合之奇。尤妙在虞人谇逐，又转出一层，文心矫变不测，正如惊涛骇浪之中，忽逢峭石，叠嶂层峦之外，突起奇峰，真非寻常意境。通体筋节灵动，脱化无痕，亦有石栈天梯，架危凌虚之胜。

田子方

【导读】

本篇以篇首三字名篇，“田子方”为人名，也可以说以人名名篇。

在思想内容上，本篇与《至乐》《达生》《山木》等篇相近，表现了庄子对人生理想、处世方式和生死态度的看法和见解；所不同的是，本篇间或还涉及庄子关于万物生成、统一的生成论、宇宙论思想。

本篇由十一则寓言故事组成，各则寓言故事虽然各有主旨，但大体都是围绕一个“真”字生发。首则借魏文侯与田子方的对话，揭出“真”字，以统领全篇。次则借温伯雪子之口，指明俗士不能体悟真道，其弊在拘于礼义而不知人心。第三则通过颜渊与仲尼的对话，阐明真道不可求于形迹之间。第四则写孔子求见老聃的故事，说明体悟真道必须游于物之初。第五则以真儒不必儒服设喻，说明体悟真道不能惑迷外饰。第六则以百里奚、有虞氏为例，指出爵禄、死生不入于心，其自然真性就会完好无损，虽无心求道而真道自至，无心感人而感人至深。第七至第九则，通过写画师的“解衣般礴”、臧丈人的不钓之钓与伯昏无人的“不射之射”，说明蹈虚守真才能臻于妙道，虽不期功效而功效自佳。第十则以孙叔敖为例，说明得失两忘才能不损其真，从而可与古之真人相媲美。末则以凡君国亡而不足以丧真，归结“真”字，终结全篇。

一

【原文】

田子方侍坐于魏文侯，数称豁工①。

文侯曰：“豁工，子之师耶？”

【译文】

田子方陪坐在魏文侯旁边，多次称赞豁工这个人。

魏文侯说：“豁工是先生的老师

子方曰："非也，无择之里人也；称道数当，故无择称之[②]。"

文侯曰："然则子无师邪？"

子方曰："有。"

曰："子之师谁邪？"

子方曰："东郭顺子[③]。"

文侯曰："然则夫子何故未尝称之？"

子方曰："其为人也真，人貌而天虚，缘而葆真，清而容物[④]。物无道，正容以悟之，使人之意也消[⑤]。无择何足以称之？"

子方出，文侯傥然，终日不言，召前立臣而语之日[⑥]："远矣，全德之君子！始吾以圣知之言、仁义之行为至矣，吾闻子方之师，吾形解而不欲动，口钳而不欲言。吾所学者，直土梗耳，夫魏真为我累耳[⑦]！"

【注释】

①田子方：名无择，魏文侯之师，魏国贤者；谿(xī)工：人名，魏国贤者。②称道数当：论道常常恰当合理。③东郭顺子：人名，魏国得道真人。④天虚：契合自然；缘：顺；葆真：保持真性。⑤正容：自正容仪，端正自己。⑥傥然：自失貌。⑦解：解散，此指遗忘；土梗：土人。

吗？"

田子方说："不是，只是我的同乡。讲述大道常常合乎道理，所以我称赞他。"

魏文侯说："那么先生没有老师吗？"

田子方说："有。"

魏文侯说："先生的老师是谁呢？"

田子方说："是东郭顺子。"

魏文侯说："可是，先生为什么从来没有称赞过他呢？"

田子方说："他为人纯真，外貌虽如常人，而内心却同自然相契合，一切随顺自然而保持真性，心境清静而能包容万物。世人无道，他便首先端正自己，以此让人开悟，使别人的邪念自然消除。我又能用怎样的言辞来称赞他呢？"

田子方走后，魏文侯怅然自失，整天不说话，把站在面前的臣子召来，告诉他们说："深远啊，德行完善的君子！我原以为圣智的言论和仁义的行为就是最高尚的了，我听说了田子方的老师，我形体遗忘而不想动，嘴就像被钳住而不想说。我学过的都是土人罢了，魏国真是我的拖累啊！"

品庄悟道

缘而葆真

此章节主旨在于称颂"人貌而天虚，缘而葆真，清而容物"的"真人"。庄子理想中的得"道"之人就是能"缘而葆真"者。所谓的"缘而葆真"，是指内能保养其纯正之心而外又能随顺万物。

二

【原文】

温伯雪子适齐，舍于鲁[①]。鲁人有请见之者，温伯雪子曰："不可。吾闻中国之君子，明乎礼义而陋于知人心，吾不欲见也[②]。"

至于齐，反舍于鲁，是人也又请见。温伯雪子曰："往也蕲见我，今也又蕲见我，是必有以振我也[③]。"

出而见客，入而叹。明日见客，又入而叹。其仆曰："每见之客也，必入而叹，何耶？"

曰："吾固告子矣：'中国之民，明乎礼义而陋乎知人心。'昔之见我者，进退一成规一成矩，从容一若龙一若虎，其谏我也似子，其道我也似父，是以叹也。"

仲尼见之而不言。子路曰："吾子欲见温伯雪子久矣，见之而不言，何邪？"

仲尼曰："若夫人者，目击而道存矣，亦不可以容声矣[④]。"

【注释】

①温伯雪子：人名，楚国怀道之人；适：往。②中国：指中原一带；陋：浅陋。③蕲(qí)：求。④夫人：那人；目击：目光所及；不可以容声：用不着多说话。

【译文】

温伯雪子往齐国去，途中在鲁国歇脚。有个鲁国人请求拜见他，温伯雪子说："不行。我听说中原的君子明于礼义，却对人心一无所知，我不想见这种人。"

温伯雪子从齐国返回家乡，中途又在鲁国歇脚，先前那个人又请求拜见。温伯雪子说："先前求见我，如今又求见我，这人必定有什么感动我的。"

出来见过客人，进来就叹息。第二天见了客人，又进来就叹息。他的仆人问："每次见了这些客人，必定进来就叹息，为什么呢？"

温伯雪子说："我原来就告诉过你：'中原国家的人明于礼义却对人心一无所知。'那个见我的人，行礼时成规成矩，举动若龙若虎，神气造作，他劝谏我如同儿子对待父亲，开导我就像父亲对待儿子，我因此而叹气。"

孔子见到温伯雪子时却一言不发。子路问："先生一心想会见温伯雪子已经很久很久了，可是见到了他却一句话也不说，为什么呢？"孔子说："像他那样的人，目光所及处大道就已经在那里存留，也就用不着多说话了。"

品庄悟道

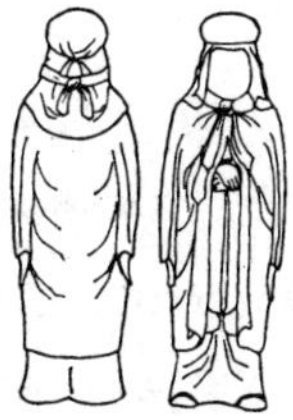

明礼仪却不知人心

“道存”于身的温伯雪子针对儒学的“明平礼义而陋于知人心”痼疾，讥刺了齐鲁士人守礼仪却不懂人心，是对儒家思想的否定。

反对仁义礼法的庄子讥嘲鲁人，因为鲁国是儒学的发源地，孔子的故乡。儒家制定的礼仪规范繁复琐杂，鲁人照行如仪，道貌岸然，迂腐可笑，令人生厌。在庄子眼里，鲁人都“明乎礼义而陋乎知人心”，评价的是鲁人，矛头指向儒学。

儒家重视人的群体价值，讲究社会的秩序性，这就需要有一套体现秩序的行为范式。儒家忽视人的个体价值，所以说它“陋乎知人心”。这个评价概括出了儒家的特点和缺点。

三

【原文】

颜渊问于仲尼曰：“夫子步亦步，夫子趋亦趋，夫子驰亦驰；夫子奔逸绝尘，而回瞠若乎后矣①！”

夫子曰：“回，何谓邪？”

曰：“夫子步，亦步也；夫子言，亦言也；夫子趋，亦趋也；夫子辩，亦辩也；夫子驰，亦驰也；夫子言道，回亦言道也；及奔逸绝尘而回瞠若乎后者，夫子不言而信，不比而周，无器而民滔乎前，而不知所以然而已矣②。”

仲尼曰：“恶，可不察与！夫哀莫大于心死，而人死亦次之。日出东方

【译文】

颜渊问孔子说：“先生慢走，我也慢走，先生快走，我也快走，先生奔跑，我也奔跑，先生跑得飞快，而我却直瞪着眼睛落在后面了。”

孔子说：“颜回，怎么说呢？”

颜回说：“先生慢走，我也慢走；先生议论，我也议论；先生快走，我也快走；先生辩论，我也辩论；先生奔跑，我也奔跑；先生谈道，我也谈道；等到先生跑得飞快我却直瞪着眼睛落在后面，先生不用开口别人就信服，不与人接近人们也相亲，虽无权位人们都来投奔，我不知道为什么会这样。”

孔子说：“唉，不可不明察呀！悲哀

而入于西极，万物莫不比方，有目有趾者，待是而后成功，是出则存，是入则亡③。万物亦然，有待也而死，有待也而生。吾一受其成形，而不化以待尽，效物而动，日夜无隙，而不知其所终，薰然其成形④。知命不能规乎其前，丘以是日徂⑤。吾终身与汝交一臂而失之，可不哀与⑥！女殆著乎吾所以著也。彼已尽矣，而女求之以为有，是求马于唐肆也⑦。吾服女也甚忘，女服吾也亦甚忘⑧。虽然，女奚患焉！虽忘乎故吾，吾有不忘者存⑨。”

【注释】

①奔逸绝尘：快速状；瞠若：直视的样子。②比：近；器：权位；滔：通“蹈”。③西极：西方的尽头；莫不比方：莫不随太阳运转以为方向；出则存：谓日出而作；入则亡：谓日落而息。④待尽：等待自然的消亡；效：犹“感”；熏然：自动貌。⑤规：规划；日徂：与自然之化俱往。⑥交一臂：彼此相交而亲近。⑦唐：空；肆：市场。⑧甚忘：大可忘记。⑨不忘者：指与变偕往之精神。

莫大于心死，而身死还是次要的。太阳从东方出来，而隐没于西方，万物莫不随顺太阳运转以为方向。有眼有足的人，等待太阳出来方可做事成功。所谓日出而作，日落而息。万物全都是这样，等候太阳的隐没而逐步消亡，仰赖太阳的升起而逐步生长。我一旦禀受大自然赋予我的形体，就不会变化成其他形体而等待自然的消亡，感应外物的变化而相应有所行动，日夜不停从不会有过间歇，而且竟不知道变化发展的终结所在，自动地铸就了现在的形体。我知道命运的安排不可能预先规划，所以我只是与自然之化俱往。我终身跟你相交亲近而你却不能真正了解我，能不悲哀吗？你清晰看到的恐怕是我显著的东西。那些举动言辩都已经完结了，可你却亦步亦趋地仿效要学到家，这好比是到空荡荡的市场去找马。我做的事说的话，你应该很快忘却；你做的事说的话，我也应该很快忘却。我虽然这么说，你也别担忧呀！即使忘却原来的我，我还有与变偕往的精神留存于世。”

品庄悟道

学习精髓之处

此处，所论之意，窃取《论语》相关文意并加以扩延与改变，使儒学宗祖孔子变成为道家学说代言人。它以孔子的现身说法，阐明儒学不值得一学，学道的人只有转学天道。此处，颜渊赞叹孔子之学，孔子则赞叹道家之学，把孔子说成了道家的服膺者、悟道人，暗地里有让儒家创始人自掌儒家的嘴之用意，乃庄子否定儒家、自高其论的一贯做法。

关于这一现象也可以这样来认识,就是说,颜渊没有学到孔子的精髓之处,现在也有好多这样的例子,比如说,有的学生上课做笔记不敢落下一句老师说的话,可是学习成绩就是提不高。学习知识不是照搬照抄,要有自己的思考,领会到其中的精髓,不然就"只知其然,而不知其所以然",不会得到真正的科学知识。学习知识上的"亦步亦趋"并非不可取,但是在此基础一定要做到心领神会。

四

【原文】

孔子见老聃,老聃新沐,方将被发而干,慹然似非人[①]。孔子便而待之,少焉见,曰[②]:"丘也眩与,其信然与?向者先生形体掘若槁木,似遗物离人而立于独也[③]。"

老聃曰:"吾游心于物之初。"

孔子曰:"何谓邪?"

曰:"心困焉而不能知,口辟焉而不能言,尝为汝议乎其将[④]。至阴肃肃,至阳赫赫[⑤];肃肃出乎天,赫赫出乎地;两者交通成和而物生焉,或为之纪而莫见其形[⑥]。消息满虚,一晦一明,日改月化,日有所为,而莫见其功。生有所乎萌,死有所乎归,始终相反乎无端而莫知乎其所穷。非是也,且孰为之宗!"

孔子曰:"请问游是[⑦]。"

老聃曰:"夫得是,至美至乐也,得至美而游乎至乐,谓之至人。"

孔子曰:"愿闻其方。"

【译文】

孔子去拜见老子,老子刚洗了头,正披散着头发晾干,一动不动像个木头人。孔子退到一边等着,过一会儿见到老子,说:"我是眼花了呢,还是真的如此?刚才先生的形体直立在那儿像枯木一样,就像遗忘了外界,脱离了人世,处于独化的境界一样。"

老子说:"我的心遨游在万物的初始境界。"

孔子问:"这说的是什么意思呢?"

老子回答说:"心困而不知道,闭口而不能说,为你说个大概。至阴酷寒,至阳炎热,寒冷出于天,炎热出于地,两者互相融合而生出万物,或成为万物规律,却看不见形象,消逝、生长、盈满、空虚,时隐时现,日转月移,无时不在作用着,却不见功绩。生有开始的地方,死有归属的地方,始终循环不尽而不知它穷尽,若不是这样,哪一个是本原呢?"

孔子说:"请问游于物之初的境界?"

曰："草食之兽不疾易薮，水生之虫不疾易水，行小变而不失其大常也，喜怒哀乐不入于胸次[8]。夫天下也者，万物之所一也。得其所一而同焉，则四支百体将为尘垢，而死生终始将为昼夜而莫之能滑，而况得丧祸福之所介乎[9]！弃隶者若弃泥涂，知身贵于隶也，贵在于我而不失于变。且万化而未始有极也，夫孰足以患心！已为道者解乎此。"

孔子曰："夫子德配天地，而犹假至言以修心，古之君子，孰能脱焉？"

老聃曰："不然。夫水之于汋也，无为而才自然矣[10]。至人之于德也，不修而物不能离焉，若天之自高，地之自厚，日月之自明，夫何修焉！"

孔子出，以告颜回曰："丘之于道也，其犹醯鸡与[11]！微夫子之发吾覆也，吾不知天地之大全也[12]。"

【注释】

①沐：洗头；被：通"披"；慹然：不动状。②便：借为"屏"，屏蔽。③掘：通"倔"，直立貌。④辟：合。⑤肃肃：寒冷之意；赫赫：炎热之意。⑥纪：规律。⑦游是：游于物之初的境界。⑧疾：担心；易：变换；薮：草泽。⑨滑：乱；介：际，关系。⑩汋：水澄澈透明。⑪醯鸡：瓮中之蠓虫。⑫微：没有；发吾覆：对我开悟。

老子说："看透这个问题是最美妙最快乐的，拥有最美妙来看待最快乐，就是至人。"

孔子说："我想知道是怎么个做法。"

老子说："吃草的野兽不怕变换草泽，水生的虫子不怕变换池沼，这是因为只有小的变化而没有失去根本，喜怒哀乐不会进入内心。所谓天下，就是万物统一于其中的地方。天地万物达到了统一，则四肢百体将成为尘垢，死生终始如同昼夜的变化一样不受扰乱，何况是得失祸福之事。舍弃得失祸福之类隶属于势位的外物就像丢弃烂泥一样，懂得自身远比这些附属于自己的东西更为珍贵，珍贵在于我自身而不因外在变化而丧失。况且宇宙间的千变万化未曾有过终极，怎么值得使内心忧虑！已经体察大道的人便能通晓这个道理。"

孔子说："先生的德行合于天地，仍然借助于至理真言来修饰心德，古时候的君子，又有谁能够免于这样做呢？"

老子说："不能这样说。水的澄澈透明，是在无所作为的情况下才会自然如此的；最高境界的人的德行，并不是修养出来的，因为万事万物事实上根本无法也不可能离开道的无所不在性。就像天自然就高，地自然就厚，日月自然就明亮一样，哪里需要像我这样来修养啊！"

孔子出来，把这些告诉了颜回，他说："我对于道的认识，就像瓮中的蠓虫一样，太渺小了！如果不是先生开悟，我就不会知道天地如此之大的道理！"

品庄悟道

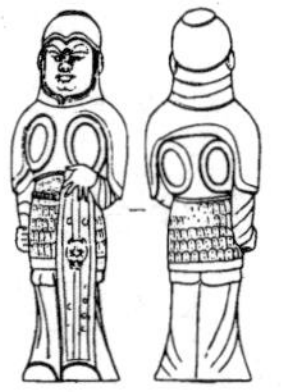

孔子问道于老子

此处，借孔子问道于老子的寓言故事，把“道”的初始情状、修悟“道”的要领和过程，以及得“道”后的心境等“道”之相关问题进行了讲述，显现了儒学不及道学之实。

老子有“道生一，一生二，二生三，三生万物”的话，但未加以具体说明，从庄子的解释看，老子的“二”指的就是阴阳二气，“三”即指阴阳两气交和而成的气，后代注家称之为“和气”，三气和合生成万物，“两者交通成和而物生焉”正是此意。可以说，庄子借老聃之口，对道家宇宙生成论作了权威的阐释。

如何达到修炼到至人的境界？庄子提出了两条原则，一是“行小变而不失其大常”，不要在乎生活境遇的变化，更不要因为生活的变化而改变信念；二是“喜怒哀乐不入于胸次”，不要因外物的刺激而动感情，这比喜怒不形于色的要求还要难以达到。从现代意义上说，庄子的第一条标准依然有借鉴之处。又一次让孔子现身说法，把儒学说成瓮中小虫之见，与《秋水》篇以井蛙喻儒学是同一用心。

五

【原文】

庄子见鲁哀公[①]。哀公曰：“鲁多儒士，少为先生方者[②]。”

庄子曰：“鲁少儒。”

哀公曰：“举鲁国而儒服，何谓少乎[③]？”

庄子曰：“周闻之，儒者冠圜冠者，知天时[④]；履句屦者，知地形[⑤]；缓佩玦者，事至而断[⑥]。君子有其道者，未必为其服也；为其服者，未必知其道也。

【译文】

庄子去见鲁哀公。鲁哀公说：“鲁国有很多儒士，但很少有学习先生道术的。”

庄子说：“鲁国的儒士很少。”

鲁哀公说：“全鲁国都穿着儒士的服装，怎么说儒士少呢？”

庄子说：“我听说，儒者戴圆帽的，懂得天时；穿方鞋的，懂得地利；用五色丝带系佩玉的，遇事能够果断处理。君子身怀某种道术，未必穿某种衣裳；穿某种

公固以为不然，何不号于国中曰：‘无此道而为此服者，其罪死！’”

于是哀公号之五日，而鲁国无敢儒服者，独有一丈夫儒服而立乎公门。公即召而问以国事，千转万变而不穷。庄子曰：“以鲁国而儒者一人耳，可谓多乎？”

【注释】

①鲁哀公：庄子所处时代距鲁哀公所处时代有一百二十年，两人不能相见，这里所说纯属寓言。②方：道术。③举：全。④圜冠：圆帽。⑤句屦：方鞋。⑥缓：五色丝带；佩玦(jué)：环状有缺口的佩玉。

衣裳，未必知晓某种道术。你固然以为不是这样，何不号令国中说：‘没有儒士的道术而穿儒士衣裳的人处死罪！’”

于是鲁哀公号令五天，鲁国境内没有敢穿儒服的，只有一个男子穿着儒服站在朝门前。鲁哀公立即召见而问以国事。问题千变万化，他却有问必答。庄子说：“偌大一个鲁国，儒士只有一个，能够算是多吗？”

品庄悟道

真儒士与假儒士

庄子为鲁哀公献策只是作为一个寓言故事，来说明道理的，历史上庄子和鲁哀公不可能同时存在。庄子为鲁哀公献策，揭穿了多少人的西洋镜，使一些所谓的“儒士”现出原形。

同时这个故事还向人们说明，某种理论正确与否，并不能从其支持者多少或受欢迎的程度等方面来说明；另外，这个故事还告诫人们知识不是靠外貌和衣着取得的。

六

【原文】

百里奚爵禄不入于心，故饭牛而牛肥，使秦穆公忘其贱，与之政也①。有虞氏死生不入于心，故足以动人②。

【译文】

百里奚不让爵位官禄观念进入心中，所以喂牛就牛肥，这使得秦穆公不顾他出身低微，把国家大政授给他管理。舜多次受继母陷害却把生死置之度外，所以他的事迹令人感动。

【注释】

①百里奚：姓孟，字百里奚，秦国人；饭：动词，喂养；忘：不顾。②有虞氏：指舜，舜被继母多次陷害，都不介意。

品庄悟道

造化不求而得

很多人达不到目的的时候，经常会说“造化弄人！”当有些默默无闻的人忽然取得了很好的成就，别人会说“看那人造化真好”。

此处借百里奚不求官位爵禄反而得到了官位爵禄，舜对于母亲的迫害置之度外，反而得到了美名。这也是种不求而得的造化，放到此处用来说“道”；一是说，修“道”时，生死爵禄都不要放在心上，力求做到一个“忘”字；二是说，得“道”者是伪装不出来的，真正的得“道”者处变不惊，任何时候都是坦然自若的。

造化也是道，看淡爵禄，属于无物；忘怀死生，属于无我。看淡爵禄而爵禄自至，忘怀自我即可化人，这是人格的力量。越不想得到的，命运往往偏要送来，越想控制的往往失去控制。

七十二朝人物演义·百里奚

七十二朝人物演义·秦穆公

七

【原文】

宋元君将画图，众史皆至，受揖而立①；舐笔和墨，在外者半。有一史后至者，儃儃然不趋，受揖不立，因之舍②。公使人视之，则解衣般礴赢③。君曰："可矣，是真画者也。"

【注释】

①宋元君：春秋时宋国国君；史：画工。②儃(chán)儃然：安闲貌。③般礴：盘腿而做；赢(luǒ)：通"裸"。

【译文】

宋元君要画图，各个画工来了之后，参拜后站立一旁；润笔调墨，在外面的还有半数。有一个画工后来，安闲从容并不急于上前去，他奉命拜见却不站立，随即返回住所。宋元君派人去看，见他解衣露体盘腿而坐。宋元君说："行，他才是真正的画工啊。"

品庄悟道

真画工

艺高人胆大。胆大即自信，自信生自尊，表现为不愿屈己尊人，行为就有了狂傲色彩，此即恃才傲物，俗称才子气。庄子在这里夸的是真性情者，同时也赞扬慧眼识珠的宋元君。显然，庄子否定的是循规蹈矩。循规蹈矩者意味着只知墨守，不知创新，当然也就不是"真画者"。

值得注意的是，不拘礼节的才子气不应成为榜样。在艺术创作中应大力提倡的不羁个性，不能用于人际交往，否则就会被群体所遗弃。

八

【原文】

文王观于臧，见一丈人钓，而其钓莫钓①；非持其钓有钓者也，常钓也②。

文王欲举而授之政，而恐大臣父

【译文】

文王到臧地游历，看见一位老人在钓鱼，但不是真心钓鱼，他不是手持渔竿专心钓鱼，而只是钓鱼消遣罢了。

兄之弗安也③；欲终而释之，而不忍百姓之无天也④。于是旦而属之大夫曰⑤："昔者寡人梦见良人，黑色而䰄，乘驳马而偏朱蹄，号曰⑥：'寓而政于臧丈人，庶几乎民有瘳乎⑦！'"

诸大夫蹴然曰⑧："先君王也。"

文王曰："然则卜之。"

诸大夫曰："先君之命，王其无它，又何卜焉⑨！"

遂迎臧丈人而授之政。典法无更，偏令无出。三年，文王观于国，则列士坏植散群，长官者不成德，斔斛不敢入于四境⑩。列士坏植散群，则尚同也；长官者不成德，则同务也；斔斛不敢入于四竟，则诸侯无二心也。

文王于是焉以为大师，北面而问曰："政可以及天下乎？"臧丈人昧然而不应，泛然以辞，朝令而夜遁，终身无闻⑪。

颜渊问于仲尼曰："文王其犹未邪⑫？又何以梦为乎？"

仲尼曰："默，汝无言！夫文王尽之也，而又何论刺焉！彼直以循斯须也。"

【注释】

①文王：周文王；臧：地名，近渭水；丈人：此指姜太公。②常钓：钓常在手，聊以度日。③举：提拔。④无天：无所仰望。⑤属：嘱咐。⑥䰄：通"髯"，胡须；驳马：杂色马；偏朱蹄：马蹄侧面是红色。⑦瘳（chōu）：病愈。⑧蹴然：惊恐貌。⑨无它：不要犹疑。⑩坏植散群：解散朋党；斔鱼（yú）斛（hú）：皆量器，十斗为一斛，六斛四斗为一斔。⑪昧然：默然；泛然：淡漠无心貌。⑫犹未：还未足以取信。

文王想任用他主持国政，但又怕大臣贵族不服；想放弃重用他的打算，但又不忍心让百姓失望。于是清早对大夫说："昨晚我梦见一个贤人，黑脸长胡须，骑着杂毛马，马蹄的侧面是红色的，命令我说：'把你的朝政托付给臧地的那位老人，百姓就会解除疾苦了！'"

大夫们惊异地说："这是先君王。"

文王说："既然如此，那就卜问这件事吧。"

大夫们说："先君的命令，君王不必疑虑，又卜问什么呢！"

于是迎来了这位臧地老人并且把朝政委托给他。典章法规不变更，偏曲的政令不发布。三年时间，文王在国内遍访考察，见到各地的朋党全都纷纷解散，各级长官不再树立夸耀自己的功德，不同的斔和斛不再能进入国境使用。各地朋党全都解散，也就政令通达上下同心；各级长官不再树立夸耀个人的功德，也就政务相当，劳绩统一；不同的斔斛不再能进入国境使用，诸侯也就不会生出异心。

文王于是把臧地老人当作老师，北面而立请教说："这样的政事可以推行于天下吗？"臧地老人默然不回答，淡漠无心

封神演义·渭水文王聘子牙

地告辞而去，早晨还接受文王指令，晚上就逃走了，终身没有消息。

颜渊问孔子说："文王还不足以取信于人吗？何必要假托于梦呢？"

孔子说："别做声！你不要说了，文王已经做得很完美了，你又何必议论讥刺他呢！他只是想在一个短时间内让众人很快顺应罢了。"

品庄悟道

不钓而钓

臧丈人是一个得道之人，他钓鱼是不钓而钓，他治理国家是"无为"而为，结果三年而国家大治，表明以"无为"治理国家行之有效。但当文王欲"有为"而推广其政于天下时，臧丈人朝令而夜逃，不愿"有为"，庄子再次强调"无为"论。

九

【原文】

列御寇为伯昏无人射，引之盈贯，措杯水其肘上，发之，适矢复沓，方矢复寓①。当是时，犹象人也②。

伯昏无人曰："是射之射，非不射之射也。尝与汝登高山，履危石，临百仞之渊，若能射乎？"

于是无人遂登高山，履危石，临百仞之渊，背逡巡，足二分垂在外，揖御寇而进之③。御寇伏地，汗流至踵。

伯昏无人曰："夫至人者，上窥青天，下潜黄泉，挥斥八极，神气不变④。今汝怵然有恂目之志，尔于中也殆矣夫⑤！"

【译文】

列御寇给伯昏无人表演他的射技，把弓拉得溜圆满尽，同时在他的肘上放了一杯水，把箭射出去，第一支箭飞向靶心，第二支箭又射中了同一目标。这时候，列御寇好像木偶人一样不动声色。伯昏无人说："这是有心射箭的射，还不是那种无心射箭的射。我要是和你登上高山，站到高耸的石头上，下面是万丈深渊，你还能射吗？"

于是伯昏无人登上高山，脚踩危石，身临万丈深渊，背对着深渊向后退，脚跟悬空，请列御寇上前来。列御寇害怕得趴在地上，冷汗流到脚跟。

伯昏无人说："至人，上观青天，下测黄泉，纵驰八方，神色不变。现在你惊慌失措，神色不定，你想射中目标就很困难了！"

【注释】

①伯昏无人：虚构的人名；引之盈贯：拉满弓弦；措：放；适矢复沓：一箭接着一箭，命中目标。②象人：木偶人。③背逡巡：向后移步；足二分垂在外：脚的三分之二悬空；揖：请。④窥：观察；挥斥：放纵奔驰。⑤恂(xún)目：神色不定。

品庄悟道

临危而惧

列御寇射技高超。但临数丈深渊时，他却只有“伏地，汗流至踵”了，这说明若有生死之虑，再高明的技能也难以发挥出来。更谈不上什么至善至美的“道”的境界了。

平常心境下的技艺未必在危急时刻得以发挥，只有把危时当作平时，那技艺才算是真技艺。文中悬为标尺的至人，纵横天地，放浪驰骋，豪气干云，极具浪漫风采。

一〇

【原文】

肩吾问于孙叔敖曰[1]：“子三为令尹而不荣华，三去之而无忧色[2]。吾始也疑子，今视子之鼻间栩栩然，子之用心独奈何[3]？”

孙叔敖曰：“吾何以过人哉！吾以其来不可却也，其去不可止也[4]。吾以为得失之非我也，而无忧色而已矣。我何以过人哉！且不知其在彼乎，其在我乎[5]？其在彼邪？亡乎我[6]；在我邪？亡乎彼。方将踌躇，方将四顾，何暇至乎人贵人贱哉[7]！”

【译文】

肩吾向孙叔敖问道：“你三次出任令尹却不显出荣耀，你三次被罢官也没有露出忧愁的神色，起初我对你确实不敢相信，如今看见你容颜是那么舒缓悠长，你的心里竟是怎样的呢？”

孙叔敖说：“我哪里有什么过人之处啊！我以为令尹官职的到来不必去推却，它们的离去也不可以去阻止。我认为得与失都不是出自我自身，因而没有忧愁的神色罢了。我那里有什么过人之处啊！况且我不知道这荣华是落在他人身上呢，还是落在我身上呢？落在他人身上

仲尼闻之曰："古之真人，知者不得说，美人不得滥，盗人不得劫，伏戏、黄帝不得友[8]。死生亦大矣，而无变乎己，况爵禄乎！若然者，其神经乎大山而无介，入乎渊泉而不濡，处卑细而不惫，充满天地，既以与人，己愈有[9]。"

【注释】

①肩吾：虚拟人物；孙叔敖：曾任楚庄王相。②令尹：宰相。③栩栩然：舒缓悠长貌。④以：以为。⑤其：指荣华。⑥亡：通"无"。⑦踌躇：悠然自得貌；四顾：高视八方。⑧滥：淫乱；友：亲近。⑨介：障碍。

吗？那就与我无关；落在我的身上吗？那就与他人无关。我正悠然自得，我正踌躇满志高视八方，哪里有闲暇去顾及人的尊贵与卑贱啊！"

孔子听到这件事，说："古时候的真人，最有智慧的人不能说服他，最美的女人不能使他淫乱，强盗不能够抢劫他，就是伏羲和黄帝也无法跟他结为朋友。死与生也算得上是大事情了，却不能使他有什么改变，更何况是爵位与俸禄呢？像这样的人，他精神穿越大山不会有阻碍，潜入深渊不会沾湿，处身卑微不会感到困乏，他的精神充满于天地，将全部奉献给他人，自己却越发感觉到充实富有。"

品庄悟道

孙叔敖三任令尹

此处，讲了孙叔敖出任令尹三起三落却无丝毫的喜与忧的故事，借孔子之口赞扬孙叔敖是一个得道者。

古代的读书人理想是做一人之下万人之上的相或者宰相、相国等，位极人臣，千古一梦，而不是做皇帝。但是孙叔敖却三登相位不喜，三去相位不忧，得失贵贱不系于心，不能过此！所以说，孙叔敖是"古之真人"。

一一

【原文】

楚王与凡君坐[1]。少焉，楚王左右曰凡亡者三。凡君曰："凡之亡也，不足以丧吾存。"夫"凡之亡不足以丧吾存[2]"。则楚之存，不足以存存[3]。由是

【译文】

楚王与凡君坐在一起，不一会儿，楚王左右的近臣就有三个人相继传说"凡国灭亡了"。凡君说："凡国的灭亡，也不能让我丧失真性的存在。"那么，"凡国的

观之，则凡未始亡，而楚未始存也。

【注释】

①楚王：楚文王；凡君：凡国的国君。②存：指所存在的真实性。③存存：保存这种存在。

灭亡也不能让我丧失真性的存在"。这句话，是说楚国的存在也不能保存他的存在。由真性的观点看来，凡国不曾灭亡而楚国不曾存在。

品庄悟道

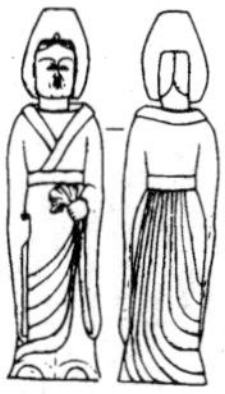

得"道"的凡君

凡君是又一个得"道"者，身为国君，只关心心中之"道"竟连国家的安危都置于身外了，可见他对"道"笃信到何种程度。在凡君看来，国之存亡，不在于其实，而在于心中是否有其存亡之念，这种无视客观事实，而只依凭主观判断者，只能是自欺而已！

君国一体，有国才有君，国破则君亡。其时的客观事实是楚存而凡亡，流亡楚国的凡国国君却从主观出发，视国之存亡如无物，置之度外。要是从积极的方面去理解，是亡国之君对故国不泯的怀想眷恋，对他国之存的不以为然，但这显然不是庄子原意。庄子的本意是，存亡在主观而不在客观，这是主观唯心主义的通病：睁着眼睛说瞎话，连国家存亡都不以为意，这就是庄子的所谓得道。

【集评】

林云铭《庄子因·田子方》：篇中结穴处，在夫子、老聃二段，诠辟道要，已无遗蕴；首二段，引起心学之精，不在言论之末；后数段，举为道之人，言其心之无累如此，作个证佐。

宣颖《南华经解·田子方》：段段精微，段段闪烁，一再读之，耳目心思之外，隐隐如有所遇。

刘凤苞《南华雪心编·田子方》：（肩吾问于孙叔敖）此段言得失皆从外至，而不足以丧其真。"鼻端栩栩然"五字，不知何处落想。细心体会，微乎其微，《大宗师》所谓"其息深深"，关尹子所谓"纯气之守"，正与此间语妙相符也。叔敖自写其真，忻戚不涉，宠辱不惊，旷达鸣高，两层意境，极平淡，又极精微，本色语天然入妙，真一卷冰雪之文。后幅引孔子语，推开作结，只泛论真人，而文情已足，死生无变，何况爵禄之微！较前更透过一层，何等灵快！末句推到与人，便处处皆真机充满，却用"己愈有"三字收转，笔力崛强，有临崖勒马之势。

知北游

【导读】

本篇以篇首三字命题,由十一则寓言故事和一段议论组成,其主题在于论道,反映庄子的自然哲学和认识哲学。

文章开端就以知者北游寄寓返虚还源之意,而篇末以无言、无为归到“无”字之上。由此可见,庄子所谓的“道”是玄虚不可捉摸的,充满了神秘主义的色彩。

《知北游》在“外篇”中具有重要地位,对于了解《庄子》的哲学思想体系也较为重要。篇文所说的“道”,是指对于宇宙万物的本原和本性的基本认识。篇文认为宇宙万物源于“气”,包括人的生死也是出于气的聚散。篇文还认为“道”具有整体性,无处不在但又不存在具体形象,贯穿于万物变化的始终。篇文看到了生与死、长寿与短命、光明与幽暗……都具有相对性,既是对立的,又是相生、相互转化的,这无疑具有朴素的唯物辩证观。但基于宇宙万物的整体性和同一性认识,篇文又认为“道”是不可知的,“知”反而不成其为“道”,于是又滑向了不可知论,主张无为,顺其自然,一切都有其自身的规律,不可改变,也不必去加以改变,这显然又是唯心的了。

一

【原文】

知北游于玄水之上,登隐弅之丘[①]。而适遭无为谓焉[②]。知谓无为谓曰:“予欲有问乎若:何思何虑则知道?何处何服则安道[③]?何从何道则得道?”三问而无为谓不答也,非不

【译文】

知到北方的玄水边游览。登上了隐弅之丘,恰巧遇上了无为谓。知对无为谓说:“我想问你一个问题:怎样思虑才能懂得道?怎样做才能符合道?通过什么途径才能得到道?”知三问然而无为谓皆不

答，不知答也。

知不得问，反于白水之南，登狐阕之上，而睹狂屈焉[4]。知以之言也问乎狂屈。狂屈曰："唉！予知之，将语若，中欲言而忘其所欲言[5]。"

知不得问，反于帝宫，见黄帝而问焉。黄帝曰："无思无虑始知道，无处无服始安道，无从无道始得道。"

知问黄帝曰："我与若知之，彼与彼不知也，其孰是邪[6]？"

黄帝曰："彼无为谓真是也，狂屈似之；我与汝终不近也。夫知者不言，言者不知，故圣人行不言之教。道不可致，德不可至。仁可为也，义可亏也，礼相伪也。故曰，'失道而后德，失德而后仁，失仁而后义，失义而后礼。礼者，道之华而乱之首也[7]'。故曰，'为道者日损，损之又损之，以至于无为，无为而无不为也[8]'。今已为物也，欲复归根，不亦难乎！其易也，其唯大人乎！生也死之徒，死也生之始，孰知其纪[9]！人之生，气之聚也；聚则为生，散则为死。若死生之徒，吾又何患！故万物一也，是其所美者为神奇，其所恶者为臭腐；臭腐复化为神奇，神奇复化为臭腐。故曰，'通天下一气耳'。圣人故贵一"。

知谓黄帝曰："吾问无为谓，无为谓不应我。非不我应，不知应我

回答。不是不回答，而是不知道回答。

知得不到解答，返回白水的南边，登上了狐阕之丘，看见了狂屈。知便用问无为谓的问题，转问于狂屈。狂屈说："唉，我知道这些问题，等一会儿我告诉你。"狂屈心中想说却忘记了想说的话。

知又没有得到解答，便返回了帝宫，见到了黄帝问他。黄帝说："无所思考、无所顾虑方能知道道，无所处身、无所行事方能符合道，无所依从、无所选择方能得到道。"

知问黄帝说："我和你知道了这些说法，可无为谓和狂屈却不知道，那么谁是对的呢？"

黄帝说："那个无为谓是真正对的，狂屈接近于大道，我和你未接近大道。知道的人不说出来，说出来的人不知道，所以圣人实行的是不用言传的教育。道不能得到，德不能达到。仁爱是有作为的，义理是亏损的，礼仪助长虚伪。所以说：'丧失道而后才有德，丧失德而后才有仁，丧失仁而后才有义，丧失义而后才有礼。'礼，是道的伪装，祸乱的开始。所以说：'修道的人要每天捐弃一些人为的因素，减损了再继续减损，一直达到无所作为的程度。无所作为也就是无所不作为了。'现在世人已经被物化而丧失了真性，想要复归大道，不是很难了嘛！如果说容易的话，那只有悟道的至人了！生是死的同类，死是生的开始，谁能知道生死的端始呢！人的出生，是元气的聚合。元气聚合，人即有了生命；元气散失，人即走向死亡。若是死生相为伴侣的话，我又有什么可忧患的呢！所以说万物是一体的，并无差

也。吾问狂屈，狂屈中欲告我而不我告，非不我告，中欲告而忘之也[10]。今予问乎若，若知之，奚故不近[11]？"

黄帝曰："彼其真是也，以其不知也；此其似之也，以其忘之也[12]；予与若终不近也，以其知之也"。

狂屈闻之，以黄帝为知言。

【注释】

①知：虚拟人物；玄水：虚拟水名；隐弅(fèn)：假设地名。②无为谓：虚拟人名。③何处何服：怎么做。④白水：虚构水名；狐阕：假设山名；狂屈：虚拟人名。⑤中欲言：欲说而止。⑥彼与彼：指无为谓与狂屈。⑦华：浮华，伪装。⑧日损：每天捐弃一些人为的因素。⑨徒：同类。⑩不我告：不告诉我。⑪不近：未接近大道。⑫彼：指无为谓；此：指狂屈；似之：接近。

别。只是世人把自己所喜欢的事物称为神奇，把自己所厌恶的事物称为臭腐。就像死生相伴随一样，臭腐的东西将会重新转化为神奇的东西，而神奇的东西也将会转化成臭腐的东西。所以说：'贯通天下生死的，是一气为之而已。'因此，圣人所重视的是生死的同一性。"

知对黄帝说："我问无为谓，无为谓不回答我，不是不回答我，是不知道回答我，我问狂屈，狂屈心中想告诉我却不告诉我，不是不告诉我，心中想告诉我而忘记了；现在我来问你，你知道，是何原因与大道不相近呢？"

黄帝说："说无为谓是真正知道大道，就是因为他不知道什么是大道；说狂屈好像明白大道，就是因为他忘记了什么是大道；说我和你始终没有接近大道，就是因为我们知道了什么是大道。"

狂屈听说了这件事，认为黄帝的话是最了解道的言论。

品庄悟道

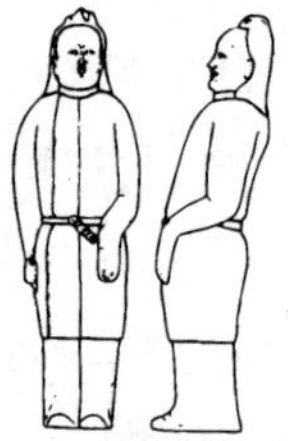

识"道"之法

此节主要是以寓言的形式谈论如何认识"道"的问题。庄子认为，求知不如无知，闻不如不闻，言不如欲言，欲言不如不言。无知、不闻、不言才是知"道"的表现，因为"大道"是虚无的，"有为"不如"无为"。

《老子》首章首句就宣称"道可道，非常道"，大道虚无，非语言文字可以表述。修道的途径如果能用语言传授，传授者本人与大道已相隔万里。不过，庄子却著书立说，大谈天道的特征，大论修道的方式。看来，以虚无为手段进入虚无境界，难度还是不小，那难度大到连庄子本人都不可克服。

二

【原文】

天地有大美而不言，四时有明法而不议，万物有成理而不说①。圣人者，原天地之美，而达万物之理②。是故至人无为，大圣不作，观于天地之谓也。

今彼神明至精，与彼百化③；物已死生方圆，莫知其根也，扁然而万物，自古以固存④。六合为巨，未离其内；秋豪为小，待之成体。天下莫不沉浮，终身不故；阴阳四时运行，各得其序。惛然若亡而存，油然不形而神，万物畜而不知⑤。此之谓本根，可以观于天矣。

【译文】

天地自有很多伟大的功德却不言谈，四季更替自有清楚的规律却不议论，万物自有确定的本性却不解说。圣人就是以天地的神奇为溯源，顺应万物的本性，因此至人不刻意做，大圣人不作为，这只是向天地看齐罢了。

如今大道神妙至微，与天地万物混同，千变万化，万物或死或生，或方或圆，新陈代谢，变化无穷，没有谁知道它的本根，万物普遍存在，自古以来就是如此。六合算得上巨大，不能脱离大道的范围；秋毫算得上细小，依赖大道而成就形体。天下万物没有不变化的，始终不能固守；阴阳四季的运行，自然具有各自的次序。浑然不觉像没有却存在，油然而生没有迹象而神奇，万物被养育却不知觉。这就称作本根，可以用来效法自然了。

【注释】

①大美：伟大的功德；明法：清楚的规律。②原：溯源。③彼：指大道；彼：指天地万物。④死生方圆：物或死或生，或方或圆；扁：通“翩”。⑤油然：悄然无迹象。

品庄悟道

天地有大美而不言

此处，庄子通过对天地、四时、万物的观察、思索和探究，得出“道”的永恒性，认为领悟了天地万物的运行、变化，也就悟到了“道”的内涵，能够达到至人的境界。

没有谁听到天地说过话表过功，但万物就在天地的无言中得到孕育化生，而天地又是大道的产物，同样不见大道自述其功。庄子要说明的是大道虚无本质和化育功能。

但“天地有大美而不言”其客观意义却是语言对美的颠覆性，有了语言，美就受到破坏，大打折扣。从文学角度看，作为语言艺术的文学如果没有语言文字作为载体，美将无从表达。因此，只能从自然美的层面理解庄子这句话的积极意义，不可泥读。

三

【原文】

啮缺问道乎被衣，被衣曰①：“若正汝形，一汝视，天和将至②；摄汝知，一汝度，神将来舍③。德将为汝美，道将为汝居，汝瞳焉如新生之犊，而无求其故④！”

言未卒，啮缺睡寐⑤。被衣大说，行歌而去之，曰⑥：“形若槁骸，心若死灰，真其实知，不以故自持，媒媒晦晦，无心而不可与谋⑦。彼何人哉！”

【注释】

①啮缺、被衣：皆为虚拟人物。②天和：天然和气。③摄：收敛。④故：故旧，即原我。⑤睡寐：入睡。⑥行歌：边走边唱。⑦媒媒晦晦：即稀里糊涂。

【译文】

啮缺向被衣提出“道”的问题，被衣说：“你要端正你的形体，把握住你的感官，天然和气就会来到；泯灭你的智慧，定准你的器量，灵气就会在心底寄住。德性会为你添加光彩，大道会为你停留。你无为无知地像个初生的牛犊，不再追求原来的“我”。

话没有说完，啮缺已经坐着入睡了。被衣高兴极了，边走边唱道：“身躯像把干瘪的骨头，心灵像熄灭的灰烬，真的是看透了，不再去维护旧我。稀里糊涂啊，心不在焉是不能和他讲什么的。这是多么了不起的人啊！”

品庄悟道

心不在焉就可以得道吗？

此处通过被衣向啮缺传授“道”，啮缺反而睡着了的故事，说明虚静无为、无心无知就可以得“道”。宣扬的是“道”法自然，无为就能得道。可是，对于读者来说不可取的是“心不在焉”，首先心不在焉地听人讲话是对人的不礼貌，而且这种每逢别人讲话就神游周公，不管是上课还是听报告都不会有什么收获的。

四

【原文】

舜问乎丞曰[①]：“道可得而有乎？”

曰：“汝身非汝有也，汝何得有夫道？”

舜曰：“吾身非吾有也，孰有之哉？”

曰：“是天地之委形也[②]；生非汝有，是天地之委和也；性命非汝有，是天地之委顺也；孙子非汝有，是天地之委蜕也[③]。故行不知所往，处不知所持，食不知所味；天地之强阳气也，又胡可得而有邪[④]？”

【译文】

舜向丞发问道：“大道可以拥有吗？”

丞说：“你的本身都不是你所有，你怎么会拥有大道！”

舜说：“我本身不是我所有，是谁所有呢？”

丞说：“那是天地赋予的形体；生命不是你所有，是天地寄托的和悦之气；命运不是你所有，是天地寄托的适应之力；子孙不是你所有，是天地的蜕变生新。所以走起来不知到哪里才算一站，居住下来不知该干什么，吃喝不知什么叫作滋味。这些本来都是天地运动变化的结果，又怎么能够据有呢！”

【注释】

①丞：官名，一说舜的老师。②委：授，赋予。③孙子：子孙；蜕：蜕变生新。④强阳：运动。

品庄悟道

天地造就了你

此处的意思是说人的一切，如形体、生命等等，都是天地的造化，是由天地所主宰的，人不可支配天地。当然，这不符合科学道理，忽视了人的主观能动性，显然是不正确的。

五

【原文】

孔子问于老聃曰："今日晏闲，敢问至道①。"

老聃曰："汝齐戒，疏瀹而心，澡雪而精神，掊击而知②！夫道，窅然难言哉③！将为汝言其崖略④。

"夫昭昭生于冥冥，有伦生于无形，精神生于道，形本生于精，而万物以形相生，故九窍者胎生，八窍者卵生⑤。其来无迹，其注无崖，无门无房，四达之皇皇也⑥。邀于此者，四肢彊，思虑恂达，耳目聪明，其用心不劳，其应物无方⑦。天不得不高，地不得不广，日月不得不行，万物不得不昌，此其道与！

"且夫博之不必知，辩之不必慧，圣人以断之矣⑧。若夫益之而不加益，损之而不加损者，圣人之所保也。渊渊乎其若海，魏魏乎其若山，终则复始也，运量万物而不匮。则君子之道，彼其外与！万物皆注资焉而不匮，此其道与！

"中国有人焉，非阴非阳，处于天地之间，直且为人，将反于宗。自本观之，生者，喑醷物也⑨。虽有寿夭，相去几何？须臾之说也。奚足以为尧桀之是非！果蓏有理，人伦虽

【译文】

孔子问老子说："今天闲暇无事，请问，至道是什么？"

老子说："你要先进行斋戒，疏通你的心灵，洗净你的精神，打破你的成见。道是深奥而难以言说的呀！我努力为你说个大概吧。

"凡昭明显著有形之物都产生在幽冥浑沌的事物之中，人伦有为之事产生在无形的事物中，精气从道生出，形体从精气生出，有形的万物各自按类以形相生。所以，人都是胎生的，禽都是卵生的。大道来的时候没有形迹，它去的时候没有边际，没有固定的信道和居处，却广大而四通八达。谁顺应了大道，就四肢强健，思虑通达，耳聪目明；这种人费心不疲劳，做事也不执滞成法而会与时变通。天得不到大道不会高，地得不到大道不会广，日月得不到大道就不能运行，万物得不到大道就不能昌盛，这就是你所问的大道呀！

"再说博读经典的人不一定懂得真正的道理，善于辩论的人不一定就格外聪明，圣人因而断绝抛弃博学善辩的聪明。至于增多了却不像是更加增加，减少了却不像是有所减少，那便是圣人所要信守的东西。它博大深奥像大海一样，它高远伟大，没有终结也没有开始，万物的运动全在它的范围之内，而且从不曾缺少什么。那么，世俗

难，所以相齿[10]。圣人遭之而不违，过之而不守。调而应之，德也；偶而应之，道也；帝之所兴，王之所起也。

“人生天地之间，若白驹之过郤，忽然而已[11]。注然勃然，莫不出焉；油然漻然，莫之入焉[12]。已化而生，又化而死，生物哀之，人类悲之。解其天弢，堕其天袠[13]。纷乎宛乎，魂魄将往，乃身从之，乃大归乎[14]！不形之形，形之不形，是人之所同知也，非将至之所务也，此众人之所同论也。彼至则不论，论则不至。明见无值，辩不若默。道不可闻，闻不若塞，此之谓大得[15]。”

【注释】

①晏闲：闲暇。②疏瀹(yuè)：疏通；澡雪：洗净。③窅然：深奥。④崖略：大概。⑤九窍：指人；八窍：指禽。⑥皇皇：广大貌。⑦恂达：通达。⑧断之：断绝博学善辩的聪明。⑨喑(yīn)醷(yì)：聚集。⑩果蓏(luǒ)：木实称果，草实称蓏。⑪白驹：骏马；郤：通“隙”，缝隙。⑫漻(liú)然：如流水变化状。⑬弢：弓袋，此指束缚；袠：剑袋。⑭纷乎宛乎：纷乱宛转貌。⑮大得：大收获，指得道。

君子所谈论的大道，恐怕都是些皮毛啊！万物全都从它那里获取生命的资助，而且从不匮乏，这恐怕就是道啊！

“中原一带有人居住着，不偏于阴也不偏于阳，处在大地的中间，姑且称之为人，而人终将返归大道。从道的观点来看，人的诞生，乃是气的聚集，虽然有长寿与短命，相差又有多少呢？说起来只不过是片刻之间，又哪里用得着区分唐尧和夏桀的是非呢！果树和瓜类各不相同却有共同的生长规律，人们的次第关系即使难以划分，也还可以用年龄大小相互为序。圣人遇上这些事从不违拗，即使亲身过往也不会滞留。调和而顺应，这就是德；无心却适应，这就是道；而德与道便是帝业兴盛的凭借，王侯兴起的规律。

“人的一生在天地之间，仿佛是骏马飞过缝隙，一闪而已。兴起、生出的生命，都是从大道中生出来的；消亡、寂静的生命，都要走向大道的。完成了一次转化就出生了，生命的又一次转化就进入了死亡状态。生物为它们的死亡伤感，人类为他们的死亡悲哀。死亡好像是弓脱掉了它的束缚，书籍撕开了它的封皮。纷乱宛转，魂魄将要前往另外的世界，身体才紧紧跟上，是生命的最后归宿呀！从没有形体到变为形体，又从有形转化为无形，这是人所共知的，但那不是即将要达道的人追求的，这也是众人所共同议论的。那些领悟大道的人不会议论大道，议论的人就没有领悟大道。说自己清楚地看到大道的人并不认识大道，用语言辩释还不如静默无言，天道不可听得到，要倾听大道还不如堵上耳朵，这将有大收获。”

品庄悟道

何为人生大“道”？

“人生天地之间，若白驹之过郤，忽然而已”，庄子以此喻人生被后代文人屡屡运用。庄子的本意是大道生人，极其短暂，死后归于大道，永不回头，并称之为“大归”。以老子之口说出“道”对万物的产生、发展的支配、主宰作用，并对“道”之“渊渊乎其若海，魏魏乎其若山，终则复始”的特征进行了阐述，说明人之生始于“道”、其死返于“道”的道理，认为不论、不见、不闻、不辩才能真正地进入“道”的境界。

圣迹图·问道老聃

六

【原文】

东郭子问于庄子曰①：“所谓道，恶乎在？”

庄子曰：“无所不在。”

东郭子曰：“期而后可②。”

庄子曰：“在蝼蚁③。”

曰：“何其下邪？”

曰：“在稊稗④。”

曰：“何其愈下邪？”

曰：“在瓦甓。”

曰：“何其愈甚邪？”

曰：“在屎溺。”

东郭子不应。

【译文】

东郭子向庄子请教说：“人们所说的道，究竟存在于什么地方呢？”

庄子说：“大道无所不在。”

东郭子曰：“必须先指出道确切在哪里，然后才认可。”

庄子说：“在蝼蛄和蚂蚁之中。”

东郭子说：“怎么处在这样低下卑微的地方？”

庄子说：“在稻田的稗草里。”

东郭子说：“怎么越发低下了呢？”

庄子说：“在瓦块砖头中。”

东郭子说：“怎么越来越低下呢？”

庄子曰："夫子之问也，固不及质。正获之问于监市履狶也，每下愈况[5]。汝唯莫必，无乎逃物。至道若是，大言亦然[6]。周遍咸三者，异名同实，其指一也。

"尝相与游乎无何有之宫，同合而论，无所终穷乎！尝相与无为乎！澹而静乎！漠而清乎！调而闲乎！寥已吾志，无往焉而不知其所至，去而来而不知其所止，吾已往来焉而不知其所终；彷徨乎冯闳，大知入焉而不知其所穷[7]。物物者，与物无际[8]。而物有际者，所谓物际者也；不际之际，际之不际者也。谓盈虚衰杀，彼为盈虚非盈虚，彼为衰杀非衰杀，彼为本末非本末，彼为积散非积散也。"

【注释】

①东郭子：住在城东的一位先生。②期：证明，指出。③蝼蚁：蝼蛄和蚂蚁。④稊稗(bài)：杂草名。⑤正获：主管饮射的官名；监市：管理市场的官名；狶(xī)：大猪。⑥大言：大的言辞，大话。⑦冯闳(hóng)：空虚开阔貌。⑧物物：主宰万物，指道。

庄子说："在大小便里。"

东郭子听了后不再吭声。

庄子说："您的提问，本来就问不到点子上。身任司正、司获之职的官员问管理市场的官员是如何用脚踩猪以辨别肥瘦的，监市的回答是'越是下部越能反映猪的肥瘦'，你不要局限地看问题，没有一种东西能脱离大道。最高的大道也像这样，使用再大的言辞来说明它也是一样的；周全、普遍、皆咸三个概念，名称有区别但内涵都相同，它们的意义都是一样的。

"曾经共同到虚无的境界去游乐，从混同通合的层次议论大道，大道无穷无尽！曾经和无为待在一起呀！无为真的是恬淡寂静呀！无边的清旷呀！协调又闲逸呀！我的心志空虚辽阔，不会去哪里也不知道应该去哪里，离开后又回来也不知道该停留在什么地方。徜徉于虚旷之中，虽有大智之人进入其中，也不能得知大道的止境。主宰万物的大道和万物没有界限，但物与物之间是有界限的，那是人们常说的物的界限。没有界限但有相对的区别，有区别但没有绝对的界限。盈与虚、盛与衰，万物变化体现出来的盈虚并不是真正的盈虚，体现出来的盛衰不是真正的盛衰，本末的区别不是真有本末，聚积与消散也不是真正的聚积消散。"

品庄悟道

道存在于微贱之物吗？

东郭子向庄子求道，庄子说道存在于"蝼蛄和蚂蚁、稻田的稗草里、瓦砾中、屎溺中"，庄子越说，道存在的处所越肮脏卑下，以此说明道存在于万物之中。也就是说道无处不在，既生伟大之物，也生微贱之物，而越是常见的微贱之物越能使人感受到大道的存在。成语“每况愈下”就是由此派生，但改变了原意，是一天不如一天的意思。

读者在此处，可能会有这样的感悟，就是对于渺小的微小的东西都要心存感激，认为一切存在的都是真理。姑且不说“道”，如果这样真的不好，存在的一定有存在的理由，但不是真理，如果一视同仁地看待所有事物，那么容易良莠不分、黑白不辨，混淆人的视听，这样人便会变得愚不可及，如，有的人说狼吃羊、吃人是它的天性，所以不去猎杀他，等某一天，自己成了狼的口中食的时候才后悔起来。所以对于有的事情，没有必要以小见大，以大说小，有的时候该抓大放小，有的时候该抓小放大，要看到事物的普遍性还要看到事物的特殊性，只要实事求是地解决问题就行。

七

【原文】

妸荷甘与神农同学于老龙吉[1]。神农隐几阖户昼瞑[2]，妸荷甘日中奓户而入曰[3]：“老龙死矣！”神农隐几拥杖而起，嚗然放杖而笑，曰[4]：“天知予僻陋慢訑，故弃予而死[5]。已矣夫子！无所发予之狂言而死矣夫！”

弇堈吊闻之，曰[6]：“夫体道者，天下之君子所系焉[7]。今于道，秋豪之端万分未得处一焉，而犹知藏其狂言而死，又况夫体道者乎！视之无形，听之无声，于人之论者，谓之冥冥，所以论道，而非道也。”

【注释】

①妸荷甘、神农、老龙吉：皆为虚拟人物。②阖户：关门。③奓：推开。④嚗(bó)然：放杖声。⑤天：对老龙吉的尊称；慢訑(dàn)：荒唐。⑥弇(yǎn)堈(gāng)吊：虚构的人物。⑦系：归依。

【译文】

妸荷甘和神农一起向老龙吉学习。神农白天关上门依靠着几案打瞌睡，中午蚵荷甘推门进来说：“老龙吉死了！”神农靠着几案拄着手杖站起来，又啪的一声丢下手杖笑起来，说：“老师知道我鄙陋又不专心，所以抛下我而死。完了！先生没有用至言启发我就死去了！”

弇堈吊听到了这件事，说：“体察大道的人，天下的君子都归依他。如今老龙吉对于道，连秋毫之末的万分之一也没悟得，还知道深藏他的谈论而死，又何况体悟大道更全面的人呢！大道看上去无形，听起来无声，对于人们所谈论的道，称之为冥冥，如此谈论的道，也不是真正的道。”

品庄悟道

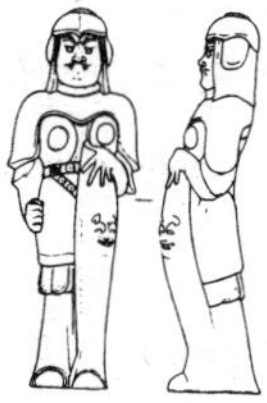

神农学“道”

此处讲了，神农和妸荷甘一起学道的寓言故事，谈论了世人所闻的“道”的真假；世人所闻的道是悟得一点道的人谈出来的，并且悟得一点道的人在传承的时候也没有尽传。

也就是说，如果人们所说的道不是真正的道，那么道是学不来的了，只有靠自己去悟得了。不难看出神农的“放杖而笑”亦可以说是一种得“道”。

八

【原文】

于是泰清问乎无穷曰①：“子知道乎？”

无穷曰：“吾不知。”

又问乎无为。无为曰②：“吾知道。”

曰：“子之知道，亦有数乎③？”

曰：“有。”

曰：“其数若何？”

无为曰：“吾知道之可以贵，可以贱，可以约，可以散，此吾所以知道之数也④。”

泰清以之言也问乎无始曰⑤：“若是，则无穷之弗知与无为之知，孰是而孰非乎？”

无始曰：“不知深矣，知之浅矣；

【译文】

于是泰清问无穷说：“您懂得大道吗？”

无穷说：“我不懂。”

又去问无为，无为说：“我懂得大道。”

又问：“您所懂的道，有什么定数吗？”

回答说：“有啊。”

又问：“定数是什么样呢？”

无为说：“我懂得大道可以让人富贵，可以让人贫贱，可以让物聚集，可以让物播散，这就是我所认识的道的理由规律。”

泰清用同样的话来问无始，说：“如果这样的话，那么无穷说他不懂得大道和无为说他懂得大道，究竟谁是谁非呢？”

无始说：“说不懂的人是对道认识得深刻的人，说自己懂的人恰恰是对大道所知甚浅的人；说不懂得道的人是从内心深处来体悟大道，说自己懂得道的人只是了

弗知内矣，知之外矣。”

于是泰清中而叹曰：“弗知乃知乎！知乃不知乎！孰知不知之知？”

无始曰：“道不可闻，闻而非也；道不可见，见而非也；道不可言，言而非也。知形形之不形乎[6]！道不当名。”

无始曰：“有问道而应之者，不知道也。虽问道者，亦未闻道。道无问，问无应。无问问之，是问穷也；无应应之，是无内也。以无内待问穷，若是者，外不观乎宇宙，内不知乎大初，是以不过乎昆仑，不游乎太虚[7]。”

【注释】

①泰清、无穷：都是虚拟人物。②无为：虚拟人物。③数：定数。④约：聚。⑤无始：虚拟人物。⑥形形之不形：创生有形事物的是无穷的道。⑦大初：即大道的根本；太虚：虚无的境界。

解了道的一点外在形式而已。”

于是泰清插话叹道：“难道说不知的就是知吗？难道说知的就是无知吗？谁能明白无知之知到底是什么意思呢？”

无始说：“道是不可闻知的，能够闻知的都不是道；道是不可见的，能够看到的也都不是道；道是不可言说的，被言说出来的也都不是道。要知道形成有形之物的就是无穷的道啊！道不应有名称。”

无始接着说：“凡是有人请教关于‘道’的问题而被问者给出答案的，他就是不懂得道的人；不仅如此，即使那个问道的人，也是一个没有见识的人。因为道是不能问的，有人问也没人能拿出答案：提出不能回答的问题，这种提问本身就是一个空洞的假问题；本来不能回答的问题，任何对它的回答也都是没有意义的。以没有意义的答案去回答一个空空如也的假问题，如果真的有这种情况发生了，提问和给出答案的双方，就都是一些对外不能观察无限的宇宙，对内不能了解大道的根本的糊涂人。因此，这些人都是些不能超越高远的大山，不能逍遥于虚无境界的人。”

品庄悟道

您懂得大道吗？

此处庄子，以虚构的几个人物，讨论“您懂得大道吗？”这个问题。最后得出，说不懂的人其实是懂得深刻，说懂的人懂得浅薄。继而得出，问道的人无知，答道的人无知，而唯有不问不答者，才是真正地懂得道，因为大道无言。

大道真的不能言说吗？庄子作为一个辩说家，对于观点陈述总有以偏概全的一点。“大道无言”对于学习积累知识来说，有的人学到一点点的东西的时候，就自以为了不起了,可是慢慢的学得多了便会不再言说了。而且生活中常见这种现象,一般而言知道真理的人都不怎么说,往往不发言或者最后发言。但是也应该看到,语言作为交流工具,在日常生活中的运用必不可少,除非丧失了这种功能。所以说语言是一种艺术,什么时候该说,什么时候不该说,都是一门学问。

九

【原文】

光曜问乎无有曰①:"夫子有乎?其无有乎?"

光曜不得问,而孰视其状貌,窅然空然,终日视之而不见,听之而不闻,搏之而不得也②。"

光曜曰:"至矣,其孰能至此乎!予能有无矣,而未能无无也;及为无有矣,何从至此哉!"

【注释】

①光曜、无有:皆虚拟人物。②窅(yǎo)然空然:深远空无貌;搏:触摸。

【译文】

光曜向无有问道:"先生您是有呢?还是没有呢?"

光曜没得到回答,于是仔细地观察无有的形貌,是那样的深远而空无,整天也看不到什么形象,听不到什么声音,摸不到什么东西。

光曜说:"至高无上啊,谁能够做到这样!我能够做到无,还不能做到没有,即使做到没有,又怎么能达到这样的境界呢!"

品庄悟道

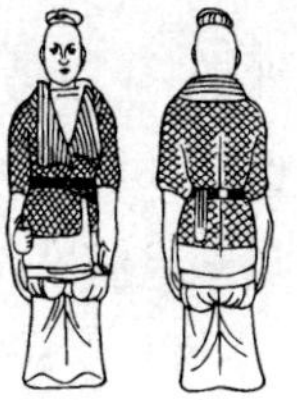

怎么样限定无和有?

《庄子》一书中,充满了哲学的辩证思想,无为、有为,大、小,生、死……全部被庄子运用辩证思想讨论了一番,当然这种站在相反的,或者对方角度看问题能够把握问题的本质。但是也有一定的局限性,就是唯心主义太强,就比如说,没有吃饭不能说你吃了,前面已经做过这方面的讨论,所以不再举例了,但是千万不能用这种思想偷懒,不能说你没干工作就是干了,等等。

一〇

【原文】

大马之捶钩者，年八十矣，而不失豪芒[①]。大马曰："子巧与，有道与？"

曰："臣有守也[②]。臣之年二十而好捶钩，于物无视也，非钩无察也。是用之者，假不用者也以长得其用，而况乎无不用者乎！物孰不资焉[③]！"

【注释】

①大马：大司马，官名。②守：把持。③资：帮助。

【译文】

大司马家锻制带钩的人，年纪虽然已经八十，却一点也不会出现差误。大司马说："你是特别灵巧呢，还是有什么门道呀？"

锻制带钩的老人说："我有所把持。我二十岁时就喜好锻制带钩，对于其他外在的事物我什么也看不见，不是带钩就不会引起我的专注。锻制带钩这是得用心专一的事，借助这一工作便不再分散自己的用心，而且锻制出的带钩得以长期使用，更何况对于那些无可用心之事啊！能够这样，谁不会帮助他呢？"

品庄悟道

用心一也

此处，庄子借用"大马之捶钩者"的寓言故事，讲行事都要集中精力，来说修"道"也要专心如一。

道家虽然讲究无为、忘我，但是《庄子》一书中，关于用心专一的寓言故事不在少数，比如庖丁解牛、粘蝉老人等。所以说做任何事情都要专注。从此我们还要悟出一个道理，不能教条地理解庄子的"无为、忘我"，把它理解成什么都不做，什么都忘记。庄子之所以能够成为庄子，而不是无知无为的村野农夫是有一定道理的。

一一

【原文】

冉求问于仲尼曰:“未有天地可知邪?”

仲尼曰:“可。古犹今也。”

冉求失问而退,明日复见,曰[①]:“昔者吾问‘未有天地可知乎?’夫子曰:‘可。古犹今也。’昔日吾昭然,今日吾昧然,敢问何谓也?”

仲尼曰:“昔之昭然也,神者先受之[②];今之昧然也,且又为不神者求邪[③]!无古无今,无始无终。未有子孙而有子孙,可乎?”

冉求未对。仲尼曰:“已矣,未应矣!不以生生死,不以死死生。死生有待邪[④]?皆有所一体。有先天地生者物邪?物物者非物。物出不得先物也,犹其有物也。犹其有物也,无已[⑤]。圣人之爱人也终无已者,亦乃取于是者也。”

【注释】

①失问:心有所悟,不想再问。②神者先受之:用空虚的心领神会。③不神者:指外界事物及道理。④有待:相互依存。⑤无已:无止境。

【译文】

冉求问孔子说:“没有天地之前的情形可以知道吗?”

孔子说:“可以,古今是一样的。”

冉求心有所悟而退下了,第二天又来求教,说:“昨天我问‘没有天地之前的情形可以知道吗?’先生说:‘可以。古今是一样的。’昨天我还明白,今天却糊涂了,请问这是为什么呢?”

孔子说:“昨天你明白,是用空虚的心神先去领会的结果;今天你糊涂,是因为向外界事物道理去寻求验证,所以变得糊涂了。没有古没有今,没有始没有终。没有子孙以前便已有子孙,可以吗?”

冉求没有回答。孔子说:“算了吧,别回答了。死不借助于生,生也不借助于死。死和生是相互依存的吗?死和生都是一体的。有先于天地而生的物吗?产生物的是道不是物。物的产生不能在道之前,道生出了天地万物。有了天地万物,便生生不息无止境。圣人慈爱人类,恩泽百代而不废,乃是取法于道。”

品庄悟道

没有天地之前的情形是什么样的?

此处,借冉求问孔子“没有天地之前的情形是什么?”这个寓言故事,来探求道的存在,从而得出,“道”古今一体,生死同一,古犹今,生如死,它们都统一于“道”之中。

但是,没有天地之前到底是什么情形呢?或许会有人用现代科学理论来解说,比如说大爆炸理论,宇宙形成于奇点的爆炸,奇点相当于黑洞,只是它的质量是整个宇宙之和。对于庄子的“不变”理论来说,是一种从宏观的角度看问题。如果,把没有天地之前和有了天地以后是一样的,拿来套所有的逻辑,不仅仅不适用,而且还很可笑。比如说,做一件事和没有做是一样的,那就不需要做了,等等。

孔门儒教列传·冉求为季氏宰

一二

【原文】

颜渊问乎仲尼曰:“回尝闻诸夫子曰:‘无有所将,无有所迎。’回敢问其游①。”

仲尼曰:“古之人,外化而内不化②;今之人,内化而外不化③。与物化者,一不化者也。安化安不化,安与之相靡,必与之莫多④。狶韦氏之囿,黄

【译文】

颜渊问孔子说:“我曾经听老师说:‘不要送,不要迎。’请问应该游于何处。”

孔子说:“古时候的人,顺应外物变化而内心却持守不变;现在的人,内心动摇而不能顺应外物变化。安于变化,也安于不变化,安然与外物相顺应,必定与外物一道变化而不助长变化。就像狶韦氏安居在园林,黄帝安居在果园,舜安居在

帝之圃，有虞氏之宫，汤武之室⑤。君子之人，若儒墨者师，故以是非相鳌也⑥；而况今之人乎！圣人处物不伤物。不伤物者，物亦不能伤也。唯无所伤者，为能与人相将迎。山林与！皋壤与⑦！使我欣欣然而乐与！乐未毕也，哀又继之。哀乐之来，吾不能御，其去弗能止。悲夫，世人直为物逆旅耳！夫知遇而不知所不遇，知能能而不能所不能⑧。无知无能者，固人之所不免也。夫务免乎人之所不免者，岂不亦悲哉！至言去言，至为去为⑨。齐知之所知，则浅矣⑩。”

宫殿，商汤、周武王安居在房舍。君子一类的人，像儒墨之辈，还以是非互相攻击，何况是现在的人呢！圣人与物相处而不伤物。不伤物的，物也不伤害他。只有无所伤害的，才能与人相互往来。山林啊！原野啊！使我欣然快乐！快乐还没有消逝，悲哀又接着来了。哀乐的来临，我不能抗拒，它的离去也无法制止。可悲啊，世人简直成了外物寄居的旅舍！只知道所见过的而不知道未见过的，能做到所能够做到的而不能做到所不能够做到的。有所不知有所不能，这本来是人所难免的。一定要避免人所难免的，岂不也很可悲吗！至言无言，至为无为。要是什么都知道，实际上所知的就肤浅了。”

【注释】

①游：通“由”，缘由。②外化：随物变化而变化。③内化：内心动摇，游离。④安：安然，听任；靡：顺应；莫多：不增多，不过分。⑤囿：园；圃：小园；⑥相鳌(qìng)：相互攻击、诋毁。⑦皋壤：原野。⑧能能：能做到力所能及的。⑨去言：无言；去为：无为。⑩齐：皆，全。

品庄悟道

固守无为之道

此处通过孔子与颜渊的对话，进一步阐述为人处世之道，说明自然无为的作用和意义，指出固守无为之道，虚怀若谷，随物应变，就可避免与外界发生冲突，不会招来祸害。

所以有的时候人没有必要刻意地避免什么，该来的自然会来，有些人和事是人所难免的，躲也躲不掉的，只有怀着乐观的心态积极地去面对生活才是正确的。虽然很多事情可以避免，但是如果刻意地压制这些，而不注重眼前的，那么所担忧的可能就会变成现实，就像学生没有必要害怕考得不好，只要你认认真真地学习，即使这次考不好，下次也会考好；工人没有必要害怕失业，只要认认真真地工作,这个老板不好换一个老板。如果整天担忧,那么可能就会怕什么来什么,像历史上的隋朝因为谣言杀了许多姓李的,但是李渊还是推翻了隋朝做了皇帝。唐太宗当朝的时候,因为听信“武氏专权”的谣言,结果杀了好多无辜的人,但是最后武则天还是做了皇帝。如果隋朝不害怕姓李的,那么也许李渊会成为一个中兴之臣,如果唐太宗不怕武氏,那么谁还会注意武氏了,没有人注意的话武则天也许会甘愿平庸,而不会成为后来的皇帝。

【集评】

刘凤苞《南华雪心编·知北游》:前篇通体发挥一“真”字,此篇通体摹写一“无”字。真者道之本根,无者道之化境,由真以返于无,即无以窥其真,一部《南华》,只此二字尽之矣。《中庸》论性命之旨,不外一“诚”,诚即“真”字实际,而终之以无声无臭,亦犹《知北游》之以无为谓归结全篇也。(光曜问乎无有)绘山者绘影,绘水者绘声。绘咸阳一炬者,绘火并绘风,已极绘事之奇,究不若此之绘空者,运笔于形声之外。至文妙文,后人更从何处临摹!

方人杰《庄子读本·知北游》:笔墨之灵,能将人之隐微曲曲传出。……笔底烟云,其精思眇义,都在无文之中,无字之下,令人眼头心头,隐隐跃跃,有如神观止之叹。未知文以道而妙乎,抑道以文而妙乎?

杂篇

庚桑子曰：『辞尽矣。奔蜂不能化藿蠋，越鸡不能伏鹄卵，鲁鸡固能矣。鸡之与鸡，其德非不同也，有能与不能者，其才固有巨小也。今吾才小，不足以化子，子胡不南见老子？』

庚桑楚

【导读】

本篇取首句人名为篇名，是杂篇之首篇，内容较庞杂，然其要者有两方面，一是讲述养生之道，二是批判社会政治。

本篇由十二段文字组成，每段文字所表现的主题不尽相同，有讨论顺应自然倡导无为的，有讨论认知的困难和是非难以认定的，但多数段落还是在讨论养生。各段文字风格也是不尽相同，其中有的文字艰涩破碎，与《庄子》一书整体上的流美风格大异。

一

【原文】

老聃之役有庚桑楚者，偏得老聃之道，以北居畏垒之山[1]。其臣之画然知者去之，其妾之挈然仁者远之[2]。拥肿之与居，鞅掌之为使[3]。居三年，畏垒大壤[4]。畏垒之民相与言曰："庚桑子之始来，吾洒然异之。今吾日计之而不足，岁计之而有余。庶几其圣人乎！子胡不相与尸而祝之，社而稷之乎[5]？"

庚桑子闻之，南面而不释然。弟子异之。庚桑子曰："弟子何异于予？夫春气发而百草生，正得秋而万宝

【译文】

老子的门徒中，有一个叫庚桑楚的，学到了部分老子之道，往北去住在畏垒山中。在他左右服役的徒仆，凡是明察外物的和自信做得仁义的徒仆都让他们远离自己。却与糊涂无知的徒仆住在一起，留下举止随便的徒仆使用。住了三年，畏垒大丰收。畏垒的百姓相互说："庚桑子初来时，我对他的行为颇感惊怪。现在我按天来计算收益虽感不足，但按一年下来计算，却感到有余。他大概就是个圣人吧！我们为什么不把他当作祖宗一样来祭祀崇拜，为他建立社稷，把他当作国君来敬奉呢？"

成⑥。夫春与秋，岂无得而然哉？天道已行矣。吾闻至人，尸居环堵之室，而百姓猖狂不知所如往⑦。今以畏垒之细民而窃窃焉欲俎豆予于贤人之间，我其杓之人耶⑧！吾是以不释于老聃之言。”

弟子曰：“不然。夫寻常之沟，巨鱼无所还其体，而鲵鳅为之制⑨；步仞之丘陵，巨兽无所隐其躯，而蘖狐为之祥⑩。且夫尊贤授能，先善与利，自古尧舜以然，而况畏垒之民乎！夫子亦听矣！”

庚桑子曰：“小子来！夫函车之兽，介而离山，则不免于网罟之患⑪；吞舟之鱼，砀而失水，则蚁能苦之⑫。故鸟兽不厌高，鱼鳖不厌深。夫全其形生之人，藏其身也，不厌深眇而已矣。

“且夫二子者，又何足以称扬哉！是其于辩也，将妄凿垣墙而殖蓬蒿也⑬。简发而栉，数米而炊，窃窃乎又何足以济世哉⑭！举贤则民相轧，任知则民相盗。之数物者，不足以厚民⑮。民之于利甚勤，子有杀父，臣有杀君，正昼为盗，日中穴阫⑯。吾语女，大乱之本，必生于尧舜之间，其末存乎千世之后。千世之后，其必有人与人相食者也！”

【注释】

①役：门徒；偏得：部分地学到；畏垒：山名。②画然：明察貌；挈然：自信貌。③鞅

庚桑子听说要面南为君，很不高兴。弟子们对庚桑子的反应感到诧异，庚桑子说：“弟子们对我的态度有什么可诧异的呢？春气勃发而百草繁盛，时逢秋天而百果收成。那春与秋，难道就没有功德可言吗？这一切不过是大道自然运行的结果罢了。我听说得道的至人，像尸主一样静寂而居住在一方丈大的小屋之中，而百姓任性放纵，随心所欲，不知所往。如今畏垒的小民私下议论，想把我当作贤人来侍奉，我难道是人们推崇的榜样吗？想起老子的教诲，所以我不痛快。”

弟子说：“不是这样的。那小水沟里，大鱼不能转身。而小鱼可以曲折回旋，那小丘陵上，巨兽没有地方隐蔽身体，而对于妖狐却是藏匿的好地方。再说尊重贤人，重用能人，赏善施利，自古尧、舜就是这样，何况畏垒的百姓呢！先生还是听任他们的做法吧！”

庚桑子说：“小子们过来！你们没有听说过，那口能吞车的野兽，一旦单独出山，就难免遭到网罗的灾患；吞舟的大鱼，一旦荡溢出水，连蚂蚁都能伤害它。所以说鸟兽不厌山高，鱼鳖不厌水深。为了保存自己的身体和本性的人，要敛藏自己，也不厌深远幽邃罢了。

“至于像尧和舜两人，又有什么好称颂的呢！像他们那样的区分善恶贤愚，就像妄想凿开垣墙来种植蓬蒿那样愚昧；像他们那样，挑着一根根头发来梳理，数着一粒粒米来下锅，斤斤计较着又怎么能够救世呢！推举贤能之人，就会使百姓相互

掌:随随便便貌。④壤:丰收。⑤尸:代替死者受祭的活人;社而稷之:为他建立社稷。⑥万宝:各种果实。⑦尸居:静寂而居;环堵:一方丈大的小屋;猖狂:蛮横。⑧俎豆:祭祀器皿,此指祭祀;杓(biāo):标准,榜样。⑨寻常:八尺为寻,两寻为常。⑩步仞:六尺为步,八尺为仞;蘖:妖,妖孽。⑪函车:口能吞车;介:单独。⑫砀(dàng):荡溢。⑬殖:种植。⑭栉:梳理;窃窃乎:斤斤计较貌。⑮之数物:这些事。⑯穴阫(péi):挖墙洞。

倾轧;任用智能之人,就会使百姓相互欺诈。这些方法,不足以使百姓淳厚。百姓对于私利一旦过于勤勉用心,就难免有子杀父,臣杀君,白天抢劫,中午挖墙洞的现象发生。我告诉你们:天下大乱的根源,必定生于尧、舜之间,而弊端将会存留于千载之后。千载之后,其社会必有人吃人的现象发生。"

品庄悟道

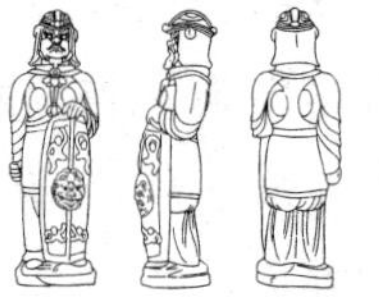

无为之为

〔清〕任熊高士传图像·庚桑楚

庚桑楚的思想境界可以算得上"无为之为"了,虽然他只是"偏得老聃之道",但是做到他这样一步已经相当不容易了。当有人要供奉他时,他断然拒绝,他对此的解释是:其一,接受供奉便会扬名于世,而道家是一向主张无功、无名,这样做便不符合道的本义;其二,举贤任能是天下大乱的根源,必然会贻害万世。因而,只有深藏行迹,才能全身免祸。

其实,道家的这种思想应该辩证地去看待。本文用了大量的笔墨来渲染"无为"的巨大作用与影响,庚桑楚只是"偏得老聃之道"就能使所治的畏垒山一带的老百姓的生活有了大的改观,倘若不是"偏得"而是"全得"老聃之道,"无为"的强大力量便可想而知。但是同时我们也应该看到这种思想的局限性:一个人如果要使得自己达到"无为"的境界,必然要为此付出一定的代价。

二

【原文】

南荣趎蹴然正坐曰[1]："若趎之年者已长矣，将恶乎托业以及此言邪[2]？"

庚桑子曰："全汝形，抱汝生，无使汝思虑营营。若此三年，则可以及此言矣。"

南荣趎曰："目之与形，吾不知其异也，而盲者不能自见；耳之与形，吾不知其异也，而聋者不能自闻；心之与形，吾不知其异也，而狂者不能自得。形之与形亦辟矣，而物或间之邪[3]？欲相求而不能相得？今谓趎曰：'全汝形，抱汝生，勿使汝思虑营营。'趎勉闻道达耳矣！"

庚桑子曰："辞尽矣。奔蜂不能化藿蠋，越鸡不能伏鹄卵，鲁鸡固能矣[4]。鸡之与鸡，其德非不同也，有能与不能者，其才固有巨小也。今吾才小，不足以化子，子胡不南见老子？"

南荣趎赢粮，七日七夜至老子之所。

老子曰："子自楚之所来乎？"

南荣趎曰："唯。"

【译文】

南荣趎局促不安地正襟危坐着说："像我这种年龄已经很大了的人，要怎么样学习才能达到你说的那种境界呢？"

庚桑子说："保全你的形骸，守护你的本性，不要让自己顾忧重重。像这样再学习三年，你就可以达到我说的境界了。"

南荣趎说："我不知道人们彼此之间的眼睛在构造上有什么不同，可是盲人却看不见；我不知道人们彼此之间的耳朵在构造上有什么不同，可是聋子却听不见；我不知道人们彼此之间的心脏在构造上有什么不同，可是痴狂的人却不能自制。人体之间也是相近的，但可能是有什么东西把人区别开了，使人们想互相学习却又学不到？现在对我来讲：'保全你的形体，守护你的本性，不要让自己顾忧重重。'只是在耳朵里听听罢了！"

庚桑子说："话说完了。细腰蜂不能孵化大青虫的卵，越地产的鸡不能孵育天鹅的蛋，而鲁地产的鸡却可以。鸡和鸡之间，在资质方面没有不同，能否孵化天鹅蛋，是因为它们的能力有大小之别。现在我的能力太小，不能教化你。你为什么不到南面去拜见老子呢！"

南荣趎背着粮食，走了七天七夜来到了老子的住处。

老子说："你是从庚桑楚那里来的吗？"南荣趎回答："是的。"

老子说："你为什么和这么多人一起来

老子曰："子何与人偕来之众也？"南荣趎惧然顾其后。

老子曰："子不知吾所谓乎？"

南荣趎俯而惭，仰而叹曰："今者吾忘吾答，因失吾问。"

老子曰："何谓也？"

南荣趎曰："不知乎？人谓我朱愚⑤；知乎？反愁我躯。不仁则害人，仁则反愁我身；不义则伤彼，义则反愁我己。我安逃此而可？此三言者，趎之所患也，愿因楚而问之。"

老子曰："向吾见若眉睫之间，吾因以得汝矣，今汝又言而信之。若规规然若丧父母，揭竿而求诸海也。女亡人哉，惘惘乎！汝欲反汝情性而无由入，可怜哉！"

南荣趎请入就舍，召其所好，去其所恶，十日自愁，复见老子。

老子曰："汝自洒濯，孰哉郁郁乎⑥！然而其中津津乎犹有恶也。夫外韄者不可繁而捉，将内揵⑦；内韄者不可缪而捉，将外揵⑧。外内韄者，道德不能持，而况放道而行者乎⑨！"

南荣趎曰："里人有病，里人问之，病者能言其病，然其病病者，犹未病也。若趎之闻大道，譬

呢？"南荣趎惊异地回顾身后。

老于说："你不懂我所说的意思吗？"

南荣趎惭愧地低下了头，又仰面而叹说："现在我忘了我的回答，因而也忘了我所问的。"

老子说："怎么说呢？"

南荣趎说："无智吧人们说我愚钝；有智吧反而令我自身愁苦；不行仁则伤害别人，行仁则反而伤害自身；不行义则伤害他人，行义则反而伤害自身，我怎样才能逃避这些？上述三种情况，就是我所忧虑的，希望通过庚桑楚的介绍来向先生求教。"

老子说："刚才我看你眉目间的神情，便知道了你的心事，现在听你一说证实了我的判断。你茫然自失的样子就像丧失了父母，拿着竹竿去探测大海。你是亡真失道之人啊，迷迷惘惘！你想恢复你的天性却无从做起，可怜啊！"

南荣趎请求留在馆舍受业，吸取所好，抛弃所恶，十天后仍然自感愁苦，于是又去拜见老子。

老子说："你自我洗涤，有什么忧愁的！被外物牵累时，不应因为繁杂而紧张，而要心神内守；被心事所束缚时，不应因为闭塞而急躁，而要排除外来干扰。外界和内心都有牵累的话，那就连有道德的人也不能自持，何况是学道的人呢？"

南荣趎说："同住一居里的人生了病，周围的乡邻询问他，生病的人能够说明自己的病情，而能够把自己的病情说个清楚的人，那就算不上是生了重病。像我这样的听闻大道，好比服用了药物反而加重了病情，因而我只

犹饮药以加病也，趎愿闻卫生之经而已矣[10]。”

老子曰：“卫生之经，能抱一乎？能勿失乎？能无卜筮而知吉凶乎？能止乎？能已乎？能舍诸人而求诸己乎？能翛然乎[11]？能侗然乎[12]？能儿子乎？儿子终日嗥而嗌不嗄，和之至也[13]；终日握而手不掜，共其德也[14]；终日视而目不瞚，偏不在外也[15]。行不知所之，居不知所为，与物委蛇，而同其波，是卫生之经已。”

南荣趎曰：“然则是至人之德已乎？”

曰：“非也。是乃所谓冰解冻释者能乎？夫至人者，相与交食乎地而交乐乎天，不以人物利害相撄，不相与为怪，不相与为谋，不相与为事，翛然而往，侗然而来，是谓卫生之经已[16]。”

曰：“然则是至乎？”

曰：“未也。吾固告汝曰：‘能儿子乎？’儿子动不知所为，行不知所之，身若槁木之枝而心若死灰。若是者，祸亦不至，福亦不来。祸福无有，恶有人灾也！”

【注释】

①南荣趎(chú)：人名，庚桑子的学生。②托业：继承学业，学习。③辟：通“譬”，相似。④奔蜂：细腰土蜂；藿蠋(zhú)：大青虫；鹄：天鹅。⑤朱愚：愚钝。⑥生的方法和途径。⑪翛(xiāo)然：无所

希望能听到养生的常规罢了。”

老子说：“养护生命的常规，能够使身形与精神浑一谐合吗？能够不失却真性吗？能够不求助于卜筮而知道吉凶吗？能够安定于自己的本分吗？能够对消逝了的东西不作追求吗？能够对人无所求而寻求自身的完善吗？能够无拘无束、无所牵挂吗？能够心神宁寂心怀开朗吗？能够像小孩那样天真、质朴吗？小孩整天啼哭，咽喉却不会嘶哑，这是因为声音谐和自然达到了顶点；小孩整天拳曲着小手而不松开，这是因为听任小手自然地握着乃是小孩的天性与常态；小孩整天转动眼睛一点也不眨眼，这是因为内心世界不会滞留于外界事物。行走起来不知道去哪里，平日居处不知道做什么，随物变化，如同随波逐流、听其自然：这就是养护生命的常规了。”

南荣趎：“那么这就是至人的最高思想境界吗？”

老子回答：“不是的。这仅只是所谓冰冻消解那样自然消除心中积滞的本能吧？道德修养最高尚的人，跟人们一块儿向大地寻食而又跟人们一块儿向天寻乐，不因外在的人物或利害而扰乱自己，不参与怪异，不参与谋算，不参与尘俗的事务，无拘无束、自由自在地走了。又心神宁寂无所执着地到来。这就是所说的养护生命的常规。”

南荣趎说：“那么这就达到了最高的境界吗？”

老子说：“没有。我原本就告诉过你：‘能够像初生的婴儿那样纯真、质朴吗？’婴儿活动不知道干什么，行走不知道去哪里，身形像枯槁的树枝而心境像熄尽了的死灰。像这

牵挂貌。⑫侗然：心怀开朗貌。⑬嗥：啼哭；嗌(yì)：咽喉；嗄(shà)：通“哑”，沙哑。⑭掜(yì)：拳曲。⑮瞚(shùn)：眨眼。⑯撄(yīng)：扰。

样的人，灾祸不会到来，幸福也不会降临。祸福都不存在，哪里还会有人间的灾害呢！”

品庄悟道

以赤子之心学“道”

南荣趎苦于迟迟不得悟出真道，不惜奔波劳苦，走了七天七夜，找到老子住处，向老子学“道”。老子向南荣趎讲授学“道”的要诀：学“道”要不计较得失，抛弃一切烦恼，心神内守，不为外物所扰。学“道”最为重要的一点是要拥有一颗赤子之心，像初生婴儿那样天真纯朴，无心而为。如是，则心无故障，既无福祉之念，又无祸害之虑，自然会悟出真道。而患得患失，忧心忡忡，繁杂紧张则是学“道”的大敌。

同样，我们不妨用一颗赤子之心领悟现实生活，这样你定然会做到“宠辱不惊，闲看庭前花开花落；去留无意，漫随天外云卷云舒”。

三

【原文】

宇泰定者，发乎天光①。发乎天光者，人见其人，物见其物。人有修者，乃今有恒；有恒者，人舍之，天助之②。人之所舍，谓之天民；天之所助，谓之天子。

【注释】

①宇泰定：心境安泰。②舍：归顺；助：佑助。

【译文】

心境安泰的人，散发着自然的光芒。散发自然的光芒的，人们都看到了他这个人。人们有要修习此道的，就是照常规办事。照常规办事的，人们就来和他做邻居，天也帮助他。人来和他做邻居，就是天之民；天来帮助的，就是天之子。

品庄悟道

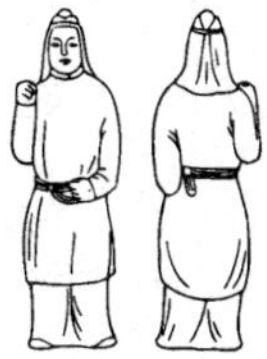

静心则有邻

庄子继承了老子的“虚静”的学说，认为如果想进入道的境界，那么必须首先要具备“虚静”这样一种精神状态。

保持一种安泰宁静的心境，则“有恒者，人舍之，天助之”，静心安泰的人会有邻居，以及得到别人的帮助，这和“德有邻”以及“以德服人”不谋而合，庄子提倡的静心得道者和人们所说的德高者相似。看来静心是成为德高者的一个途径。

四

【原文】

学者，学其所不能学也；行者，行其所不能行也；辩者，辩其所不能辩也。知止乎其所不能知，至矣①！若有不即是者，天钧败之②。

【注释】

①止：停留。②天钧：自然规律。

【译文】

学呀，学那个不能学。做呀，做那个不能做。谈论呀，谈论那个不能谈论。认识停留在那个不能认识的，就算到家了。如果不能做到这一点，自然规律就对他惩罚。

品庄悟道

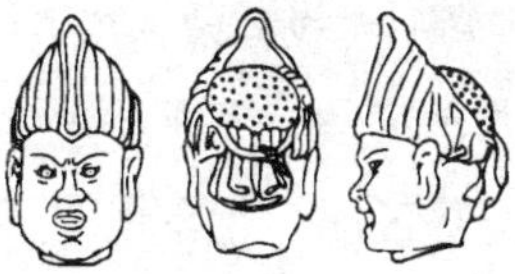

认知无止境

此处谈的是为学修养，道家认为“知止乎其所不能知”，也就是说学习和认识都是无止境的，应当不要停止探索的脚步，只有当学习和认识到达一定程度的时候，才是达到了知识的最高境界。

这也体现了道家的努力探索这个世界的精神，他们在当时已经认识到宇宙无限，自然无限，万物不停的发展变化，对这个世界的认知永无止境。

五

【原文】

备物以将形，藏不虞以生心，敬中以达彼①。若是而万恶至者，皆天也，而非人也，不足以滑成，不可内于灵台②。灵台者，有持而不知其所持，而不可持者也。

不见其诚己而发，每发而不当，业入而不舍，每更为失③。为不善乎显明之中者，人得而诛之；为不善乎幽间之中者，鬼得而诛之。明乎人，明乎鬼者，然后能独行。

券内者，行乎无名；券外者，志乎期费④。行乎无名者，唯庸有光⑤；志乎期费者，唯贾人也，人见其跂，犹之魁然⑥。与物穷者，物入焉；与物且者，其身之不能容，焉能容人！不能容人者无亲，无亲者尽人。兵莫憯于志，镆铘为下⑦；寇莫大于阴阳，无所逃于天地之间。非阴阳贼之，心则使之也。

【注释】

①备：具备；将形：养形；虞：思虑；生：养；敬中以达彼：敬修内智以通达外

【译文】

大自然让人具备了各种器官来让他养护自己的形体，深藏着一颗无忧无虑的心就能最好地养心，敬修内智以通达于万物。如果达到了这种境界还有种种灾祸到来，那就是天命了，而不是个人的责任；这种事不能纳入自己的心里，心灵有主见而行之又无主见，不可有意把持。

自己的境界还没有修炼到内心至诚的程度就急于付诸行动，每当行动起来时，外在的事物扰乱了内心世界还不舍弃不停止；外在的事物扰乱了内心世界还不舍弃不停止，每行动一次就会带来一次新的失败。公开地为非作歹的人，人们也可以公开地责难他；暗中为非作歹的人，会受到鬼神的谴责。公开场合光明正大地做人，自己一个人时内心依然能够光明磊落而无所愧疚，然后才能独往独来。

注重内修德性的人，行为不留名迹；追求外在功业的人，志向在于求用。行为不拘于名迹的人，虽然平常而有天光；志在于外向求用的人，只能算是商人；人们看着他歪歪斜斜的，他自己却觉得很神气。能亲近万物终始循环不已的人，万物也会归依于他；和外在事物格格不入的人，连自己都无容身之地，怎能宽容他人呢？不能宽容别人的就不会有人亲近他，没人亲近的人实际是自绝于人。最锐利的

物。②成：通“诚”，和；灵台：指心。③业入而不舍：外在的事物扰乱了内心世界还不舍弃不停止。④期费：功名利禄。⑤唯庸有光：虽然平常而有天光。⑥魁然：神气貌。⑦憯(cǎn)：同“惨”。

兵器是人的心志，连镆铘剑那样锐利的兵器也在其下；人最大的敌人是自己内心的自相矛盾和焦虑不安，这样的人在天地之间是没有地方好躲藏的；其实并不是人心中的阴阳错乱伤害了他，而是他自己的心在驱使着他。

品庄悟道

怎样修道呢?

此处，继续讲修持身心的道。第一段是提出了养心的两点：一是无忧虑，二是敬修内智。第二和第三段则主要奉劝修道者抛弃一切功名利禄，不着名迹，用虚怀若谷的心境与万物相处。大道的本质源于虚无，所以修道者要想修成正果，必须要无心功名，无心得失，无知无我，只有达到这个程度，才能有所领悟。

六

【原文】

道通。其分也，其成也毁也。所恶乎分者，其分也以备①；所以恶乎备者，其有以备。故出而不反，见其鬼②；出而得，是谓得死。灭而有实，鬼之一也。以有形者象无形者而定矣③。

出无本，入无窍。有实而无乎处，有长而无乎本剽，有所出而无窍者有实④。有实而无乎处者，宇也。有长而无本剽者，宙也。有乎生，有乎死，有乎出，有乎入，入出而无见其形，是谓天门。天门者，无有也，万物出乎无有，有不能以有

【译文】

道无所不通，事物的本分，事情的成败，都与道相通。厌恶本分的，是因为不守本分而求全；厌恶全的，是因为本分不足而求全。所以，心神外驰而不知返，死期就临近了；心神外驰而有所得，得到的就是死亡；心神死亡而空有躯体，就和鬼没有什么区别了，以没有精神的躯体去效法无形的道，心神和躯体就充实而安定了。

出无根源，入无门径。有实际存在而没有处所，有成长而没有始终，有所出而没门径的有实。有实际存在而没有处所的，就是宇；有成长而没有始终的，就是宙。有生有死，有出有入，出入而不显露其

为有，必出乎无有，而无有一无有。圣人藏乎是。

形，称为天门。天门就是无有，万物产生于无有。有不能以有为有，必定产生于无有，而无有一无所有。圣人就隐身于这种境界。

【注释】

①备：全。②出而不反：心神外驰而不知返。③有形者：没有精神的形体。④处：处所；剽：末端，终端。

品庄悟道

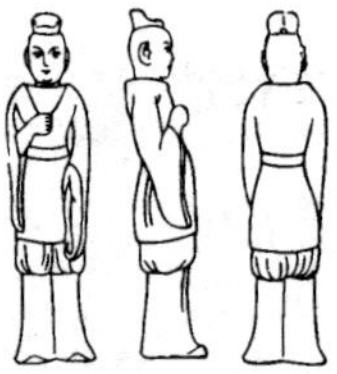

养生先养心

本文第一段中阐述了“心神”的不同形态导致的不同结果。第二段中庄子指出何谓“宇”，何谓“宙”以及“道”的特性。通过这些论述，实际上是借此强调养生的重要性，认为养生的关键所在是养心，养生先养心，身心安定的前提便是以有精神的躯体去效法无形的道。而养心的关键，庄子认为在于要清静、弃智、虚心、无己和“无有”，并且要把一切通而为一，只有这样，才能达到养生的最终目的和最高境界。

七

【原文】

古之人，其知有所至矣。恶乎至？有以为未始有物者，至矣，尽矣，弗可以加矣。其次以为有物矣，将以生为丧也，以死为反也，是以分已。其次曰始无有，既而有生，生俄而死；以无有为首，以生为体，以死为尻；孰知有无死生之一守者，吾与之为友。是三者虽异，公族也①；昭景也，著戴也②；甲氏也，著封也，非一也。

【译文】

古时的人们，他们的认识达到了极高的水准。从哪个角度讲达到了极高的水准呢？有一种认识认为宇宙的太初状态是空无一物的，这就是最高层次的认识，尽善尽美，达到了无以复加的地步。稍逊色一等的认识，是认为宇宙之初已有物存在了，将生看作是迷失本性的开端，将死认为是复归本真的起点。再次一等的认识，认为宇宙源于“无有”，后来出现了生，生出现后，死也立刻也随之而来；把“无”和“有”作为它的头，把生作为它的躯干，把死作为屁股；谁能认识到有、无、生、死是一

有生，黬也，披然曰移是[3]。尝言移是，非所言也。虽然，不可知者也。腊者之有膍胲，可散而不可散也。观室者周于寝庙，又适其偃溲焉，为是举移是[4]。

请尝言移是。是以生为本，以知为师。因以乘是非，果有名实；因以己为质，使人以为己节，因以死偿节[5]。若然者，以用为知，以不用为愚，以彻为名，以穷为辱，移是，今之人也，是蜩与学鸠同于同也。

【注释】

①公族：无有、生死皆出于道，故谓之公族。②著：著名；戴：爱戴。③黬：幽暗不明。④偃（yǎn）溲：厕所。⑤质：实，主；己节：符合自己；偿节：殉节。

个统一的整体，我就同谁做朋友。这三种认识虽然各有千秋，却都同出一源。就像楚国的昭氏和景氏，都因受百姓爱戴而闻名天下；甲氏是因为封地而闻名天下，姓氏不同，却是同祖同宗的。

宇宙间的生命，本来是界线不明的，硬要分开就叫作“是非不定”。如果说是“是非不定”，本就不该去辩说的。即使如此，却很难被人们意识得到。大祭时的牛胃牛蹄，本是可以分散排列的，在祭礼上却又不可分散排列；这就如同参观房屋的人遍游宗庙后，又到厕所去，这样做是举例说明“是非不定”。

请允许我来谈一谈“是非不定”的问题。它是以生命为基础，以智慧为标准，靠这些来驾驭“是非”；确实存在着名称和本质的区别，便把自己的主观意志做为名、实判断的尺度，并让人们符合自己的指导方针，因而产生以死殉节的事。像这样，把显亲扬名看作聪明，把默默无闻看作愚蠢；把通达看作荣誉，把困窘看作耻辱。“是非难定”，现在的世人，他们的见解是同知了、学鸠一般不二的。

品庄悟道

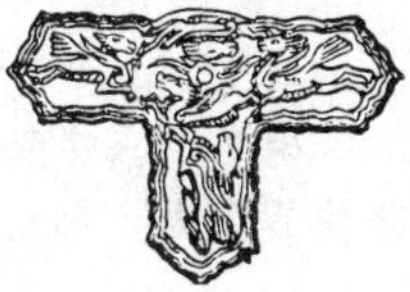

庄子是怎样限定认知的？

人的认知是人探索世界的工具和引导人类发展的起因，此处分为两大部分来讲人对于本身、外界，以及宇宙的认知，一部分是在论述无与有，生和死的问题，另一部分是在论述是与非的问题。

庄子的思想是虚无的，因此他看透了宇宙万物的新生与死亡，在他的主观意识中，他将人的认识分为了三个层次，他认为最高层次的认识是认为宇宙的太初状态是空无一物的，这恰恰是继承了老子的思想。庄子又认为有、无、生、死是一个统一的整体，宇宙万物皆由道所生成。

庄子的思想又是辩证的，因为他看出了是是非非所隐藏的悬念，也看出了传统的是非标准所露出的种种破绽，他的深邃的思想使他显得与世俗格格不入，如果说世俗之人如同知了、学鸠，那么庄子就是一只扶摇而上九万里的雄鹰。

八

【原文】

蹍市人之足，则辞以放骜[1]；兄则以妪，大亲则已矣[2]。故曰，至礼有不人，至义不物，至知不谋，至仁无亲，至信辟金[3]。

【注释】

①碾：踩；市人：集市上的陌生人；放骜：粗鲁。②妪(yù)：出声慰问；大亲：父母。③不人：视人己身；辟：排除。

【译文】

在集市上踩了陌生人的脚，就为自己的粗鲁而道歉，如果是踩在兄弟的脚上就无须道歉，只要“哎哟”一声表示怜惜就可以了；如果踩在父母的脚上，那就连“哎哟”一声也不必，因为父母肯定会知道孩子是出于无意而原谅的。所以说，最大的礼是视人如己，不看作是别人。最大的义是不把物当作异物而当作自己一样，最大的智是不用算计，最大的仁是不分亲疏，最大的信用是不用黄金做抵押。

品庄悟道

至礼无礼

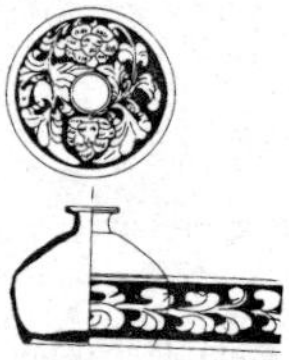

道家的关于礼节方面的主张是与儒家主张完全不同的，道家主张至礼无礼，即礼节作为一种行为规范，它主要是对陌生人讲的，它的作用无非就是表示对对方的尊重；而对于亲近的人，则不需要这种烦琐的礼节，如果对于亲人都彬彬有礼，那么这个人就很虚伪了，用今天的话说就是“见外”。

“至礼无礼”这种思想虽然可以在某些时候，拉近人与人之间的距离，但是它毕竟还是有一定的局限性。这就需要我们取其精华，去其糟粕了！

九

【原文】

彻志之勃，解心之谬，去德之累，达道之塞[①]。贵富显严名利六者，勃志也。容动色理气意六者，谬心也。恶欲喜怒哀乐六者，累德也。去就取与知能六者，塞道也。此四六者，不荡胸中则正，正则静，静则明，明则虚，虚则无为而无不为也。道者，德之钦也；生者，德之光也；性者，生之质也。性之动，谓之为；为之伪，谓之失。知者，接也[②]；知者，谟也[③]；知者之所不知，犹睨也[④]。动以不得已之谓德，动无非我之谓治，名相反而实相顺也。

【注释】

①勃：通“悖”，乱。②接：感性认识。③谟：内心谋划。④睨：斜视。

【译文】

毁除意志的扰乱，解脱心灵的束缚，遗弃道德的牵累，打通大道的阻碍。高贵、富有、尊显、威严、声名、利禄六种情况，全是扰乱意志的因素。容貌、举止、美色、辞理、气调、情意六种情况，全是束缚心灵的因素。憎恶、欲念、欣喜、愤怒、悲哀、欢乐六种情况，全部牵累道德的因素。离去、靠拢、贪取、施与、智虑、技能六种情况，全是堵塞大道的因素。这四个方面各六种情况不至于震荡胸中，内心就会平正，内心平正就会宁静，宁静就会明澈，明澈就会虚空，虚空就能恬适顺应无所作为而又无所不为。大道，是自然的尊崇；生命，是盛德的光华；禀性，是生命的本根。合乎本性的行动，称之为率真的作为；受伪情驱使而行动，称之为失却本性。知识，出自与外物的应接；智慧，出自内心的谋划；具有智慧的人也会有不了解的知识，就像斜着眼睛看，所见必定有限。有所举动却出于不得已叫作德，有所举动却不是为了自我叫作治，追求名声必定适得其反，而讲求实际就会事事顺应。

品庄悟道

修道先破“障”

修道的目标便是要达到心灵无拘无束，静明虚空。可是要想“修成正果”，就必须破除种种障碍因素，如：过多的牵累，沉重的承负，无止境的忧虑，等等。

修道的过程就是扫除障碍的过程，而要扫除障碍就必须先要明白存在于心中的障碍为何物，所以庄子从多种角度，全面而细致地帮人们分析了种种阻碍修道的障碍，并分析障碍物对心灵的深远影响，指出了修道必然要经历的种种心路历程。

一〇

【原文】

羿工乎中微而拙乎使人无己誉①。圣人工乎天而拙乎人②。夫工乎天而俍乎人者，唯全人能之③。唯虫能虫，唯虫能天④。全人恶天？恶人之天⑤？而况吾天乎人乎！

【译文】

后羿善于射中微小的目标，却拙于使人不称扬自己。圣人善于顺应自然而不善于处理人事。善于顺应自然又顺应人为的，只有完美的人才能做到。只有鸟兽才能安于为鸟兽，它能顺乎自然。全人厌恶自然是厌恶人为的自然，何况我在天人之间搞对立！

【注释】

①工：善；中微：中的。②工乎天：善于顺应、契合自然。③全人：完美的人。④唯虫能天：只有鸟兽才能顺乎自然。⑤人之天：人为的自然。

品庄悟道

庄子的“全人”理论

离骚图·羿射河伯

庄子向我们提出了一个超越于圣人之外的“全人”的人格概念，庄子眼中的“全人”是这样的人：全面完美，精于取法自然又善于应付人事。

庄子认为“圣人”与自然之间可以达成和谐的关系，可是对于人事却始终无法调和这种矛盾，而“全人”是“圣人”最好的代替者。

从这段论述中，我们也可以看出：庄子虽然一再主张恢复自然地位的重要性，但他同样没有忽略人本身的价值。庄子在这里通过对道家的“全人”的描述，对于天与人，自然与人类世界之间长久存在的问题提出了一个完美的解决方案。

一一

【原文】

一雀适羿，羿必得之，威也①；以天下为之笼，则雀无所逃。是故汤以胞人笼伊尹，秦穆公以五羊之皮笼百里奚②。是故非以其所好笼之而可得者，无有也。

【注释】

①适：过。②胞：通“庖”，厨师；伊尹：商汤王的厨子；百里奚：复姓百里，名奚，喜爱五色羊皮衣，秦穆公遂以此笼络他，任他为相。

【译文】

一只雀飞过后羿头顶，后羿一定把它射下来，这是因为雀进入他的射程之内，把天下当作大笼子，鸟雀一只都逃不出天地这个大笼子之外。善厨的伊尹被商汤王以厨师职位笼络住，喜爱羊皮的百里奚被秦穆公用五色羊皮笼络他为相国。所以说，不投其所好又能笼络住对方的例子，还从未有过。

品庄悟道

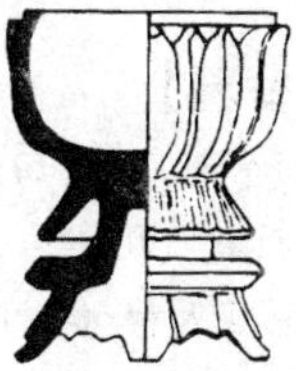

超脱“心笼”

每个人都有意或无意地为自己编制出一个无形的心笼，有的心笼很小，这样的心笼会使人感觉到局促不安，甚至喘不过气来；有的心笼很大，但这种仅仅是相对于小笼子而言。如果大到一定极限，以天地为笼，那么这样的心笼不但不会束缚人的行为，反而会使人获得最大的自由。

除了这种自编的心笼外，别人也会给你织笼。如果它编的笼子正好是投你所好，那没办法，估计你就难逃这样的牢笼了。

所以无论是什么样的心笼，考虑清楚了再钻，即使钻进去，也要让它变成天地那样大的牢笼！

一二

【原文】

介者拸画，外非誉也[①]；胥靡登高而不惧，遗死生也[②]。夫复謵不馈而忘人[③]；忘人，因以为天人矣。故敬之而不喜，侮之而不怒者，唯同乎天和者为然。出怒不怒，则怒出于不怒矣；出为无为，则为出于无为矣。欲静则平气，欲神则顺心。有为也欲当，则缘于不得已。不得已之类，圣人之道[④]。

【注释】

①介者：一只脚的人；拸(chǐ)：放纵；画：礼法。②胥靡：囚犯。③謵(xí)：害怕。④同乎天和：顺逆两忘，与自然一致。

【译文】

断足的人不拘规矩礼法，是已经把毁掉名誉置之度外了；囚犯登到高处不害怕，是因为已经将生死置之不顾了。受到约束不想报复的人，是因为忘记了世俗的贵贱荣辱，忘了贵贱荣辱的人，便可以因此而成为接近自然的天人了。所以，尊敬他，他不会欢欣鼓舞，侮辱他也不会勃然愤怒，只有达到了自然和谐的人才能做到这些。发了怒而并不是真心愤怒，那么他的怒就并非由愤怒产生；有所作为而无心为之，他的有为就是出于无为，要想宁静就要平心静气，要保全精神就要顺应心意，有所为时要得当，这有为出于不得已。一切都出于不得已，便是圣人之道。

品庄悟道

顺随自然之道

此处所谈，仍为养生之道。世俗之人非常在意世俗者的看法，往往“以物喜，以己悲”，招致心绪不得宁静。在本章中，庄子指出正是诸如此种因素，扰乱了人的心志，妨害了“道”的修养。

真正懂得大道的人，是可以超然于己之外，举凡生死、毁誉、贵贱荣辱等等，务必要全部忘却，真正做到“不以物喜，不以己悲”。只有顺随于自然之“道”，方可达到养生的目的。

徐无鬼

【导读】

“徐无鬼”是开篇的人名，以人名作为篇名。本篇是《庄子》中的又一长篇，由十余个各不相关的故事组成，并夹带少量的议论。全篇内容很杂，中心不明朗，故事之间也缺乏关联，但多数是倡导无为思想的，只是少了些玄虚的阔论，多了些现实生活的体验。

在艺术表现上，除了以往的犀利潇洒的风格外，更增添了讽刺的笔触。

一

【原文】

徐无鬼因女商见魏武侯，武侯劳之曰①：“先生病矣！苦于山林之劳，故乃肯见于寡人。”

徐无鬼曰：“我则劳于君，君有何劳于我！君将盈耆欲，长好恶，则性命之情病矣②；君将黜耆欲，掔好恶，则耳目病矣③。我将劳君，君有何劳于我！”武侯超然不对。

少焉，徐无鬼曰：“尝语君，吾相狗也。下之质执饱而止，是狸德也；中之质若视日，上之质若亡其一。吾相狗，又不若吾相马也。吾

【译文】

徐无鬼通过女商的介绍去见魏武侯，武侯慰劳他说：“先生受苦了！你苦于山林的劳苦生活，所以才肯来见我吧。”

徐无鬼说：“我是来慰劳你的，你有什么来慰劳我的呢？你总是追求嗜欲的满足，强化自己的价值判断，那么性命的本质就要受到伤害了；你要减少一些物质生活的享乐，放弃自己的价值判断，否则你的身心累不累呀。我要慰劳你，你有什么好慰劳我的呢？”武侯若有所失的样子而没有说话。

过不一会儿，徐无鬼说：“我曾经给你说过我的相狗术。下等狗的才质，只是捕兽得食就满足了，这是狐狸的德性；中等才质的狗，眼睛看得高望得远，上等才质的狗把形

相马，直者中绳，曲者中钩，方者中矩，圆者中规，是国马也，而未若天下马也。天下马有成材，若恤若失，若丧其一，若是者，超轶绝尘，不知其所[4]。”武侯大悦而笑。

徐无鬼出，女商曰：“先生独何以说吾君乎？吾所以说吾君者，横说之则以诗书礼乐，从说之则以金板六弢，奉事而大有功者不可为数，而吾君未尝启齿。今先生何以说吾君，使吾君说若此乎？”

徐无鬼曰：“吾直告之吾相狗马耳。”

女商曰：“若是乎？”

曰：“子不闻夫越之流人乎？去国数日，见其所知而喜；去国旬月，见所尝见于国中者喜；及期年也，见似人者而喜矣；不亦去人滋久，思人滋深乎？夫逃虚空者，藜藋柱乎鼪鼬之逕，踉位其空，闻人足音跫然而喜矣，又况乎昆弟亲戚之謦欬其侧者乎[5]！久矣夫，莫以真人之言謦欬吾君之侧乎[6]！”

【注释】

①徐无鬼：魏国隐士；女商：人名，魏武侯的宠臣；劳：慰劳。②盈耆欲：追求嗜欲满足。③掔（qiān）：通“牵”，排除。④成材：天生材质。⑤藜（lí）藋（diào）：一种野草；鼪（shēng）鼬（yòu）：一种鼠；跫（qióng）然：脚步声。⑥謦欬（kài）：本指咳嗽，引申为话语。

体看作不存在一样。我的相狗术，又不如我的观马术。我观察人们训练战马，直着走要和绳墨相符合，弯着走要与钩尺相一致，走方队时要和矩尺相符合，走圆圈时要和圆规相一致，这就是国家最好的马了，然而还是赶不上天下最好的马。天下的好马自有其天生的才性和用途，走起路来像是有所忧思又有所失落似的，这样的马跑起来超群脱俗，风一样地飞奔而去，转眼就不知去向了。”武侯听了徐无鬼的话，很开心地笑了。

徐无鬼走出宫廷，女商说：“先生究竟是用什么办法使国君高兴的呢？我用来使国君高兴的办法是，从远处说向他介绍诗、书、礼、乐，从近处说向他谈论太公兵法。侍奉国君而大有功绩的人不可计数，而国君从不曾有过笑脸。如今你究竟用什么办法来取悦国君，竟使国君如此高兴呢？”

徐无鬼说：“我只不过告诉他我怎么相狗、相马罢了。”

女商说：“就是这样吗？”

徐无鬼说：“你没有听说过越地流亡人的故事吗？离开都城几天，见到故交旧友便十分高兴；离开都城十天整月，见到在国都中所曾经见到过的人便大喜过望；等到过了一年，见到好像是同乡的人便欣喜若狂；不就是离开故人越久，思念故人的情意越深吗？逃向空旷原野的人，那里丛生的野草堵塞了老鼠出入的路径，在旷野上住得久了，听到人的脚步声就高兴起来，更何况是兄弟亲戚在身边说笑呢？很久很久了，没有谁用真人纯朴的话语在国君身边说笑了啊！”

品庄悟道

忘我

徐无鬼一见到魏武侯，便看出魏武侯“病”得不轻：“君将盈耆欲，长好恶，则性命之情病矣；君将黜耆欲，掔好恶，则耳目病矣。”魏武侯的病可谓是内外交困，魏武侯急需诊治。徐无鬼一语道破了魏武侯的病根，而且为他开了处方，概言之为“忘我”，也就是让魏武侯捐弃好恶之心，泯灭自我，返璞归真。

“忘我”可使人抛却尘世烦恼，达到无为而无不为的至高、至乐境界！

二

【原文】

徐无鬼见武侯，武侯曰：“先生居山林，食芧栗，厌葱韭，以宾寡人，久矣夫①！今老邪？其欲干酒肉之味邪②？其寡人亦有社稷之福邪？”

徐无鬼曰：“无鬼生于贫贱，未尝敢饮食君之酒肉，将来劳君也。”

君曰：“何哉，奚劳寡人？”

曰：“劳君之神与形。”

武侯曰：“何谓邪？”

徐无鬼曰：“天地之养也一，登高不可以为长，居下不可以为短。君独为万乘之主，以苦一国之民，以养耳目鼻口，夫神者不自许也。夫神者，好和而恶奸；夫奸，病也，故劳之。唯君所病之，何也？”

【译文】

徐无鬼去进见魏武侯，武侯说：“先生居住在深山老林之中，吞咽橡栗，饱食葱韭，远离寡人，已经很久了！现在老了吧？你想谋求官爵吗？难道我还能享受到国富民强的福吗？”

徐无鬼说：“我生于贫穷低贱的家庭中，从未敢奢求得到君主的官禄，我是来慰劳您的。”

武侯说：“为什么呢？你怎么样来慰劳我呢？”

徐无鬼说：“慰劳您的精神和身体。”

武侯说：“此话怎讲？”

徐无鬼说：“天地对世间万物的滋养是一视同仁的，登高位，不可因此自以为高人一等，居低处，也不可因此而自认为矮人一头。您作为大国的君主，让全国老百姓受苦，并以此来满足自己的耳目鼻口的享乐，弄得您心

武侯曰:“欲见先生久矣。吾欲爱民而为义偃兵,其可乎?”

徐无鬼曰:“不可。爱民,害民之始也;为义偃兵,造兵之本也;君自此为之,则殆不成。凡成美,恶器也[3];君虽为仁义,几且伪哉!形固造形,成固有伐,变固外战。君亦必无盛鹤列于丽谯之间,无徒骥于锱坛之宫[4]。无藏逆于得,无以巧胜人,无以谋胜人,无以战胜人。夫杀人之士民,兼人之土地,以养吾私与吾神者,其战不知孰善?胜之恶乎在?君若勿已矣,修胸中之诚,以应天地之情而勿撄。夫民死已脱矣,君将恶乎用夫偃兵哉!”

【注释】

①芧(xù):橡子;厌:饱食;宾:通“摈”,摈弃。②干:求。③成美:建立爱民为义的好名声。④鹤列:兵阵之名;丽谯:高楼名;徒骥:步兵骑兵;锱坛:宫名。

神不宁。心神,是喜欢平和而厌恶自私的;自私,是一种病,因此我前来慰劳。只有您得了这种病,为什么呢?”

武侯说:“我想见先生已经很久了。我打算同情百姓,并为了道义而停止战争,可以吗?”

徐无鬼说:“不可以。同情百姓,是坑害百姓的前奏;为了道义而停止战争,是发动战争的根源;您从这里着手,可以说几乎不会成功。大凡建立爱民为义的好名声,也就是作恶的工具;您虽然是在施仁义,却近乎虚伪啊!一种形式本身必会导致虚伪的形式,有了成就一定会矜夸,有了变乱一定还会开战。您也一定不要在丽谯城楼下陈列重兵,不要在锱坛之宫前召集步兵和骑兵,不要悖理去贪求,不要用巧诈去胜人,不要用智谋去胜人,不要用战争去胜人。靠屠杀别国的人民,兼并别国的土地,来奉养自己的私欲和心神的人,这种战争不知道有什么好处?所谓的胜利到底表现在哪里,您不如停止战争,修养心中的真情来顺应天地之情而不扰乱它。百姓已经免除了死亡的威胁,您哪里还用得上去停止战争呢!”

品庄悟道

生命与心性

先从徐无鬼这个人的名字说起,“无鬼”其实体现了道家的生命观。在《墨子》中有《明鬼》一篇,此处提出:墨家肯定鬼的存在;孔子对鬼的存在与否持模糊态度;道家则明确肯定生命而否定鬼的存在,肯定生命本身的真实性与价值。

生命以心性为中心,道家强调以心性自由为幸福,而世俗却强调以享乐为幸福;道家强调以纵欲纵情为不幸,世俗则强调以憔悴枯寂为不幸。两种截然相反的人生观在此碰撞。

而生命重在“心”还是重在“物”，也许后来人始终没有给两千多年以前的道家与世俗之辩画上一个完整的句号。

三

【原文】

黄帝将见大隗乎具茨之山，方明为御，昌寓骖乘，张若、𬤊朋前马，昆阍、滑稽后车[1]；至于襄城之野，七圣皆迷，无所问涂[2]。

适遇牧马童子，问涂焉，曰：“若知具茨之山乎？”

曰：“然。”

“若知大隗之所存乎？”

曰：“然。”

黄帝曰：“异哉小童！非徒知具茨之山，又知大隗之所存。请问为天下。”

小童曰：“夫为天下者，亦若此而已矣，又奚事焉！予少而自游于六合之内，予适有瞀病，有长者教予曰[3]：‘若乘日之车而游于襄城之野[4]。’今予病少痊，予又且复游于六合之外。夫为天下亦若此而已。予又奚事焉！”

黄帝曰：“夫为天下者，则诚非吾子之事。虽然，请问为天下。”小童辞。

黄帝又问。小童曰：“夫为天下者，亦奚以异乎牧马者哉！亦去其害马者而已矣！”

【译文】

黄帝要到具茨山去拜访大隗，方明驾车，昌寓陪乘，张若、𬤊朋在前面领马，昆阍、滑稽在后面跟车。他们来到襄城的郊外。七位贤人迷失了方向，也没法问路。恰好遇见一个牧马的童子，走上前去问路道：“你认识具茨山吗？”

回答说：“认识。”

又问：“你知道大隗住在什么地方吗？”

回答说：“知道。”

黄帝说：“这个小童真是不一般！不仅认识具茨山，而且还知道大隗住的地方。请问一下怎样治理天下。”

小童说：“治理天下，也就像这个样子，还有什么要干的！我小的时候，一直就在人世间活动。我刚巧得了眩晕病。一位长者告诉我说：‘你可以顺随时光的流逝到襄城的郊外游玩。’现在我的病稍微好些了，我又来活动在人世间之外了。治理天下照这样子也就是了，我还有什么好说的呢！”

黄帝说：“治理天下确实不是你的工作。虽是这样，还是要你说说怎么治理天下。”

黄帝再拜稽首，称天师而退[5]。

【注释】

①大隗(wěi)：虚拟的得道者；具茨：虚构山名；方明、昌寓、张若、謵朋、昆阍、滑稽：皆为虚拟人物。②涂：通“途”，路。③瞀(mào)病：眩晕病。④乘日之车：喻顺随时光之流逝。⑤天师：天道之师。

小童不肯作答。黄帝再次追问。小童说：“治理天下，和牧马这样的事又有什么两样，不过把足以伤害马的本性的东西去掉也就是了！”

黄帝拜了几拜，叩头道谢，口称“天师”而离去。

品庄悟道

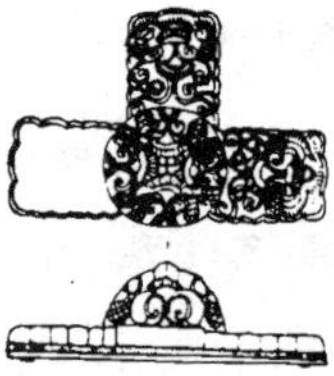

无为方可治天下

黄帝诸人“至于襄城之野，七圣皆迷，无所问涂”。表面看来是迷路了，实际上则暗寓黄帝在治国方略上已经处于迷茫和困惑状态。文中的牧童是庄子的化身。而“牧马”则喻指“治理天下”，其实也就是将百姓看作了牛马，后代通常把州郡长官称为“州牧”，便是由此而来。

牧马要“去其害马者”，牧民亦当去其害民者，至于这个害民者到底是什么，文章并没有指出。同样没有点明的还有黄帝见大隗的目的。但从黄帝见童子也要请教治理天下之道中可知，黄帝是来向大隗请教治理天下的方法的，通过小童的回答可以看出：道家是主张“无为而治”的，也就是说，什么也不要问，什么也不要做，尊重百姓的本性，不去束缚压榨，使其有一定的人身自由，之后，顺其自然治理天下就可以了。

四

【原文】

知士无思虑之变则不乐，辩士无谈说之序则不乐，察士无凌谇之事则不乐，皆囿于物者也[1]。

招世之士兴朝，中民之士荣官，筋力之士矜难，勇敢之士奋患，

【译文】

智谋之士如果没有可供思虑的机变之事是不快乐的，口辩之士如果没有谈论的话题与条理是不快乐的，好察之士如果没有需要言语尖利加以指责的事情发生是不快乐的，他们都是被外物所局限的人。

兵革之士乐战，枯槁之士宿名，法律之士广治，礼教之士敬容，仁义之士贵际②。农夫无草莱之事则不比，商贾无市井之事则不比③。庶人有旦暮之业则劝，百工有器械之巧则壮。钱财不积则贪者忧，权势不尤则夸者悲④。势物之徒乐变，遭时有所用，不能无为也。此皆顺比于岁，不易于物者也。驰其形性，潜之万物，终身不反，悲夫⑤！

【注释】

①知士：智谋之士；序：条理；凌谇(suì)：责骂。②招世：呼民救世；矜难：以能解难而傲；枯槁之士：隐士。③草莱之事：指耕田种地之事。④尤：出众。⑤形性：身心。

以呼民救世为己任的人好在朝廷中炫耀自己，中等资质的人以做官为荣，体格强健的人以能解难而傲，勇敢无畏的人喜欢奋勇地排除祸患，披甲戴盔的人以参战为快乐，隐士留意自己的名声，注重法律的人大力推广法治，讲究礼教的人重视外表的修饰，崇尚仁义的人看重人与人之间的交际。农夫如果没有耕田种地的事情就不会和乐，商人如果没有商业买卖的事情就不会和乐，百姓如果早晚都有事做就会很勤勉，工匠如果有了灵巧的工具就会气壮。钱财积累不多而好贪图的人就会忧愁，权势不够出众而好夸耀的人就会悲哀。追逐权利的人们喜欢变乱，遇到时机来临，就要铤而走险，不能清净无为。这些人都是随时竞逐，局限于一事一物而不能脱身的人。他们身心驰骛，沉溺外物，终生不能自拔，岂不悲哀！

品庄悟道

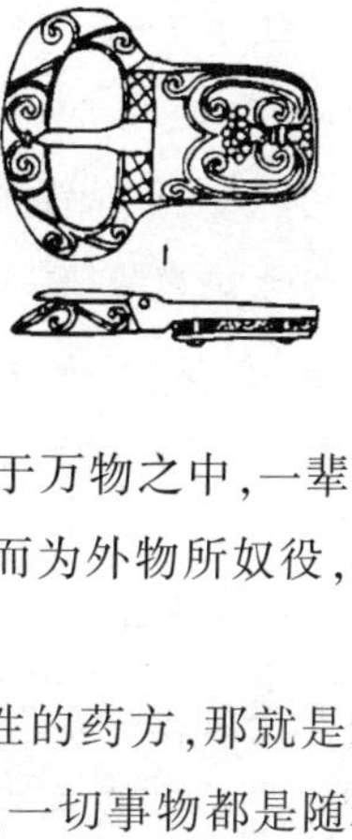

“执着”莫如“无为”

此处列举了近二十种人，这些人驰骋形体和心性，沉溺于万物之中，一辈子不知回头，结果他们的命运往往是可悲的，因为他们执着于物而为外物所奴役，在物欲横流之中丧失了自然的本性。

此处在为他们的命运叹息之时，为他们开出了治愈心性的药方，那就是老庄的“无为而治”。这种哲学思想主张把事情都看作是相对的，一切事物都是随着自然的变化而变化，人对此是无能为力的。因此人唯一能做的就是顺应自然的发展，如果违背了自然规律，那么人就会受到自然的惩罚。而“无为”绝对不是“什么事情也不干”，而是让人顺其自然来发展。

五

【原文】

庄子曰："射者非前期而中，谓之善射，天下皆羿也，可乎[1]？"

惠子曰："可。"

庄子曰："天下非有公是也，而各是其所是，天下皆尧也，可乎[2]？"

惠子曰："可。"

庄子曰："然则儒、墨、杨、秉四，与夫子为五，果孰是邪？或者若鲁遽者邪[3]？其弟子曰："我得夫子之道矣，吾能冬爨鼎而夏造冰矣[4]。"鲁遽曰：'是直以阳召阳，以阴召阴，非吾所谓道也[5]。吾示子乎吾道。'于是为之调瑟，废一于堂，废一于室，鼓宫宫动，鼓角角动，音律同矣[6]。夫或改调一弦，于五音无当也，鼓之，二十五弦皆动，未始异于声，而音之君已。且若是者邪？"

惠子曰："今夫儒、墨、杨、秉，且方与我以辩，相拂以辞，相镇以声，而未始吾非也，则奚若矣？"

庄子曰："齐人蹢子于宋

【译文】

庄子说："射手不预定靶标，射中哪儿都算中，如果这样的人也可以称为善于射箭，天下的人都可以称为像后羿一样的神射手了，这个推论可以说得通吗？"

惠于说："可以。"

庄子说："天下没有公认的是非标准，而各自以为是，天下的人就都像尧一样神圣了，这个推论可以说得通吗？"

惠子说："可以。"

庄子说："那么儒家、墨家、杨朱、公孙龙四家，和先生您这一家总共五家，各家自以为是，到底哪一家是对的呢？或者就像鲁遽那样呢？他的弟子说：'我学到鲁遽先生的本事了，冬天拢过一堆放了千年的干灰让它重新燃烧起来烧锅做饭，夏天能够把刚煮沸的水放进瓶里挂在井中就成了冰，鲁遽先生类似的本领我学到了。'鲁遽说：'这只是用阳气召合阳气，用阴气召合阴气，不是我所说的道。'鲁遽说罢就把两把瑟的弦调到了同一音阶，之后放一张瑟在厅堂上，另一张放在内屋里，弹起其中一张瑟的宫弦，另外那张瑟的宫弦也产生共鸣；弹起其中一把瑟的角弦，另外那把瑟的角弦也产生共鸣，这是两把瑟的音律相同呀。把瑟弦再次调整后，宫、商、角、徵、羽五种音就不合了。弹起其中一根弦，其他二十五根弦又都产生共鸣，这一弦的声音虽然不同于其他弦音但也是一种乐声，而且能引起共鸣，那么这根弦所发出的乐声就是众音的

者，其命阍也不以完，其求钘钟也以束缚，其求唐子也而未始出域，有遗类矣⑦！夫楚人寄而蹢阍者，夜半于无人之时而与舟人斗，未始离于岑而足以造于怨也⑧。"

【注释】

①前期：预定。②公是：公认的是非标准。③鲁遽(jù)：人名，周初人。④爨(cuàn)：烧。⑤以阳召阳：灰、火皆属阳，二阳相召；以阴召阴：井、水皆属阴，二阴相召。⑥废：置，放。⑦阍(hūn)：守门人；钘(xíng)：一种乐器，像钟；遗类：违反常理。⑧岑：岸；造于怨：结怨。

君主了。你的学说是否像瑟音那样获得一致的响应呢？"

惠子说："现在孔子、墨翟、杨朱、公孙龙等人，正在和我辩论，用语言反驳我，用名声镇压我，但并不能说我不对，你是怎么看的？"

庄子说："齐国有人把儿子送到宋国去，让他在那儿当守门人，守门人要用肢体残缺的人担任，因此就把他儿子好端端的躯体弄得缺胳膊少腿；找到了一种叫作钘钟的乐器却把它绑起来让它弹不出声音，去寻找失踪了的儿子却连城门也不出。这三件齐人干的蠢事违反常理呀！楚国有人借住在别人家里还把人家的看门人给打了，夜半无人的时候跑去和河上的船工争斗，人还没离开河岸就结下仇怨了。"

品庄悟道

至辩无言

庄子其实对"百家争鸣"是持一种否定态度的。他认为所有的论辩都是极其荒唐的。庄子首先举弹瑟为例，意在说明由于彼此观点相异，相互之间又不能包容，结果只能是辩难不已，各不相从。又用"改调一弦，于五音无当也，鼓之，二十五弦皆动，未始异于声而音之君也"以此来阐明道家是众音之君，众辩之主。至于其他各家的言论，就像齐楚人办的那三件事一样，简直是无法理喻的。

这种思想主要体现了道家的至辩无言的观念，至辩无言又从至道无形观念推演而来。道家"至辩无言"这种思想在今天依然有一定的积极意义，向人们昭示了真理就是真理，是无需用语言反复阐述的，有时候，沉默是解决问题的最好方法。

六

【原文】

庄子送葬，过惠子之墓，顾谓从者曰："郢人垩漫其鼻端，若蝇翼，使匠石斫之①。匠石运斤成风，听而斫之，尽垩而鼻不伤，郢人立不失容②。宋元君闻之，召匠石曰③：'尝试为寡人为之。'匠石曰：'臣则尝能斫之。虽然，臣之质死久矣④。'自夫子之死也，吾无以为质矣！吾无与言之矣。"

【注释】

①郢：楚国国都；垩(è)：石灰；斫(zhuó)：砍，削。②斤：大斧；不失容：面不改色。③宋元君：宋国国君。④质：对象。

【译文】

庄子给人送葬时，路过惠子的坟墓，回头对随从说："有个郢地的人，把石灰涂在鼻尖上，涂得就像苍蝇翅膀一样薄，让石匠为他削去。石匠抡动大斧像风一样嗖的一声砍将下来，随便一下就削去了石灰，石灰全部被削去而人的鼻子却没有受伤，郢人站在那里面不改色。宋元君听说了这件事，把石匠召去说：'为我试着表演一遍。'石匠说：我曾经可以做到，但是，我的表演对象早已经死了。'自从先生过世，我也没有对手了，没有可以谈论的对象了。"

品庄悟道

寂寞的英雄

在惠子去世之后，庄子成了一个失去对手的寂寞英雄。"运斤成风"的庄子，再也找不到像惠子那样"立不失容"的对手了。在那样一个思想论辩异常激烈的时代，辩锋之利以至于让庄子不得不用诡辩法去对付的人，也只是惠子一人而已。

他们算得上是一对老辩友，在绝对性和相对性认识方面，他们曾经达成了共识，即都认可相对性的存在，否认事物的绝对性。因为他们认识到了众家争鸣，各有其理。庄子主张是非应该制定一个统一的标准，而惠子则认为任其自然，只要自己的判断是正确的。

虽然惠子活着的时候，庄子和他常常由于一些问题争得面红耳赤，但惠子死

去后，庄子却深刻体会到了失去对手的孤独寂寞。两人的辩难，留下了一系列富有哲学意味的精彩对白。尽管庄子从始至终没有认同过惠子的观念，但这并不影响他们深厚的学术友谊。

七

【原文】

管仲有病，桓公问之，曰："仲父之病，病矣[1]！可不讳云，至于大病，则寡人恶乎属国而可[2]？"

管仲曰："公谁欲与？"

公曰："鲍叔牙。"

曰："不可。其为人，洁廉善士也，其于不己若者不比之，又一闻人之过，终身不忘[3]。使之治国，上且钩乎君，下且逆乎民[4]。其得罪于君也，将弗久矣！"

公曰："然则孰可？"

对曰："勿已，则隰朋可[5]。其为人也，上忘而下畔，愧不若黄帝而哀不己若者[6]。以德分人谓之圣，以财分人谓之贤。以贤临人，未有得人者也；以贤下人，未有不得人者也。其于国有不闻也，其于家有不见也。勿已，则隰朋可。"

【注释】

①病矣：病危了。②大病：死。③不己若者：不如自己的。④钩：违背。⑤隰(xí)朋：齐国贤人。⑥下畔：对下团结。

【译文】

管仲生了病，齐桓公问他说："仲父已经病危了，还可以忌讳不说吗？一旦去世，我将把国政托付给谁才好呢？"

管仲说："你想托付给谁呢？"

齐桓公说："鲍叔牙。"

管仲说："不可以。他为人处世廉洁，是个好人。但是他对于不如自己的人不够亲近，又听说了人家的过错就终身不忘。如果让他治理国家，对上会触犯君王，对下会违背民意。他将得罪于国君，不会太久了。"

齐桓公说："那么谁可以呢？"

管仲回答说："不得已的话，隰朋还可以。他为人处世，对上能够忘记权贵的荣位，对下能够团结百姓，自愧不如黄帝，而又怜悯不如自己的人。以道德来感化人，称得上是个圣人；以钱财来分给人，称得上是个贤人。以贤人的身份凌驾于众人之上，没有能够获得人心的；以贤人的身份礼遇众人，没有不能够获得人心的。他对于国事有所不闻，他对于家事有所不见。如果不得已的话，隰朋还可以。"

品庄悟道

无为治国

庄子在这里借管仲举荐隰朋这个故事来论述“无为”治国的道理。桓公称霸得益于管仲的辅佐。管仲有着治理国家的雄才大略，同时他还知人善用。从管仲对鲍叔牙和隰朋的比较中，我们看到了管仲选拔人才的标准：有清廉品德而凡事记于心上，不能宽容别人，过于沉湎于国事之中的人是用不得的，因为他无法顺应自然的本性。说到底，管仲认为能担此重任的人需要有“无为”的思想。因为这种人虚怀若谷，不去炫耀才华和智巧，默默深沉而感人至深，精神活动合乎天理，从容淡泊，顺应自然而让万事自由自在。只有如此，才能做得恰到好处，不用说治理，就已经治理好了。反过来说，如果过于沉湎世事，那么治理国家的时候，就会越治越糟，越糟越治，后果不堪设想。

八

【原文】

吴王浮于江，登乎狙之山①。众狙见之，恂然弃而走，逃于深蓁②。有一狙焉，委蛇攫搔，见巧乎王③。王射之，敏给搏捷矢④。王命相者趋射之，狙执死⑤。

王顾谓其友颜不疑曰：“之狙也，伐其巧，恃其便以敖予，以至此殛也，戒之哉⑥！嗟乎，无以汝色骄人哉！”颜不疑归而师董梧以锄其色，去乐辞显，三年而国人称之⑦。

【注释】

①狙：猕猴。②蓁(zhēn)：通“榛”，荆棘丛。③攫(jué)搔：抓住树枝腾窜。④搏：接住；捷矢：飞箭。⑤执死：手握着箭死去。⑥敖：轻视；殛(jí)：死。⑦锄：铲除。

【译文】

吴王渡过长江，登上猕猴山，群猴看到他，惊慌地逃跑，进入荆棘丛中。有一只猕猴，从容地抓住树枝腾窜，向吴王展露它的灵巧。吴王射它，它敏捷地接住飞箭。吴王命随从急射，猕猴手握着箭死去。

吴王回过头对他的朋友颜不疑说：“这只猕猴，夸耀它灵巧，它依仗敏捷傲视我，落了丧命的下场！要引以为戒啊！唉，不要以骄横的态度待人啊！”颜不疑回去便拜董梧为师，铲除骄傲的毛病，抛弃奢侈而辞谢荣华，三年之后国人都称颂他。

品庄悟道

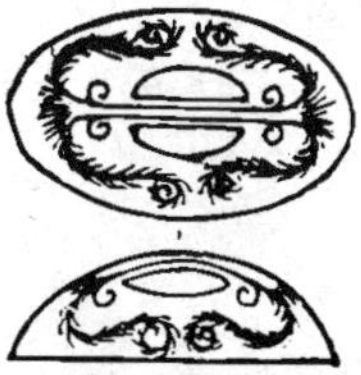

聪明的猴子

此处通过吴王射猴子这个寓言故事，得出聪明反被聪明误这个道理，用来说明道是无为的。

姑且抛开道不说，在现实生活中就有许多人像这个聪明的猴子一样，喜欢在众人面前炫耀他的才能，最后的结果肯定是引来了众多人的棒杀。如历史上的祢衡虽然才气出众但是犯了傲慢、恃才傲物的错误，最后被黄祖所杀，就像那只夸耀自己敏捷的猴子被人射死一样，令人惋惜。所以说，做人莫要学聪明的猴子。

九

【原文】

南伯子綦隐几而坐，仰天而嘘①。颜成子入见曰："夫子，物之尤也②。形固可使若槁骸，心固可使若死灰乎？"

曰："吾尝居山穴之中矣。当是时也，田禾一睹我，而齐国之众三贺之③。我必先之，彼故知之；我必卖之，彼故鬻之④。若我而不有之，彼恶得而知之？若我而不卖之，彼恶得而鬻之？嗟乎！我悲人之自丧者，吾又悲夫悲人者，吾又悲夫悲人之悲者，其后而日远矣⑤。"

【译文】

南伯子綦倚靠几案坐着，抬着头吐着气。颜成子进去见了说："先生出类拔萃啊。形体原来可以让它变得像枯骨一样静寂不动，心原来可以让它变得像一堆没有了火的灰烬毫无热气吗？"

子綦说："我曾经在山洞里住过。在那时候，齐太公田禾一见到我，回去一传开，齐国的人多次向他祝贺。想起来，那一定是我首先有所张扬表现，他才会有所耳闻；一定是我不自觉地出卖名声，他才能借我收买纳贤的名声。如果不是我有所表现，他从哪里知道我这个人？如果不是我出卖名声，他又从何处收买名声？哎呀！我为那些追逐名利而丧失了自我天性的人悲哀，我又为那些对自我丧失的人悲哀的人感到可悲，我又连同那种对替别人悲伤的人感到可悲的人也一并

【注释】

①南伯子綦：即郭子綦。②尤：出类拔萃。③田禾：齐王名，即齐太公。④鬻(yù)：卖。⑤远：远离。

认为是可悲的，看淡了身外的名利，看透了可悲情感的无聊，此后就一天天远离了可悲的人和事啦。”

品庄悟道

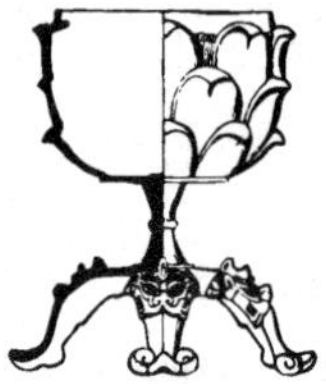

真隐士与假隐士

隐士是指那些有能力、有智慧，懂得治世大道而又过着出世生活的人。但隐士也有真有假。假隐士虽然隐于深山老林之中，但是却将自己的名声出卖给世人，让所有的人都知道有这么一个厉害的角色隐居于世外。南伯子綦反省自身，意识到自己原先的隐逸虽在山穴之中，但却有意无意地去表现自我，以至为世人所知，为世所利用。于是他彻底领悟要做一个真正的隐士，就必须摈弃外物，彻底忘怀世事，最终变得形若槁骸、心若死灰，才能达到真隐士的境界。

一〇

【原文】

仲尼之楚，楚王觞之，孙叔敖执爵而立，市南宜僚受酒而祭曰[①]：“古之人乎！于此言已。”

曰：“丘也闻不言之言矣，未之尝言，于此乎言之。市南宜僚弄丸而两家之难解，孙叔敖甘寝秉羽，而郢人投兵，丘愿有喙三尺[②]。”

彼之谓不道之道，此之谓不言之辩，故德总乎道之所一[③]。而言休乎知之所不知，至矣。道之所一者，德不能同也；知之所不能知者，辩

【译文】

孔子到楚国去，楚王设宴款待。相国孙叔敖捧着酒杯站在一旁。市南宜僚接过酒来祭祀天地，说：“过去的人们呀，在这个时候就讲话了。”

孔子说：“我听说过无言的言论，所以没有讲话。这样吗，就讲一讲。市南宜僚玩着掷球弹的游戏解除了两家的灾祸，孙叔敖安卧不动，手拿羽扇，使楚国人放下兵器。我愿长个几尺长的大嘴巴，大讲一气。”

就宜僚与孙叔敖二人来说，是没有标榜道的道，孔子则是没有运用言词的申辩。

不能举也，名若儒墨而凶矣④。故海不辞东流，大之至也；圣人并包天地，泽及天下，而不知其谁氏。是故生无爵，死无谥，实不聚，名不立，此之谓大人⑤。狗不以善吠为良，人不以善言为贤，而况为大乎！夫为大不足以为大，而况为德乎！夫大备矣，莫若天地；然奚求焉，而大备矣。知大备者，无求，无失，无弃，不以物易己也。反己而不穷，循古而不摩，大人之诚⑥。

【注释】

①孙叔敖：楚庄王相；市南宜僚：即熊宜僚，楚之勇士。②秉羽：拿着羽毛扇；投兵：息兵。③彼：指宜僚与孙叔敖。④名若儒墨而凶矣：儒墨之所以凶，因为儒墨之名。⑤谥：谥号。⑥不摩：不费心于揣摩；大人之诚：谓真正的大人。

德性归结到道的一统，言词休止于智力所不能知，也就到头了。道所归为一统的，德性是不能相同的；智力所不能知的，是不能申辩的。儒墨之所以凶，因为儒墨之名。大海不拒绝向东来的流水，它太大了。圣人整个包容了天地，恩泽遍施天下，不知道他姓甚名谁。生存的时候没有官位，死后没有谥号，没有财物的积蓄，没有声名的建立，这就是大人。狗不因为能叫就算好狗，人不因为能讲就算贤才，更何况是大人呢！想成为大人却不能够成为大人，更何况是德性呢！说起大来，没有超过天地的，但它有什么要求啊，可是大人就具备了。具备大的人，没有希求，没有失落，没有抛弃，不因外物而自己有所改变。返回自己的本性而不穷尽，因循常道行事而不费心揣摩，这就是真正的大人！

品庄悟道

只可意会，不可言传

七十二朝人物演义·孙叔敖

庄子论道，说“道”是“无为无形”的，是“可传而不可受，可得而不可见”，世人企图通过任何言语来传“道”或学“道”都是不可能领悟到其真谛的，“道”只可意会，不可言传。

在现实社会当中，很多人经常遇到某些“只可意会，不可言传”的事情，有一些事情因为是机密不能泄露，有一些事情是因为时机不成熟不好开口，还有些事情说出来就会失去效用，所以在现实的生活中不可以什么事情都尽其所言，有些不该说的是没有必要说出来的。

一一

【原文】

子綦有八子，陈诸前，召九方歅曰[①]："为我相吾子，孰为祥？"

九方歅曰："梱也为祥[②]。"

子綦瞿然喜曰[③]："奚若？"

曰："梱也将与国君同食以终其身。"

子綦索然而出涕曰[④]："吾子何为以至于是极也！"

九方歅曰："夫与国君同食，泽及三族，而况父母乎！今夫子闻之而泣，是御福也[⑤]。子则祥矣，父则不祥。"

子綦曰："歅，汝何足以识之，而梱祥邪？尽于酒肉入于鼻口矣，而何足以知其所自来？吾未尝为牧而牂生于奥，未尝好田而鹑生于宎，若勿怪，何邪[⑥]？吾所与吾子游者，游于天地。吾与之邀乐于天，吾与之邀食于地；吾不与之为事，不与之为谋，不与之为怪；吾与之乘天地之诚而不以物与之相撄，吾与之一委蛇而不与之为事所宜[⑦]。今也然有世俗之偿焉！凡有怪征者，必有怪行，殆乎，非我与吾子之罪，几天与之也[⑧]！吾是

【译文】

子綦有八个儿子，排列在子綦身前，叫来九方歅说："给我八个儿子看看相，谁最有福气。"

九方歅说："梱最有福气。"

子綦惊喜地说："怎么最有福气呢？"

九方歅回答："梱将会跟国君一道饮食而终了一生。"

子綦泪流满面地说："我的儿子为什么会达到这样的境遇！"

九方歅说："跟国君一道饮食，恩泽将施及三族，何况只是父母啊！如今先生听了这件事就泣不成声，这是拒绝要降临的福禄。你的儿子倒是有福气，你做父亲的却是没有福分了。"

子綦说："歅，你怎么能够知道，梱确实是有福呢？享尽酒肉，只不过从口鼻进到肚腹里，又哪里知道这些东西从什么地方来？我不曾牧养而母羊却出现在我房屋的西南角，不曾喜欢打猎而鹌鹑却出现在我房屋的东南角，假如不把这看作是怪事，又是为了什么呢？我和我的儿子所游乐的地方，只在于天地之间。我跟他一道在苍天里求取欢乐，我跟他一道在大地上求食；我不跟他建功立业，不跟他出谋划策，不跟他标新立异，我只和他一道随顺天地的实情而不因外物便相互背违，我只和他一应顺任自然

以泣也。”

无几何而使梱之于燕，盗得之于道，全而鬻之则难，不若刖之则易，于是乎刖而鬻之于齐，适当渠公之街，然身食肉而终⑨。

【注释】

①陈：列；九方歅(yīn)：传说是秦穆公时的相士。②梱(kǔn)：子綦儿子名。③瞿然：惊讶貌。④索然：流泪貌。涕：泪。⑤御：拒绝。⑥奥：房屋西南角；宎(yāo)：房屋东南角。⑦一委蛇：一切顺任自然。⑧征：征兆；怪行：怪异事情的发生。⑨当：执掌。

而不为任何外事所左右。如今我却得到了世俗的回报啊！大凡有了怪异的征兆，必定会有怪异事情的发生，实在是危险啊，并不是我和我儿子的罪过，大概是上天降下的罪过！我因此泣不成声。”

没过多久派遣梱到燕国去，强盗在半道上劫持了他，想要身形完好而卖掉实在担心他跑掉，不如截断他的脚容易卖掉些，于是截断他的脚卖到齐国，正好齐国的富人渠公买了去执掌街门，仍能够一辈子吃肉而终了一生。

品庄悟道

相士的预言

中国的看相之术堪称一绝，能够知过去测未来，此处借九方歅替子綦的儿子看相的故事，展示了九方歅看相的高明，但庄子用意不是炫耀相士的本领；而是用来说道，因为道法自然，所以顺遂天命，该来的自然会来。

一二

【原文】

啮缺遇许由，曰：“子将奚之？”

曰：“将逃尧。”

曰：“奚谓邪？”

曰：“夫尧，畜畜然仁，吾恐其为天下笑①。后世其人与人相食与！夫民，不难聚也；爱之则亲，利之则至，誉之则劝，致其所恶则散。爱利出乎仁义，捐

【译文】

啮缺遇见许由，问：“你要去哪里？”

许由说：“逃避尧。”

啮缺问：“为什么呢？”

许由说：“尧不断追求仁义，我担心他被天下人嘲笑。后世岂不要人与人相残食了吗！民众不难笼络，爱他们

仁义者寡，利仁义者众[2]。夫仁义之行，唯且无诚，且假夫禽贪者器[3]。是以一人之断制利天下，譬之犹一覕也[4]。夫尧知贤人之利天下也，而不知其贼天下也，夫唯外乎贤者知之矣。"

【注释】

①畜畜然：不断追求貌。②捐：弃。③禽：通"擒"。④断制：独裁；覕(piē)：切割。

就亲近，施利就来，称赞他们就努力，给他们所厌恶的就离散，爱和利出于仁义，捐弃仁义的少，利用仁义的多。仁义的行为，不但虚伪，而且还会成为贪求者利用的工具。这是用一个人的独裁取利于天下，就像窥豹一斑一样。尧只知道贤人有利于天下，而不知道他们对天下的危害，只有无心做贤人的人才知道。"

品庄悟道

"仁义"要与不要

〔清〕任熊高士传图像·啮缺

仁义本来是一种美好的品质，可是当它被利用，成为一种工具的时候，它的种种局限性就出来了。人们都知道这是一件极其锋利的工具，都想要利用它达到自己的目的，于是就会有人造假，甚至就像名牌的假冒品一样泛滥。而假仁义一出现，天下人就会被其所害。

庄子认为最好的办法是仁义和不仁义统统不要，天下就太平了。很明显，这同样也是把仁义和提倡仁义的人视为罪恶之源。这种出世的想法其实是有一定的局限性的。

一三

【原文】

有暖姝者，有濡需者，有卷娄者[1]。

所谓暖姝者，学一先生之言，则暖暖姝姝而私自说也，自

【译文】

有沾沾自喜的人，有偷安一时的人，有劳形自苦的人。

所谓沾沾自喜的人，就是只学一位先生的学说，就美滋滋地私下喜悦起来，自以为这就

以为足矣，而未知未始有物也，是以谓暖姝者也。

濡需者，豕虱是也，择疏鬣自以为广宫大囿，奎蹄曲隈，乳间股脚，自以为安室利处，不知屠者之一旦鼓臂布草操烟火，而己与豕俱焦也②。此以域进，此以域退，此其所谓濡需者也。

卷娄者，舜也。羊肉不慕蚁，蚁慕羊肉，羊肉羶也。舜有羶行，百姓悦之，故三徙成都，至邓之虚而十有万家③。尧闻舜之贤，举之童土之地，曰冀得其来之泽④。舜举乎童土之地，年齿长矣，聪明衰矣，而不得休归，所谓卷娄者也。

是以神人恶众至，众至则不比，不比则不利也⑤。故无所甚亲，无所甚疏，抱德炀和以顺天下，此谓真人⑥。于蚁弃知，于鱼得计，于羊弃意。

以目视目，以耳听耳，以心复心。若然者，其平也绳，其变也循。古之真人，以天待人，不以人入天。古之真人，得之也生，失之也死；得之也死，失之也生。

【注释】

①暖姝：沾沾自喜貌；濡需：偷安一时貌；卷娄：劳形自苦。②曲隈(wēi)：胯内隐蔽皱褶处。③成都：形

够了，而不知道实际上那一点知识本来并无什么价值，所以我们把他们称为沾沾自喜的人。

偷安一时的人，像猪身上的虱子，选择稀疏毛长的地方生存下来，就自以为有了宏伟的宫殿和大园林；在腿蹄隐蔽皱褶深处，乳间股脚之间，自以为是居室安全、生活便利；却不知道屠夫一旦甩开膀子架柴点火，而自己就要和猪一起被烧焦了。这些人随时准备随着境遇的变化而或进或退，我们把他们称之谓偷安一时的人。

劳形自苦的人，其代表人物是舜。羊肉并不羡慕蚂蚁，蚂蚁却羡慕羊肉，因为羊肉有股膻味。舜有着一些带膻味的行为，百姓就喜欢他，所以他三次迁徙所经过的地方都形成了城邑，直到在邓地的废墟上时，他的周围竟然有了十几万的人家。尧听说了舜的贤能，就推举他治理光秃的土地，说是希望得到他以后能够恩泽百姓。舜治理这块荒地，直到年龄大了，耳目的视力和听力也衰退了，还不能回家休息，我们就称这种人为劳形自苦的人。

正因为这样，神人厌恶来归附的人多，众人一来就不再和睦，不和睦也就会出现不利的事。所以，他们不对谁过分亲近，也不对谁过分疏远，持守住自己的德性去温暖人心，顺从天下，这就叫作真人。除掉自己身上像招惹蚂蚁的膻味那样的智慧，像鱼一样忘掉江湖在水中自得其乐，连像羊那样的一点意念都要抛弃。

人么，眼睛只看两眼能看见的，耳朵只听两耳能听到的，心灵只悟那些心灵能领悟的。这样，他的内心世界平静而又直率，他的变化就顺随自然。古代的真人，以自然之道对待人间的世事，而不以人为的世事来搅扰自然。古代的真人，得到自然之道就生存，失掉自然之道就死

成城邑;邓:地名。④童:秃。⑤众至:来归附的人多。⑥炀(yáng)和:温和。

亡。反之亦然,得到人为之道就死,失掉人为之道就生。

品庄悟道

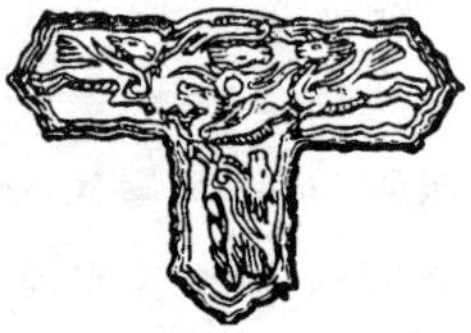

忘掉江湖,自得其乐

世俗之人有种种类型,庄子说了三种负面类型:自以为得意的人、贪安于一时的人和终身劳苦的人。并且对这三种类型的人大加否定,还奉劝那些被蒙蔽的人要像“真人”那样,顺随自然,无欲无求,忘掉江湖,自得其乐,抛却意念,从而获得真正的自由。这种观点可以说是道出了一种作为个体的人在思想上所达到的至高境界。

但是站在今天的角度来说,其中的“卷娄者”即终身劳苦的人,应该也有一定的积极意义的,因为社会要想发展得更好,还是需要众多这样的人。而“暖姝者”“濡需者”,即使用今天标准去衡量,也还是应该否定的,那种沾沾自喜和偷安一时的心态,无论对于自身发展还是对于社会发展来说,都无疑是一种障碍。

一四

【原文】

药也,其实堇也,桔梗也,鸡癕也,豕零也,是时为帝者也,何可胜言[1]!

勾践也以甲楯三千栖于会稽[2]。唯种也能知亡之所以存,唯种也不知其身之所以愁[3]。故曰,鸱目有所适,鹤胫有所节,解之也悲[4]。

故曰风之过河也有损焉,日之过河也有损焉。请只风与日相与守河,而河以为未始其撄也,恃源而往者也。故水之守土也审,影之守人也审,物之守物也审[5]。

【译文】

譬如药材,实际上紫堇、桔梗、鸡头草、猪苓这些,在不同的药方上是更相为主药的,怎么可以一一列举呢?

勾践兵败后带着三千兵士栖身于会稽。只有文种知道失败后如何图生存,也只有文种不知道他自身的灾难。所以说,猫头鹰的眼睛有适用的地方,鹤的腿有它适用的地方,割断了它们,那就太悲哀了。

因此说,风从河面上吹过,河水就会减少,太阳在河面上照耀,河水也会减少。风和太阳同时出现在河面上,而河水却没有损失,

故目之于明也殆，耳之于聪也殆，心之于殉也殆。凡能其于府也殆，殆之成也不给改⑥。祸之长也兹萃，其反也缘功，其果也待久⑦。而人以为己宝，不亦悲乎？故有亡国戮民无已，不知问是也⑧。

【注释】

①堇、桔梗、鸡痈(yōng)、豕零：皆为草药名。②甲楯：即甲、盾，喻士兵。③种：指文种，越国大夫。④鸱(chī)：猫头鹰；解：割断。⑤审：稳固，安定。⑥府：指心灵；不给：不及时。⑦兹萃：越来越多。⑧问是：探究这些祸害的根源。

是因为河水川流不息地流淌的缘故。故而，水留守在土中，土就稳固，影子守在人旁就形影不离，物守住了他物就融而合一。

因此眼睛过于明察，就会产生危险；耳朵过于灵敏，就会产生危险；心神过于追逐外物，就会产生危险。凡是心灵思虑过度就会产生危险，危险形成后就不及悔改。灾患也滋长得越来越多，要返回自然状态就需要修养之功了，要达到一定效果也需要很长时间。而人们却把耳、目、心计看成是宝贵的东西，不也是很可悲吗！故而才有永无休止的亡国、杀人这类事发生，这是不知道探究这些祸害的根源的缘故。

品庄悟道

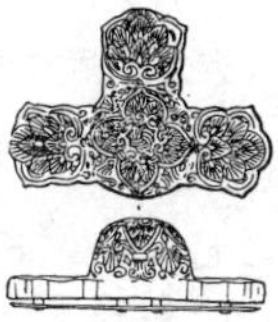

只知存国，不知存身

此处意在说明智慧的局限性和危害性。文种，是越王勾践的大臣，帮助越王灭了吴国，后来因为功高盖主被越王勾践所杀害。

在我国历史上像文种这样的知道如何存国，却不知道如何存身的大臣比比皆是，如汉朝的韩信、宋朝的檀道济、明朝的刘伯温等均为国之重器，却都因为功高盖主而被杀，说明了人容易明于大而昧于小，明于物而昧于己。古往今来英雄怎样存身历来都是一个大问题，秦朝的王翦为了减少秦王的猜疑而买地，萧何为了怕刘邦猜疑广置田园，唐朝的郭子仪为了防人闲话广开大门……这些装傻卖愚的做法，说到底就是一种不作为，和道家所说的有相似之处。当然存身之法还有儒家的“功成名就以后激流而退”等。人们对于既知道存国，又知道存身的人无不心怀崇敬。对于只知存国，不知

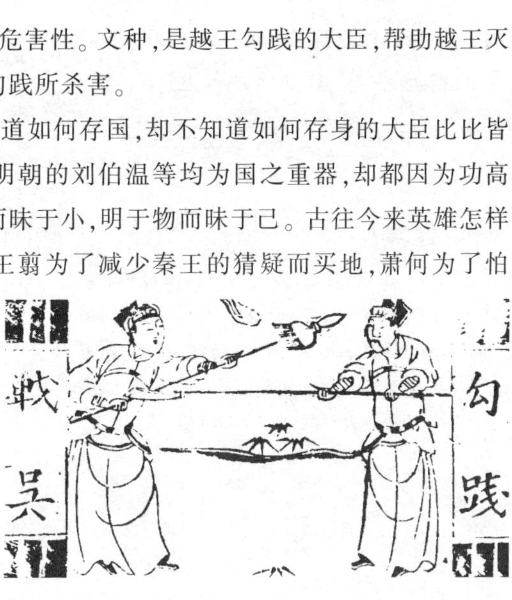

孔圣宗师出身全传·勾践战吴

存身的人崇敬之余会有一种扼腕的叹息。所以作为一个智者，懂得存身之道亦是很重要的一件事。

一五

【原文】

故足之于地也践，虽践，恃其所不蹍而后善博也①；人之于知也少，虽少，恃其所不知而后知天之所谓也。知大一，知大阴，知大目，知大均，知大方，知大信，知大定，至矣②。大一通之，大阴解之，大目视之，大均缘之，大方体之，大信稽之，大定持之。

尽有天，循有照，冥有枢，始有彼③。则其解之也似不解之者，其知之也似不知之也，不知而后知之。其问之也，不可以有崖，而不可以无崖④。颉滑有实，古今不代，而不可以亏，则可不谓有大扬搉乎⑤！阖不亦问是已，奚惑然为⑥！以不惑解惑，复于不惑，是尚大不惑。

【注释】

①践：踏；蹍：踩。②大一：绝对的统一性，指道；大阴：至静；大目：大道的理论。大均：自然界的均衡状态；大方：无限；大信：真理。③尽有天：万物都有自然。④崖：边际。⑤颉滑：错杂；扬搉(què)：大体轮廓。⑥阖：通“盍”，何。

【译文】

脚所踩踏的地方不大，虽然不大，但要凭靠周围没有踩的地方才能走得远；人所知很少，虽然少，但要凭靠所不知的才会知道天所表现的自然之道，知道了大一，知道了大阴，知道了大目，知道了大均，知道了大方，知道了大信，知道了大定，就达到了最高的境界。大一用来贯通万物，大阴用来解化万物，大同用来观照万物，大均用来驯服万物，大方用来表现万物，大信用来验证万物，大定用来保持万物。

万物之中有自然，循任之际有光明，幽冥之中有枢机，初始之际有彼端。在这种境地中，解悟了好像没有解悟一样，知道了好像不知道一样，不知道然后才能知道。追问它，不可以有边际，也不可以没有边际。错杂中有核心，古今不变，而不可以亏损，难道不可以说它有大体轮廓吗？为什么不探求它，而又疑惑呢！以不惑解惑，返归于不惑，这就是所崇尚的大不惑。

品庄悟道

以不惑解惑

此处仍以论“道”开始。庄子用脚踩不到的地方形容“不知”，所以顺理成章地得出：得道是靠“无知”而得到的。庄子此处还论述了无事无物不存在“道”的作用。但是最后还是归结到了，以无知求有知，“以不惑解惑”这个命题上来了。

人的认识是从无到有的。人总是为了解决自己的不知而求知。有一位智者曾经用画圆形象地解说人的知识，说人的知识是圆里面的，未知的是圆外面的，人不断追求知识，圆就会画得越来越大，相随的未知的也就越来越多。这和庄子以不惑解惑的说法不谋而合。

则　阳

【导读】

“则阳”是篇首的人名。本篇内容仍很庞杂，全篇大体可以分成两大部分，前一部分写了头十个小故事，用人物的对话来说明恬淡、清虚、顺任的旨趣和生活态度，同时也对滞留人事、迷恋权势的人给予抨击。后一部分则讨论宇宙万物的基本规律，讨论宇宙的起源，讨论对外在事物的主体认识。前一部分可以说是杂论，内容并不深厚，后一部分涉及宇宙观和认识论上的许多问题，较有价值。

本篇值得关注的是，有些并非直接谈道或侧重谈道的寓言故事写得极为深刻，极为精彩，给人耳目一新的感觉。比如“魏莹与田侯牟约”一段，写魏惠王因田侯牟背约，一怒之下就要派人去刺杀他。起笔就勾勒出一个鲜活人物，以下就此事分别描绘了作为好战将军的态度、反对挑起战争而危害百姓的人物的态度、把主张攻打与反对攻打的争论都视为兴乱的人物的态度，直至引出悟道者戴晋人，通过其口叙述蜗角之战，才渐近主题，开始阐述主旨，层层递进，层层深入，极有说服力。

一

【原文】

则阳游于楚，夷节言之于王，王未之见，夷节归①。彭阳见王果曰②：“夫子何不谭我于王③？”

王果曰：“我不若公阅休。”

彭阳曰：“公阅休奚为者邪？”

曰：“冬则擉鳖于江，夏则休乎山

【译文】

则阳到楚国去，夷节把他推荐给楚王，楚王没有接见。夷节离去。彭阳（即则阳）拜访了楚大夫王果，说：“老先生怎么不来把我向楚王推荐一下呢？”

王果说：“我不如公阅休。”

彭阳说：“公阅休是怎样的人？”

樊④。有过而问者，曰：‘此予宅也⑤。’夫夷节已不能，而况我乎！吾又不若夷节。夫夷节之为人也，无德而有知，不自许，以之神其交，固颠冥乎富贵之地，非相助以德，相助消也⑥。夫冻者假衣于春，暍者反冬乎冷风⑦。夫楚王之为人也，形尊而严；其于罪也，无赦如虎；非夫佞人正德，其孰能桡焉⑧！

“故圣人，其穷也使家人忘其贫，其达也使王公忘爵禄而化卑。其于物也，与之为娱矣；其于人也，乐物之通而保己焉；故或不言而饮人以和，与人并立而使人化。父子之宜，彼其乎归居，而一闲其所施。其于人心者，若是其远也。故曰待公阅休。”

【注释】

①则阳：姓彭，名阳，字则阳，鲁国人；夷节：人名，楚臣。②王果：楚国大夫。③谭：通“谈”，推荐。④擉(chuō)：刺。⑤此予宅也：表示隐居山间。⑥不自许：指投机取巧。⑦暍(yē)：中暑。⑧佞：能说会道；桡：通“挠”，折服。

王果说：“冬天到江上去刺鳖，夏天歇在山脚之下。有人到他那里问他，他这样说：‘这就是我的家。’夷节都不能推荐你，我哪里行呢！我又不如夷节。夷节这个人，品质不怎么好，投机取巧，简直就是一个醉心富贵的人。如果没什么考虑，诚心诚意地和他交了朋友。他不是以道义来帮助你，就像春天借衣服给受冻的人，冬天给中暑的人吹冷风一样，那种帮助一点用也没有。楚王这个人，本身是尊贵的，对人严厉。对于人的过错，像虎一样毫不放过。如果不是能说会道且品行端正，谁能够折服他！

“圣人在时运不济的时候，使得家人忘掉自己在贫穷；在发迹的时候，使得王公大臣们忘掉自己的权位而变得谦卑。对待事物，随随便便；对于人，使意见沟通，互不侵犯。所以不用说话就使人感到温暖，与人共处就使人感受到父子的情谊。他回到家里，全不施行什么。他在人们的心目中，是那么高远，所以说：‘要等待公阅休。’”

品庄悟道

平常心

古人通常以官位高低来衡量人的能力如何，于是造就了一系列的人以官高职显作为自己穷尽一生的追求目标。天上不会掉下馅饼，同样官位一般情况下是不会自动送上门的。也有特殊情况，那就是这个得到幸运的人一定名震一方甚至名震天下，并且这种幸运主要是为不愿做官的人准备的。

绝大多数人的官是靠到处拉关系，花钱给好处跑来的。想做官需要一个名人的举荐，因此彭阳找到了夷节。可是夷节这个人并不地道，于是就有王果的出现，但王果谢绝了彭阳的请求。此处以王果衬托热衷功名的彭阳，用夷节来衬托王果本人，再用夷节来衬托公阅休，而公阅休是个得道的隐士。庄子对他大加褒扬，并且在文中安排了彭阳等世俗之人耐心地“待公阅休”。同时也向世人昭示了这样一个哲理：无论穷达，皆应保持一颗平常心。

二

【原文】

圣人达绸缪，周尽一体矣，而不知其然，性也①。复命摇作而以天为师，人则从而命之也②。忧乎知而所行恒无几时，其有止也若之何！

生而美者，人与之鉴，不告则不知其美于人也。若知之，若不知之，若闻之，若不闻之，其可喜也终无已；人之好之亦无已，性也。圣人之爱人也，人与之名，不告则不知其爱人也。若知之，若不知之，若闻之，若不闻之，其爱人也终无已，人之安之亦无已，性也。

【注释】

①绸缪：纠葛；周尽一体：调和得非常周全。②以天为师：以顺任自然为原则；命：名，称呼。

【译文】

圣人能够贯通人际间的纠葛，调和得非常周全，但他不知道为什么是这样的，这是由他的本性决定的。不管是复归于静还是摇动而作，只要以顺任自然为原则，人们就称呼他为圣人。因自己的智虑不周而忧虑，他的行为就会反复无常而不恒久；如果停止了对知识的追逐而处于无智无虑之中，那又怎么样呢！

生来就美的人，别人给他镜子他才会知道自己的美，如果没人告诉他，他也就不知道自己比别人美了。好像知道又好像不知道，好像听说过又好像没听说过，人们对他的喜爱并不会因此而终止，这是自然本性啊。圣人爱人，人们称他为圣人，如果不告诉他，他自己也不知道他爱人。好像知道自己的爱人又好像不知道自己的爱人，好像听人夸过，又好像没人夸过，他的爱人也就会一如既往地爱下去，人们也就会对他的爱人处之泰然，这也是自然本性。

品庄悟道

美丽不是靠魔镜

一个童话故事中，有一位美丽的皇后每天都要问一面魔镜，“魔镜，魔镜，谁是这个世界上最美的人”。当皇后不再年轻美丽的时候，魔镜回答，“不是你”。而皇后也因此发疯，镜子被打碎了。

虽然现实中不会有这样的魔镜，但是这种把自己的美丽和镜子联系在一起的人还是有不少，有的人总喜欢借助别人来反衬自己的美丽，其实人美在于心灵，真正的美如此处庄子所说的是一种发自天然的，无论有没有“镜子”的存在美就是美的，那种外表的美丽又怎么能够比得上天性自然的美呢？

三

【原文】

旧国旧都，望之畅然；虽使丘陵草木之缗，入之者十九，犹之畅然[①]。况见见闻闻者也，以十仞之台县众间者也[②]！

冉相氏得其环中以随成，与物无终无始，无几无时[③]。日与物化者，一不化者也，阖尝舍之！夫师天而不得师天，与物皆殉，其以为事也若之何？夫圣人未始有天，未始有人，未始有始，未始有物，与也偕行而不替，所行之备而不洫，其合之也若之何[④]？汤得其司御门尹登恒为之傅之，从师而不囿[⑤]；得其随成，为之司其名；之名

【译文】

自己的祖国家乡，看见了心里就畅快；即使是丘陵和草木的掩盖了它的十分之九，朦胧不清，心里还是感到舒畅。何况是亲眼见到了它的本来面貌呢，就好像把十仞的高台悬在众亭台中间一样啊！

冉相氏处于虚空状态，顺其自然而得道，他和自然一起运动循环往复，无头无尾，无有定期。随着外物与时俱化，内心却凝静不变，什么时候舍弃过这种虚静的心态呢！有意效法天道却因为是有意识行为而效法不了自然的天道，自身和外物一齐丧失了天性，像这样有意识地去效法自然，会怎么样呢？圣人从未心存天道，从未心存人事，从未心存外物，和世间万物一起运行却不偏废，

赢法，滑其两见。仲尼之尽虑，为之傅之。容成氏曰⑥："除日无岁，无内无外。"

【注释】

①缗：朦胧不清貌。②县：通"悬"；众：指一般的低矮亭台。③冉相氏：传说中远古时代的帝王。④替：废；洫：败坏；合之：冥合于道。⑤门尹登恒：人名。⑥容成氏：据说古代造历法的圣人。

言行尽善尽美，而无败坏之处，他和自然的冥合已经达到了如此的程度，谁又能把他怎么样呢？而得到了他的司御门尹登恒，拜他为师，随从师傅却不受到限制，得以顺应自然而得天道。这样一来，师傅的美名和商汤的师法，两方面都得到显扬。孔子无思无虑，是可以做汤的老师了，容成氏说："除去日子便没有了年岁，没有内在的虚空状态，便没有外在的随顺自然的言行。"

品庄悟道

本性的回归

历代古人像赞·成汤

在此处，旧国旧都实际上是喻指人的本性，而游子再次回到家乡的"畅然"之情则是比喻本性失而复得后的欣然。自古以来，我国就是一个农业大国，每个人的一生，几乎都是和故乡有着千丝万缕的联系。这使得我们的先民与故土始终有着一种解不开的情结：游子无论到达多远的地方，总会以故国故乡为其心理依靠，故国故乡是游子的一个梦想。

这就如同人与自己本性之间的关系，人在世上，由于种种影响，渐渐迷失天性，伴随着这种天性的隐匿，人会经受种种叛逆后的心灵折磨，而这时候其实就该像游子回归故乡一样，人也需要回归自然的本性，与自然冥合了！

四

【原文】

魏莹与田侯牟约，田侯牟背之[1]。魏莹怒，将使人刺之。

犀首公孙衍闻而耻之曰[2]："君为万乘之君也，而以匹夫从仇[3]！衍请受甲二十万，为君攻之，虏其人民，系其牛马，使其君内热发于背。然后拔其国。忌也出走，然后抶其背，折其脊。"

季子闻而耻之曰："筑十仞之城，城者既十仞矣，则又坏之，此胥靡之所苦也[4]。今兵不起七年矣，此王之基也。衍乱人，不可听也。"

华子闻而丑之曰："善言伐齐者，乱人也[5]；善言勿伐者，亦乱人也[6]；谓伐之与不伐乱人也者，又乱人也。"

君曰："然则若何？"

曰："君求其道而已矣！"

惠子闻之而见戴晋人[7]。戴晋人曰："有所谓蜗者，君知之乎？"

曰："然。"

"有国于蜗之左角者，曰触氏，有国于蜗之右角者，曰蛮氏。时相与争地而战，伏尸数万，逐北旬有五日而后反。"

【译文】

魏惠王与齐威王订立盟约，而齐威王违背了盟约。魏王大怒，打算派人刺杀齐威王。

将军公孙衍知道后认为可耻，说："您是大国的国君，却用一般老百姓的办法报仇！我愿领兵二十万，替您攻打齐国，俘获齐国的百姓，牵走他们的牛马，使齐国的国君心急如焚热毒发于背心。然后我就攻占齐国的土地。齐国的大将田忌望风逃跑，于是我再鞭打他的背，折断他的脊骨。"

季子知道后又认为公孙衍的做法可耻，说："建筑七八丈高的城墙，筑城已经七八丈高了，接着又把它毁掉，这是做苦役的囚徒所苦的事。如今战争不起已经七年了，这是你王业的基础。公孙衍实在是挑起祸乱的人，不可听从他的主张。"

华子知道以后又鄙夷公孙衍和季子的做法，说："极力主张讨伐齐国的人，是拨弄祸乱的人；极力劝说不要讨伐齐国的人，也是拨弄祸乱的人；评说讨伐齐国还是不讨伐齐国为拨弄祸乱之人的人，他本身就是拨弄祸乱的人。"

魏王说："既然如此，那将怎么办呢？"

华子说："你还是求助于清虚淡漠、物我兼忘的大道罢！"

惠子知道了，引见戴晋人。戴晋人对魏王说："有叫蜗牛的小动物，国君知道吗？"

魏王说："知道。"

戴晋人接着说："有个国家建在蜗牛的

君曰："噫！其虚言与？"

曰："臣请为君实之。君以意在四方上下有穷乎？"

君曰："无穷。"

曰："知游心于无穷，而反在通达之国，若存若亡乎？"

君曰："然。"

曰："通达之中有魏，于魏中有梁，于梁中有王。王与蛮氏，有辩乎[8]？"

君曰："无辩。"

客出而君惝然若有亡也。

客出，惠子见。君曰："客，大人也，圣人不足以当之。"

惠子曰："夫吹管也，犹有嗃也[9]；吹剑首者，吷而已矣[10]。尧舜，人之所誉也；道尧舜于戴晋人之前，譬犹一吷也。"

【注释】

①魏莹：魏惠王；田侯牟：齐威王。②犀首：魏国官名。③以匹夫从仇：用一般老百姓的办法报仇，指刺杀。④胥靡：囚徒。⑤善言伐齐者：指公孙衍。⑥善言勿伐者：指季子。⑦戴晋人：魏国贤人。⑧辩：分别。⑨嗃：(xiāo)：吹管声，表示高而长的声音。⑩吷：(xuè)吹气声，表示弱而短的声音。

左角上，人称触氏；还有一个国家建在蜗牛的右角上，人称蛮氏。它们时常为争夺地盘而挑起战争，战斗中倒伏在地上的尸首就有数万之多，战胜者追逐战败者往往十天半月才返回。"

魏莹说："唉！这不是虚话吗？"

戴晋人说："我请求为君主把话说实。君主以意推测宇宙的四方上下有穷尽吗？"

魏莹说："没有穷尽。"

戴晋人接着说："知道自己游心于无穷的境地，再返回人烟存在的地方，是不是感到若有若无呢？"

魏莹说："是的。"

戴晋人又说："在这人烟存在的地方中有个魏国，在魏国之中有个梁都，在梁都之中有个君王，这君王和蛮氏有差别吗？"

魏莹说："没有差别。"

戴晋人离开后，魏莹心中恍惚，若有所失。

客人走后，惠子进见。魏莹说："这个客人，真是个伟大的得道者，像尧、舜这样的圣人也比不上他。"

惠子说："吹那管箫，尚能发出洪大的声音；吹那剑鼻孔，只能发出细弱的声音罢了。尧、舜，是人们所赞誉的圣人。但在戴晋人面前提起他，犹如吹一下剑鼻孔而已。"

品庄悟道

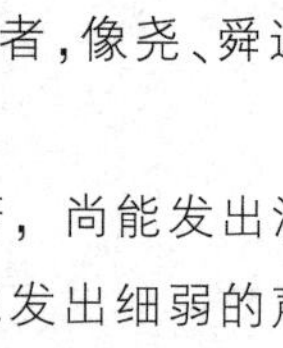

庄子看战争

战国时期，各国之间硝烟弥漫，常年接连不断的战争必然会使得许多国家国

力衰微，老百姓挣扎在死亡线上，这一时期，各家对战争的看法与主张不尽相同。其中反战派中最为典型的是儒、墨、道三家，但他们的主张不尽相同：儒家主张仁爱，教化，反对暴力；墨家主张兼爱，非攻；道家的庄子则认为不值得，因为在无穷的大道之中，国与国的战争也是微小到根本不值得提及；战争杀人，攻城略地，全是无聊。

此处不仅对当时“有为”的政治进行了批判，并且讲述了应该站在“道”的角度看待诸多问题，如果将诸如国家间的结盟、誓约，战争等重要的事情，置之于无限广垠的宇宙中，都是极其渺小的，不值得去做。因此，庄子主张与其“有为”，莫若“无为”。

五

【原文】

孔子之楚，舍于蚁丘之浆[1]。其邻有夫妻臣妾登极者[2]，子路曰：“是稯稯何为者邪[3]？”

仲尼曰：“是圣人仆也。是自埋于民，自藏于畔[4]。其声销，其志无穷，其口虽言，其心未尝言，方且与世违而心不屑与之俱。是陆沈者也，是其市南宜僚邪[5]？”

子路请往召之。

孔子曰：“已矣！彼知丘之著于己也，知丘之适楚也，以丘为必使楚王之召己也，彼且以丘为佞人也。夫若然者，其于佞人也羞闻其言，而况亲见其身乎！而何以为存[6]？”

子路往视之，其室虚矣。

【译文】

孔子到楚国去，半路有一座名叫蚁丘的山坡，山脚下有一户卖浆的人家，孔子师徒就在那儿住了下来。邻有一户人家，丈夫、妻子、家仆、小妾都一起上了房顶，子路说：“这些在屋顶聚集的人是干什么的呀？”

孔子说：“这些人都是圣人的学徒。他们把自己隐匿在民间，把自己藏在田野之间。他们的名声消亡了，他们的志向却无限远大，他们的嘴巴虽然也还说话，但他们的心从未言语，说也是无心的表达。他们远离人间世事，心中不屑和世俗同流。他们的人虽然是在陆地却好像是沉在水里一样，大概是那位在人间隐居的市南宜僚和他的家人吧？”

子路请求前去把市南宜僚叫来。

孔子说：“算了吧！他知道我了解他，知道我到楚国去，一定认为我会让楚王派使者来征召他。他认为我是个取巧善辩的人。要是那样的话，他连听到取巧善辩的人的言论都觉

【注释】

①蚁丘：山名；浆：米汤。②极：屋顶。③稯(zǒng)稯：聚集。④埋：隐匿；畔：田界。⑤陆沈：身在陆地，无水而沉。⑥存：在。

得羞耻，何况亲眼见到这类人的本人！并且你怎么知道他还在那里呢？”

第二天子路到邻居那一家去看，那户人家已空空如也了。

品庄悟道

远离尘嚣

庄子借孔子所见，赞扬了一位疾俗离世、隐居躬耕的隐者，一位真正的隐士，他不在乎外界的条件如何，更重视心灵的虚寂与否。

这个故事的情节虽然是杜撰的，但内涵却基本上是真实的。市南宜僚这个真正的隐士，不仅厌恶功名，连追求功名的人都远远逃避。庄子让孔子自贬，也是为了抬高市南宜僚的身价。突出了道家的隐者虽大隐于人世之中，却保持了一颗不与世俗同流合污，远离尘嚣的自然之心。

六

【原文】

长梧封人问子牢曰①：“君为政焉勿卤莽，治民焉勿灭裂②。昔予为禾，耕而卤莽之，则其实亦卤莽而报予③；芸而灭裂之，其实亦灭裂而报予，予来年变齐，深其耕而熟耰之，其禾蘩以滋，予终年厌飧④。”

庄子闻之曰：“今人之治其形，理其心，多有似封人之所谓，遁其天，离其性，灭其情，亡其神，以众为。故卤莽其性者，欲恶之孽，为性萑苇蒹葭，始萌以扶吾形，寻擢吾性，并溃漏发，不择所出，漂疽疥痈，内热溲膏是也⑤。”

【译文】

长梧封人对子牢说：“您为政不要草率，治民不要轻薄。过去我种庄稼，耕作时草率，收成就很差；除草时马虎，收成也很不好。第二年我改变了耕作方法，深耕细作，禾苗繁茂，结果收获甚丰，使我终年足食。”

庄子听到后说：“现在人们整治形体，调理心性，很多都像封人所说的那样，逃避自然，离散本性，减损真情，丧失精神，去追随俗人的所作所为。所以对本性草率的，滋长恶欲，就如同芦苇般地蔽塞心性，欲念缠身，助长恶性。于是上溃下漏，百病皆生，流脓生疥，内发外泄。”

【注释】

①长梧：地名；封人：守封疆的人；子牢：孔子弟子。②灭裂：轻薄。③为禾：种庄稼；芸：除草。④变齐：变更耕田方法；熟耰(yōu)：反复耕作；厌飧(sūn)：饱食。⑤萑(huán)苇、蒹葭：皆芦类；擢：助长；漂疽(jū)：脓疮；溲膏：遗精。

品庄悟道

心性修养要“深耕细作”

庄子以长梧封人耕种庄稼的切身经历告诫子牢为政之要。文章以这件事情为切入点，以为农喻为政，又以之喻养生，展开了关于人的心性修养问题的看法，认为修养身心必须“深耕细作”，要顺乎自然，尊重本性，万不可鲁莽草率地对待，否则心性大乱！

庄子讲心性，重视心性的修养，当今我们同样要关注自己的心性成长。现在社会高速发展，人们常常处于一种忙碌、迷茫、焦虑、抑郁的状态，久而久之，必然会使得身体和心灵都受到毒害。因此我们需要在这样的环境中修养心性，只有心性澄明，无杂念扰心，无万恶滋生，方能悟到人生真谛！

七

【原文】

柏矩学于老聃，曰①：“请之天下游。”

老聃曰：“已矣！天下犹是也。”

又请之，老聃曰：“汝将何始？”

曰：“始于齐。”

至齐，见辜人焉，推而强之，解朝服而幕之，号天而哭之曰②：“子乎子乎！天下有大菑，子独先离之，

【译文】

柏矩在老子门下问学，说：“请求到天下各处去游说。”

老子说：“算了吧！天下也不过如此。”

再次请求，老聃说：“你游天下把什么地方当作第一站？”

柏矩说：“从齐国开始起步。”

到了齐国，看见一具受刑后被丢在街上的死尸，柏矩把那具已经僵化的尸体放倒，脱下自己身上的官服盖到尸体上，哭得

曰莫为盗，莫为杀人[3]！荣辱立，然后睹所病；货财聚，然后睹所争。今立人之所病，聚人之所争，穷困人之身使无休时，欲无至此，得乎！

“古之君人者，以得为在民，以失为在己；以正为在民，以枉为在己[4]；故一形有失其形者，退而自责[5]。今则不然。匿为物而过不识，大为难而罪不敢，重为任而罚不胜，远其涂而诛不至。民知力竭，则以伪继之，日出多伪，士民安取不伪！夫力不足则伪，知不足则欺，财不足则盗。盗窃之行，于谁责而可乎？”

【注释】

①柏矩：人名，老子门徒。②辜人：受刑后被丢在街上的死尸；强：僵卧；幕：覆盖。③大菑：大灾；离：遭难。④枉：错误。⑤失其形：失掉生存条件。

惊天动地，边哭边说道：“先生呀！先生呀！天下有了大灾难，你却先遭遇上了。都说：‘不要做强盗，不要去杀人！’光荣和耻辱的观念产生了，人们就跟着能看到由此产生的种种弊端；货财积聚起来了，人们就跟着能看到由此引起的争夺掠取了。现在却要树立引发弊端的观念，积聚引起争夺的财物，困扰人们的身心，无休无止，想不出现这种状况可能吗！

“古代做一国百姓的君王，把获得的功绩记在百姓头上，把过失的罪责记到自己名下；把正确的归功于百姓，把错误的归咎于自身。所以一旦刑罚有所不当，就退而自责。现在却不这样。把真相掩藏起来愚弄那些不懂的人，扩大困难而去处罚那些胆小畏难的人，把任务加重而处罚那些不胜任的人，把目的地定得很远而诛杀些走不到的人。百姓知道自己力量用尽也达不到，为逃避处罚就造假来对付。世道的虚假一天比一天多，百姓怎能不弄虚作假。力气不够就作假，智慧不够就欺骗，物质不够就偷盗。盗窃行为，该责备谁呀？”

品庄悟道

得道之人看“罪罚”

得“道”人柏矩在齐国遇到了一具受刑罚的死者，发出了深沉的慨叹。庄子借此批判统治阶层确立了是非荣辱观念，并告诫天下百姓做错事情，就要受到惩罚，而统治阶层却又身体力行地带头积货聚财，发动战争，争权夺利，弄虚作假。上行下效，于是天下平民百姓随影而行，纷纷陷入争权夺利，抢劫偷盗的泥潭，结果确实自招祸患。罪人往往是下层百姓，而罪恶根源却在上层。上层带头搜刮财富，下层人便跟着学。但最终只是“窃钩者诛，窃国者诸侯”。庄子在此篇中深刻地揭示了当时统治阶层的罪恶。

八

【原文】

蘧伯玉行年六十而六十化，未尝不始于是之，而卒诎之以非也，未知今之所谓是之非五十九非也[1]。万物有乎生而莫见其根，有乎出而莫见其门[2]。人皆尊其知之所知，而莫知恃其知之所不知而后知，可不谓大疑乎！已乎已乎！且无所逃，此所谓然与，然乎？

【注释】

①蘧伯玉：卫国贤大夫；始于是之：开始时认为对的；诎：贬斥，批判。②根：根本；门：门径。

【译文】

蘧伯玉活了六十岁而六十年来随年变化与日俱新，何尝不是开始时认为是对的，而后来又转过来批判是错的，不知道现今所认为是对的又不是五十九岁时认为是错的。万物有其产生却看不见它的根本，有其出现却寻不见它的门径。人人都尊崇自己的才智所了解的知识，却不懂得凭借自己才智所不知道而后知道的知识，这能不算是最大的疑惑吗？算了吧算了吧！没有什么办法可以逃避这样的情况。这就是所谓对吗，真正的对吗？

品庄悟道

认识无止境

庄子通过蘧伯玉这种“老骥伏枥”的修身精神，是想阐述道的无限与无止境。庄子说蘧伯玉“行年六十而六十化”，便是说蘧伯玉在当年发生的过错当年改正，不断地认识自我，更新发展自我。

人对于自然的认识是无止境的，同样人对于自身的认识也在不断变化之中。人始终有一种能力：不断发现曾经的过错，又不断地改正过错。这种能力使得人完成认识自我与外界上的一次又一次飞跃！

九

【原文】

仲尼问于太史大弢、伯常骞、豨韦曰[①]:“夫卫灵公饮酒湛乐,不听国家之政,田猎毕弋,不应诸侯之际[②];其所以为灵公者何邪?”

大弢曰:“是因是也。”

伯常骞曰:“夫灵公有妻三人,同滥而浴[③]。史鳅奉御而进所,搏币而扶翼[④]。其慢若彼之甚也,见贤人若此其肃也,是其所以为灵公也[⑤]。”

豨韦曰:“夫灵公也死,卜葬于故墓不吉,卜葬于沙丘而吉。掘之数仞,得石椁焉,洗而视之,有铭焉,曰:‘不冯其子,灵公夺而里之[⑥]。’夫灵公之为灵也久矣,之二人何足以识之!”

【注释】

①大弢、伯常骞、豨韦:三位史官。②湛:沉溺于;田猎毕弋:捕猎禽兽;应:参与,应付。③滥:澡盆。④奉御:尊奉命令;扶翼:搀扶。⑤彼:指灵公与三妻同盆而浴之事;肃:肃敬。⑥里:埋。

【译文】

仲尼向太史大弢、伯常骞、豨韦问道:“卫灵公沉溺于饮酒作乐,不问国家政事,捕猎禽兽,不参与诸侯的会盟。死后谥为灵公,原因何在呢?”

大弢说:“根据他的这种行为而确定的。”

伯常骞说:“灵公有三个妻妾,同在一个澡盆里洗澡。贤人史鳅尊奉命令来到卫灵公的住所,灵公接受他奉献的礼品之后还亲自来搀扶他。私生活轻佻得那么厉害,可对于贤者却又是这么肃敬,这正是他之所以为灵公。”

豨韦说:“这灵公啊,死的时候,先是要葬在祖坟,占问不吉;又计划葬在沙丘,占问却吉。在沙丘掘地到几丈深的地方,掘得一具石棺。洗过以后,发现上面割有文字,写的是:‘不依靠儿子,灵公取来埋到里面去。’灵公之灵已经不是一天了。他们两个人懂得什么!”

品庄悟道

是非无准则

一般来说,“灵”这个谥号颇有些否定的意味。孔子向三个史官询问灵公谥号的来历时,三个人的回答各不相同。

太史大弢是站在正统史官的立场来评论,给出了一个比较直接的论断,即:不

良。太史伯常骞的回答，却有点把他向好的方面靠拢的意思，尽量说这个谥号其实还包括他好的一面。而太史狶韦的回答，更为灵公这个君主涂了一层神秘主义色彩。

庄子只是想借这件事情说明：是非无准则，人有其是，人有其非。因此作者想劝告世人，别再纠缠人为的是非了，还是随顺自然之道吧，否则永远无法领悟“大道”。

一〇

【原文】

少知问于大公调曰[1]：“何谓丘里之言？”

大公调曰：“丘里者，合十姓百名而以为风俗也；合异以为同，散同以为异。今指马之百体而不得马，而马系于前者，立其百体而谓之马也。是故丘山积卑而为高，江河合水而为大，大人合并而为公。是以自外入者，有主而不执[2]；由中出者，有正而不距[3]。四时殊气，天不赐，故岁成[4]；五官殊职，君不私，故国治；文武殊能，大人不赐，故德备；万物殊理，道不私，故无名。无名故无为，无为而无不为。时有终始，世有变化。祸福淳淳，至有所拂者而有所宜[5]；自殉殊面，有所正者有所差。比于大泽，百材皆度[6]；观于大山，木石同坛。此之谓丘里之言。”

少知曰：“然则谓之道，足乎[7]？”

【译文】

少知问大公调：“什么叫作丘里之言？”

大公调说：“丘里，是指把数十个家族、数百个人集合在一起居住，并在此基础上形成的一种风气，综合有差异的习惯而形成统一风俗，分散一致的风俗而形成各异的习惯。现在专指马身上的各个组成部分中的某一部分，便不可叫作马，而把马牵到眼前来，把马的各个组成部分组合在一起，就可以叫作马了。因此，丘山把低矮的小山积累在自己身上，就会成为高山，江河把细小的支流汇合到自己身上，就会成为大海，大人们互相吸收对方身上的优点，就会成为公。因此从外面接受道理，即使心中已有主见，也不应固于己见，从心中想出的道理，即使心中已有正确的答案，也不应该拒绝他见。虽然四季有不同的气候，但大自然却并不偏私于哪一个季节，因此才形成一年；虽然五官有不同的职责，但君主却并不偏向谁，因此国家才得以长治久安；虽然文、武官员有不同的本领，但大人却并不偏向哪一方，因此德操才得以变得完备；虽然世间万物有不同的特点，但天道却并不偏向谁，因此天道才变得妙不可言。不可言表，故而就无所作为，无所作为却又无所不为。时间有头有尾，世间万物千

大公调曰："不然。今计物之数，不止于万，而期曰万物者，以数之多者号而读之也⑧。是故天地者，形之大者也；阴阳者，气之大者也；道者为之公⑨。因其大以号而读之则可也，已有之矣，乃将得比哉！则若以斯辩，譬犹狗马，其不及远矣。"

【注释】

①少知、大公调：皆为虚拟人物。②有主而不执：有主见但不固执。③距：排斥，拒绝。④气：气候；赐：偏私。⑤淳淳：流变；拂：逆，矛盾。⑥比：譬如。⑦足：可以。⑧期：限定；号：称。⑨公：主宰。

变万化。祸福互相流变，到了违逆背离的时候，又变得和谐统一起来；人各有志，有正确的，也有存在偏差的。譬如造一所大房子，各种木材都有适用的地方；到大山上去看看，树木和石头处在同等地位上。这就是所说的丘里之言。"

少知说："那么称之为道，总该可以了吧？"

大公调说："不对。现在世间的事物超过万数，而限称为万物，是用数目中最多的数字来统称它。所以，天地是形体中最大的，阴阳是气体中最大的，道则主宰一切。因为它大而这样称呼是可以的，但已经有了名称，怎么还能和没有名称的相比呢！如果那样去区别，就如同狗和马相比，相差太远了。"

品庄悟道

"大众舆论"中的道

道有两方面，大众舆论所认识到的只是万物的同一性，这仅仅是道的一方面。道生万物，万物各不同，物中皆有道存在，所以道有一定的差异性。

道的这两方面是相辅相成的，只看到其中一面而忽视另一面，是对道的误解，无论是道的同一性本质还是道的差异性特征，都是很难确切说清楚的。一句话，道的本质不可说，道的表现说不清。大众舆论在某些情况下其实是不等同真理的。舆论是不可忽略的，但同时也不能完全被舆论左右，这样极有可能会陷入误区。

一一

【原文】

少知曰："四方之内，六合之里，万物之所生恶起？"

【译文】

少知说："在四方之内，六合之中，万物是怎样产生的呢？"

大公调曰："阴阳相照，相盖相治，四时相代，相生相杀，欲恶去就，于是桥起，雌雄片合，于是庸有①。安危相易，祸福相生，缓急相摩，聚散以成②。此名实之可纪，精微之可志也③。随序之相理，桥运之相使，穷则反，终则始④；此物之所有。言之所尽，知之所至，极物而已。睹道之人，不随其所废，不原其所起，此议之所止。"

少知曰："季真之莫为，接子之或使，二家之议，孰正于其情，孰偏于其理⑤？"

大公调曰："鸡鸣狗吠，是人之所知；虽有大知，不能以言读其所自化，又不能以意其所将为。斯则析之，精至于无伦，大至于不可围，或之始，莫之为，未免于物而终以为过⑥。或始则实，莫为则虚。有名有实，是物之居；无名无实，在物之虚。可言可意，言而愈疏。未生不可忌，已死不可诅⑦。死生非远也，理不可睹。或之使，莫之为，疑之所假。吾观之本，其注无穷⑧；吾求之末，其来无止。无穷无止，言之无也，与物同理；或使莫为，言之本也，与物终

大公调说："阴阳相互照应、相互涵盖又相互界定边界，四时相互代谢、相互产生又相互消灭。好恶去来，于是有起有降不断地涨落；雌雄交配，于是就生出了许多常有的事物。安危相互变换，祸福相互转化，缓急相互影响，聚散相互依存而成就万物。这就是名与实之间的纲纪，也是对精微的世界实体的一种记述方式。天地万物似乎按时间排成了一定的序列，像桔槔一样起伏波动，相互作用，至极而返，终结就是重新开始。这是天地万物共有的时序性，人类的言说到了这里也就无话可说了，人类的知识到了这个界限也就成了最后的界限，语言知识也就只限于对物的指称而已。识得道体的人，并不停留在语言知识失效的地方，但也不追求物的起源，就让语言知识停止在这个界限上。"

少知说："季真主张无为，接子主张有为，这两家的议论，谁符合事物的实情，谁偏离了事物的真理呢？"

大公调说："鸡鸣狗叫，这是人人都能了解的现象；可是，即使是具有超人的才智，也不能用言语来称述其自我变化的原因，同样也不能臆断它们将会怎么样。用这样的道理来加以推论和分析，精妙达到了无与伦比，浩大达到了不可围量，事物的产生有所支持，还是事物的产生全出于虚无，两种看法各持一端均不能免于为物所拘滞，因而最终只能是过而不当。'或使'的主张过于执滞，'莫为'的观点过于虚空。有名有实，这就构成物的具体形象。无名无实，事物的存在也就显得十分虚无。可以言谈也可以测度，可是越是言谈距离事物的真情也就越疏远。没有产生的不能禁止其产生，已经死亡的不能阻止其死亡。死与生并不相距很远，其中的规律却是不易察见。事物的产生有所支

始。道不可有，有不可无。道之为名，所假而行。或使莫为，在物一曲，夫胡为于大方[9]？言而足，则终日言而尽道[10]；言而不足，则终日言而尽物。道物之极，言默不足以载；非言非默，议有所极。”

【注释】

①照：照应；桥起：像桥一样翘起；庸有：常有。②摩：摩擦，影响。③志：记述。④桥运：如桥一样运动。⑤季真：齐人，主张无为；接子：齐人，主张有为。⑥伦：伦比，匹敌。⑦忌：禁忌，禁止；徂：借为“阻”，阻止。⑧本：根本。⑨一曲：一个方面；大方：大道。⑩尽道：把道说尽。

使，还是事物的产生全都出于虚无，两者都是因为疑惑而借此生出的偏执之见。我观察事物的根本，事物的过去没有穷尽；我寻找事物的末绪，事物的将来不可限止。没有穷尽又没有限止，言语的表达不能做到，这就跟事物具有同一的规律；而‘或使’‘莫为’的主张，用言谈各持一端，又跟事物一样有了外在的终始。道不可以用‘有’来表达，‘有’也不可以用无来描述。大道之所以称为‘道’，只不过是借用了‘道’的名称。‘或使’和‘莫为’的主张，各自偏执于事物的一个方面，怎么能称述于大道呢？如果用语言足以论道，那么整天都要说话才能把道说尽；言语不能圆满周全，那么整天说话也都滞碍于物。道是阐释万物的最高原理，言语和缄默都不足以称述；既不说话也不缄默，评议有极限而大道却是没有极限的。”

品庄悟道

“道”的本质

庄子认为这个世界的终极根源便是“道”，道是无所不覆、无所不载、自生自化、永恒存在的宇宙本体，道主宰了世间万物。“道”是不足以言的，因为“道”又体现在万事万物具体而微妙的变化上。道具有对立的两面性，它既是同一的，又是对立的；既是具体的，也是抽象的；既是虚无缥缈的，又是实际存在的，同时它还是有为或无为、言或不言所无法清楚表达的。它是集虚与实、有为与无为、可说与不可说于一身的物质性的气。

外 物

【导读】

“外物”是篇首的两个字，用来作为篇名。全篇由十来段文字组成，多是反映社会生活及其处世养性经验，尤其对外来的没有定准的、防不胜防的祸端患害给予了特别的关注。

全文大体分为九个部分。第一部分至“于是乎有僓然而道尽”，说明外在事物不可能有个定准，指出世俗人追逐于利害得失之间，到头来只会精神崩溃玄理丧尽。第二部分至“曾不如早索我枯鱼之肆”，写庄子家贫前往借贷的故事，借以说明顺应自然、依其本性的必要。第三部分至“其不可与经于世亦远矣”，借任公子钓大鱼的故事，讽刺眼光短浅好发议论的浅薄之士。

第四部分至“无伤口中珠”，讽刺儒家表面倡导诗、礼，暗里却干着见不得人的勾当。第五部分至“奈何哉其载焉终矜尔”，写老莱子对孔丘的训示，倡导顺应自然便能每事成功的主张。第六部分至“与能言者处也”，借神龟被杀的故事，说明一切顺其自然的道理。第七部分至“然则无用之为用也亦明矣”，指出“无用之为用”的道理。第八部分至“亦神者不胜”，讨论修身养性，批评了驰世逐物的处世态度，提倡内心要“空虚”。余下为第九部分，进一步阐明顺应自然的观点，反对矫饰，反对有所操持，希望能做到遗物而忘我，最终进入到“得意而忘言”的境界。

一

【原文】

外物不可必，故龙逢诛，比干戮，箕子狂，恶来死，桀纣亡[1]。人主莫不欲其臣之忠，而忠未必信，故伍员流于江，苌

【译文】

外界的事物不能强求，所以关龙逢被诛死，比干被杀害，箕子成为癫狂；恶来死去，桀、纣灭亡。人主没有不希望他

弘死于蜀，藏其血三年而化为碧。人亲莫不欲其子之孝，而孝未必爱，故孝己忧而曾参悲[2]。

木与木相摩而然，金与火相守则流[3]。阴阳错行，则天地大絯，于是乎有雷有霆，水中有火，乃焚大槐[4]。有甚忧两陷而无所逃，螴蜳不得成，心若县于天地之间，慰暋沈屯，利害相摩，生火甚多[5]；众人焚和，月固不胜火，于是乎有僓然而道尽[6]。

的臣子是忠诚的，但是臣子忠诚却未必得到人主的信任。伍员被沉于江，苌弘死在蜀地，把他的血收藏起来，三年变成了碧玉。父母没有不希望他们的儿子尽孝的，但是儿子尽孝未必得到父母的疼爱，孝己受后母虐待而担忧，曾参不得父母之爱而悲愁。

木用木来摩擦就会燃烧，金属放进火里就会熔化，阴阳不依规律运行，天地大震荡，于是有雷鸣电闪，雨水中生出火来，把大槐树烧掉。有的人怕极了阴阳错行而无可逃避，因而就心神不定难以工作。心像悬在半空，苦闷沉郁，患得患失，火气旺盛，众人过于计较利害致使心火升腾而失去调和，内心的清静平明之气不能克制火气，于是就更颓唐衰退，再也不能迈步了。

【注释】

①必：强求；箕子：商纣王的叔父，多次忠谏纣王未被采纳，因惧怕迫害装疯；恶来：纣王的奸臣，助纣为虐，最后与纣王一起被杀。②孝己：殷高宗的儿子，因遭后母虐待忧闷而死；曾参悲：曾对父母十分孝顺，但常常遭父母毒打，所以经常悲泣。③然：通“燃”。④絯（hài）：通“骇”，动乱。⑤螴（chén）蜳（dūn）：心神不定貌。⑥众人焚和：众人过于计较利害，致使心火升腾而失去调和；僓（tuǐ）然：颓唐貌。

品庄悟道

凡事莫强求

全文皆在论述“外物不可必”的道理，庄子借忠臣、昏君、孝子等具体的事例想向世人说明，凡事皆不可强求，否则自身与外界的矛盾将会变得不可调和，轻则伤心害性，重则导致身亡。

庄子认为不顾客观条件有所作为，会导致主客体矛盾激化，使主体受到戕害。比干、龙逢、伍子胥、苌弘都是忠臣，可是结局是惨遭迫害而死，箕子不得已而装疯，就是因为他们面对昏君却进逆耳忠言招致的结果；奸臣恶来和昏君桀、纣，死于非命，是忤逆民意，天怒人怨的结果。这虽然是两类人，但都成了“外物不可必”的反证。

矛盾无处不在，人的内心同样存在矛盾。内心的矛盾是主体对外物的强求而不遂的结果，这种矛盾会使人心灵饱受煎熬。唯一的解决办法是“外物不可必”，凡事不要强求，将一切看开些，看淡些，自然矛盾会变小许多。

二

【原文】

庄周家贫，故往贷粟于监河侯①。监河侯曰：“诺。我将得邑金，将贷子三百金，可乎②？”

庄周忿然作色曰：“周昨来，有中道而呼者③。周顾视车辙中，有鲋鱼焉。周问之曰：‘鲋鱼来！子何为者邪？’对曰：‘我，东海之波臣也。君岂有斗升之水而活我哉？’周曰：‘诺。我且南游吴越之王，激西江之水而迎子，可乎④？’鲋鱼忿然作色曰：‘吾失我常与，我无所处⑤。吾得斗升之水然活耳，君乃言此，曾不如早索我于枯鱼之肆⑥！’”

【注释】

①监河侯：监管河道之官。②邑金：封邑内向百姓征收的税金。③中道：途中。④且：将；游：游说；西江：蜀江。⑤常与：常相与；此指水。⑥肆：市场。

【译文】

庄周家里穷得没米下锅了，不得不到监河侯那里去借粟。监河侯说：“行啊。我即将领到封邑的税金，打算借给你三百金，可以吗？”庄周生气得变了脸色，说：“我昨天往你这里来，途中听见有个声音在呼救。我回头一看，见车轮碾成的沟里有一条鲋鱼。我问它说：‘鲋鱼你过来，你做什么的呀？’回答是：‘我是东海龙王手下当差的。你能给一斗半升的水来救我的命吗？’我说：‘行啊。我将到南方去游说吴越王，我准备把蜀江水堵起来让它倒流来迎接你，可以吗？’鲋鱼生气得变了脸色，说：‘我失去了我与之经常相处的水，我没有地方待下去了。我只要获得一斗半升的水就能活命了。你竟然这么说，那还不如早些到干鱼市场去找我！’”

品庄悟道

人品与地位无关

本文虽是第三人称，但无疑是庄子生活与性情的真实写照。庄子的物质生活是贫穷的，可是精神生活却是富有的。一向鄙视利禄的哲学家庄子，无论如何还是要吃饭的。饥肠辘辘这个问题是用哲学解决不了的。但庄子始终不愿为了生存去屈己事人，去为官换禄，更不会去偷去盗，剩下的只有借贷一途了。监河侯很富有，但却不愿借给庄子一升半米，他只肯借出一个遥远许诺。他本想用虚伪的大方掩盖真实的吝啬，只可惜这点小把戏不可能瞒过慧眼如炬的庄子，庄子一语戳穿了他的吝啬。

监河侯这个人物形象其实象征了当时的统治阶层，他们高高在上，从来都过着“朱门酒肉臭，路有冻死骨”的荒淫生活。这显然和下层社会成员间“相濡以沫”互相帮助的形象完全相反。由此可见，人品与地位无关。

三

【原文】

任公子为大钩巨缁，五十犗以为饵，蹲乎会稽，投竿东海，旦旦而钓，期年不得鱼①。已而大鱼食之，牵巨钩，錎没而下，骛扬而奋鬐，白波如山，海水震荡，声侔鬼神，惮赫千里②。任公子得若鱼，离而腊之，自制河以东，苍梧已北，莫不厌若鱼者③。已而后世辁才讽说之徒，皆惊而相告也④。夫揭竿累，趣灌渎，守鲵鲋，其于得大鱼难矣。饰小说以干县令，其于大达亦远矣，是以未尝闻任氏之风俗，其不可与经于世亦远矣⑤。

【注释】

①任公子：任国公子；犗(jiè)：阉牛。②錎：通“陷”，沉入；鬐：鱼鳍。③制河：浙江。④讽说：道听途说。⑤小说：琐言。

【译文】

任国公子制成了一个由粗长黑索链组成的大钓钩，用五十头阉牛作为钓饵，蹲坐在会稽山上，把钓竿垂入东海之中，终日垂钓，整整一年都没有钓到鱼。最终，一条大鱼吞食了鱼饵，牵引着大钓钩，时而沉入水中，时而摆着摆着鱼鳍一跃而起，掀起如山的白浪，海水受到震荡后发出如同鬼哭神泣般的声音，使数千里之人感到震惊。任国公子钓上这条鱼后，把它剖开、晒干，从浙江以东到苍梧山以北的人全都饱食此鱼。这件事过去之后，后世才疏学浅且喜欢道听途说的人都惊喜地奔走相告。举着短竿细绳，伫立在小水沟旁，等着小鱼上钩，这就很难钓上来大鱼了。靠文过饰非的琐言去追求美闻高名，这离大道的境界相距太远了。因此，那些从未听说过任公于高瞻远瞩钓大鱼风范的人，他们距离经世济用的道理也很远了。

品庄悟道

刻意追求，要不得

任公子在东海垂钓，精心去做，一年也没钓到鱼；可是在不经意间，却获取了一条巨大的鱼。用这个故事来说明“外物不可必”，已经足矣。庄子借此还想说明刻意追求名利的人不但得不到名利，反而会背离大道，还是应该一切顺其自然。

此外，在本文结尾出现了小说二字。“小”与“说”二字连称为一个“小说”概念，这在文学史上具有重大意义。无须赘言，这里的小说是指琐碎的毫无深意的说法和言论，很显然还不具有文体的意义，但对后世却产生了极为深远的影响。

四

【原文】

儒以诗礼发冢，大儒胪传曰[1]：“东方作矣，事之何若[2]？”

小儒曰：“未解裙襦，口中有珠[3]。”

“诗固有之曰：‘青青之麦，生于陵陂[4]。生不布施，死何含珠为！’接其鬓，压其顪，而以金椎控其颐，徐别其颊，无伤口中珠[5]！”

【注释】

①发冢：盗掘坟墓；胪(lú)传：传话。②东方作：太阳升起。③裙襦：衣裙。④陵陂：山坡。⑤接：抓住，压其顪：按住他的下巴；椎：敲打用的工具；控：叩打，敲打；颐：面颊。

【译文】

儒士们在盗掘坟墓的时候也讲究礼仪诗书。大儒士往下面传话说：“东方太阳升起了，事情做得怎么样了？”

小儒士说：“衣裙还没有脱下来，口中含有珍珠。”

“古诗中有一首说：‘青青的麦苗，长在山坡上。活着不曾帮助人，死后凭啥含珍珠！’抓住他的鬓发，按住他的下巴，用铁锤敲开他的面颊，慢慢地分开他的两腮，不要把珍珠弄损伤了！”

品庄悟道

庄子不屑儒家“厚葬之礼”

在庄子生活的时代已经有了盗墓贼。他们和盗贼不同的是,他们盗窃的对象是死人,相对于别的贼来说,这种贼简直是下流到极致。当然这种贼的产生,与厚葬习俗有着直接关系。

在当时墨家讲薄葬,道家讲不葬,只有儒家讲厚葬,而盗厚葬品的也是儒生。庄子在此,言辞犀利地嘲讽了儒者一方面干着见不得人的勾当,一方面又大力倡导“仁义”,声声不离《诗》《书》等经书之语的虚伪面孔。此外,庄子还以此事说明万物没有固定的标准,言行不一定一致,人心是不可测的。

五

【原文】

老莱子之弟子出取薪,遇仲尼,反以告[1],曰:“有人于彼,修上而趋下,末偻而后耳,视若营四海,不知其谁氏之子[2]。”

老莱子曰:“是丘也。召而来。”

仲尼至。曰:“丘!去汝躬矜与汝容知,斯为君子矣[3]。”

仲尼揖而退,蹙然改容而问曰[4]:“业可得进乎?”

老莱子曰:“夫不忍一世之伤而骜万世之患,抑固窭邪,亡其略弗及邪[5]?惠以欢为骜,终身之丑,中民之行进焉耳,相引以名,相结以隐。与

【译文】

老莱子的弟子出去打柴,路上碰见了孔子,返回后告诉老莱子,说:“有个人在那里,上身修长而下身短粗,背微曲而耳朵向后贴,目光远大,胸怀天下的样子,不知道他是哪一家的儿子。”

老莱子说:“那是孔丘。去把他叫来。”

孔于来到老莱子住处。老莱子说:“孔丘，把你那个以贤德自许的矜持高傲扔掉，把你那副装作有智慧的模样去掉,这样就成了君子了。”

孔子作了个揖略略后退,一脸局促不安地问道:“学业能有办法提高吗?”

老莱子说:“你不忍心让一代人痛苦,可你忽视了以后千秋万代人的祸害,你这

其誉尧而非桀，不如两忘而闭其所非誉。反无非伤也，动无非邪也。圣人踌躇以兴事，以每成功，奈何哉其载焉终矜尔[⑥]！”

【注释】

①老莱子：楚国贤人；取薪：打柴；反：通“返”。②修：长；末偻：背微曲；后耳：耳朵像后贴；视若营四海：形容目光远大，胸怀天下貌。③躬矜：矜持的态度；知：通“智”。④蹙(cù)然：局促不安貌。⑤骜：忽视，轻视；抑：或，还是；窭(lóu)：浅陋，不足。⑥踌躇：不得已而为之。

么做究竟是本来就浅陋呢？还是谋略智慧方面赶不上呢？用施舍恩惠博得众人高兴，你以此为自豪，这是一辈子的羞耻，庸常人的所行所为容易走到这个地步！靠虚名相互引荐抬举，因私欲私利相互勾结。与其称誉尧帝而非议桀王，不如两种评价都忘掉，绝口不提称誉的对象。违反天性总会受伤害，动心毁誉必然生出邪恶。圣人总是在不得已的情况下才去发动某种事业，却常常能成功，拿你没办法呀，你身上的仁义包袱总会让你以贤能自居！”

品庄悟道

摒弃“有为”之心

本文仍然在阐述“外物不可必”的思想，只不过是借老莱子之口说出而已，老莱子和孔子的对话中透露出关于学道的心态问题。在此揭示了要想学到“道”，必须摒除“有为”之心，不能以贤能自负。

人对自我的期望值支配着人的态度和行为，学道忌讳的便是以贤能自居的态度。自以为了不起，自以为知之甚多，这种态度本身就是错误的，它其实意味着知之甚少，可以说拥有这种心态的人是很难得悟大道的。

〔清〕任熊高士传图像·老莱子

六

【原文】

宋元君夜半而梦人被发窥阿门①,曰:“予自宰路之渊,予为清江使河伯之所,渔者余且得予②。”

元君觉,使人占之,曰:“此神龟也。”

君曰:“渔者有余且乎?”

左右曰:“有。”

君曰:“令余且会朝。”

明日,余且朝。君曰:“渔何得?”

对曰:“且之网得白龟焉,其圆五尺。”

君曰:“献若之龟。”

龟至,君再欲杀之,再欲活之,心疑,卜之,曰:“杀龟以卜,吉。”乃刳龟以卜,七十二钻而无遗筴③。

仲尼曰:“神龟能见梦于元君,而不能避余且之网;知能七十二钻而无遗筴,不能避刳肠之患。如是,则知有所困,神有所不及也。虽有至知,万人谋之。鱼不畏网而畏鹈鹕④。去小知而大知明,去善而自善矣。婴儿生无石师而能言,与能言者处也⑤。”

【注释】

①宋元君:宋国国君;阿门:侧门。②宰路:渊名;清江:水名;余且:渔夫名。③刳:剖开,

【译文】

宋元君半夜里梦见有个披头散发的人在侧门窥视,还说:“我来自宰路之渊,为清江出使河伯那里,被渔夫余且捕获。”

宋元君醒来,让人占卜,占卜结果说是“神龟托梦”。

宋元君说:“渔夫中有叫余且的吗?”

左右随从说:“有。”

宋元君说:“叫余且来朝见我。”

第二天,余且来朝。宋元君说:“你捕到什么?”

余且回答说:“我用网捕获一只白龟,周边有五尺多长。”

宋元君说:“把你的白龟献出来。”

白龟送来,宋元君又想杀掉它,又想放掉它,心里犹豫不定,于是让人占卜测问,结果是:“杀龟,用此龟占卜,大吉。”于是把龟剖开挖空,用它占卜了七十二次,没有一次不灵验的。

孔子说:“神龟能够给宋元君托梦,却不能逃避余且的渔网;它的智力能够占卜七十二次而不失算,却不能逃避剖肠的患害。如此看来,智者也有困惑的时候,神灵也有考虑不到的地方。虽然有极高的智慧,也敌不过万人的谋算。鱼不知道畏惧渔网,却知道畏惧鹈鹕。只有抛弃小智慧,才能发挥大智慧;只有去掉自以为善的心理,才能体现真正自善的本性。婴儿生来

挖空;钻:指钻龟甲占吉凶;筴:通“策”,算。④鹈(tí)鹕(hú):一种水鸟,善捕鱼。⑤石师:大师。

没有大师的教导便能说话，这是他与会说话的人在一起。”

品庄悟道

绝圣弃智

孔圣宗师出身全传·余且献龟

神龟为了免除自身的祸患，就给宋元君托梦，希望宋元君来解救它。神龟以为宋元君必定会关照自己,但是它没有料到“外物不可必”，宋元君经过深思熟虑后,竟然把神龟给杀了。看来,神龟是栽在不了解“外物不可必”这个道理上,它虽然智慧,可是还仅仅停留在“小智”的层面。庄子认为,只有抛弃“小智”,随俗自然,方可获得“大智”。

神龟被杀后,龟甲用来占卜,灵验至极;这样的神龟最终还是免不了祸患,说明智慧自有它本身的局限性。再者,庄子在此处强调了“小智”的结果会导致一人被万人算计的恶果,从而顺理成章地将其归结到“绝圣弃智”才是至人的老主旨。

七

【原文】

惠子谓庄子曰:“子言无用。”

庄子曰:“知无用而始可与言用矣。天地非不广且大也,人之所用容足耳。然则厕足而垫之,致黄泉,人尚有用乎①?”

惠子曰:“无用。”

【译文】

惠子对庄子说:“你的言论没有丝毫用处。”

庄子说:“知道没有用的道理就可以和你说说有用的理论了。大地不是不够广大,但人只是脚踩一小块地方，这小块地对人是有用的,其余的地再大对人也没有用处。但是，你要把脚下一小块之外的其他土地

庄子曰："然则无用之为用也亦明矣。"

【注释】

①厕：侧；侧足，置足，指脚踩的地方；致：到。

都往下挖掘，一直挖到黄泉，人的四周成了无边无底的深渊，脚下那小块地方这时还有用吗？"

惠子说："没有用了。"

庄于说："那么，无用就是有用的道理也就明白了。"

品庄悟道

"无用"乃"大用"之道

庄子与惠子的论辩内容经常是相当精彩，并且极为经典。他们分别代表了中国古代的两种对待自然万物的态度，庄子倾向从整体的角度观察自然，其理论依据便是"道"，这种"道"本质上是人对自然规律的感悟。而惠施倾向于对自然万物进行比较严密的逻辑思考和推理。

惠子与庄子论辩，惠子屡屡钻进庄子为他设好的圈套，这次也不例外。惠子又用自己的严密逻辑思维推理出庄子的言论"无用"，从而引出了庄子阐述了"无用"乃"大用"的道理，并且想借此以证明道家的"外物不可必"的命题。无用就是大用，反过来说，大用就是无用。这一说法同样充斥着强烈的辩证色彩，但是未免有些太绝对化了。

八

【原文】

庄子曰："人有能游，且得不游乎？人而不能游，且得游乎？夫流遁之志，决绝之行，噫，其非至知厚德之任与①！覆坠而不反，火驰而不顾，虽相与为君臣，时也，易世而无以相贱②。故曰至人不留行焉③。

【译文】

庄子说："人若能随心而游，那么难道还会不自适自乐吗？人假如不能随心而游，那么难道还能够自适自乐吗？逃避世俗的心志，弃绝尘世的行为，唉，恐怕不是真知大德之人的所作所为吧！沉溺于世事而不知悔悟，火速奔驰地追逐外物而不愿反顾，即使相互间有的为君有的为臣，也只是看作一时的机遇，时世

"夫尊古而悲今,学者之流也④。且以狶韦氏之流观今之世，夫孰能不波⑤？唯至人乃能游于世而不僻,顺人而不失己。彼教不学,承意不彼。"

【注释】

①流遁:逃避,不正视现实;决绝:弃绝尘世。②火驰:火速奔驰。③留行:固执于自己的所作所为。④流:风气。⑤观:看,衡量,权衡。

变化后就没有谁会认为自己地位低下了。所以说道德修养极为高尚的人从不固执于自己的所作所为。

"崇尚古代鄙薄当今，这是学者中的风气。用狶韦氏之流的角度来权衡当今的世事,谁又能不在心中引起波动？道德修养极为高尚的人方才能够混迹于世而不出现邪僻,顺随于众人之中却不会失却自己的真性。尊古卑今的见教不应学取，禀受其意也不必相互对立争辩不已。"

品庄悟道

尊古卑今

庄子的道,大部分讲自然无为,希望能够返璞归真,崇尚上古时代原始的耕作社会。对于学者中"尊古而悲今"之风的反对,可以说庄子的道学的完善。

不"尊古卑今"而要在顺随众人之时保持自然的天性,这是对于自我的肯定。当今和"尊古卑今"一样的现象还有"崇洋媚外",无论是哪一种都是对自我的否定,都是在丧失自我,不应提倡。

九

【原文】

目彻为明,耳彻为聪,鼻彻为颤,口彻为甘,心彻为知,知彻为德①。凡道不欲壅,壅则哽,哽而不止则跈,跈则众害生②。物之有知者恃息,其不殷,非天之罪。天之穿之,日夜无降,人则顾塞其窦③。胞有重阆,心有天游④。室

【译文】

眼睛通达是明，耳朵通达是聪,鼻子通达是膻,口舌通达是甘,内心通达是智,智慧通达是德。凡是道就不能堵塞,堵塞就阻塞,阻塞不止就乖戾,乖戾就会产生种种危害。有生命的物类依靠呼吸,如果不畅通,那不是天的罪过;天使人长

无空虚，则妇姑勃谿[5]；心无天游，则六凿相攘[6]。大林丘山之善于人也，亦神者不胜。

【注释】

①彻：通达；颤：鼻子灵敏。②壅：堵塞；哽：通“梗”，阻塞；跈(jiàn)：乖戾。③窦：孔窍。④胞：胞胎；阆：空隙。⑤妇姑：婆媳；勃谿(xī)：争吵。⑥六凿：六窍。

了七窍，日夜一样的畅通，人们却自己堵塞了孔窍。胞胎都有空隙的地方，心灵也有自然活动的地方。住房如果不够宽畅，那么婆媳之间就会争吵；心灵如果没有自然活动的地方，六窍就会互相排斥。森林高山之所以使人心旷神怡，也是因为广阔无比的缘故。

品庄悟道

七窍通

庄子前面讲过一个关于给混沌凿七窍的故事，因为给混沌凿七窍，混沌反而死了；此处却说堵塞七窍的危害，其实眼耳口鼻，无论是哪一个堵塞都不好受。而庄子用混沌比作自然天然，说明人为的违反自然天性是不好的。

回头看此处引申的意思也是在说没有顺遂自然就会争吵、相互排斥等等。看来七窍通或是不通都为的是顺遂自然，就像人有的时候小感冒没有什么可怕的，因为小感冒反而增加了人的免疫功能；又比如交通灯，我们知道红绿灯的功能在于顺畅交通，短暂的红灯只不过是为了更加畅通的交通秩序。

一〇

【原文】

德溢乎名，名溢乎暴，谋稽乎誸，知出乎争，柴生乎守，官事果乎众宜[1]。春雨日时，草木怒生，铫鎒于是乎始修，草木之到植者过半，而不知其然[2]。

【注释】

①誸：急。②铫(yáo)鎒(nòu)：一种锄草工具。

【译文】

道德的败坏在于追求名声，名声的败坏在于过分显露自己，计谋产生于急近，智慧产生于争夺，滞塞产生于固执，行政事务的成功在于适应民众。春雨及时降下，草木怒生，于是修好了农具除草整地，然而草木大半却又再生，但不知道其中的原因。

品庄悟道

沽名钓誉

人的才能如果用来追逐名利，那么难免不会身败名裂。这对于沽名钓誉者来说是一个嘲讽，现实生活中也常常有一些人蝇营狗苟于钻营虚名和功利，可是到后来往往会惹人耻笑。

另外，庄子此处还有“欲速则不达”的意思，有些事情如果太过急近往往欲速则不达，这几乎成为一个自然规律了。

一一

【原文】

静然可以补病，眦㓻可以休老，宁可以止遽[①]。虽然，若是，劳者之务也，佚者之所未尝过而问焉。圣人之所以駴天下，神人未尝过而问焉[②]；贤人所以駴世，圣人未尝过而问焉；君子所以駴国，贤人未尝过而问焉；小人所以合时，君子未尝过而问焉。

【译文】

静心可以养病，按摩可以洗除老态，安宁可以杜绝惊惧之忧。当然，这只是劳动者的事务了，安逸的人是不会过问这些的；圣人使天下人惊骇的原因，神人不会过问这些；贤人使天下人惊骇的原因，圣人不会过问这些；君子使全国人惊骇的原因，贤人不会过问这些；小人常去迎合时势，君子不会过问这些。

【注释】

①眦(zì)㓻(miè)：按摩；遽：惊惧。②駴(xiè)：通“骇”。

品庄悟道

不与语道

此处的意思相当于“道不同不相与谋”，不过此处所说的道是修养不同的“君子、贤人、圣人、神人”。

一二

【原文】

演门有亲死者，以善毁爵为官师，其党人毁而死者半[1]。尧与许由天下，许由逃之；汤与务光，务光怒之。纪他闻之，帅弟子而踆于窾水[2]；诸侯吊之，三年，申徒狄因以踣河[3]。

【注释】

①毁：毁容，指由于死了父母而悲伤得不成样子；爵：作动词讲，封爵。②窾(kuǎn)水：水名。③踣(bó)：向前扑倒。

【译文】

东门口有个死了亲人的人，因为格外哀伤日渐消瘦而加官封爵封为官师，他的同乡仿效他也消瘦毁容却死者过半。尧要禅让天下给许由，许由因而逃到箕山；商汤想把天下禅让给务光，务光大发脾气；纪他知道了这件事，率领弟子隐居在窾水一带，诸侯纷纷前往慰问，过了三年，申徒狄仰慕其名而投河自溺。

品庄悟道

道家是怎样看"名利"的？

儒家的人才观核心便是德才兼备。在儒家看来，孝是德的重要内涵，认为孝敬父母的人必然也会忠君。而孝到什么程度就看在丧礼中孝子的哀伤憔悴程度如何了。这就成就了一个死去亲人而伤心毁容的人的高官厚禄。这个官职带有很大的偶然性成分，是属于不期而遇的。而其他众人纷纷模仿，这种行为本身就含有虚伪做作的成分，有些类似演戏，最终为了各自的目的，假戏真做，"毁而死者半"，实际上这些人死于对名利的追逐。而纪他与弟子以及申徒狄的逃遁、死亡，表面看似不为名利，其实则为保住自己清高的名声。虽然看似不同，但实质上并没有什么差别，都是强求名利的结果。庄子对人性剖析的深刻性，这又是一例。

列仙全传·务光

一三

【原文】

荃者所以在鱼，得鱼而忘荃[1]；蹄者所以在兔，得兔而忘蹄[2]；言者所以在意，得意而忘言。吾安得夫忘言之人而与之言哉！

【注释】

①荃(quán)：竹制的捕鱼器。②蹄：捕兔的网器名。

【译文】

鱼笱是用来捕鱼的，捕到鱼后就忘掉了鱼笱；兔网是用来捕捉兔子的，捕到兔子后就忘掉了兔网；言语是用来传告思想的，领会了意思就忘掉了言语。我怎么能寻找到忘掉言语的人而跟他谈一谈呢！

品庄悟道

得意而忘言

庄子为了说明“言者所以在意，得意而忘言”这个道理，故用了两个形象的喻体作比。这里所说的“忘言之人”即为得道高人，而大道是只可意会，不可言传的。此处的“安得”这种感慨，既有为天下得道者甚少的遗憾，同时也表露了自己内心那种孤独寂寞的情绪。不过，即使庄子有幸遇到“忘言之人”，他们之间的语言表达可能就等同于彼此之间心领神会，“相视而笑，莫逆于心”吧！

此外，庄子在此提出的“得意而忘言”这一观念为后世读者品味言外之意、弦外之音建立了理论根据。

语言本是思想的载体，无语言则思想无从表达。从语言中获得了思想，作为载体的语言其实也无法完全抛弃，因为那思想还是以语言概念的形式留在感受者心中。不过，这一观念为读者品味言外之意、弦外之音建立了理论根据。

寓 言

【导读】

“寓言”本是篇首二字,但也是本文讨论的主要内容之一。所谓寓言,就是寄寓的言论。《庄子》阐述道理和主张,常假托于故事人物,寓言的方法正是《庄子》语言表达上的一大特色。

全篇由六段文字组成。其中第一段说明《庄子》一书的写作手法和语言特色,申明“寓言”、“重言”、“卮言”的各自含义,及其在文章中所起的作用。“寓言”、“重言”、“卮言”虽说是三种文体,然而在书中却又是浑然一体,不可以分割开来。阅读此段对了解该书的风格特色具有重要的作用。

其余则为五则寓言故事,委婉而曲折地反映了学道中的问题。

一

【原文】

寓言十九,重言十七,卮言日出,和以天倪①。

寓言十九,藉外论之②。亲父不为其子媒。亲父誉之,不若非其父者也;非吾罪也,人之罪也。与己同则应,不与己同则反;同于己为是之,异于己为非之。

重言十七,所以已言也,是为耆艾③。年先矣,而无经纬

【译文】

我的书中,寓言占了十分之九,重言占了十分之七,触景即兴而发的话随处可见,这是符合自然有差有别的特点的。

寓言占了十分之九,实乃借他人之口来阐述自己的观点。父亲不为自己儿子做媒人。与其让父亲称赞儿子,倒不如让外人去称赞,这样才更让人信服;不是因为我用自己的论据论证不了自己论点的过错,而是别人喜欢起猜疑之心的结果。只要和自己的观点相同,就赞成,不和自己的观点相同,就反对;看法和自己相同的,就肯定

本末以期年耆者，是非先也[4]。人而无以先人，无人道也[5]；人而无人道，是之谓陈人[6]。

卮言日出，和以天倪，因以曼衍，所以穷年[7]。不言则齐，齐与言不齐，言与齐不齐也，故曰言无言。言无言，终身言，未尝言；终身不言，未尝不言。有自也而可，有自也而不可[8]；有自也而然，有自也而不然。恶乎然？然于然。恶乎不然，不然于不然。恶乎可，可于可。恶乎不可？不可于不可。物固有所然，物固有所可，无物不然，无物不可。非卮言日出，和以天倪，孰得其久！万物皆种也，以不同形相禅，始卒若环，莫得其伦，是谓天均[9]。天均者天倪也。

【注释】

①十九：十分之九；重言：庄重之言；十七：十分之七；卮言：即兴之言；天倪：自然的分际，自然。②藉：通“借”。③耆(qí)艾：长者，对老人的尊称。④经纬本末：指真才实学。⑤人道：为人之道。⑥陈人：老朽无用之人。⑦曼衍：这里是零星穿插、随意发挥的意思。⑧自：由，缘故。⑨禅：递相传承，指新陈代谢；始：开始；卒：结束；伦：序。

它，和自己不同的，就否定它。

重言占了十分之七，为的是止住别人的争辩之言，这些都是长者的话，可师可信还有什么可争辩呢？如果只是实际年龄大，却不具有年长者应懂得的道理，这样的人，也不可称作长者。做人却没有超人之处，就是不懂为人之道；做人却不懂为人之道，就叫作老朽无用之人。

触景即兴而发的话随处可见，这是符合自然千差万别的特点的，它们随意发挥，所以能一直说到老。不说话，则主客观事物之间自然一致，原来同客观相一致的观点，如果用语言表达出来，可能就会变得同客观事物不一致了，描述原本同主观相一致的客观事物，它可能就会变得同主观观点不一致了，所以，说的应该是那些无须言表的话。说无须言说的话，即使一生都在论说，却好像从未说话；即使一生都不发议论，却未尝不在论说。“可”有可的缘故，“不可”有不可的道理；“对”有对的原因，“不对”有不对的理由。为什么“对”？对有对的原因。为什么“不对”，不对也有不对的理由。为什么“可”？可有可的缘故。为什么“不可”？不可有不可的道理。事物本来就有它所以这样的原因，事物本来就有它所以可以的原因，没有哪一件不是这样，没有哪一件事不符合这个规律。如果不是触景即兴之言随处可见，迎合着自然千变万化的特点，又怎么能够保持着长久的生命力呢！万物都是能发芽的种子，按照不同的形态形式相互传承接替，开始和结束就像一只首尾相接的环，理不清次序，这就叫作自然平衡。自然平衡即是自然的差别所在。

品庄悟道

别具风格的《庄子》

本文主要交代了《庄子》一书的写作体例，说明全书写作手法的特点、作用以及作者为什么使用这些手法等等。

先秦诸子的散文大都自觉不自觉地用寓言形式表情达意，阐述自己的观点与主张，但给这种寓言文体下了准确定义的只有庄子，这既说明了庄子对这种文体的自觉，又说明了《庄子》一书中，它的文学意义是在史学意义之上的。

庄子推崇天地有大美而不言，得意而忘言，将语言看作美与智慧的对立面。事实上，要表达一个完整的意思，必须要通过语言这个载体来实现。其实，连庄子本人也没有做到，否则就不会存在别具风格的《庄子》一书。

二

【原文】

庄子谓惠子曰："孔子行年六十而六十化，始时所是，卒而非之，未知今之所谓是之非五十九非也。"

惠子曰："孔子勤志服知也①。"

庄子曰："孔子谢之矣，而其未之尝言②。孔子云：'夫受才乎大本，复灵以生。'鸣而当律，言而当法。利义陈乎前，而好恶是非直服人之口而已矣。使人乃以心服，而不敢蘁立，定天下之定③。已乎已乎！吾且不得及彼乎！"

【译文】

庄子对惠施说："孔子活到六十岁时有多次改变自己的观点，开始的时候所肯定的观点，到后来就又否定了它，所以，很难说今天认为是对的观点就不是五十九年来所认为是错误的观点。"

惠施说："孔子勤于图志且善用智慧。"

庄子说："孔子已经过于用智了，但他却未尝多说什么。孔子曾说：'人的才智是禀受于天道的，恢复自己的灵性以获得生命的生机。'发音要符合乐律，说出的言论要合于法度，在利益和道义面前，一定要先分出自己的喜爱和厌恶，正确和错误，只能是服人之口罢了。服人要让人心服而不敢有所违

【注释】

①勤志：勤于图志；服：使用；知：通"智"。②谢：弃绝，过。③蘁(wù)：违逆。

逆，这样才算确立了天下的定则。算了吧，算了吧！我还赶不上他呢！"

品庄悟道

改变自己的观点对吗？

此处以孔子改变自己的观点为例说明人的观点是会改变的，确实人的观点是会改变的，以前认为对的，现在可能觉得错了，事变时移，改变是正常的，否定自己的观点没有什么不好的，只要合乎于内心的真实就行了。人的知识的学习和积累到一定的阶段会认识很多以前不知道的事情，而且一个很重要的标志就是对于原来认为不可能的，甚至于错误的现在开始认可，并且认为其合理。所以，对于读者来说，只要不是那种心口不一、朝令夕改式的改变，那么顺随天然，保持纯真的改变自己，否定自己有何不可？

三

【原文】

曾子再仕而心再化①。曰："吾及亲仕，三釜而心乐②；后仕，三千钟而不洎亲，吾心悲③。"

弟子问于仲尼曰："若参者，可谓无所县其罪乎④？"

曰："既已县矣。夫无所县者，可以有哀乎？彼视三釜三千钟，如观鸟雀蚊虻相过乎前也。"

【注释】

①曾子：曾参，孔子弟子；化：心境的变化。②釜：古代量器，六斗四升为一釜。③钟：古

【译文】

曾参两次做官，心境有两次变化。他说："父母双亲还健在的时候我做官是为了能用俸禄奉养他们，所以获得三釜粮食的俸禄养活父母就很高兴；后来再次做官，俸禄高达三千钟却再也没有父母让我奉养了，我的心在流泪。"

弟子问孔子："像曾参这样的人，可以说不受利禄的牵累了吧？"

孔子说："那还不算超脱，他的心还受养亲的牵累呀。那种毫无牵累的人，心里还会有悲伤吗？得道的人看三釜和三

代量器，六斛四斗为一钟；洎(jì)：及。④县：通“悬”，系。

千钟俸禄的态度，就像是观看眼前不断飞过的麻雀蚊子牛虻一样无动于衷。”

品庄悟道

由曾参做官悟道

古代推崇“学而优则仕”，从政为官往往会有一个冠冕堂皇的理由，那就是治国平天下，与庄子同时代的大儒孟子曾经说过做官是在履行“劳心者治人”的使命。而挣薪水养家糊口并光宗耀祖这样的理由几乎是被人瞧不起的，而曾参能够直言不讳地说出自己从政为官的理由：履行儿子孝敬父母的责任，并且使父母脸上有光，这还是需要一定的胆量和勇气的。曾参以孝著名，与此有关。

其实，这里的本意是想否定曾参不能忘却双亲，抛弃一切，被世俗所扰乱，以至于达不到“道”的境界。想借曾参做官这件事情，来奉劝想得道的人，要摆脱世俗之网，就必须铲除心中悲喜之情。但这未免又太绝对化了，试想：如果一个连双亲都可以不介意人，是没有任何道德可言的。那样的得道，不得也罢。

日记故事·酒肉养志(曾子)

四

【原文】

颜成子游谓东郭子綦曰①：“自吾闻子之言，一年而野，二年而从，三年而通，四年而物，五年而来，六年而鬼入，七年而天成，八年而不知死、不知

【译文】

颜成子游对南郭子綦说：“自从我听了你的话，一年而返于质朴，二年而顺从，三年而通达，四年而与物同化，五年而众物来归，六年而鬼神归附，七年而合

生，九年而大妙[②]。”

“生有为，死也，劝公，以其死也，有自也；而生阳也，无自也。而果然乎？恶乎其所适[③]？恶乎其所不适？天有历数，地有人据，吾恶乎求之[④]？莫知其所终，若之何其无命也？莫知其所始，若之何其有命也？有以相应也，若之何其无鬼邪[⑤]？无以相应也，若之何其有鬼邪？”

于自然，八年而不觉死生，九年进入了大道的神妙境界。

“人生在世如果妄为，就会走向死路一条的地步。奉劝世人，人的死亡是有原因的；而人生处于阴阳交互的变化之中是没有缘由的。果然是这样吗？怎么样才能舒适快意？怎么样才能不舒适快意？天有历法，地为人所占据，我还有什么追求？不知道它的终结，怎么会有死？不知道它的起始，怎么会有生？若有相感应的现象，怎么能说没有鬼神？若没有相感应的现象，怎么能说有鬼神？”

【注释】

①颜成子游：复姓颜成，字子游，南郭子綦的弟子；东郭子綦：东，可能是南字的误文。②野：质朴；从：顺从；物：物化，与物混同；来：聚集，精神专一；鬼入：鬼神归附；大妙：进入了大道的神妙境界。③恶乎：怎么样。④历数：历法，这里指命运；人据：人占据有一定的空间地位。⑤相应：相感应。

品庄悟道

颜成子游悟道

颜成子游向南郭子綦讲述了自己领悟“道”的循序渐进过程，而无为无私、看破生死，是顿悟“道”的关键。

不光是悟道，其实做什么事情都要循序渐进。“罗马不是一天建成的。”就是这个道理。

五

【原文】

众罔两问于景曰[①]：“若向也俯而今也仰，向也括撮而今也被发，向也坐而今也起，向也行而今也止，何也[②]？”

景曰：“搜搜也，奚稍问也[③]！予有

【译文】

影外的暗影问影子说：“过去你俯身而现在又仰头，过去你还束头而现在又披起发来，过去你还坐着而现在站了起来，过去你还走路面现在又止步不动，

而不知其所以[4]。予，蜩甲也，蛇蜕也，似之而非也[5]。火与日，吾屯也[6]；阴与夜，吾代也。彼吾所以有待邪？而况乎以无有待者乎！彼来则我与之来，彼往则我与之往，彼强阳则我与之强阳。强阳者又何以有问乎！"

【注释】

①罔两：影子外的暗影。②向：过去，原来；括撮：束发。③搜搜：运动貌；奚稍问：何足问。④所以：原因。⑤蜩甲：蝉壳；蛇蜕：蛇脱下来的皮。⑥屯：聚。

这是什么原因呢？"

影子说："这是自然而然的运动罢了，何足问呢？我是有那些举止，但不知道其中的原因。我，像那蝉壳，像那蛇皮，有点像却又不是。火光和太阳一旦出现，我就聚起显现；阴天和夜晚一旦到来，我就被取代而消亡。那有形的东西真是我所依赖的吗？何况它们自己也没有什么可依赖！它来我就随之而来，它去我就随之而去，它活动我就随之而活动。我不过是个活动的影子，你们有什么好问的呢？"

品庄悟道

如影相随

影子随着本体而运动，本体停止，影子停止，本体运动影子运动。这是一种机械的追随，庄子此处借用这个例子是要说明顺应本性的学道法则。

读者知道，"人云亦云"是不好的，其实在有些事情上遵从于别人未尝不可，像"萧规曹随"一样，曹参因为遵从于萧何制定的规章制度，而使得民乐治安。其实世间万物，大到星体的运行都必须追随一定的规律的，这是毋庸置疑的。

六

【原文】

阳之居南之沛，老聃西游于秦，邀于郊，至于梁而遇老子[1]。老子中道仰天而叹曰："始以汝为可教，今不可也。"

阳子居不答。至舍，进盥漱巾栉，脱屦户外，膝行而前曰[2]：

【译文】

阳之居往南到沛地去，正巧老子到西边的秦地闲游，阳子居估计将在沛地的郊野遇上老子，可是到了梁城方才见上面。老子在半路上仰天长叹说："当初我把你看作是可以教诲的人，如今看来你是不可受教的。"

阳子居一句话也没说。到了客店，阳子居

"向者弟子欲请夫子，夫子行不闲，是以不敢。今闲矣，请问其过。"

老子曰："而睢睢盱盱，而谁与居[3]？大白若辱，盛德若不足[4]。"

阳子居蹴然变容曰："敬闻命矣！"

其往也，舍者迎将[5]。其家公执席，妻执巾栉，舍者避席，炀者避灶[6]。其反也，舍者与之争席矣。

【注释】

①阳之居：姓杨名朱，字子居；沛：地名，今徐州一带。②舍：客店；盥：洗手的用具；栉(zhì)：梳。③睢睢：仰视貌；盱(xū)盱：张大眼睛貌。④大白：非常清白。⑤舍者：旅客。⑥炀：做饭。

进上各种盥洗用具，把鞋子脱在门外，双脚跪着上前说道："刚才弟子正想请教先生，正赶上先生旅途中没有空闲，所以不敢贸然启齿。如今先生闲暇下来，恳请先生指出我的过错。"

老子说："你仰头张目傲慢跋扈，你还能够跟谁相处？非常清白的人好像有污垢，盛德的人好像有不足之处。"

阳子居听了脸色大变，羞惭不安地说："弟子由衷地接受先生的教导。"

阳子居刚来客店的时候，店里的旅客都得迎来送往，那个客店的主人亲自为他安排坐席，女主人亲手拿着毛巾梳子侍候他盥洗，旅客们见了他都得让出座位，做饭的人都不敢当灶。等到他离开客店的时候，客店的客人已经跟他无拘无束争席而坐了。

品庄悟道

俗世之"道"

阳子居初涉小"道"便整天一副庄矜傲慢、趾高气扬的神态。他以为这样就有别于世俗之人。他的这种傲慢行为遭到老子的训斥。经过老子的调教，阳子居反省自己，一改往常的目中无人的心态，能与世俗之人打成一片，这本身就证明他已经向道又迈进了一步。

能超脱世俗之外，固然是道；但隐于世俗之内也未尝不可。要想在世俗之内免于伤身，那就必须戒除傲慢跋扈之气这个大敌，融入社会群体之中。

列仙传·老君

【集评】

方人杰《庄子读本·寓言》：此篇自叙著书之故，下篇（指《天下》篇）自叙道术渊源之自，自是全书结束。从《论语》《孟子》，至后《史》《汉》百家，古人自重其学，继先传后，皆是如此。

王闿运《庄子内杂篇注·寓言》：《寓言》在杂篇第五，其后皆非庄子书意矣，故相传为庄子之自叙，其书终于此也。今既悉刊外十篇，唯存此及《天下》篇者，俱言著书之意，不可去也。

谭元春《南华真经评点·寓言》：作文者少寓言，如作诗者少比兴，宁复有诗古人乎！惟借重圣贤前型满纸，此法甚盛，似不失庄子取信耆艾之意。然一概高年耳，欲择其中有经纬本末以先人者，则少矣。且如庄子所引聃、丘、子綦之类，其言辩而竦听，多不见于他书，故得独奇。又字句皆得天巧营构，故遭人惊喜，独灵千古。

宣颖《南华经解·寓言》：将一部著书之法，标列于此。盖庄子仙才，便有此三样用笔，以颠倒古今文人。独怪此处已明明揭破，而学者独颠倒其中，余览前后注《庄》者数十家，无一人不如入八阵而眩于其变化，登迷楼而惘然其路径也。呜呼，南华老仙，天机固自峥嵘浩荡，乃明已揭破，而犹不能读，岂能免于作者之揶揄耶！

刘凤苞《南华雪心编·寓言》：此段（颜成子游谓东郭子綦）借子游一番议论，演说上乘真解，妙绪纷纶，足令花雨漫空，海潮自涌。叙他自闻道后，学与年进，一“化”字可以该括终始。中幅即承上不知生死而言，……用笔如生龙活虎，不可羁縻。末幅又从生死拓开言之，……写得闪烁飞腾，有回风舞雪之致。

让 王

【导读】

“让王”，意思是禅让王位。在世人眼里，王位是至高无上的，是最为尊贵的；让王，即是要打破世俗的陈腐，认为生命是最重要的，生命高于一切，王位根本不能与之相提并论。连王位都可以舍弃，还有什么不能舍弃呢？

本篇由十五则寓言故事组成，篇文的主旨在于阐述重生，提倡不因外物妨害生命的思想。利禄不可取，王位可以让，全在于看重生命，保全生命。

本篇有多段文字复见于《吕氏春秋》，行文较《庄子》内篇浅白通俗了很多，且“轻物重生”的观点历来多有指斥，认为与庄子思想不合，但其间亦有相通之处；且先秦诸子思想也常互相渗透与影响，尽可看作庄子后学所撰。

一

【原文】

尧以天下让许由，许由不受。又让于子州支父，子州支父曰[①]：“以我为天子，犹之可也。虽然，我适有幽忧之病，方且治之，未暇治天下也[②]。”夫天下至重也，而不以害其生，又况他物乎[③]！唯无以天下为者，可以托天下也。

舜让天下于子州支伯[④]。子州支伯曰：“予适有幽忧之病，方且治之，未暇治天下也。”故天下大器也，而不以易

【译文】

尧把天下推让给许由，许由不肯接受。又来推让给子州支父，子州支父说：“要我来做天子，倒是可以。可是，我刚巧患有隐忧之疾，正在调养治疗，没有时间来治理天下。”按说天下是最贵重的，但不能为了它而伤害本性，其他的东西就更不行了！只有不为天下做事的人才可以寄托天下。

舜推让天下给予州支伯，子州支伯说：“我刚巧患有隐忧之疾，正在调养治

〔清〕任熊高士传图像·子州支父

生，此有道者之所以异乎俗者也⑤。

舜以天下让善卷，善卷曰⑥："余立于宇宙之中，冬日衣皮毛，夏日衣葛絺⑦；春耕种，形足以劳动；秋收敛，身足以休食；日出而作，日入而息，逍遥于天地之间而心意自得。吾何以天下为哉！悲夫，子之不知余也！"遂不受。于是去而入深山，莫知其处。

舜以天下让其友石户之农，石户之农曰⑧："捲捲乎后之为人，葆力之士也⑨！"以舜之德为未至也，于是夫负妻戴，携子以入于海，终身不反也⑩。

疗，没有时间来治理天下。"说起来天下是个了不起的器物。但不用它来换生命。这就是得道的人和流俗的人不同的地方。

舜把天下推让给善卷，善卷说："我生存在宇宙之中，冬天穿上皮毛，夏天穿着精细的葛布。春天播种种田，身体能够担负起这份辛劳；秋天收获存储，保证了本身的休息和食用。太阳升起时劳作，太阳落山时停手休息，自在地生活在天地之间，心情愉快舒畅，干什么要个天下！可叹啊！你并不了解我啊。"因而不予接受。就此离去进入深山，不知到哪里去了。

舜把天下推让给他的朋友石户之农，石户之农说："你做人呀，就是那种勤勤苦苦的人！"他觉得舜的德性没有修养到极致。于是就丈夫背上家当，妻子头顶家什，带着孩子去向海边，一辈子也没有回来。

【注释】

①子州支父：人名，姓子州名支，父是尊称。②适：刚刚；幽忧：隐忧；治：调养治疗。③生：通"性"。④子州支伯：也是子州支的尊称。⑤易：换取。⑥善卷：人名，姓善名卷。⑦葛絺：精细的葛布。⑧石户：地名。⑨捲（quán）捲：用力貌；后：后帝的简称，指舜。⑩入海：到海上的岛屿或船上隐居。

品庄悟道

心身比天下更重要

尧舜被儒家尊为圣人,因为他们从来将天下看作众人的天下,他们施行禅让制,将自己的王位传给有贤德的人。但在道家看来,尧舜是不足以称为圣人的,而推辞帝位的许由等人才算得上真正的得道圣人。道家认为功名利禄都是身外之物,都是人生的累赘,帝位是天下最大的权位,因此也就是人生最大的累赘。道家认为如果连最大的名位都不在意,不想要,那么这样的人更不计较世俗的蝇头小利了,这样的人便远远超越了世俗之人。

〔清〕任熊 高士传图像·石户之农

道家认为真正得道的人把自己的心性看得比天下还要重要,他们认为也只有这样的人,才可以以天下相托付。这显然是一个悖论:得道者是不会去贪图帝位的,是不会做官做帝王的,但同时又是最适合以帝位相托付的。但得道者一旦接受别人所给予的地位,就不再是真正的得道者了。这恐怕就是尧舜没有得到道家称誉而许由、石户之农、善卷等被道家视为圣人的原因吧!

此外,庄子大加歌颂隐逸之德,而且隐者辞位的理由往往是托疾称病,隐居的地点一般都是乡间、深山、海上,这深得后代隐士效仿。

二

【原文】

大王亶父居邠,狄人攻之[①];事之以皮帛而不受,事之以犬马而不受,事之以珠玉而不受,狄人之所求者土

【译文】

大王亶父率族众居住在邠地,屡遭狄人的攻击。周人相继拿出皮帛、犬马、珠玉奉送给狄人以求和,但狄人都拒不

地也。大王亶父曰："与人之兄居而杀其弟，与人之父居而杀其子，吾不忍也。子皆勉居矣！为吾臣与为狄人臣奚以异[2]！且吾闻之，不以所用养害所养[3]。"因杖筴而去之。民相连而从之，遂成国于岐山之下[4]。夫大王亶父，可谓能尊生矣。能尊生者，虽贵富不以养伤身，虽贫贱不以利累形[5]。今世之人居高官尊爵者，皆重失之，见利轻亡其身，岂不惑者！

【注释】

①大王亶父：指周文王姬昌的祖父古公亶父；邠：地名；狄：我国古代北部一个民族。②奚：什么，哪里。③且：况且；以：因为。④连：连续，不停止；岐：地名。⑤虽：纵使；贫：贫穷；累：带累。

接受，他们所要的是周人居住的土地。大王亶父说："如果强行与狄人抗争，周人的子弟势必有遭到残杀的，我实在不忍心。你们自谋生路吧！做我的臣民与做狄人的臣民有什么不同呢！况且我听说，不要因为占据土地而使土地上的人民受害。"于是放弃了这块土地而另图居地，民众成群结队地追随他，在岐山之下建立了国家，大王亶父可以说是能珍重性命。能珍重性命的，即使富贵也不会因养尊处优而伤害身心，虽然贫贱也不会因追求利禄而累伤形体：现时身居高官尊爵的人，都把失掉既得利益看得非常重要，见利就不顾性命地去舍身追求，岂不是糊涂虫吗！

品庄悟道

避害求安

人和动物一样都是会本能地保护自己不受侵害，此处所述的大王亶父因为爱民远离故国躲避狄人，就是这种本能的体现。

当然，面对灾害还有别的方法，不过在自己力量小的时候，避忍一时，有何不可？"留得青山在，不怕没柴烧"。假如大王亶父没有躲避狄人，那么就不可能有后来的周朝。虽然此处没有宣扬"能屈能伸"这种避害求安的意思，但是生活中如果碰到祸害，不能够正面应对的话就避而远之吧。

三

【原文】

越人三世弑其君，王子搜患之，逃乎丹穴[1]。而越国无君，求王子搜不得，从之丹穴。王子搜不肯出，越人薰之以艾。乘以王舆。王子搜援绥登车，仰天而呼曰[2]："君乎君乎！独不可以舍我乎！"王子搜非恶为君也，恶为君之患也。若王子搜者，可谓不以国伤生矣，此固越人之所欲得为君也。

【注释】

①王子搜：名叫搜的王子；丹穴：洞穴名。②援绥：拉着绳子。

【译文】

越国人先后把他们的三任国君杀掉，被杀的第三任国君有一个名叫搜的王子，王子搜担心继位后也落得个人头落地的下场，于是逃进一个名叫丹穴的南山洞。越国因此没有君主。越国人四处寻找王子搜也找不到，追着他的脚印到了南山洞。王子搜不肯出来，越国人在洞口用艾草烟熏迫使王子搜出来。让王子搜坐上国君专车。王子搜拉着绳子登上车子，仰天高喊道："君位呀，君位呀，为何独独不放过我呀！"王子搜不是讨厌做国君，是讨厌做国君招来的杀身祸患。像王子搜这样的人，可以说是不愿因为国君伤害生命的人！这一定是越国人想要他做国君的原因。

品庄悟道

君王之位伤害生命

君王之位虽然高高在上，让万人仰慕，至尊至贵，但它也是危机四伏，暗藏杀机。大多君王结局只有两种：要么被累死，要么被害死。所以居其位者不仅不能养性，连自身性命都难以保全。这是道家力主"让王""让位"，鄙弃无限权力与功名利禄的又一原因。王子搜并不是厌恶做君王，而是厌恶做君王的祸患。世人都知道做君王有吃不完的山珍海味，穿不完的绫罗绸缎，还有至高无上的权力……但又有谁能体会到这种风风光光背后的如履薄冰？

四

【原文】

韩魏相与争侵地[1]。子华子见昭僖侯，昭僖侯有忧色[2]。子华子曰："今使天下书铭于君之前，书之言曰[3]：'左手攫之则右手废，右手攫之则左手废，然而攫之者必有天下[4]。'君能攫之乎？"

昭僖侯曰："寡人不攫也。"

子华子曰："甚善！自是观之，两臂重于天下也，身亦重于两臂。韩之轻于天下亦远矣，今之所争者，其轻于韩又远。君固愁身伤生以忧戚不得也[5]！"

僖侯曰："善哉！教寡人者众矣，未尝得闻此言也[6]。子华子可谓知轻重矣。

【注释】

①侵：越境进犯。②子华子：魏国人；昭僖侯：韩国国君。③铭：刻在器物上记述生平事业或警戒自己的文字。④攫(jué)：夺取。⑤戚：悲伤，忧愁。⑥教：教育，教导。

【译文】

韩国和魏国相互进犯对方的土地。魏国的子华子去见韩国的昭僖侯，看见昭僖侯面带忧色。魏国的子华子说："现在如果让天下人在你面前写个誓约，誓约写道：'左手夺取天下就砍掉右手，右手夺取天下就砍掉左手，然而得到它的人就可以得到天下。'你愿意去夺取它吗？"

昭僖侯说："我不夺取！"

子华子说："很好，由此看来，两臂比天下重要，身体又比两臂重要。韩国和天下相比，当然又远远轻于天下了。现在你所争夺的那点土地，和韩国相比，又远远地轻于韩国。你何必苦苦地忧愁伤身，而仅仅为得不到土地而忧虑呢？"

昭僖侯说："好啊！教导我的人多了，可从来没有听到过你这样的话。"子华子可以称得上是懂得轻重了。

品庄悟道

夺取天下丧失手臂值得吗？

此处包含了关于取舍问题的思辨，儒家的思想是"舍生而取义"，而庄子此处的思想却是保全自身，他认为不应该为了土地这身外之物而去伤残害生。对于个体的人来说，保全自身才会有一切，社会实际中总有人不惜牺牲自己而去为了一点点蝇头小利铤而走险，等到身陷囹圄才后悔莫及，这也就是不懂的保全自己的例子。

五

【原文】

鲁君闻颜阖得道之人也，使人以币先焉①。颜阖守陋闾，苴布之衣而自饭牛②。鲁君之使者至，颜阖自对之。使者曰："此颜阖之家与？"颜阖对曰："此阖之家也。"使者致币，颜阖对曰："恐听者谬而遗使者罪，不若审之③。"使者还，反审之，复来求之，则不得已。故若颜阖者，真恶富贵也。

故曰，道之真以治身，其绪余以为国家，其土苴以治天下④。由此观之，帝王之功，圣人之余事也，非所以完身养生也。今世俗之君子，多危身弃生以殉物，岂不悲哉⑤！

凡圣人之动作也，必察其所以之与其所以为⑥。今且有人于此，以随侯之珠弹千仞之雀，世必笑之，是何也⑦？则其所用者重而所要者轻也。夫生者，岂特随侯之重哉！

【注释】

①币：币帛，钱币。②守：居住；陋闾：陋巷，穷巷；苴布：粗麻布；饭牛：喂牛，养牛。③审之：复查一下鲁君的命令。④土苴(zhǎ)：糟粕。⑤殉物：为物质利益而殉身。⑥所以之：所追求的目的。⑦随侯之珠：珍珠，因被随国的国君得到而得名。

【译文】

鲁国国君听说颜阖是个得道的人，派人带上币帛先送去表达敬意。颜阖住在简陋的巷子里，穿着粗麻布衣裳，在亲自给牛喂料。鲁君的使者来到后，颜阖自己出面接待。使者问："这是颜阖的家吗？"颜阖回答道："这正是我的家。"使者献上币帛礼物。颜阖忙说："恐怕是听错了，给使者带来罪过，不如回去再复查一下鲁君的命令。"使者回去后，核对了鲁君旨意，准确无误后重新回来找颜阖，却找不到他了。因而像颜阖这样的人，是真正厌恶富贵的人：

所以说：道的精华部分是用来调养身心，其他残余部分用来治理国家，道附带的糟粕用来治理天下。由此看来，帝王的功业，只能算是得道者主业之外的副业，不是修身养性之道。现在世俗社会里的君子，大多是以危害身体抛弃生命为代价去追逐功名利禄，难道不是悲哀吗！

大凡得道的人做点什么，一定先要先审察自己所追求的目的和之所以这样做的原因，要是现在有人在这里用随侯之珠当作弹丸击打千仞之外的麻雀，人们一定会嘲笑他。为什么？就因为他用重要的东西去换取无足轻重的东西。人的生命，难道只有随侯之珠那么一点价值吗？

品庄悟道

贵生

此处作者明确指出道家是以治身为本,治天下为末的。不可将这两者倒置,否则就会很容易犯一个舍重取轻的大错。本文主要宣扬"贵生"的思想,即生命是高于一切的,什么功名利禄,甚至是王位,这些在生命面前,都会显得无足轻重。如果为了功名、权势而使得身心修养深受其毒,那就太不值了。

道家将人的生命看得极其尊贵,这一种人道主义精神非常值得肯定。这一点与统治者草菅人命,看轻百姓的性命相比较而言,无疑是一种很大的进步。

六

【原文】

子列子穷,容貌有饥色①。客有言之于郑子阳者曰②:"列御寇,盖有道之士也,居君之国而穷,君无乃为不好士乎③?"郑子阳即令官遗之粟④。子列子见使者,再拜而辞⑤。

使者去,子列子入,其妻望之而拊心曰⑥:"妾闻为有道者之妻子,皆得乐,今有饥色⑦。君过而遗先生食,先生不受,岂不命邪⑧!"

子列子笑谓之曰:"君非自知我也。以人之言而遗我粟,至其罪我也又且以人之言,此吾所以不受也⑨。"其卒,民果作难而杀子阳。

【注释】

①子列子:即为列御寇;穷:生活困难。②郑

【译文】

列子生活得穷困潦倒,脸上露出饥饿的神色。有个门客把这件事告诉了郑国国相子阳,并说:"列御寇是得'道'的高人,住在您的国家里却生活困难,您难道是个不重视人才的人吗?"郑子阳立即就命令手下人给他送去小米。列子见到了使者,他再三拜谢,但却谢绝了送来的小米。

使者离开后,列子走进屋里,他的妻子捶打着自己的胸口向他抱怨道:"我听说得'道'之人的妻子,都可以生活安逸、心情快乐,现在却是面露饥色。相国派人来探望并且送给你粮食,你不要,难道不是天意如此吗?"

列子笑着告诉她说:"并不是相国本人了解我。他因为听了别人的话才来送给我粮食,将来他处罚我,也是因为听

子阳：郑国国相子阳。③好：重视。④遗：送给。⑤辞：谢绝。⑥拊心：表示痛心。⑦佚：通“逸”，安逸。⑧过：探望。⑨以：因，据；罪：判罪。

了别人的话来判罪，这就是我之所以不接受的原因。后来，人民果真发难并杀掉了子阳。

品庄悟道

慎重对待别人的施惠

俗话说：“吃人家嘴短，拿人家手短。”有的时候不得不“拿人钱财与人消灾”，而去做一些不应该做的事情，所以说必须慎重面对别人的施惠。

就像此处文章中的列子一样，拒绝了子阳的馈赠，避免了无妄之灾。因人言受人恩，也就意味着因人之言而获罪。所以在与人打交道的时候，为避免未来的灾祸，须拒绝眼下的施惠。

七

【原文】

楚昭王失国，屠羊说走而从于昭王①。昭王反国，将赏从者，及屠羊说②。屠羊说曰：“大王失国，说失屠羊；大王反国，说亦反屠羊。臣之爵禄已复矣，又何赏之有哉！”

王曰：“强之③！”

屠羊说曰：“大王失国，非臣之罪，故不敢伏其诛④；大王反国，非臣之功，故不敢当其赏。”

王曰：“见之⑤！”

屠羊说曰：“楚国之法，必有重赏大功而后得见，今臣之知不足以存国而勇不足以死寇⑥。吴军入郢，说畏难

【译文】

楚昭王丧失了国土，屠羊说跟着楚昭王逃亡。后来楚昭王返回国家。准备奖赏随从逃亡的人。赏到屠羊说时，屠羊说说：“大王丧失国土，我丧失了屠羊之业。大王返回国家，我也恢复了屠羊之业。我的爵禄已经恢复了，又有什么好赏的呢？”

楚昭王说：“强迫他接受赏赐。”

屠羊说说：“大王丧失国土，不是我的罪过，所以不接受惩处；大王返回国家，不是我的功劳，所以不敢接受奖赏。”

楚昭王说：“让他来见我。”

屠羊说说：“按楚国的法令，必须有重赏大功的人才能得见君王。现在我的

而避寇，非故随大王也。今大王欲废法毁约而见说，此非臣之所以闻于天下也。”

王谓司马子綦曰：“屠羊说居处卑贱而陈义甚高，子綦为我延之以三旌之位[⑦]。”

屠羊说曰：“夫三旌之位，吾知其贵于屠羊之肆也[⑧]；万钟之禄，吾知其富于屠羊之利也；然岂可以贪爵禄而使吾君有妄施之名乎[⑨]！说不敢当，愿复反吾屠羊之肆[⑩]。”遂不受也。

【注释】

①屠羊说：屠羊原指以宰羊为业者，后为复姓，说，人名。②及：指赏到。③强之：强迫他接受赏赐。④伏其诛：自愿、情愿被处杀。⑤见之：把他引见。⑥死寇：消灭敌人。⑦陈义：陈说道理；延：提升。⑧肆：市，买卖。⑨妄施：指不按法律规定赏赐爵禄。⑩复：再，反，恢复。

智慧不足以保存国家，而我的勇力不足以消灭敌寇。吴军攻入郢都时，我害怕灾难才躲避敌寇，并非有意追随大王的。如今大王想废弃法令、毁掉约定来召见我，这不是我愿意传闻天下的事。”

楚昭王对司马子綦说：“屠羊说身处卑微的职位而陈述道理却非常深刻，你替我把他请来，提升为担任三公的职位。”

屠羊说说：“要说三公之位，我知道它比屠羊的买卖高贵多了；要说万钟的俸禄，我知道它比屠羊的利益丰厚多了。然而怎么能贪求爵禄而让我的国君得到滥施恩惠的骂名呢？我不敢担当此职，愿意再回到我屠羊的场所。”终于没有接受爵禄。

品庄悟道

不建其功，不受其赏

战国时代，群雄征战，社会动乱不堪，政权交替异常频繁，犹如走马观灯。而君主丧失国土后又重新登上王位，算得上那个动荡不安的年代的保留节目。屠羊说帮助楚昭王登上了王位，楚昭王对于帮助他登上王位的人大加赏赐，也是理所当然的事情。尽管屠羊说的社会地位比较低下，但他也深明无功不受禄的道理，在历史上，他是个辞官让爵的典范。

儒家倡导“不在其位，不谋其政”，道家同样讲究不建其功，不受其赏，在这方面，道家和儒家的主张颇为相似，这绝对是为人处世的至理。

八

【原文】

原宪居鲁，环堵之室，茨以生草[1]；蓬户不完，桑以为枢[2]；而瓮牖二室，褐以为塞[3]；上漏下湿，匡坐而弦歌[4]。

子贡乘大马，中绀而表素，轩车不容巷，往见原宪[5]。原宪华冠縰履，杖藜而应门[6]。

子贡曰："嘻！先生何病？"

原宪应之曰："宪闻之，无财谓之贫，学而不能行谓之病。今宪贫也，非病也。"

子贡逡巡而有愧色。

原宪笑曰："夫希世而行，比周而友，学以为人，教以为己，仁义之慝，舆马之饰，宪不忍为也[7]。"

【注释】

①原宪：字子思，孔子弟子；堵：古代筑墙单位，宽高各一丈叫一堵；茨：用芦苇或茅草盖的屋子，作动词用，盖。②户：门；枢：门轴。③牖（yǒu）：窗。④匡：端正；弦：奏乐。⑤子贡：名赐，孔子弟子；中：指内衣；绀：青中透红的颜色；表：外衣；素：白色。⑥华冠：桦木皮做的帽子；縰（xǐ）履：无根鞋，拖鞋；藜：藜木做的拐杖。⑦希：观望，看；比周：联合，集结；慝：邪恶，恶念；忍：忍耐，容忍。

【译文】

孔子的弟子原宪在鲁国，住在一间一丈见方的小屋子里。房上用还没有晒干的青草苫盖着，蓬草结成的屋门残缺不整，用桑条做门轴，用瓦缸口装成窗子。一间屋分成二室，挂一件粗布衣服当作屏障把它隔开。上面漏雨，地上潮湿。他端端正正地坐在那里弹弦唱歌。

子贡骑着高头大马，内穿红青色的衣裳，外罩素白的袍子，高篷的大车拉不进巷子，他前来拜访原宪。原宪头戴桦木皮做的帽子，穿着无根的拖鞋，撑着藜木拐杖到门前迎接。

子贡说："哎呀！先生怎么这么窘迫啊？"

原宪回答说："我认为，手里没钱叫贫穷，学了理论而不能实践才叫窘迫。我是贫穷，并不是窘迫。"

子贡张了张嘴没说话，脸上有点惭愧的神色。

原宪笑着说："那种看着当时的气候做事，拉意见相同的人在一起成帮结伙，学是为了给人看，教是为了表现自己，表面的仁义是为了掩盖内心的邪恶。如同装饰得漂亮的车马，原宪是不忍心去做的。"

品庄悟道

富贵何足贵

〔清〕任熊 高士传图像·原宪

庄子的人生哲学中，很大程度上有着清高的成分，往往无视荣华富贵，并将过多的物欲看作心性的累赘。这与孔子所说过的“不义而富且贵，于我如浮云”非常相像。不过，儒道之间还是分歧之处大于相通之处。孔圣人还说过这样一句话：“富而可求也，虽执鞭之士，吾亦为之，如不可求，从吾所好。”也就是孔子认为君子爱财，应取之有道。这与道家主张的财富是心性的累赘是相矛盾的。

九

【原文】

曾子居卫，缊袍无表，颜色肿哙，手足胼胝①。三日不举火，十年不制衣，正冠而缨绝，捉衿而肘见，纳屦而踵决②。曳縰而歌《商颂》，声满天地，若出金石③。天子不得臣，诸侯不得友。故养志者忘形，养形者忘利，致道者忘心矣。

【注释】

①缊(yùn)袍：以乱麻为絮的袍子；表：罩衣；肿哙：浮肿。②缨：帽带；捉衿而肘见：一拉衣襟，胳膊肘就露出来；纳屦：穿鞋；踵决：鞋后跟断裂。③曳：拖；金石：代乐器。

【译文】

孔子的弟子曾子住在卫国，身穿一件麻絮的袍子，外面不套什么衣服。面容浮肿，手脚磨出老茧。有时一连几天不点火。十年也不做件新衣。端正一下头上的帽子，系帽的带子就会弄断；拉拉衣襟，胳膊肘便露了出来；刚穿上鞋子，鞋后跟就断裂了。他脚拖着地，朗诵起《商颂》，声音充满了空间，像是出在金石的乐器之中。天子不能使他为臣下，诸侯不能拉他做师友。所以锻炼意志的人就顾不得身形，锻炼身形的人就无所谓利害，修道的人就连意志也不放在心上了。

品庄悟道

安贫乐道

庄子一生以编草鞋，钓鱼为生，过着饥寒交迫，捉襟见肘的生活。但难能可贵的是他始终坚定自己的人生信念，对艰苦的生活泰然处之。在“安贫乐道”方面，儒道两家又有共同之处。因此，在此文中，庄子才拿孔子弟子的安贫乐道说事，作为他的寓言素材。

庄子认为，只有安于贫困，才不至于为官禄名利所诱惑。孔子则常说自己“饭疏食饮水，曲肱而枕之，乐亦在其中矣”，他对弟子也以这个原则来作褒贬的根据，如对颜回“一箪食，一瓢饮，在陋巷，人不堪其忧，回也不改其乐”这种安贫乐道的精神大加褒扬。

此外，文中的“捉衿而肘见”被后世人缩略成成语“捉襟见肘”，非常形象生动地描绘出人的贫困之状。

一〇

【原文】

孔子谓颜回曰：“回，来！家贫居卑，胡不仕乎？”

颜回对曰：“不愿仕。回有郭外之田五十亩，足以给飦粥[①]；郭内之田四十亩，足以为丝麻；鼓琴足以自娱，所学夫子之道者足以自乐也。回不愿仕。”

孔子愀然变容曰[②]：“善哉，回之意！丘闻之：‘知足者，不以利自累也，审自得者，失之而不惧；行修于内者，无位而不怍[③]。’丘诵之久矣，今于回

【译文】

孔子对颜回说：“颜回，你过来！你家境贫寒居处卑微，为什么不外出做官呢？”

颜回回答说：“我无心做官，城郭之外我有五十亩地，足以供给吃饭；城郭之内我有四十亩地，足够供给穿衣；拨动琴弦足以使我欢娱，学习先生所教给的道理足以使我快乐。因此我不愿做官。”

孔子听了深受感动改变面容说：“实在好啊，颜回的心愿！我听说：‘知道满足的人不会因为利禄而使自己受到拘累，明察自己得失的人对于所失不会畏

而后见之，是丘之得也。”

【注释】

①郭：外城；飦(zhān)：稠粥。②愀然：表情改变貌。③审：明察；行修于内：进行内心的精神修养；怍：惭愧。

缩焦虑，注意内心的精神修养的人没有什么官职也不会因此惭愧。’我吟咏这样的话已经很久很久了，如今在你身上才算真正看到了它，这也是我的一点收获哩。”

品庄悟道

安贫乐道

“让王”篇章共讲述了列子、屠羊说、原宪、曾子和颜回等人的故事，借以宣扬作者所谓的“安贫乐道”思想。其中，第一段、第二段为第一层，主要讲安分守贫的：后三段为第二层，主要讲乐道之事，谈论人格精神的修养问题。

一

【原文】

中山公子牟谓瞻子曰①：“身在江海之上，心居乎魏阙之下，奈何②？”

瞻子曰：“重生，重生则利轻。”

中山公子牟曰：“虽知之，未能自胜也③。”

瞻子曰：“不能自胜则从，神无恶乎④？不能自胜而强不从者，此之谓重伤。重伤之人，无寿类矣⑤。”

魏牟，万乘之公子也，其隐岩穴也，难为于布衣之士⑥；虽未至乎道，可谓有其意矣。”

【注释】

①中山公子牟：魏国公子，名牟，封于中

【译文】

中山公子牟对瞻子说：“虽身居民间，心里却想着朝廷里的荣华富贵，怎么办呢？”

瞻子说：“重生。重生就轻利。”

中山公子牟说：“我虽然知道。但不能自我控制。”

瞻子说：“不能超越自我就顺从，神不会厌恶吗？不能自我控制而又硬要那样去做，这就是双重的损伤。双重损伤的人，就不能长寿了。”

魏牟，是个拥有万辆战车的大国的公子，他隐居山间，要比平民困难得多，虽然还没有达到道的境界，但可以说有这种意念了。

山，故称；瞻子：人名，魏国人。②江海：江湖，指民间；阙：宫门；魏阙：指朝廷。③自胜：自我控制。④神：心；无：不要。⑤无：不能；寿：长寿。⑥乘：战车，包括一车四马；万乘：指大国。

品庄悟道

超脱自身

如果想达到“道”的至高境界，就必须要抛却世间俗事，超脱自身；如果做不到这一步，干脆就顺其自然，这最起码不会损害生命，还能保重生命，得到“重生”。

文中的中山公子牟隐居山中，但却心怀富贵荣华，他明知道这样会使人心烦意乱，但难以控制这种情绪。但作为万乘之国的公子，这样做已经是很不容易了。而要达到道的境界，超越世俗与自身的局限，仍然是任重而道远。

文中“身在江海之上，心存魏阙之下”，在现在社会已经与原意有所出入了，这一点应引起大家的注意。

一二

【原文】

孔子穷于陈蔡之间，七日不火食，藜羹不糁，颜色甚惫，而犹弦歌于室①。颜回择菜于外，子路子贡相与言曰：“夫子再逐于鲁，削迹于卫，伐树于宋，穷于商周，围于陈蔡，杀夫子者无罪，藉夫子者无禁②。弦歌鼓琴，未尝绝音，君子之无耻也若此乎？”

颜回无以应，入告孔子。孔子推琴喟然而叹曰：“由与赐，细人也③。召而来，吾语之。”

子路子贡入。子路曰：“如此者可谓穷矣！”

【译文】

孔子在陈、蔡交界的地方被围困，七天没有举火做饭了，吃着煮菜汤而不放米的食物，饿得脸色焦黄，还在屋里弹琴歌唱呢。颜回在屋外择菜，子路和子贡在交谈，说：“老师两次从鲁国跑了出来，在卫国不能继续住下去，在宋国遭受伐树之辱。在宋，卫两国就这么倒霉，现在又围困在这个陈、蔡交界的地方。企图杀害老师的不能加罪，欺凌老师的也没法制止，弹琴歌唱却从未停止。难道君子就没有耻辱这一说吗？”

颜回无法回答，走进屋来说给了孔子。孔子把琴推开，咳了一声说：“子路和

孔子曰："是何言也！君子通于道之谓通，穷于道之谓穷。今丘抱仁义之道以遭乱世之患，其何穷之为！故内省而不穷于道，临难而不失其德，天寒既至，霜雪既降，吾是以知松柏之茂也。陈蔡之隘，于丘其幸乎④！"

孔子削然反琴而弦歌，子路扢然执干而舞⑤。子贡曰："吾不知天之高也，地之下也。"

古之得道者，穷亦乐，通亦乐。所乐非穷通也，道德于此，则穷通为寒暑风雨之序矣⑥。故许由娱于颍阳而共伯得乎共丘首⑦。

【注释】

①藜羹不糁(sǎn)：即吃着煮菜汤而不放米的食物。②藉：欺凌、凌辱。③由：子路名；赐：子贡名。④隘：危险，厄迫。⑤削：悄然、安然貌；反琴：回身对着琴又开始了他的弹奏。⑥扢然：喜悦貌；干：盾，古代的兵器。⑦非：这里不是否定词，而是作不相干来解；共伯得乎共丘首：共伯，名和，食封于共，周厉王被推翻后，诸侯认为共伯贤能，立他为王，执政十四年，后周宣王立，共伯于是退隐于丘首山，逍遥自得。

子贡真是识见短浅的人啊。把他们叫了来，我跟他们说说。"

子路、子贡走进屋来。子路说："像这个样子，真是倒霉极了！"

孔子说："这叫什么话！有身份的人能实现理想叫作通，实现不了理想算是倒霉。可我抱定仁义的理想，来对付这乱世的灾患，有什么倒霉可言？我时刻警惕着不能丧失理想，遇上灾难也不放弃德性。大冷天来临了，霜雪也降落下来，我这才知道松柏是依然挺立的。在陈、蔡的这种险厄，对于我正是幸运呢。"

孔子悄然地回身对着琴又开始了他的弹奏。子路兴奋地举起盾牌翩翩起舞。子贡说："我真不知天是高的，地是低的啊！"

先时那有理想的人，不得志的时候也愉快，得志的时候也是愉快的，感到愉快并不在得志不得志。有了理想抱负，得志不得志就像寒暑风雨的应时必到一样了。所以许由游乐于颍阳，共伯和自得于共首。

品庄悟道

"穷"与"通"

此处借儒家圣人孔子游学所遇之事，意在说明道家的"穷通"观，道家的"穷"、"通"标准是有别于世俗的，甚至可以说是大相径庭，庄子借孔子之口说出道家的"穷通"观，即："君子通于道之谓通，穷于道之谓穷。"颠覆了传统功利化的观念。因此道家之人的境遇是不会被世俗之人所理解的。

此处，作者试图告诉那些想得道的人这样一个道理：得道者不应把“穷”与“通”放在心上，只要心中有“道”，始终保持“穷亦乐，通亦乐，所乐非穷通也”的心态，足矣。

一三

【原文】

舜以天下让其友北人无择，北人无择曰①：“异哉后之为人也，居于畎亩之中而游尧之门②！不若是而已，又欲以其辱行漫我③。吾羞见之。”因自投清泠之渊。

【译文】

舜想把天下让给他的朋友北人无择，北人无择说：“真奇怪啊！舜的为人，原本是一个田野农夫却要结识尧并且接受禅让！不仅如此，又想要用那种肮脏的行为来侮辱我。我见到他真是感到羞辱。”于是跳入名叫清泠的深渊而死去。

【注释】

①北人：北方人；无择：人名，传说为一个隐士。②后：君主，指舜；畎(quǎn)亩：田野；游：游历。③不若是而已：不仅如此；辱行：肮脏的行为；漫：侮辱。

品庄悟道

不愿为王(一)

此处讲了北人无择不愿意接受舜的天下的寓言。在很多人的眼中，为王为大很是威风，虽然此处没有说，但是为王也有为王的难处，不愿为王就是不愿意自身受王位束缚。

一四

【原文】

汤将伐桀，因卞随而谋，卞随曰①：“非吾事也。”

【译文】

商汤将要讨伐夏桀，于是就找到卞随要他出主意，卞随说：“这不关我的事。”

汤曰："孰可[2]？"

曰："吾不知也。"

汤又因务光而谋，务光曰[3]："非吾事也。"

汤曰："孰可？"

曰："吾不知也。"

汤曰："伊尹何如[4]？"

曰："强力忍垢，吾不知其他也。"

汤遂与伊尹谋伐桀，克之，以让卞随[5]。卞随辞曰："后之伐桀也谋乎我，必以我为贼也[6]；胜桀而让我，必以我为贪也。吾生乎乱世，而无道之人再来漫我以其辱行，吾不忍数闻也。"乃自投椆水而死[7]。

汤又让务光曰："知者谋之，武者遂之，仁者居之，古之道也。吾子胡不立乎[8]？"

务光辞曰："废上，非义也；杀民，非仁也；人犯其难，我享其利，非廉也。吾闻之曰：非其义者，不受其禄，无道之世，不践其土[9]。况尊我乎！吾不忍久见也。"乃负石而自沈于庐水[10]。

【注释】

①卞随：人名，古代隐士。②孰：谁。③务光：精通道的隐士。④伊尹：商汤臣。⑤克：战胜，攻破。⑥贼：狠毒，残忍。⑦椆水：水名。⑧立：登上帝王或诸侯位置。⑨践：踩，践踏。⑩沈：通"沉"；庐水：水名，即庐江。

汤问他："那我该找谁呢？"

卞随回答："我不知道。"

于是商汤又去找务光出主意，务光说："这也不关我的事。"

商汤问他："那我应去找谁商量呢？"

务光回答道："我不知道。"

商汤问他："伊尹这个人怎么样？"

务光说："他有坚强的毅力并且能够忍辱负重，至于其他方面，我不是很了解。"

商汤于是就同伊尹一同商量伐桀之事，战胜夏桀后，要把王位让给卞随。卞随推辞说："汤王攻打夏桀前来找我谋划，一定认为我是生性狠毒之人；已经战胜了夏桀却要把王位让给我，一定认为我是一个贪得无厌的人。我生逢乱世，可无道之人还要用他可耻的行动来玷污我的清白，我不能容忍接连不断地听到这样的话。"于是就投椆水自杀身亡。

商汤又让位给务光，他说："有智慧的人来谋划设计，勇敢的人去完成计划，仁义之士处于领导地位，这是自古以来的惯例。您为什么不即位称王呢？"

务光推辞说："废掉君主，这是不义；残杀百姓，这是不仁；别人去冒险，我却坐享其成，这是不廉洁。我听

历代古人像赞·伊尹

说，对于不讲仁义的人，不能接受他给的利禄，面对没有道义的国家，不应踏进它的国境。更何况要尊我为这样国家的君主呢！我不忍长期目睹这些。于是就背着石头自溺于庐水。

品庄悟道

不愿为王（二）

此处承接上一章节的文字，继续讲不愿意做王的寓言故事，商汤让位于卞随和务光他们都不愿意接受，并且都自杀而亡，虽然故事充满了悲剧色彩，但是更加强烈地表达了不愿意为王位而束缚的意思。当然卞随和务光都有各自的理由，对王位的不屑一顾却是他们相同的理由。

一五

【原文】

昔周之兴，有士二人处于孤竹，曰伯夷叔齐[1]。二人相谓曰："吾闻西方有人，似有道者，试往观焉。"至于岐阳，武王闻之，使叔旦往见之，与盟曰[2]："加富二等，就官一列。"血牲而埋之。

二人相视而笑曰："嘻，异哉！此非吾所谓道也。昔者神农之有天下也，时祀尽敬而不祈喜[3]；其于人也，忠信尽治而无求焉。乐与政为政，乐与治为治，不以人之坏自成也，不以人之卑自高也，不以遭时自利也[4]。今周见殷之乱而遽为政，上谋而下行货，阻兵而保威，割牲而盟以为信，扬

【译文】

过去周朝兴起时，有两个贤士住在孤竹，叫伯夷、叔齐。二人商量说："咱们听说西方有个人，好像是有道的人，是不是去看一看。"到了岐阳，武王听说，派周公旦去接见他们。和他们立盟说："追加俸禄二级，授官一等行列。"用牺牲血涂盟约埋在盟坛地下。

二人相视而笑，说："咦，奇怪啊！这不是我们所说的道。从前神农氏治理天下时，四时祭祀竭尽诚敬而不求福；对于民众，以忠信尽心治理而没有什么祈求。乐于正义的人就和他一起正义，乐于治理的人就和他一起治理。不以别人的失败作为自己成功的条件，不以别人卑下

行以说众，杀伐以要利，是推乱以易暴也⑤。吾闻古之士，遭治世不避其任，遇乱世不为苟存。今天下闇，周德衰，其并乎周以涂吾身也，不如避之以絜吾行⑥。"二子北至于首阳之山，遂饿死焉。

若伯夷叔齐者，其于富贵也，苟可得已，则必不赖⑦。高节戾行，独乐其志，不事于世，此二士之节也⑧。

【注释】

①孤竹：商代国名，在今辽宁、河北相邻一带境内。②岐阳：岐山之阳；叔旦：周武王之弟周公旦。③喜：福。④不以人之坏自成：不以别人的失败作为自己成功的条件。⑤遽：急；行货：用利禄收买人；阻：恃，依仗。⑥闇（àn）：通"暗"；絜：通"洁"。⑦赖：取。⑧戾行：与众不同的行为。

而抬高自己，不以逢好时运而图谋私利。现在周朝看到殷朝的混乱而急速夺取政权，崇尚计谋而用利禄收买人心，依仗武力而保持威势，杀牺牲立盟作为信誓，宣扬自己的美哗众取宠，屠杀攻伐来追求利益，这是推行乱政来代替暴政。我们听说古代的贤士，时逢治世不逃避自己的责任，时遇乱世不苟且偷生。现在，天下昏暗，殷德衰败，与其和周朝并存污辱我们，不如避开它，以洁净我们的德行。"二人向北到首阳山，便饿死在那里。

封神演义·首阳山夷齐阻兵

像伯夷、叔齐这样的人，对于富贵，即使可以得到，那么也一定不去获取，表现出高尚的气节和与众不同的行为。独乐己志，不逐于事，这就是二位贤士的节操。

品庄悟道

不愿为王（三）

此处承接上文，继续讲不愿为王的故事。伯夷和叔齐互让王位，千百年来引为美谈，这也成为后代人在君王无道的时候拒不出仕的榜样。

盗跖

【导读】

“盗跖”为一人名，指称一个名叫跖的大盗，本篇以人物之名为篇名。《盗跖》内容的中心是抨击儒家，指斥儒家观点的虚伪性和欺骗性，主张返归原始，顺其自然。

全文由三段辩难的文字组成，旨在破除人们的是非观念。第一段，通过叙述至圣孔子被盗跖斥为“盗丘”的故事，说明圣人与盗贼尚且不可区别，要想衡量是非就更难了。“盗跖”是先秦时代里一位著名的叛逆者，称他为“盗”当然是基于封建统治者的观点，孔子眼里的盗跖就是“横行天下，侵暴诸侯”的、吃人肝的人物，但同时又不得不赞美他“心如涌泉，意如飘风”，而且兼有“三德”。第二段，通过虚构子张以名为是，苟得以利为是，最后二人都不免于非的故事，说明是非是无法执定的。第三段，通过描写无足以富贵为是，知和以贫贱为是的故事，说明分是分非本来就没有客观标准，只是出于世人的成心罢了。

本篇中盗跖与孔子的对话一段，是一篇杰出的古代文言小说，它的艺术特色以及成功之处，开启了后代小说的先河。

一

【原文】

孔子与柳下季为友，柳下季之弟，名曰盗跖[①]。盗跖从卒九千人，横行天下，侵暴诸侯；穴室枢户，驱人牛马，取人妇女，贪得忘亲，不顾父母兄弟，不祭先祖[②]。所过之邑，

【译文】

孔子和柳下季交为朋友，柳下季的弟弟就是盗跖。盗跖手下的士卒有九千人，横行天下。侵犯诸侯，穿墙探室，牵走牛马，抢人妇女，无所不为。贪求财物，不顾亲戚，不关心父母兄弟，不祭祀祖先。他们经过的地方，

大国守城，小国入保，万民苦之[3]。

孔子谓柳下季曰："夫为人父者，必能诏其子[4]；为人兄者，必能教其弟。若父不能诏其子，兄不能教其弟，则无贵父子兄弟之亲矣。今先生，世之才士也，弟为盗跖，为天下害，而弗能教也，丘窃为先生羞之。丘请为先生往说之。"

柳下季曰："先生言为人父者必能诏其子，为人兄者必能教其弟，若子不听父之诏，弟不受兄之教，虽今先生之辩，将奈之何哉！且跖之为人也，心如涌泉，意如飘风，强足以距敌，辩足以饰非，顺其心则喜，逆其心则怒，易辱人以言。先生必无往。"

孔子不听，颜回为驭，子贡为右，往见盗跖。

盗跖乃方休卒徒大山之阳，脍人肝而餔之[5]。孔子下车而前，见谒者曰[6]："鲁人孔丘，闻将军高义，敬再拜谒者。"

谒者入通，盗跖闻之大怒，目如明星，发上指冠，曰："此夫鲁国之巧伪人孔丘非邪？为我告之：'尔作言造语，妄称文武，冠枝木之冠，带死牛之胁，多辞缪说，不耕而食，不织而衣，摇唇鼓舌，擅生是非，以迷天下之主，使天下学士不反其本，妄作孝弟，而侥幸于封侯富贵者也[7]。子之罪大极重，疾走

大的国家死守城池，小的国家就躲进城堡，成千上万的人饱受着盗跖掠夺的痛苦。

孔子对柳下季说："做父亲的，必定能教诲他的儿子；做兄长的，必定能教导他的弟弟。如果做父亲的不能教诲好自己的儿子，做兄长的不能教导好自己的兄弟，那么父子兄弟之间的亲情就无珍贵可言了。现在先生你，是当世的贤能之人，而弟弟盗跖正为害天下，你却不能教导他，我私下为先生感到羞耻。我希望为先生去说服他。"

柳下季说："先生说为人父亲必能教诲其子，为人兄长必能教导其弟，倘若儿子不听父亲的教诲，弟弟不接受兄长的教导，尽管先生能言善辩，又能怎么样呢？而且跖的为人处世，往往心如涌泉，意如飘风，强悍足以抗拒敌人，巧辩足以掩饰错误。别人顺着他心意去做，他就高兴，别人逆着他的心意去做，他就发怒，轻易地用言语去侮辱人。先生一定不要去。"

孔子不听柳下季的忠告，让弟子颜回做车夫，子贡在右边陪侍着，前往会见盗跖。

盗跖正在让士兵在泰山的南面休息，吃着细切的人肝。孔子下了车往前走，见到了接待的人，说："鲁国人孔丘，听说盗跖将军有高尚节义，谨向你致敬。"

接待的人进里边向盗跖通报去。盗跖听了大怒，眼睛像明星一样炯炯发光，头发直竖把帽子都顶了起来，说："那家伙就是鲁国狡猾善辩虚伪透顶的孔丘吧？你替我告诉他：'你制造谬论，自大地称文道武，戴着花枝招展的帽子，系着死牛皮做的大革带，胡说八道，不种地却吃饭，不织布却穿衣，摇唇鼓

归！不然，我将以子肝益昼餔之膳！'”

孔子复通曰："丘得幸于季，愿望履幕下。"

谒者复通，盗跖曰："使来前！"

孔子趋而进，避席反走，再拜盗跖。盗跖大怒，两展其足，案剑瞋目，声如乳虎，曰[8]："丘来前！若所言，顺吾意则生，逆吾意则死。"

孔子曰："丘闻之，凡天下有三德：生而长大，美好无双，少长贵贱见而皆说之，此上德也[9]；知维天地，能辩诸物，此中德也[10]；勇悍果敢，聚众率兵，此下德也。凡人有此一德者，足以南面称孤矣[11]。今将军兼此三者，身长八尺二寸，面目有光，唇如激丹，齿如齐贝，音中黄钟，而名曰盗跖，丘窃为将军耻不取焉[12]。将军有意听臣，臣请南使吴越，北使齐鲁，东使宋卫，西使晋楚，使为将军造大城数百里，立数十万户之邑，尊将军为诸侯，与天下更始，罢兵休卒，收养昆弟，共祭先祖[13]。此圣人才士之行，而天下之愿也。"

盗跖大怒曰："丘来前！夫可规以利而可谏以言者，皆愚陋恒民之谓耳[14]。今长大美好，人见而悦之者，此吾父母之遗德也。丘虽不吾誉，吾独不自知邪？

"且吾闻之，好面誉人者，亦好

舌，专门造谣搬弄是非，去迷惑天下君主，使天下的学子不恢复人的天性，乱学什么孝悌，一个个抱着侥幸心理追求荣华富贵。你速孽深重罪不容诛，赶紧跑回家去！否则我就拿他的肝来加午餐的菜！'”

孔子要求接待人再次进去通报说："我有幸成为柳下季的朋友，希望将军看在尊兄面上赐给我一个拜见的机会。"

接待人再次进去通报。盗跖对接待人说："让他到前面来！"

孔子小跑着上前，让开席位，又退了几步，对盗跖拜了两拜。盗跖勃然大怒，把两脚伸展开，手按着宝剑瞪圆双眼，声如母虎，吼道："孔丘到前面来！你所说的要是顺我的意就活，逆我的意就死！"

孔子说："我听说，天下之德有三：生得高大，美好无双，少长贵贱见到他都喜欢，这是上德；知识广博，辨识百物，这是中德；勇敢果断，聚众率兵，这是下德。一个人只要有这其中的一德，就足以面南称王了。现在，将军你集此三德于一身，身长八尺二寸，面目有光，唇如鲜丹，齿如齐贝，声如黄钟，却给自己起了个恶名叫'盗跖'，我实在是替将军感到不好意思。如果你有意听我说下去，我可以为你向南出使吴越，向北出使齐鲁，向东出使宋卫，向西出使晋楚，让他们为你造一个数百里的大城，食数十万户的邑俸，尊你为诸侯，一切重新开始。在这种情况下，你就可以罢兵休卒，收养昆弟，共祭先祖。这是圣人才士的行为，天下人没有不希望做到这一点的。"

盗跖听罢，更为愤怒，他说："孔丘，你

背而毁之。今丘告我以大城众民，是欲规我以利而恒民畜我也，安可久长也！城之大者，莫大乎天下矣。尧舜有天下，子孙无置锥之地；汤武立为天子，而后世绝灭；非以其利大故邪？

“且吾闻之，古者禽兽多而人少，于是民皆巢居以避之，昼拾橡栗，暮栖木上，故命之曰有巢氏之民。古者民不知衣服，夏多积薪，冬则炀之，故命之曰知生之民[15]。神农之世，卧则居居，起则于于，民知其母，不知其父，与麋鹿共处，耕而食，织而衣，无有相害之心，此至德之隆也[16]。然而黄帝不能致德，与蚩尤战于涿鹿之野，流血百里。尧舜作，立群臣，汤放其主，武王杀纣。自是之后，以强陵弱，以众暴寡。汤武以来，皆乱人之徒也。

“今子修文武之道，掌天下之辩，以教后世，缝衣浅带，矫言伪行，以迷惑天下之主，而欲求富贵焉，盗莫大于子[17]。天下何故不谓子为盗丘，而乃谓我为盗跖？子以甘辞说子路而从之，使子路去其危冠，解其长剑，而受教于子，天下皆曰孔丘能止暴禁非[18]。其卒之也，子路欲杀卫君而事不成，身菹于卫东门之上，是子教之不至也[19]。子自谓才士圣人邪？则再逐于鲁，削迹于卫，穷于齐，围于陈蔡，不容身于天下。子教子路菹

往前来一下，可以用利禄诱惑的，可以用言语规谏的，都是些愚蠢的平民罢了。我长得高大英武，人见人爱，这是父母遗传的美德，即使你不赞美我，我难道自己不知道吗？

“况且我听说，凡是喜欢当面说人好听话的人，都善于在背后说人的坏话，你现在告诉我有什么大城，多人民，不过是想用利益诱惑我而把我当作常人看待，哪里会有什么长久的好日子过！城再大，也大不过天下。尧、舜不是曾经有过天下吗？他们的子孙现在则无立锥之地；汤、武不是曾经贵为天子吗？可他们的后代还不是灭绝了？这后果难道不就是因为他们生前所获得的利益太大了吗？

“而且我听说，古时候禽兽多而人少，于是人都筑巢而居，以躲避禽兽，白天拾橡栗，晚上睡在树上，所以称之为有巢氏之民。古时候不知道穿衣，夏天多存柴草，冬天用来烧火取暖，所以称之为知生之民。神农的时代，睡觉时安安稳稳。醒来是混混沌沌，民知其母，不知其父，与麋鹿共处，耕田而食，纺织而衣，没有相害之心，这是道德完美的极盛时代。然而黄帝不能做到至德，和蚩尤大战于涿鹿之野，血流百里。尧、舜兴起，设立群臣，汤流放其君主，武王杀纣。从此以后，以强大欺凌弱小，人多的残害人少的。汤、武以来，都是祸害人民之徒。

“现在你修习文、武之道，掌握天下的舆论，来教化后世，宽衣博带，假言伪行，以迷惑天下的君主，而企图谋求富

此患，上无以为身，下无以为人，子之道岂足贵邪？

“世之所高，莫若黄帝，黄帝尚不能全德，而战涿鹿之野，流血百里。尧不慈，舜不孝，禹偏枯，汤放其主，武王伐纣，文王拘羑里[20]。此六子者，世之所高也，孰论之，皆以利惑其真而强反其情性，其行乃甚可羞也。

“世之所谓贤士，伯夷叔齐。伯夷叔齐辞孤竹之君而饿死于首阳之山，骨肉不葬。鲍焦饰行非世，抱木而死[21]。申徒狄谏而不听，负石自投于河，为鱼鳖所食。介子推至忠也，自割其股以食文公，文公后背之，子推怒而去，抱木而燔死[22]。尾生与女子期于梁下，女子不来，水至不去，抱梁柱而死[23]。此六子者，无异于磔犬流豕操瓢而乞者，皆离名轻死，不念本养寿命者也[24]。

“世之所谓忠臣者，莫若王子比干、伍子胥。子胥沈江，比干剖心，此二子者，世谓忠臣也，然卒为天下笑。自上观之，至于子胥比干，皆不足贵也。

“丘之所以说我者，若告我以鬼事，则我不能知也；若告我以人事者，不过此矣，皆吾所闻知也。

“今吾告子以人之情，目欲视色，耳欲听声，口欲察味，志气欲盈。人上寿百岁，中寿八十，下寿六

贵，你是最大的盗贼。天下为什么不称你为盗丘，而称我为盗跖呢？你用甜言蜜语说服子路跟从你，让子路脱去高冠，解除长剑，而受教于你，天下都说孔丘能够止暴禁非。其结果是，子路想杀卫君而没有成功，在卫国东门之上被剁成肉酱，这是你教育得不成功。你不是自称为才士圣人吗？然而却两次被鲁国驱逐，被卫国禁止居留，受困于齐，被围于陈、蔡，无法容身于天下。你使子路遭此祸患，上不能保身，下不能为人，你的说教还值得推索吗？

“世间所推崇的，谁也比不过黄帝，连黄帝也不能保持德行，在涿鹿地界战斗，血流百里。尧不慈爱，舜不孝顺，禹因劳累而偏瘫，汤赶走他的君主，武王把纣杀掉，周文王被纣王关在羑里监狱里。这六个人，是世人所推崇的，认真评论一下，都是为了利益迷乱了本真，尽力地违反他们的情性，他们的行为是极其可耻的呢。

“世人所称道的贤士，谁也比不上伯夷、叔齐，可伯夷、叔齐不肯做孤竹的国君，而饿死在首阳山上，连尸骨都没有人葬埋。鲍焦自命清高，不与世俗同流，抱树而死。申徒狄进谏未被接受，抱了大石自己投入河中，喂了鱼鳖。介子推最忠心了，割下自己腿上的肉给晋文公充饥，文公得国后把他忘掉，子推一气之下离去，抱着大树被火烧死。尾生和一女子约定在桥下相会，女子没有如时到来，大水涌来他也不肯离去，抱住桥柱被水淹死。这六个人，就像死后扔在野地的狗、漂流在江河里的死猪、拿着瓢讨饭的一样；都是为了挣点名声而不把死当回事，是

十，除病瘦死丧忧患，其中开口而笑者，一月之中不过四五日而已矣。天与地无穷，人死者有时，操有时之具而托于无穷之间，忽然无异骐骥之驰过隙也。不能说其志意，养其寿命者，皆非通道者也。

“丘之所言，皆吾之所弃也，亟去走归，无复言之！子之道，狂狂汲汲，诈巧虚伪事也，非可以全真也，奚足论哉[25]！”

孔子再拜趋走，出门上车，执辔三失，目芒然无见，色若死灰，据轼低头，不能出气。归到鲁东门外，适遇柳下季。柳下季曰：“今者阙然数日不见，车马有行色，得微往见跖邪[26]？”

孔子仰天而叹曰：“然。”

柳下季曰：“跖得无逆汝意若前乎？”

孔子曰：“然。丘所谓无病而自灸也，疾走料虎头、编虎须，几不免虎口哉[27]！”

【注释】

①柳下季：鲁国大夫，姓展名获，字禽，食邑柳下，又称柳下惠；盗跖：古代大盗。②穴：穿洞；抠：探求；顾：关心。③保：通“堡”。④诏：教诲。⑤大山：即泰山；阳：山南水北谓阳；储(bù)：食。⑥谒者：指接待人员。⑦死牛之胁：死牛皮做的大革带；弟：通“悌”。⑧避席：让开所到席位；乳虎：哺乳的母虎。⑨说：通“悦”，喜欢。⑩维：包罗。⑪南面称孤：当国君。⑫激丹：鲜红的朱砂。⑬更始：重新开始。⑭恒民：平民，常人。⑮炀：烧

不考虑根本颐养天年的人啊。

“世人所称为忠臣的，谁也比不上王子比干、伍子胥，可子胥被投掷江中，比干被剖腹。这两个人，是世人所称道的忠臣，但结果却为天下所耻笑。这样看来，直至子胥、比干，都不值得珍贵。

“你孔丘用来说服我的那些东西，要是告诉鬼的事情，那么我不知道；要是告诉我人间事理，不过就是刚才我说出来的那些罢了，都是些我耳熟能详的东西。现在我告诉你关于人的性情：眼睛要观赏美色，耳朵要倾听声音，嘴巴要品尝美味，志气要充沛。人的上等寿命是一百岁，中等寿命八十岁，下等寿命六十岁，除去人生中难免的病瘦死丧忧患，其中能开口而笑的日子，一个月之中也不过四五天而已。天和地无穷，人总有死的时候。人有限的生命形体在广大的天地中，忽地一下子就过去了，和从墙壁缝隙观看飞奔而过的骏马一样转瞬即逝。不能让自己的心情高兴、保养自己生命的人，都不是通晓道理的人。

“你孔丘要提倡的，都是我要抛弃的。赶紧跑回去，别再张嘴说话！你的理论，急功近利，都是投机取巧、虚情假意的东西，不可以用来保全人的天性，何足道哉！”

孔子一再拜谢快步离去，走出帐门登上车子，三次失落拿在手里的缰绳，眼光失神模糊不清，脸色犹如死灰，低垂着头靠在车前的横木上，颓丧地不能大口喘气。回到鲁国东门外，正巧遇上了柳下季。柳下季说：“近来你好像不在家，看看你的车马好像走过远路的样子，恐怕是前去见到盗跖了

火取暖。⑯居居：安静貌；于于：懵懂无知貌。⑰缝：通“逢”；缝衣，宽长的衣服；矫：假。⑱甘辞：动听的话，甜言蜜语。⑲菹(zū)：剁成肉酱。⑳羑(yǒu)里：殷代监狱名。㉑鲍焦：人名，周朝的隐者；非世：对社会不满。㉒介子推：人名，晋国贵族，曾随晋文公流亡国外，晋文公继位后隐居绵山；燔(fán)：烧死。㉓尾生：人名。㉔磔(zhé)：分尸，裂体。㉕狂狂：气势猛烈；汲汲：快速貌。㉖行色：走过远路貌。㉗炙：点燃艾卷烧灼穴位的一种疗法，这里作动词用；料：通“撩”，挑逗拨弄。

吧？”

孔子仰天长叹道：“是的。”

柳下季说：“盗跖莫不是像先前我所说的那样违背了你的心意吧？”

孔子说：“正是这样。我这样做真叫作没有生病而自行扎针一样，自找苦吃，急急忙忙地跑去撩拨虎头、编理虎须，几乎被虎口吞掉啊！”

品庄悟道

借“盗跖”之口批儒

柳下季就是柳下惠，就是古代以坐怀不乱著称的正人君子。而他的弟弟盗跖则无恶不作。一母同胞，却有着天壤之别。可见人的修养与个人心性有关。作者在此想说明：光靠儒家的教化理论是不能治国平天下的。

新列国志·介子推割股啖君

此处借盗跖之口来指责儒家的种种缺陷与荒谬之处；来宣扬道家哲学，表明道家的正确观念。本文实质上是道家向儒家发出的战斗檄文。全文对“世俗所认同的贤人”(如尧、舜)和“世俗所赞扬的义士”(如伯夷、叔齐等)进行了犀利的批判，指出他们与盗贼无异，同样是追名逐利之流。认为人生短暂，需及时行乐。

需要指出的一点是：此处“盗跖”虽然善辩，将儒家批判得体无完肤，但文中提到的一些事多是作者杜撰之言。

二

【原文】

子张问于满苟得曰[1]："盍不为行[2]？无行则不信，不信则不任，不任则不利。故观之名，计之利，而义真是也。若弃名利，反之于心，则夫士之为行，不可一日不为乎[3]！"

满苟得曰："无耻者富，多信者显[4]。夫名利之大者，几在无耻而信[5]。故观之名，计之利，而信真是也。若弃名利，反之于心，则夫士之为行，抱其天乎[6]！"

子张曰："昔者桀纣贵为天子，富有天下，今谓臧聚曰，汝行如桀纣，则有怍色，有不服之心者，小人所贱也[7]。仲尼、墨翟穷为匹夫，今谓宰相曰，子行如仲尼、墨翟，则变容易色称不足者，士诚贵也[8]。故势为天子，未必贵也；穷为匹夫，未必贱也；贵贱之分，在行之恶美。"

满苟得曰："小盗者拘，大盗者为诸侯，诸侯之门，义士存焉。昔者桓公小白杀兄入嫂，而管仲为臣，田成子常杀君窃国而孔子受币[9]。论则贱之，行则下之，则是言行之情悖战于胸中也，不亦拂

【译文】

子张问满苟得说："为什么不修善德行？没有道德品行就不能取信于人，不能取信于人就不能被任用，不被任用就得不到利禄。所以不管是为了立好名，还是为了计较利，都只有通过仁义才能真正实现这一切。如果能抛弃名和利，扪心自问，士大夫对于修养德行这件事，每一天都不应该放松啊！"

满苟得说："没有羞耻的人会富有，善于夸耀的人会显贵。凡是得到大名大利的，几乎都是些无耻而又满口信义的人。所以不管是为了立好名，还是为了计较利，都只有通过守信才能真正实现这一切。如果能抛弃名利，反心自问，士大夫的所作所为，也只有努力保持自己的自然本性了。"

子张说："过去桀、纣尊贵到做了天子，富有到拥有天下。现在你如果对仆隶贱役说你的行为像桀、纣，他们就会愤怒地变脸作色，对这样的评价感到心里不服气。因为即使是小人，也看不起桀、纣这样伪人。孔丘和墨翟，穷困得和一般老百姓没有什么区别，但现在如果你对一个宰相说你的行为像孔丘、墨翟，他就立即会满脸喜色，自称不敢当，看起来士大夫真是可贵呀。所以，即使权势如天子，也未必可贵；即使贫困如老百姓，也未必低贱。高贵和低贱的区别，全在于一个人的道德品行的好坏。"

满苟得说："小规模地偷东西的人，被抓

乎[10]！故书曰：孰恶孰美？成者为首，不成者为尾。”

子张曰：“子不为行，即将疏戚无伦，贵贱无义，长幼无序；五纪六位，将何以为别乎[11]？”

满苟得曰：“尧杀长子，舜流母弟，疏戚有伦乎？汤放桀，武王杀纣，贵贱有义乎？王季为適，周公杀兄，长幼有序乎？儒者伪辞，墨者兼爱，五纪六位将有别乎？

“且子正为名，我正为利。名利之实，不顺于理，不监于道。吾日与子讼于无约曰[12]：‘小人殉财，君子殉名。其所以变其情、易其性，则异矣；乃至于弃其所为而殉其所不为，则一也。’故曰，无为小人，反殉而天；无为君子，从天之理。若枉若直，相而天极；面观四方，与时消息。若是若非，执而圆机；独成而意，与道徘徊。无转而行，无成而义，将失而所为。无赴而富，无殉而成，将弃而天[13]。

“比干剖心，子胥抉眼，忠之祸也；直躬证父，尾生溺死，信之患也[14]；鲍子立干，申子不自理，廉之害也[15]；孔子不见母，匡子不见父，义之失也[16]。此上世之所传，下世之所语，以为士者正其言，必其行，故服其殃，离其患也。”

【注释】

①子张：孔子弟子。满苟得：虚拟人物。

起来了；大张旗鼓地偷东西的人，却当了上诸侯，在诸侯的门下，仁义就摆在那儿。过去齐桓公小白杀死了兄长，娶了嫂子，可是管仲却去做他的国相；田成子常杀死国君篡夺王位，而孔子却接受了他送的钱财。说起来的时候看不起他们，做起来的时候却又屈从于他们，这样口头和行动在心里互相交战，不也是很矛盾吗！故而《尚书》上讲：‘谁好谁坏？成功的就是好，不成功的就是坏。’”

子张说：“你不修养德行，就会造成亲疏关系没有顺序，贵贱关系没有准则，长幼关系没有先后的状况；五伦六纪的关系将靠什么来区分开呢？”

满苟得说：“尧杀了自己的长子，舜流放自己一母同生的弟弟，他们的亲疏关系有顺序吗？汤流放了桀，武王杀死了纣王，他们的贵贱关系有原则吗？王季当上了国王，周公杀死了兄长，他们的长幼关系有先后吗？儒家言辞虚假，墨家主张兼爱，五伦六纪会有区别吗？

“而且你心里所想的正在于名，我心里所想的正为了利。名与利的实情，不合于理，也不明于道。我往日跟你在无约面前争论不休：‘小人为财而死，君子为名献身。然而他们变换真情、更改本性的原因，却没有不同；而竟至舍弃该做的事而不惜生命地追逐不该寻求的东西，那是同一样的。’所以说，不要去做小人，反过来追寻你自己的天性；不要去做君子，而顺从自然的规律。或曲或直，顺其自然；观察四方，跟随四时变化而消长。或是或非，牢牢掌握循环变化的中枢；独自完成你的心意，跟随大道往返进退。不要专执于你的德

②为行：修善德行。③反之于心：扪心自问。④多信：善于夸耀。⑤几：几乎，大概。⑥天：天性，自然的本性。⑦臧聚：仆隶贱役。⑧变容易色：满脸喜色。⑨入：收纳，指娶；为臣：作桓公的国相；受：接受。⑩悖战：交战；拂：违背，矛盾。⑪伦：条理，顺序；五纪：即五伦，指父子、君臣、夫妇、长幼、朋友的关系。六位：即六纪，指君、臣、父、子、夫、妇。⑫无约：假托人名，意指无拘束。⑬将弃而天：将丢失你的天性。⑭直躬：人名；证父：证实父亲偷了别人的羊。⑮鲍子：即鲍焦；申子：即申徒狄。⑯孔子不见母：指孔子周游列国而长期在外，其母临终时未能相见；匡子不见父：匡子姓匡名章，齐国人，因劝谏父亲而被赶出家门，终身不见其父。

行，不要成就于你所说的规范；那将会丧失你的禀性。不要为了富有而劳苦奔波，不要为了成功而不惜献身，那将会丢失你的天性。

“比干被剖心，子胥被挖眼，这是忠的祸害；直躬出证父亲偷羊，尾生被水淹死，这是信的祸患；鲍焦抱树而立、干枯而死，申徒狄宁可自缢也不申辩委屈，这是清廉的毒害；孔子不能为母送终，匡子发誓不见父亲，这是义的过失。这些现象都是上世的传闻，当代的话题，总认为士大夫必定会让自己的言论正直，让自己的行动跟着去做，所以深受灾殃，遭逢如此的祸患。”

品庄悟道

从天之理

子张是孔子的得意弟子，满苟得这个人是庄子虚构人物。他们两个人都想功成名就，追逐功名利禄，但各有各的“道”义。子张主张“见得思义”，而满苟得则认为要弃羞耻之心，要自我吹捧，方能获得名利，要依循天理，与“道”并存。

庄子借满苟得之口，揭露儒家纲常礼教的虚伪，以致于使人丧失真性，指出儒家提倡的道义实乃祸患之源。主张“无为小人”“无为君子”“从天之理”。

同时在本文中，庄子还提出了“若是若非”，“若枉若直”，超越是非的观念。

三

【原文】

无足问于知和曰①：“人卒未有不兴名就利者②。彼富则人归之，归则下之，下则贵之。夫见下贵者，所

【译文】

无足问知和说：“人们没有不喜欢名声追求利益的。他富有人就归附他，归附就服从他，服从就尊崇他。受人尊崇，这是

以长生安体乐意之道也[3]。今子独无意焉，知不足邪？意知而力不能行邪[4]？故推正不忘邪？"

知和曰："今夫此人以为与己同时而生，同乡而处者，以为夫绝俗过世之士焉[5]；是专无主正，所以览古今之时，是非之分也，与俗化世[6]。去至重，弃至尊，以为其所为也；此其所以论长生安体乐意之道，不亦远乎！惨怛之疾，恬愉之安，不监于体[7]；怵惕之恐，欣欢之喜，不监于心[8]。知为为而不知所以为，是以贵为天子，富有天下，而不免于患也。"

无足曰："夫富之于人，无所不利，穷美究势，至人之所不得逮，贤人之所不能及，侠人之勇力而以为威强，秉人之知谋以为明察，因人之德以为贤良，非享国而严若君父[9]。且夫声色滋味权势之于人，心不待学而乐之，体不待象而安之[10]。夫欲恶避就，固不待师，此人之性也[11]。天下虽非我，孰能辞之！"

知和曰："知者之为，故动以百姓，不违其度，是以足而不争，无以为故不求[12]。不足故求之，争四处而不自以为贪；有余故辞之，弃天下而不自以为廉。廉贪之实，非以迫外也，反监之度。势为天子而不以贵骄人，富有天下而不以

长寿安乐和心情愉快之道。你现在竟然对此不感兴趣，是才智不足呢？抑或是心有余而力不足？还是遵循你固有的行为准则而不愿如此？"

知和说："现在这种人认为与自己同时而生的，同乡而居的，就是绝俗超世的人，其实他们内心没有主见，在看待古今之时和是非的标准上，人云亦云。世俗之人舍弃生命，背弃大道，以追求名利，根据这些来谈论长寿安乐之道，岂不是离题太远了吗！痛苦的疾病，愉快的安乐，不表现在身体上；惊慌的恐惧，欢欣的喜悦，不显现在心灵中。只知道做而不知道为什么要这样做，即使贵为天子，富有天下，仍不免于祸患。"

无足说："富有对于人，没有不好的地方，他可以穷尽完美的事物，享尽人间的威风，至人不能及，贤人也赶不上。挟持别人的勇力显示威风，凭借别人的智谋显示眼光，靠着别人的品德充做贤良，没有拥有国土却像国君那么威严。至于声色、滋味、权势对于人，用不着学习内心早就喜欢上了，用不着模仿身体就已适应了。再如欲求、憎恶、回避、接近，本来就不必有人来教，这是人的本性。纵然天下都说我不对，可有哪个人能不这样呢？"

知和说："聪明人要有所作为，都是会以百姓的追求为追求，以不违背民众的意愿为原则。所以感到满足就不去争取，没有企图就不去追求。不满足就去追求，到处争取也不觉得是贪，有了剩余就舍掉它，放弃了天下也不觉得是廉。廉贪的实质，不是就外部来衡量，反转来是遵照自己的尺度。尊贵到

财戏人。计其患，虑其反，以为害于性，故辞而不受也，非以要名誉也。尧舜为帝而雍，非仁天下也，不以美害生也⑬；善卷许由得帝而不受，非虚辞让也，不以事害己。此皆就其利，辞其害，而天下称贤焉，则可以有之，彼非以兴名誉也。”

无足曰：“必持其名，苦体、绝甘、约养以持生，则亦久病长阨而不死者也。”

知和曰：“平为福，有余为害者，物莫不然，而财其甚者也。今富人，耳营钟鼓管籥之声，口嗛于刍豢醪醴之味，以感其意，遗忘其业，可谓乱矣⑭；侅溺于冯气，若负重行而上阪，可谓苦矣⑮；贪财而取慰，贪权而取竭，静居则溺，体泽而冯，可谓疾矣；为欲富就利，故满若堵耳而不知避，且冯而不舍，可谓辱矣；财积而无用，服膺而不舍，满心戚醮，求益而不止，可谓忧矣⑯；内则疑劫请之贼，外则畏寇盗之害，内周楼疏，外不敢独行，可谓畏矣⑰。此六者，天下之至害也，皆遗忘而不知察，及其患至，求尽性竭财，单以反一日之无故而不可得也。故观之名则不见，求之利则不得，缭意体而争此，不亦惑乎！”

【注释】

①无足、知和：都是虚拟人物。②人卒：人众，人们；兴名：喜欢名声。③安体：使

天子的分上，并不以权位傲视别人；富有到盖过天下，也不以财力而瞧不起别人。衡量一下它的毛病，考虑一下它的另一面，认为有害于本性，所以推辞不予接受，并不是想博取名誉啊。尧、舜为帝位进行禅让，并不是仁爱天下，而是不因为美好来损害生命，善卷、许由得到帝位不予接受，并不是假意辞让，而是不因为外界事物扰乱了自己。天下人都说他们是好样的。这都是为了靠近有利的，避开有害的，倒是可能这么做的，而不是借此来抬高身价啊。”

无足说：“如果一定要拥有名声，而使自己的肉体吃苦头、放弃甘美的食物，过着节俭的生活来维持生命，那他也就像多病多灾却还未死掉的人罢了。”

知和说：“均平就是幸福，有余便是祸害，物类莫不是这样，而财物更为突出。如今富有的人，耳朵谋求钟鼓、箫笛的乐声，嘴巴满足于肉食、美酒的美味，因而触发了他的欲念，遗忘了他的事业，真可说是迷乱极了；深深地陷入了愤懑的盛气之中，像背着重荷爬行在山坡上，真可说是痛苦极了；贪求财物而招惹怨恨，贪求权势而耗尽心力，安静闲居就沉溺于嗜欲，体态丰腴光泽就盛气凌人，真可说是有病了；为了贪图富有追求私利，获取的财物堆得像齐耳的高墙也不知满足，而且越是贪婪就越发不知收敛，真可说是羞辱极了；财物囤积却没有用处，念念不忘却又不愿割舍，满腹的焦心与烦恼，企求增益永无休止，真可说是忧愁极了；在家内总担忧窃贼的伤害，在外面总害怕寇盗的残杀，在内遍设防御盗贼的设施，在外不敢独

身体舒适；乐意：是心情愉快。④意：通“抑”，抑或。⑤此人：这种人；绝俗：超社会；过世：超时代。⑥无主正：无主见，无准则。⑦惨怛：痛苦貌。⑧怵惕：惊慌貌。⑨侠：通“挟”，挟持。⑩象：模仿。⑪欲恶避就：欲求、憎恶、回避、接近。⑫动以百姓：以百姓之心为心。⑬雍：疑为“推”。⑭营：谋求；醪(láo)醴(lǐ)：美酒。⑮侅(gāi)溺：沉溺，深陷；阪：山坡。⑯戚醮(jiào)：烦恼。⑰楼疏：防御盗贼的设施。

自行走，真可说是畏惧极了。以上的六种情况，是天下最大的祸害，全都遗忘不求审察，等到祸患来临，想要倾家荡产保全性命，只求返归贫穷求得一日的安宁也不可能。所以，从名声的角度来观察却看不见，从利益的角度来探求却得不到，使心意和身体受到如此困扰地竭力争夺名利，岂不迷乱吗！”

品庄悟道

追名逐利与知足常乐

针对“人卒未有不兴名就利者”这一情况，无足认为追逐名利是人的天性，他主张追求名利，满足感官；而知和则陈述了道家的观点，强调知足不争，顺随自然，恬淡生活，莫为名利所累。同时也指出了不知足、无限追求名利的的恶果，指出不懂得知足不仅使人得不到身心的快乐，不能享受有生之年，而且还可能惹祸上身，引火自焚。因此主张放弃对名利的追逐，顺随自然的天性，与世无争，知足常乐，保养心性，才能“长生安体乐意”。

【集评】

陆树芝《庄子雪·盗跖》：此篇举一极恶之巨盗，与一大成之至圣，设为辩难，至圣反为巨盗所呵。盖透过一层，以见不易之是非，犹可以强词夺之，然则各执所见，以争是非者，更不足据矣，孰若齐物论之为愈乎！

刘咸炘《庄子释滞·盗跖》：首举盗跖，以为专求恣意者之标。次举子张、满苟得，以为殉名殉利之标。因子张学干禄问闻达，故托之满苟得，则显然寄义之名矣。末乃以知和正无足之言，并非之。

谭元春《南华真经评点·盗跖》：《庄子》真化工也，至云“名利之大者几在无耻而信”，予读之击节焉。名利中人，颇以信自矜其品，无耻而信，炎炎苟苟者咋舌矣。

说 剑

【导读】

这是一篇结构完整、情节曲折、故事性较强的文言小说。赵文王好剑不厌，以致国势衰微，诸侯谋之，危在旦夕。太子担忧，求庄子为之劝说。庄子指出有三种剑，最好的为天子之剑，次一等的为诸侯之剑，再次一等的为庶人之剑。劝赵文王放弃庶人之剑，而好天子之剑。

如果说《让王》《盗跖》已不类庄子之文，那么《说剑》就更非庄子之文了。篇文中确有“庄子”其名，但《说剑》里的庄子已不是倡导无为无己、逍遥顺应、齐物论中的庄子，完全是一个说客，即战国时代的策士形象，而内容也完全离开了《庄子》的主旨。因此，本篇历来认为是一伪作，也不是庄子学派的作品，应该看作是假托庄子之名的纵横家作品。

一

【原文】

昔赵文王喜剑，剑士夹门而客三千余下，日夜相击于前，死伤者岁百余人，好之不厌[1]。如是三年，国衰，诸侯谋之[2]。

太子悝患之，募左右曰[3]：“孰能说王之意止剑士者，赐之千金。”

左右曰：“庄子当能。”

太子乃使人以千金奉庄子。

【译文】

过去赵文王喜欢剑术，精于剑术的人聚在门下为客人的有三千余人，日夜不停地在赵文王面前击剑，一年死伤百令人，依然不曾得到满足。像这样过了三年，国势日益衰落，各国诸侯图谋攻打他。

太子悝十分忧虑，广泛征求左右的人说：“谁能够说服赵王停止比试剑术，我赏赐他一千金。”

左右说：“庄子可以担任这一工作。”

庄子弗受，与使者俱，往见太子曰："太子何以教周，赐周千金？"

太子曰："闻夫子明圣，谨奉千金以币从者④。夫子弗受，悝尚何敢言！"

庄子曰："闻太子所欲用周者，欲绝王之喜好也。使臣上说大王而逆王意，下不当太子，则身刑而死，周尚安所事金乎？使臣上说大王，下当太子，赵国何求而不得也！"

太子曰："然。吾王所见，唯剑士也。"

庄子曰："诺。周善为剑。"

太子曰："然吾王所见剑士，皆蓬头突鬓垂冠，曼胡之缨，短后之衣，瞋目而语难，王乃说之⑤。今夫子必儒服而见王，事必大逆。"

庄子曰："请治剑服。"治剑服三日，乃见太子。太子乃与见王，王脱白刃待之。

【注释】

①赵文王：即赵惠文王，赵武灵王之子；夹门：聚于门。②谋之：图谋攻打它。③太子悝(kuī)：虚拟的赵文王之子。④币从者：犒劳随从。⑤曼胡之缨：粗实的帽缨；瞋：发怒时睁大眼睛；说：通"悦"，喜欢。

太子于是派人带着千金去进奉予庄子，庄子不接受，和使者一道前去会见太子说："太子有什么施教，赐我千金？"

太子说："听说先生明达圣贤，诚谨奉上千金以犒劳先生的随从。先生不肯接受，我还有什么可说！"

庄子说："听说太子打算用我，是想断赵王对剑术的爱好。假使我对上劝说赵王而违逆了赵王的心意，下又不符合太子的旨意，那么自身就会遭刑戮而死，我还哪里用得着这些佣金呢？假使我对上能说服赵王，下能合乎太子的意愿，那么我在赵国想得到什么难道还会没有吗？"

太子说："对。我父王所接见的，只有精于击剑的人。"

庄子说："好的。我很会舞剑。"

太子说："然而父王所接见的击剑人，都是蓬头突发、低垂帽子、粗实的帽缨、短后的上衣，瞪着大眼睛且喘粗气，说话困难的人。这样的人王才喜欢。现在先生一定要穿儒服去见大王，事情一定会弄糟。"

庄子说："请准备好剑士的服装。"裁制剑士的服装三天之内完成，于是面见太子。太子就和庄子一道拜见赵王，赵王抽出明晃晃的利剑等待庄子。

品庄悟道

道家与纵横家

这则寓言颇有些纵横家的风格，对话的语言特色也不太像庄子：故事里的庄子心系天下，可我们所认识的庄子是不屑于政治的，他就像一个世外高人。此文中，庄子摇身一变，成了游说君王的纵横家，语言锋利逼人。后世学者认为这篇寓言是因为提到庄周而被编入《庄子》一书。

纵横家多为策辩之士，他们是积极入世的。他们热衷外交政治，是我国最早也最特殊的外交政治家。他们提出了一些政治方略，如：合纵、连横。而以老庄为代表的道家，他们是出世的，在思想上崇尚自然，有辩证法的因素和无神论的倾向，他们不热衷世俗事务，而是主张清净无为，修身养性，反对战争。

二

【原文】

庄子入殿门不趋，见王不拜。王曰："子欲何以教寡人，使太子先。"

曰："臣闻大王喜剑，故以剑见王。"

王曰："子之剑何能禁制？"

曰："臣之剑，十步一人，千里不留行。"

王大悦之，曰："天下无敌矣！"

庄子曰："夫为剑者，示之以虚，开之以利，后之以发，先之以至①。愿得试之。"

【译文】

庄子进殿并不按照礼节快步走上去，见着赵文王也不跪拜。赵文王说："你打算说些什么来指教寡人，让太子先行推荐呢？"

庄子说："我听说大王喜欢剑术，所以用剑术来拜见大王。"

赵文王说："你的剑术怎样阻遏和战胜对手呢？"

庄子说："我的剑术可以十步之内取人首级，千里之途无人敢挡。"

赵文王大悦，说："我找到天下无敌之剑了。"

庄子说："用剑之道，先用虚招试探对方，开始时留下可乘之机，后发制人，剑光先至。希

王曰："夫子休就舍待命，令设戏请夫子[2]。"

王乃校剑士七日，死伤者六十余人，得五六人，使奉剑于殿下，乃召庄子。王曰："今日试使士敦剑。"

庄子曰："望之久矣。"

王曰："夫子所御杖，长短何如？"

曰："臣之所奉皆可。然臣有三剑，唯王所用，请先言而后试。"

王曰："愿闻三剑。"

曰："有天子剑，有诸侯剑，有庶人剑。"

王曰："天子之剑何如？"

曰："天子之剑，以燕谿石城为锋，齐岱为锷，晋魏为脊，周宋为镡，韩魏为夹[3]；包以四夷，裹以四时，绕以渤海，带以常山；制以五行，论以刑德[4]；开以阴阳，持以春秋，行以秋冬。此剑，直之无前，举之无上，案之无下，运之无旁，上决浮云，下绝地纪[5]。此剑一用，匡诸侯，天下服矣。此天子之剑也。"

文王芒然自失，曰："诸侯之剑何如？"

曰：诸侯之剑，以知勇士为锋，以清廉士为锷，以贤良士为脊，以忠圣士为镡，以豪杰士为

望能够让我比试比试。"

赵文王说："先生先去休息，返回馆舍中待命，等我安排好击剑比赛，再去请先生。"

赵文王让剑士们较量了七天，死伤者有六十多人，选出了五六个人，让他们捧着剑侍立在殿下。于是召庄子过来，说："今天请尝试与剑士们对剑。"

庄子说："盼望很久了！"

赵文王说："先生惯用多长的剑？"

庄子说："我所用的剑长短皆可。不过我有三剑，任凭君王选用。请先让我说明一下，然后再试。"

赵文王说："愿听三剑之说。"

庄子说："有天子之剑，有诸侯之剑，有庶人之剑。"

赵文王说："天子之剑是什么样的？"

庄子说："天子之剑，把燕谿石城作为剑锋，把泰山作为剑刃，把晋国和卫国作为剑背，把周国和宋国作为剑口，把韩国和魏国作为剑把；这把剑用四方覆盖，用四季包裹，用渤海缠绕，用恒山捆扎；用五行生克来使用它，用刑律和德教准则来研究它，用阴阳二气来开启它，用春夏秋冬四季运行规律来管理它。这把剑，朝前砍去，前面没有东西可以阻挡；向上刺起，上面没有东西可以阻挡；按剑朝下，下面没有东西可以阻挡；左右挥动，周围没有东西可以阻挡；向上，可以斩断浮云，向下，可以切断地脉。这把剑一使用起来，可以制服诸侯，天下人都会佩服。这就是天子使用的剑。"

赵文王听后，惘然自失地说："那诸侯之剑呢？"

庄子说："诸侯之剑是以智勇之士做剑锋，

夹。此剑，直之亦无前，举之亦无上，案之亦无下，运之亦无旁；上法圆天以顺三光，下法方地以顺四时，中和民意以安四乡⑥。此剑一用，如雷霆之震也，四封之内，无不宾服而听从君命者矣⑦。此诸侯之剑也。”

王曰：“庶人之剑何如？”

曰：“庶人之剑，蓬头突鬓垂冠，曼胡之缨，短后之衣，瞋目而语难。相击于前，上斩颈领，下决肝肺，此庶人之剑，无异于斗鸡，一旦命已绝矣，无所用于国事。今大王有天子之位而好庶人之剑，臣窃为大王薄之。”

王乃牵而上殿。宰人上食，王三环之⑧。庄子曰：“大王安坐定气，剑事已毕奏矣。”于是文王不出宫三月，剑士皆服毙自处也。

【注释】

①示：给人看，引申为试探。②戏：游戏，比赛。③燕谿（xī）：燕国地名；镡（tán）：剑口。④刑德：刑律与德教。⑤案：通“按”。⑥四乡：四方。⑦四封：即四境。⑧三环之：绕了三圈。

用清廉之士做剑刃，以贤良之士做剑脊，用忠圣之士做剑环，让豪杰之士做剑把。这种剑直伸向前也是所向披靡，举起来也是无限地高，按下去也可无限地深，挥舞起来也无人能够抵挡；效法上天的圆，顺应日月星空，效法土地的方，顺应春夏秋冬；在天地之间，可和顺民意，安顿四方。这种剑一旦用起来，犹如雷霆震撼，四境之内，没有人敢不顺服，没有人敢不听命。这就是诸侯之剑。”

赵文王说：“庶人之剑又怎么样呢？”

庄子说：“庶人之剑，全都蓬头突发、低垂帽子、粗实的帽缨、短后的上衣，瞪着大眼睛且喘粗气说话困难。相互在人前争斗刺杀，上能斩断脖颈，下能剖裂肝肺，这就是庶人之剑，跟斗鸡没有什么不同，一旦命尽气绝，对于国事就什么用处也没有。如今大王拥有夺取天下的地位却喜好庶人之剑，我私下认为大王应当鄙薄这种做法。”

赵文王拉着庄子的手走上大殿，御厨送来了酒菜，赵文王沿座席绕了三圈。庄子说：“大王您请安静地坐下来，稳一稳心态，关于剑的事我已经讲完了。”于是赵文王三个月没有走出宫门，剑客们都在他们的住处自杀了。

品庄悟道

天子之剑

此处庄子说赵文王之剑，用的是诡辩法，赵文王问“夫子所御杖，长短何如？”指的是实实在在的物质的剑，庄子劝说赵文王时所说的天子剑、诸侯剑、庶人剑，

这三种剑属于三种不同的精神层面的“剑”。庄子想用这种偷梁换柱的诡辩法来劝说赵文王放弃庶人之剑，而好天子之剑。潜在的意思就是劝说赵文王以天下为重，重振帝王之风。

后代把剑术称为剑道，这里的道不仅仅是指用剑本身的规律，更指剑术的一种境界，这种境界便是一种道的境界。而这种境界有高有低，全凭个人修养所得。要想达到“剑术”的最高境界，必须要领悟大道才行。

渔 父

【导读】

“渔父”为一捕鱼的老人,这里用作篇名。篇文塑造了一个须眉交白的得道隐士的渔父形象,通过“渔父”对孔子的批评,指斥儒家的思想,并借此阐述了“持守其真”、还归自然的主张。

全文写了孔子见到渔父以及和渔父对话的全过程。首先是渔父跟孔子的弟子子路、子贡谈话,批评孔子“性服忠信、身行仁义”、“饰礼乐、选人伦”,都是“苦心劳形以危其真”。接着写孔子见到渔父,受到渔父的直接批评,指出他不在其位而谋其政,乃是“八疵”、“四患”的行为;应该各安其位,才是最好的治理。接下去又进一步写渔父向孔子提出“真”。最后写孔子对渔父的谦恭和崇敬的心情。

唐宋以来,多有论者怀疑此篇是否为庄子作品,文中通过对儒家仁义忠孝观念和礼乐制度的批判,表达了作者“法天贵真”的思想,这与本书其他篇章所表现出来的“全真”“葆真”“返真”的思想观点是一致的,其基本思想与庄子精神是相通的,因此至少可以视为庄子一派的作品。

一

【原文】

孔子游于缁帷之林,休坐乎杏坛之上①。弟子读书,孔子弦歌鼓琴。奏曲未半,有渔父者,下船而来,须眉交白,被发揄袂,行原以上,距陆而止,左手据膝,右手持颐以听②。曲终而招子贡子路,二人俱对。

【译文】

孔子到缁帷之林里游览,然后坐在杏坛上休息。学生在读书,孔子在弹琴唱歌。歌曲演奏没到一半,有个渔父下船走过来,他的胡子和眉毛都白了,披散头发挥着袖子,经过原野走上来,到达高地就停住了。他左手按着膝盖,右手托着脸颊

客指孔子曰："彼何为者也？"

子路对曰："鲁之君子也。"

客问其族。子路对曰："族孔氏。"

客曰："孔氏者何治也？"

子路未应，子贡对曰："孔氏者，性服忠信；身行仁义，饰礼乐，选人伦，上以忠于世主，下以化于齐民，将以利天下③。此孔氏之所治也。"

又问曰："有土之君与？"

子贡曰："非也。"

"侯王之佐与？"

子贡曰："非也。"

客乃笑而还，行言曰："仁则仁矣，恐不免其身；苦心劳形以危其真④。呜呼，远哉其分于道也！"

【注释】

①缁(zī)帷：虚拟地名；缁：黑色；杏坛：传说孔子聚徒讲学处。②交：皆；揄(yú)袂(mèi)：挥袖。③选：序；齐民：齐等之民，平民。④真：天然的本性。

在听。等歌曲唱完了他就招呼子贡和子路两人一起来对话。

他指着孔子问："那人是谁呀？"

子路问答说："是鲁国的君子。"

他询问姓氏，子路回答说："是孔氏家族。"

他又问："这姓孔的人是干什么行业的？"

子路没有回答，子贡回答说："这姓孔的人，用心于忠信，躬身实践仁义，用礼乐加以修饰，确定人伦关系。对上忠于君主，对下教化平民，这些都将有利于天下，这就是姓孔的人所干的行业了。"

他又问道："他是拥有国土的君主吗？"

子贡说："不是的。"

他又问："他是侯王的卿相吗？"

子贡说："不是的。"

他于是笑了笑就往回走，并说："仁爱倒是仁爱了，恐怕难免身心劳累，苦费心思劳累身体会危害他天然本性的。哎呀！他离大道的距离太远了。"

品庄悟道

庄子创造了"渔父"

想必大家对"渔父"这一文学形象并不陌生，"渔父"的最初创造者是庄子。"渔父"是从《庄子》中走出来的，从此这个形象很快变成富含哲学意味的文学原型，屈原《楚辞》中的"渔父"便是一个佐证。

庄子当初创作"渔父"，是为了告诫世人应以一种闲适的心情去生活，摈弃功名利禄。"渔父"其实是道家的人格模型，他生活于船中，随波逐流，不理会世俗事务，过着自由自在，与世无争的出世生活。不过庄子或许不会想到，他创造的这一形象竟然穿越时光，在中国文学史上熠熠生辉。

二

【原文】

子贡还，报孔子。孔子推琴而起曰："其圣人与！"乃下求之，至于泽畔，方将杖拏而引其船，顾见孔子，还乡而立[1]。孔子反走，再拜而进。

客曰："子将何求？"

孔子曰："曩者先生有绪言而去，丘不肖，未知所谓，窃待于下风，幸闻咳唾之音以卒相丘也[2]！"

客曰："嘻！甚矣子之好学也！"

孔子再拜而起曰："丘少而修学，以至于今，六十九岁矣，无所得闻至教，敢不虚心！"

客曰："同类相从，同声相应，固天之理也。吾请释吾之所有而经子之所以[3]。子之所以者，人事也。天子诸侯大夫庶人，此四者自正，治之美也，四者离位而乱莫大焉。官治其职，人忧其事，乃无所陵。故田荒室露，衣食不足，征赋不属，妻妾不和，长少无序，庶人之忧也[4]；能不胜任，

【译文】

子贡回来，报告了孔子。孔子忙放下琴，起身说："这不是个圣人吗？"于是下了杏坛去寻找，到了河岸，渔父正拿着船篙撑船，回头看见孔子，便转过身来面向孔子站着。孔子退了几步，拜了又拜，这才向前靠近。

渔父说："你有什么事相求吗？"

孔子说："刚才先生说话，没有说完就走了，我很愚笨，不知什么意思，因此甘拜下风，希望有幸听到先生的高论，以便终能有助于我。"

渔父说："唉，你谦虚好学竟然到了这样的程度！"

孔子再次叩拜后站起来说："我从小就修习学问，直到现在，六十九岁了，没有聆听过至理的教诲，怎么敢不虚心呢！"

渔父说："同类相求，同声相应，这本来是自然的法则，我愿意倾我所知来分析你的所为。你所从事的是人事。人事分天子、诸侯、大夫、庶人，如果这四种人都能自己端正，是治道的美德；如果这四种人离开他们的名位，就会产生莫大的混乱。如果官吏各负其责，人民各虑其事，就不会发生混乱。所以，如果田地荒芜，房屋破漏，衣食不足，赋税不按时完成，妻妾不和睦，长幼没次序，平民百姓就会忧虑；如果管理者能力不能胜任，分内之事没有做好，行为不清白，下属荒疏怠惰，功绩不够显赫，官

官事不治，行不清白，群下荒怠，功美不有，爵禄不持，大夫之忧也[5]；廷无忠臣，国家昏乱，工技不巧，贡职不美，春秋后伦，不顺天子，诸侯之忧也；阴阳不和，寒暑不时，以伤庶物，诸侯暴乱，擅相攘伐，以残民人，礼乐不节，财用穷匮，人伦不饬，百姓淫乱，天子有司之忧也[6]。今子既上无君侯有司之势而下无大臣职事之官，而擅饰礼乐，选人伦，以化齐民，不泰多事乎[7]！”

“且人有八疵，事有四患，不可不察也。非其事而事之，谓之摠[8]；莫之顾而进之，谓之佞；希意道言，谓之谄；不择是非而言，谓之谀；好言人之恶，谓之谗；析交离亲，谓之贼[9]；称誉诈伪以败恶人，谓之慝[10]；不择善否，两容颊适，偷拔其所欲，谓之险[11]。此八疵者，外以乱人，内以伤身，君子不友，明君不臣。所谓四患者，好经大事，变更易常，以挂功名，谓之叨[12]；专知擅事，侵人自用，谓之贪[13]；见过不更，闻谏愈甚，谓之很[14]；人同于己则可，不同于己，虽善不善，谓之矜[15]。此四患也。能去八疵，无行四患，而始可教已。”

【注释】

①引：引去，这里指撑开。②襄

位俸禄没有保障，士大夫们就会忧虑；朝廷没有忠臣，国家昏乱，工匠们技艺不精，朝贡的货物不完美，春秋两季朝觐天子无伦次，甚至有人不服从天子的领导，诸侯们就会忧虑；阴阳不调和，寒暑不按时令，众物生长因受伤害不正常，诸侯暴乱，擅自相互攻伐，残害人民，礼乐没有节制，人民贫穷而财政匮乏，人伦失序，百姓淫乐骚乱，做天子的就会忧虑。现在，既然你上没有君主诸侯执政当局的权势，下又没有大臣管事的官职，而擅自修饰礼乐，序例人伦，并用它来教化整顿民众，这不是太多事了么！

“况且人有八种毛病，事情有四种隐患，不可以不好好检查一下。不是他的事情却去做，叫作包揽；没有人理会却多言多语，叫作巧言谄媚；迎合着别人的意图说话，叫作奉承；不分辨是非曲直就说话，叫作讨好；喜欢说别人的缺点，叫作进谗言；挑拨亲友关系，叫作狠毒；用狡诈虚伪的方式去称赞别人，并以此来败坏他的名声，这叫作邪恶；不辨是非，无论是恶是善都刻意迎合，暗中助长了他的欲望，叫作险恶。这八种毛病，对外，可以迷惑别人，对内，可以伤害自己，它们会使君子不和你交朋友，明君不允许你做臣子。所说的四种隐患是：喜欢管理国家大事，改变早已约定成俗的东西，以此来博取功名，这叫作贪婪；独断专权，排挤别人而使自己得到任用，叫作贪得无厌；知道自己有过错却不补救，听到别人的劝谏反而愈衍愈烈，这叫作固执；别人的想法和自己的相同就是可行的，别人的想法不和自己的相同，即使这个想法本身是好的，也认为它不好，这叫作骄傲。这就是那

(nǎng)：刚才；绪：开端，开头；下风：膝下的风，表示谦卑。③经：分析。④不属：不按时完成。⑤功美：功绩显赫。⑥庶物：众物；饬(chì)：整顿。⑦泰：太。⑧揔(zǒng)：滥。⑨贼：狠毒。⑩慝：邪恶。⑪两容：两种面孔，指善恶两面。⑫叨：贪。⑬知：主持。⑭很：固执。⑮矜：骄傲。

四种隐患。如果能克服这八种毛病，避免这四种隐患的发生，就可以接受教育了。"

品庄悟道

人有八病，事有四患

孔子虚心向渔父求教，渔父指出了孔子不在其位，而又忧国忧民，想用自己的那一套思想来干预政治，说孔子是多事。并且渔父指出了人有八病，"包揽、谄媚、奉承、讨好、谗言、狠毒、邪恶、险恶"；事有四患，"贪婪、贪得无厌、固执、骄傲"，他分析得非常深刻透彻。指出去除四患八病，才可以开始接受教育。

渔父对人事以及八病四患所做的剖析，很显然是从"道"的角度出发，来展开批判的。人事的不和谐以及八病四患的因由实属世俗之人因为陷入各种物欲之中，迷失"道"所犯的错误。

三

【原文】

孔子愀然而叹，再拜而起曰："丘再逐于鲁，削迹于卫，伐树于宋，围于陈蔡。丘不知所失，而离此四谤者何也①？"

客凄然变容曰："甚矣子之难悟也②！人有畏影恶迹而去之走者，举足愈数而迹愈多，走愈疾而影不离身，自以为尚迟③。疾走不休，绝力而死。不知处阴以休影④，处静以息迹，愚亦甚矣⑤！子审仁义之间，察同异之际，观动静之变，适受与之度，理好恶之

【译文】

孔子悲伤叹气，再行拜礼站起来说："我两次被鲁国驱逐，卫国不让居留，在宋国受伐树之辱，被围困于陈、蔡之间。我不知道有什么过失，而遭遇这四次侮辱？"

渔父凄然变色说："你真是执迷不悟啊！有个人害怕自己的影子，讨厌自己的足迹，为了摆脱自己的影子和足迹而跑，抬脚越快足迹越多，跑得越快影子却不离身，他还自以为太慢，于是快跑不停，终于筋疲力尽而死。他不知道走到阴

情，和喜怒之节，而几于不免矣[⑥]。谨脩而身，慎守其真，还以物与人，则无所累矣。今不脩之身而求之人，不亦外乎！"

孔子愀然曰："请问何谓真？"

客曰："真者，精诚之至也。不精不诚，不能动人。故强哭者虽悲不哀，强怒者虽严不威，强亲者虽笑不和。真悲无声而哀，真怒未发而威，真亲未笑而和。真在内者，神动于外，是所以贵真也。其用于人理也，事亲则慈孝，事君则忠贞，饮酒则欢乐，处丧则悲哀[⑦]。忠贞以功为主，饮酒以乐为主，处丧以哀为主，事亲以适为主。功成之美，无一其迹矣[⑧]；事亲以适，不论所以矣；饮酒以乐，不选其具矣；处丧以哀，无问其礼矣。礼者，世俗之所为也；真者，所以受于天也，自然不可易也。故圣人法天贵真，不拘于俗。愚者反此。不能法天而恤于人，不知贵真，禄禄而受变于俗，故不足[⑨]。惜哉，子之蚤湛于人伪而晚闻大道也[⑩]！"

孔子又再拜而起曰："今者丘得遇也，若天幸然[⑪]。先生不羞而比之服没，而身教之[⑫]。敢问舍所在，请因受业而卒学大道。"

客曰："吾闻之，可与往者与

暗的地方使影子不见，静止不动使足迹不再出现，大愚蠢了！你倾心于仁义之间，分辨同异的界限，观察动静的变化，调和取舍的分寸，疏导好恶的情感，调和喜怒的分寸，却几乎不免于祸患，你要谨慎地修身，持守本真，与人无争，这样就没有拖累了。现在你不修身却求之于人，岂不是本末倒置了吗！"

孔子悲伤地说："请问什么是真？"

渔父回答："所谓真，就是精诚的极点。不精不诚，不能感动人。所以，勉强啼哭的人虽然外表悲痛其实并不哀伤，勉强发怒的人虽然外表严厉其实并不威严，勉强亲热的人虽然笑容满面其实并不和善。真正的悲痛没有哭声而哀伤，真正的怒气未曾发作而威严，真正的亲热未曾含笑而和善。自然的真性存在于内心，神情的表露于外，这就是看重真情本性的原因。将上述道理用于人伦关系，侍奉双亲就会慈善孝顺，辅助国君就会忠贞不渝，饮酒就会舒心乐意，居丧就会悲痛哀伤。忠贞以建功为主旨，饮酒以欢乐为主旨，居丧以致哀为主旨，侍奉双亲以适意为主旨。功业与成就目的在于达到圆满美好，因而不必拘于形式；侍奉双亲目的在于达到适意，因而不必考虑使用什么方法；饮酒目的在于达到欢乐，没有必要选用就餐的器具；居丧目的在于致以哀伤，不必过问规范礼仪。礼仪，是世俗人的行为；纯真，却是禀受于自然，出自自然因而也就不可改变。所以圣哲的人总是效法自然看重本真，不受世俗的拘系。愚昧的人则刚好与此相反。不能效法自然而忧心于人事，不知道珍惜真情本性，匆匆碌碌地在流俗中承受着变化，因此总是不知满足。可惜啊，你过早

之，至于妙道；不可与往者，不知其道，慎勿与之，身乃无咎。子勉之！吾去子矣，吾去子矣！”乃刺船而去，延缘苇间⑬。

【注释】

①离：遭遇。②悟：觉悟，省悟。③恶迹：讨厌自己的足迹；数：快，迅速。④休影：使影子不见。⑤息迹：使足迹不再出现。⑥适：调和；度：分寸。⑦人理：人伦。⑧迹：形迹，指形式、方法。⑨恤于人：忧心于人事；禄禄：即碌碌。⑩蚤：通“早”；湛：沉溺。⑪幸：宠幸。⑫服役：仆役，指弟子。⑬延缘：顺着，循行。

地沉溺于世俗的伪诈而很晚才听闻大道。”

孔子又一次深深行礼后站起身来，说：“如今我孔丘有幸能遇上先生，好像苍天特别宠幸于我似的。先生不以此为羞辱并把我当作弟子一样看待，而且还亲自教导我。我冒昧地打听先生的住处，请求借此受业于门下而最终学完大道。”

渔父说：“我听说，能够体会的就传授给他，可以领悟妙道；不能体会的，就不懂道，小心不要传授给他，自身就不会有过失。你好好努力吧！我要离开你了，我要离开你了！”于是撑船而去，顺着河边的芦苇丛走远了。

品庄悟道

用出世的心态应对世俗

此文中，渔父先是教育孔子谨慎地修养身心，慎重地守持本性，摈除有为的因素，顺应自然的发展，避免外物的纷扰。并且做了一个去除祸患的譬喻：处于阴暗的地方使影子消失，静止不动使足迹断绝。这无疑是倡导无为而治。

当孔子向他请教“真”时，渔父给出了真的“道学”答案，即：真是精诚的极致，它受于天，又出于自然。指责孔子的入世错误以及世俗世界的虚伪特质。奉劝孔子悟得真道，以出世的心态应对这个虚伪的世俗社会。

四

【原文】

颜渊还车，子路授绥，孔子不顾，待水波定，不闻拏音而后敢乘①。

子路旁车而问曰：“由得为役

【译文】

颜渊掉转车子，子路递过车绳，孔子不回头，等到水波平息，听不到桨声才敢上车。

子路倚着车问：“自从我侍奉老师到现

久矣，未尝见夫子遇人如此其威也[2]。万乘之主，千乘之君，见夫子未尝不分庭伉礼，夫子犹有倨敖之容[3]。今渔父杖拏逆立，而夫子曲要磬折，言拜而应，得无太甚乎[4]？门人皆怪夫子矣，渔人何以得此乎？”

孔子伏轼而叹曰：“甚矣由之难化也！湛于礼仪有间矣，而朴鄙之心至今未去[5]。进，吾语汝！夫遇长不敬，失礼也；见贤不尊，不仁也。彼非至人，不能下人，下人不精，不得其真，故长伤身。惜哉！不仁之于人也，祸莫大焉，而由独擅之[6]。且道者，万物之所由也，庶物失之者死，得之者生，为事逆之则败，顺之则成[7]。故道之所在，圣人尊之。今渔父之于道，可谓有矣，吾敢不敬乎！”

【注释】

①拏音：桨声。②为役：侍奉老师；威：敬畏。③分庭伉礼：即分庭抗礼，双方平等对待；倨傲：骄傲。④逆立：迎面而立；曲要：弯腰。⑤有间：时间很长；朴鄙：粗疏鄙陋。⑥擅：拥有。⑦由：由来；庶物：众物。

在为止，已经很长时间了，却从未见过先生遇见别人表现出这样敬畏的态度。大国的君王，小国的国王，见到了先生也从没有不分庭抗礼的，先生您还表现出了骄傲的神情。现在这个渔父拄着船桨和您面对面地站着，而您却腰弯得像弯曲的大石，要说话就先行礼然后才回答，是不是太过分了呢？我们都感到您很奇怪，一个渔父凭什么得到这样的礼遇呢？”

孔子趴在车扶手上感叹说：“严重得很啊，子由！你实在难以教化呀！你沉溺在礼仪之中时间很长了，而粗疏鄙陋之心至今还没有去掉。走近点，我告诉你！遇到长者不恭敬，那是失礼；见到贤人不尊重，那是不仁。他要不是至人，就不能使人谦下。谦下而又不精诚，就不能达到本真，所以长期伤害自己。可惜啊！用不仁的态度对待人，哪有比这祸害更大的呀，而子由偏偏有这种毛病。况且，道是万物的由来。众物失去大道就要死掉，得到大道就会生存。做事不顾着大道就会失败，顺着大道就会成功。所以，道在什么地方，圣人就尊重到什么地方。现在，渔父对于大道可以说是已经掌握了，我怎么敢不尊敬他呢？”

品庄悟道

道乃万物之源

在此文中，孔子赞渔父是得道高人，认为他应该受到众人的尊敬。同时，庄子借孔子之口，指出了万物产生和形成的根源是“道”，人的处事原则和意识行为要遵循道的原则，否则必然会招致祸患，玩火自焚。

在庄子的哲学中，“道”是宇宙的本体，“道”是宇宙的初始状态，“道”是没有界限差别的，是无限的。天地万物由“道”而生，“道”本身是万物之源。人如果得“道”，便可以免除世俗的祸患，使身心和谐，获得了无限自由。

【集评】

郭象《庄子注·渔父》：此篇言无江海而闲者，能下江海之士也。夫孔子之所放任，岂直渔父而已哉！将周流六虚，旁通无外，蠕动之类，咸得尽其所怀，而穷理致命，因所以为至人之道也。

林云铭《庄子因·渔父》：篇意以无位而设教，固属多事，必贵真而去伪，方为圣人。

陆西星《南华真经副墨·渔父》：《渔父》篇，论亦醇正，但笔力差弱于庄子，然非读《庄子》熟者，亦不能辨。此篇较《盗跖》《说剑》诸篇颇胜。

谭元春《南华真经评点·渔父》：孔子逢渔父，正如渔父入花源人家，似仙非仙，使人神痴；渔父听曲而来，刺船而去，延缘苇间，幽风在目；孔子待水波定，不闻拏而后敢升车，契结霞外矣。

列御寇

【导读】

“列御寇”本是篇首一人名，这里用作篇名。列御寇，又称列子，道家人物。

全篇由许多小故事夹着议论组合而成。内容很杂，其间也无内在联系，不过从主要段落看，主要是阐述忘我的思想，人生在世不应炫耀于外，不应求仕求禄，不应追求智巧，不应贪功图报。

本篇实杂而不乱，有其主旨贯穿其间，首尾呼应，脉络清晰。

一

【原文】

列御寇之齐，中道而反，遇伯昏瞀人[1]。伯昏瞀人曰：“奚方而反？”

曰：“吾惊焉。”

曰：“恶乎惊？”

曰：“吾尝食于十浆，而五浆先馈[2]。”

伯昏瞀人曰：“若是，则汝何为惊已？”

曰：“夫内诚不解，形谍成光，以外镇人心，使人轻乎贵老，而𩐋其所患[3]。夫浆人特为食羹之货，无多余之赢，其为利也薄，其为权也轻，而犹若是，而况于万乘之主乎[4]！身劳于国而

【译文】

列御寇去齐国，中途返回，遇到伯昏瞀人。伯昏瞀人说：“你为什么返回？”

列御寇说：“我受了惊吓。”

伯昏瞀人说：“受了什么惊吓？”

列御寇说：“我经过十家卖浆的饮食店，其中有五家把浆送给我。”

伯昏瞀人说：“如果这样，你为什么对此感到害怕？”

列御寇说：“内心对道还未融会贯通，外表便显露出光辉，用外貌镇服人心，使人对我的崇敬超过了对老者的尊重，这会招致祸患的。卖浆者做的只是小买卖，本钱不大，赢利微薄，也没有什么权势，他们尚且这样待我，何况是万乘之

知尽于事，彼将任我以事而效我以功，吾是以惊。”

伯昏瞀人曰：“善哉观乎！女处己，人将保女矣[5]！”

无几何而往，则户外之屦满矣。伯昏瞀人北面而立，敦杖蹙之乎颐，立有间，不言而出[6]。

宾者以告列子，列子提屦，跣而走，暨乎门，曰[7]：“先生既来，曾不发药乎[8]？”

曰：“已矣，吾固告汝曰人将保汝，果保汝矣。非汝能使人保汝，而汝不能使人无保汝也，而焉用之感豫出异也[9]！必且有感摇而本才，又无谓也。与汝游者又莫汝告也，彼所小言，尽人毒也[10]；莫觉莫悟，何相孰也[11]！巧者劳而知者忧，无能者无所求，饱食而敖游，汎若不系之舟，虚而敖游者也[12]。”

君呢！身体为国家操劳而智能耗尽于政事，他将委任我国事而要我去效力。所以我害怕。”

伯昏瞀人说：“你真善于观察啊！你退隐吧，人们会归附你的！”

过了不久伯昏瞀人去看列子，见门外摆满了鞋子。伯昏瞀人面向北站着，头紧靠在竖着的拐杖上，站了一会儿，没有说话就出来了。

负责接待宾客的人告诉了列子，列子提着鞋，光着脚跑出来，追到门口，说：“先生既然来了，还不向我提出忠告吗？”

伯昏瞀人说：“算了吧！我说过人们要归附你，果然归附你了。不是你能使人归附你，而是你不能使人不归附你，你何必因此感到快乐而显得与众不同呢！必定还会有感动人的事，使你的本性动摇，但这又是无意义的事情。和你在一起的人又不会给你忠告，他们那琐碎的言语，都是毒害人的东西。不觉不语，怎么能够互相明察呢！智巧的人忧劳，无能的人无所求，饱食而遨游，飘荡不定就像一叶失控的小舟，空虚心志而遨游。”

【注释】

①伯昏瞀(mào)人：楚国隐士。②馈：送给，赠送。③解：融会贯通，融合；形谍：在外表上显露出来；镇：震慑；$\text{\`{}}$䵚(jī)：聚、积。④特：只是；货：买卖。⑤处：退隐；保：归附。⑥敦杖：竖着拐杖。⑦跣(xiǎn)：光着脚；暨：及，到。⑧发药：比喻提出忠告之言。⑨感豫：感到快乐。⑩人毒：毒害人的东西。⑪孰：明察，即看清小言的危害。⑫汎：通“泛”，漂荡不定貌。

品庄悟道

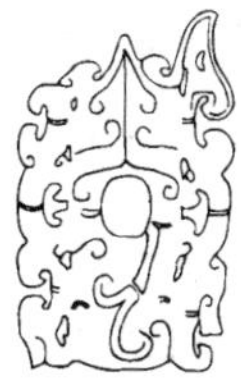

“和光同尘”偏离道

伯昏瞀人两次教训列子，第一次是针对列子的症结，第二次是针对列子不能使人不归附他。庄子借这个故事是要说明人只有顺应自然的发展，使内心处于虚无宁静的境界，才能免除世事的纷扰，使心灵和身体得到净化，如果违背自然的本心、居功自傲、好高骛远、喜好追求名利、同世俗混同、随波逐流，那么这也就是老子所说的“和光同尘”，这种偏离道的行为势必会受到天道的惩罚。

二

【原文】

郑人缓也，呻吟裘氏之地，祇三年而缓为儒，河润九里，泽及三族，使其弟墨[1]。儒墨相与辩，其父助翟，十年而缓自杀。其父梦之曰：“使而子为墨者予也。阖胡尝视其良，既为秋柏之实矣？”

夫造物者之报人也，不报其人而报其人之天。彼故使彼。夫人以己为有以异于人以贱其亲，齐人之井饮者相捽也[2]。故曰今之世皆缓也。自是，有德者以不知也，而况有道者乎！古者谓之遁天之刑[3]。

圣人安其所安，不安其所不安；众人安其所不安，不安其所安。

【译文】

郑国人缓在裘氏读书。只用了三年时间，缓就当上了儒士，恩惠波及九里，恩泽施及三族，他使自己的弟弟学习墨学。兄弟俩用儒家和墨家的理论互相争辩，他的父亲则支持墨翟。十年后缓自杀而死，他的父亲梦见他说：“让你的儿子成为墨家门徒的人是我。为什么不曾看到我的好处呢，现在翟的学识已经成熟得像秋天的柏树一样坚不可摧了？”

造物主报复人，不报复他本身却去报复他的天性；他之所以这样，是他的天性使他成为那样的缘故。缓却认为自己干了和别人不同的事而轻视他的父亲，就像齐国井边喝水的人一样自认为有功而互相扭打。所以说，现在世上到处都有像缓一样做法的人，自以为是，有德的人都认为他们不明智，又何况是

庄子曰："知道易，勿言难。知而不言，所以之天也；知而言之，所以之人也。古之人，天而不人。"

【注释】

①缓：人名；呻吟：诵读；使其弟墨：使他的弟弟学习墨学。②相捽(zuó)：相争扭。③知：通"智"；遁：此处作"违"解。

得道之人呢！古人称这叫作违背自然法则。

圣人要守在他所应安守的地方，不甘心守在他所不应甘心安守的地方；凡人安守在他所不应安守的地方，却不甘心安守在他所应该安守的地方。

庄子说："领悟道，很容易，而不炫耀它就难了。领悟了却不说出去，是符合自然的天道；知道了就炫耀，是符合人情常理的。古时的真人，都遵循天道而不受制于人情。"

品庄悟道

"安"与"不安"

此处讲述了儒家学者缓自以为了不起，而最终反而被自己所困扰，自杀身亡的故事。批判了儒者"安其所不安，不安其所安"的违背自然、急功近利的心态。庄子主张修身养德之人要"安其所安，不安其所不安"。也就是道家思想更强调人在精神层面的自在自为，而不能用外在于人的其他标准判断自己。

道家认为，无论是圣人还是众人，都无一例外地会遇上"安"和"不安"两种境况，但这两种人面对两种不同的境况，心境却截然相反：圣人能够顺应自然万物，"安"和"不安"对他来说都是外因；众人则违反自然天性，安处不安，不安处假装安。

三

【原文】

朱泙漫学屠龙于支离益，单千金之家，三年技成而无所用其巧①。

圣人以必不必，故无兵；众人以不必必之，故多兵；顺于兵，故行有求。兵，恃之则亡。

小夫之知，不离苞苴竿牍，敝

【译文】

朱泙漫师从支离益学习杀龙武艺，竭尽千金家财，费时三个春秋，终于学成出师，结果发现无龙可屠。

圣人不斤斤计较，所以没有战争；众人过于计较，所以战争频繁；放任战争，所以有贪求的行为。依仗武力行事的，则一定灭亡。

精神乎蹇浅，而欲兼济道物，太一形虚[2]。若是者，迷惑于宇宙，形累不知太初。彼至人者，归精神乎无始，而甘冥乎无何有之乡[3]。水流乎无形，发泄乎太清。悲哉乎！汝为知在毫毛，而不知大宁[4]。

【注释】

①朱泙(pēng)漫、支离益：皆虚拟人物；单：通"殚"，竭尽。②苞：裹；苴：垫；竿牍：书信；蹇浅：浅陋；道：引导。③甘冥：甜睡，此处指沉醉。④大宁：非常静空的状态。

匹夫的智慧，围绕诸如以叶子裹垫鱼肉送人和以书信问候亲友之类的生活琐事，在浅陋生活琐事中费心耗神。像这样的人想既要悟道又要引导万物，进入体内清虚、与万物同一的境界，就必然迷惑在无垠的宇宙中，形体累尽也无法理解宇宙初始的美妙。那些至人，把自己的精神回复到万物还没有萌芽的宇宙起点时代，沉醉在虚无的境界中。水流没有固定的形态轨迹，随物赋形，自然流淌，可悲呀！你们只知道一些细小的琐事，不能体会得到虚空、静彻的境界。

品庄悟道

背离自然，无所用处

朱泙漫真是个愚蠢的人，自然万物中根本不存在龙，就算学得有屠龙之术又有何用？好高骛远，偏离实际，违背自然，只能是白白地耗费心力物力，最终只是自欺欺人，害了自己。当然，支离益自称身怀屠龙术，世人皆知是吹牛，可偏偏有愿者上钩的。这就不能说都是支离益的过错了。朱泙漫的结局还是自己的偏信与刻意用智出巧造成的。所以还是遵循"大道"，这样才不会落得自己身怀绝技而无所用处。

四

【原文】

宋人有曹商者，为宋王使秦[1]。其往也，得车数乘；王说之，益车百乘[2]。反于宋，见庄子曰："夫处穷闾阨巷，困窘织屦，槁项黄馘者，商之所短也[3]；

【译文】

宋国有个叫曹商的人，为宋王出使秦国。他出发时，得到了好几辆车。秦王喜欢他，又赏赐他一百辆车。曹商回到宋国，见了庄子，说道："像有人那样，住在

一悟万乘之主而从车百乘者，商之所长也。”

庄子曰：“秦王有病召医，破痈溃痤者得车一乘，舐痔者得车五乘，所治愈下，得车愈多④。子岂治其痔邪，何得车之多也？子行矣！”

【注释】

①曹商：人名，姓曹名商。②益：增加，指赏赐。③阨(è)巷：狭窄的巷子；槁项：脖子干瘪；黄馘(guó)：面黄肌瘦貌。④从车：随从的车子；舐：用舌头舔；下：卑下。

穷街窄巷，窘困地编织草鞋度日，脖子干瘪而面黄肌瘦，这是我所不及的；一旦说服万乘君主，从而获取一百辆车的恩赐，这是我的特长啊。”

庄子说道：“秦王得了病召集大夫来医治，凡是能破除毒疮的人就可以获得一辆车，愿意用舌舔治痔疮的就可以获得五辆车，所治疗的病越是卑下，获得的车辆就越多，莫非你给秦王治疗痔疮了吗？为什么获得这么多的车辆呢？你还是走远点吧！”

品庄悟道

执着于外物者，不可取

执着于外物有悖于道家所倡导的顺乎自然天性，因此，道家对这种人很是不耻。于是在本文中，严厉地批判了曹商这种执着于外物的奸佞小人，以及他以肮脏的勾当获取秦王的赏赐这种卑鄙的行为。

庄子认为以邀宠来获得君王的赏赐，与舐痔得车没有什么两样。原因有二：一是那些有权有势的人虚荣心极强，他们特别希望听到一些赞美奉承的话语，说得越肉麻越好，因为这可以显示出他权利与尊贵程度。二是有那么一群小人，不惜以舐痔换取车，用在君主或长官面前的低三下四、磕头弯腰，来换得在平民百姓面前的不可一世。看来，用来炫耀的浮华背后是见不得人的肮脏手段。可见庄子对好名利之徒的憎恶之深。

五

【原文】

鲁哀公问乎颜阖曰：“吾以仲尼为贞干，国其有瘳乎①？”

【译文】

鲁哀公向颜阖问道：“我想把孔子任命为大臣，能否把国家治理好？”

曰："殆哉圾乎[②]！仲尼方且饰羽而画，从事华辞，以支为旨，忍性以视民而不知不信[③]；受乎心，宰乎神，夫何足以上民[④]！彼宜女与？予颐与？误而可矣。今使民离实学伪，非所以视民也，为后世虑，不若休之。难治也。"

【注释】

①贞干：栋梁，国家重臣；瘳(chōu)：治愈。②圾：通"岌"，危险。③支：末；旨：本。④受乎心：受制于心；宰乎神：受精神主宰；上民：统治人民。

颜阖说："危险了，实在是危险啊！孔子正一心想着粉饰装扮，追求和讲习虚伪的言辞，以末为本，扭曲心性以夸示于民众却不知道全无一点诚信；受制于心，被精神主宰，怎么能够统治人民！孔子果真适合于你吗，还是他真的能够养育人民呢？你的考虑错误无疑了。现今让人民背离真情学习伪诈，这不是用来导引民众的办法，为后世子孙着想，不如早早放弃上述打算。孔子是很难治理好国家的。"

品庄悟道

庄子反对儒家的"仁义治国"

庄子一向认为儒家虚伪矫饰，背离自然。对于治理国家，庄子更是反对儒家的"仁义治国"。庄子对倡导儒家治理国家这项举措，简直是深恶痛绝。在他看来，推举贤才，人民之间就会相互伤害；任用智能，则人民之间越来越伪诈。于是诸如杀人盗窃之类的流毒还将无穷尽地延绵下去。

孔门儒教列传·子张见鲁哀公

庄子认为儒家所倡导的仁义礼乐是违反人性的极其虚伪的理论，它最终会使百姓失却自然天性。而主张"无为治国"，任其自然，绝圣弃知，方能天下大治。

六

【原文】

施于人而不忘，非天布也①。商贾不齿，虽以事齿之，神者弗齿②。

【注释】

①施：施恩，给别人好处；布：布施。②不齿：看不起，轻视。

【译文】

施恩与人却念念不忘，并不是出于真心的布施。商人都看不起这种人，即使是因事无意中谈起来，心里还是蔑视他的。

品庄悟道

沽名钓誉，违背自然

道家一向视名誉为身外之物，对此不屑一顾，对于沽名钓誉这种背离天道的行径更是深恶痛绝。在当时的社会，商人是处于最底层的，他们往往以负面形象出现。但在道家看来，就连当时最被人瞧不起的商人都比施恩望报的人强多了。因为商人获得自己的利益是在明处，他们从不掩饰自己买卖行为的图利目的。而那些沽名钓誉的人，表面上好像很慷慨，人格好像很是高尚，其实内里却念念不忘回报，虚伪至极。这与庄子"为善无近名"相违背，在道家看来，这种行为是虚伪矫饰，背离自然的。

七

【原文】

为外刑者，金与木也①；为内刑者，动与过也。宵人之离外刑者，金木讯之②；离内刑者，阴阳食之③。夫免乎外内之刑者，唯真人能之。

【译文】

施加皮肉之刑的，不外乎是金属或木质的刑具；给内心世界带来惩罚的，则是自身的烦乱和行动的过失。小人受到皮肉之刑，是用刑具加以审讯；小人内心受到惩罚，是善恶观念不断撕咬他的心灵。能够免于内外刑辱的，只有真人才可做到。

【注释】

①金：金属的刑具；木：木制的刑具。②宵人：小人；离：遭遇；讯：审讯。③阴阳食之：善恶观念撕咬他的心灵。

品庄悟道

身心的大自在

此处又是在说修身养性的重要性了。只不过是拿身心之刑作喻，外刑是由于他人行刑，内刑由自己行刑。外刑一般是人的行为触犯了刑法所致，而内刑则是人被内心的种种牵绊所困扰，不断折磨自己。庄子在此处说能够获得身心大自在的人，只有得道的“真人”，这一说法存在一定的片面性。世俗之人只要不触犯刑法，就可以最大限度地免除外刑，也就是免除身体的摧残；而修养心性，只要达到一定程度，也可以免除内心的折磨。从而获得心与身的大自在。

八

【原文】

孔子曰：“凡人心险于山川，难于知天；天犹有春秋冬夏旦暮之期，人者厚貌深情。故有貌愿而益，有长若不肖，有顺懁而达，有坚而缦，有缓而钎①。故其就义若渴者，其去义若热。故君子远使之而观其忠，近使之而观其敬，烦使之而观其能，卒然问焉而观其知，急与之期而观其信，委之以财而观其仁，告之以危而观

【译文】

孔子说：“人心比山川还险恶，比天还高深莫测。天还有定期的春夏秋冬和朝暮的轮转，而人的外貌厚实，不动声色，情感更是深藏不露。有的人外貌谨慎，内里骄溢；有的外表善良，内心与外貌却相反；有的表面固执急躁而内心通情达理；有的外表坚实而内心散漫；有的外表柔顿却秉性凶悍。当他们追求真理时有如渴者找水喝，而当他们抛弃真理时也像触火者缩手一样迅疾。所以君子考察一个人时，常常派他到难于监督的远方工作以观察他的忠诚度；留在身边任用，在无拘无束的环境中考察他的恭敬度；派他处理棘手的问题考察他危机处置能力，突然用问题问他以考

其节，醉之以酒而观其则，杂之以处而观其色。九征至，不肖人得矣。"

【注释】

①益：通"溢"，骄溢；顺懁(xuān)而达：外貌固执急躁而内心通情达理；缦：通"慢"；釬："悍"的假借字。

察其反应能力，在紧急情况下和他相约以看他是否守信用，将财权放手给他使用以观察其是否贪财，告诉他面临危急以观察他的节操，灌醉他以观察他酒后是否还保持仪则，让他处在男女杂居的环境以观察他是否好色。这九个方面都考察过之后，外表和内心不一样的人就可以发现了。

品庄悟道

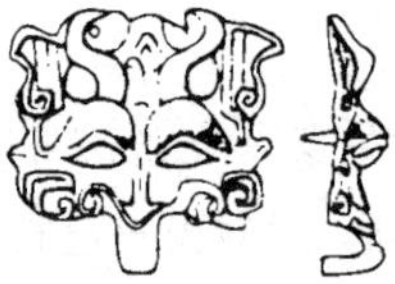

人心之险

庄子对人心性的洞察十分深刻。此文表面上是孔子论人心险恶，如何识人，实际上是庄子借孔子之口提出九种识别人心的方法。庄子对人的认识之深刻，首先在于知道人性的险恶，在于知道人生和人性所面临的种种困境。在庄子所处的那个动荡的年代，社会动荡不安，杀人放火、抢劫偷盗的事情时有发生。在庄子看来，这一时期，江湖险恶，朝野险恶，人心更险恶。因此庄子选择出世。

至于此处中庄子所提出的九种考验人的方法，在今天看来，依然有它的实用价值。

九

【原文】

正考父一命而伛，再命而偻，三命而俯，循墙而走，孰敢不轨[①]！如而夫者，一命而吕钜，再命而于车上儛，三命而名诸父，孰协唐许[②]！

贼莫大乎德有心而心有睫，及其有睫也而内视，内视而败矣[③]。凶德有五，中德为首，何谓中德[④]？

【译文】

正考父一命为士就曲着背，再命为大夫便弓着腰，三命为卿便俯下身子，让开大路沿着墙根疾步而走，像这样谁还敢做不轨的事！如果是凡夫俗子，一命为士就会骄傲矜持，再命为大夫就会在车上手舞足蹈，三命为卿就要称呼叔伯的名号了，像这样，谁还和唐尧、许由一样谦让呢？

中德也者，有以自好也而吡其所不为者也⑤。

穷有八极，达有三必，形有六府⑥。美、髯、长、大、壮、丽、勇、敢，八者俱过人也，因以是穷。缘循、偃佒、困畏不若人，三者俱通达。知慧外通，勇动多怨，仁义多责。达生之情者傀，达于知者肖，达大命者随，达小命者遭⑦。

【注释】

①伛：曲背；循墙：沿着墙根。②吕钜：骄傲；儛(wǔ)：手舞足蹈。③睫：眼睛。④五：指心、耳、鼻、眼、舌五器官。⑤中德：即心德；吡(bǐ)：诋毁。⑥必：必然，条件。⑦傀(guī)：伟大；肖：渺小。

最大的祸害莫过于有意为德而有心眼，有了心眼就会内心纷扰，内心纷扰就会坏事败德。凶德有五种，以心德为首。什么叫心德？所谓心德，是指自以为是而诋毁自己所不赞同的事情。

穷困窘迫源于八项极端，通达顺利源于三种必然，形态面貌则取决于六项府藏因素。貌美、须长、高大、魁梧、健壮、华丽、勇武、果敢，这八项都超过他人的，因而自恃傲人必然导致穷困。因循顺应、俯仰随人、怯弱谦下，这三种情况都能遇事通达。懂得智慧的人必逐外通显，勇猛躁动的人必多招怨，倡导仁义的人必多责难。通晓生命实情的人伟大，通晓智巧的人渺小，通达大命的人顺随自然，通晓小命的人随遇而安。

品庄悟道

君子与小人

道家区分官吏中君子与小人的标准就是看这个人做官前后以及升职前后的态度能否保持谦逊。有些人没有当官前，还是平民百姓的时候，对待别人的态度很是谦恭；一旦飞黄腾达，便狂妄傲慢，自以为是。事实上，位居高位而能低调做人的人可以说是凤毛麟角。而正考父就是这样的圣人。

此外，在此处庄子还批判孔子的浮华邀功，心怀私念，虚伪做作。借此想说明人的行为一定要顺乎自然天性，不然是不会有预期的结果。本文最后一部分开始谈论如何处世的问题。这一部分可以说是儒道两家杂糅的产物。

一〇

【原文】

人有见宋王者，锡车十乘，以其十乘骄稚庄子①。

庄子曰："河上有家贫恃纬萧而食者，其子没于渊，得千金之珠②。其父谓其子曰：'取石来锻之③！夫千金之珠，必在九重之渊而骊龙颔下，子能得珠者，必遭其睡也。使骊龙而寤，子尚奚微之有哉！'今宋国之深，非直九重之渊也；宋王之猛，非直骊龙也；子能得车者，必遭其睡也。使宋王而寤，子为齑粉夫④！"

【注释】

①锡：通"赐"，给；稚：骄傲，炫耀。②恃纬萧而食者：靠编织芦苇制品维持生活的人，没：潜入，沉没。③锻：砸碎。④齑粉：粉末，比喻粉身碎骨。

【译文】

有个人因拜见宋王，得到十辆车的赏赐。这个人便用这十辆车向庄子炫耀。

庄子说："河边有户贫穷的人家，靠编织芦苇制品维持生活。他的儿子潜入深渊之中，获得了一枚价值千金的宝珠。他的父亲对这个儿子说：'把石头拿来，砸碎它！这个千金之价的宝珠，必定在极深的九重之渊中的骊龙颔下。你所以能够得到它，必定是遇到骊龙在睡觉。假使骊龙醒着，你哪里有些微的机会呢！'现在宋国之水深，不止于九重的深渊，宋王之凶猛，不止于骊龙。你能得到车子，必定是在宋王的昏睡中，假使他一旦醒过来，你就要粉身碎骨了。"

品庄悟道

富贵招致祸患

庄子是非常鄙夷世俗之人追求功名富贵的处世原则的。他认为被国君看重，受到国君的宠爱，其实也就大祸临头了；锦衣玉食，富贵禄爵，表面看来，似乎身份地位很是尊贵，实际上，不知不觉中就成了君主的"牺牲品"。

庄子对名位爵禄不屑一顾，这也与富贵所带来的危险有关系。功名富贵是君王所赐予的，也是君王所重视的东西，因此，追求富贵和与虎谋皮这两者颇为相近。而修道的目的就是养生，养生首先要保全性命，远离祸患，否则连性命都丢掉了，又怎么谈得上修身养性？

一一

【原文】

或聘于庄子。庄子应其使曰："子见夫牺牛乎[①]？衣以文绣，食以刍菽，及其牵而入于大庙，虽欲为孤犊，其可得乎[②]！"

【注释】

①牺牛：祭祀用的牛。②刍：草；菽：大豆。

【译文】

有人向庄子行聘。庄子答复他的使者说："你见过那准备用作祭祀的牛吗？用织有花纹的锦绣披着，给它吃草料和豆子，等到牵着进入太庙杀掉用于祭祀，这时，就是想要做个没人看顾的小牛，难道还可能吗？"

品庄悟道

富贵与生命

牛如果要想获得锦衣玉食的生活，那么必须为这种"富贵"付出沉重的代价——以供屠宰作供品(即牺牲)。人的富贵同样如此，无缘无故降临的富贵往往暗含其他的目的。如果生命与富贵相比，当然是生命更加重要，但是在通常情况下，这两者可以说是"鱼和熊掌不可兼得"，只可以选择一种，抛弃另一种。庄子在富贵名利面前，是清醒的，但大多数世俗之人却是糊涂的。人们天真地认为这两者之间并不构成矛盾，不能够互相形成威胁，认为富贵可以使生命在极大程度上获得充分的满足。但事实往往不在人们的预想范围之内。

一二

【原文】

庄子将死，弟子欲厚葬之。庄子曰："吾以天地为棺椁，以日月为连

【译文】

庄子要死了，弟子们打算用隆重的葬礼和丰富的陪葬品送他们的老师上

璧，星辰为珠玑，万物为赍送[1]。吾葬具岂不备邪[2]？何以加此？”

弟子曰：“吾恐乌鸢之食夫子也[3]。”

庄子曰：“在上为乌鸢食，在下为蝼蚁食，夺彼与此，何其偏也！”

以不平平，其平也不平；以不证证，其证也不证[4]。明者唯为之使，神者证之[5]。夫明之不胜神也久矣。而愚者恃其所见入于人，其功外也，不亦悲乎[6]！

【注释】

①连璧：贵重的玉璧；珠玑：玉珠；赍(jī)送：指送葬的物品。②备：齐备。③乌：乌鸦；鸢(yuān)：老鹰。④征：征验。⑤神者：指精神健全者，保持自然天性的人。⑥入于人：指沉溺于人为之事中。

路。庄子说：“我用天地作为棺材，用太阳月亮作为陪葬的玉璧，拿星辰当作玉珠，天地间的万物作为送葬的物品。我这样的葬礼难道还不够齐备吗？何必用你们准备的那些东西？”

弟子们说：“我们担心乌鸦老鹰啄食您的遗体呀。”

庄子说：“我葬得浅些是被乌鸦老鹰啄食，葬得深些就被蝼蚁啄食，你们把我从乌鸦老鹰的嘴里夺出送给蝼蚁，怎么那么偏心呀！”

用不公平的办法来达到公平。这种公平还是不公平；用不能够征验的东西来作征验，这种征验的结果还是未能征验。自以为聪明的人只会被外物所役使，精神健全的人才能顺物自然而得到征验。自以为聪明的人早就不如精神健全的人了，而愚昧的人还凭恃着自己的偏见陷入人为的事情中，他的功力耗费在身外之物上，不也是很可悲嘛！

品庄悟道

庄子看淡“死葬”

庄子修道已经达到一定境界了！他可以豁达地看透生死，更不用说死后如何埋葬这件事情了，他的心早已摆脱的外物的束缚。他将天地作为自己的棺材，用太阳月亮作为陪葬品，拿星辰作玉珠，天地万物作为送葬物品。这样的庄子尤为智慧达观，人生之事、生死之事没有不被他看破的。

对于死葬，庄子与前贤迥异。儒家的孔子讲厚葬，他的出发点是孝，他认为孝敬死者是为了孝敬生者；墨家的墨子讲薄葬，他是以小农阶层的节俭观念为出发点；而庄子却讲究不葬，因为他早已看破生死，这正是庄子所说的“齐死生”。

天 下

【导读】

本篇是《庄子》书中唯一的纯属议论性的文章，对先秦时期几个主要学派几乎都作了简明扼要的叙述和批评，是中国最早的一篇学术史论文，具有极高的学术价值。

首先，对各种“方术”（学术）的渊源和流变过程从整体上进行了追溯和回顾。指出，古代的道术是完美的，它是由不离于自然之宗本、精神、纯真的“天人”“神人”“至人”及“圣人”“君子”所体现的。由于后世学者各执己见，偏于一说，因而古人的道术开始被割裂破坏了。

接着，对“天下之治方术者”作了学派的分类，并对墨翟、禽滑厘、宋钘、尹文、田骈、彭蒙、慎到、关尹、老子、庄子、惠施等各派学说的历史起源和自身价值进行了评论。对于各个学派，既有大胆的肯定，又有尖锐的批评，既有以批判为主的态度，又有“惜乎”其才的同情，是用比较客观公正的态度来评述各个学派的。

一

【原文】

天下之治方术者多矣，皆以其有为不可加矣[1]！古之所谓道术者，果恶乎在[2]？曰：“无乎不在。”曰：“神何由降？明何由出？”“圣有所生，王有所成，皆原于一。”

不离于宗，谓之天人；不离于

【译文】

天下研究方术的人很多，都认为自己所获得的成就无以复加了。古代所谓的道术，到底在哪里呢？回答是：“无所不在。”若问：“圣人从哪里诞生？明王从何处出现？”回答是：“圣人有他诞生的原因，明王有他成就的根由，都是源于大道。”

精，谓之神人；不离于真，谓之至人。以天为宗，以德为本，以道为门，兆于变化，谓之圣人；以仁为恩，以义为理，以礼为行，以乐为和，熏然慈仁，谓之君子；以法为分，以名为表，以参为验，以稽为决，其数一二三四是也，百官以此相齿③；以事为常，以衣食为主，蕃息畜藏，老弱孤寡为意，皆有以养，民之理也。

古之人其备乎！配神明，醇天地，育万物，和天下，泽及百姓，明于本数，系于末度，六通四辟，小大精粗，其运无乎不在④。其明而在数度者，旧法、世传之史尚多有之⑤；其在于《诗》《书》《礼》《乐》者，邹鲁之士、缙绅先生多能明之⑥。《诗》以道志，《书》以道事，《礼》以道行，《乐》以道和，《易》以道阴阳，《春秋》以道名分。其数散于天下而设于中国者，百家之学时或称而道之。

天下大乱，贤圣不明，道德不一。天下多得一察焉以自好。譬如耳目鼻口，皆有所明，不能相通。犹百家众技也，皆有所长，时有所用。虽然，不该不遍，一曲之士也。判天地之美，析万物之理，察古人之全⑦。寡能备于天地之美，称神明之容。是故内圣外王之道，暗而不明，郁而不发，天

不背离大道本质的，称为天人；不背离大道精纯的，称为神人；不背离大道本真的，称为至人。以自然为主宰，以德性为根本，以大道为门径，预知变化的征兆，称为圣人；以仁爱来施行恩惠，以义来分别事理，以礼来规范行动，以音乐来调和性情，充溢着温和仁慈的言行，称为君子；以法度分别各自不同的名分，以名号标明各自不同的实际，用比较的方法来验证事物，用考察的方法来决断事物，就像一二三四数列那样分明，百官的序列就是如此确定的；把耕作劳动作为常业，把衣食作为关注的主要问题，用心于繁衍生息和积蓄储存，关注老弱孤寡的生活，让他们都能得到抚养，这是民生的道理。

古代的圣人是很完备的啊！合于神明，效法自然，养育万物，泽及百姓，以天道为根本，以法度为末节，六合通达而四时顺畅，无论小大精粗，其作用无所不在，古时候的礼乐制度，很多还保存在传世的史书中。保存在《诗》《书》《礼》《乐》中的，邹鲁一带的学者和官员们大都知晓，《诗》用来表达志，《书》用来记载事情，《礼》用来规范行为；《乐》用来调和，《易》用来说明阴阳，《春秋》用来正名分。其散布于天下而设立于中国的，百家之学还常常引用它。

现在天下大乱，贤圣不能明察，道德规范不能统一，天下的学者们大多数只是各自得到普遍真理的一个片面而自以为是。这就好像耳目口鼻一样，各种器官都有它的知觉功能，但却不能相互贯通。好像各种各样的技艺一样，都有一技之长，不时都有所用。虽然如此，却既不完备也不全面，都是些片面看问题

下之人各为其所欲焉以自为方。悲夫！百家往而不反，必不合矣！后世之学者，不幸不见天地之纯，古人之大体。道术将为天下裂。

【注释】

①方术：指各家之学，均为道术的一部分。②道术：普遍真理。③一二三四：指上文的仁、义、礼、乐和法、名、参、稽；齿：序列。④醇天地：以天地为准，效法自然；末度：指末节。⑤数度：指礼乐制度。⑥士：士人，即学者；缙绅：仕人，即官员。⑦判：割裂；察：减损，破坏。

的人。这些人以一己之见割裂天地的大美，分解万物的常理，损害古人的普遍真理。他们很少有人能具备天地的完美，和神圣明王的巨大包容性极不相称。所以内圣外王的伟大真理，幽暗不明，抑郁不发，天下人都各以自己的价值冲动为标准而自以为是。实在是可悲啊！百家各派都进入歧途而且一意孤行，一定难以再找到完美的普遍真理了！后世的学者，不幸再也不能看到天地的纯和，不能看到古人的全貌，伟大的真理就要为天下所割裂了！

品庄悟道

方术与道术

本文为全篇的总论，庄子在此对古代的道术及其流传等情况进行了说明，并且在此文中提出了道术与方术的不同。方术是用自然的变异现象和阴阳五行来推测、解释人和国家的吉凶祸福、气数命运等等的总称，并且属于道术的范畴。

庄子认为道术这种学问的存在具有一定的普遍性，它是人对人生以及自然万物的全面性的把握，是一种至高无上的真理；而方术仅仅是人对自然对人生非常片面的局部性的认识，仅仅属于道术的某一方面。

二

【原文】

不侈于后世，不靡于万物，不晖于数度，以绳墨自矫，而备世之急[①]。古之道术有在于是者，墨翟、禽滑厘闻其风而说之。为之大过，已之大顺[②]。作为《非乐》，命之曰《节用》。生不歌，死无服[③]。

【译文】

不以奢侈影响后世，不浪费万物，不炫耀礼法，用规矩自我勉励，以应付社会的危难，这是古代道术的内涵之一；墨翟、禽滑厘对这种道术很喜欢，但他们实行得太过分，局限性太大。设立《非乐》，

墨子泛爱兼利而非斗，其道不怒。又好学而博，不异，不与先王同，毁古之礼乐④。

黄帝有《咸池》，尧有《大章》，舜有《大韶》，禹有《大夏》，汤有《大濩》，文王有辟雍之乐，武王、周公作《武》。古之丧礼，贵贱有仪，上下有等。天子棺椁七重，诸侯五重，大夫三重，士再重。今墨子独生不歌，死不服，桐棺三寸而无椁，以为法式⑤。以此教人，恐不爱人；以此自行，固不爱己。未败墨子道。虽然，歌而非歌，哭而非哭，乐而非乐，是果类乎？其生也勤，其死也薄，其道大觳⑥。使人忧，使人悲，其行难为也。恐其不可以为圣人之道，反天下之心。天下不堪。墨子虽独能任，奈天下何！离于天下，其去王也远矣！

墨子称道曰："昔禹之湮洪水，决江河而通四夷九州也⑦。名山三百，支川三千，小者无数。禹亲自操橐耜而九杂天下之川⑧。腓无胈，胫无毛，沐甚雨，栉疾风，置万国。禹大圣也，而形劳天下也如此。"使后世之墨者，多以裘褐为衣，以跂蹻为服，日夜不休，以自苦为极，曰⑨："不能如此，非禹之道也，不足谓墨。"

相里勤之弟子，五侯之徒，南方之墨者苦获、己齿、邓陵子之属，俱诵《墨经》，而倍谲不同，相谓别

命名为《节用》，生不作乐，死不穿丧服。墨子倡导博爱兼利而反对战争，主张和睦相处；又好学而渊博，不立异，不与先王相同，毁弃古代的礼乐仪式。

黄帝有《大韶》之乐，尧有《大章》之乐，禹有《大夏》之乐，汤有《大濩》之乐，文王有《辟雍》之乐，武王、周公作《武》乐。古代的丧礼，贵贱有仪法，上下有等级，天子的棺椁七层，诸侯五层，大夫三层，士两层。现在墨子却主张生不歌乐，死不穿丧服，只用三寸厚的桐木棺而没有椁，作为榜样。以此来教导人，恐怕不是爱人之道；自己去实行，实在是不爱惜自己。墨子的学说尽管是成立的，然而应该歌唱而不歌唱，应该哭泣而不哭泣，应该作乐而不作乐，这合乎人情常理吗？生前辛勤劳苦，死后简单薄葬，这种主张太苛刻了；使人忧劳，使人悲苦，实行起来是很困难的，恐怕不能够成为圣人之道，违反了天下人的心愿，天下人是不堪忍受的。墨子虽然独自能够做到，但对天下的人却无可奈何！背离了天下的人。也就远离了王道。

墨子推崇自己的主张说："过去禹治理洪水，疏通江河并沟通了四夷九州，其中大川三百，支流三千，小河小溪数不胜数。禹亲自拿着铁锹、土筐参与到使天下大川交错相沟连的工作中去；劳累得以至于禹的腿肚子上没有肉，小腿上没有毛，风雨无阻地工作，才平定了天下。禹是位大圣人，而他都为天下之事辛苦到了这种程度。他让后世的墨家弟子，多穿着兽皮、粗布衣服，穿着木屐或草鞋，白天、晚上都不休息，把辛苦自谑作为最高准则，并声言："做不到这样的人，就没有

墨[10]。以坚白同异之辩相訾，以奇偶不仵之辞相应，以巨子为圣人。皆愿为之尸，冀得为其后世，至今不决[11]。

墨翟、禽滑厘之意则是，其行则非也。将使后世之墨者，必以自苦腓无胈、胫无毛相进而已矣[12]。乱之上也，治之下也。虽然，墨子真天下之好也，将求之不得也，虽枯槁不舍也，才士也夫！

【注释】

①縻：浪费；晖：炫耀，夸耀；绳墨：规矩，准则；自矫：自我激励。②大：通"太"。③无服：不穿丧服。④礼：仪式。⑤独：但，却；法式：榜样，准则。⑥觳(què)：苛刻，严格。⑦湮(yān)：堵塞，治理。⑧橐(tuó)：盛土的器具；耜：挖土的工具；九杂：汇合。⑨裘：兽皮；褐：粗布。⑩相里勤：人名，墨家学派南方派的首领；五侯：人名，墨家学派的重要人物；若获、己齿、邓陵子：均为南方墨家的重要人物；倍谲(jué)：分歧。⑪尸：首领。⑫相进：相互竞进。

领悟禹的大道，就不足以自称为墨家弟子。"

相里勤的弟子，五侯的门徒，南方的墨家弟子苦获、己齿、邓陵子那一支，都背诵《墨经》，但他们之间对《墨经》的理解却存在分歧。且都称对方为墨家的支系，并用"坚白""同异"的理论互相非议，用"奇偶""不仵"的言论互相应答；都把"巨子"当作圣人，都情愿奉他为首领，希望自己成为他的继承人，到现在还没有结果。

墨翟、禽滑厘的愿望是好的，但具体做法却不妥当。那会让后代的墨家弟子，必然要劳苦自己到腿肚子没有肉，小腿上没有毛，以此互相竞逐了。扰乱天下是主要后果，而对天下的治理只是次要方面。即使这样，墨子确实是天下的好人，他这种人是可求不可得的，纵使自己被弄得容貌憔悴、身体虚弱也不放弃自己的学说，是个人才呀！

品庄悟道

列仙全传·墨子

道家论"墨"

此章节是作者对墨学的品评，作者认为"墨翟、禽滑厘之意则是，其行则非也"。他们的"心意"是好的，可行为上显然是矫枉过正了。庄子指出，墨家不以奢侈影响后世，不浪费万物的俭朴思想以及用规矩来自我激励，以应付社会危难的自律意识和匡世的使命感等等，承袭了古代的道术，其出发点是好的，是值得肯定的；但其中的一些主张不符合人的性情，如反对人们唱歌、哭泣，主张生时勤苦，死时薄葬等，已经严重脱离了社会现实，并且偏离古代道术，施行起来困难重重。

三

【原文】

不累于俗，不饰于物，不苟于人，不忮于众，愿天下之安宁以活民命，人我之养，毕足而止，以此白心[1]。古之道术有在于是者，宋钘、尹文闻其风而悦之[2]。作为华山之冠以自表，接万物以别宥为始[3]。语心之容，命之曰“心之行”[4]。以聏合欢，以调海内[5]。请欲置之以为主。

见侮不辱，救民之斗，禁攻寝兵，救世之战。以此周行天下，上说下教。虽天下不取，强聒而不舍者也[6]。故曰：上下见厌而强见也。虽然，其为人太多，其自为太少，曰：“请欲固置五升之饭足矣。”先生恐不得饱，弟子虽饥，不忘天下，日夜不休。曰：“我必得活哉！”图傲乎救世之士哉！曰：“君子不为苛察，不以身假物[7]。”以为无益于天下者，明之不如已也[8]。以禁攻寝兵为外，以情欲寡浅为内。其小大精粗，其行适至是而止。

【注释】

①累：牵累；饰：掩饰；苟：苟从；忮：违逆；白：表白。②宋钘：即宋荣子；尹文：齐国

【译文】

不牵累俗世，不靠外物掩饰，不苛从于人，不违逆民众意愿，但愿天下安宁百姓生存，别人对我的供养，仅仅够吃就行了，用这点表白自己的诚意。古代的道术还存在这里面，宋钘、尹文获得这些遗风就很喜欢它，他们制作华山模样的帽子来体现自己的意志，接人待物从宽容他人出发。说话要使心包容万物，称之为心的行为。用柔和的姿态迎合大众欢心，借此调和天下矛盾，希望建立这些关系来实现自己的目标。

受到侮辱不以为然，平息民众的纷争，制止攻伐罢黜兵戈，平息世上的战争。借此周游天下，游说君王教育民众。虽然天下人并不接受这些，但他们仍然说个不停决不放弃，所以说：从上到下尽是厌恶却硬要表现。当然，他们为别人着想太多，为自己着想太少，常说：“只求姑且放着五升粮食就足够了。”先生恐怕不会吃饱，学生虽然饥饿，仍然不忘记天下，日夜不肯歇息。都说：“我肯定可以活着的！”伟大啊，这些救世的士人呀！还说：“君子不会苛求挑剔，不将自身放在物质上面。”认为这些做法对天下毫无益处，揭示它不如停止它。把制止攻伐罢黜兵戈作为外务，用

人，稷下派人物，著有《尹文子》上下篇。③别宥：宽容他人。④语心之容：称道内心的宽容精神。⑤胹(ér)：通“软”，柔和。⑥强聒：人家不愿听的话，说个不停。⑦苛察：苛求挑剔。⑧已：止。

减少情欲来修炼内心，这无论从大的方面还是从小的方面来说，他们行为的正确性也就到此为止了。

品庄悟道

道家眼中的墨家第四派

此章是道家对墨家第四派，即宋钘、尹文学派的评论。宋、尹学派虽然属于墨家学派，但是该学派与道家学派有很多相似之处，该学派也主张随俗顺人，淡情寡欲，因此，庄子对这个学派的评价还是比较高的。其中肯定了它的多种品格和主张，如：不为世俗所累，不虚伪做作，善待他人，不违逆民众意愿以及受到侮辱不以为然，平息制止民众的纷争和世上的战争等。但与此同时，对他们“为别人着想多，为自己着想少”这一点，进行了批判，认为这是该学派的缺陷与不足。

四

【原文】

公而不党，易而无私，决然无主，趣物而不两，不顾于虑，不谋于知，于物无择，与之俱注①。古之道术有在于是者，彭蒙、田骈、慎到闻其风而悦之②。齐万物以为首，曰③：“天能覆之而不能载之，地能载之而不能覆之，大道能包之而不能辩之。”知万物皆有所可，有所不可。故曰：“选则不遍，教则不至，道则无遗者矣。”

【译文】

公正而不偏党，平易而不偏私，随和而无成见，随物同往而不三心二意，不虑过去，不谋未来，对事物没有选择，随着事态的发展一道变化，古代的道术中，有这方面的道理。彭蒙、田骈、慎到他们，听到这种学术思想就喜好上了它。他们把齐同万物作为主要论点，说：“天能覆盖万物而不能承载万物，地能承载万物而不能覆盖万物，大道能包容万物而不能分辨万物。认识到万物都有它可以肯定的一面，也有它可以否定的一面，所以说，如果有选择，就不能周遍了，如果讲教化，就会有所不周到，如果

是故慎到弃知去己，而缘不得已。泠汰于物，以为道理[4]。曰："知不知，将薄知而后邻伤之者也。"謑髁无任，而笑天下之尚贤也[5]；纵脱无行，而非天下之大圣；椎拍輐断，与物宛转[6]；舍是与非，苟可以免。不师知虑，不知前后，魏然而已矣。推而后行，曳而后往。若飘风之还，若羽之旋，若磨石之隧，全而无非，动静无过，未尝有罪[7]。是何故？夫无知之物，无建己之患，无用知之累，动静不离于理，是以终身无誉。故曰："至于若无知之物而已，无用贤圣。夫块不失道。"豪桀相与笑之曰："慎到之道，非生人之行，而至死人之理。"适得怪焉。

田骈亦然，学于彭蒙，得不教焉[8]。彭蒙之师曰："古之道人，至于莫之是、莫之非而已矣。其风窢然，恶可而言[9]。"常反人，不见观，而不免于魭断[10]。其所谓道非道，而所言之韪不免于非[11]。彭蒙、田骈、慎到不知道。虽然，概乎皆尝有闻者也。

【注释】

①公：公正；私：偏私；趣物：随物同往；不两：不三心二意；虑：思虑。②彭蒙、田骈：人名，皆齐国人；慎到：赵国人。③首：主要论点。④泠（líng）汰：放任。⑤謑（xī）髁（kē）：不正，随便。⑥椎、輐（wàn）：皆古时刑具。⑦隧：转。⑧不教：不言之教。

按照道来从事，就不会有什么遗漏了。"

因此，慎到舍弃智慧忘掉自己的存在，而随顺于不得已的事情，把任由外物作为大道运行的理论，说："了解了不知道的事情，就会变得浅薄无知，且近乎于伤害了那件被了解的事情。"随随便便、自由放任，却去嘲笑天下尊重贤士的风尚；放浪形骸、不拘形迹却去非议天下的圣人；该拍就拍，该切就切，随着外物变化而改变方式，取舍是非，如果这样就可以免于世俗的纠缠，那么不学习智谋，不瞻前顾后，傲岸地独立着也就罢了。被推着前进，被拽着后退，像飘动的风来回吹拂一样飘忽不定，像降落中的羽毛在空中打转一样身不由己，像磨石的转动一样不由自主，这样就会保全自己而不受非难，一举一动都不犯错误，从不会有罪名。这是什么原因呢？那么不具智慧的物体，就不会有建功树名的顾虑；不会有费尽心机的劳累，一举一动都不偏离自然规律，因此终生不会遭毁誉。

所以说："能达到像没有智慧的物体那样也就够了，不需要有贤圣那样的智慧，那即使是土块也不会丧失大道。"豪杰们互相调侃他说："慎到的理论，不是活人能实施得了的，而是适合死人的道理。"真值得奇怪。

田骈也是这样，他求学于彭蒙，学到了那种不言之教。彭蒙对田骈说："古代得道的人，达到无所谓是非，既不肯定什么也不否定什么也就行了。好像大风迅速刮过一样，哪还用得着人们说三道四呢？"所以他们经常违反常人的常情常理，虽然不受尊敬，仍不免于随物变化。他们所宣扬的道并不是道，他们所说的是也不免于非。彭蒙、田骈、慎到他们其实并不真

⑨窾然：迅速貌。⑩鲵(yuán)断：没有棱角。⑪韪(wěi)：是。

正地了解道的实质是什么。虽然如此，他们的基本学说也还是吸引了一些追随者。

品庄悟道

谊学派"不知道"

此章节是对谊学派的评述，这一学派以彭蒙、田骈、慎到为其代表人物。慎到、田骈皆学黄老道法之术。可以说庄子学派和谊学派还是有一定的渊源的。文中作者对于该学派的某些方面的主张，如：将齐同万物看做首要的，舍弃智慧忘掉自己的存在，随顺于不得已的事情，任由外物作为大道运行等予以肯定。但谊学派的一些主张并没有与世俗脱离，这是与庄子学派最大的不同，所以庄子认为这个学派"不知道"，即并没有真正的了解道的实质。庄子还认为，对于大道来说，这个学派是个外行。

五

【原文】

以本为精，以物为粗，以有积为不足，澹然独与神明居①。古之道术有在于是者，关尹、老聃闻其风而悦之。建之以常无有，主之以太一②。以濡弱谦下为表，以空虚不毁万物为实③。

关尹曰："在己无居，形物自著④。"其动若水，其静若镜，其应若响。芴乎若亡，寂乎若清⑤。同焉者和，得焉者失。未尝先人而常随人。"

老聃曰："知其雄，守其雌，为天下溪；知其白，守其辱，为天下谷。"人皆取先，己独取后。曰："受天下之垢。"人皆取实，己独取虚。"无藏也故

【译文】

以无为的道为精微，以具体的事物为粗鄙，以积蓄为不足，无牵挂地独自与神明共处，这是古代道术的内涵之一。关尹、老子对这种道术很喜欢，主张建立在常无与常有的基础上，以太一为核心，以柔弱谦下为外表，以空虚不毁伤万物为实质。

关尹说："自己不存私见，有形之物各自彰显。动如流水，静如平镜，反应如回声。恍惚如无有，寂静如清虚。相同则和谐，有得则有失。未曾争先而常常随顺别人。"

老子说："知道雄的坚强，却持守雌的柔弱，便能成为容纳万物的溪流；知道明

有余。岿然而有余。其行身也，徐而不费，无为也而笑巧。人皆求福，己独曲全。曰："苟免于咎。"以深为根，以约为纪。曰："坚则毁矣，锐则挫矣。"常宽容于物，不削于人。虽未至于极，关尹、老聃乎，古之博大真人哉！

【注释】

①本：指道；物：具体的事物；澹然：没有牵挂貌。②太一：指道。③濡弱：柔弱。④在己无居：自己不存私见。⑤芴：通"惚"，恍惚。

亮，却安于暗昧，便能成为容纳天下的山谷。"人人都争先，我自甘落后，这就是说愿意承受天下人的垢辱。人人都追求实惠，我独索取虚无，正因为没有积蓄，所以感到富足，富足得如高山般的堆积。他的立身行事，从容不迫，不损精神，恬淡无为而耻笑耍弄智巧的人。人人都在追求福禄，自己却独委曲求全，说这样做姑且免于祸端。以精深为根本，以俭约为纲纪，说："坚强的容易毁坏，锐利的容易挫折。"常常宽容待物，不侵削别人。虽然没有达到最高境界。关尹、老子，可谓是古来博大的真人啊！

品庄悟道

老子之道

庄子在此处，主要评述了关尹、老聃的学派。对该学派的评论是有褒无贬，指出老子学派以柔弱谦下为外表，以空虚不毁伤万物为实质，对其虚怀若谷、容物让人、委曲求全等进行了褒扬，称他们为"自古以来博大的真人"。

实际上，这种评论是片面的，带有全盘肯定的色彩。因为道家的创始人是老子，作者完全站在道家的立场上去看道家的祖师，对老聃学派自然是颇有偏爱，凭着自己的主观思想和个人喜好来评价老子，自然难免会有所偏失。

六

【原文】

寂漠无形，变化无常，死与？生与？天地并与？神明往与？芒乎何之？忽乎何适？万物毕罗，莫足以归。古之道术有在于是者，庄周闻其风而悦

【译文】

空寂的广漠无影无迹，变化无常，是死了呢？还是活着？是跟天地并存呢？还是跟神明共往呢？茫茫然往何处去？骤骤然到哪里去？万物包罗，难以归属。古

之。以谬悠之说，荒唐之言，无端崖之辞，时恣纵而不傥，不奇见之也①。以天下为沈浊，不可与庄语。以卮言为曼衍，以重言为真，以寓言为广②。独与天地精神往来，而不敖倪于万物③。不谴是非，以与世俗处。其书虽瑰玮，而连犿无伤也④。其辞虽参差，而諔诡可观⑤。彼其充实，不可以已。上与造物者游，而下与外死生、无终始者为友。其于本也，弘大而辟，深闳而肆⑥；其于宗也，可谓稠适而上遂矣⑦。虽然，其应于化而解于物也，其理不竭，其来不蜕，芒乎昧乎，未之尽者。

【注释】

①谬悠：虚远而不可捉摸；荒唐：广大不可测度；无端崖：不着边际；恣纵：放纵；不傥：随意无拘。②卮言：无心之言；曼衍：散漫流行，不拘常规。③敖倪：傲视，轻视。④连犿(fān)：宛转，随和。⑤諔诡：奇异。⑥深闳(hóng)：深广；肆：通达。⑦稠适：调和。

代的道术还存在这里面，庄周获得这些遗风就很喜欢它。他用虚远不可捉摸的理论，广大不可测度的言论，不着边际的词汇，有时放纵无拘，不用一隅之见来表述。他认为天下一派浑浊，不能用庄重的言论来评论它，所以就用卮言肆意推衍，用重言揭示本意，用寓言加以阐发道理。只身跟天地精神相沟通，从不轻视其他万物。不追究孰是孰非，力求跟世俗共处。他的著述虽然奇伟怪丽，然而宛转随和不会伤人，他遣词造句虽然参差错落，然而奇异好看。他的内心世界充实，喷发出来难以抑制。他上跟造物者同游，下跟已将生死置之度外、不计较终结开始的人做朋友。他对于本原的认识是，博大旁通，深广通达；他对于宗主的认识是，可以叫作调和适合上通大道。当然，他对事物变化的反应和对事物的分析。由于事理会层出不穷，事物的出现也会连绵不断，因而他只能在茫茫然昏昏然之中探索，还没探寻到尽头。

品庄悟道

庄子的“生命哲学”

庄子主张精神上达到逍遥自在的境界，提倡人的精神要遵从自然的法则，重视修身养德。他的宇宙观是天人合一，物我两忘的，所以他有着通达的生死观。他超越了任何知识体系和意识形态的种种限制，来对人生进行思考，他的哲学实际上是一种具有终极意义的生命哲学。

此处庄子后学以激扬澎湃的笔触对庄子其人其文进行褒扬，高度称赞和肯定了庄子语言的别具风格，精神旨趣的意味深远以及性格的洒脱逍遥。指出，庄子学派是天“道”的体现，臻于天人合一的完美境界，本文流露着庄子后学对庄子的深刻了解和无限的崇敬。

七

【原文】

惠施多方，其书五车，其道舛驳，其言也不中[1]。历物之意，曰：“至大无外，谓之大一[2]；至小无内，谓之小一[3]。无厚，不可积也，其大千里。天与地卑，山与泽平[4]。日方中方睨，物方生方死[5]。大同而与小同异，此之谓‘小同异’；万物毕同毕异，此之谓‘大同异’。南方无穷而有穷。今日适越而昔来。连环可解也。我知天之中央，燕之北、越之南是也。泛爱万物，天地一体也。”

惠施以此为大，观于天下而晓辩者，天下之辩者相与乐之。卵有毛。鸡有三足。郢有天下。犬可以为羊。马有卵。丁子有尾[6]。火不热。山出口。轮不碾地。目不见。指不至，至不绝。龟长于蛇。矩不方，规不可以为圆。凿不围枘[7]。飞鸟之景未尝动也。镞矢之疾，而有不行、不止之

【译文】

惠施的学问广博多面，他的藏书有五车之多，他的学说错误杂乱，他的言论也往往不中肯。他观察分析事物的道理，说：“最大的到了无限大，可以叫作‘大一’；最小的到了无限小，可以叫作‘小一’。薄到没有厚度时，不可以累积，但其广大可以延伸千里之远。天空与地面一样的低下，高山与水泽一样的低平。太阳刚处于正中位置的同时也就是偏斜的开始，万物刚刚生出就开始走向死亡。‘大同’与‘小同’是相异的，这个称为‘小同异’；万物全部相同的也都是相异的，这个称为‘大同异’。南方是无限远的也是有限远的。今天方去越国而昨天已经到达。封闭的连环是可以解开的。我知道天下的中央，在燕地的北边也在越地的南边。要普遍地热爱万物，因为天地万物都是一样的。”

惠施认为这些道理极其伟大，满天下炫耀。用以启发辩论的人，天下的好辩者也乐于和他辩难。下面是他们常常辩难的论题：从孵出的小鸡有毛可以推知鸡蛋有毛。从鸡的两脚推断它可能有三条腿。中国是天下的一部分而能称为天下，那么郢也就是拥有全天下。因为狗和羊是人们对他们约定俗成的称呼，如果人们把羊叫作狗，把狗叫作羊，那么狗也就是羊。马是胎生不是卵生的，但胎原本是从卵中生出，所以马是卵生的。蛤蟆没有尾巴，但它的幼虫蝌蚪有尾，所以蛤蟆有

时[8]。狗非犬。黄马骊牛三。白狗黑。孤驹未尝有母。一尺之棰，日取其半，万世不竭。辩者以此与惠施相应，终身无穷。

桓团、公孙龙辩者之徒，饰人之心，易人之意，能胜人之口，不能服人之心，辩者之囿也[9]。惠施日以其知与人之辩，特与天下之辩者为怪，此其柢也[10]。

然惠施之口谈[11]，自以为最贤，曰："天地其壮乎，施存雄而无术。"南方有倚人焉，曰黄缭，问天地所以不坠不陷，风雨雷霆之故[12]。惠施不辞而应，不虑而对，遍为万物说。说而不休，多而无已，犹以为寡，益之以怪，以反人为实，而欲以胜人为名，是以与众不适也。弱于德，强于物，其涂隩矣[13]。由天地之道观惠施之能，其犹一蚊一虻之劳者也。其于物也何庸！夫充一尚可，曰愈贵，道几矣！惠施不能以此自宁，散于万物而不厌，卒以善辩为名。惜乎！惠施之才，骀荡而不得，逐万物而不反，是穷响以声，形与影竞走也，悲夫[14]！

尾巴。人和物对热的感受不同，有的对火感觉不到热，因而火不是热的。山有回响，响声从口中发出，所以山是有嘴巴的。车轮只有某一点在某一刹那着地，并不是整个轮子同时着地，所以车轮不碾地。眼睛看到东西以有光线为条件，没有光线时眼睛什么也看不见，所以是"目不见"。概念不能与所指称的事物完全切合，所以说"指不至"；事物变化无止境，概念要完全符合不断变化的事物，这一过程也是永无尽头的，所以说"至不绝"。一般说来，蛇比龟长，但大龟完全可以长于小蛇，所以说龟比蛇长。矩用来画方形，但从绝对意义上说，那个方也不可能是标准的方，所以按矩画不出方来。规用来画圆形，但从绝对意义上说，那个圆也不可能是标准的圆，所以按规画不出圆来。因此说"矩不方，规不可以为圆"，榫眼是套榫头的，但榫眼与榫头之间必然还留有缝隙，所以说"凿不围枘"。飞鸟的影子在别的动物看来是动态的结果，在飞鸟本身来说是静态的结果。疾飞的箭头处在不停的运动中，所以是"不止"；而运动的东西总有相对静止的时候，所以说"不行"，从大概念上看，狗和犬同指一种动物；但大狗称为犬，小狗称为狗，大小不同名，所以说"狗非犬"。黄马骊牛属于同一个类的概念，分开是两个概念，类概念加上两个具体概念是三个概念，白狗的眼珠是黑，按照它的白毛可称为白狗，按照它的黑眼珠也可以叫作黑狗，所以说"白狗黑"。母马死了，留下的小驹成了孤驹。既然它被称为孤驹，它的"有母"概念也就不存在了。一尺长的拐杖，每天截取一半，剩余部分也每天截取一半，没有尽头。辩论的人就拿这些与惠施相对答，不分输赢，没完没了。

桓团、公孙龙都是善辩人士，他们迷惑人的心灵。偷换人的意图，虽然在口头上可以战胜得

【注释】

①舛驳：错误杂乱。②无外：无限大。③无内：无限小。④卑：低。⑤睨：斜视，这里是斜的意思。⑥丁子：青蛙。⑦凿：榫眼；枘：榫头。⑧镞(zú)矢：箭头。⑨桓团、公孙龙：都是赵国人，名家代表。⑩为怪：制造怪异之说；柢(dǐ)：根本。⑪口谈：口才。⑫倚人：怪异之人。⑬隩(yù)：深曲处；涂隩：指他们所追求的人生道路艰涩深奥。⑭骀(dài)荡：放荡。

了别人，却不能降服别人的内心，这就是善辩者的局限。惠施每天都运用他的智谋去和别人论辩，故意和天下善辩人士一起制造怪异之说，这就是他们的根本。

虽然惠施口若悬河，自以为是最高明的，说："天地是多么的壮阔而伟大呀！但惠施只有雄辩的才能却无法理解大道。"南方有一个怪异之人叫黄缭，他问惠施：天地为什么不陷？风雨雷霆形成的原因是什么？惠施毫不谦虚地回答，不假思索地对应，遍举万事万物为例，对自己的学说加以解释，说起来没完没了，其道理复杂得无休无止，似乎还是说不清楚，于是就更进一步地引发出许多的奇谈怪论。他们把违反人类常识的说辞当作世界的真相，只想通过辩论的胜利来赢得名声，因而和众人的看法很不协调。这种理论削弱了人们的道德修养，只是强调对外物的分析，他们的人生道路是艰难而深奥的。从天地的大道来看惠施的才能，这样的知识就像蚊子、牛虻一样，只是徒劳罢了。对于万事万物能有什么用处？充当一家之言还算可以，说知识比道德还有价值，可能差了些！但惠施不能安于自己的一家之言，把心思都分散开来去追逐对于万事万物的理解，而且不厌其烦，最终只是成就了善辩的名声。可惜呀！惠施的才能，放荡而不行于正道，追逐万物而不知回头。但他却仍然追逐对天地万物的理解而不知迷途而返，实在像是用声音来制止回响，让形体和影子竞走，多么可悲呀！

品庄悟道

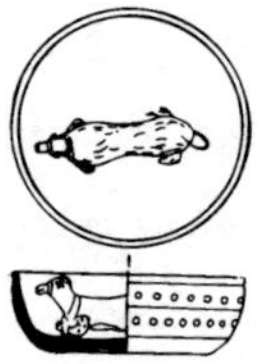

流失的学派——名家

作者言辞犀利地批判了惠施及其名家学派，将惠施的理论看作是狭隘的奇谈怪论。虽然惠施学派的命题的确大多是诡辩的成分，但今天我们必须看到其中的"合理内核"：辩证法的因由及其合理的逻辑推理。

以惠施为代表人物之一的名家在当时的"诸子百家"中位居第五。名家又称辩者。他们主要研究概念与事实之间的关系。其中惠施提出了"合同异"的理论，认为一切差别和对立都是相对的，这是对事物同一性的夸大。本节所举就是名家的主

要论辩题目。由于名家在“合同异”“高坚白”问题上激烈论辩,这与庄子提出的“至辩无言”形成鲜明对立,庄惠之争就在所难免。

不过,最终,庄子还是把惠子打败了,现在看来,主要原因有二:庄子及其后学把名道之辩载入了《庄子》一书中,掌握了话语的主动权;其二,惠子的著作纵然五车之多,可惜早已遗失,并且惠子的门徒人数极少,并且学识浅薄,根本不是庄子及其后生的对手。天底下最能言善辩的惠子就是再聪慧,也难以改变历史了。与此同时,名家也随着惠子的离去逐渐消亡。

【集评】

陆西星《南华真经副墨·天下》:《天下》篇,《庄子》后序也。历叙古今道术渊源之所自,而以自己承之,即《孟子》终篇之意。

谭元春《南华真经评点·天下》:古人书中多藏自序,周也慨叹衰晚民生离于王风,儒效不臻,别墨满天,故伤心卒章,有“后世学者,不见天地之纯,古人大体”之语。呜呼,泪与之下矣!其叙道术独详墨,题墨才士,墨偏学禹自苦,谓之禹道矣。古人大体,此其一也。才上好奇能自苦,亦才所为哉!

刘凤苞《南华雪心编·天下》:一部《南华》妙旨,既以寓言、重言、卮言标出立言之意,复著此洋洋大篇,归结全书,如太史公《自叙》之例。笔意雄奇磊落,恣肆纵横,而词旨要归于醇正。……通篇大气盘旋,精心结撰,胸襟眼界,直据万峰之巅,视百家之分门别派,随声逐影者,真不啻蚊虻之过太空也。

林云铭《庄子因·天下》:此篇为《庄子》全书后序,明当日著书之意,一片呵成文字,虽以关尹、老庄,概顶一曲之士来,语意却犹轩轾。其叙庄周一段,不与关老同一道术,则庄子另是一种学问可知。段中备极赞扬,真所谓上无古人,下无来者,庄叟断无毁人自誉至此,是订《庄》者所作无疑。

宣颖《南华经解·天下》:一部大书之后,作此洋洋大篇以为收尾,如《史记》之有《自叙》一般,溯古道之渊源,推末流之散失。前作大冒,中分五段,隐隐以老子及自己收服诸家,接古学真派。末用惠子一段,止藉以反衬自家而已。其体大,其色苍,其致淡,超世之文。